U0709877

中國國家圖書館編

國家圖書館藏敦煌遺書

第一百十二册 北敦一二九四五號——北敦一三八〇〇號

北京圖書館出版社

圖書在版編目(CIP)數據

國家圖書館藏敦煌遺書·第一百十二册/中國國家圖書館編;任繼愈主編.—北京:北京圖書館出版社,2009.5

ISBN 978-7-5013-3674-6

Ⅰ.國… Ⅱ.①中…②任… Ⅲ.敦煌學-文獻 Ⅳ.K870.6

中國版本圖書館CIP數據核字(2009)第023378號

書　　名　國家圖書館藏敦煌遺書·第一百十二册
著　　者　中國國家圖書館編　任繼愈主編
責任編輯　徐　蜀　孫　彦
封面設計　李　璀

出　　版　北京圖書館出版社　(100034　北京西城區文津街7號)
發　　行　010-66139745　66151313　66175620　66126153
66174391(傳真)　66126156(門市部)
E-mail　btsfxb@nlc.gov.cn(郵購)
Website　www.nlcpress.com → 投稿中心
經　　銷　新華書店
印　　刷　北京文津閣印務有限責任公司

開　　本　八開
印　　張　71.75
版　　次　2011年10月第1版第1次印刷
印　　數　1-250册(套)

書　　號　ISBN 978-7-5013-3674-6/K·1637
定　　價　990.00圓

編輯委員會

主　　編　任繼愈

常務副主編　方廣錩

副 主 編　李際寧　張志清

編委（按姓氏筆畫排列）　王克芬　王姿怡　吳玉梅　周春華　陳　穎　黄　霞（常務）　黄　建　程佳羽　劉玉芬

出版委員會

主　任　詹福瑞

副主任　陳　力

委　員（按姓氏筆畫排列）　李　健　姜　紅　郭又陵　徐　蜀　孫　彦

攝製人員（按姓氏筆畫排列）

于向洋　王富生　王遂新　谷韶軍　張　軍　張紅兵　張　陽　曹　宏　郭春紅　楊　勇　嚴　平

原件修整人員（按姓氏筆畫排列）

朱振彬　杜偉生　李　英　胡玉清　胡秀菊　張　平　劉建明

目錄

北敦一二九四五號 護首（大寶積經）……一
北敦一二九四六號 護首（大般若波羅蜜多經）……一
北敦一二九四七號 護首（大般若波羅蜜多經）……二
北敦一二九四八號 護首（大般若波羅蜜多經）……二
北敦一二九四九號 護首（大方廣佛華嚴經）……三
北敦一二九五〇號 護首（大般若波羅蜜多經）……三
北敦一二九五一號 護首（大般若波羅蜜多經）……四
北敦一二九五二號 護首（大般若波羅蜜多經）……四
北敦一二九五三號 護首（大般若波羅蜜多經）……五
北敦一二九五四號 護首（大般若波羅蜜多經）……五
北敦一二九五五號 護首（大般若波羅蜜多經）……六
北敦一二九五六號 護首（大般若波羅蜜多經）……六
北敦一二九五七號 護首（大般若波羅蜜多經）……七

北敦一二九五八號　護首（大般若波羅蜜多經）……七
北敦一二九五九號　護首（大般若波羅蜜多經）……八
北敦一二九六〇號　大般泥洹經……八
北敦一二九六一號　護首（大般若波羅蜜多經）……九
北敦一二九六二號　護首（金光明最勝王經）……一〇
北敦一二九六三號　護首（四分律）……一〇
北敦一二九六四號　護首（大般涅槃經）……一一
北敦一二九六五號　護首（大般若波羅蜜多經）……一一
北敦一二九六六號　護首（大智度論）……一二
北敦一二九六七號　護首（大般若波羅蜜多經）……一二
北敦一二九六八號　護首（大般若波羅蜜多經）……一三
北敦一二九六九號　大般若波羅蜜多經卷四七……一三
北敦一二九七〇號　護首（四分羯磨）……一四
北敦一二九七一號　護首（妙法蓮華經）……一五
北敦一二九七二號　護首（大般若波羅蜜多經）……一五
北敦一二九七三號　護首（阿毘達磨俱舍論）……一六
北敦一二九七四號　般若波羅蜜多心經……一六
北敦一二九七五號　護首（四分羯磨小鈔）……一七
北敦一二九七六號　護首（摩訶般若波羅蜜經）……一八
北敦一二九七七號　護首（阿彌陀經）……一八

北敦一二九七八號　護首（大般若波羅蜜多經）……………………一九
北敦一二九七九號　護首（大般若波羅蜜多經）……………………一九
北敦一二九八〇號　護首（大般若波羅蜜多經）……………………二〇
北敦一二九八〇號背　金剛般若波羅蜜經……………………二〇
北敦一二九八一號　護首（大般涅槃經）……………………二一
北敦一二九八一號背　藏文殘片（擬）……………………二一
北敦一二九八二號　護首（妙法蓮華經）……………………二二
北敦一二九八三號　護首（大般若波羅蜜多經）……………………二二
北敦一二九八四號　護首（大般若波羅蜜多經）……………………二三
北敦一二九八五號　護首（大般若波羅蜜多經）……………………二三
北敦一二九八六號　護首（四分比丘尼戒本）……………………二四
北敦一二九八七號　護首（大般若波羅蜜多經）……………………二四
北敦一二九八八號　護首（大般若波羅蜜多經）……………………二五
北敦一二九八九號　護首（淨名經關中釋抄）……………………二五
北敦一二九九〇號　護首（大般若波羅蜜多經）……………………二六
北敦一二九九一號　護首（大般若波羅蜜多經）……………………二六
北敦一二九九二號　護首（大般若波羅蜜多經）……………………二七
北敦一二九九三號　護首（大般若波羅蜜多經）……………………二七
北敦一二九九四號　護首（大寶積經）……………………二八
北敦一二九九五號　護首（大般若波羅蜜多經）……………………二八

北敦一二九九六號　護首（大般若波羅蜜多經）……二九
北敦一二九九七號　護首（大般若波羅蜜多經）……二九
北敦一二九九八號　護首（大般若波羅蜜多經）……三〇
北敦一二九九九號　護首（大般若波羅蜜多經）……三〇
北敦一三〇〇〇號　護首（大般若波羅蜜多經）……三一
北敦一三〇〇一號　護首（大般涅槃經）……三二
北敦一三〇〇二號　護首（大般若波羅蜜多經）……三二
北敦一三〇〇三號　護首（大般若波羅蜜多經）……三三
北敦一三〇〇四號　護首（大乘入道次第）……三三
北敦一三〇〇五號　護首（大般涅槃經）……三四
北敦一三〇〇六號　金剛般若波羅蜜經……三四
北敦一三〇〇七號　護首（大般若波羅蜜多經）……三五
北敦一三〇〇八號　護首（大般若波羅蜜多經）……三六
北敦一三〇〇九號　護首（大般若波羅蜜多經）……三六
北敦一三〇一〇號　護首（大般若波羅蜜多經）……三七
北敦一三〇一一號　護首（經名不詳）……三七
北敦一三〇一二號　護首（妙法蓮華經）……三八
北敦一三〇一三號　護首（維摩詰經）……三八
北敦一三〇一四號　護首（大般涅槃經）……三九
北敦一三〇一五號　護首（大般若波羅蜜多經）……三九

北敦一三〇一六號　護首（大般若波羅蜜多經）……四〇
北敦一三〇一七號　護首（大般若波羅蜜多經）……四〇
北敦一三〇一八號　護首（大般若波羅蜜多經）……四一
北敦一三〇一九號　護首（妙法蓮華經）……四一
北敦一三〇二〇號　護首（佛名經）……四二
北敦一三〇二一號　護首（經名不詳）……四二
北敦一三〇二二號　護首（大般涅槃經）……四三
北敦一三〇二三號　護首（大寶積經）……四三
北敦一三〇二四號　護首（大般若波羅蜜多經）……四四
北敦一三〇二五號　護首（摩訶般若波羅蜜經）……四五
北敦一三〇二六號　護首（經名不詳）……四五
北敦一三〇二七號　護首（摩訶般若波羅蜜經）……四六
北敦一三〇二八號　護首（大般若波羅蜜多經）……四六
北敦一三〇二九號　護首（大般涅槃經）……四七
北敦一三〇三〇號　護首（大乘入楞伽經）……四七
北敦一三〇三一號　護首（大般若波羅蜜多經）……四八
北敦一三〇三二號　護首（大般涅槃經）……四八
北敦一三〇三三號　護首（妙法蓮華經）……四九
北敦一三〇三四號　護首（妙法蓮華經）……四九
北敦一三〇三五號　護首（大品般若波羅蜜經）……五〇

北敦一三〇三六號　護首（大般若波羅蜜多經）……五〇
北敦一三〇三七號　護首（大般若波羅蜜多經）……五一
北敦一三〇三八號　護首（大般若波羅蜜多經）……五一
北敦一三〇三九號　護首（大般若波羅蜜多經）……五二
北敦一三〇四〇號　護首（大般若波羅蜜多經）……五二
北敦一三〇四一號　護首（大般若波羅蜜多經）……五三
北敦一三〇四二號　護首（妙法蓮華經）……五三
北敦一三〇四三號　護首（金剛般若波羅蜜經）……五四
北敦一三〇四四號　護首（大般若波羅蜜多經）……五四
北敦一三〇四五號　護首（大般若波羅蜜多經）……五五
北敦一三〇四六號　護首（大般若波羅蜜多經）……五五
北敦一三〇四七號　護首（大般若波羅蜜多經）……五六
北敦一三〇四八號　護首（大般若波羅蜜多經）……五六
北敦一三〇四九號　大般涅槃經（北本）卷二九……五七
北敦一三〇五〇號　護首（大般若波羅蜜多經）……五八
北敦一三〇五一號　護首（大般若波羅蜜多經）……五八
北敦一三〇五二號　護首（大般若波羅蜜多經）……五九
北敦一三〇五三號　護首（大般涅槃經）……五九
北敦一三〇五四號　護首（大般涅槃經）……六〇
北敦一三〇五五號　護首（大般若波羅蜜多經）……六〇

北敦一三〇五六號　護首（經名不詳）……六一
北敦一三〇五七號　護首（大般若波羅蜜多經）……六一
北敦一三〇五八號　護首（經名不詳）……六二
北敦一三〇五九號　護首（大般涅槃經）……六二
北敦一三〇六〇號　護首（金光明經）……六三
北敦一三〇六一號　護首（大般若波羅蜜多經）……六三
北敦一三〇六二號　殘片（擬）……六四
北敦一三〇六三號　護首（大寶積經）……六四
北敦一三〇六四號　護首（大般若波羅蜜多經）……六五
北敦一三〇六五號　護首（大般若波羅蜜多經）……六五
北敦一三〇六六號　護首（大般若波羅蜜多經）……六六
北敦一三〇六七號　護首（大般若波羅蜜多經）……六六
北敦一三〇六八號　護首（佛名經）……六七
北敦一三〇六九號　護首（無常經）……六七
北敦一三〇六九號背一　上大人雜寫（擬）……六八
北敦一三〇六九號背二　羊千口雜寫（擬）……六八
北敦一三〇六九號背三　發願文（擬）……六八
北敦一三〇七〇號　護首（大般若波羅蜜多經）……六八
北敦一三〇七一號　護首（大般若波羅蜜多經）……六九
北敦一三〇七二號　護首（妙法蓮華經）……六九

北敦一三〇七三號　護首（妙法蓮華經）……七〇
北敦一三〇七四號　護首（經名不詳）……七〇
北敦一三〇七五號　護首（大般若波羅蜜多經）……七一
北敦一三〇七六號　護首（妙法蓮華經）……七一
北敦一三〇七七號　護首（大般若波羅蜜多經）……七二
北敦一三〇七八號　護首（妙法蓮華經）……七二
北敦一三〇七九號　護首（經名不詳）……七三
北敦一三〇八〇號　護首（經名不詳）……七三
北敦一三〇八一號　護首（經名不詳）……七四
北敦一三〇八二號　妙法蓮華經卷七……七四
北敦一三〇八三號　護首（大般若波羅蜜多經）……七五
北敦一三〇八四號　護首（大般若波羅蜜多經）……七五
北敦一三〇八五號　護首（大般若波羅蜜多經）……七六
北敦一三〇八六號　護首（大般若波羅蜜多經）……七六
北敦一三〇八七號　護首（摩訶般若波羅蜜經）……七七
北敦一三〇八八號　護首（大般若波羅蜜多經）……七七
北敦一三〇八九號　護首（妙法蓮華經）……七八
北敦一三〇九〇號　護首（大般若波羅蜜多經）……七九
北敦一三〇九一號　護首（大般若波羅蜜多經）……七九
北敦一三〇九二號　護首（大般若波羅蜜多經）……八〇

北敦一三〇九三號　護首（大般若波羅蜜多經）……八〇
北敦一三〇九四號　護首（大般若波羅蜜多經）……八一
北敦一三〇九五號　護首（大般若波羅蜜多經）……八一
北敦一三〇九六號　護首（大般若波羅蜜多經）……八二
北敦一三〇九七號　護首（金光明最勝王經）……八二
北敦一三〇九八號　護首（妙法蓮華經）……八三
北敦一三〇九九號　護首（大寶積經）……八三
北敦一三一〇〇號　護首（大般若波羅蜜多經）……八四
北敦一三一〇一號　大般涅槃經（北本　思溪本）卷四……八四
北敦一三一〇二號　護首（大般若波羅蜜多經）……八五
北敦一三一〇三號　護首（大般涅槃經）……八六
北敦一三一〇四號　護首（大般若波羅蜜多經）……八六
北敦一三一〇五號　護首（大佛頂經）……八七
北敦一三一〇六號　護首（大般若波羅蜜多經）……八七
北敦一三一〇七號　護首（大般若波羅蜜多經）……八八
北敦一三一〇八號　護首（妙法蓮華經）……八八
北敦一三一〇九號　護首（大般若波羅蜜多經）……八九
北敦一三一一〇號　護首（大般若波羅蜜多經）……八九
北敦一三一一一號　護首（般若波羅蜜多心經）……九〇
北敦一三一一二號　脫服文及賀醜奴狀雜寫（擬）……九〇

北敦一三一一三號　護首（業報因緣經）……九一
北敦一三一一四號　護首（大般若波羅蜜多經）……九一
北敦一三一一五號　護首（大般若波羅蜜多經）……九二
北敦一三一一六號　護首（大方廣佛華嚴經）……九二
北敦一三一一七號　護首（佛名經）……九三
北敦一三一一八號　護首（妙法蓮華經）……九三
北敦一三一一九號　護首（大般若波羅蜜多經）……九四
北敦一三一二〇號　護首（大般若波羅蜜多經）……九四
北敦一三一二一號　護首（大般涅槃經）……九五
北敦一三一二二號　護首（救病疾經）……九五
北敦一三一二三號　護首（讚僧功德經）……九六
北敦一三一二四號一　護首（佛名經）……九六
北敦一三一二四號二　丙子年十月廿八日某文書（擬）……九六
北敦一三一二五號　護首（經名不詳）……九七
北敦一三一二六號　佛名經（十二卷本）卷一……九七
北敦一三一二七號　護首（大般若波羅蜜多經）……九八
北敦一三一二八號　護首（切韻）……九八
北敦一三一二九號　護首（大般若波羅蜜多經）……九九
北敦一三一三〇號　護首（大般若波羅蜜多經）……九九
北敦一三一三一號　護首（大般若波羅蜜多經）……一〇〇

北敦一三一三二號　護首（經名不詳）……………………一〇〇
北敦一三一三三號　護首（大般若波羅蜜多經）……………………一〇一
北敦一三一三四號　護首（大般若波羅蜜多經）……………………一〇一
北敦一三一三五號　護首（大般若波羅蜜多經）……………………一〇二
北敦一三一三六號　護首（大般若波羅蜜多經）……………………一〇二
北敦一三一三七號　護首（大般若波羅蜜多經）……………………一〇三
北敦一三一三八號　護首（大般若波羅蜜多經）……………………一〇三
北敦一三一三九號　殘片（擬）……………………一〇四
北敦一三一四〇號一　金剛經序（擬）……………………一〇六
北敦一三一四〇號二　金剛般若波羅蜜經……………………一〇六
北敦一三一四一號　妙法蓮華經卷六……………………一〇六
北敦一三一四二號　護首（大佛頂經）……………………一〇七
北敦一三一四三號　難雜字（擬）……………………一〇八
北敦一三一四四號　雜寫（擬）……………………一〇九
北敦一三一四五號　修建擇吉文書（擬）……………………一〇九
北敦一三一四五號背　習字雜寫（擬）……………………一一〇
北敦一三一四六號　佛名經殘片（擬）……………………一一〇
北敦一三一四七號　經袟……………………一一一
北敦一三一四八號一　巳年二月十七日紇骨薩部落百姓李興晟便黃麻契（擬）……………………一一二
北敦一三一四八號二　藏文文書（擬）……………………一一二

北敦一三一四九號　妙法蓮華經卷七……一一二
北敦一三一五〇號　齋意文（擬）……一一三
北敦一三一五一號A　天福七年八月木牆鄉感化村税戶李思順李稠秋牒各一道（擬）……一一四
北敦一三一五一號B　天福七年八月木牆鄉感化村税戶李某等牒兩道（擬）……一一五
北敦一三一五一號C　天福七年八月木牆鄉感化村税戶殘牒（擬）……一一五
北敦一三一五一號D　殘片六塊（擬）……一一六
北敦一三一五二號　藏文文獻（擬）……一一六
北敦一三一五三號　藏文文獻（擬）……一一七
北敦一三一五四號　護首（大般若波羅蜜多經）……一一七
北敦一三一五五號　藏文文獻（擬）……一一八
北敦一三一五六號　殘片（擬）……一一八
北敦一三一五七號　殘片八十九塊（擬）……一一九
北敦一三一五八號　護首（金光明經）……一一九
北敦一三一五九號　護首（經名不詳）
北敦一三一六〇號　護首（大般若波羅蜜多經）……一二〇
北敦一三一六一號　護首（經名不詳）……一二〇
北敦一三一六二號　護首殘片（擬）……一二一
北敦一三一六三號　殘片（擬）……一二一
北敦一三一六四號　護首（四分律）……一二二
北敦一三一六五號　護首（大般若波羅蜜多經）……一二二

北敦一三一六六號　護首（經名不詳）……一二三
北敦一三一六七號　護首（大般涅槃經）……一二三
北敦一三一六八號　護首（大寶積經）……一二四
北敦一三一六九號　護首（大般若波羅蜜多經）……一二四
北敦一三一七〇號　護首（妙法蓮華經）……一二五
北敦一三一七一號　護首（妙法蓮華經優波提舍）……一二五
北敦一三一七二號　護首（大般涅槃經）……一二六
北敦一三一七三號　護首（大方等大集經）……一二六
北敦一三一七四號　護首（大般若波羅蜜多經）……一二七
北敦一三一七五號　護首（妙法蓮華經）……一二七
北敦一三一七六號　護首（大般若波羅蜜多經）……一二八
北敦一三一七七號　護首（金光明最勝王經）……一二八
北敦一三一七八號　護首（經名不詳）……一二九
北敦一三一七九號　護首（妙法蓮華經）……一二九
北敦一三一八〇號A　護首（大般涅槃經）……一三〇
北敦一三一八〇號B　佛弟子名號因緣（擬）……一三〇
北敦一三一八一號　簽條（擬）……一三一
北敦一三一八二號　素紙
北敦一三一八三號　開元寺徒衆請補辭榮充寺主狀並都僧統判詞（擬）……一三一
北敦一三一八四號　開元寺徒衆請補辭榮充寺主狀並都僧統判詞（擬）……一三二

北敦一三一八五號A　敦煌縣事目殘歷（擬）……一三二
北敦一三一八五號A背　千字文習字（擬）……一三三
北敦一三一八五號B　敦煌縣殘狀（擬）……一三三
北敦一三一八五號B背　千字文習字（擬）……一三四
北敦一三一八五號C　敦煌縣事目殘歷（擬）……一三四
北敦一三一八五號C背　千字文習字（擬）……一三五
北敦一三一八五號D　經袟（大般涅槃經）（擬）……一三五
北敦一三一八六號　白畫（千眼）……一三六
北敦一三一八七號　千字文習字（擬）……一三六
北敦一三一八八號　習字雜寫（擬）……一三七
北敦一三一八九號　護首（經名不詳）……一三八
北敦一三一九〇號　簽條（擬）……一三八
北敦一三一九一號　簽條（擬）……一三九
北敦一三一九二號　佛經殘片（擬）……一三九
北敦一三一九三號　護首（金光明最勝王經）……一四〇
北敦一三一九四號　護首（金光明最勝王經）……一四〇
北敦一三一九五號　雜寫雜畫（擬）……一四一
北敦一三一九六號　雜寫（擬）……一四二
北敦一三一九七號　雜寫（擬）……一四二
北敦一三一九八號　雜寫（擬）……一四三

北敦一三一九九號一　經袟（擬）……一四三
北敦一三一九九號二　白畫（飛鳥）……一四三
北敦一三二〇〇號　經袟（擬）……一四四
北敦一三二〇〇號背　殘狀（擬）……一四四
北敦一三二〇一號　紙板（擬）……一四五
北敦一三二〇二號　殘片（擬）……一四五
北敦一三二〇三號一　寺戶武進通請地牒及龍安判（擬）……一四六
北敦一三二〇三號二　某經點勘錄（擬）……一四六
北敦一三二〇四號　經袟（擬）……一四六
北敦一三二〇五號　阿彌陀經等殘片二十六塊（擬）……一四七
北敦一三二〇六號　殘片七十七塊（擬）……一四八
北敦一三二〇七號　藏文殘片（擬）……一四八
北敦一三二〇八號A　殘片（擬）……一四九
北敦一三二〇八號B　殘片（擬）……一四九
北敦一三二〇八號C　殘片（擬）……一五〇
北敦一三二〇八號D　經袟（摩訶般若波羅蜜經）……一五〇
北敦一三二〇八號E　天尊說隨願往生罪福報對次說預修科文妙經……一五一
北敦一三二〇八號E背　辯中邊論頌……一五一
北敦一三二〇八號F　藏文殘片（擬）……一五二
北敦一三二〇八號G　藏文殘片（擬）……一五二

北敦一三二〇九號一　開元十七年中書省符牒殘片（擬）……一五三
北敦一三二〇九號二　經袟（擬）……一五三
北敦一三二一〇號A　亡考文……一五五
北敦一三二一〇號B　齋意文（擬）……一五六
北敦一三二一〇號C　亡考文（擬）……一五六
北敦一三二一〇號D　習字雜寫（擬）……一五七
北敦一三二一〇號E　素紙……一五八
北敦一三二一〇號F　千字文習字等（擬）……一五八
北敦一三二一〇號G　素紙
北敦一三二一一號　開元十一年九月公文殘片等（擬）……一五九
北敦一三二一二號A　藏文文獻（擬）……一六二
北敦一三二一二號B　藏文文獻（擬）……一六二
北敦一三二一二號B背　袟皮（放光般若經）（擬）……一六三
北敦一三二一三號A　經袟殘片八塊（擬）……一六三
北敦一三二一三號B　佛教文獻殘片（擬）……一六四
北敦一三二一三號C　文獻殘片（擬）……一六五
北敦一三二一三號DA　殘片（擬）……一六五
北敦一三二一三號DB　殘片（擬）……一六六
北敦一三二一三號E　佛典殘片（擬）……一六七
北敦一三二一三號F　佛典殘片（擬）……一六八

北敦一三二一三號G　續集古今佛道論衡……一六八
北敦一三二一三號G背　待考文獻（擬）……一六九
北敦一三二一三號H　佛經論疏（擬）……一六九
北敦一三二一三號I　佛經論疏（擬）……一七〇
北敦一三二一三號J　佛教文獻（擬）……一七〇
北敦一三二一三號K　佛經論疏（擬）……一七一
北敦一三二一三號L　佛經論疏（擬）……一七一
北敦一三二一三號M　佛教律疏（擬）……一七二
北敦一三二一三號N　佛教律疏（擬）……一七二
北敦一三二一三號O　佛教律疏（擬）……一七三
北敦一三二一三號P　佛教律疏（擬）……一七三
北敦一三二一三號Q　佛教律疏（擬）……一七四
北敦一三二一三號R　佛教律疏（擬）……一七四
北敦一三二一三號S　佛教律疏（擬）……一七五
北敦一三二一三號T　佛教律疏（擬）……一七五
北敦一三二一三號U　佛教律疏（擬）……一七六
北敦一三二一三號V　佛教律疏（擬）……一七六
北敦一三二一三號W　佛典殘片（擬）……一七七
北敦一三二一三號X　佛教律疏（擬）……一七七
北敦一三二一三號Y　佛教律疏（擬）……一七八

北敦一三二一四號至北敦一三二三〇號　素紙

北敦一三二三一號　袟皮（擬）

北敦一三二三二號　護首（經名不詳）

北敦一三二三三號　素紙

北敦一三二三四號　護首（經名不詳）

北敦一三二三五號至北敦一三二四〇號　素紙

北敦一三二四一號　護首（經名不詳）

北敦一三二四二號　素紙

北敦一三二四三號　護首（經名不詳）

北敦一三二四四號至北敦一三二五二號　素紙

北敦一三二五三號　護首（經名不詳）

北敦一三二五四號　素紙

北敦一三二五五號　護首（經名不詳）

北敦一三二五六號至北敦一三二六〇號　素紙

北敦一三二六一號　殘片（擬）

北敦一三二六二號至北敦一三二六三號　素紙

北敦一三二六四號　繪畫殘片（擬）

北敦一三二六五號至北敦一三二七七號　素紙

北敦一三二七八號　護首（經名不詳）

北敦一三二七九號　護首（經名不詳）

北敦一三二八〇號　護首（經名不詳）

北敦一三二八一號至北敦一三二九九號　素紙

北敦一三三〇〇號　護首（經名不詳）

北敦一三三〇一號　經袟（擬）

北敦一三三〇二號至北敦一三三〇七號　素紙

北敦一三三〇八號　護首（經名不詳）

北敦一三三〇九號至北敦一三三一一號　素紙

北敦一三三一二號　護首（經名不詳）

北敦一三三一三號　素紙

北敦一三三一四號　經袟（擬）

北敦一三三一五號至北敦一三三一六號　素紙

北敦一三三一七號　經袟（擬）

北敦一三三一八號至北敦一三三三二號　素紙

北敦一三三三三號　護首（經名不詳）

北敦一三三三四號至北敦一三三三九號　素紙

北敦一三三四〇號　護首（佛名經）

北敦一三三四一號　素紙

北敦一三三四二號　經袟（擬）

北敦一三三四三號至北敦一三三五八號　素紙

北敦一三三五九號　護首（經名不詳）……

北敦一三三六〇號至北敦一三三六四號　素紙
北敦一三三六五號　護首（經名不詳）
北敦一三三六六號　素紙
北敦一三三六七號　護首（大寶積經）……………………一七九
北敦一三三六八號至北敦一三三七一號　素紙
北敦一三三七二號　大智度論卷六三……………………一七九
北敦一三三七三號至北敦一三三八一號　素紙
北敦一三三八二號　護首（經名不詳）……………………一八〇
北敦一三三八三號　素紙
北敦一三三八四號　殘題記（擬）……………………一八〇
北敦一三三八五號　護首（大寶積經）……………………一八一
北敦一三三八六號　護首（經名不詳）
北敦一三三八七號至北敦一三三八九號　素紙
北敦一三三九〇號　護首（大般若波羅蜜多經）……………………一八一
北敦一三三九一號　素紙
北敦一三三九二號　護首（經名不詳）……………………一八二
北敦一三三九三號　護首（經名不詳）
北敦一三三九四號至北敦一三三九七號　素紙
北敦一三三九八號　護首（經名不詳）
北敦一三三九九號　素紙

北敦一三四〇〇號　護首（經名不詳）……一八二
北敦一三四〇一號　殘片（擬）……一八三
北敦一三四〇二號　護首（大般若波羅蜜多經）……一八三
北敦一三四〇三號　素紙
北敦一三四〇四號　護首（經名不詳）
北敦一三四〇五號　素紙
北敦一三四〇六號　護首（經名不詳）……一八四
北敦一三四〇七號　護首（經名不詳）
北敦一三四〇八號　素紙
北敦一三四〇九號　護首（妙法蓮華經度量天地品）
北敦一三四一〇號　素紙
北敦一三四一一號　護首（經名不詳）
北敦一三四一二號至北敦一三四一七號　素紙
北敦一三四一八號　護首（大般若波羅蜜多經）……一八四
北敦一三四一九號至北敦一三四二三號　素紙
北敦一三四二四號　護首（經名不詳）
北敦一三四二五號至北敦一三四二七號　素紙
北敦一三四二八號　經袟（擬）
北敦一三四二九號　素紙
北敦一三四三〇號　護首（經名不詳）

北敦一三四三一號至北敦一三四三四號　素紙
北敦一三四三五號　書冊封皮（擬）
北敦一三四三六號至北敦一三四三八號　素紙
北敦一三四三九號　護首（經名不詳）
北敦一三四四〇號　素紙
北敦一三四四一號　護首（大般若波羅蜜多經）……一八五
北敦一三四四二號　素紙
北敦一三四四三號　牒狀殘片（擬）……一八五
北敦一三四四四號　殘片（擬）……一八六
北敦一三四四五號　素紙
北敦一三四四六號　護首（經名不詳）
北敦一三四四七號　護首（經名不詳）
北敦一三四四八號至北敦一三四五〇號　素紙
北敦一三四五一號　護首（經名不詳）
北敦一三四五二號　護首（經名不詳）
北敦一三四五三號至北敦一三四五四號　素紙
北敦一三四五五號　護首（經名不詳）
北敦一三四五六號　護首（經名不詳）
北敦一三四五七號　素紙
北敦一三四五八號　護首（經名不詳）

北敦一三四五九號　護首（經名不詳）
北敦一三四六〇號至北敦一三四六三號　素紙
北敦一三四六四號　護首（經名不詳）
北敦一三四六五號至北敦一三四八〇號　素紙
北敦一三四八一號　大佛頂如來密因修證了義諸菩薩萬行首楞嚴經……一八六
北敦一三四八二號　護首（經名不詳）
北敦一三四八三號　護首（大般若波羅蜜多經）……一八七
北敦一三四八四號至北敦一三四八六號　素紙
北敦一三四八七號　殘片（擬）……一八七
北敦一三四八八號　經袟（擬）
北敦一三四八九號　護首（經名不詳）
北敦一三四九〇號　素紙
北敦一三四九一號　護首（大般若波羅蜜多經）……一八八
北敦一三四九二號至北敦一三四九三號　素紙
北敦一三四九四號　經袟（擬）
北敦一三四九五號至北敦一三四九六號　素紙
北敦一三四九七號　護首（經名不詳）
北敦一三四九八號　護首（經名不詳）……一八八
北敦一三四九九號至北敦一三五〇〇號　素紙
北敦一三五〇一號　護首（經名不詳）……一八九

北敦一三五〇二號　經袟（大智度論）……………………一八九
北敦一三五〇三號至北敦一三五〇五號　素紙
北敦一三五〇六號　護首（經名不詳）……………………一九〇
北敦一三五〇七號　素紙
北敦一三五〇八號　護首（大般涅槃經）……………………一九〇
北敦一三五〇九號至北敦一三五一〇號　素紙
北敦一三五一一號　護首（經名不詳）
北敦一三五一二號至北敦一三五一三號　素紙
北敦一三五一四號　護首（經名不詳）……………………一九一
北敦一三五一五號　護首（妙法蓮華經）……………………一九一
北敦一三五一六號　素紙
北敦一三五一七號　護首（經名不詳）
北敦一三五一八號至北敦一三五二〇號　素紙
北敦一三五二一號　護首（經名不詳）
北敦一三五二二號至北敦一三五三一號　素紙
北敦一三五三二號　護首（經名不詳）
北敦一三五三三號至北敦一三五三四號　素紙
北敦一三五三五號　素紙（裱補紙文字）……………………一九二
北敦一三五三六號至北敦一三五四三號　素紙
北敦一三五四四號　護首（經名不詳）

北敦一三五四五號至北敦一三五四六號　素紙
北敦一三五四七號　護首（經名不詳）
北敦一三五四八號　素紙
北敦一三五四九號　護首（大般若波羅蜜多經）……一九二
北敦一三五五〇號至北敦一三五五二號　素紙
北敦一三五五三號背　印章……一九三
北敦一三五五四號　殘片（擬）……一九三
北敦一三五五五號至北敦一三五五六號　素紙
北敦一三五五七號　護首（經名不詳）
北敦一三五五八號至北敦一三五六〇號　素紙
北敦一三五六一號　護首（經名不詳）
北敦一三五六二號　殘片（擬）……一九四
北敦一三五六三號　護首（經名不詳）
北敦一三五六四號　護首（經名不詳）
北敦一三五六五號至北敦一三五六七號　素紙
北敦一三五六八號　護首（經名不詳）
北敦一三五六九號　護首（妙法蓮華經）……一九四
北敦一三五七〇號　護首（經名不詳）
北敦一三五七一號　護首（金籙晨夜十方懺）……一九五
北敦一三五七二號至北敦一三五七六號　素紙

北敦一三五七七號　護首殘片等九塊（擬）……一九五
北敦一三五七八號至北敦一三五八二號　素紙
北敦一三五八三號　殘片（擬）
北敦一三五八四號至北敦一三五八九號　素紙
北敦一三五九〇號　護首（經名不詳）
北敦一三五九一號至北敦一三五九七號　素紙
北敦一三五九八號　殘片二十二塊（擬）……一九六
北敦一三五九九號　殘片九塊（擬）……一九六
北敦一三六〇〇號至北敦一三六〇五號　素紙
北敦一三六〇六號　摩訶般若波羅蜜經卷四……一九七
北敦一三六〇七號　阿毗達磨俱舍論實義疏卷三……一九八
北敦一三六〇七號背　阿毗達磨俱舍論實義疏殘片（擬）……二〇〇
北敦一三六〇八號　佛名經（十六卷本）卷四……二〇一
北敦一三六〇九號　四分比丘尼羯磨文（擬）……二〇二
北敦一三六一〇號　天地八陽神咒經……二〇三
北敦一三六一一號　觀世音經……二〇四
北敦一三六一二號　大般若波羅蜜多經卷四七二……二〇五
北敦一三六一三號　至德元載敦煌縣道教度牒（擬）……二〇六
北敦一三六一四號　佛名經（二十卷本）卷四……二〇七
北敦一三六一五號　大般涅槃經（北本）卷一九……二〇八

北敦一三六一六號　妙法蓮華經卷七……二〇九
北敦一三六一七號　經袟（妙法蓮華經）（擬）……二一〇
北敦一三六一八號　妙法蓮華經卷四……二一一
北敦一三六一九號　大般涅槃經（北本）卷三……二一二
北敦一三六二〇號　妙法蓮華經卷七……二一三
北敦一三六二一號　金剛般若波羅蜜經……二一四
北敦一三六二二號　金剛般若波羅蜜經……二一四
北敦一三六二三號　佛名經（十六卷本）卷一五……二一五
北敦一三六二四號　大方廣佛華嚴經（晉譯六十卷本）卷八……二一六
北敦一三六二五號　金剛般若波羅蜜經……二一七
北敦一三六二六號　妙法蓮華經卷七……二一八
北敦一三六二七號　金光明最勝王經卷九……二一九
北敦一三六二八號　四分比丘尼戒本……二二〇
北敦一三六二九號　金光明經卷二……二二一
北敦一三六三〇號　金剛般若波羅蜜經……二二二
北敦一三六三一號　般若波羅蜜多心經疏（智詵疏）……二二四
北敦一三六三二號　經袟（擬）……二二五
北敦一三六三三號　四分比丘尼羯磨文（擬）……二二五
北敦一三六三四號　金剛般若波羅蜜經……二二七
北敦一三六三五號　妙法蓮華經卷五……二二八

北敦一三六三六號 妙法蓮華經卷七 …… 二三四
北敦一三六三七號 妙法蓮華經卷五 …… 二三五
北敦一三六三八號 金剛般若波羅蜜經 …… 二三五
北敦一三六三九號 佛名經（十六卷本）卷二 …… 二三七
北敦一三六四〇號 金剛般若波羅蜜經 …… 二三八
北敦一三六四一號 禮懺文 …… 二三九
北敦一三六四二號 維摩詰所說經卷上 …… 二四〇
北敦一三六四三號 空白卷軸裝（擬） …… 二四一
北敦一三六四四號 金剛般若波羅蜜經 …… 二四一
北敦一三六四五號 喪葬文書（擬） …… 二四二
北敦一三六四六號一 佛地經及論鈔並科判（擬） …… 二四四
北敦一三六四六號二 雜經錄（擬） …… 二四五
北敦一三六四七號 大般涅槃經（北本）卷三五 …… 二四六
北敦一三六四八號 金光明最勝王經卷一 …… 二四七
北敦一三六四九號 金光明最勝王經卷一 …… 二四八
北敦一三六五〇號 齋意文（擬） …… 二五〇
北敦一三六五一號 妙法蓮華經卷七 …… 二五三
北敦一三六五二號 妙法蓮華經卷一 …… 二五四
北敦一三六五三號 禪宗文獻（擬） …… 二五五
北敦一三六五四號 楞伽師資記 …… 二五六

北敦一三六五五號　觀世音經……二五八
北敦一三六五六號　維摩詰所說經卷下……二五九
北敦一三六五七號　維摩詰所說經卷上……二六一
北敦一三六五八號　佛名經（十六卷本）卷一……二六二
北敦一三六五九號　經袟（擬）
北敦一三六六〇號　妙法蓮華經卷五……二六三
北敦一三六六一號　維摩詰所說經卷上……二六四
北敦一三六六二號　太上大道玉清經卷七……二六六
北敦一三六六二號背　齋意文（擬）……二六七
北敦一三六六三號　文殊師利所說摩訶般若波羅蜜經卷下……二六八
北敦一三六六四號　四分律卷六〇……二六八
北敦一三六六五號　妙法蓮華經卷三……二七〇
北敦一三六六六號　瑜伽師地論疏（擬）……二七一
北敦一三六六七號　太上洞玄靈寶三元品戒功德輕重經……二七三
北敦一三六六七號背　四分律比丘戒本……二七四
北敦一三六六八號　解百生怨家陀羅尼經……二七五
北敦一三六六九號　大佛頂如來密因修證了義諸菩薩萬行首楞嚴經卷四……二七六
北敦一三六七〇號　金剛三昧經……二七七
北敦一三六七一號　勝鬘經疏（擬）……二七八
北敦一三六七二號　藥師琉璃光如來本願功德經……二八四

北敦一三六七三號A　大方等陀羅尼經（異卷）卷一（擬）……二八八
北敦一三六七三號B　大方等陀羅尼經（異卷）卷二（擬）……二九二
北敦一三六七三號C　殘片四十五塊（擬）……二九五
北敦一三六七四號　藥師琉璃光如來本願功德經……二九六
北敦一三六七五號　大乘百法明門論本事分中略錄名數釋（擬）……二九七
北敦一三六七五號背一　七言詩（擬）……三〇二
北敦一三六七五號背二　大乘百法明門論本事分中略錄名數釋（擬）……三〇二
北敦一三六七六號　金剛般若波羅蜜經……三〇七
北敦一三六七七號　金剛般若波羅蜜經……三〇七
北敦一三六七八號　大般若波羅蜜多經卷二〇四……三〇八
北敦一三六七九號　大般若波羅蜜多經卷三一八……三〇九
北敦一三六八〇號　天地八陽神咒經……三一〇
北敦一三六八一號　妙法蓮華經（十卷本）卷八……三一一
北敦一三六八二號　護首（大般若波羅蜜多經）……三一二
北敦一三六八三號　誦經錄（擬）……三一三
北敦一三六八四號　大般若波羅蜜多經卷一一七……三一四
北敦一三六八五號　素紙
北敦一三六八六號　護首（大般若波羅蜜多經）……三一五
北敦一三六八七號至北敦一三六八八號　素紙
北敦一三六八九號　護首（經名不詳）……三一五

北敦一三六九〇號至北敦一三六九二號　素紙
北敦一三六九三號　護首（經名不詳）
北敦一三六九四號　護首（經名不詳）……三一六
北敦一三六九五號　護首（經名不詳）
北敦一三六九六號至北敦一三六九七號　素紙
北敦一三六九八號　護首（經名不詳）……三一六
北敦一三六九九號　護首（經名不詳）
北敦一三七〇〇號　護首（經名不詳）
北敦一三七〇一號至北敦一三七〇五號　素紙
北敦一三七〇六號　護首（大般若波羅蜜多經）……三一七
北敦一三七〇七號　素紙
北敦一三七〇八號　護首（經名不詳）……三一七
北敦一三七〇九號至北敦一三七二一號　素紙
北敦一三七二二號　護首（經名不詳）……三一八
北敦一三七二三號　護首（經名不詳）
北敦一三七二四號　護首（經名不詳）
北敦一三七二五號　護首（經名不詳）
北敦一三七二六號至北敦一三七三二號　素紙
北敦一三七三三號　護首（經名不詳）……三一八
北敦一三七三四號至北敦一三七三六號　素紙

北敦一三七三七號　護首（經名不詳）
北敦一三七三八號　護首（經名不詳）……三一九
北敦一三七三九號　護首（經名不詳）
北敦一三七四〇號至北敦一三七五〇號　素紙
北敦一三七五一號　殘綫殘絹殘麻布等（擬）……三一九
北敦一三七五二號　縹帶麻繩頭殘麻布等（擬）……三二〇
北敦一三七五三號　縹帶殘絹等（擬）……三二〇
北敦一三七五四號　殘片三十塊（擬）……三二一
北敦一三七五五號　殘片二十五塊（擬）……三二一
北敦一三七五六號　殘片二十四塊（擬）……三二二
北敦一三七五七號　殘片十六塊（擬）……三二二
北敦一三七五八號　殘片三十三塊（擬）……三二三
北敦一三七五九號　殘片四十七塊（擬）……三二三
北敦一三七六〇號　殘片六十二塊（擬）……三二四
北敦一三七六一號　殘片六十五塊（擬）……三二四
北敦一三七六二號　殘片九十八塊（擬）……三二五
北敦一三七六三號　殘片一百零五塊（擬）……三二五
北敦一三七六四號　殘片五十一塊（擬）……三二六
北敦一三七六五號　殘片一百二十四塊（擬）……三二六
北敦一三七六六號　殘片一百二十六塊（擬）……三二七

北敦一三七六七號　殘片七十三塊（擬）……三二七
北敦一三七六八號　殘片一百二十塊（擬）……三二八
北敦一三七六九號　殘片殘絹八十五塊（擬）……三二八
北敦一三七七〇號　殘片八十一塊（擬）……三二九
北敦一三七七一號　殘片二十五塊（擬）……三二九
北敦一三七七二號　紙本彩繪千佛圖（擬）……三三〇
北敦一三七七三號　唐卡……三三〇
北敦一三七七四號　唐卡……三三一
北敦一三七七五號　唐卡……三三二
北敦一三七七六號至北敦一三七九〇號　空號
北敦一三七九一號　大聖文殊師利菩薩（刻本）……三三三
北敦一三七九二號　大智度論卷五一……三三四
北敦一三七九三號一　藏文（無量壽宗要經）……三四六
北敦一三七九三號二　藏文（無量壽宗要經）……三四九
北敦一三七九三號三　藏文（無量壽宗要經）……三五二
北敦一三七九四號一　藏文（無量壽宗要經）……三五五
北敦一三七九四號二　藏文（無量壽宗要經）……三五八
北敦一三七九四號三　藏文（無量壽宗要經）……三六一
北敦一三七九五號　大聖文殊師利菩薩（刻本）……三六四
北敦一三七九六號　大聖文殊師利菩薩（刻本）……三六五

北敦一三七九七號　無量大慈教經……三六七
北敦一三七九七號背一　最妙勝定經……三七二
北敦一三七九七號背二　佛名經（十六卷本）卷一三鈔（擬）……三七五
北敦一三七九八號　大乘蓮華馬頭羅刹經……三七七
北敦一三七九九號　刻經蒙字剩紙雜存（擬）……三七九
北敦一三八〇〇號　便糧食歷（擬）……三八五

著錄凡例……一
條記目錄……三
新舊編號對照表……一三九

BD12945 號　護首（大寶積經）　（1–1）

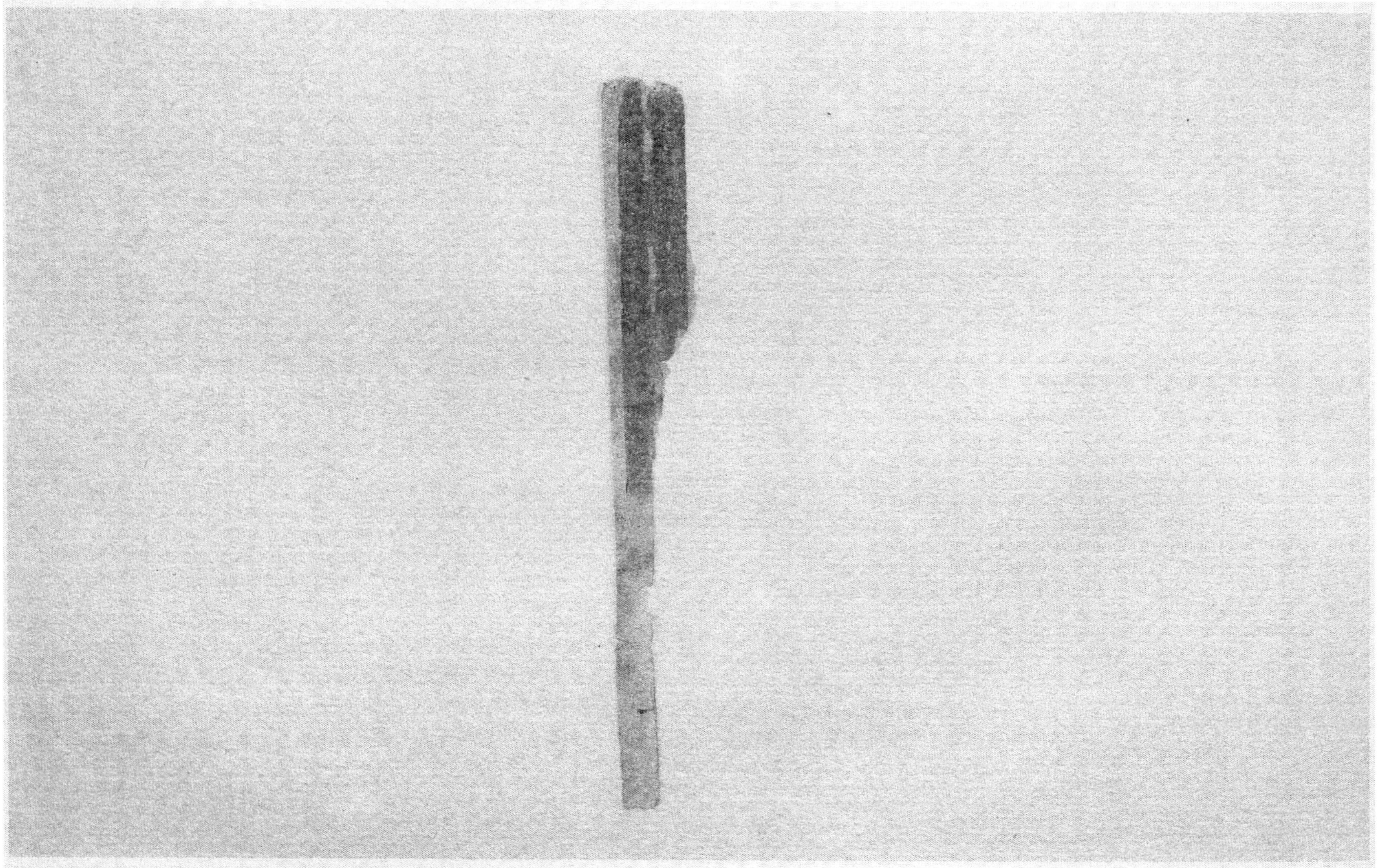

BD12946 號　護首（大般若波羅蜜多經）　（1–1）

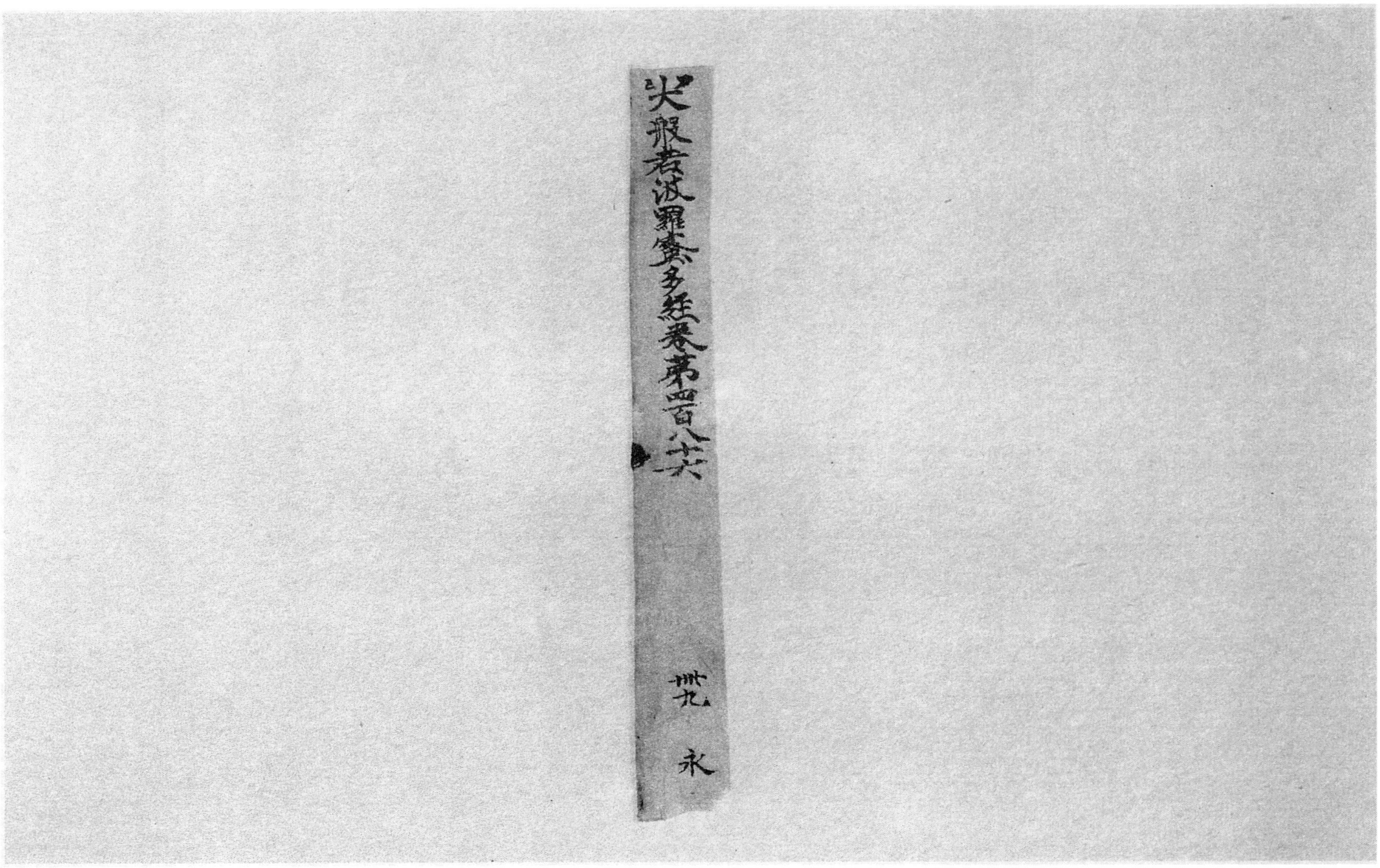

BD12947 號　護首（大般若波羅蜜多經）　（1–1）

BD12948 號　護首（大般若波羅蜜多經）　（1–1）

BD12949 號　護首（大方廣佛華嚴經）　（1–1）

BD12950 號　護首（大般若波羅蜜多經）　（1–1）

BD12951 號　護首（大般若波羅蜜多經）　（1–1）

BD12952 號　護首（大般若波羅蜜多經）　（1–1）

BD12953 號　護首（大般若波羅蜜多經）　　（1–1）

BD12954 號　護首（大般若波羅蜜多經）　　（1–1）

BD12955 號　護首（大般若波羅蜜多經）　　（1-1）

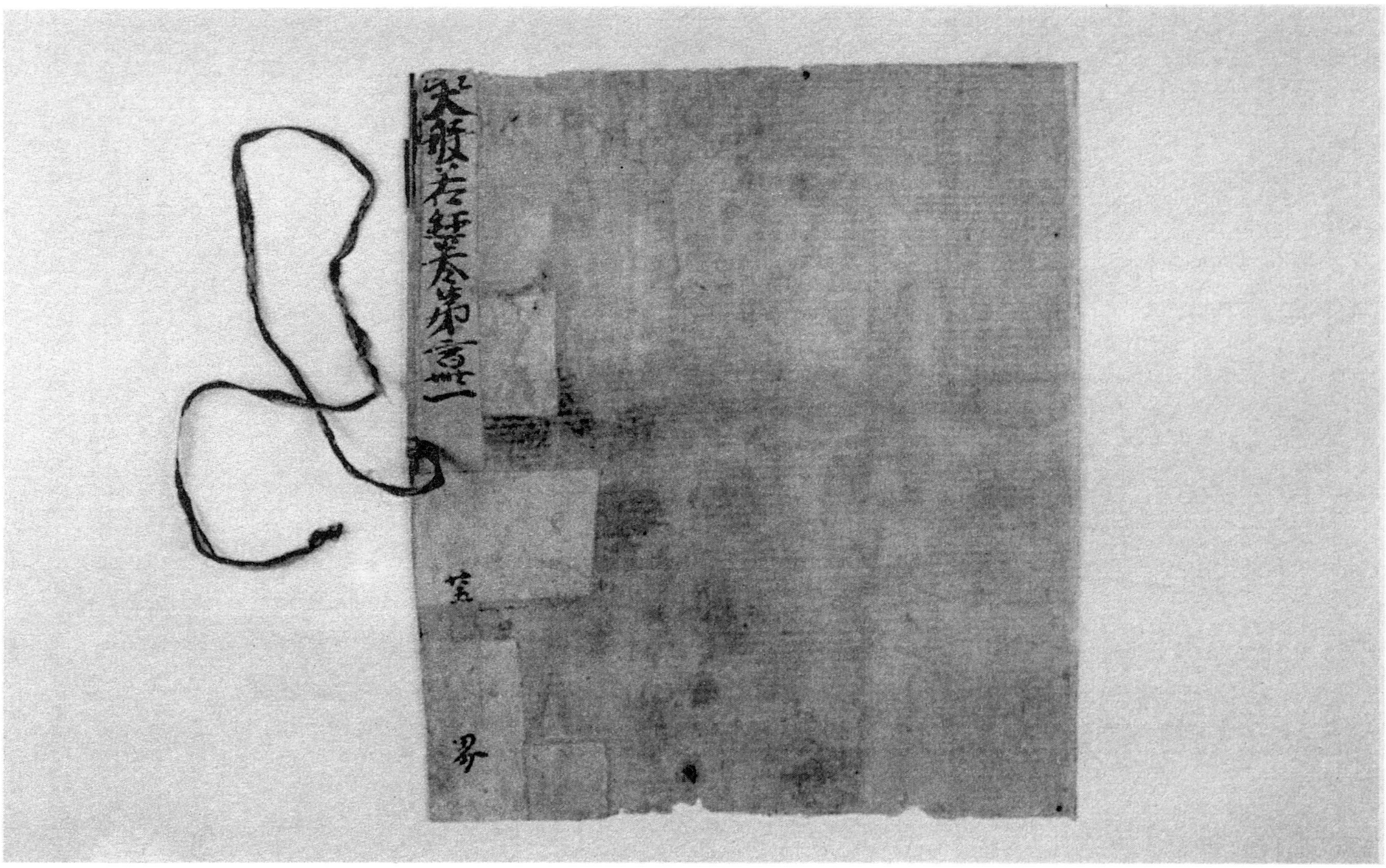

BD12956 號　護首（大般若波羅蜜多經）　　（1-1）

BD12957 號　護首（大般若波羅蜜多經）　（1–1）

BD12958 號　護首（大般若波羅蜜多經）　（1–1）

BD12959號　護首（大般若波羅蜜多經）　　（1–1）

BD12960號背　護首（大般泥洹經）　　（1–1）

BD12960 號　大般泥洹經　（1–1）

BD12961 號　護首（大般若波羅蜜多經）　（1–1）

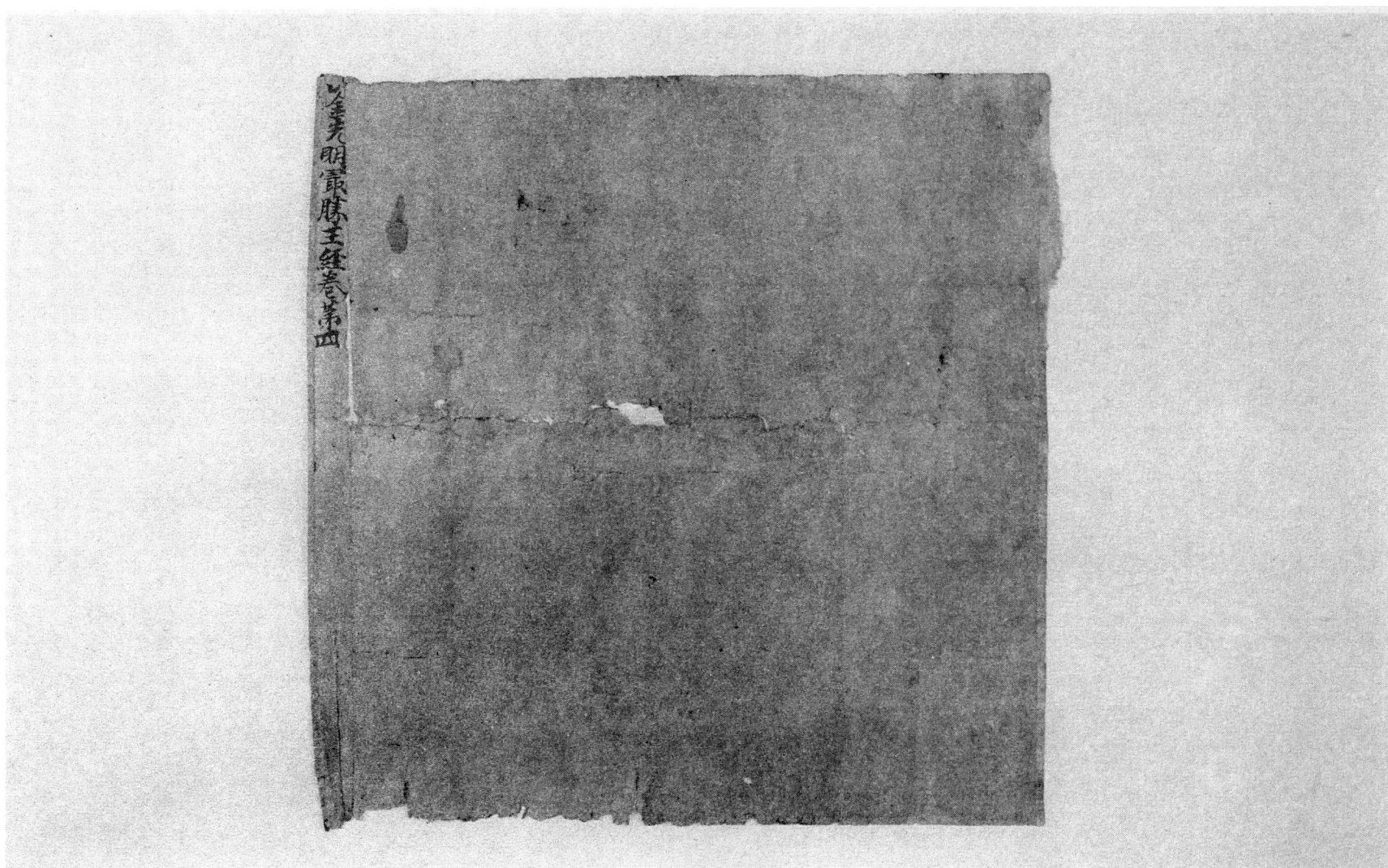

BD12962 號　護首（金光明最勝王經）　　（1–1）

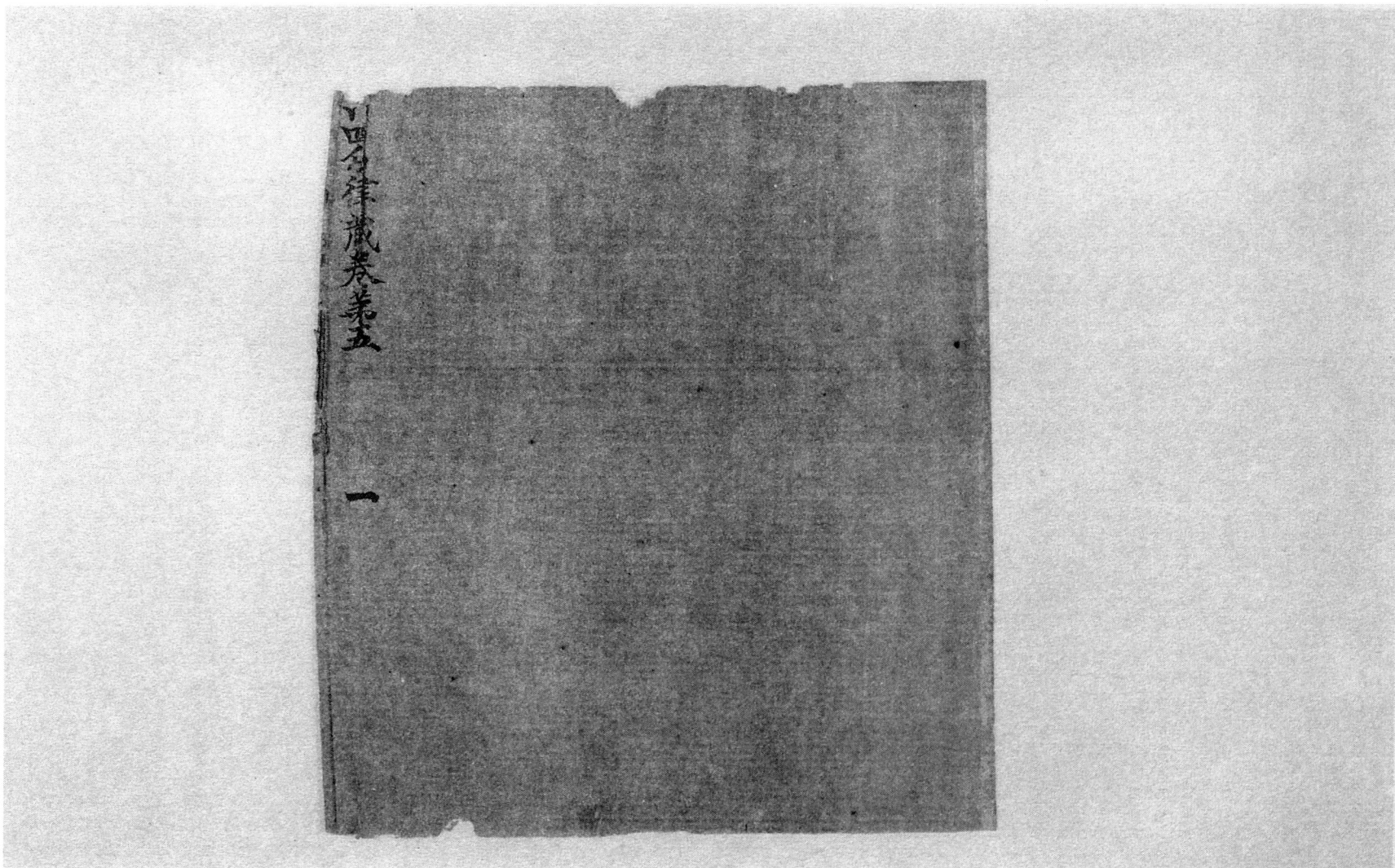

BD12963 號　護首（四分律）　　（1–1）

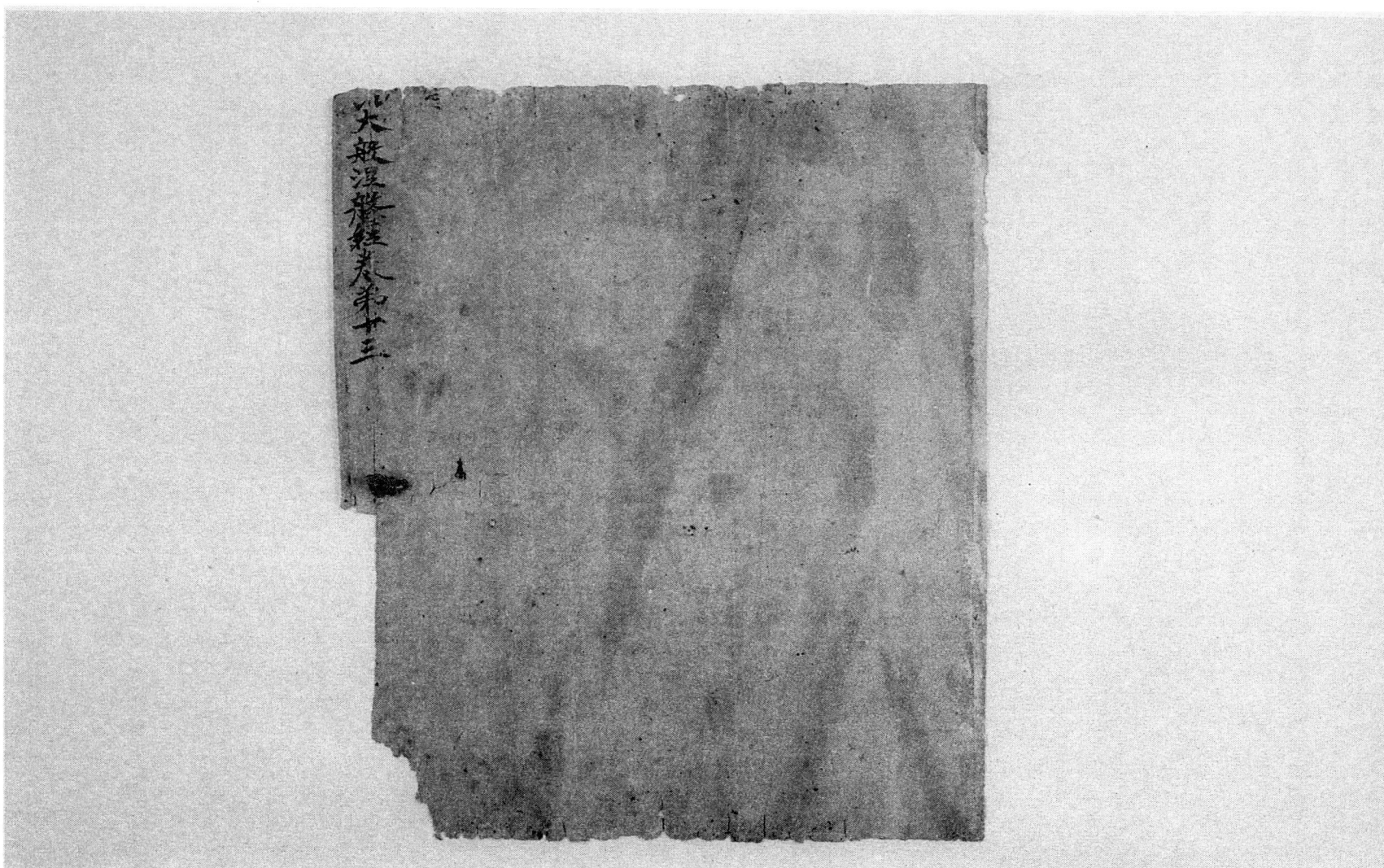

BD12964 號　護首（大般涅槃經）　（1–1）

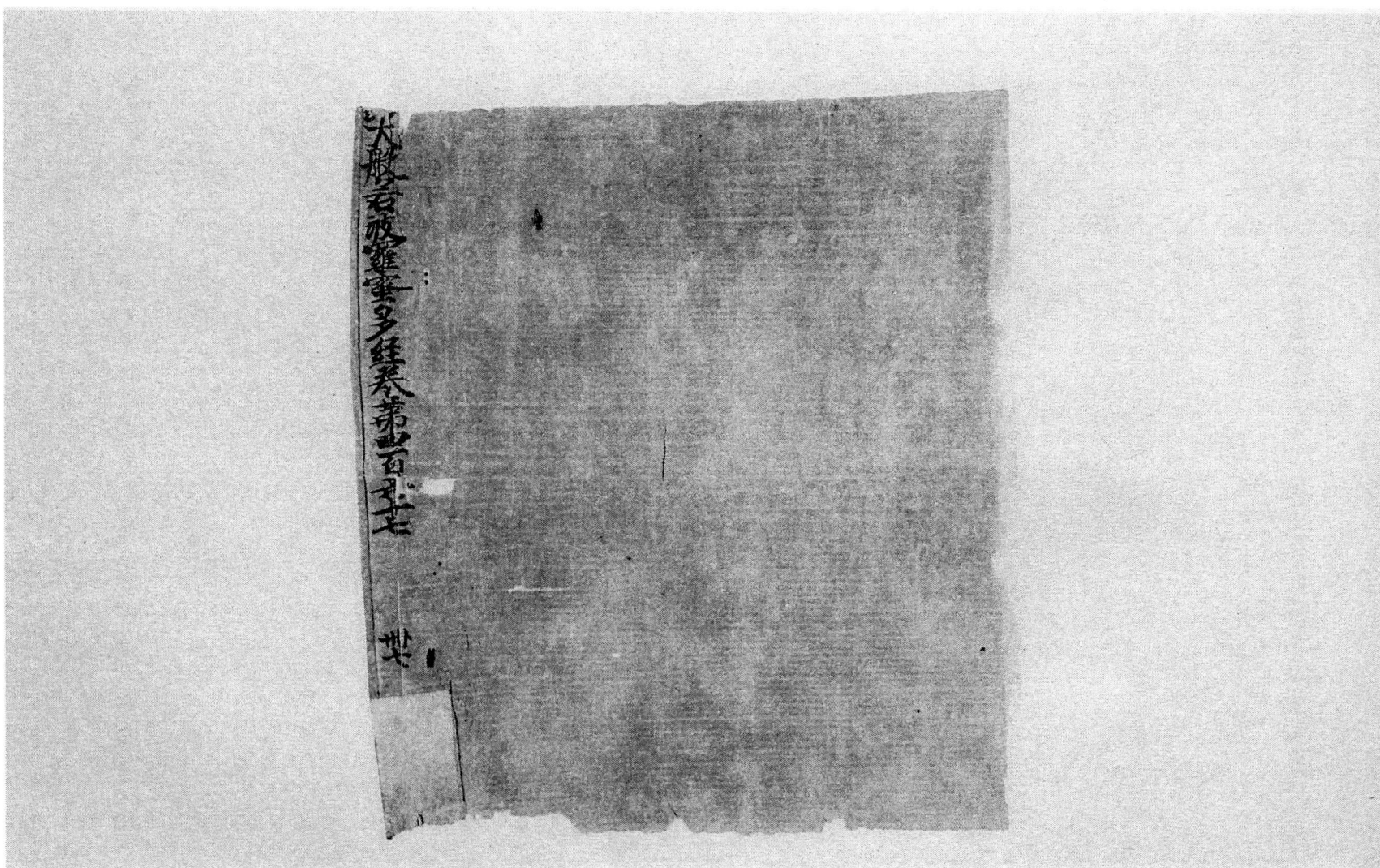

BD12965 號　護首（大般若波羅蜜多經）　（1–1）

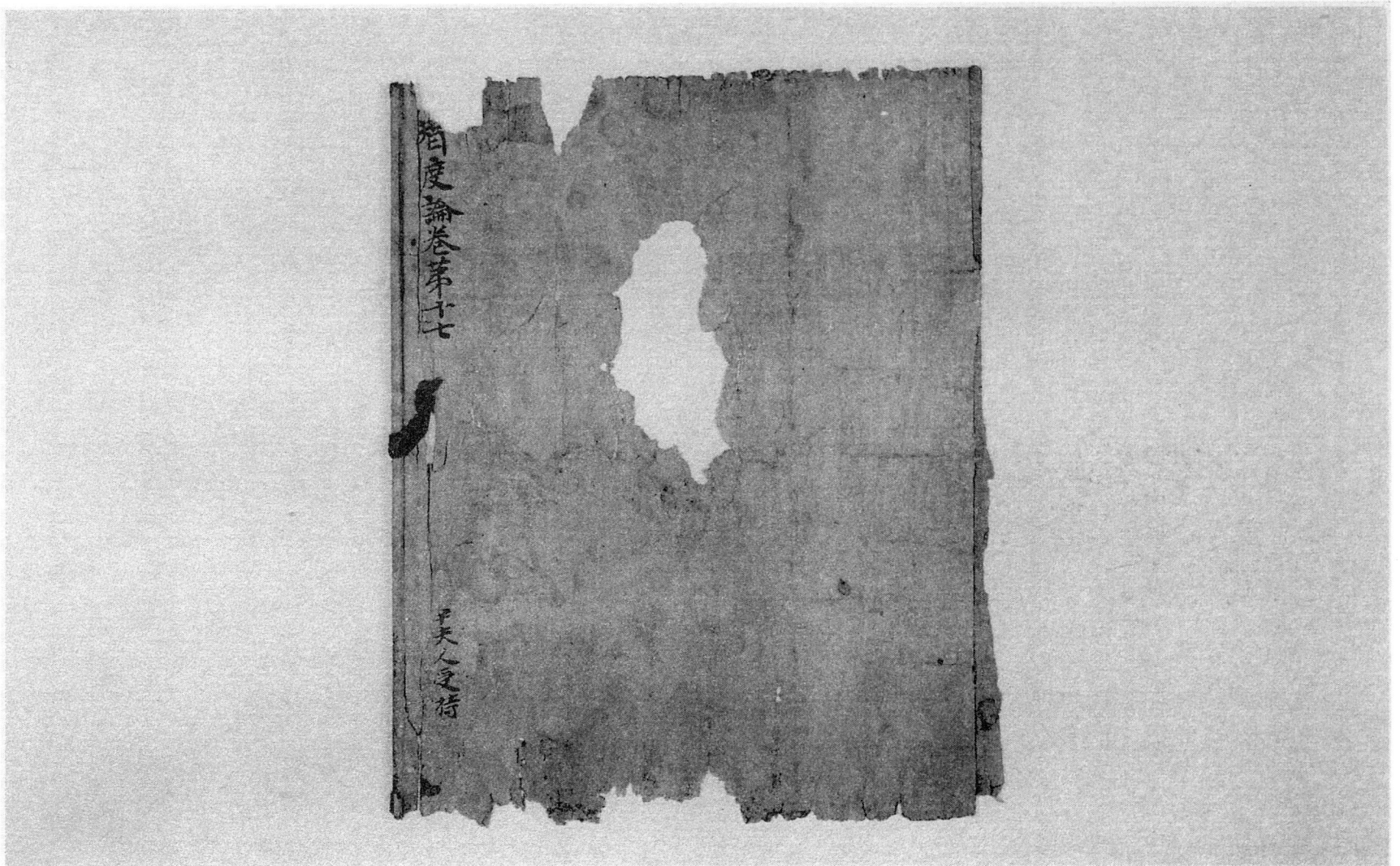

BD12966 號　護首（大智度論）　（1–1）

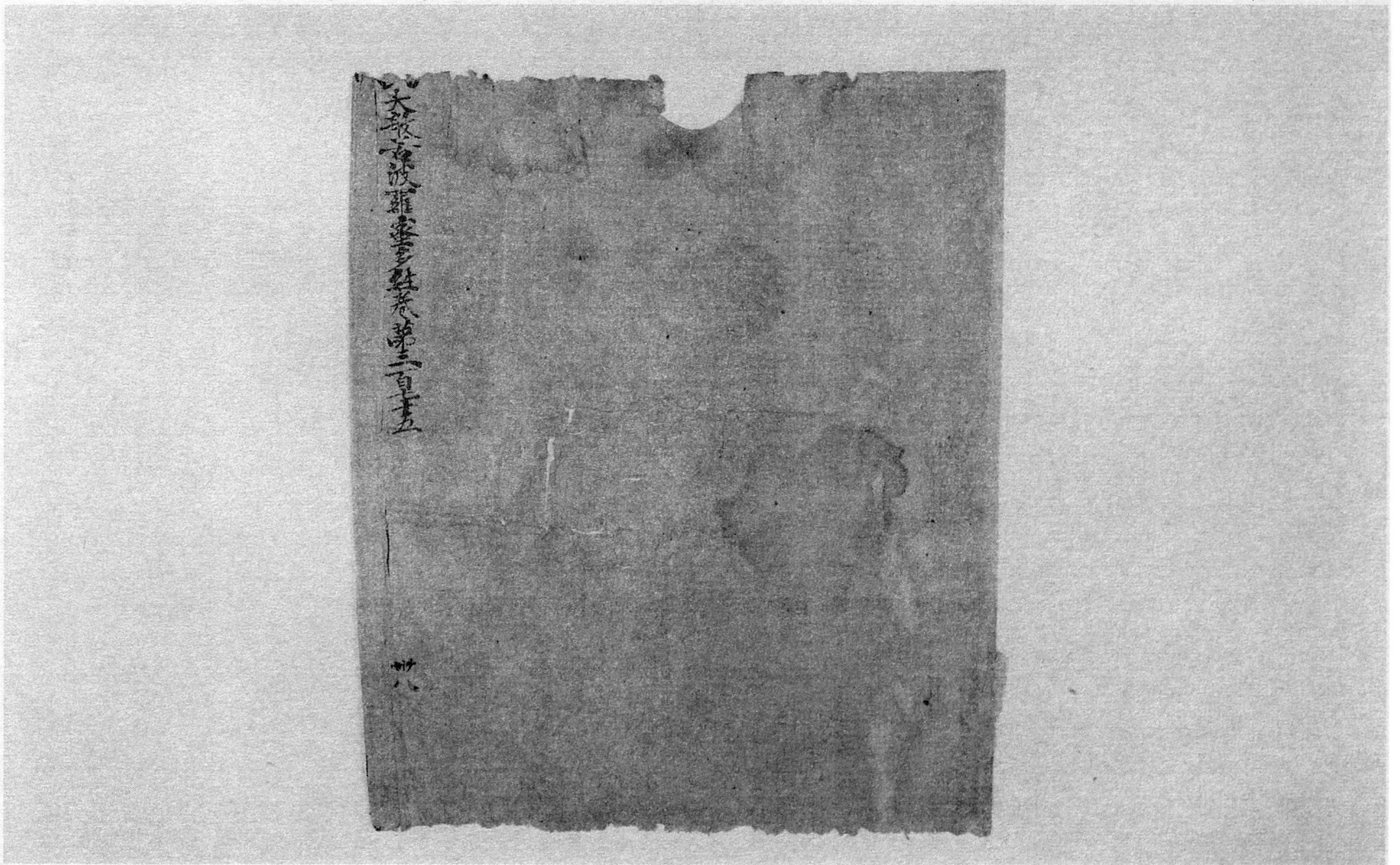

BD12967 號　護首（大般若波羅蜜多經）　（1–1）

BD12968 號　護首（大般若波羅蜜多經）　（1–1）

BD12969 號背　護首（大般若波羅蜜多經）　（1–1）

BD12969 號　大般若波羅蜜多經卷四七　　（1–1）

BD12970 號　護首（四分羯磨）　　（1–1）

BD12971 號　護首（妙法蓮華經）　　（1–1）

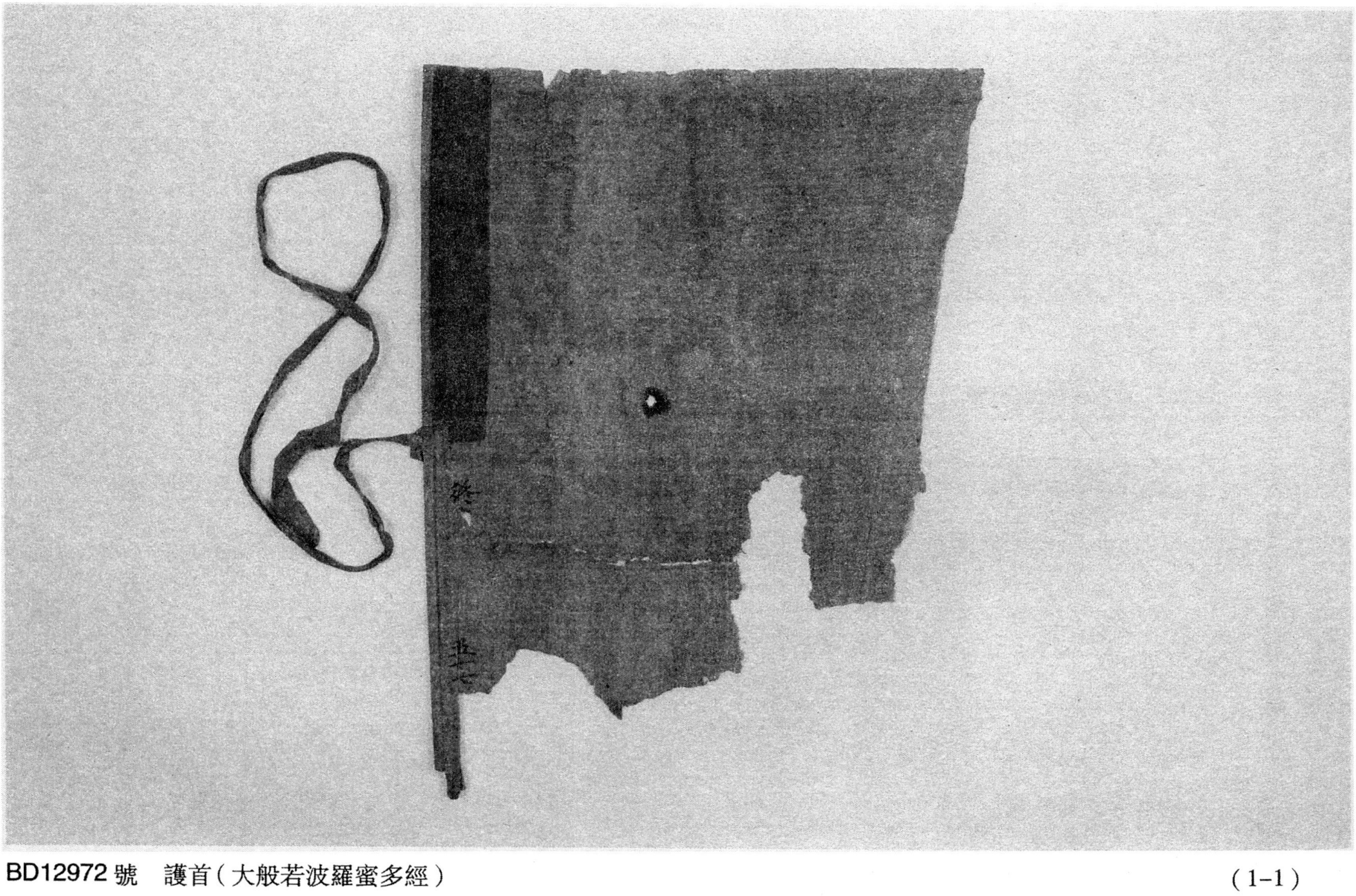

BD12972 號　護首（大般若波羅蜜多經）　　（1–1）

BD12973號　護首（阿毘達磨俱舍論）　　（1-1）

BD12974號背　護首（般若波羅蜜多心經）　　（1-1）

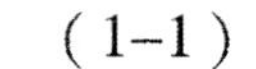

BD12974號　般若波羅蜜多心經　（1–1）

BD12975號　護首（四分羯磨小鈔）　（1–1）

BD12976 號　護首（摩訶般若波羅蜜經）　　(1–1)

BD12977 號　護首（阿彌陀經）　　(1–1)

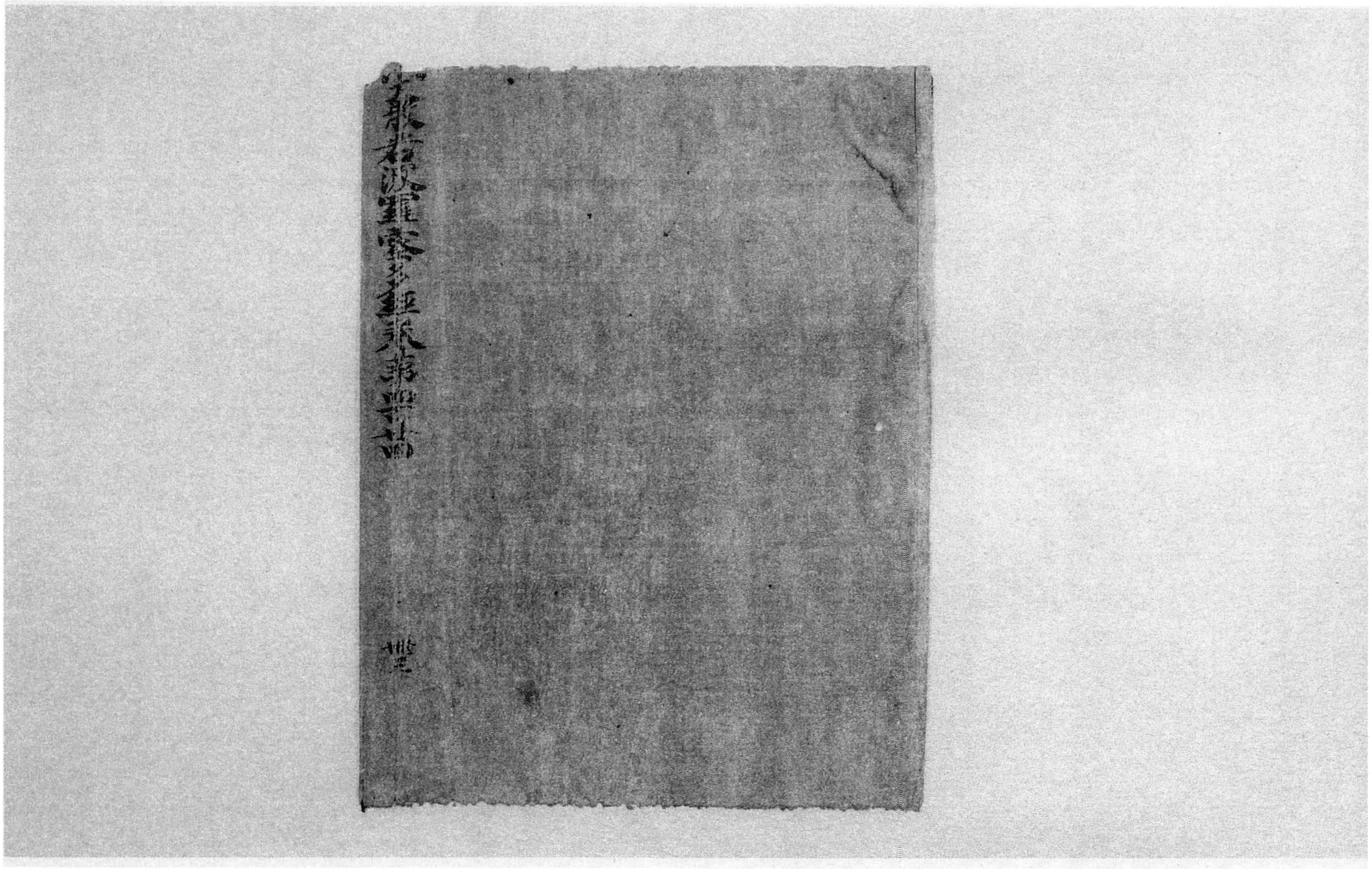

BD12978 號　護首（大般若波羅蜜多經）　　（1–1）

BD12979 號　護首（大般若波羅蜜多經）　　（1–1）

BD12980 號　護首（大般若波羅蜜多經）　　　　　　　　　　　　　　　　　　（1–1）

BD12980 號背　金剛般若波羅蜜經　　　　　　　　　　　　　　　　　　　　（1–1）

大般涅槃經卷第廿九

三界

BD12981 號　護首（大般涅槃經）　（1–1）

BD12981 號背　藏文殘片（擬）　（1–1）

BD12982 號　護首（妙法蓮華經）　　（1–1）

BD12983 號　護首（大般若波羅蜜多經）　　（1–1）

BD12984 號　護首（大般若波羅蜜多經）　（1–1）

BD12985 號　護首（大般若波羅蜜多經）　（1–1）

BD12986 號　護首（四分比丘尼戒本）　（1–1）

BD12987 號　護首（大般若波羅蜜多經）　（1–1）

BD12988 號　護首（大般若波羅蜜多經）　（1–1）

BD12989 號　護首（淨名經關中釋抄）　（1–1）

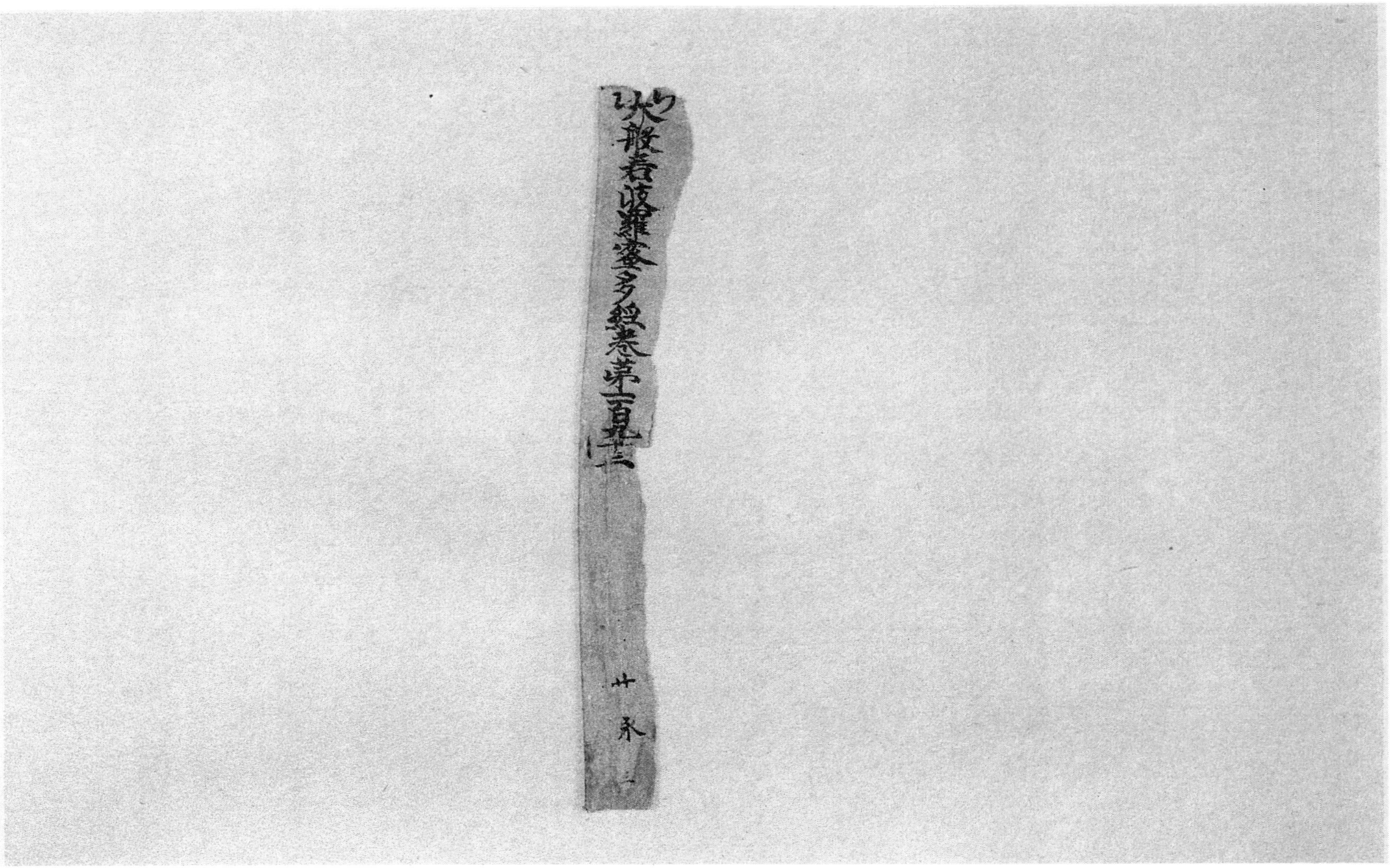

BD12990 號　護首（大般若波羅蜜多經）　　（1–1）

BD12991 號　護首（大般若波羅蜜多經）　　（1–1）

BD12992 號　護首（大般若波羅蜜多經）　　（1–1）

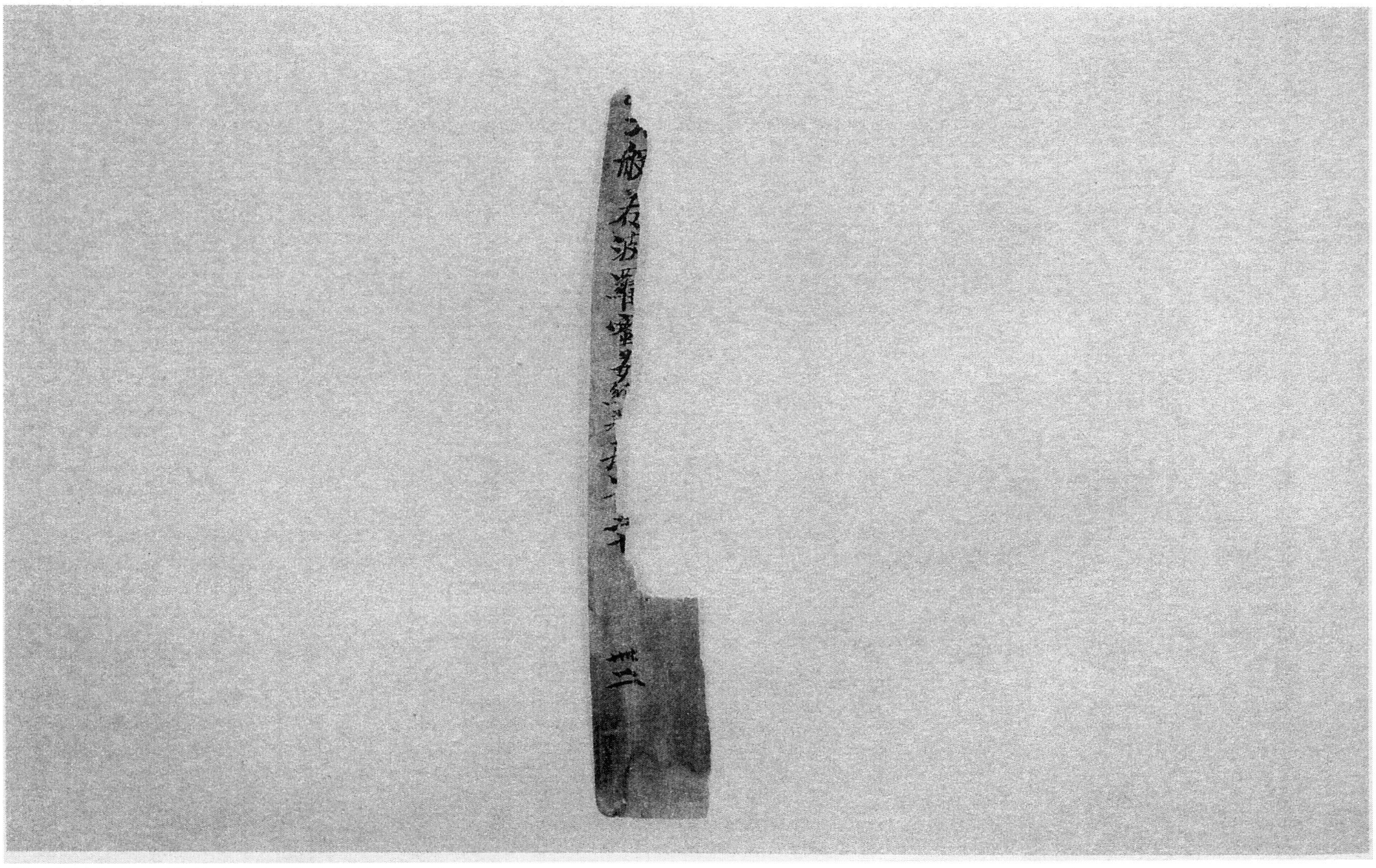

BD12993 號　護首（大般若波羅蜜多經）　　（1–1）

BD12994 號　護首（大寶積經）　　（1–1）

BD12995 號　護首（大般若波羅蜜多經）　　（1–1）

BD12996 號　護首（大般若波羅蜜多經）　　（1–1）

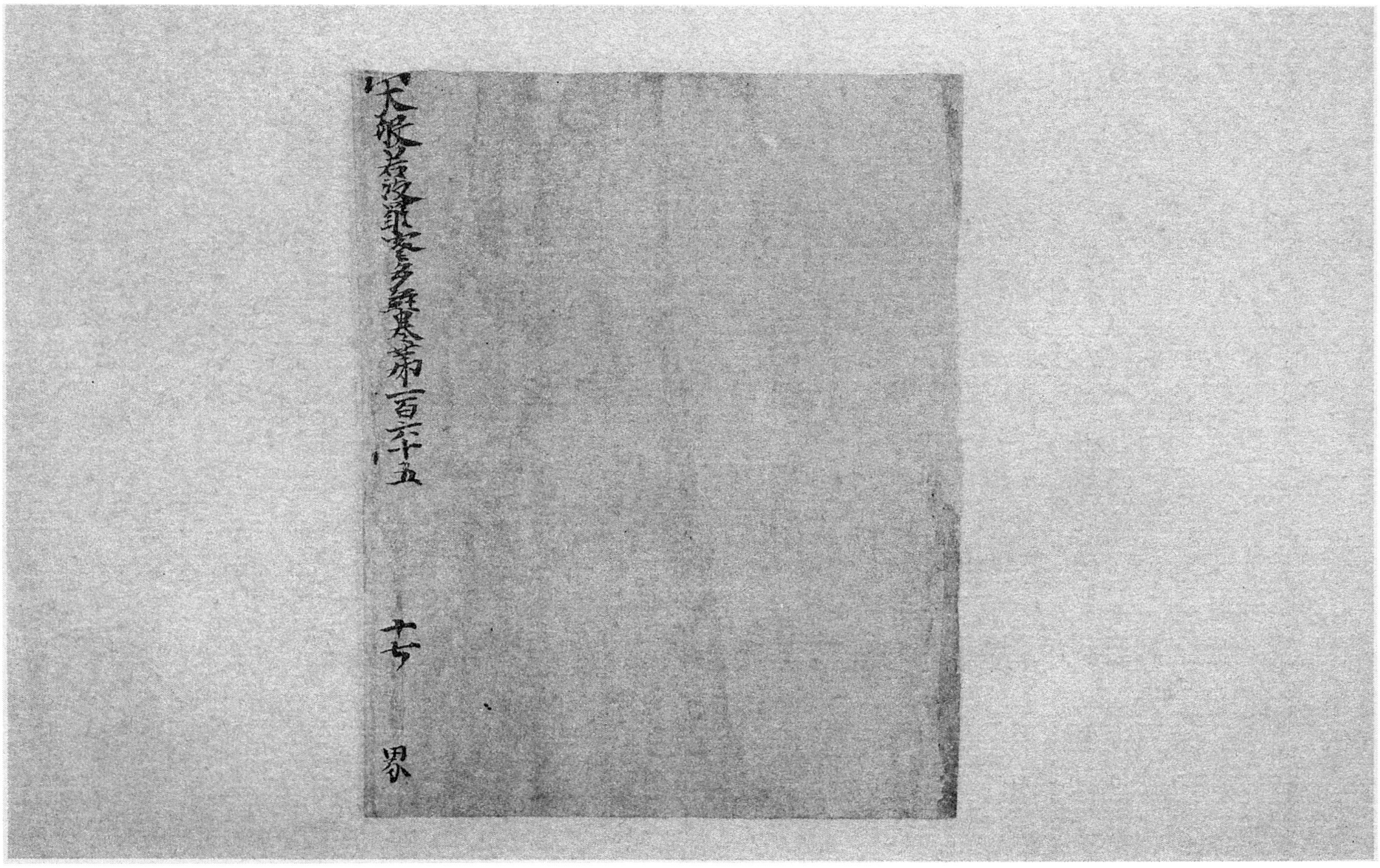

BD12997 號　護首（大般若波羅蜜多經）　　（1–1）

BD12998 號　護首（大般若波羅蜜多經）　　（1–1）

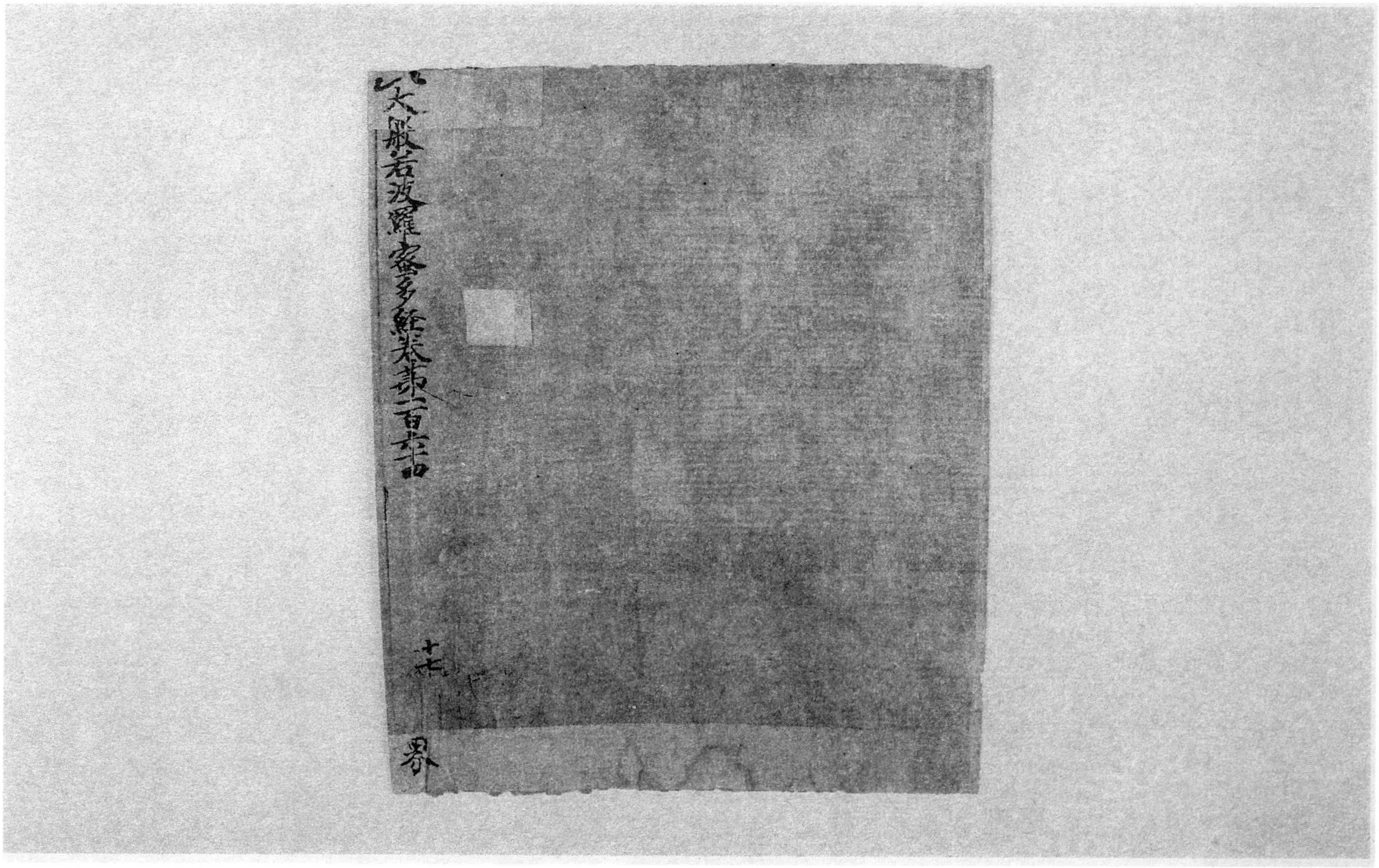

BD12999 號　護首（大般若波羅蜜多經）　　（1–1）

BD13000 號　護首（大般若波羅蜜多經）　　（1–1）

BD13000 號背　雜寫　　（1–1）

BD13001號　護首（大般涅槃經）　　（1–1）

BD13002號　護首（大般若波羅蜜多經）　　（1–1）

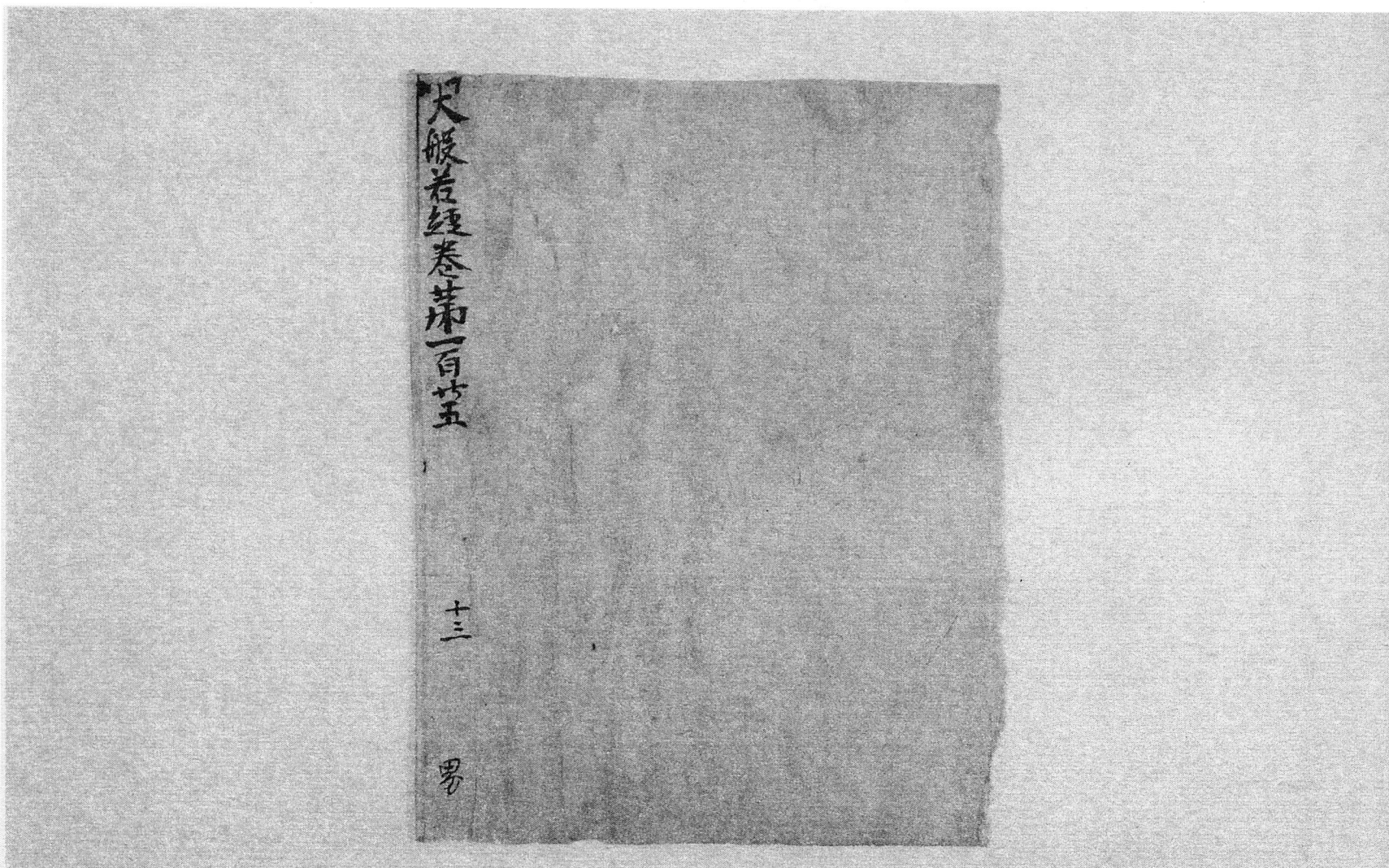

BD13003 號　護首（大般若波羅蜜多經）　（1–1）

BD13004 號　護首（大乘入道次第）　（1–1）

BD13005 號　護首（大般涅槃經）　　（1–1）

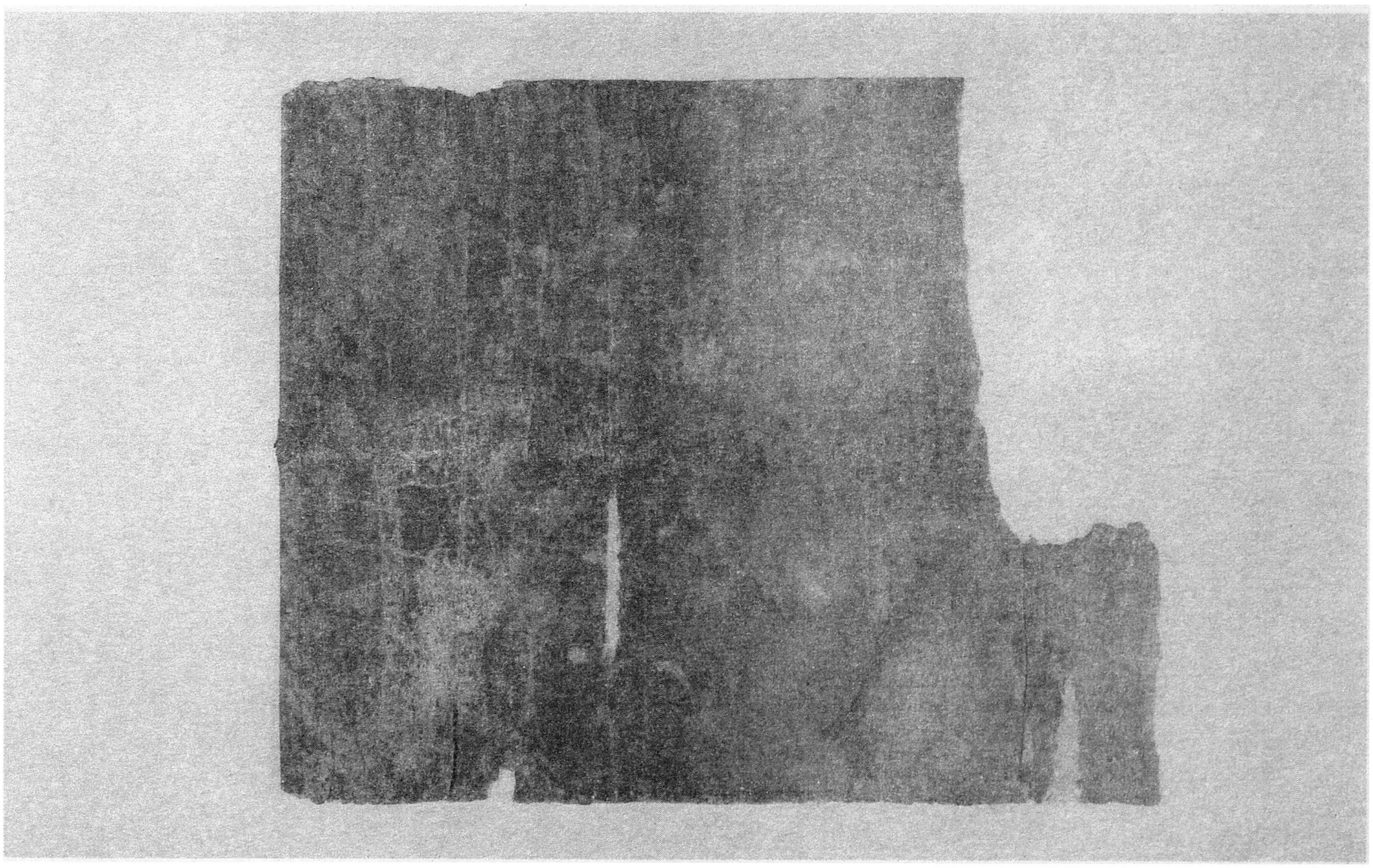

BD13006 號背　護首　　（1–1）

BD13006 號　金剛般若波羅蜜經　　（1–1）

BD13007 號　護首（大般若波羅蜜多經）　　（1–1）

BD13008 號　護首（大般若波羅蜜多經）　　（1–1）

BD13009 號　護首（大般若波羅蜜多經）　　（1–1）

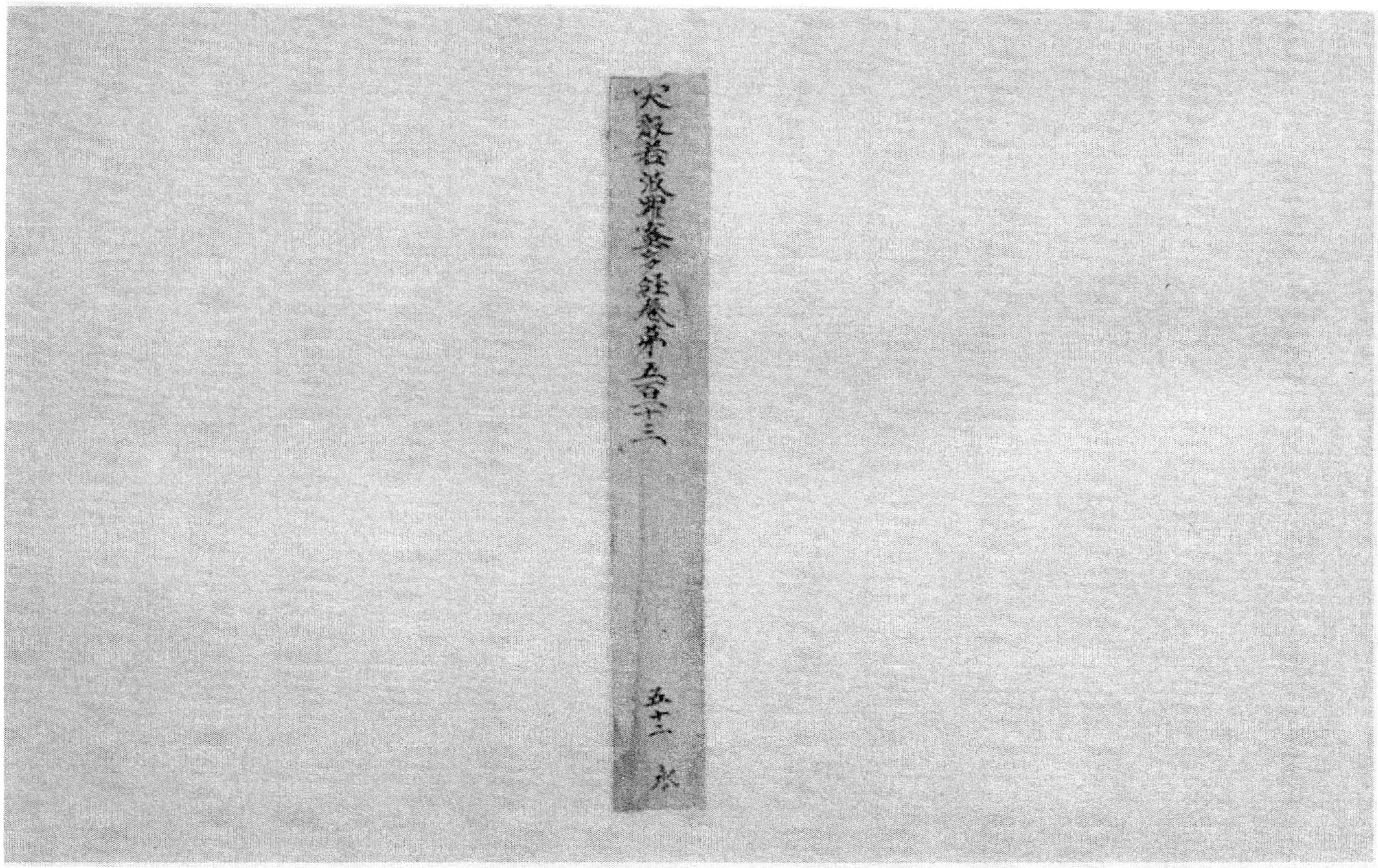

BD13010 號　護首（大般若波羅蜜多經）　（1–1）

BD13011 號　護首（經名不詳）　（1–1）

BD13012 號　護首（妙法蓮華經）　　（1–1）

BD13013 號　護首（維摩詰經）　　（1–1）

BD13014 號　護首（大般涅槃經）　　（1–1）

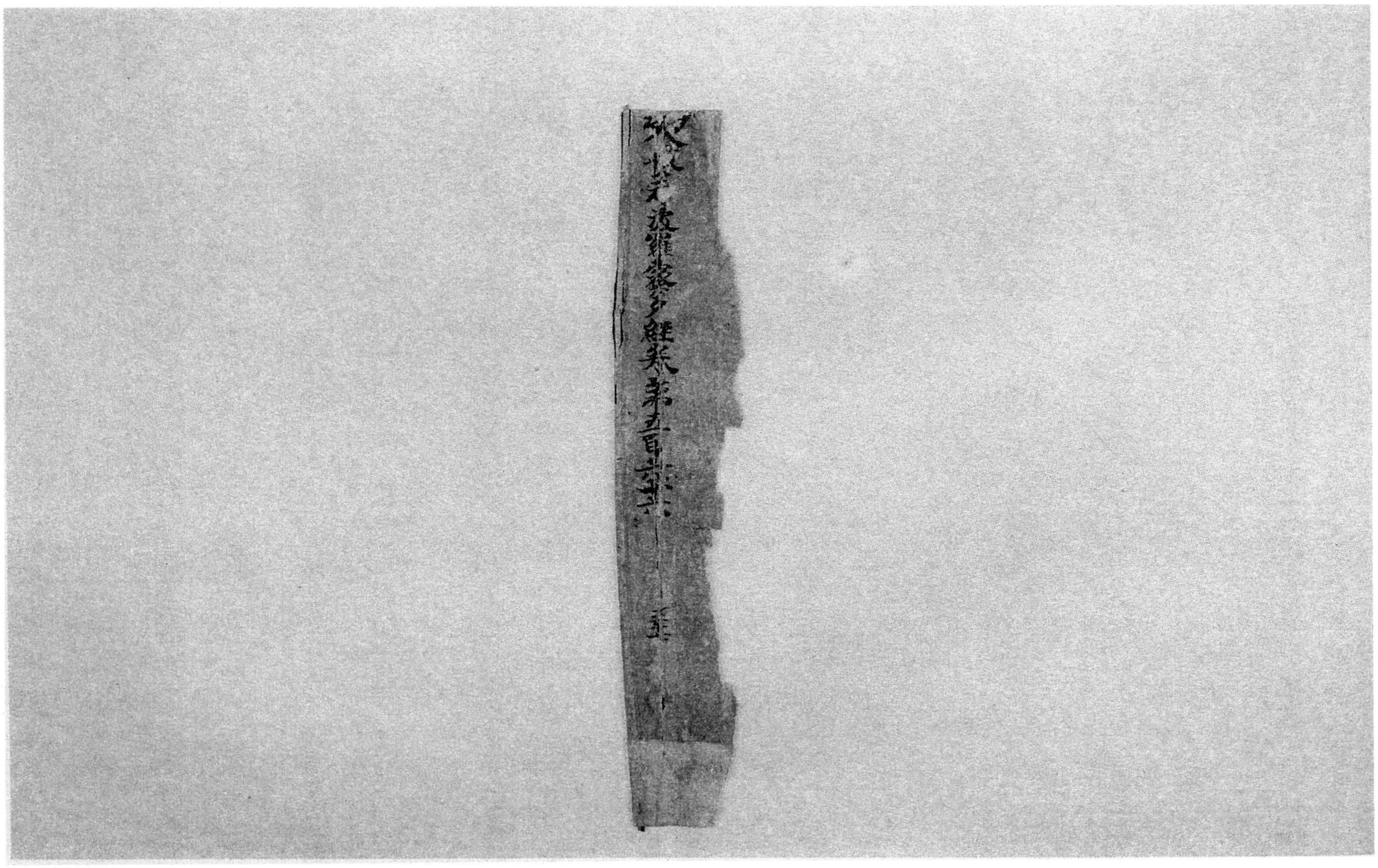

BD13015 號　護首（大般若波羅蜜多經）　　（1–1）

BD13016號　護首（大般若波羅蜜多經）　（1–1）

BD13017號　護首（大般若波羅蜜多經）　（1–1）

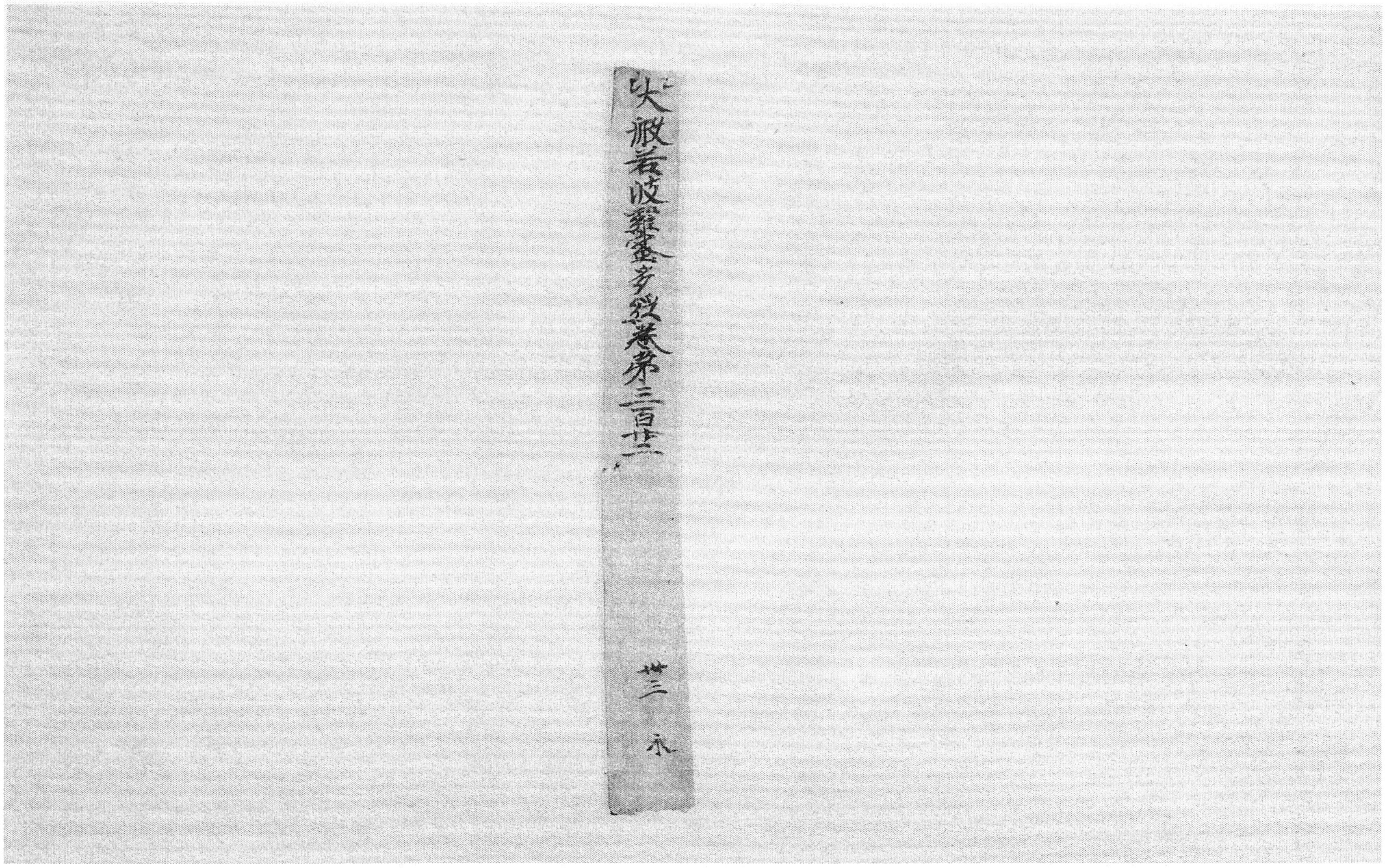

BD13018 號　護首（大般若波羅蜜多經）

（1–1）

BD13019 號　護首（妙法蓮華經）

（1–1）

佛說佛名經卷第一

BD13020號　護首（佛名經）　　（1–1）

BD13021號　護首（經名不詳）　　（1–1）

BD13022號　護首（大般涅槃經）　（1–1）

BD13023號　護首（大寶積經）　（2–1）

BD13023 號　護首（大寶積經）　（2–2）

BD13024 號　護首（大般若波羅蜜多經）　（1–1）

BD13025號　護首（摩訶般若波羅蜜經）　（1–1）

BD13026號　護首（經名不詳）　（1–1）

BD13027 號　護首（摩訶般若波羅蜜經）　　（1–1）

BD13028 號　護首（大般若波羅蜜多經）　　（1–1）

BD13029 號　護首（大般涅槃經）　　（1–1）

BD13030 號　護首（大乘入楞伽經）　　（1–1）

BD13031 號　護首（大般若波羅蜜多經）　（1-1）

BD13032 號　護首（大般涅槃經）　（1-1）

BD13033 號　護首（妙法蓮華經）　　（1–1）

BD13034 號　護首（妙法蓮華經）　　（1–1）

BD13035 號　護首（大品般若波羅蜜經）　（1–1）

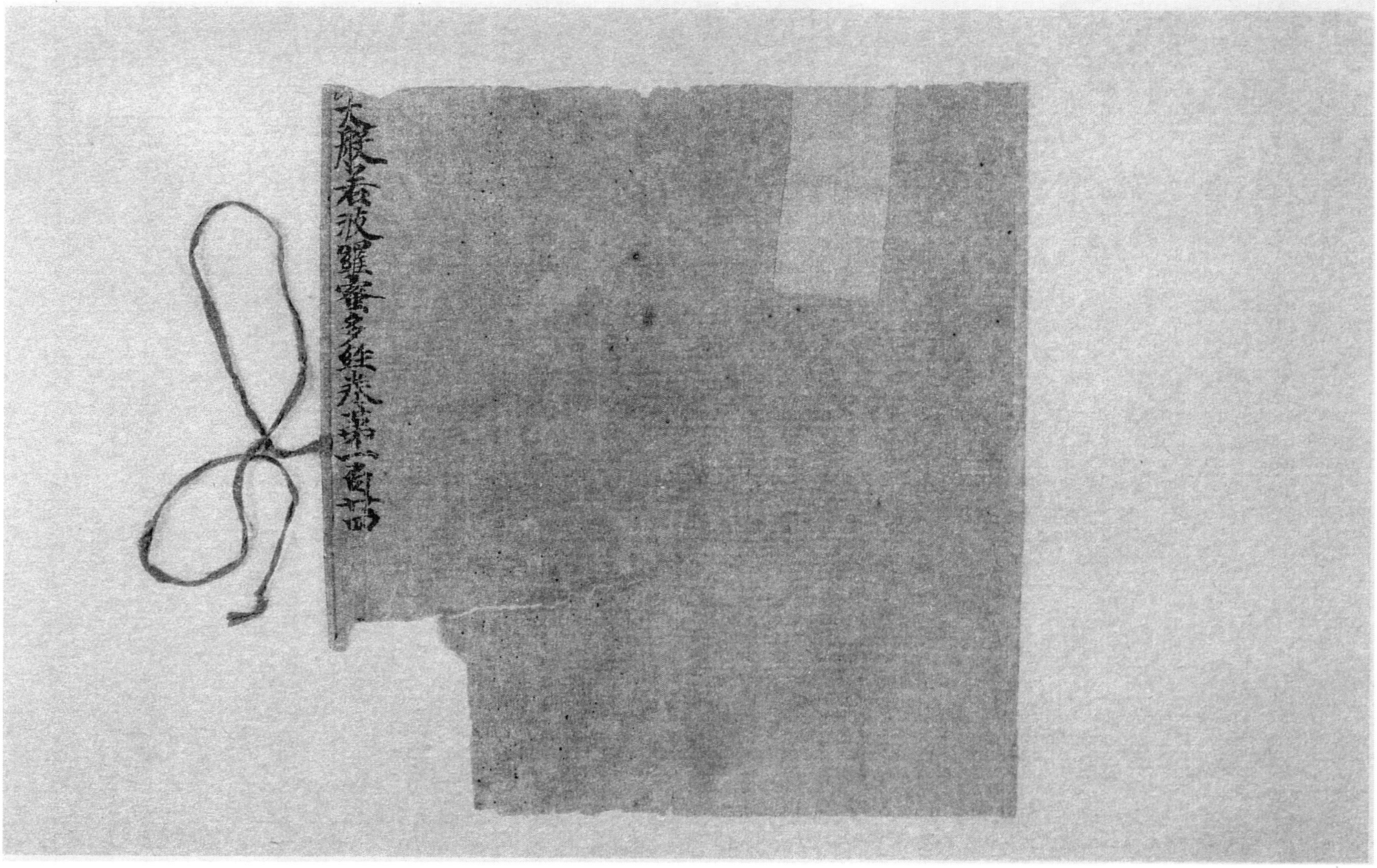

BD13036 號　護首（大般若波羅蜜多經）　（1–1）

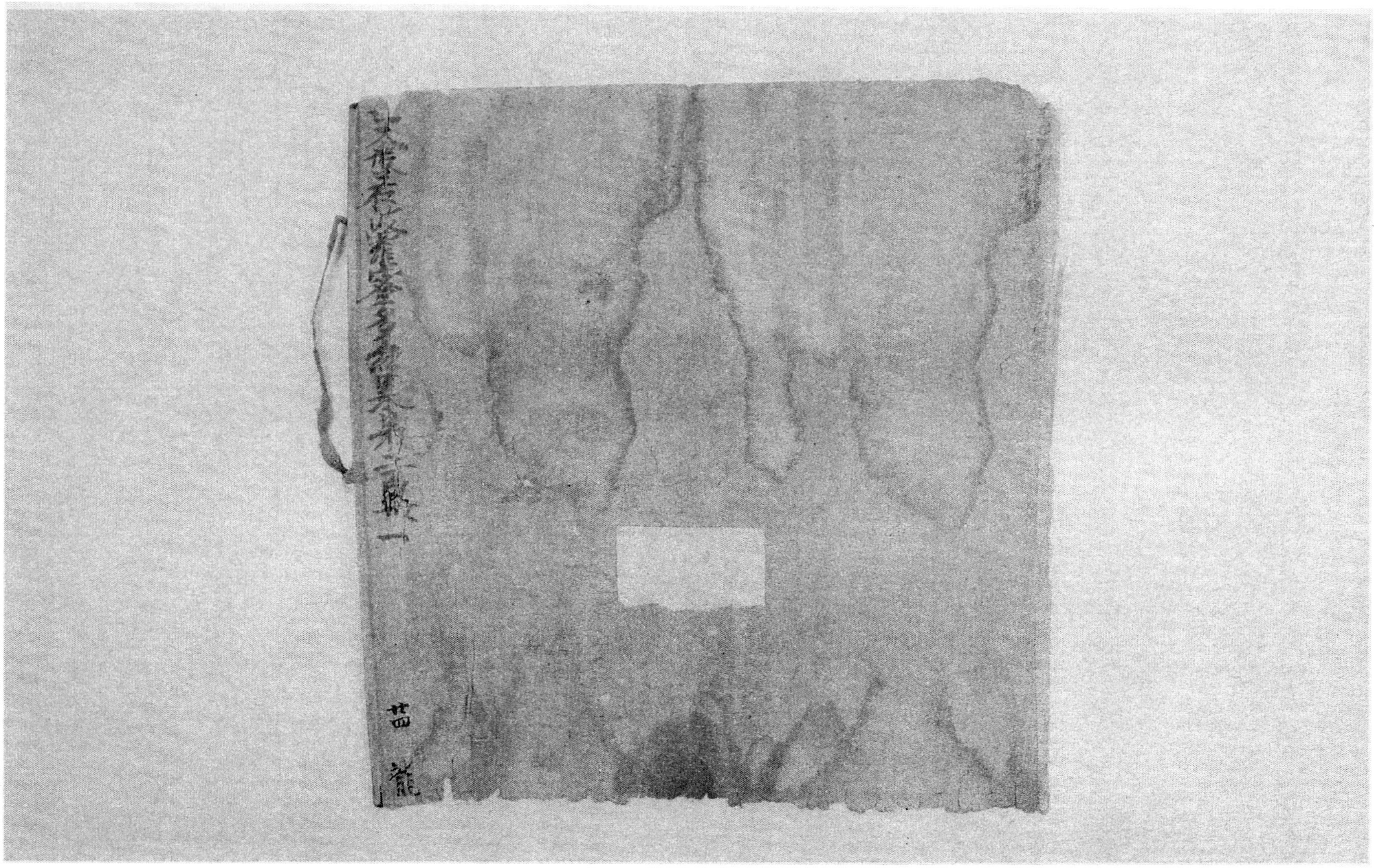

BD13037 號　護首（大般若波羅蜜多經）　　（1–1）

BD13038 號　護首（大般若波羅蜜多經）　　（1–1）

BD13039 號　護首（大般若波羅蜜多經）　　（1–1）

BD13040 號　護首（大般若波羅蜜多經）　　（1–1）

BD13041 號　護首（大般若波羅蜜多經）　　　（1–1）

BD13042 號　護首（妙法蓮華經）　　　（1–1）

BD13043 號　護首（金剛般若波羅蜜經）　（1–1）

BD13044 號　護首（大般若波羅蜜多經）　（1–1）

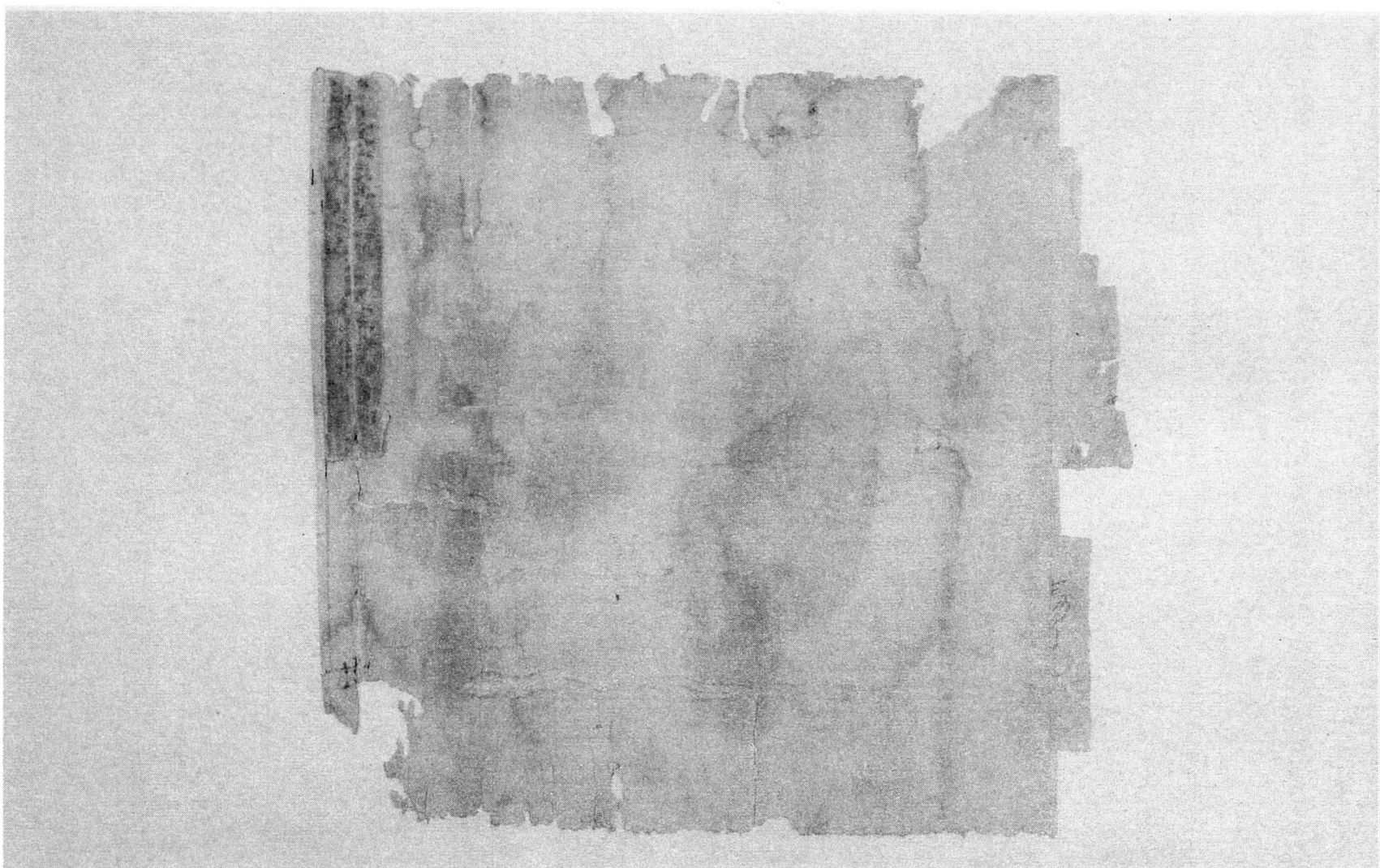

BD13045 號　護首（大般若波羅蜜多經）　（1–1）

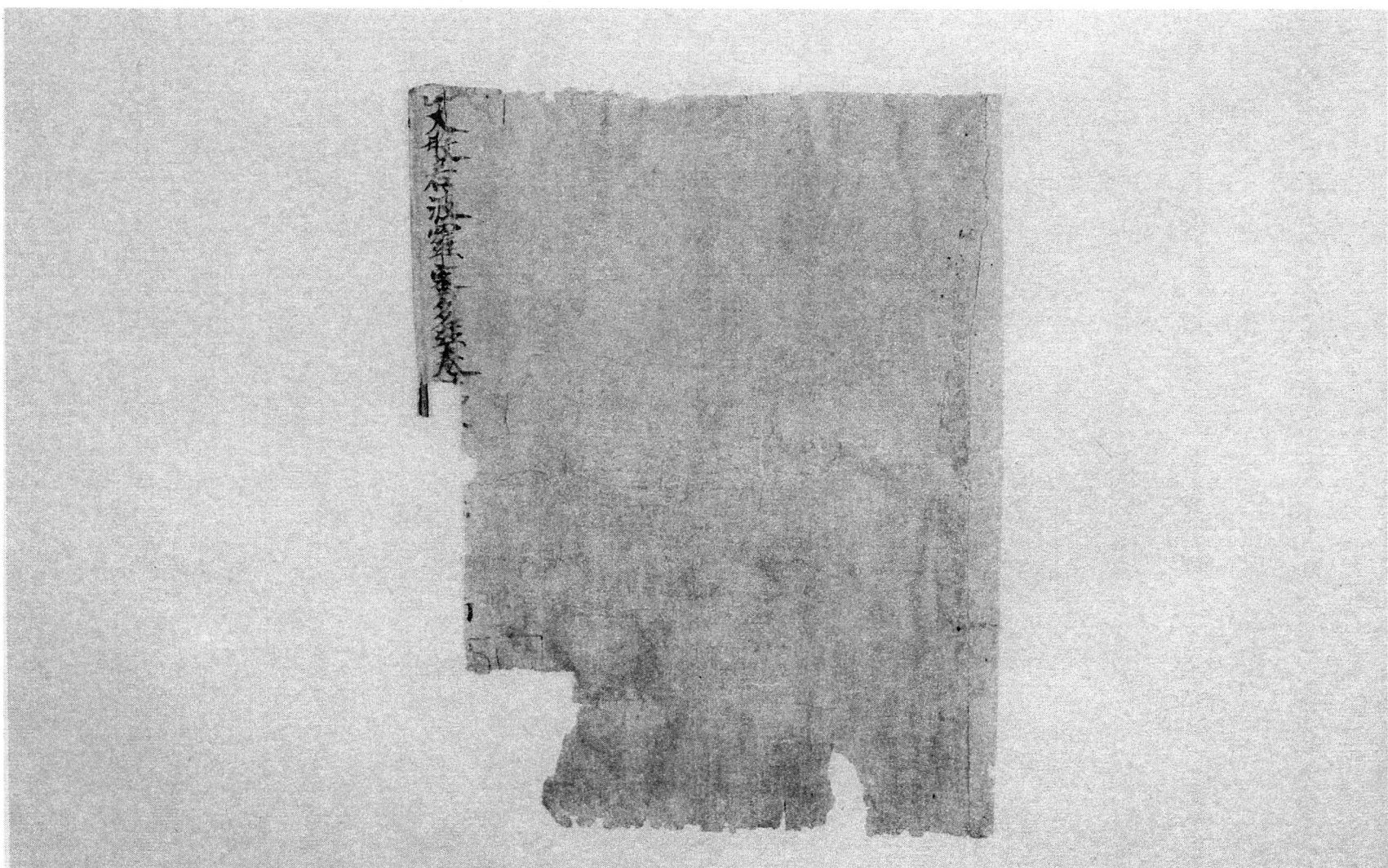

BD13046 號　護首（大般若波羅蜜多經）　（1–1）

BD13047 號　護首（大般若波羅蜜多經）　（1–1）

BD13048 號　護首（大般若波羅蜜多經）　（1–1）

BD13049 號　大般涅槃經（北本）卷二九　（1–1）

BD13049 號背　護首（大般涅槃經）　（1–1）

BD13050 號　護首（大般若波羅蜜多經）　　（1–1）

BD13051 號　護首（大般若波羅蜜多經）　　（1–1）

BD13052 號　護首（大般若波羅蜜多經）　　（1–1）

BD13053 號　護首（大般涅槃經）　　（1–1）

BD13054 號　護首（大般涅槃經）　　（1–1）

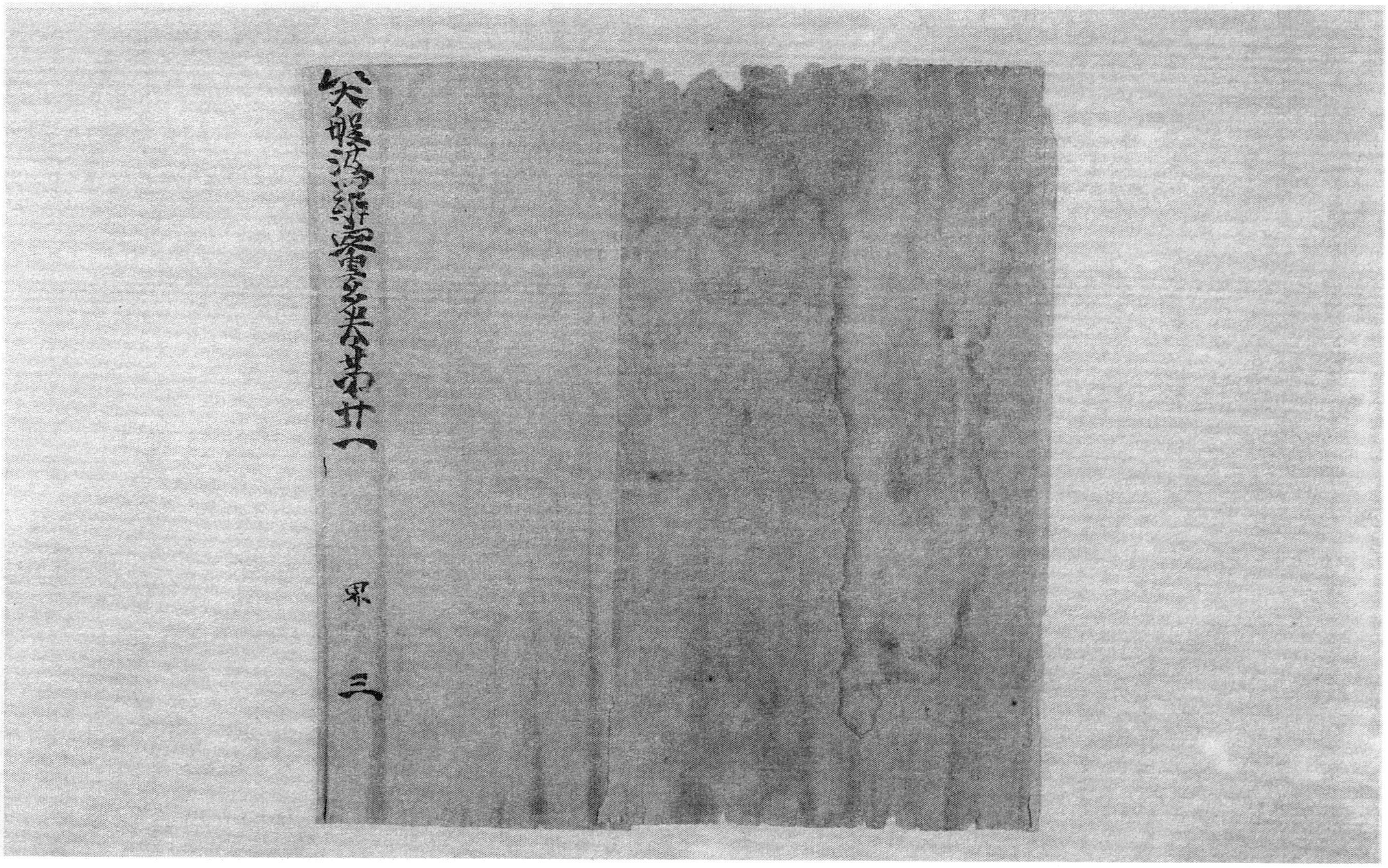

BD13055 號　護首（大般若波羅蜜多經）　　（1–1）

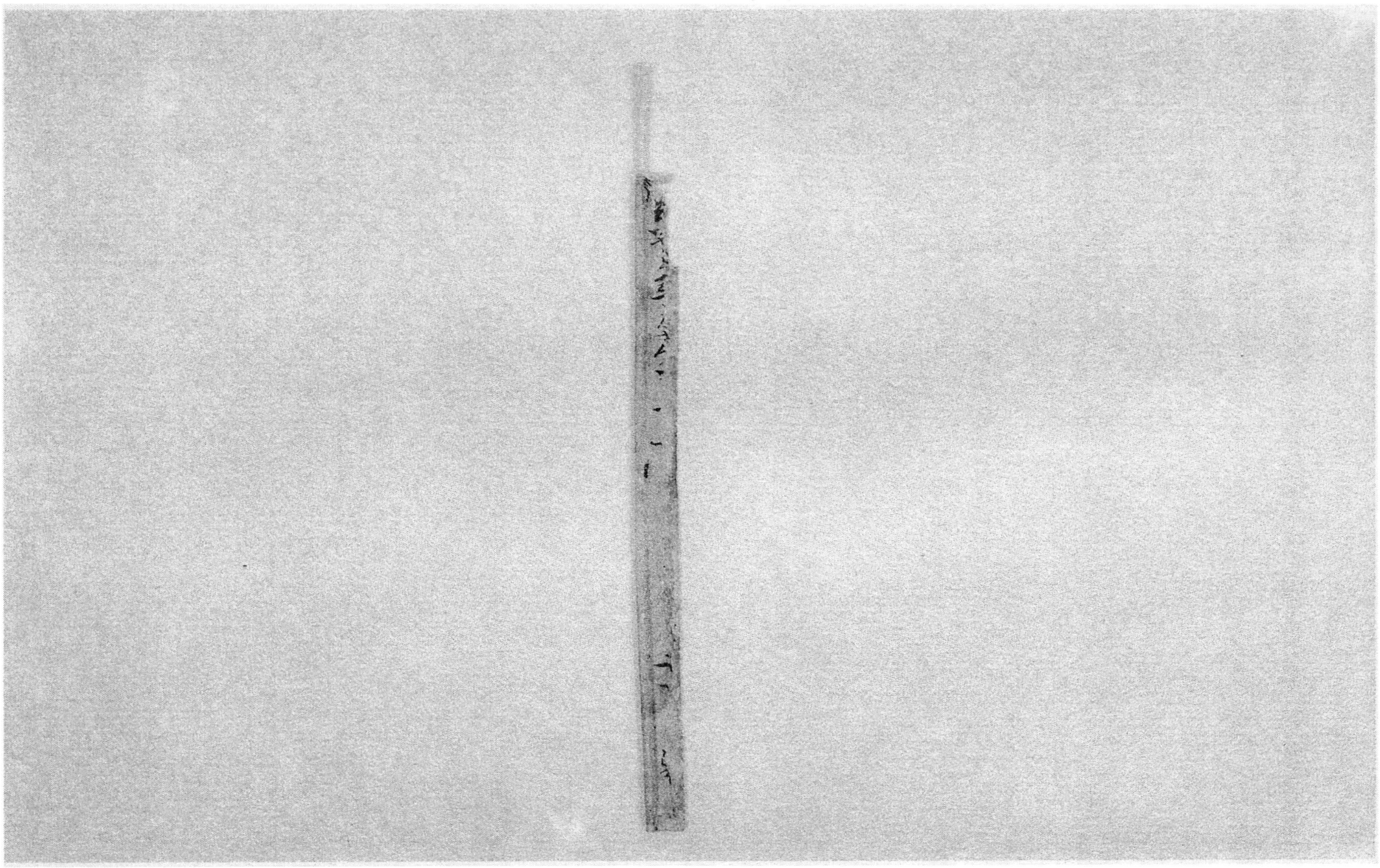

BD13056 號　護首（經名不詳）　　（1–1）

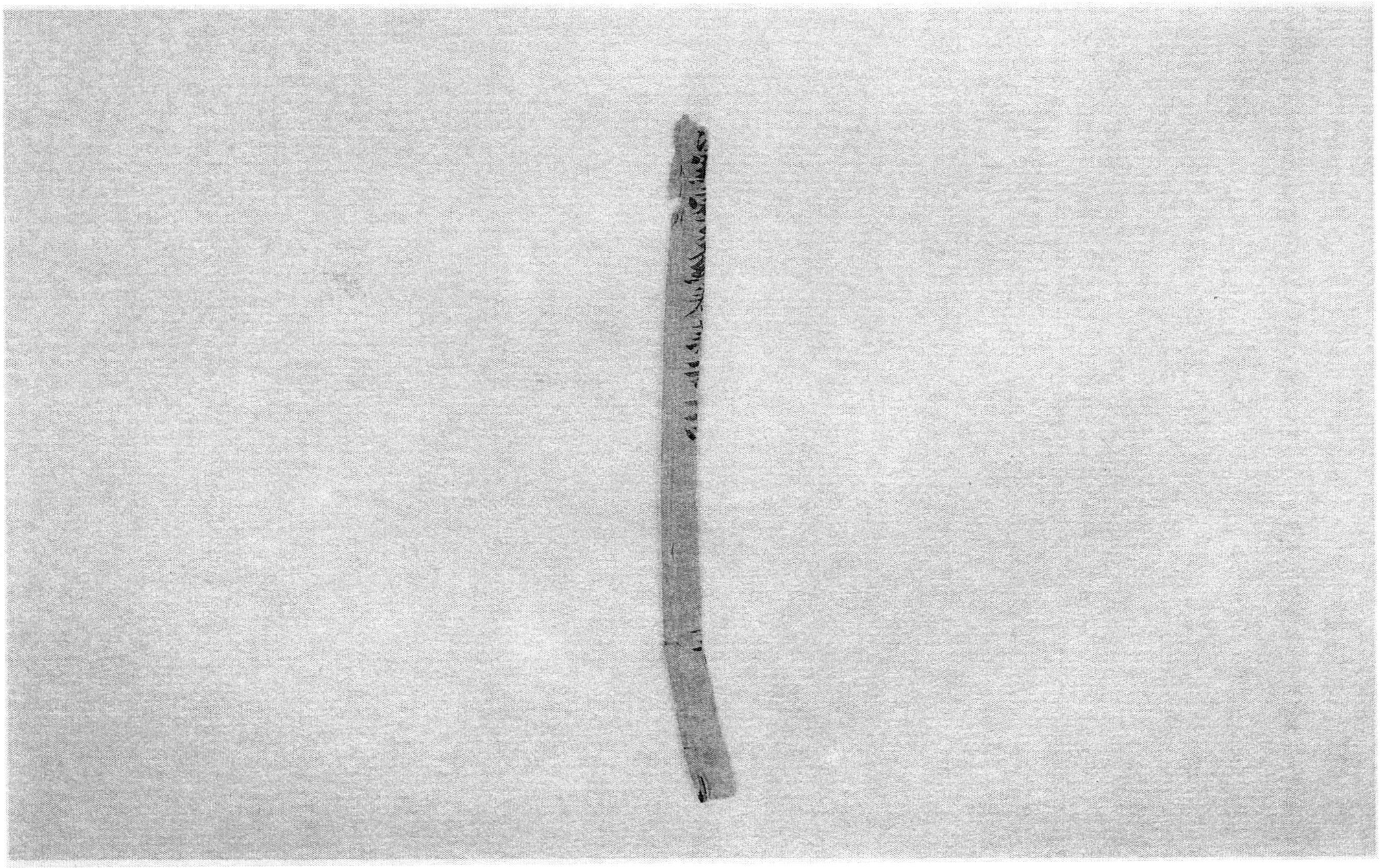

BD13057 號　護首（大般若波羅蜜多經）　　（1–1）

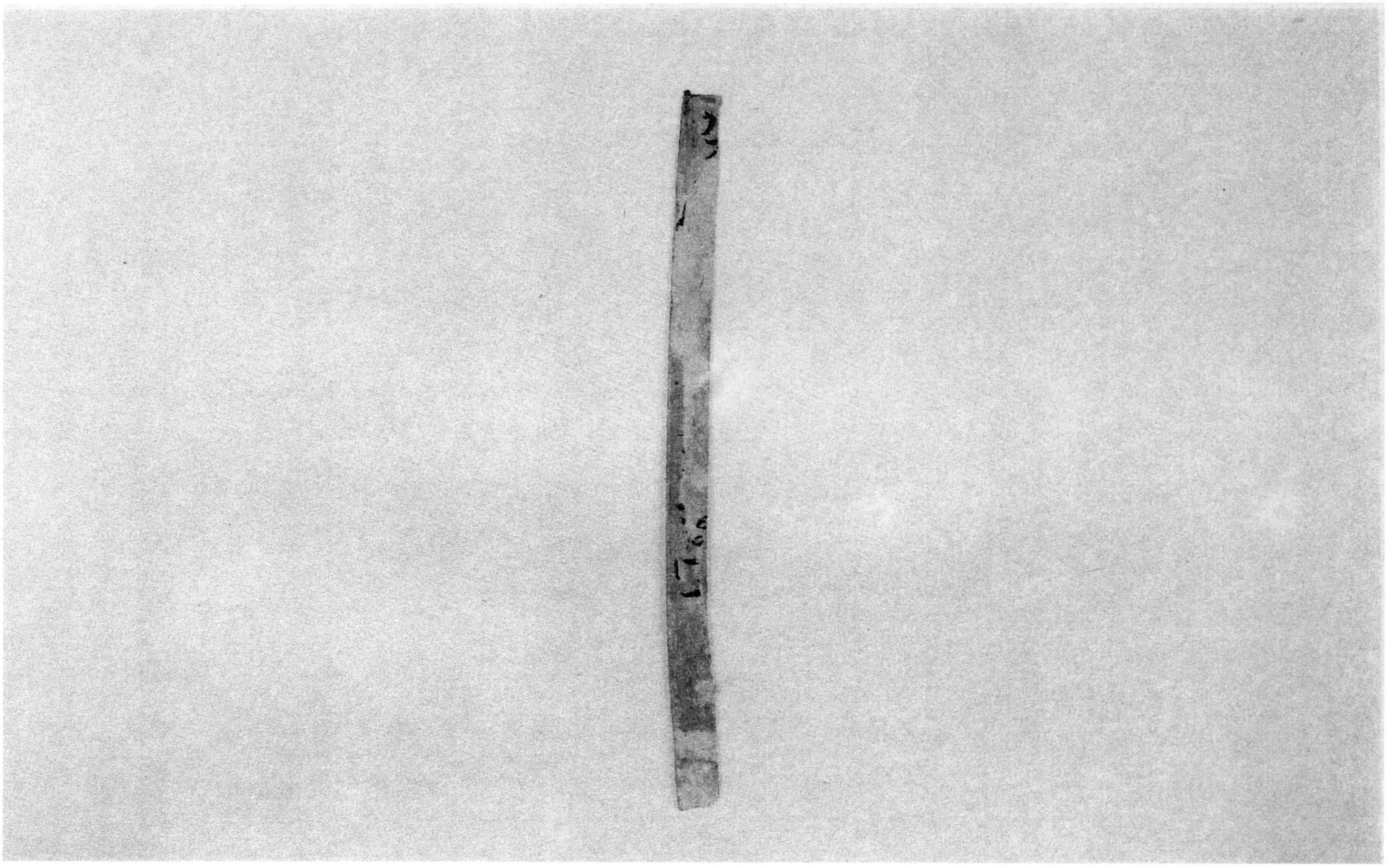

BD13058 號　護首（經名不詳）　　（1–1）

BD13059 號　護首（大般涅槃經）　　（1–1）

BD13060 號　護首（金光明經）　　（1–1）

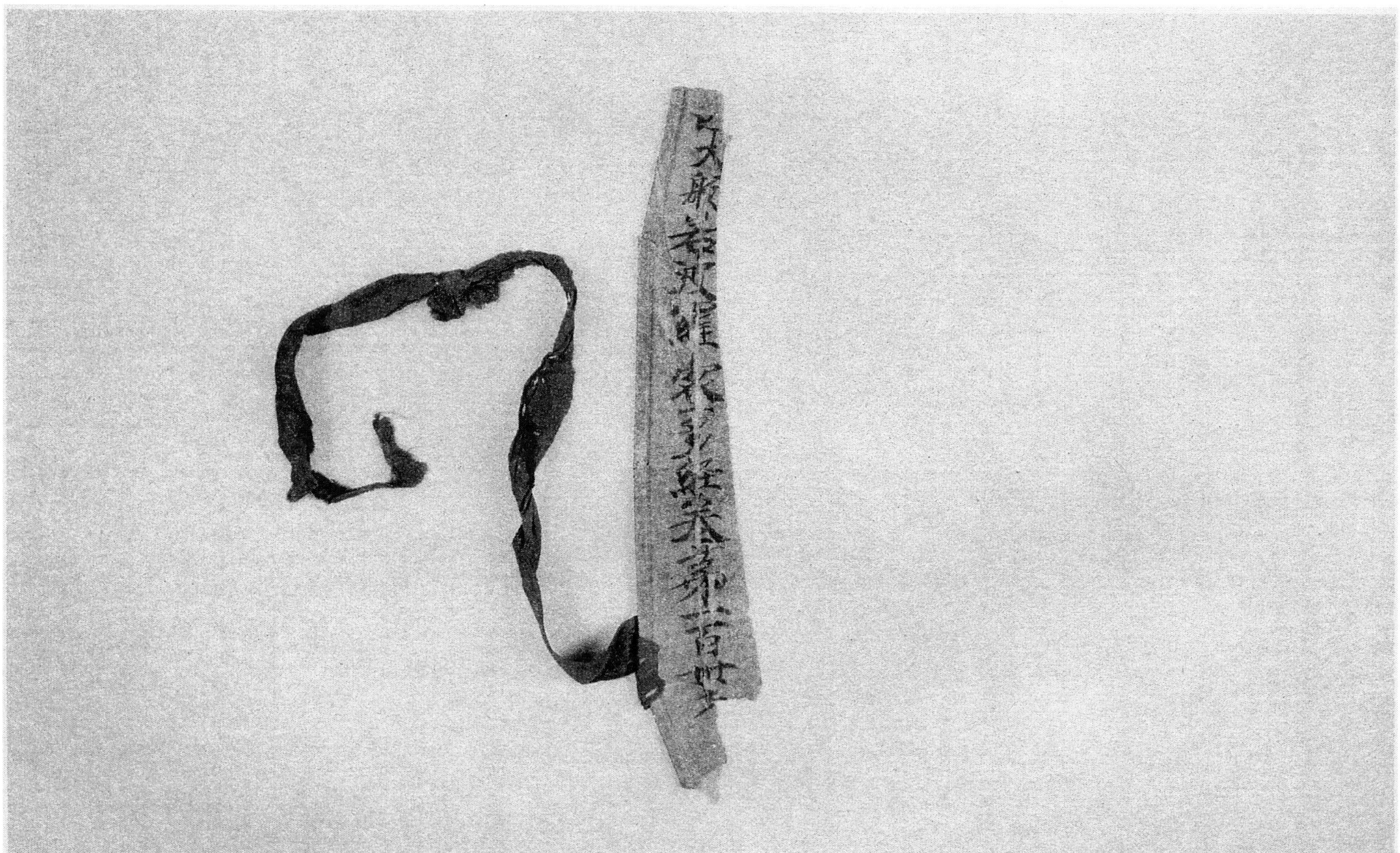

BD13061 號　護首（大般若波羅蜜多經）　　（1–1）

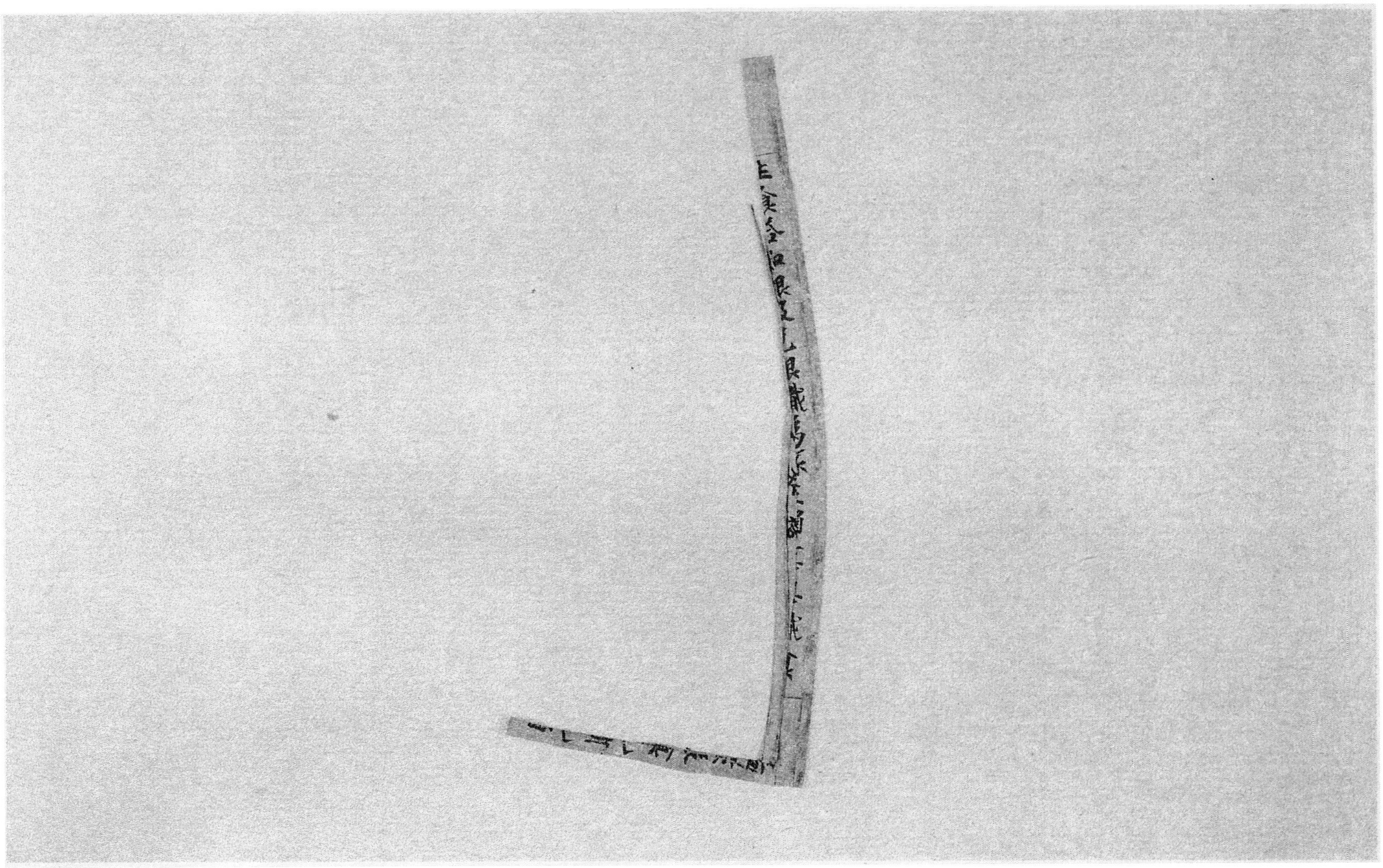

BD13062 號　殘片（擬）　（1–1）

BD13063 號　護首（大寶積經）　（1–1）

BD13064 號　護首（大般若波羅蜜多經）  （1–1）

BD13065 號　護首（大般若波羅蜜多經） （1–1）

BD13066 號　護首（大般若波羅蜜多經）　　（1–1）

BD13067 號　護首（大般若波羅蜜多經）　　（1–1）

BD13068 號　護首（佛名經）　（1–1）

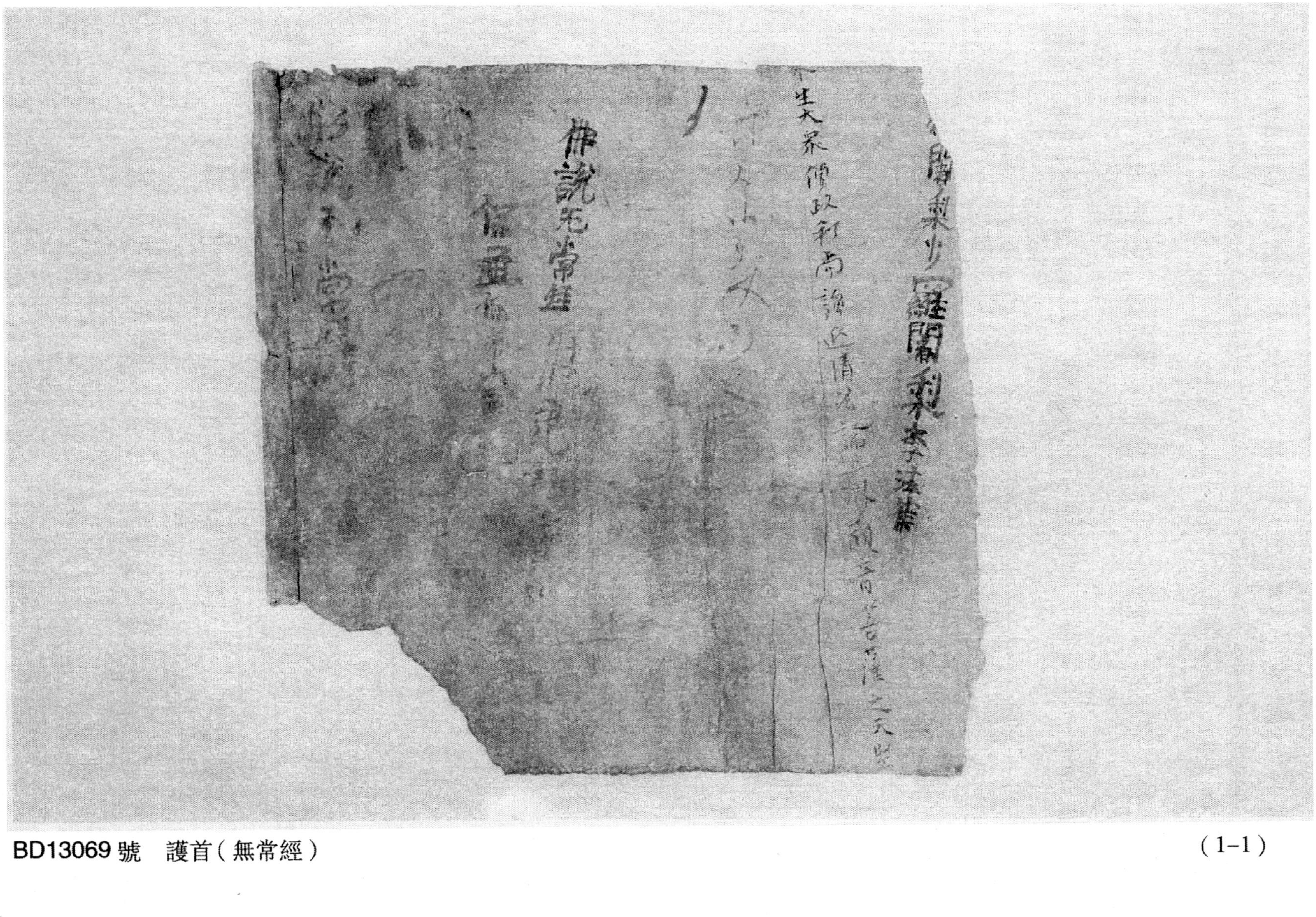

BD13069 號　護首（無常經）　（1–1）

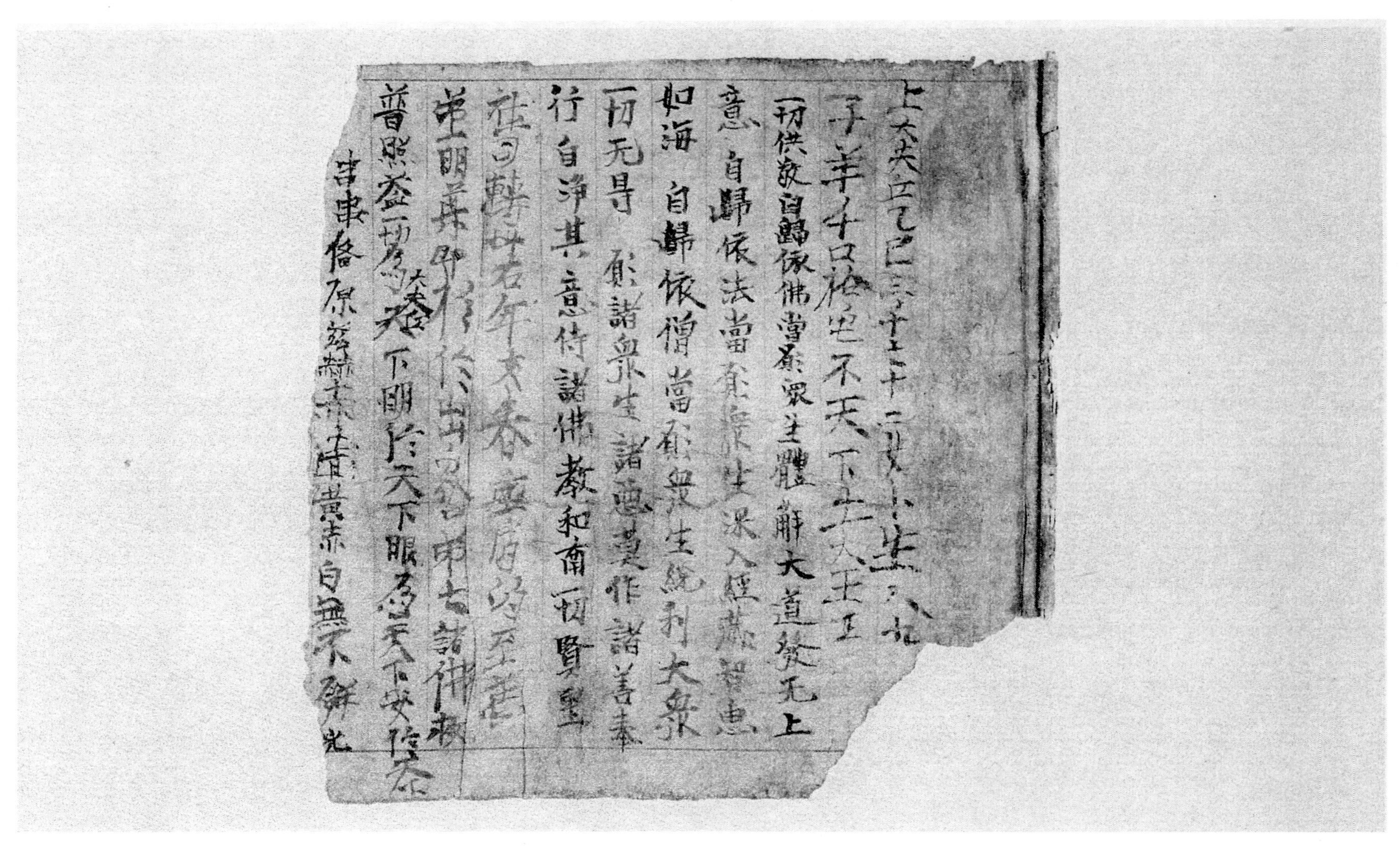

BD13069 號背 1　上大人雜寫（擬）　　（1–1）

BD13069 號背 2　羊千口雜寫（擬）

BD13069 號背 3　發願文（擬）

BD13070 號　護首（大般若波羅蜜多經）　　（1–1）

BD13071 號　護首（大般若波羅蜜多經）　（1–1）

BD13072 號　護首（妙法蓮華經）　（1–1）

BD13073 號　護首（妙法蓮華經）　　（1–1）

BD13074 號　護首（經名不詳）　　（1–1）

BD13075 號　護首（大般若波羅蜜多經）　（1–1）

BD13076 號　護首（妙法蓮華經）　（1–1）

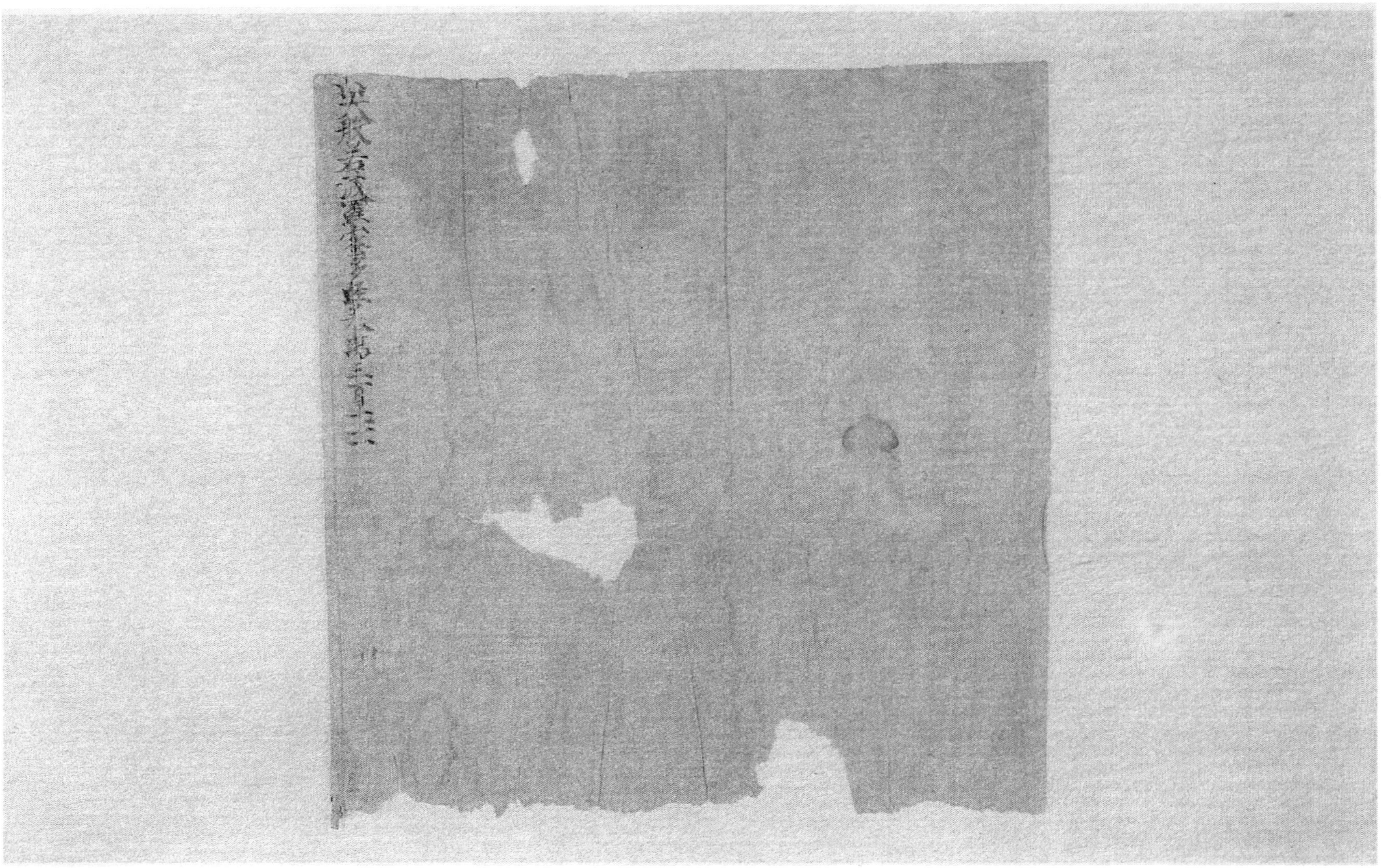

BD13077號　護首（大般若波羅蜜多經）　（1-1）

BD13078號　護首（妙法蓮華經）　（1-1）

BD13079 號　護首（經名不詳）　　（1–1）

BD13080 號　護首（經名不詳）　　（1–1）

BD13081 號　護首（經名不詳）　　（1–1）

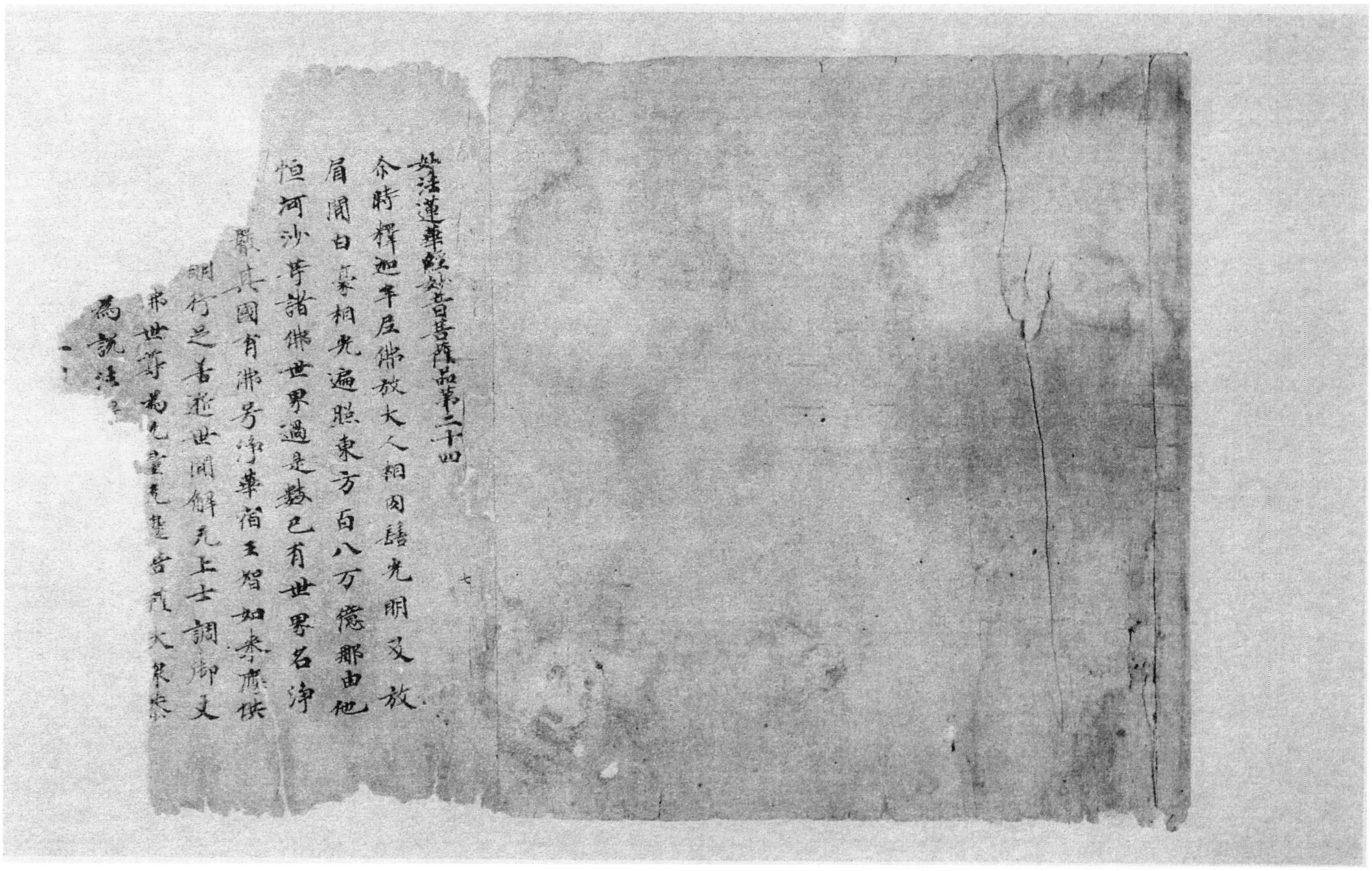

妙法蓮華經妙音菩薩品第二十四
尒時釋迦牟尼佛放大人相肉髻光明及放
眉間白毫相光遍照東方百八万億那由他
恒河沙等諸佛世界過是數已有世界名淨
嚴其國有佛号淨華宿王智如來應供
明行足善逝世間解无上士調御丈
師佛世尊為无量无邊菩薩大衆恭
為說法
七

BD13082 號　妙法蓮華經卷七　　（1–1）

BD13083 號　護首（大般若波羅蜜多經）　　（1-1）

BD13084 號　護首（大般若波羅蜜多經）　　（1-1）

BD13085 號　護首（大般若波羅蜜多經）　(1–1)

BD13086 號　護首（大般若波羅蜜多經）　(1–1)

BD13087 號　護首（摩訶般若波羅蜜經）　　（1–1）

BD13088 號　護首（大般若波羅蜜多經）　　（1–1）

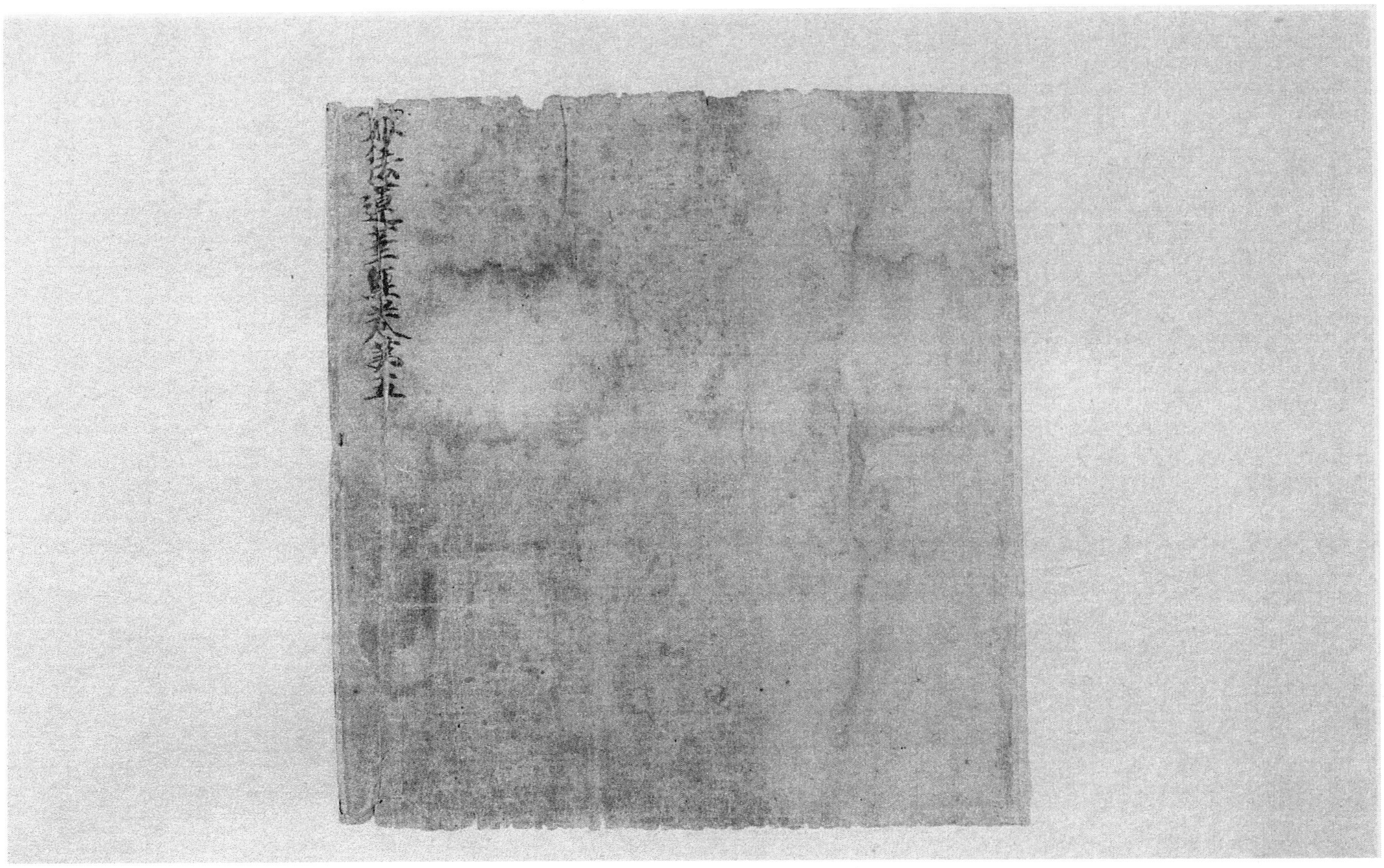

BD13089 號　護首（妙法蓮華經）　　（1–1）

BD13089 號背　雜寫　　（1–1）

BD13090 號　護首（大般若波羅蜜多經）　（1–1）

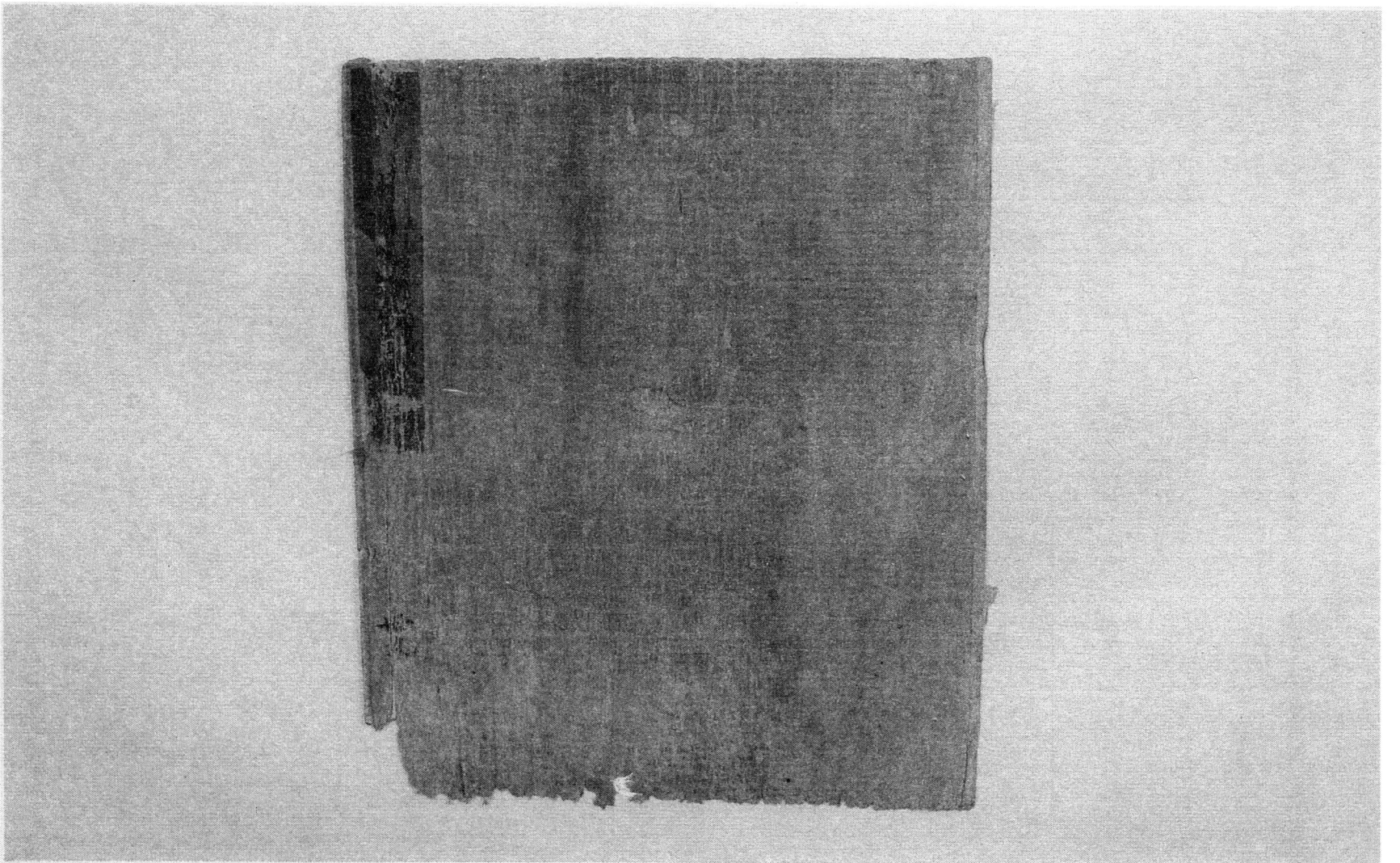

BD13091 號　護首（大般若波羅蜜多經）　（1–1）

BD13092 號　護首（大般若波羅蜜多經）　　（1–1）

BD13093 號　護首（大般若波羅蜜多經）　　（1–1）

BD13094 號　護首（大般若波羅蜜多經）　　（1–1）

BD13095 號　護首（大般若波羅蜜多經）　　（1–1）

BD13096 號　護首（大般若波羅蜜多經）　　(1–1)

BD13097 號　護首（金光明最勝王經）　　(1–1)

BD13098 號　護首（妙法蓮華經）　（1–1）

BD13099 號　護首（大寶積經）　（1–1）

BD13100 號　護首（大般若波羅蜜多經）　　（1–1）

BD13101 號背　護首（大般涅槃經）　　（1–1）

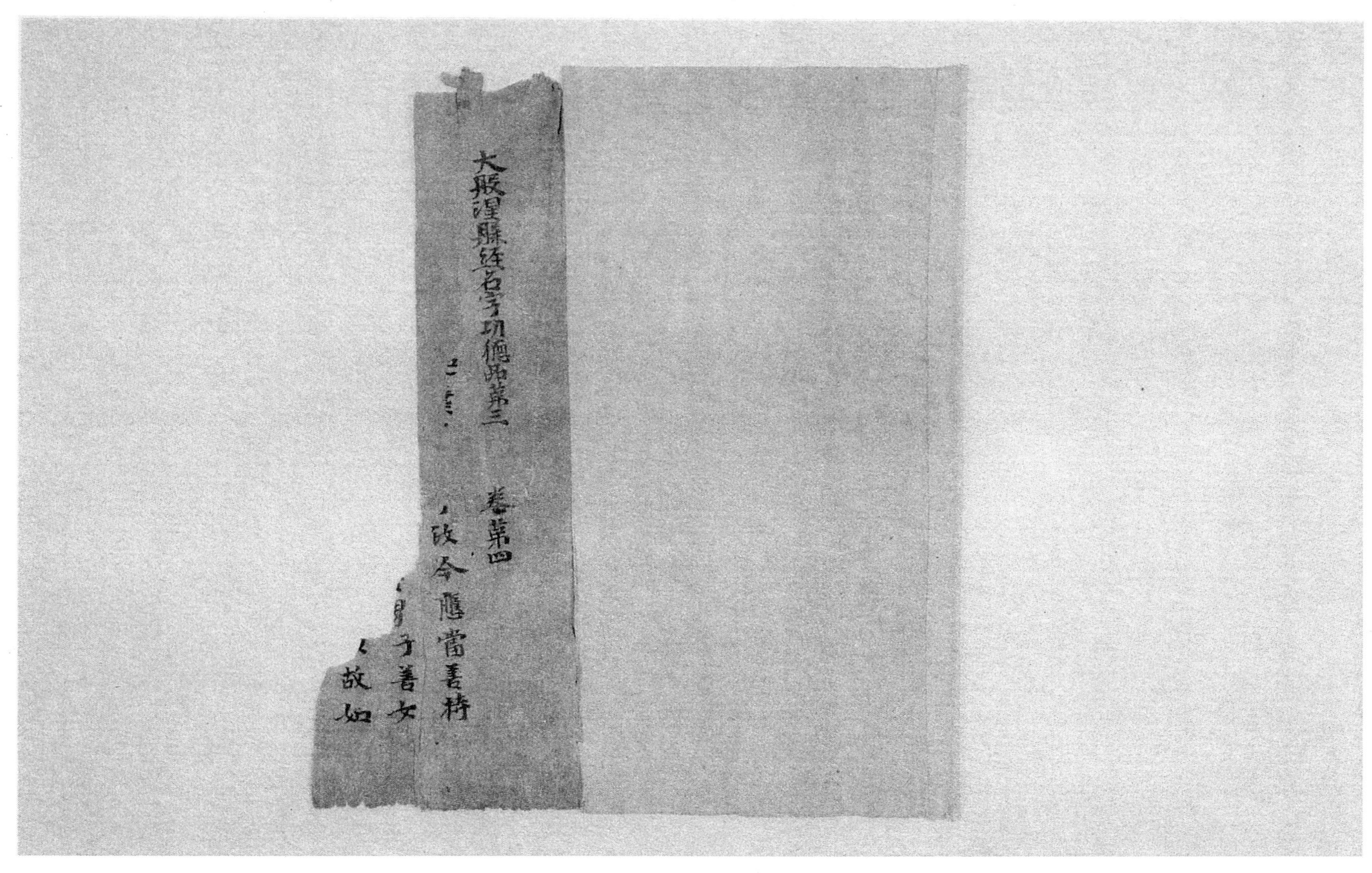
大般涅槃經名字功德品第三

卷第四

故今應當善持

子善女

故如

BD13101 號　大般涅槃經（北本　思溪本）卷四　（1–1）

BD13102 號　護首（大般若波羅蜜多經）　（1–1）

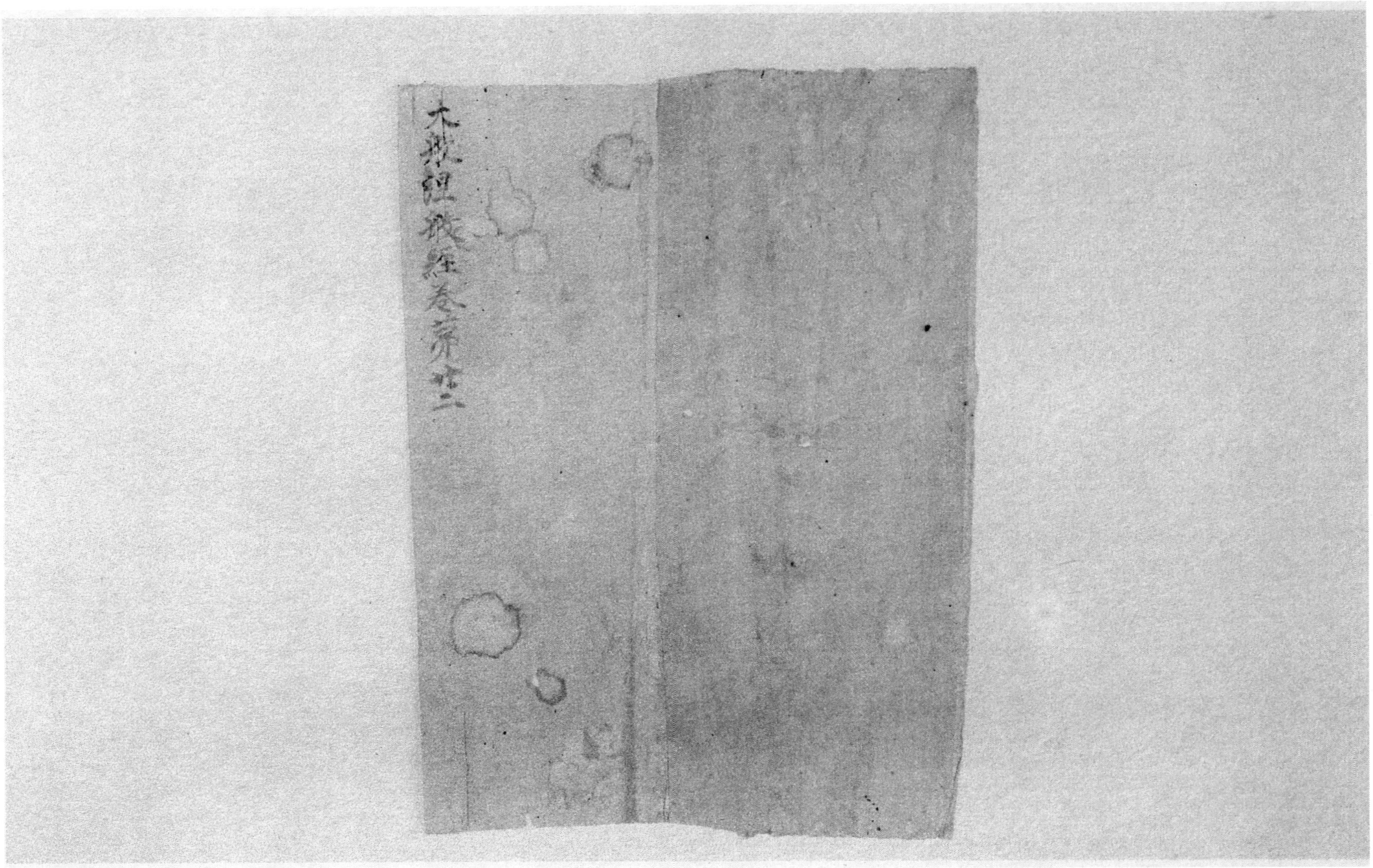

BD13103 號　護首（大般涅槃經）　　（1–1）

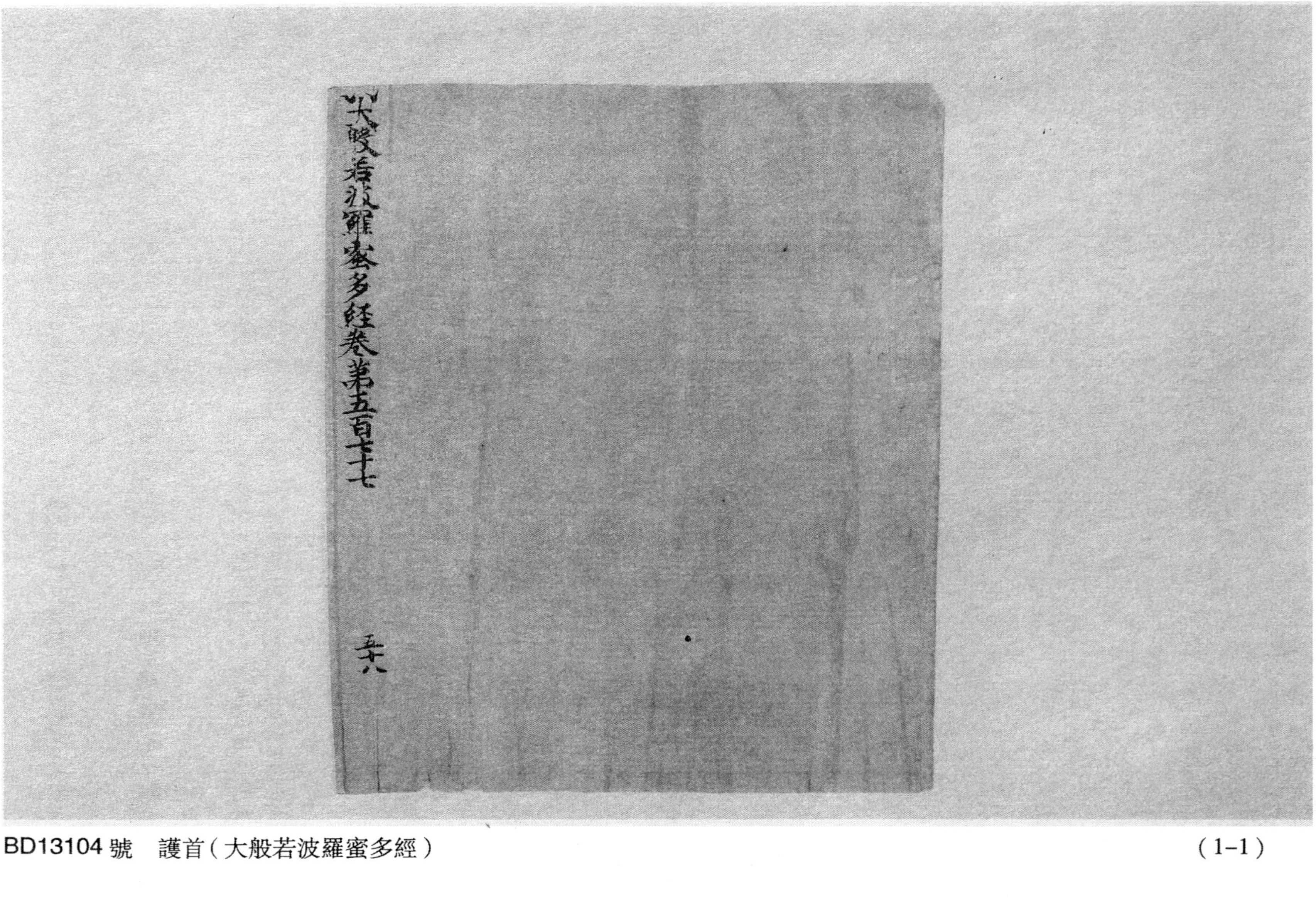

BD13104 號　護首（大般若波羅蜜多經）　　（1–1）

BD13105號　護首（大佛頂經）　　（1–1）

BD13106號　護首（大般若波羅蜜多經）　　（1–1）

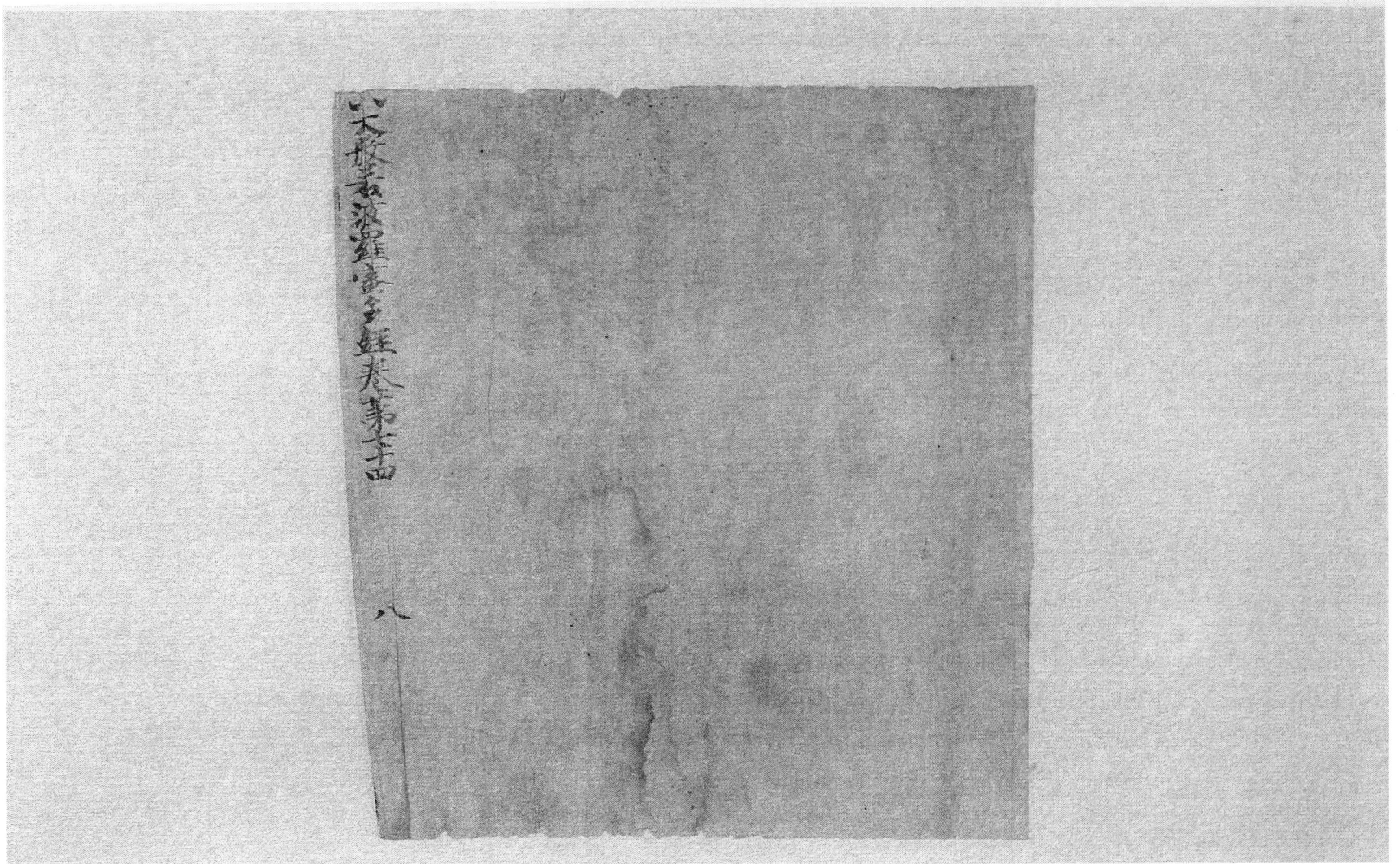

BD13107 號　護首（大般若波羅蜜多經）　（1–1）

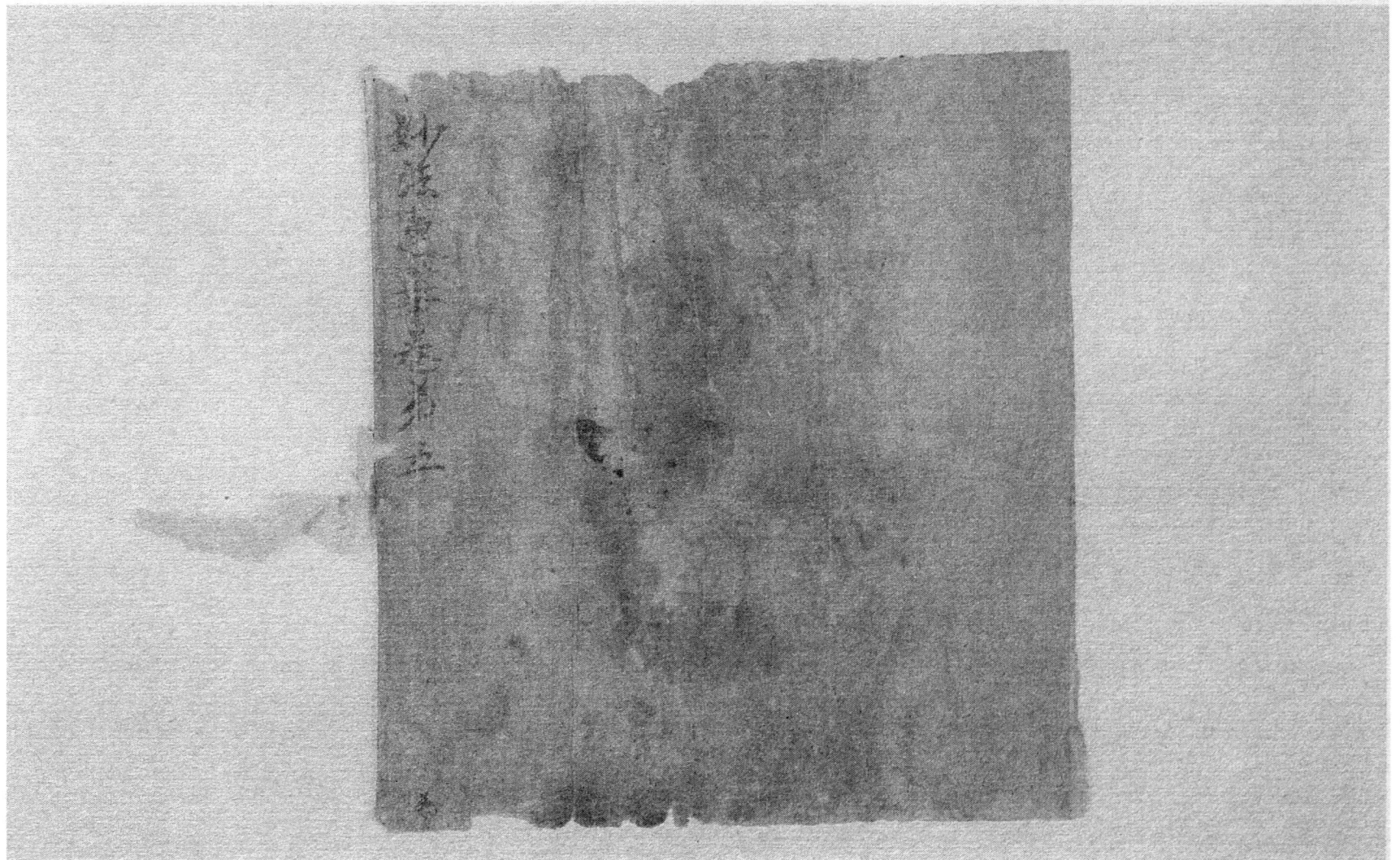

BD13108 號　護首（妙法蓮華經）　（1–1）

BD13109 號　護首（大般若波羅蜜多經）　　（1–1）

BD13110 號　護首（大般若波羅蜜多經）　　（1–1）

BD13111號　護首（般若波羅蜜多心經）　　（1–1）

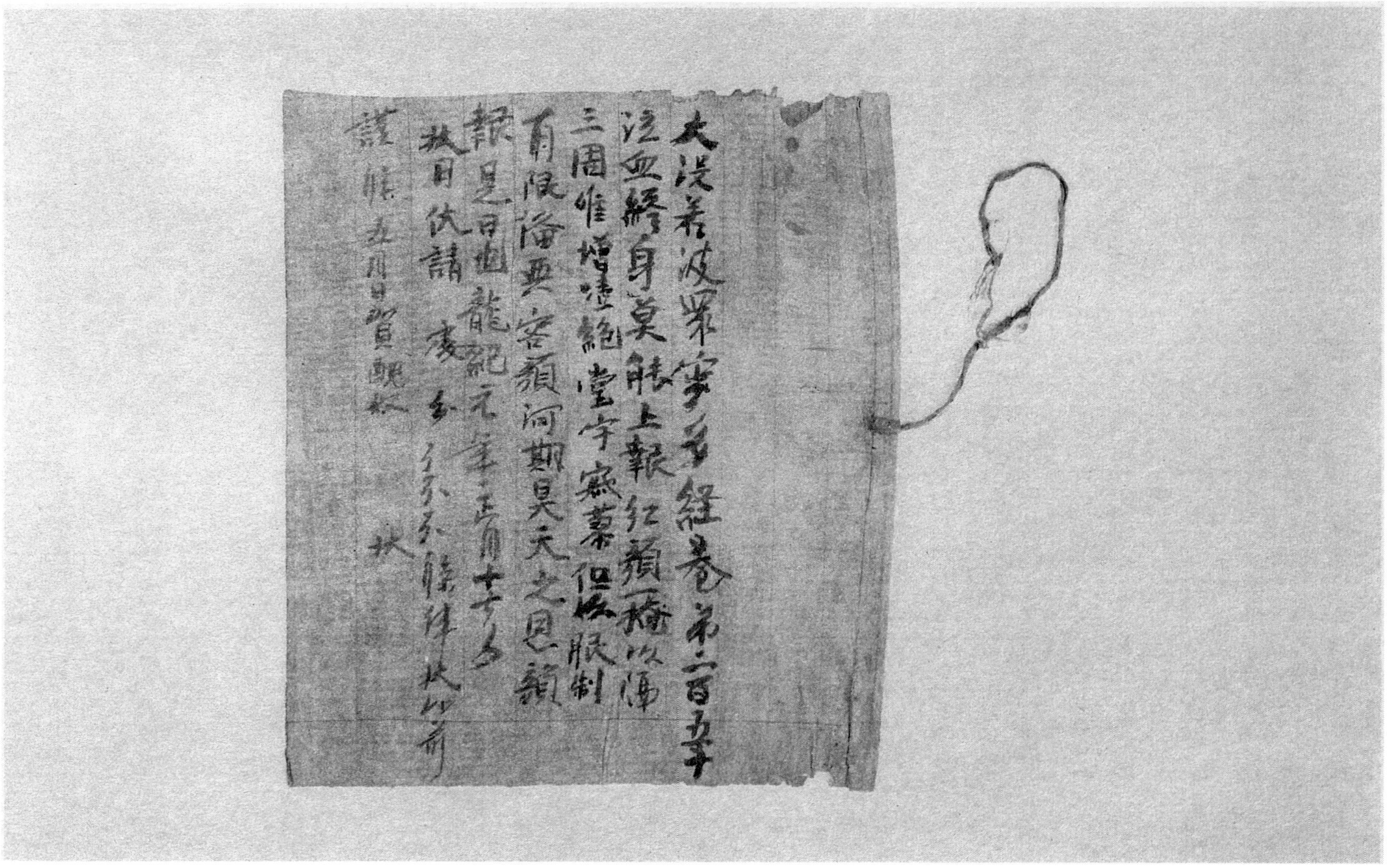

BD13112號　脫服文及賀醜奴狀雜寫（擬）　　（1–1）

BD13113 號　護首（業報因緣經）　　（1–1）

BD13114 號　護首（大般若波羅蜜多經）　　（1–1）

BD13115 號　護首（大般若波羅蜜多經）　　（1–1）

BD13116 號　護首（大方廣佛華嚴經）　　（1–1）

BD13117 號　護首（佛名經）　　（1–1）

BD13118 號　護首（妙法蓮華經）　　（1–1）

BD13119 號　護首（大般若波羅蜜多經）　　（1–1）

BD13120 號　護首（大般若波羅蜜多經）　　（1–1）

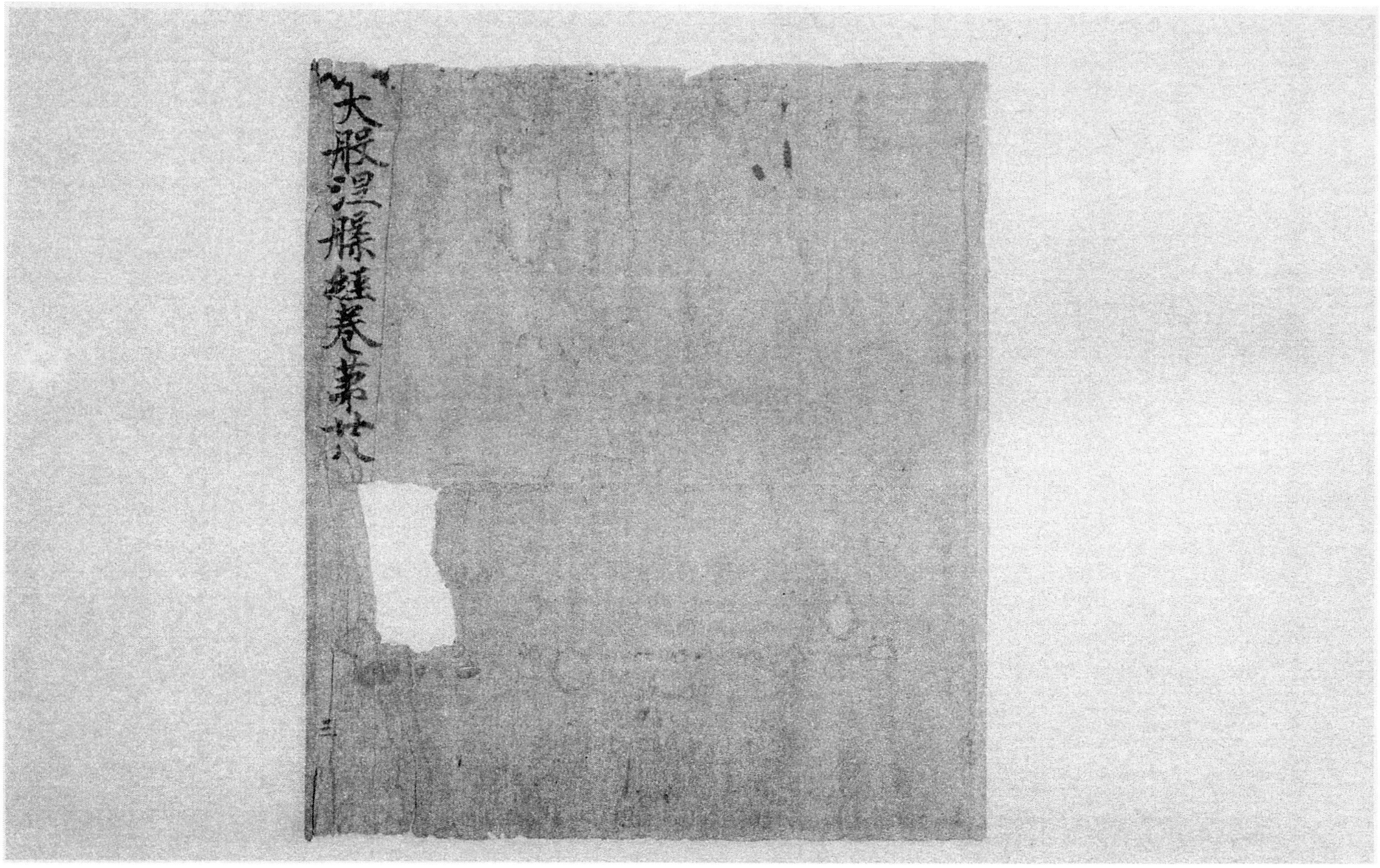

BD13121 號　護首（大般涅槃經）　（1–1）

BD13122 號　護首（救病疾經）　（1–1）

BD13123 號　護首（讚僧功德經）　（1–1）

BD13124 號 1　護首（佛名經）　（1–1）

BD13124 號 2　丙子年十月廿八日某文書（擬）

BD13125 號　護首（經名不詳）　（1–1）

BD13126 號　佛名經（十二卷本）卷一　（1–1）

BD13127號　護首（大般若波羅蜜多經）　　　　（1–1）

BD13128號　護首（切韻）　　　　（1–1）

BD13129 號　護首（大般若波羅蜜多經）　（1–1）

BD13130 號　護首（大般若波羅蜜多經）　（1–1）

BD13131 號　護首（大般若波羅蜜多經）

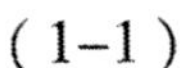

（1–1）

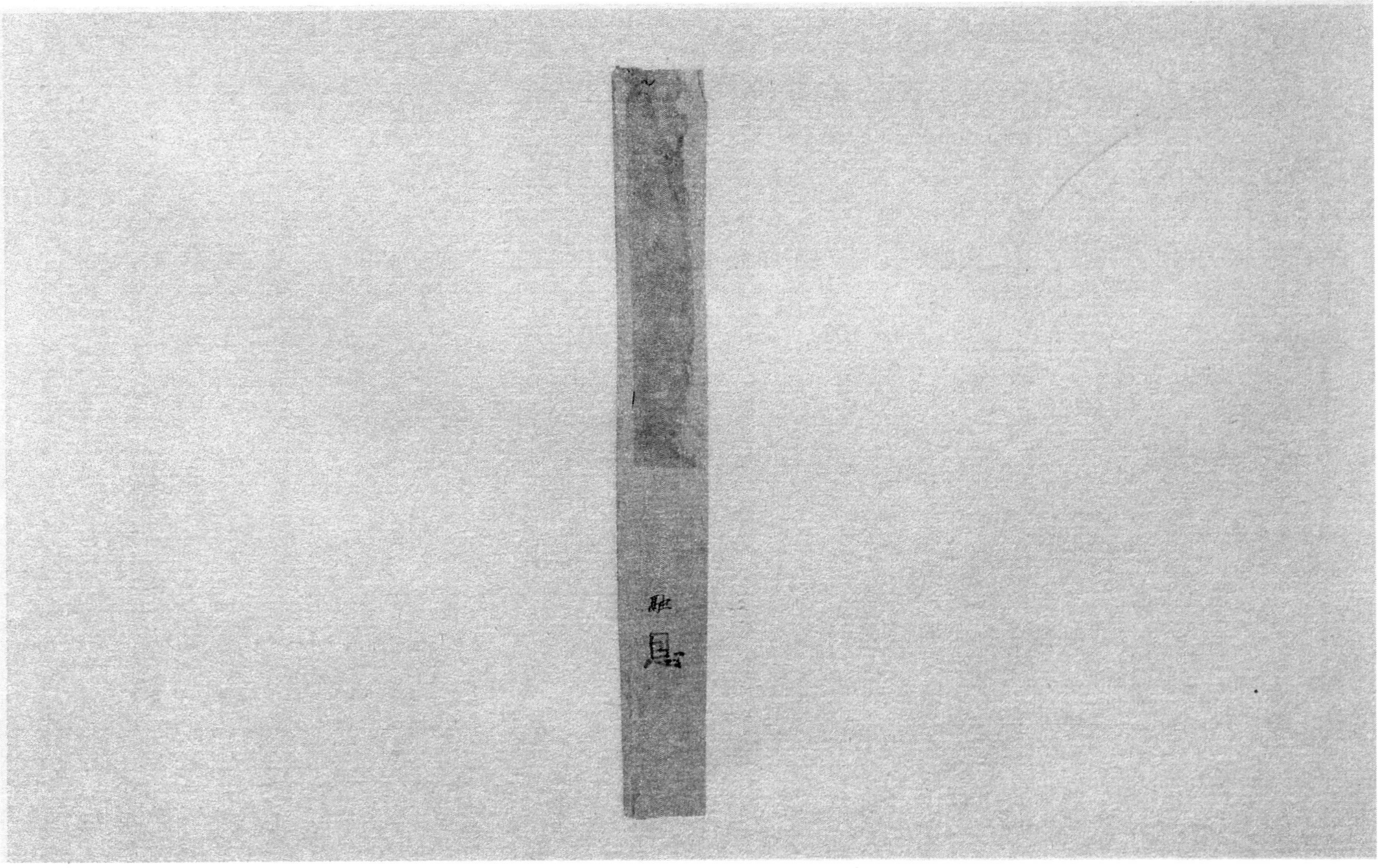

BD13132 號　護首（經名不詳）

（1–1）

BD13133 號　護首（大般若波羅蜜多經）　　　　（1–1）

BD13134 號　護首（大般若波羅蜜多經）　　　　（1–1）

BD13135號　護首（大般若波羅蜜多經）　（1–1）

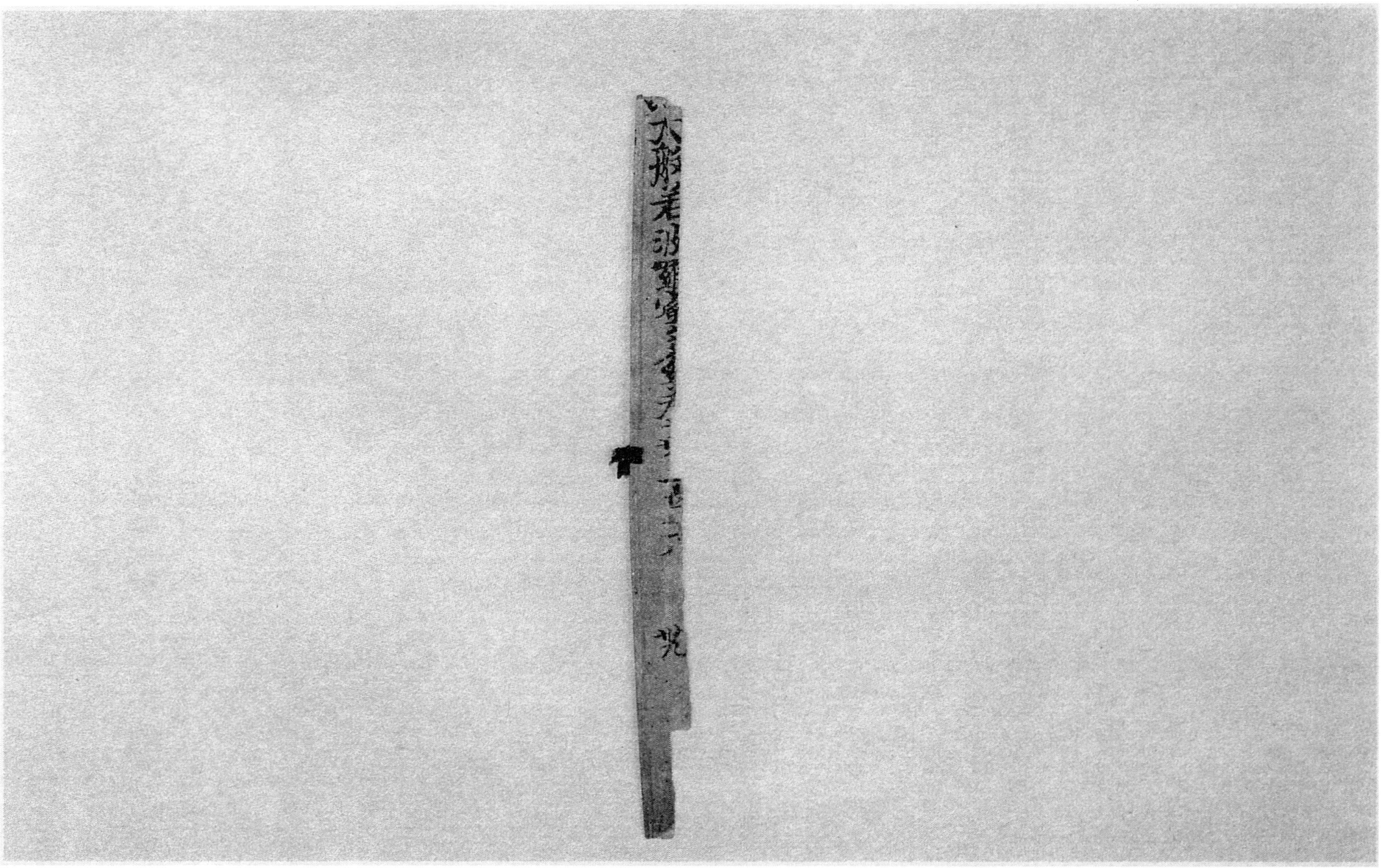

BD13136號　護首（大般若波羅蜜多經）　（1–1）

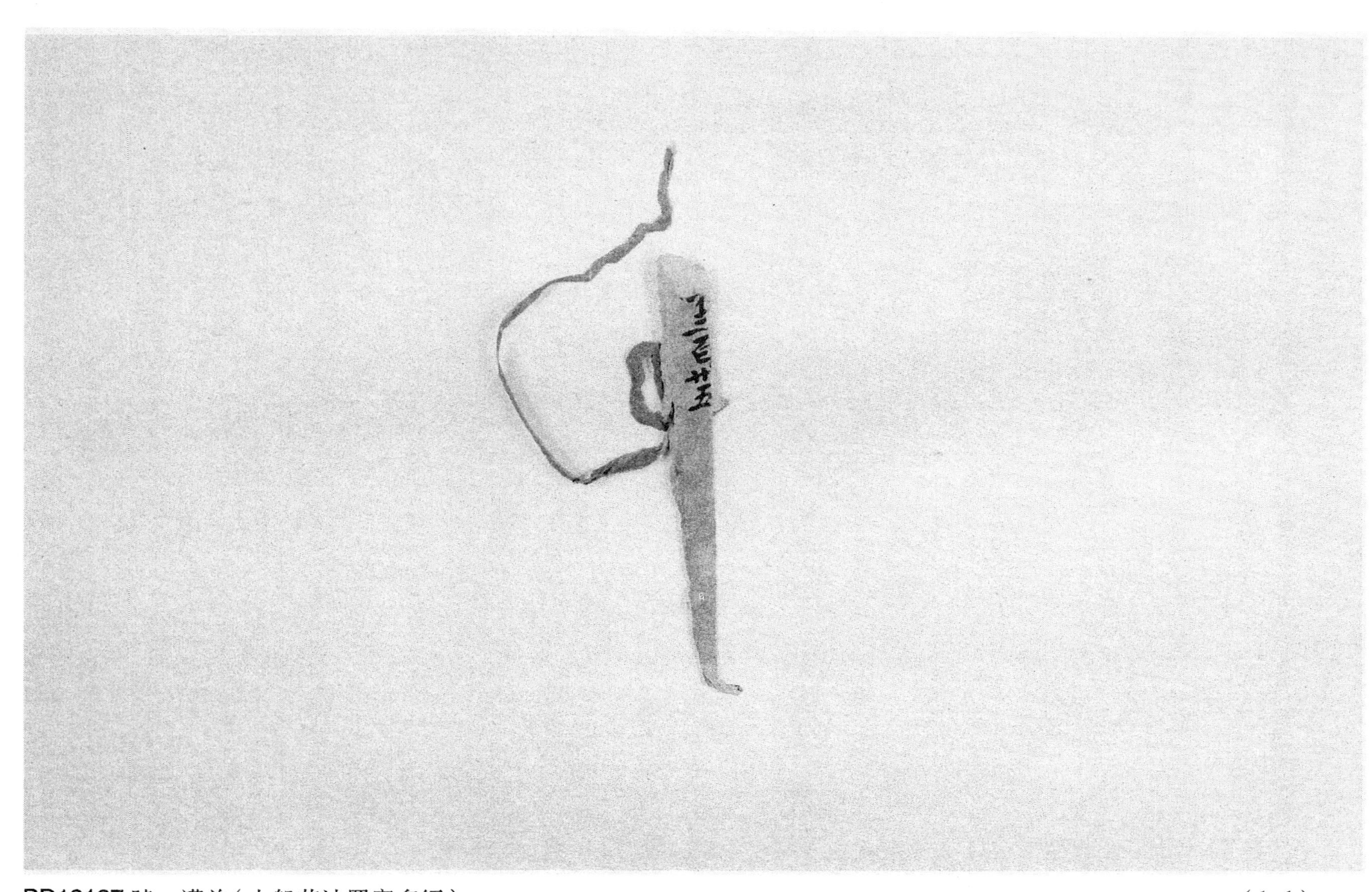

BD13137 號　護首（大般若波羅蜜多經）　（1–1）

BD13138 號　護首（大般若波羅蜜多經）　（1–1）

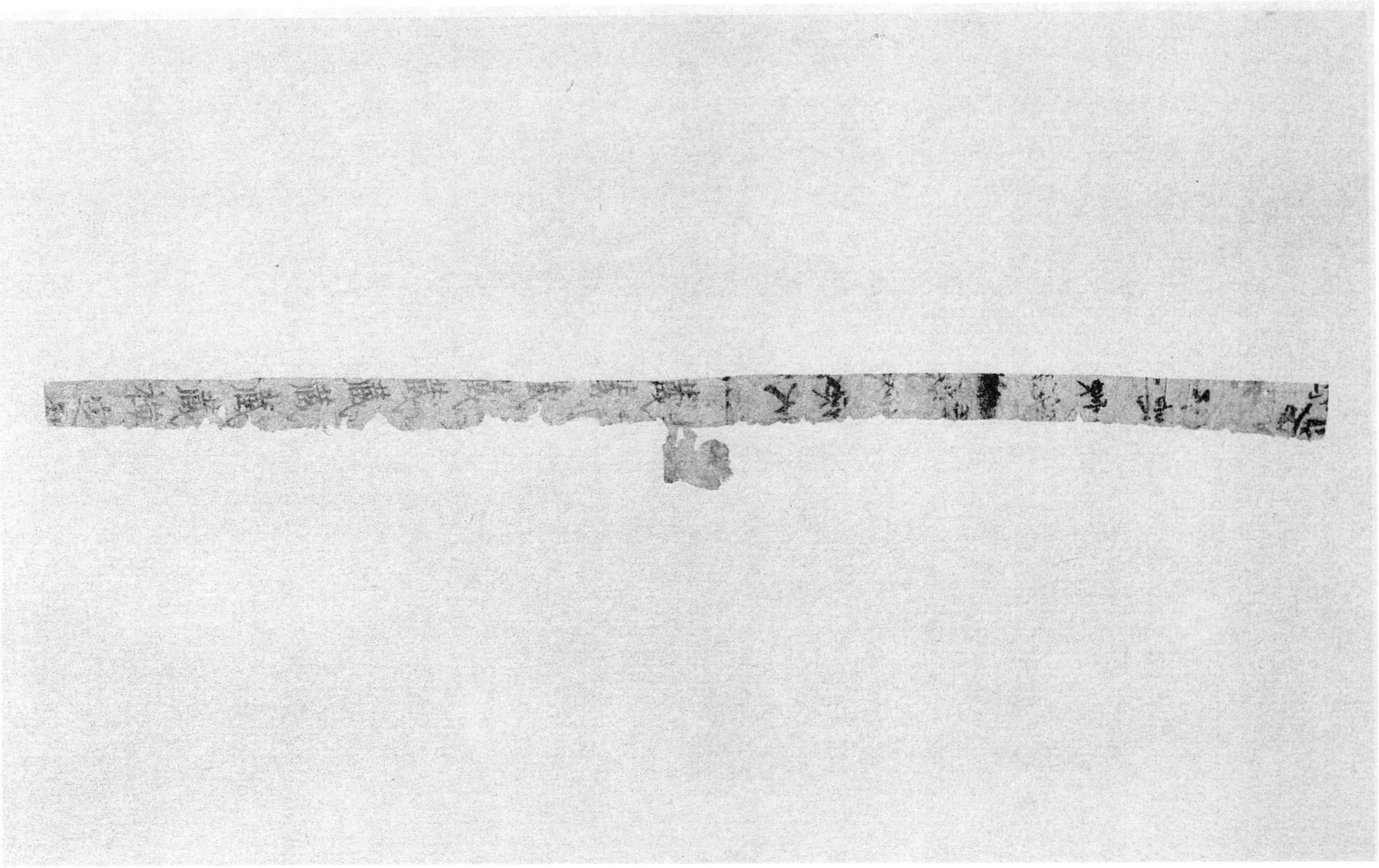

BD13139號　殘片（擬）　　（3–1）

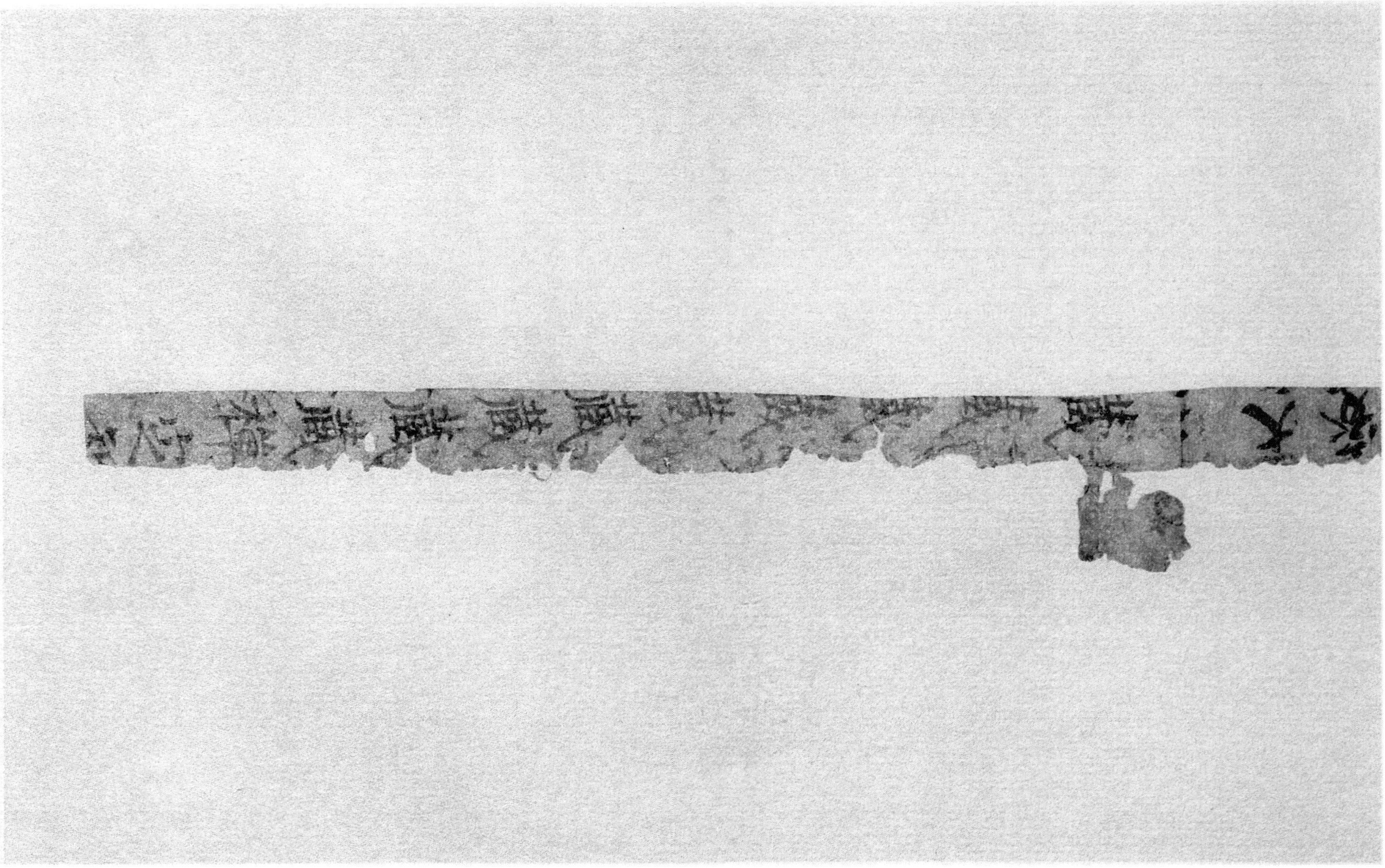

BD13139號　殘片（擬）　　（3–2）

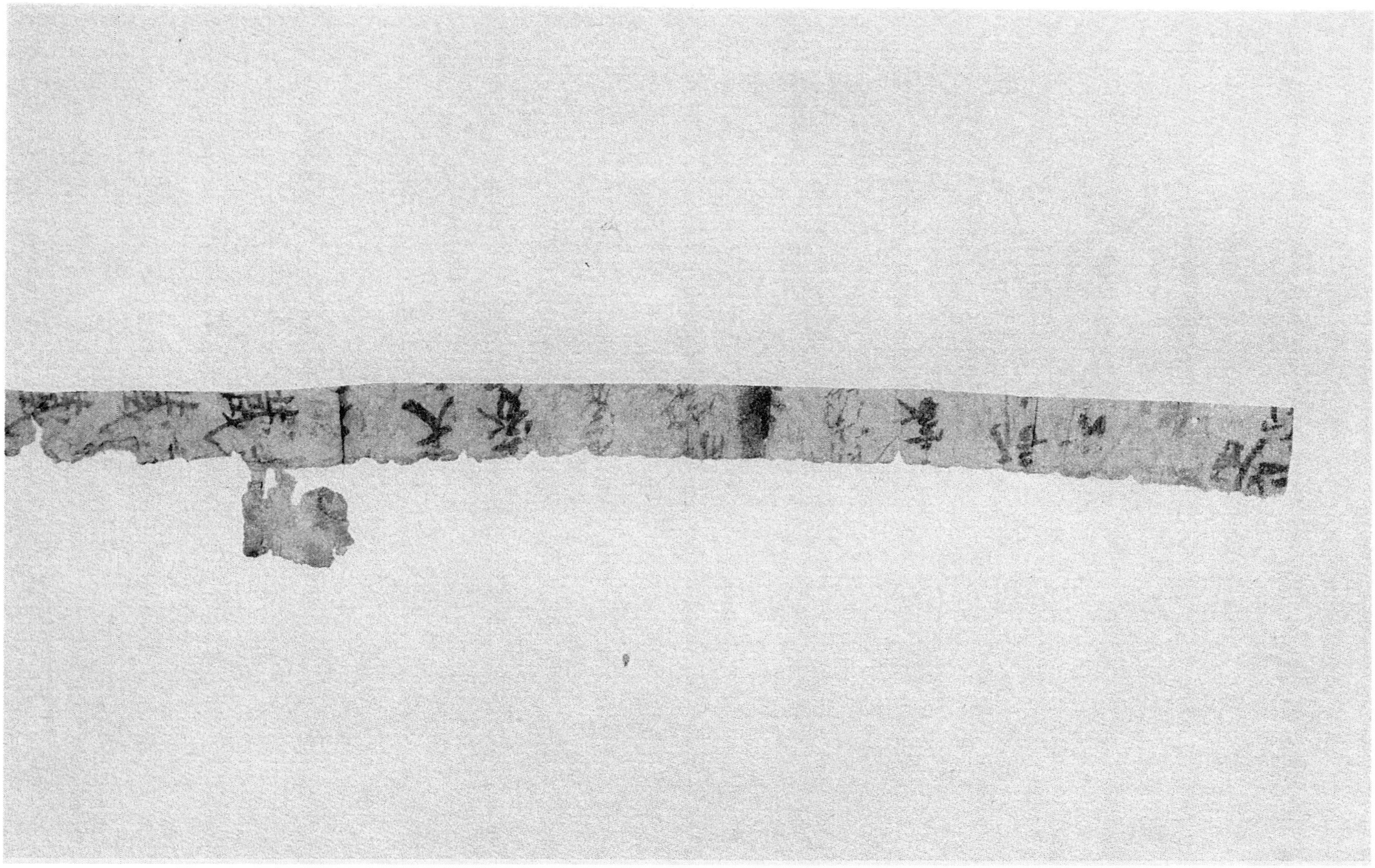

BD13139號　殘片(擬)　　(3-3)

BD13139號背　殘片(擬)　　(1-1)

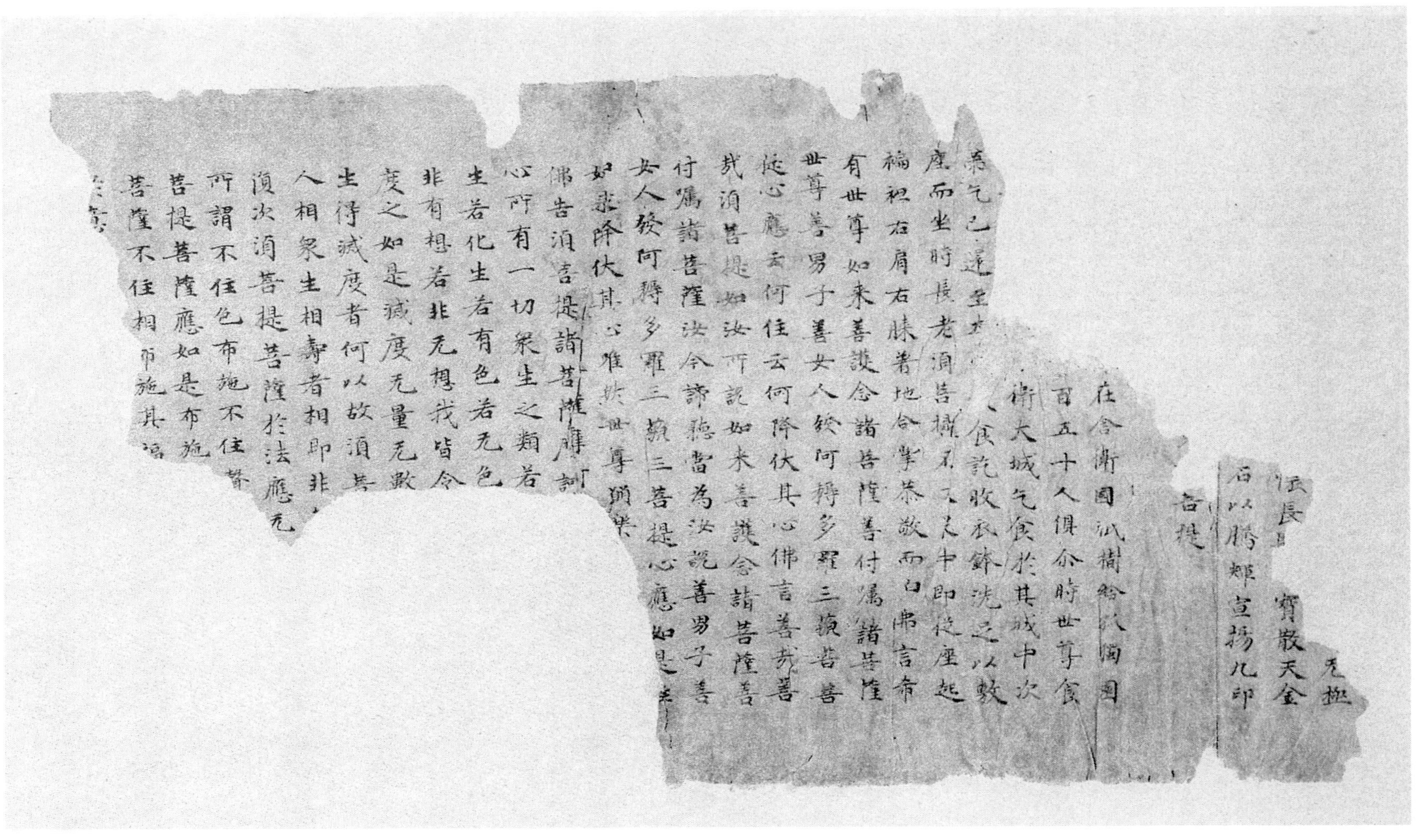

BD13140 號 1　金剛經序（擬）　（1–1）
BD13140 號 2　金剛般若波羅蜜經

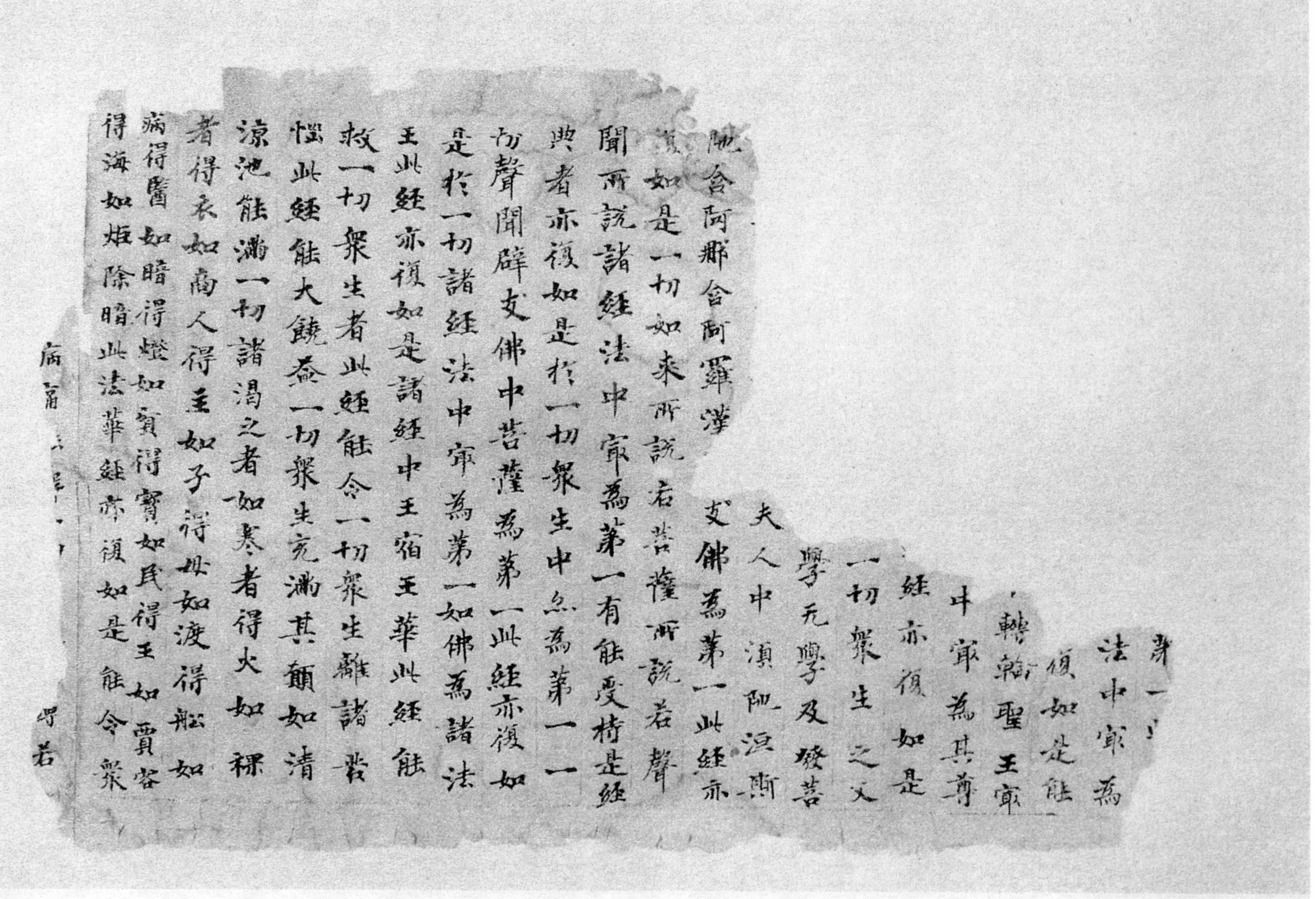

BD13141 號　妙法蓮華經卷六　（1–1）

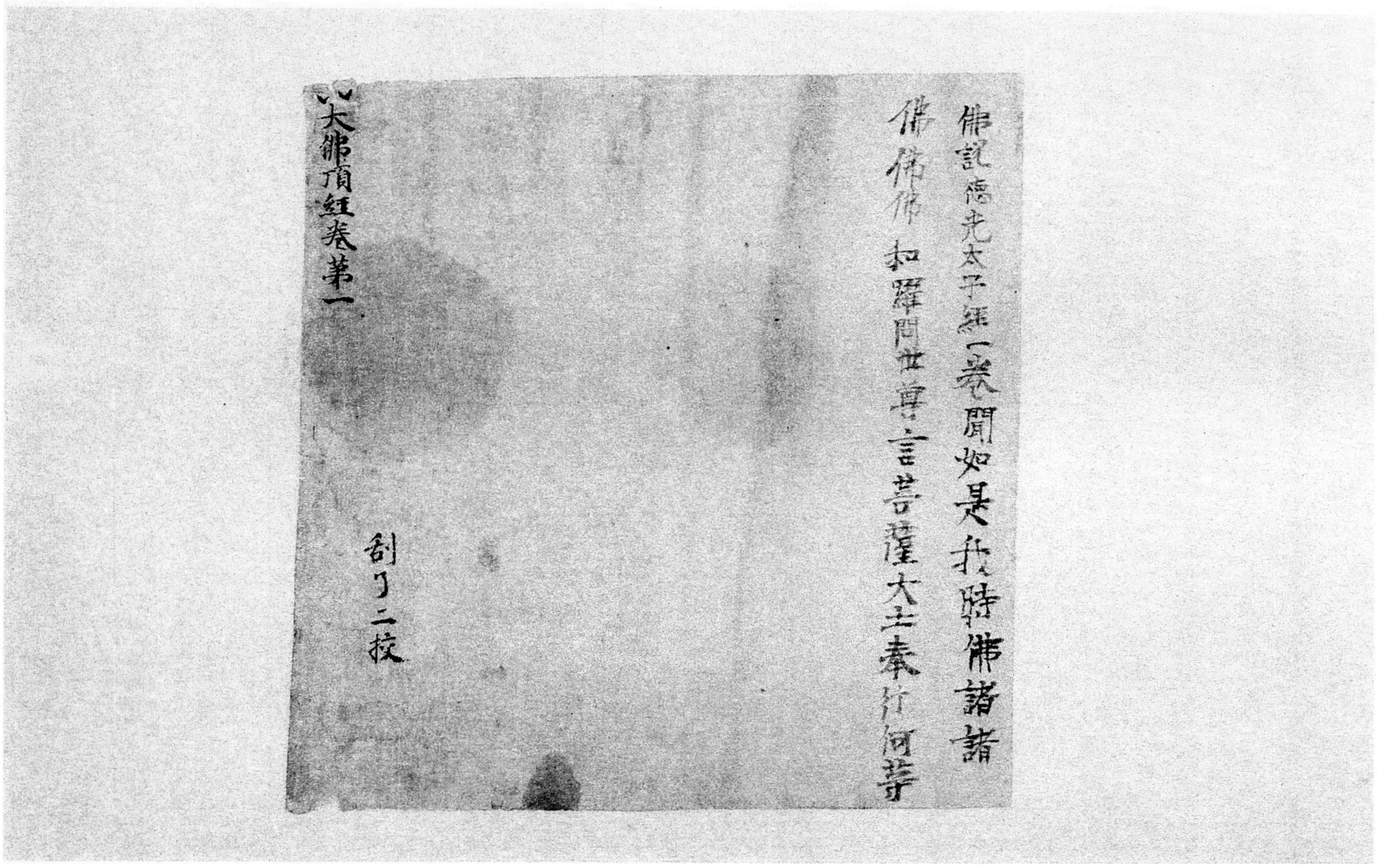

佛說德光太子經一卷聞如是我時佛諸諸
佛佛佛和羅閱世尊言菩薩大士奉行何等

大佛頂經卷第一

剖了二校

BD13142 號　護首（大佛頂經）　（1–1）

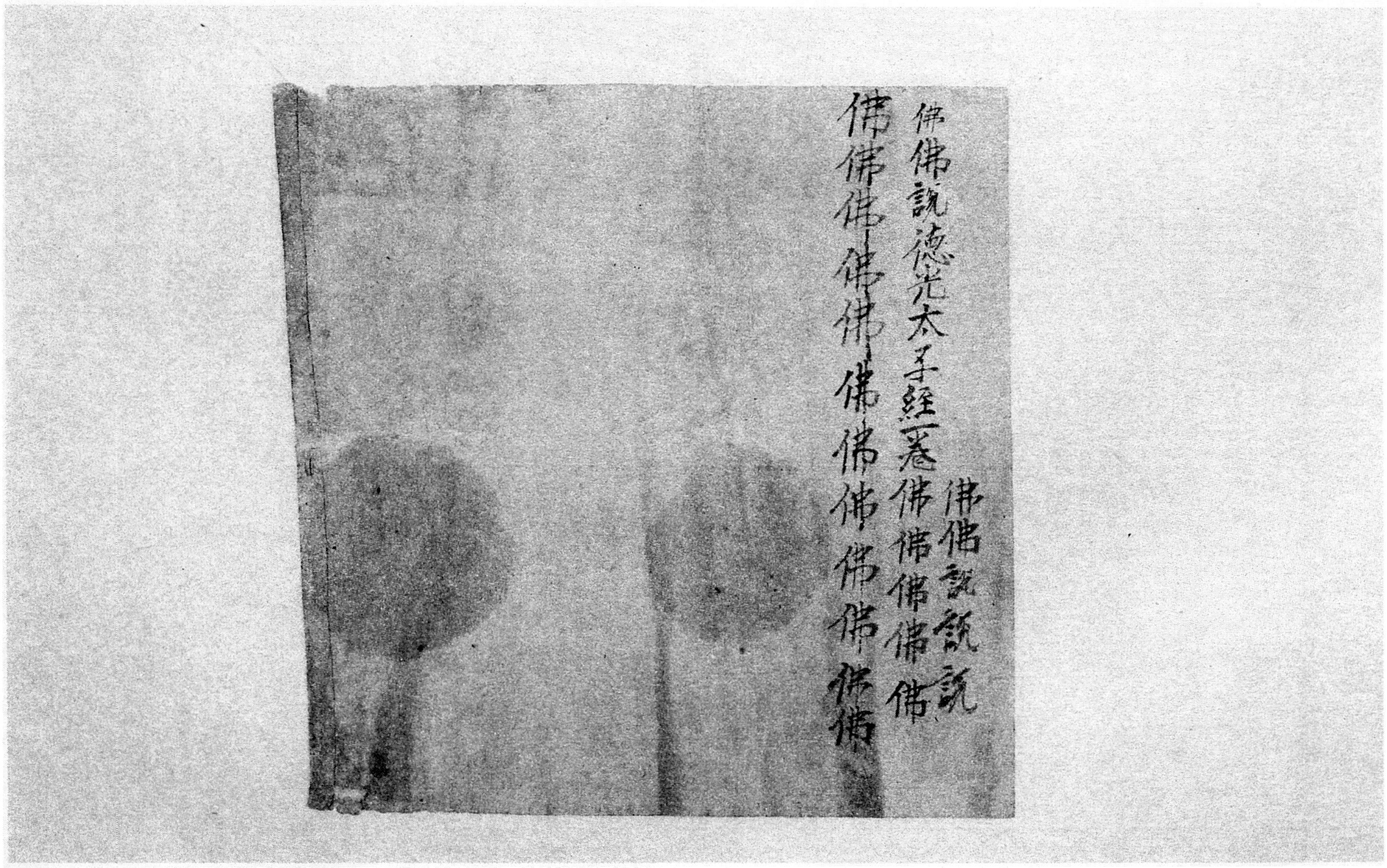

佛佛說說說
佛佛說德光太子經一卷佛佛佛佛佛
佛佛佛佛佛佛佛佛佛佛佛

BD13142 號背　雜寫　（1–1）

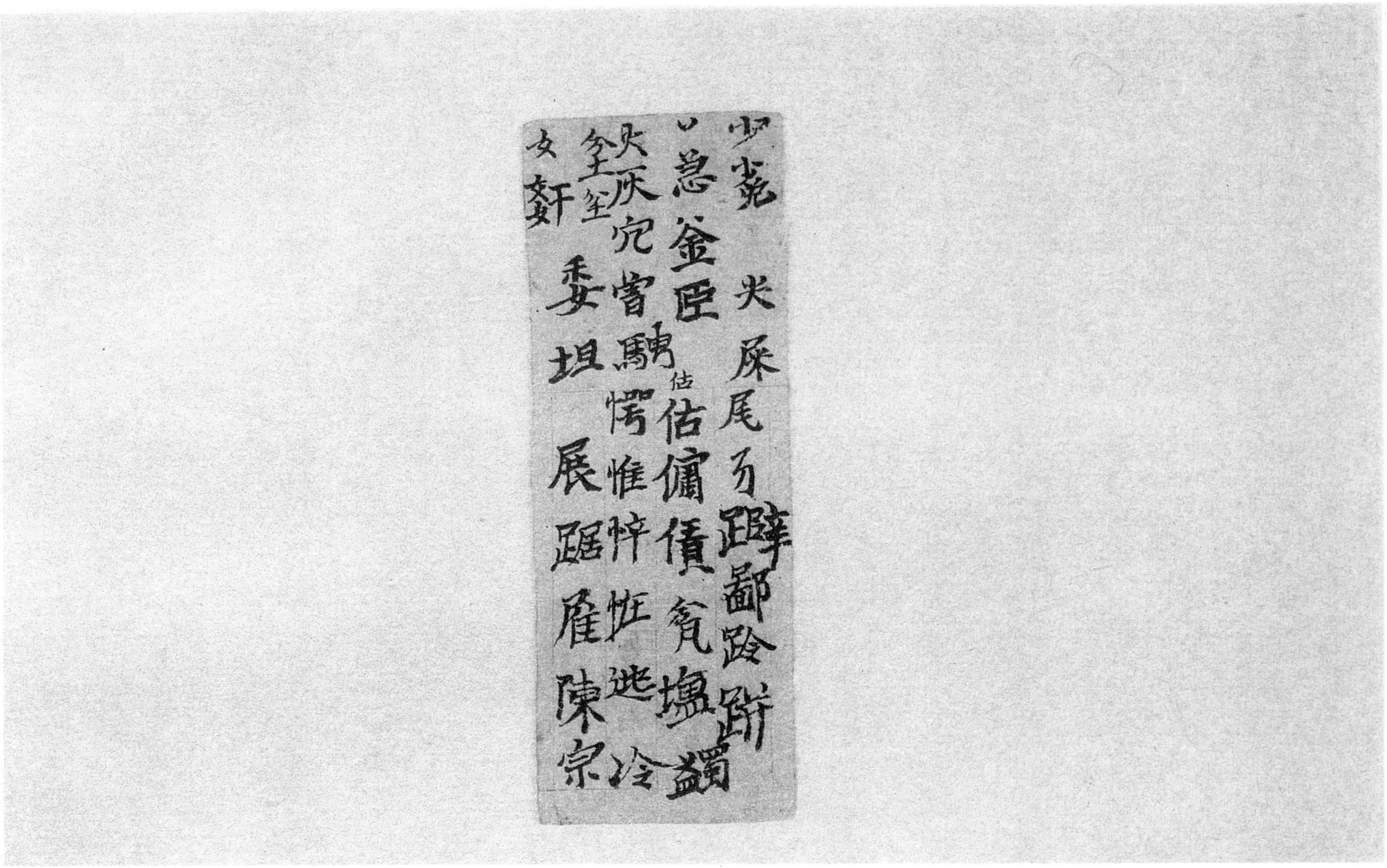

BD13143 號　難雜字（擬）　　（1–1）

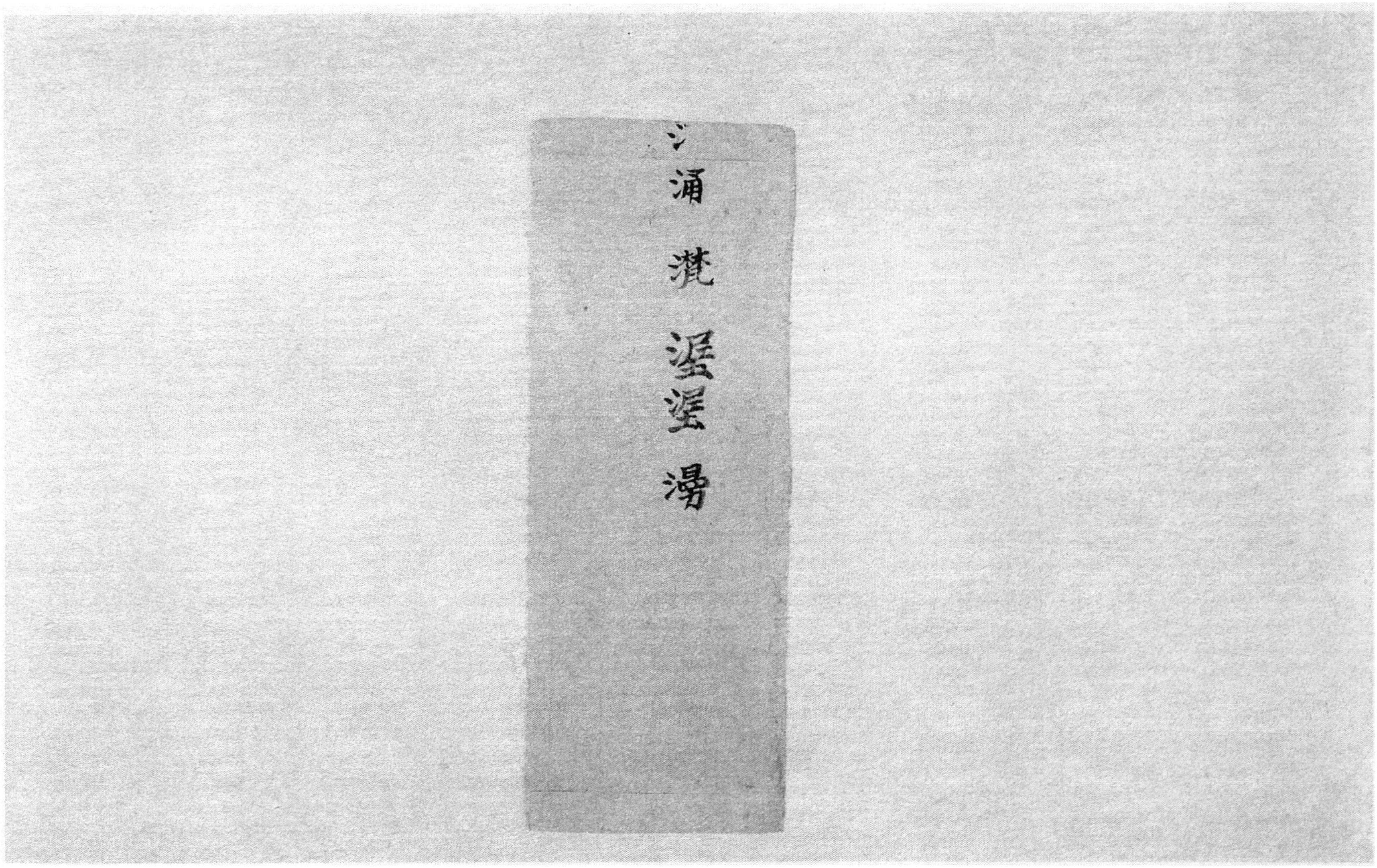

BD13143 號背　難雜字（擬）　　（1–1）

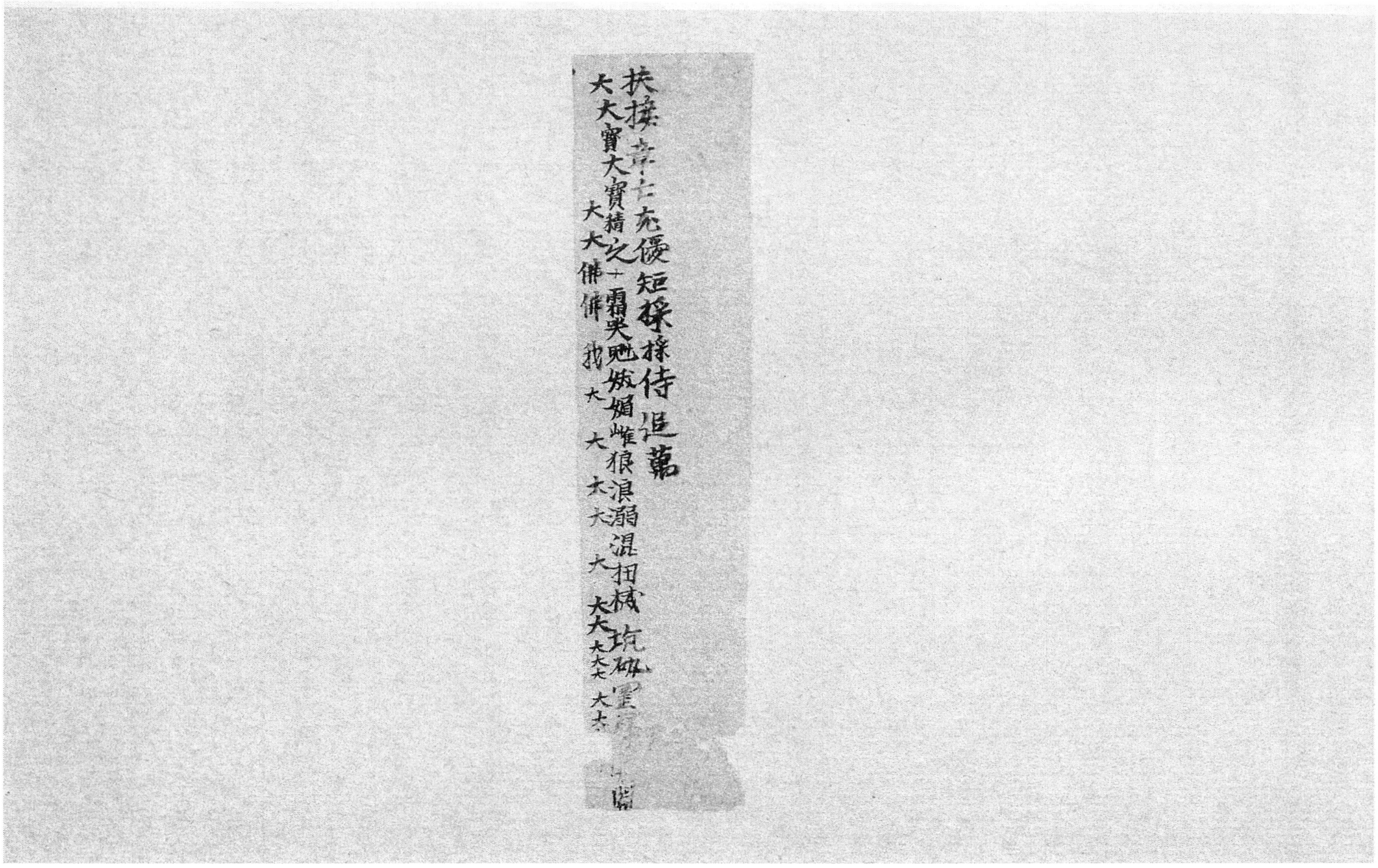

BD13144號　雜寫（擬）　　　　（1–1）

BD13145號　修建擇吉文書（擬）　　　　（1–1）

BD13145號背　習字雜寫（擬）　　（1–1）

BD13146號　佛名經殘片（擬）　　（1–1）

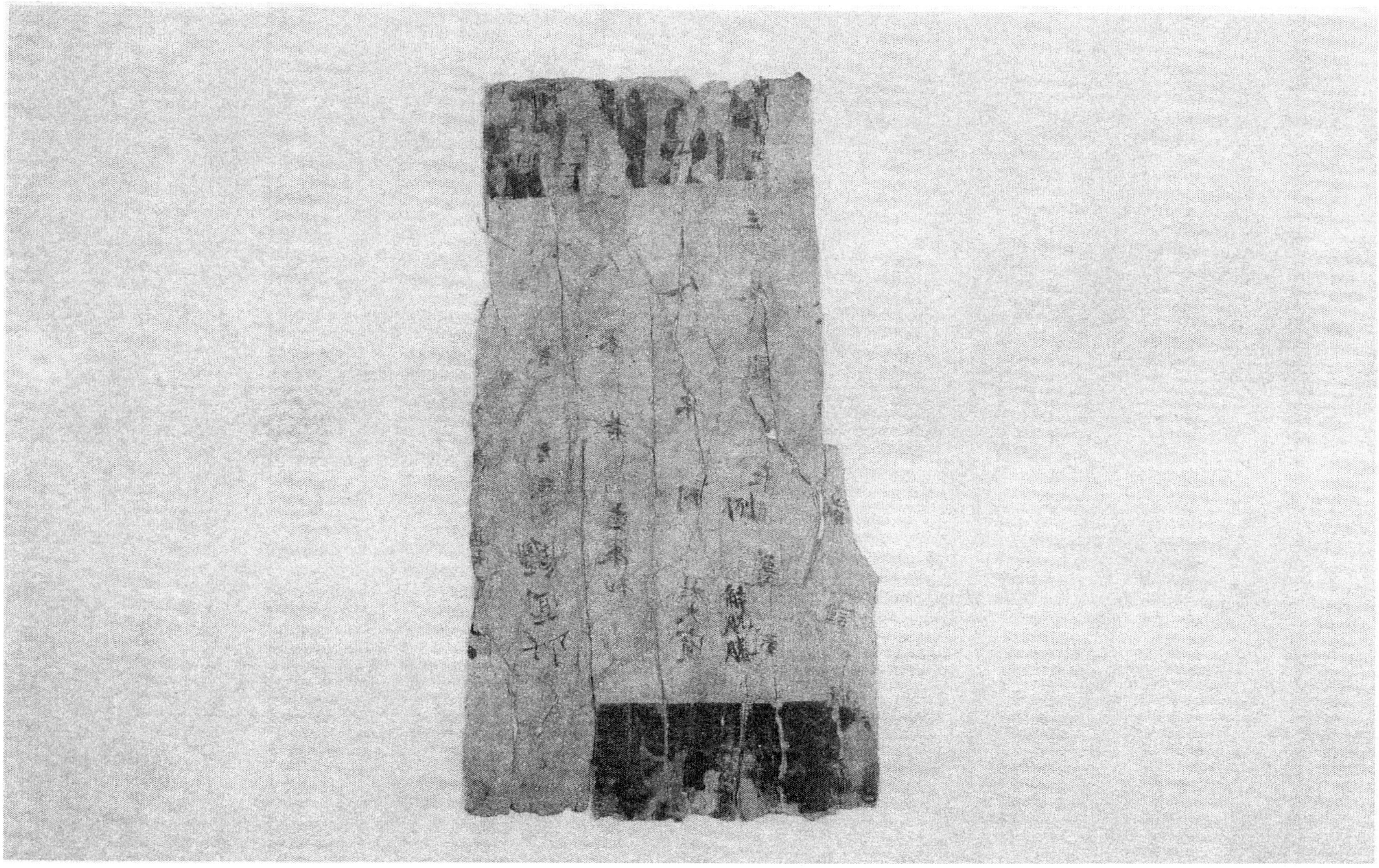

BD13147 號　經袟　（2–1）

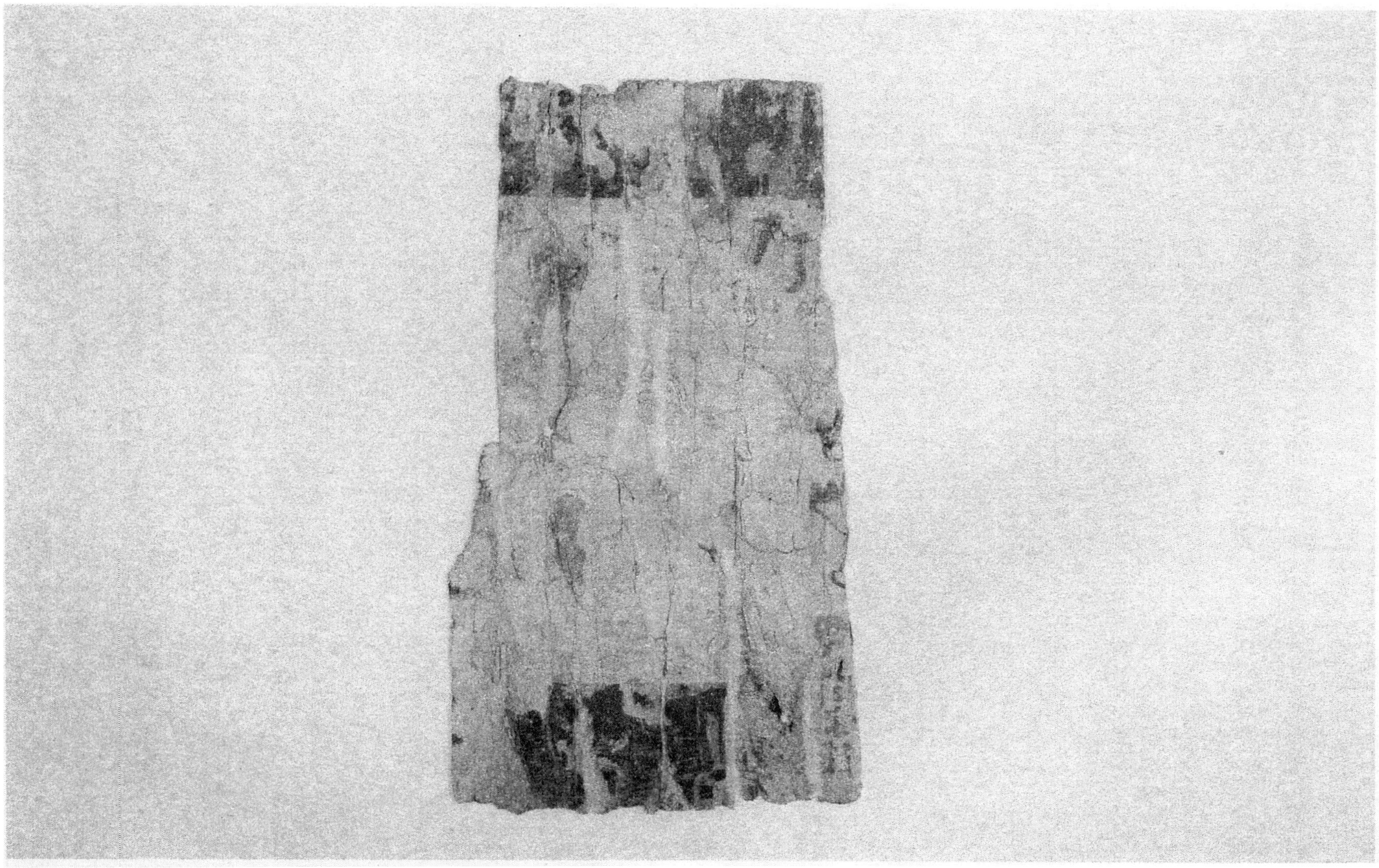

BD13147 號背　經袟　（2–2）

BD13148 號 1　巳年二月十七日紇骨薩部落百姓李興晟便黄麻契（擬）　（2–1）

BD13148 號 2　藏文文書（擬）

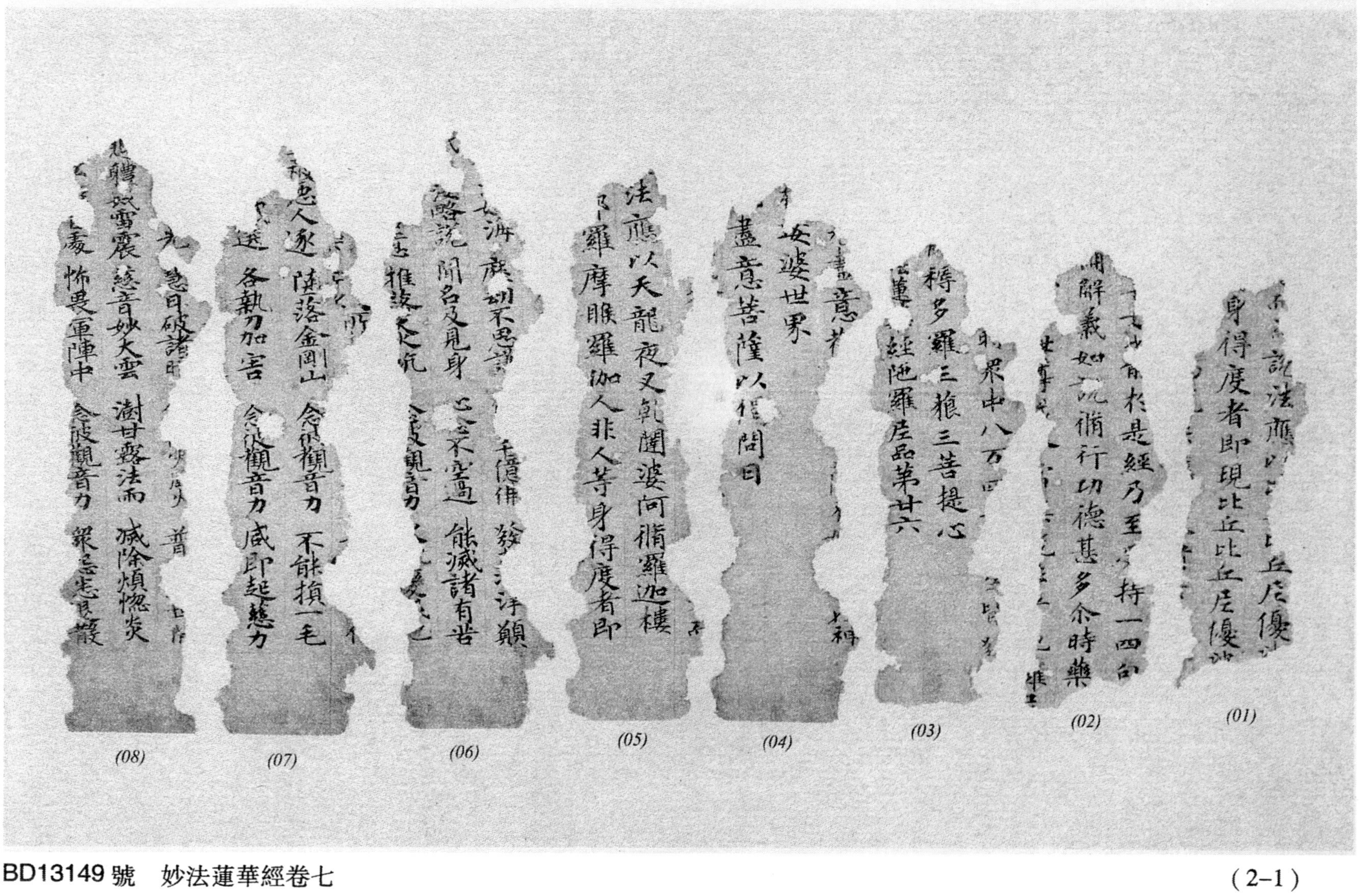

BD13149 號　妙法蓮華經卷七　（2–1）

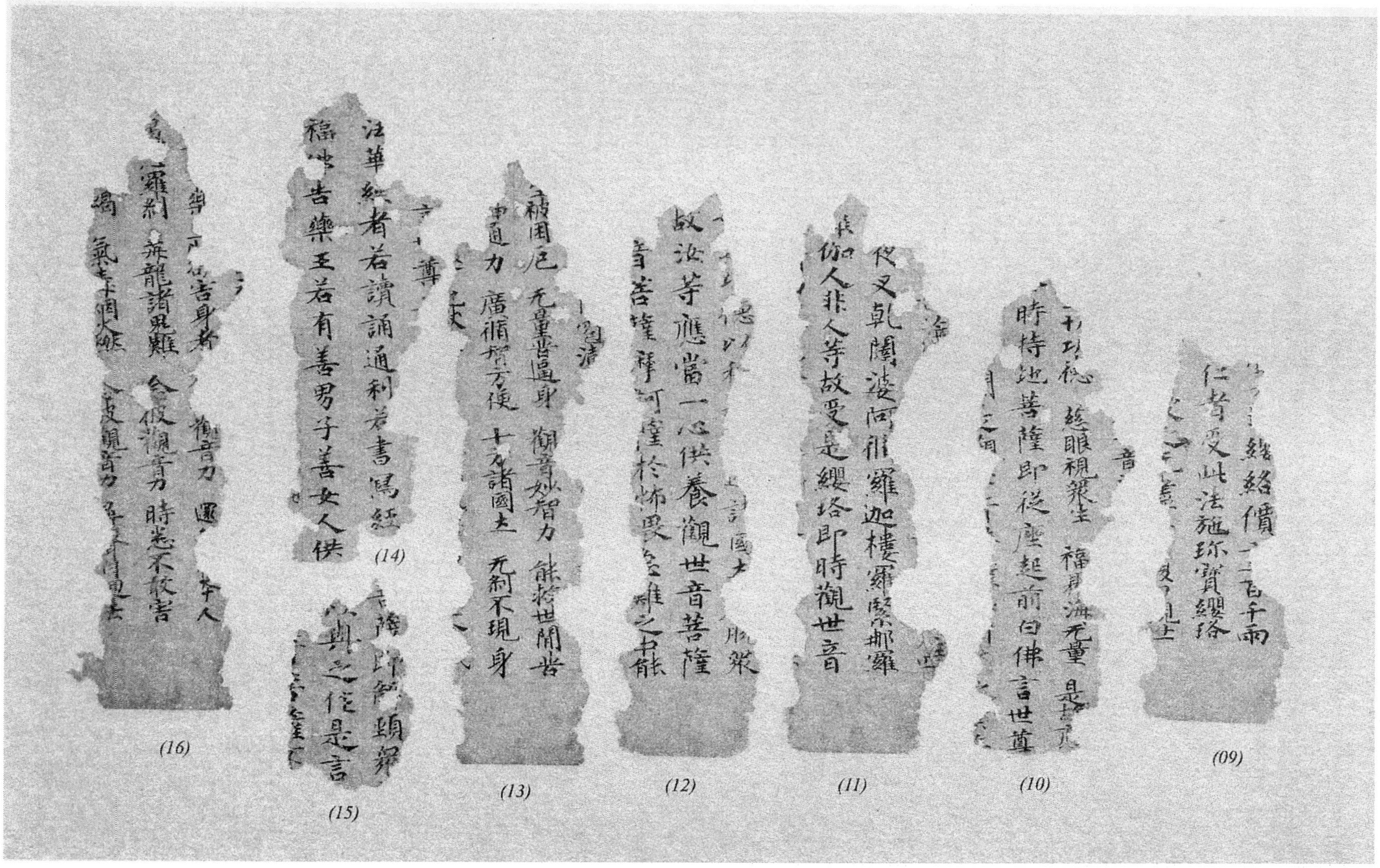

(16) (15) (14) (13) (12) (11) (10) (09)

BD13149號　妙法蓮華經卷七　（2–2）

BD13150號　齋意文（擬）　（2–1）

BD13150 號背　齋意文（擬）　（2–2）

BD13151 號 A　天福七年八月木牆鄉感化村稅戶李思順李稠秋牒各一道（擬）　（1–1）

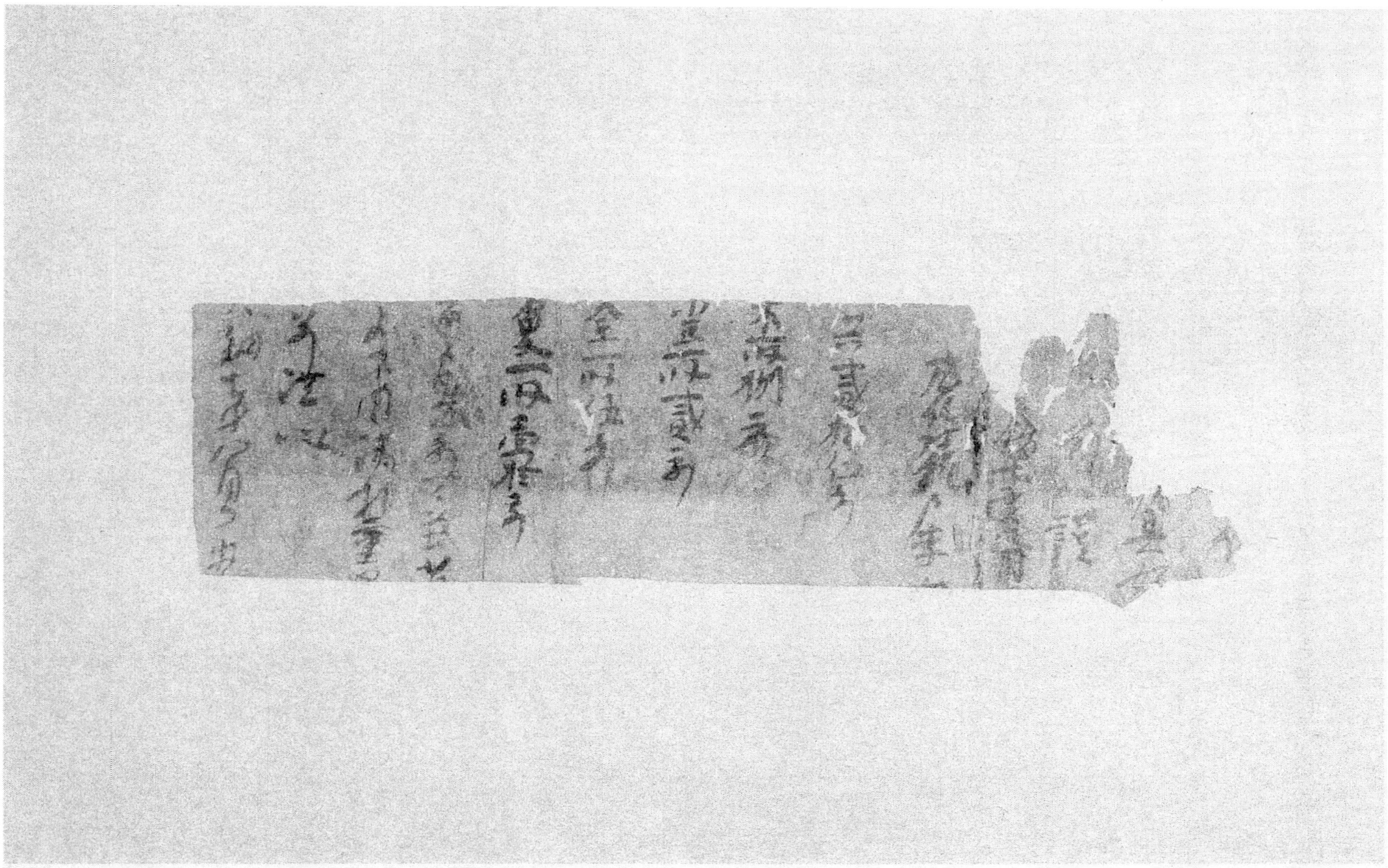

BD13151 號 B　天福七年八月木牆鄉感化村稅戶李某等牒兩道（擬）　（1–1）

BD13151 號 C　天福七年八月木牆鄉感化村稅戶殘牒（擬）　（1–1）

(6)

(1)

(2)

(3)

(5)

(4)

BD13151 號 D　殘片六塊（擬）　　（1–1）

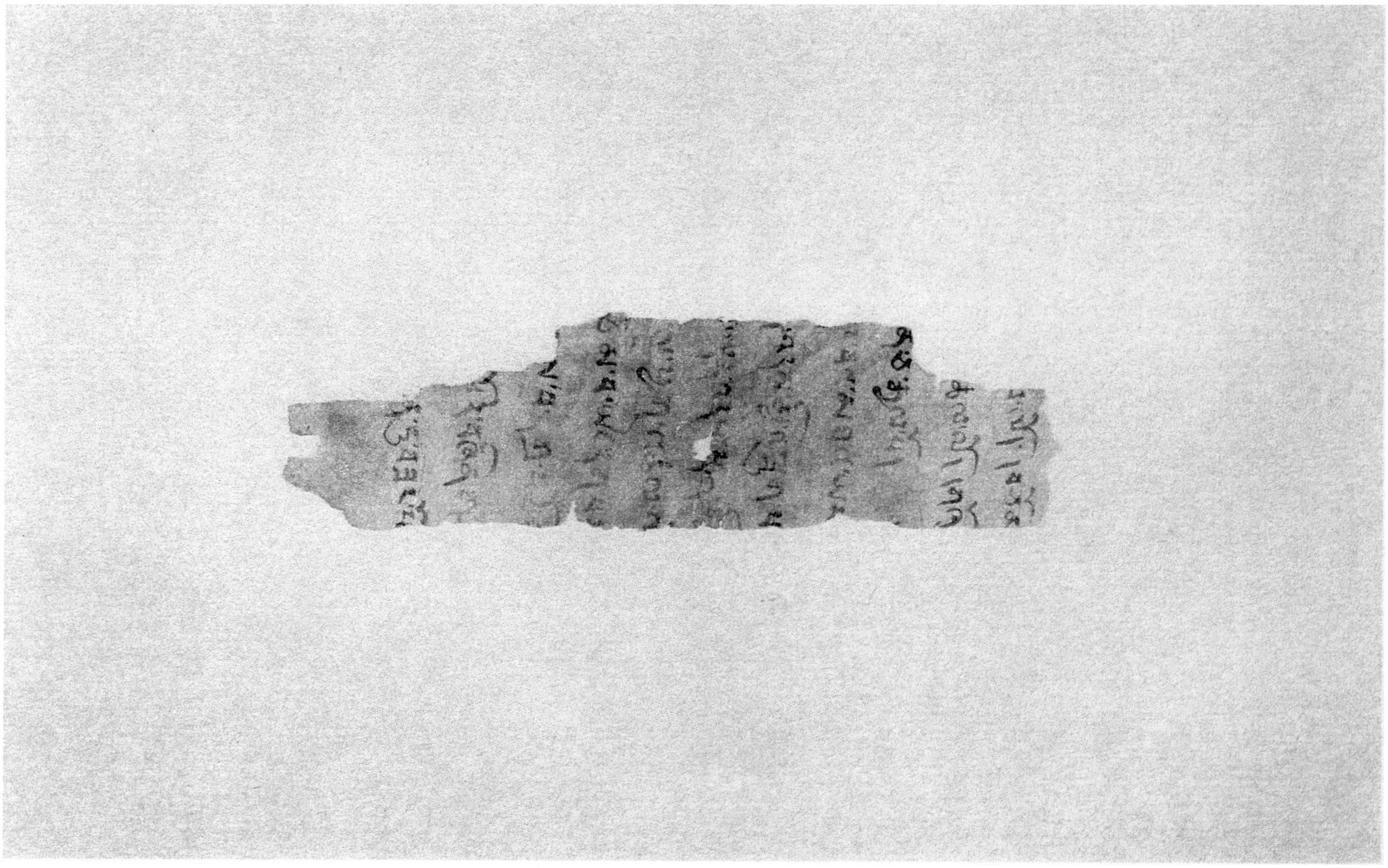

BD13152 號　藏文文獻（擬）　　（1–1）

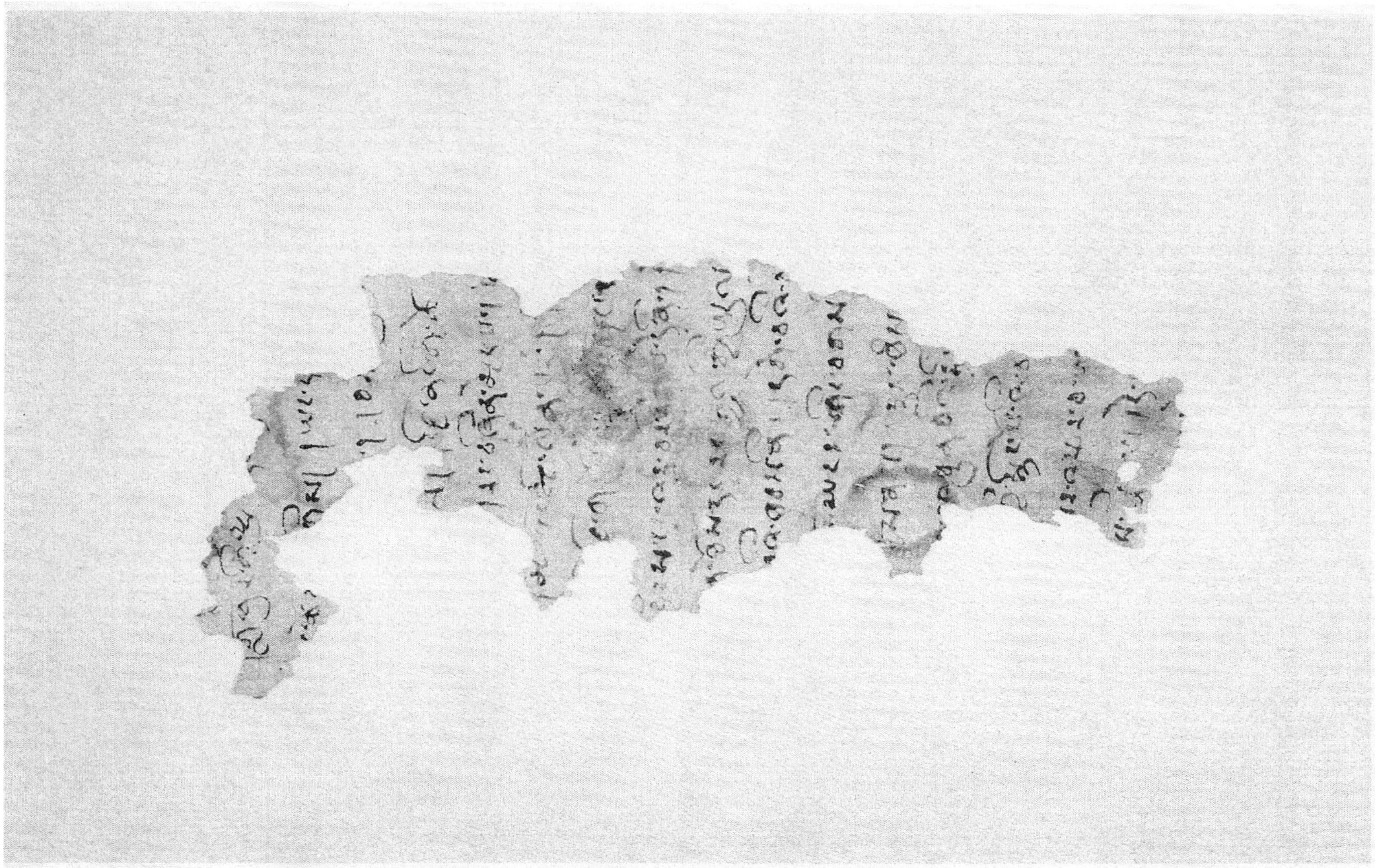

BD13153號　藏文文獻（擬）　　（1–1）

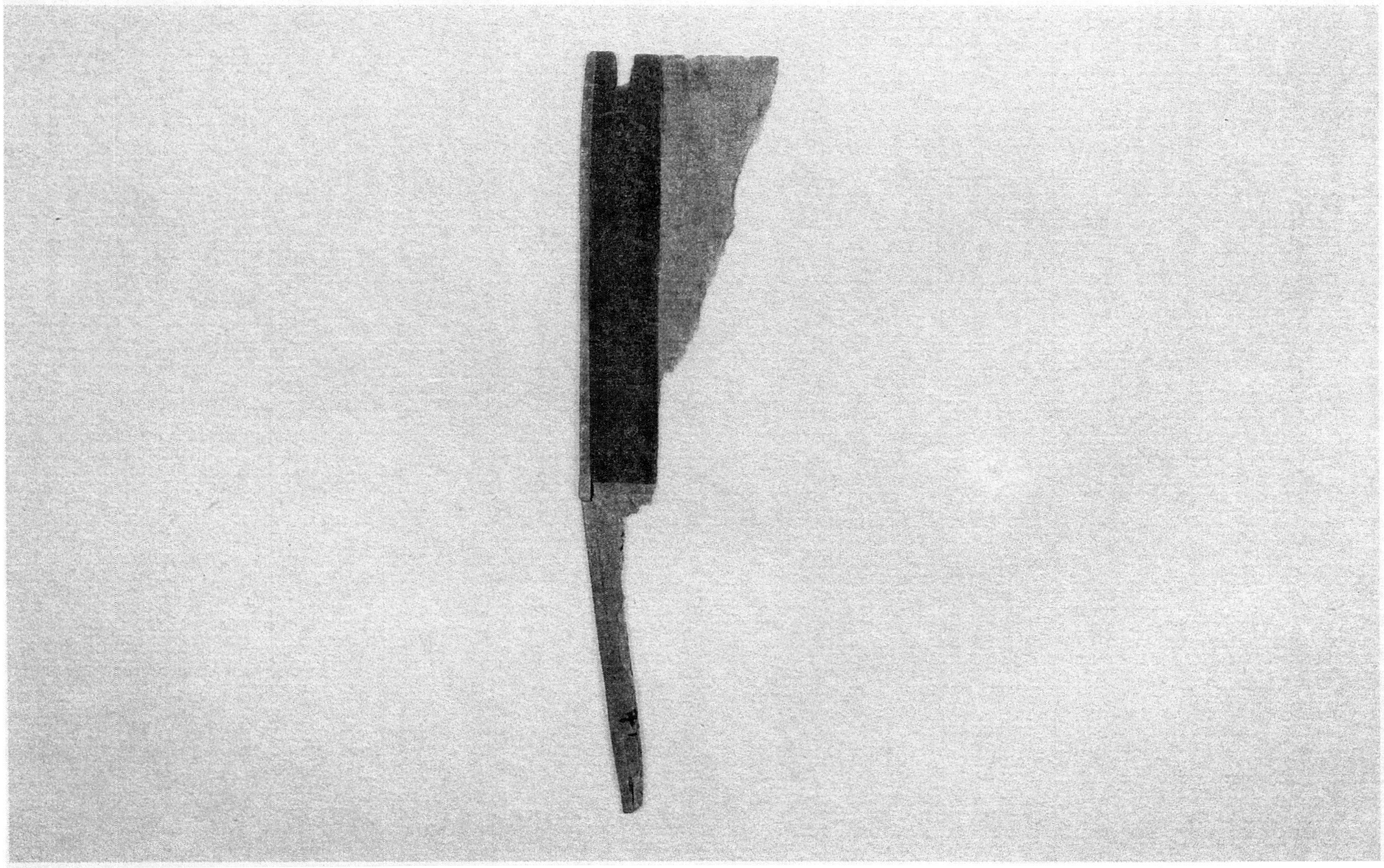

BD13154號　護首（大般若波羅蜜多經）　　（1–1）

BD13155號　藏文文獻（擬）　（1–1）

BD13156號　殘片（擬）　（1–1）

BD13157號　殘片八十九塊（擬）　　（1–1）

BD13158號　護首（金光明經）　　（1–1）

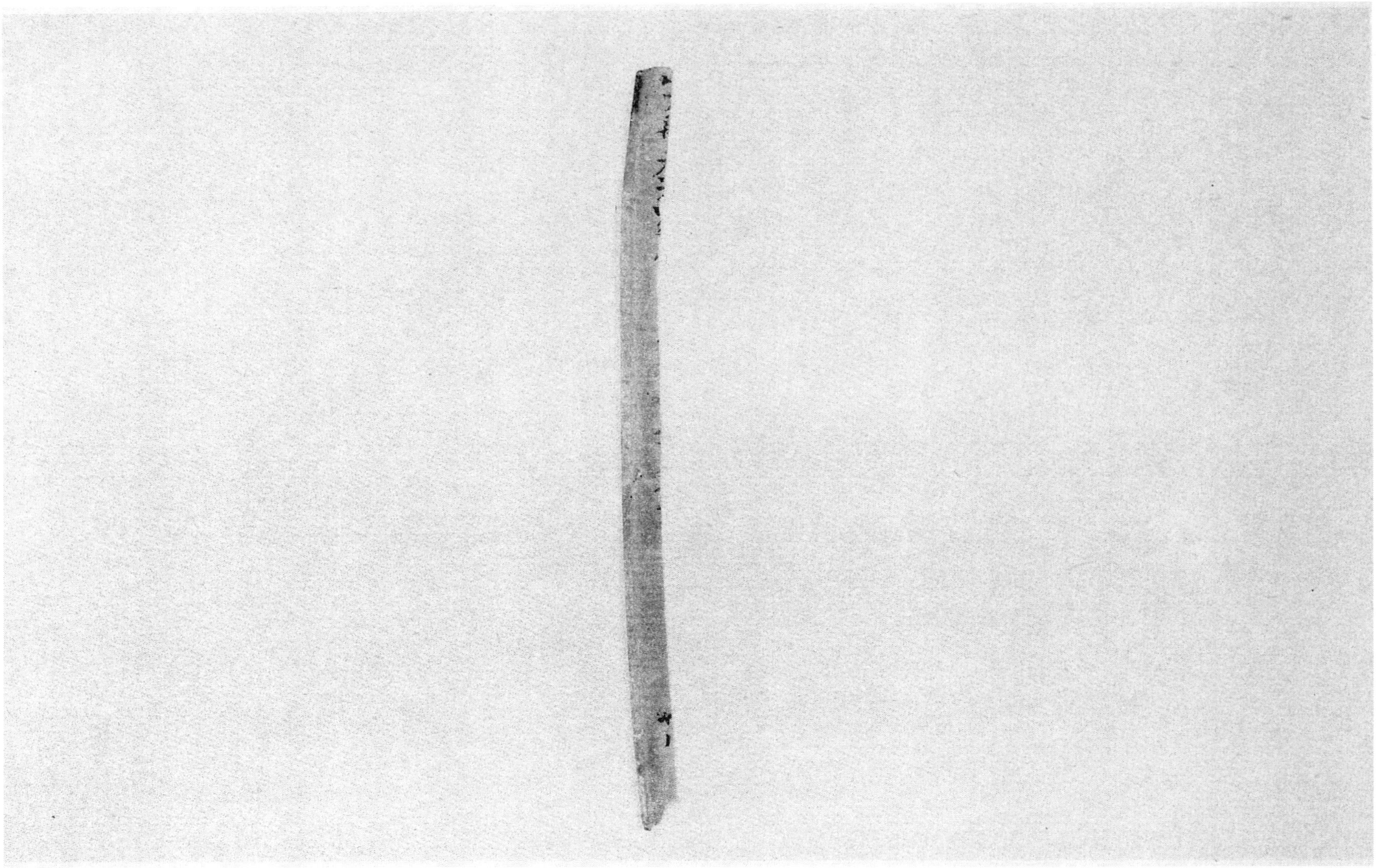

BD13160號　護首（大般若波羅蜜多經）　（1–1）

BD13161號　護首（經名不詳）　（1–1）

BD13162 號　護首殘片（擬）　（1–1）

BD13163 號　殘片（擬）　（1–1）

BD13164 號　護首（四分律）　（1–1）

BD13165 號　護首（大般若波羅蜜多經）　（1–1）

BD13166號　護首（經名不詳）　（1–1）

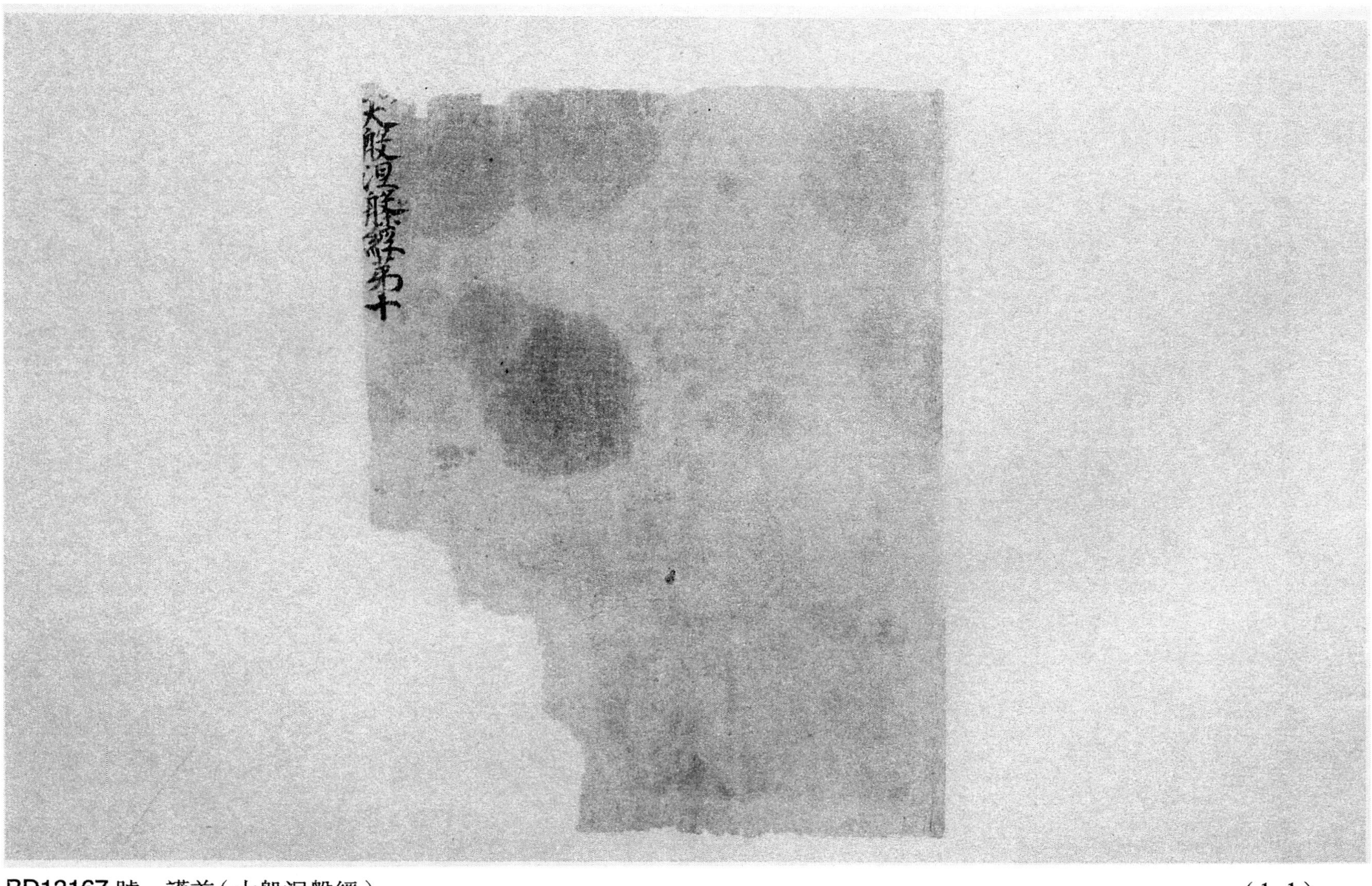

BD13167號　護首（大般涅槃經）　（1–1）

BD13168 號　護首（大寶積經）　（1–1）

BD13169 號　護首（大般若波羅蜜多經）　（1–1）

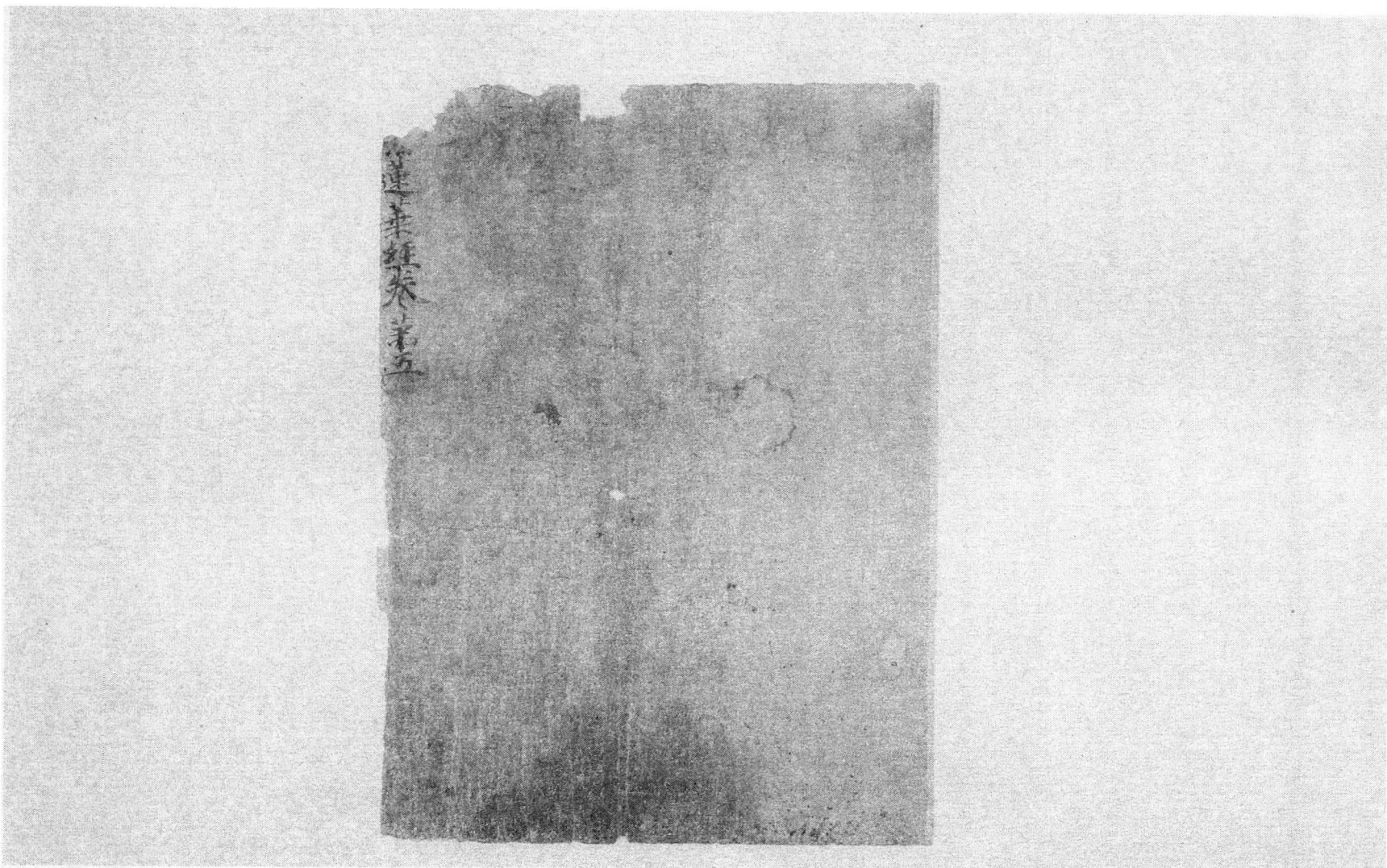

BD13170 號　護首（妙法蓮華經）　（1–1）

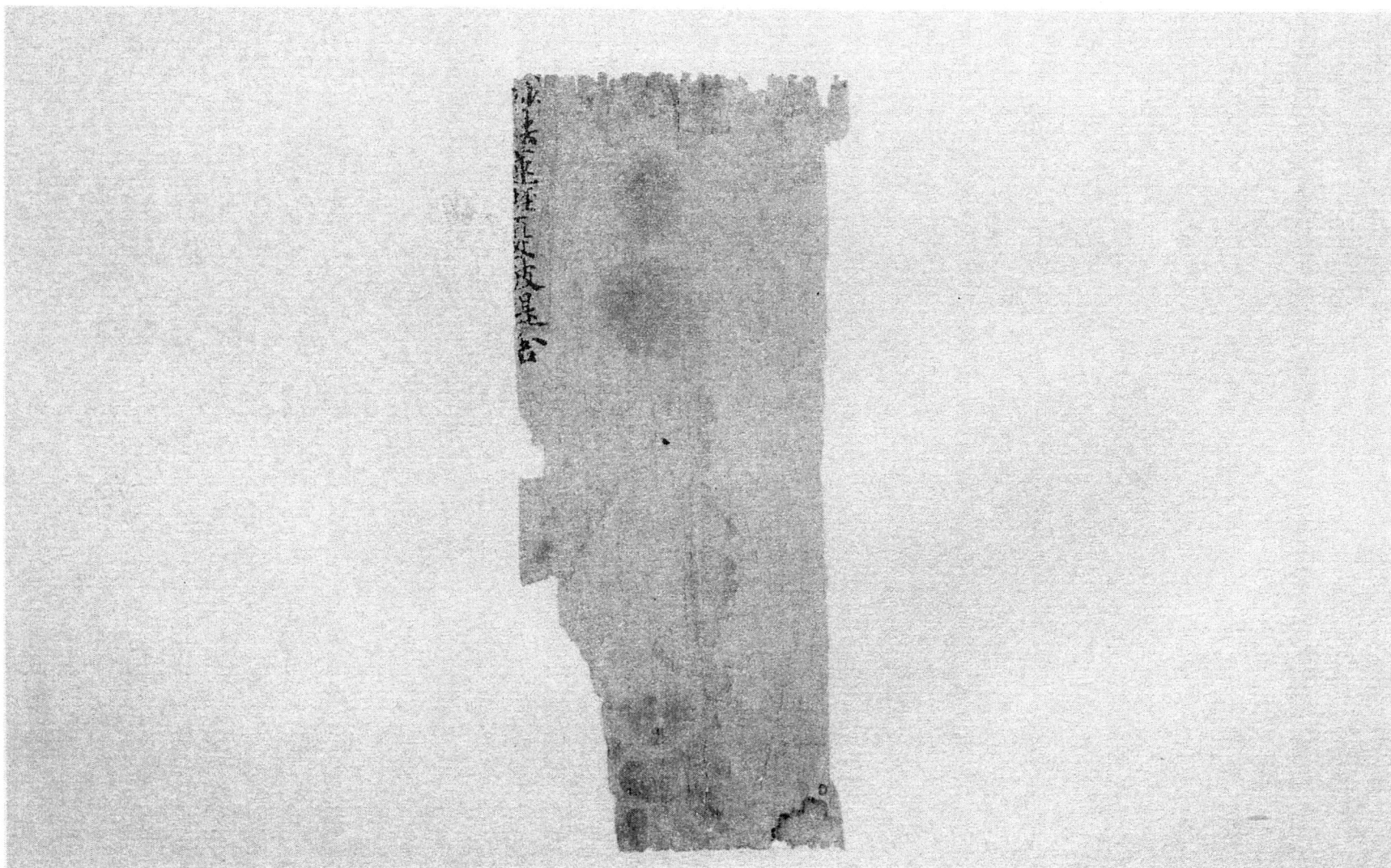

BD13171 號　護首（妙法蓮華經優波提舍）　（1–1）

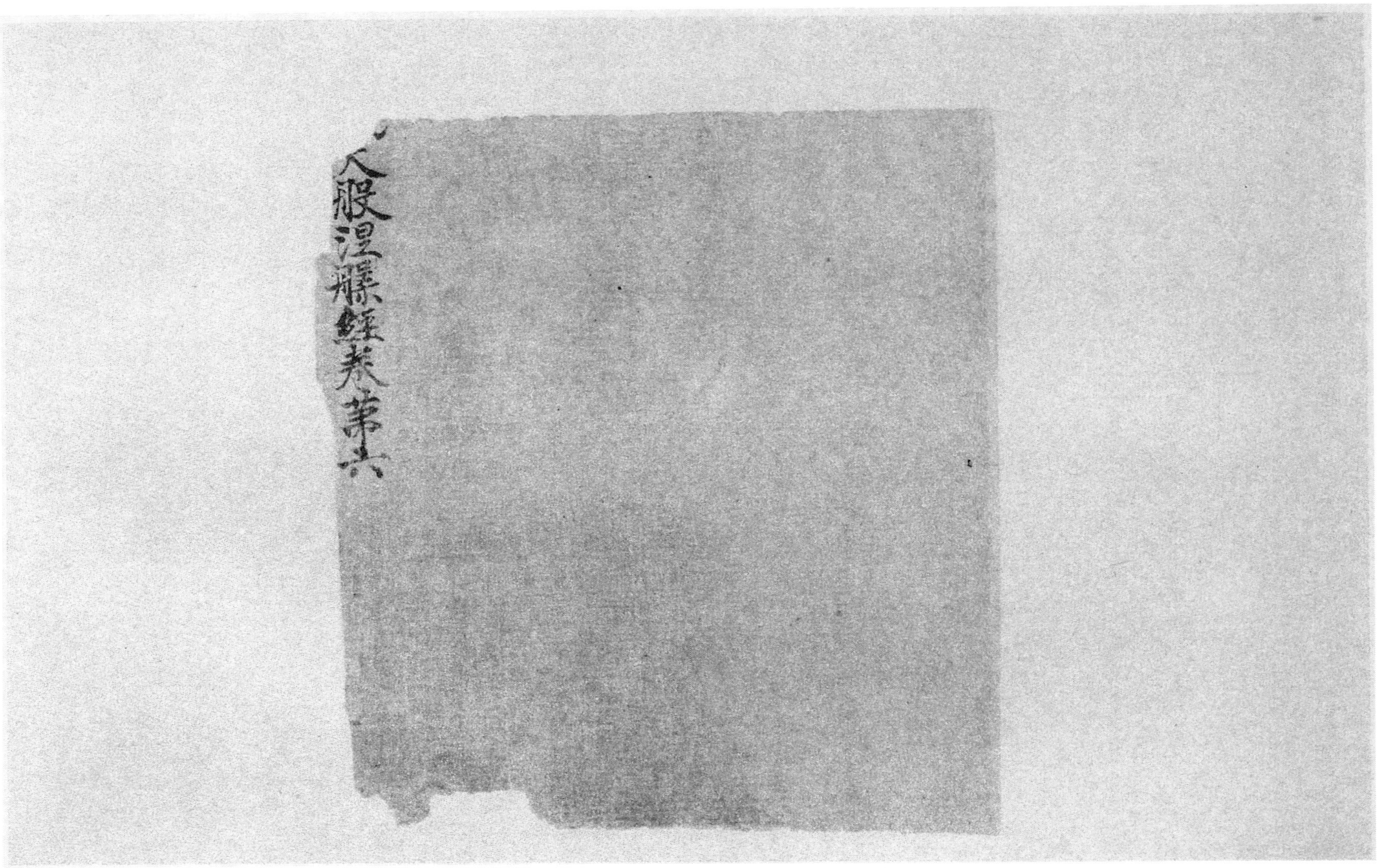

BD13172 號　護首（大般涅槃經）　（1–1）

BD13173 號　護首（大方等大集經）　（1–1）

BD13174 號　護首（大般若波羅蜜多經）　（1–1）

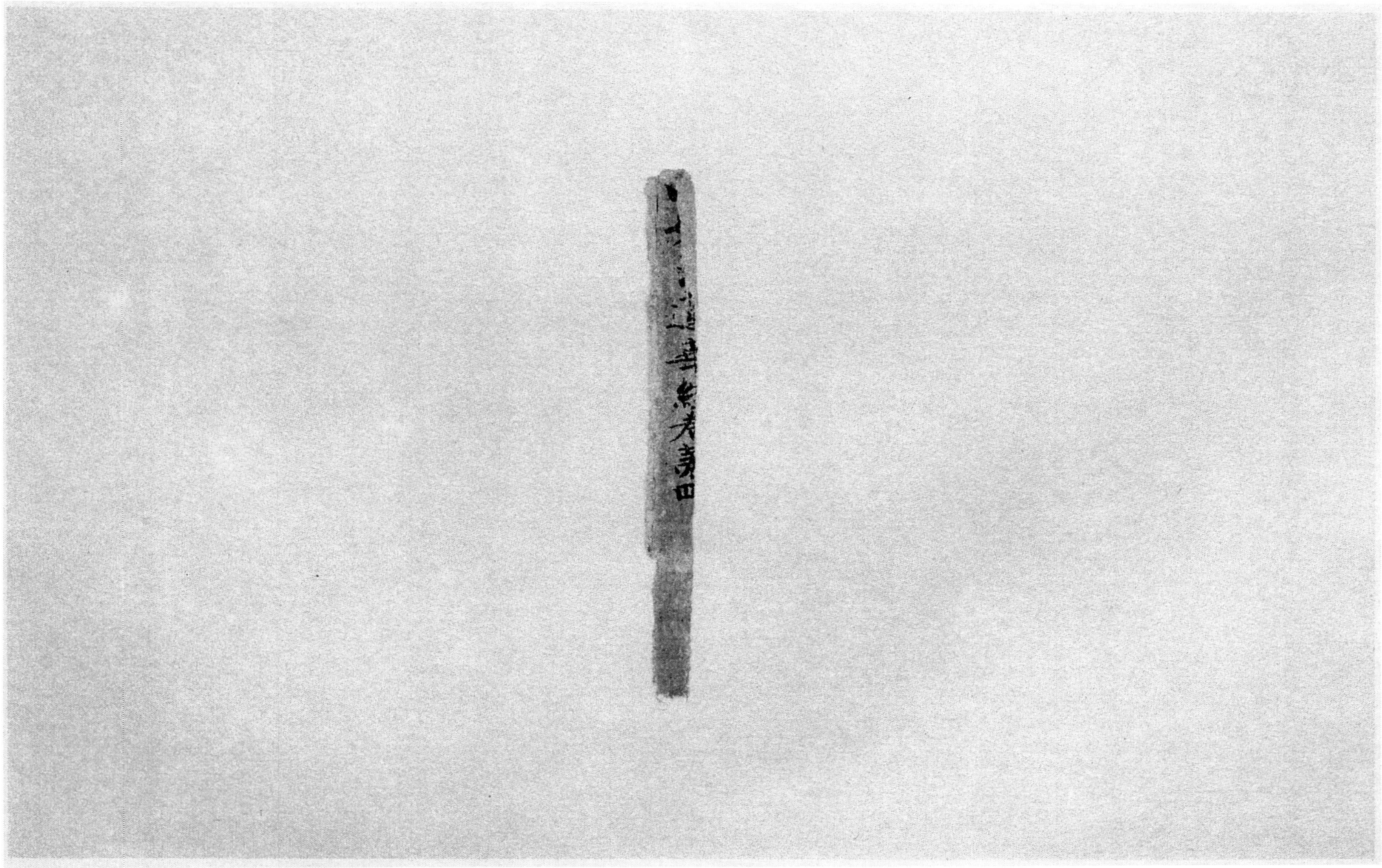

BD13175 號　護首（妙法蓮華經）　（1–1）

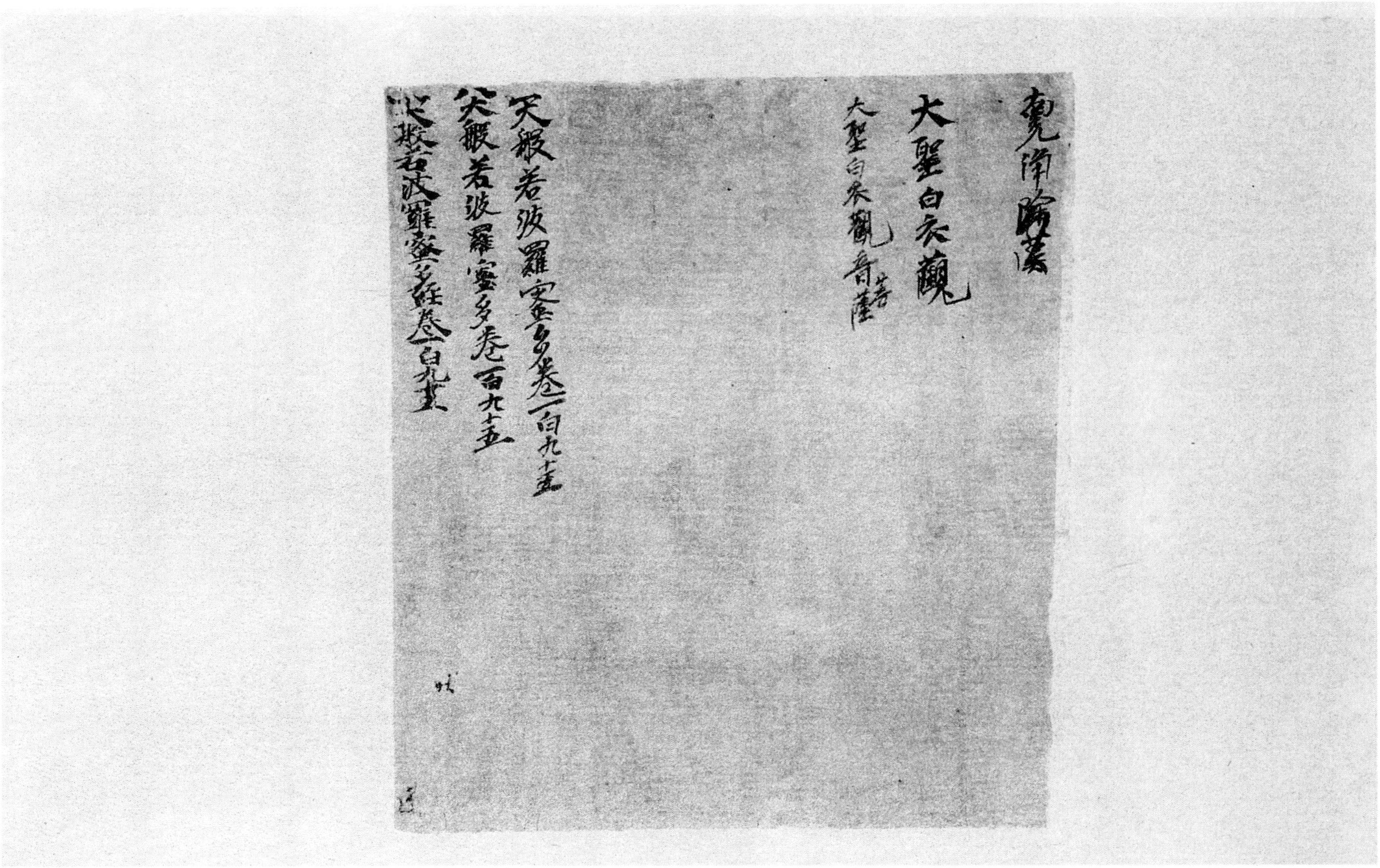

BD13176 號　護首（大般若波羅蜜多經）　　　　（1–1）

BD13177 號　護首（金光明最勝王經）　　　　（1–1）

BD13178 號　護首（經名不詳）　　（1–1）

BD13179 號　護首（妙法蓮華經）　　（1–1）

BD13180 號 A　護首（大般涅槃經）　　（1–1）

BD13180 號 B　佛弟子名號因緣（擬）　　（1–1）

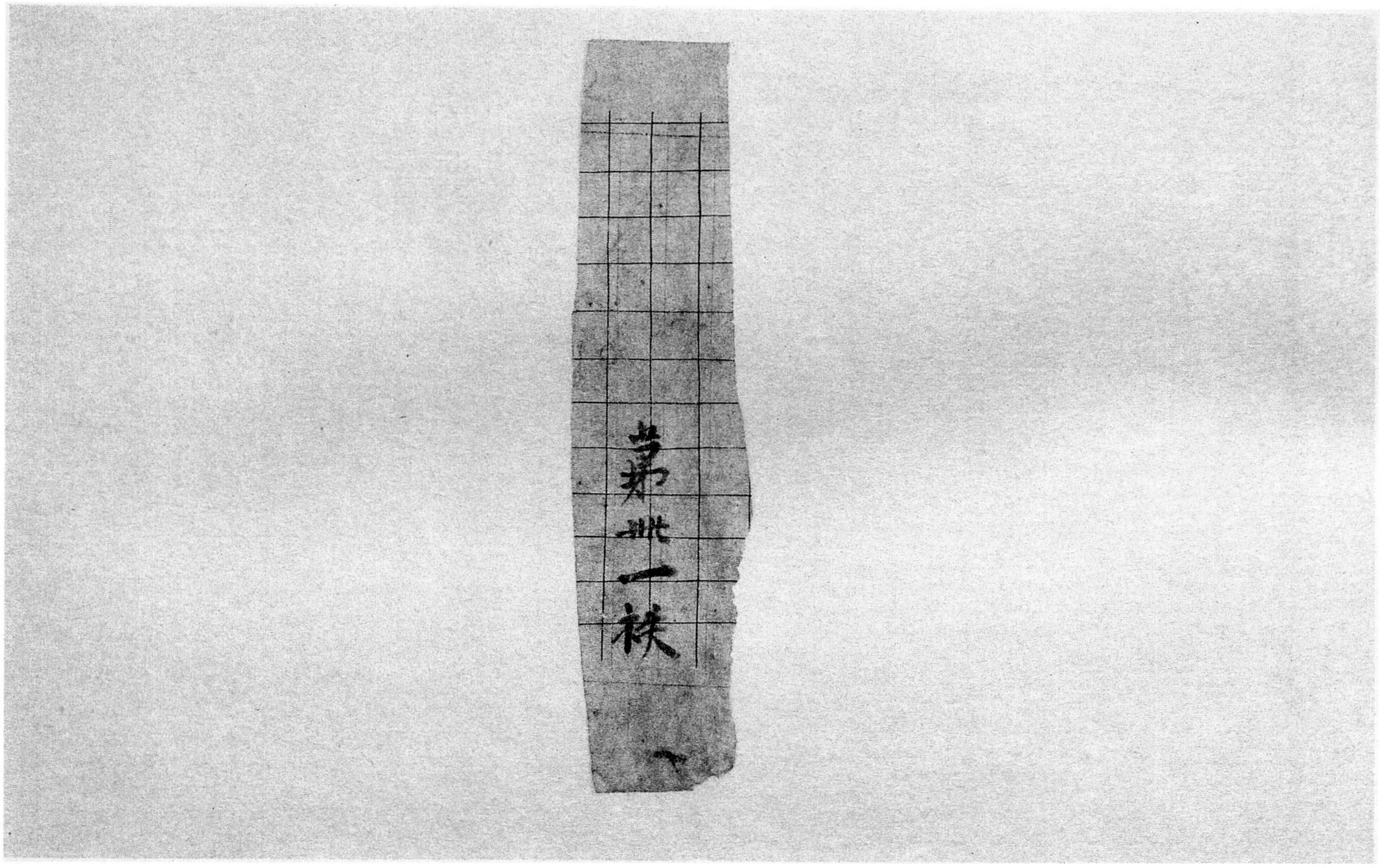

BD13181 號　簽條（擬）　（1–1）

BD13183 號　開元寺徒衆請補辭榮充寺主狀並都僧統判詞（擬）　（1–1）

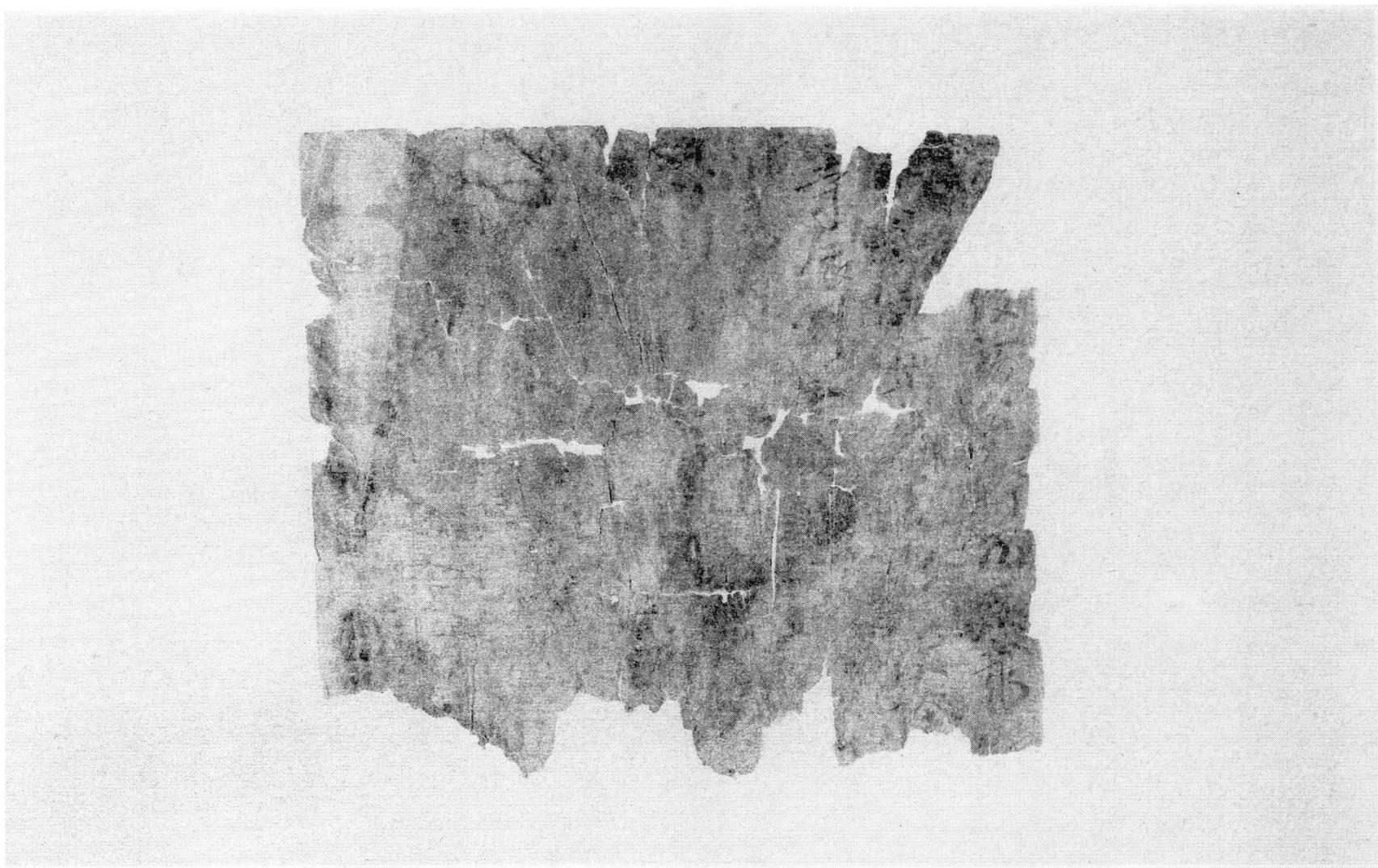

BD13184號　開元寺徒衆請補辭榮充寺主狀並都僧統判詞（擬）　（1-1）

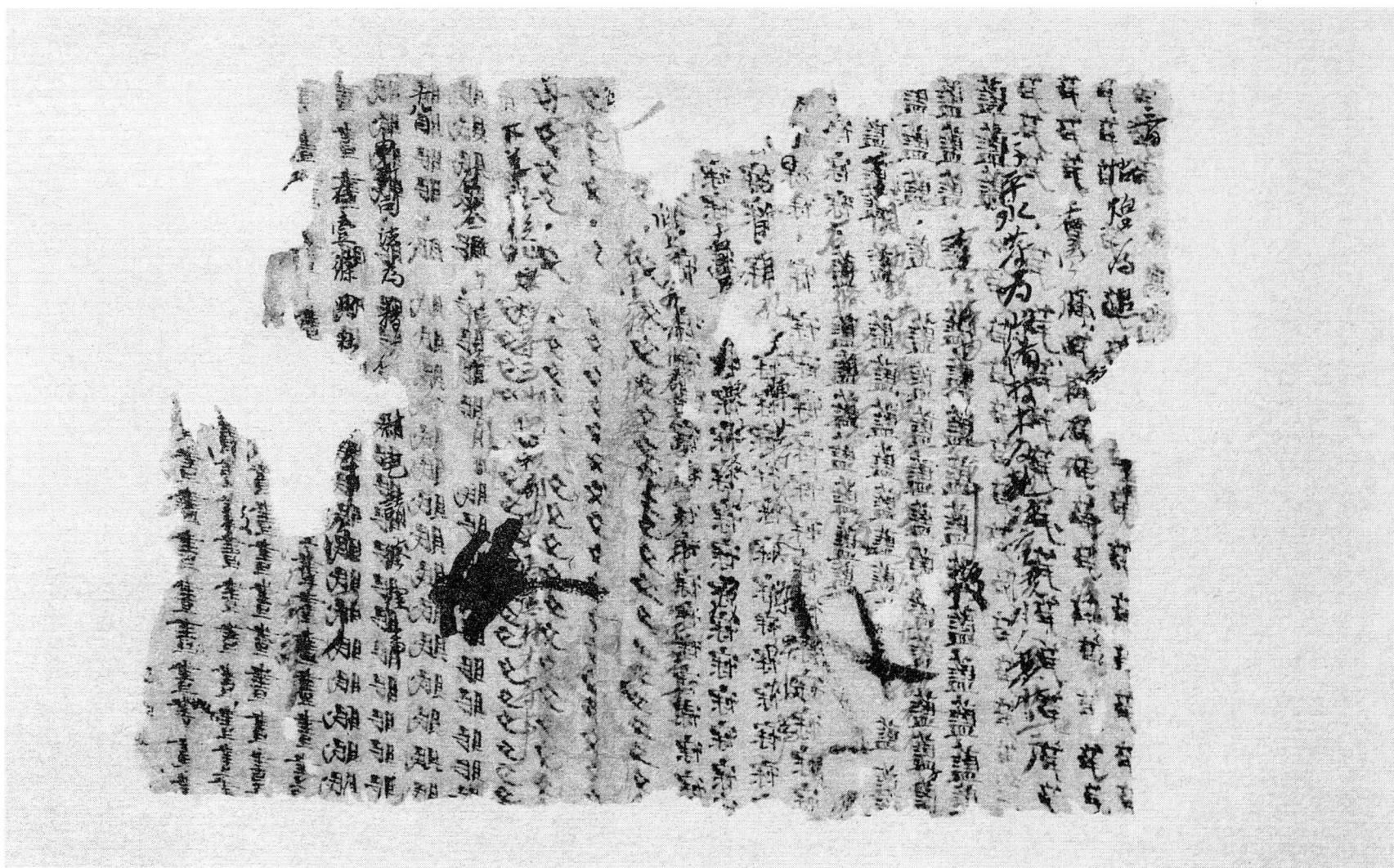

BD13185號 A　敦煌縣事目殘歷（擬）　（1-1）

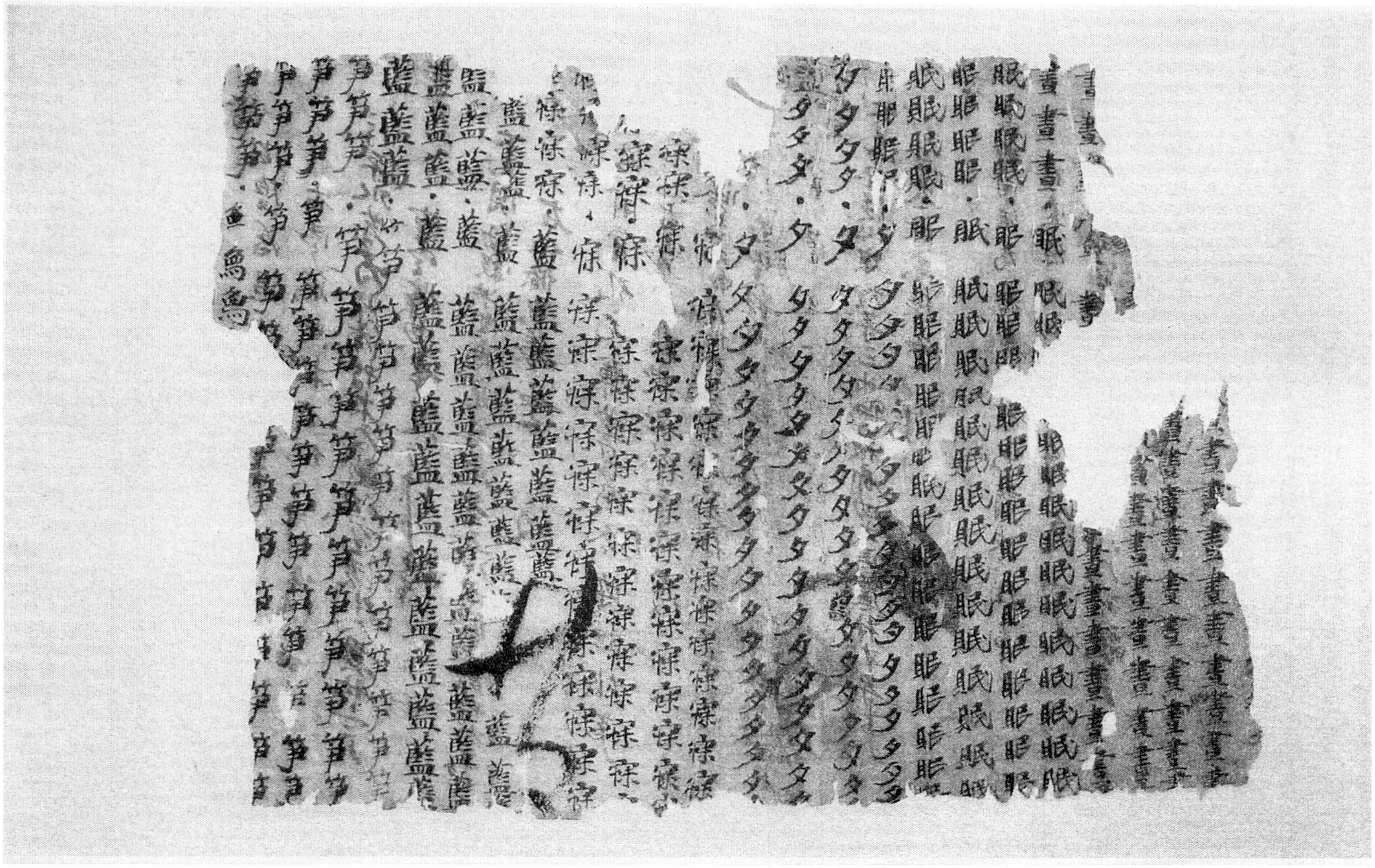

BD13185 號 A 背　千字文習字（擬）　（1–1）

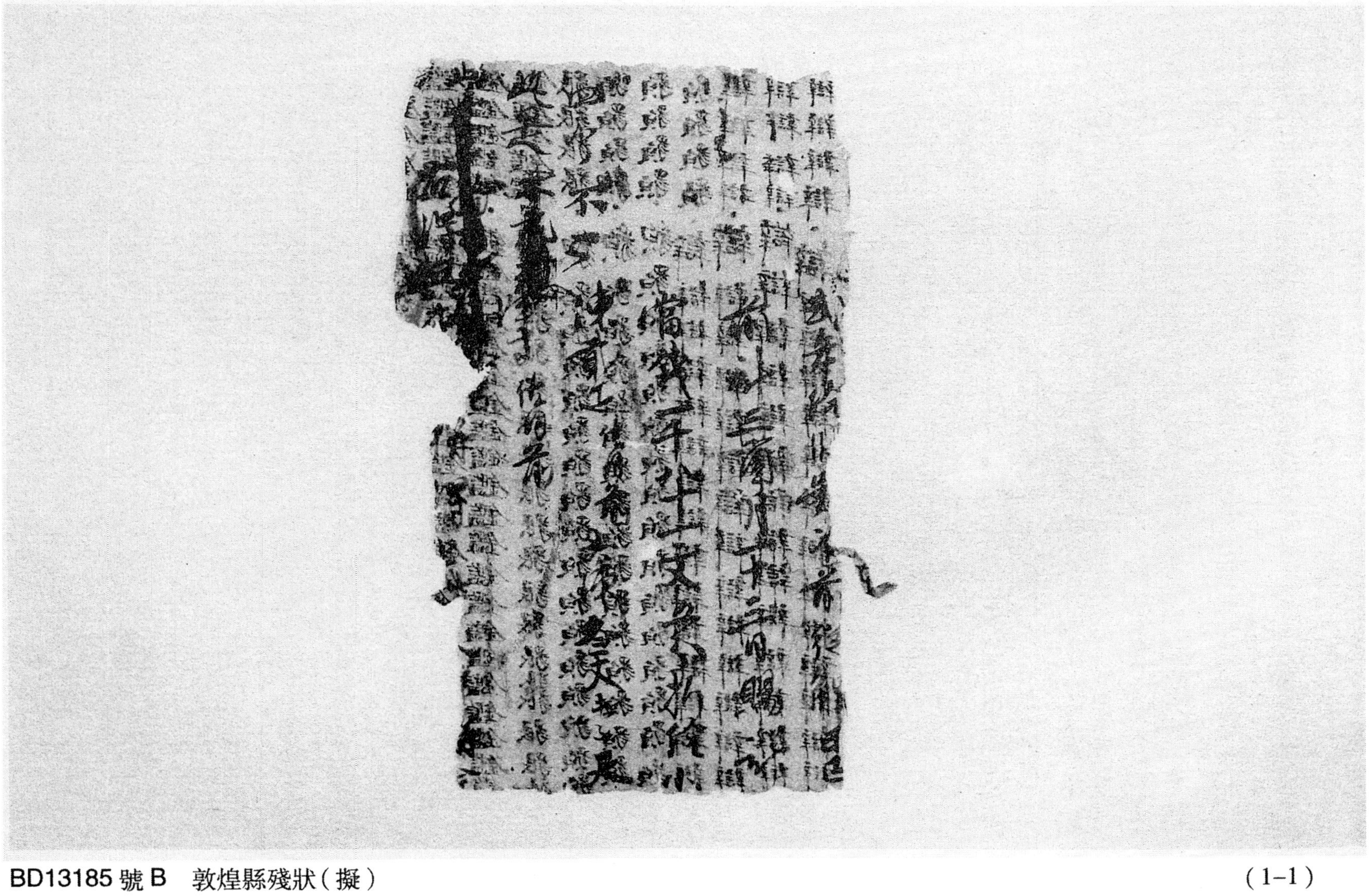

BD13185 號 B　敦煌縣殘狀（擬）　（1–1）

BD13185 號 B 背　千字文習字（擬）　（1–1）

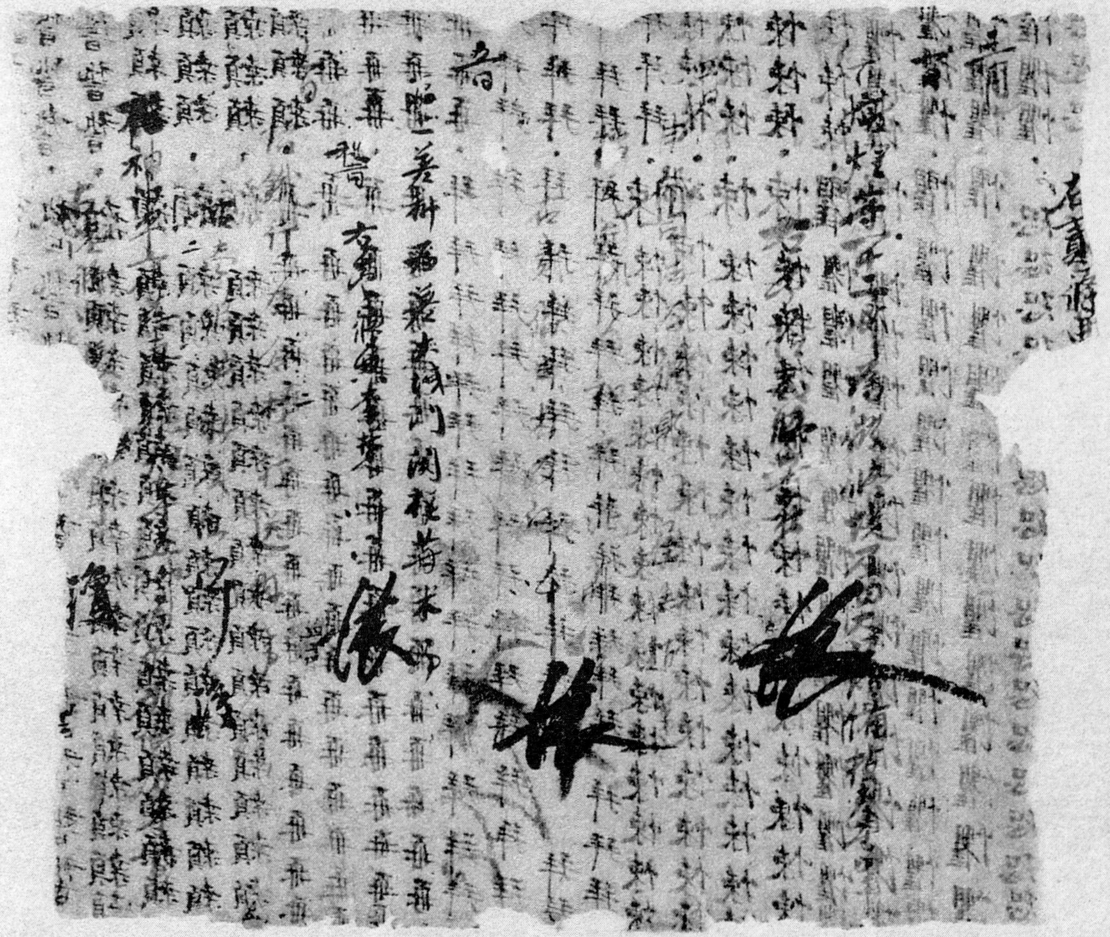

BD13185 號 C　敦煌縣事目殘歷（擬）　（1–1）

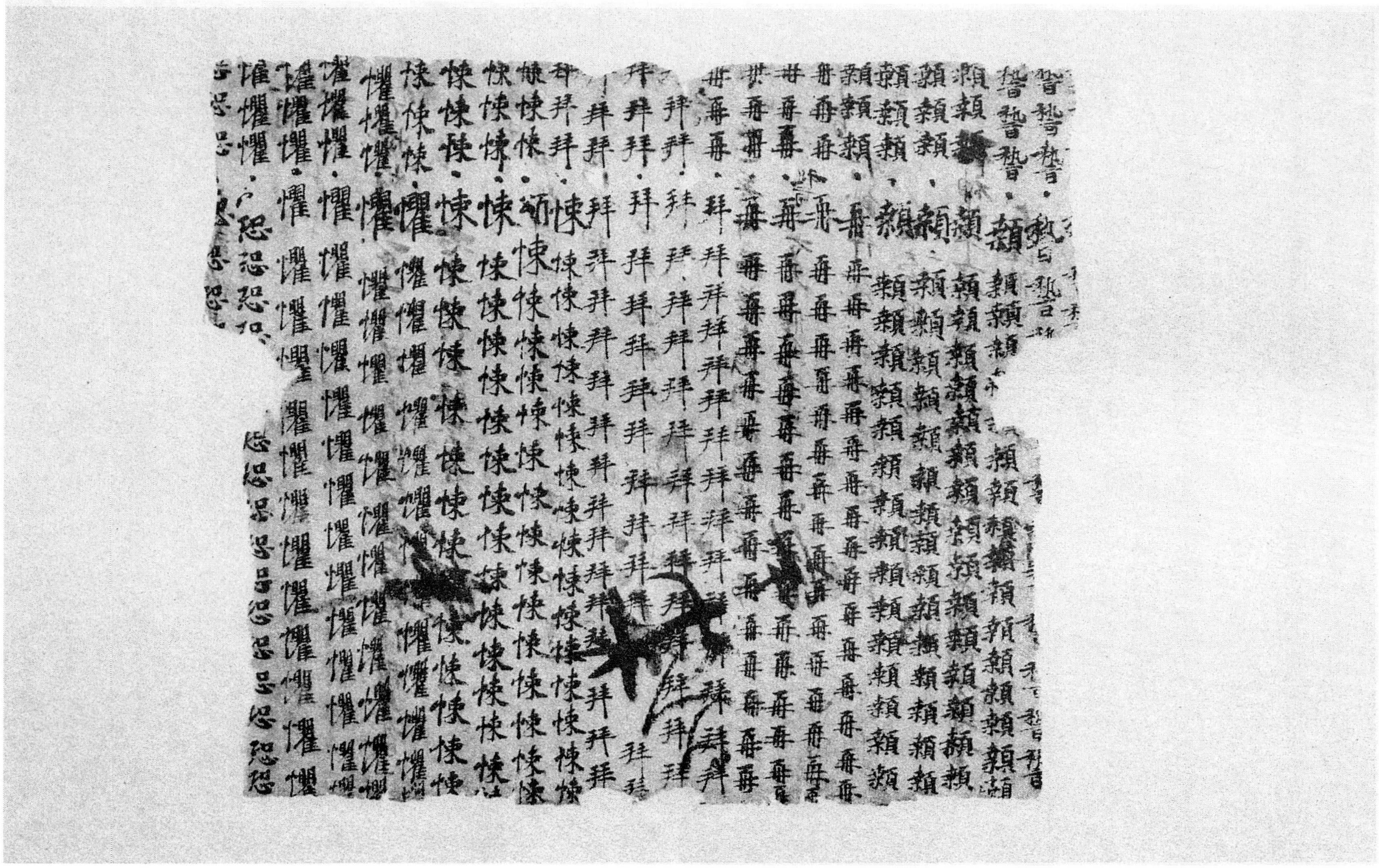

BD13185 號 C 背　千字文習字（擬）　（1–1）

BD13185 號 D　經袟（大般涅槃經）（擬）　（1–1）

BD13186 號　白畫（千眼）　　（1–1）

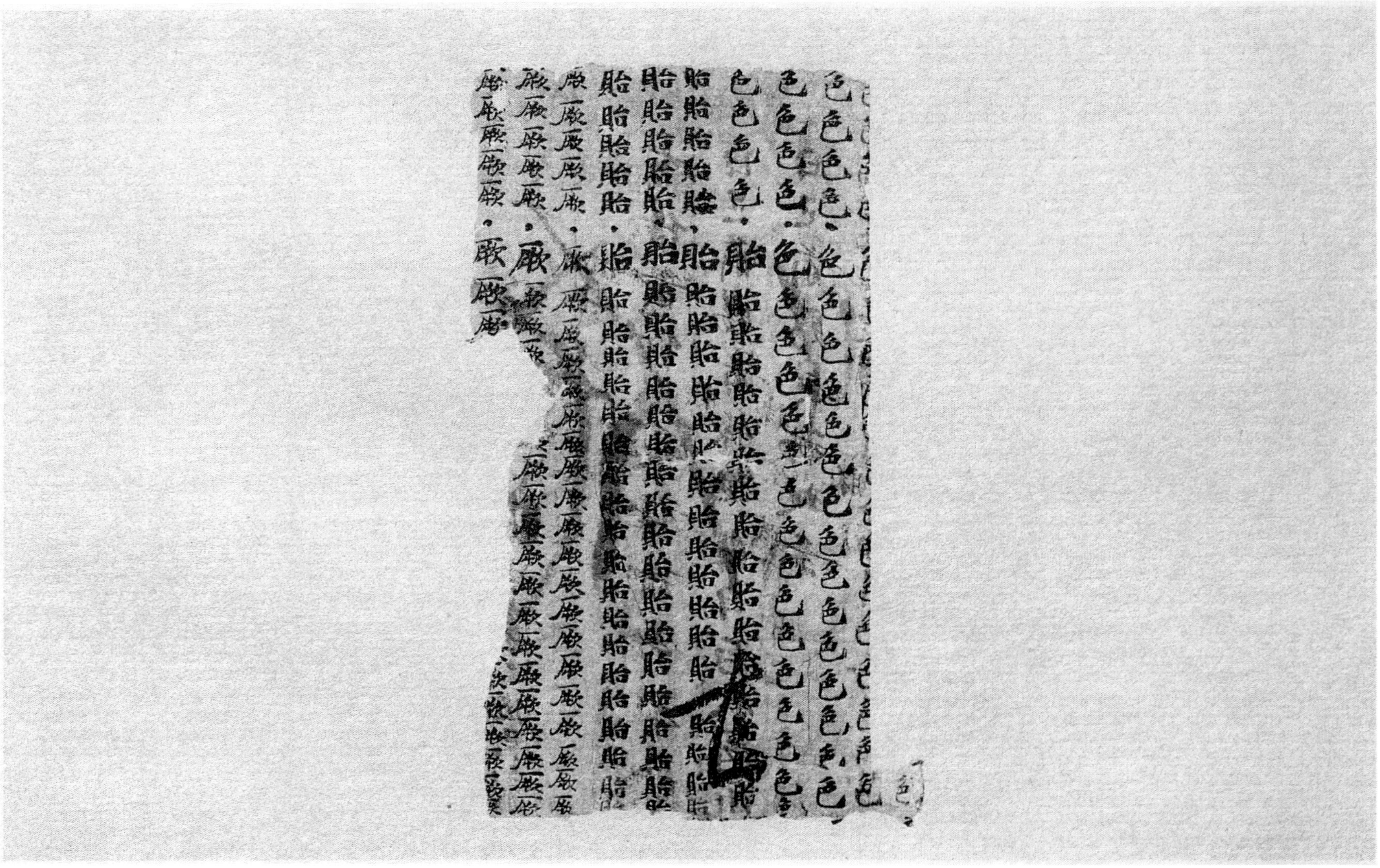

BD13187 號　千字文習字（擬）　　（2–1）

BD13187 號背　千字文習字（擬）　（2–2）

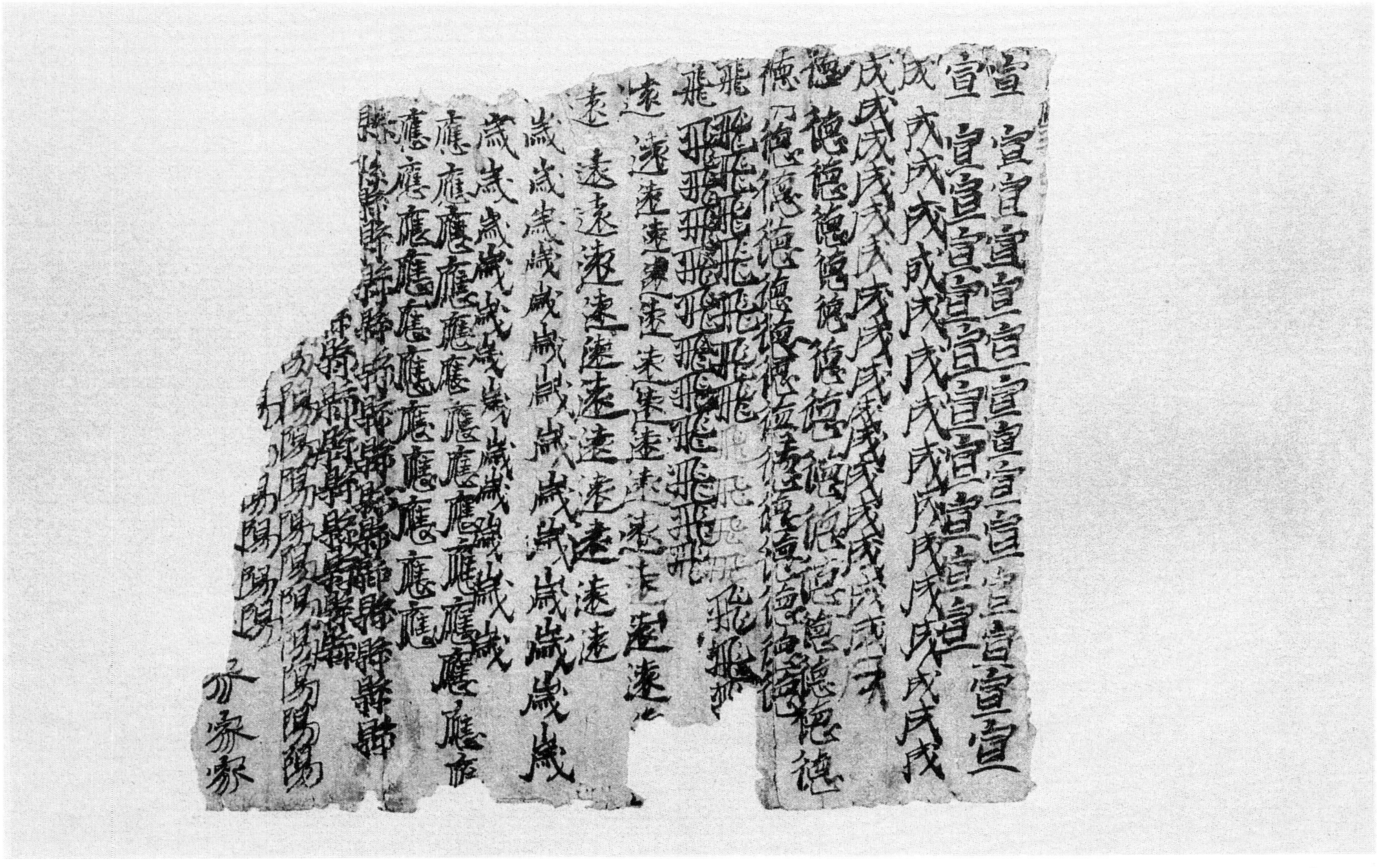

BD13188 號　習字雜寫（擬）　（1–1）

BD13189 號　護首（經名不詳）　　（1–1）

BD13190 號　簽條（擬）　　（1–1）

BD13191 號　簽條（擬）　（1–1）

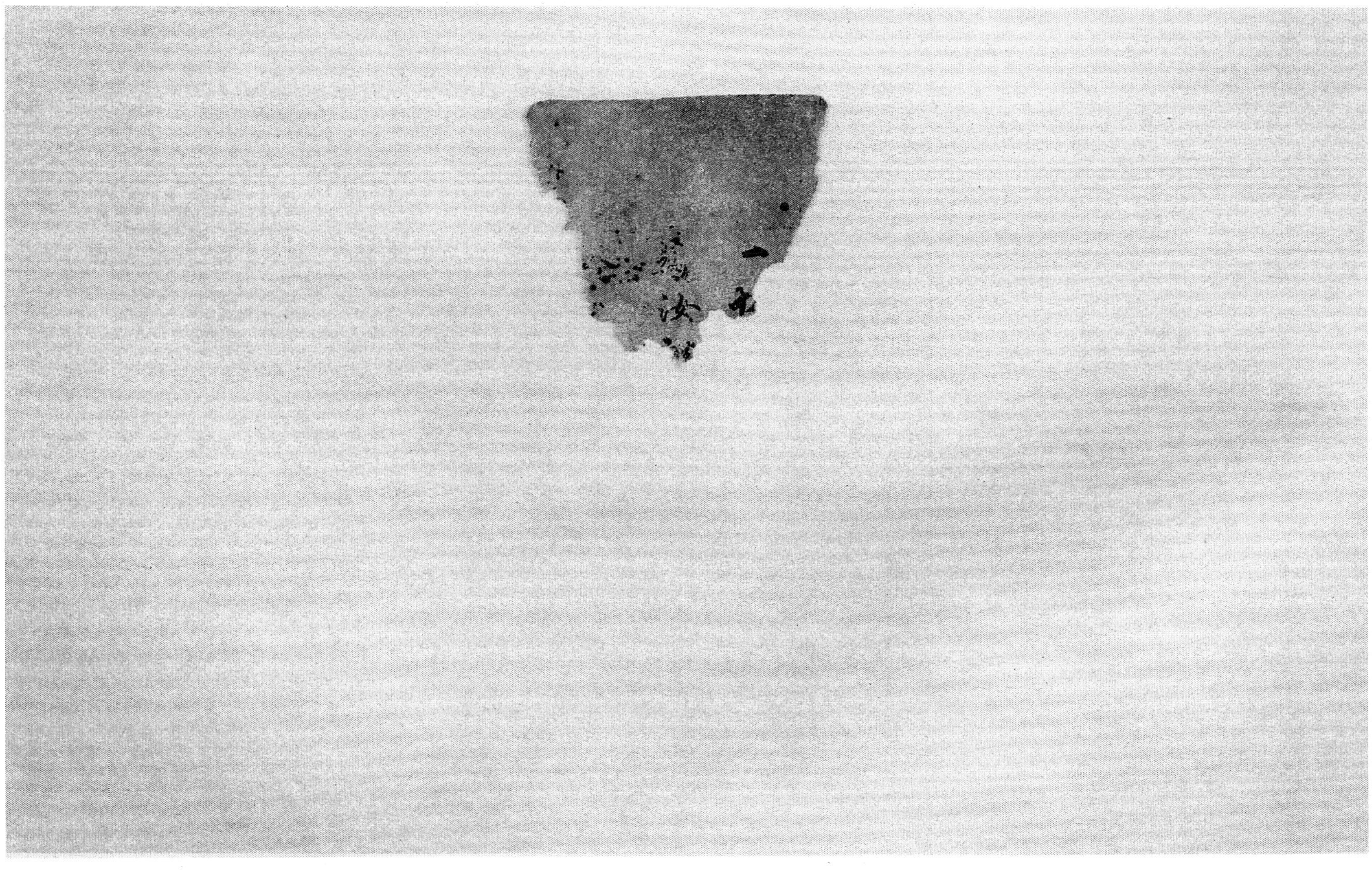

BD13192 號　佛經殘片（擬）　（1–1）

BD13193號　護首（金光明最勝王經）　（1–1）

BD13194號　護首（金光明最勝王經）　（1–1）

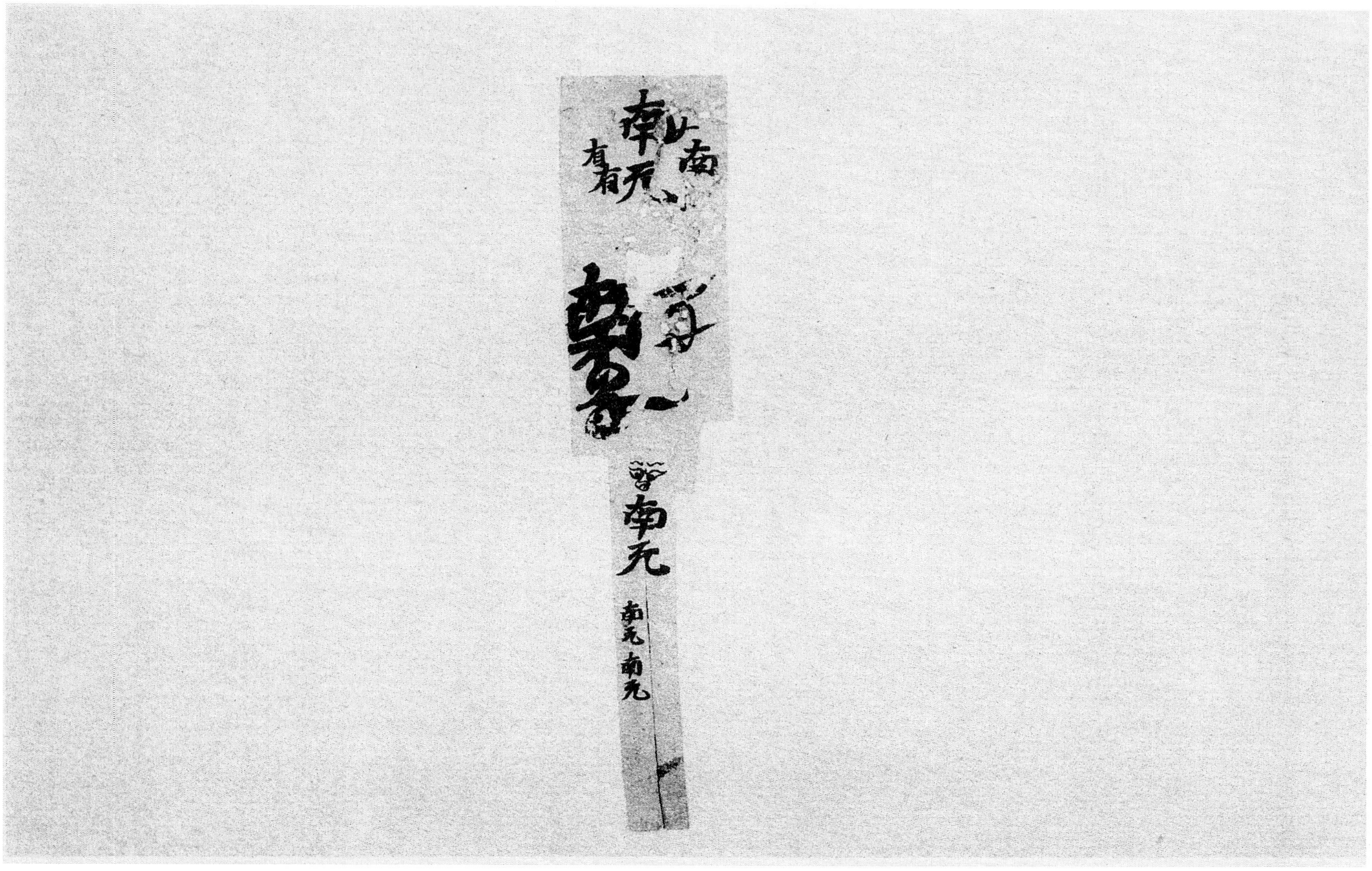

BD13195 號　雜寫雜畫（擬）　（2–1）

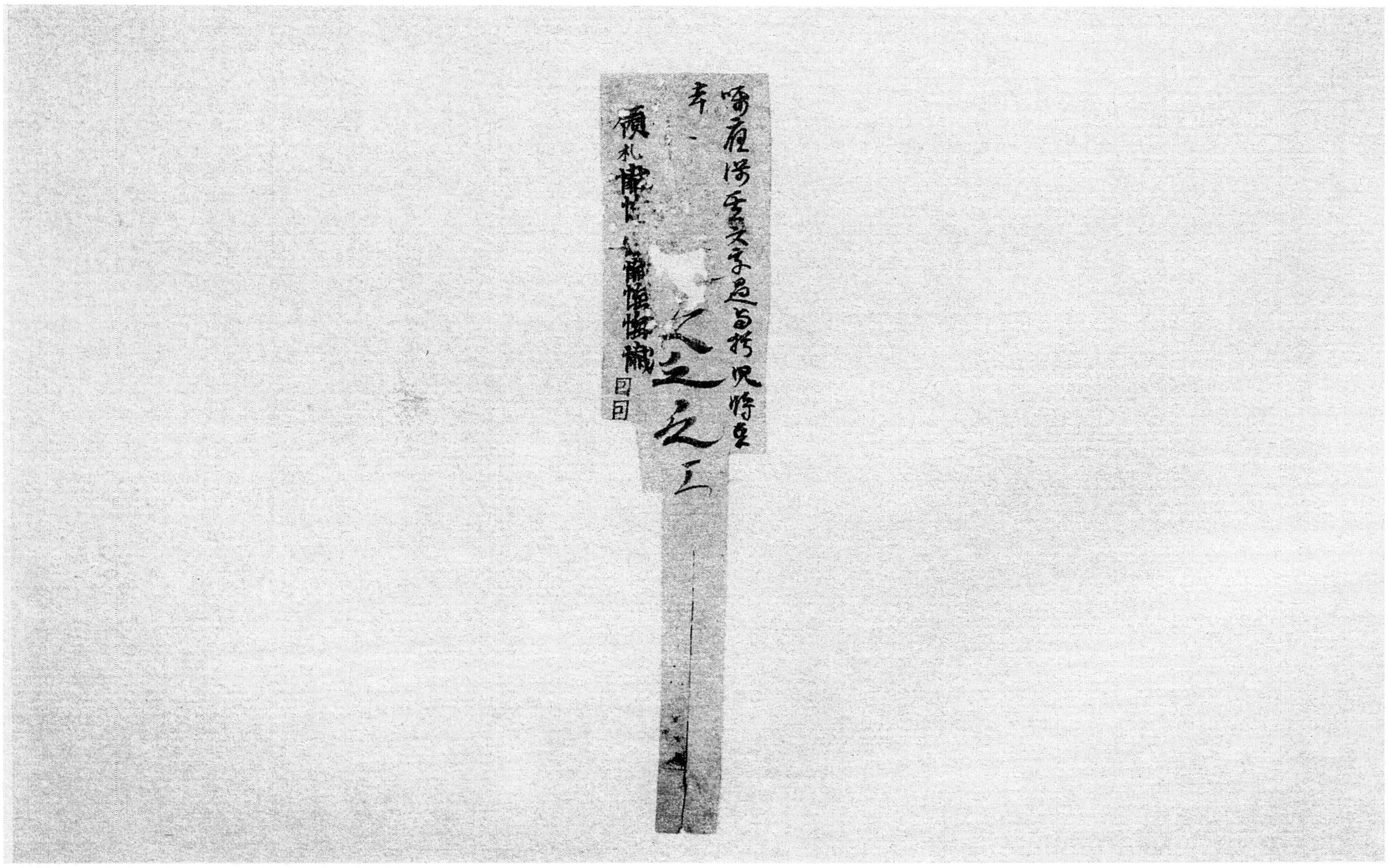

BD13195 號背　雜寫雜畫（擬）　（2–2）

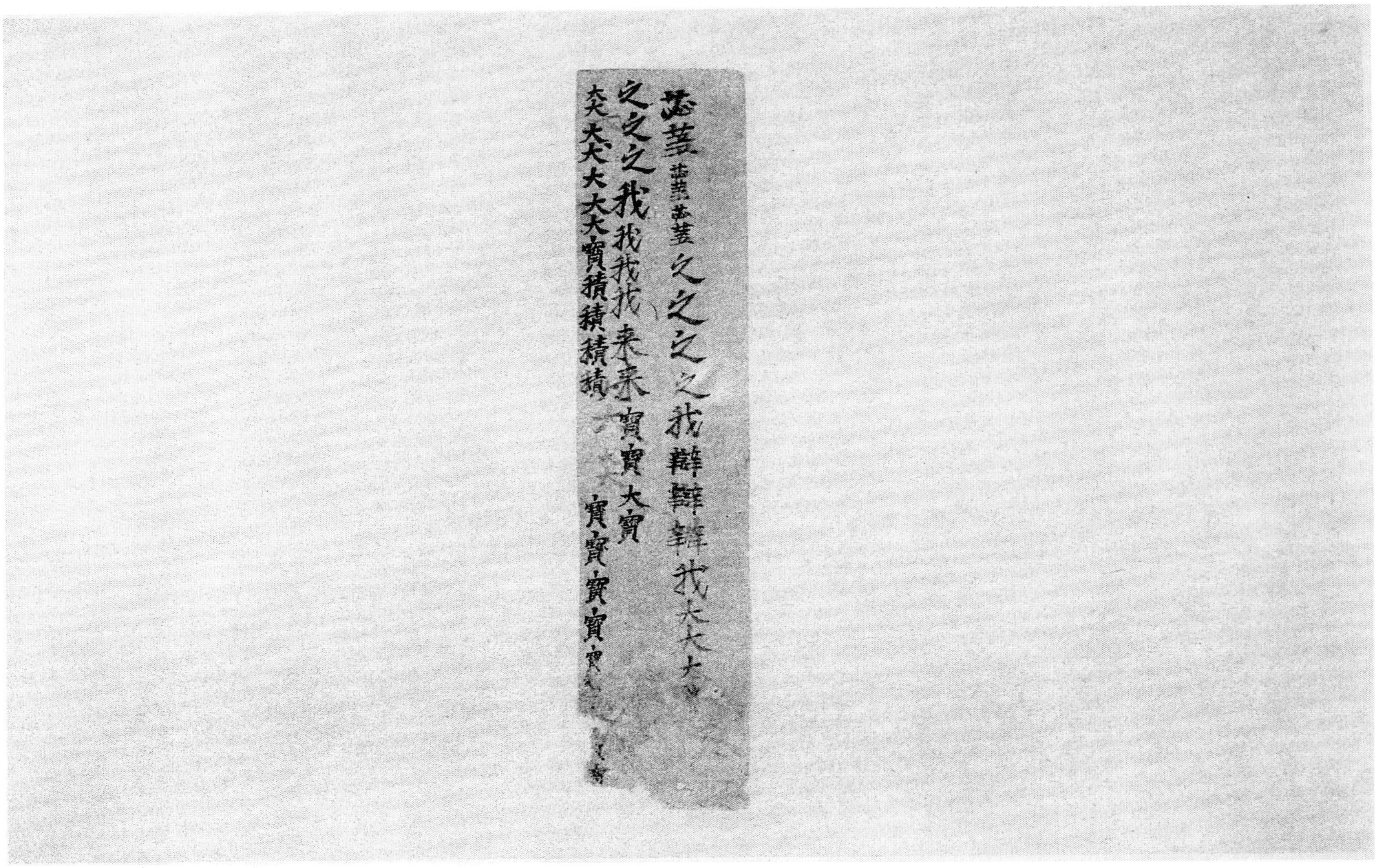

BD13196號　雜寫（擬）　　（1–1）

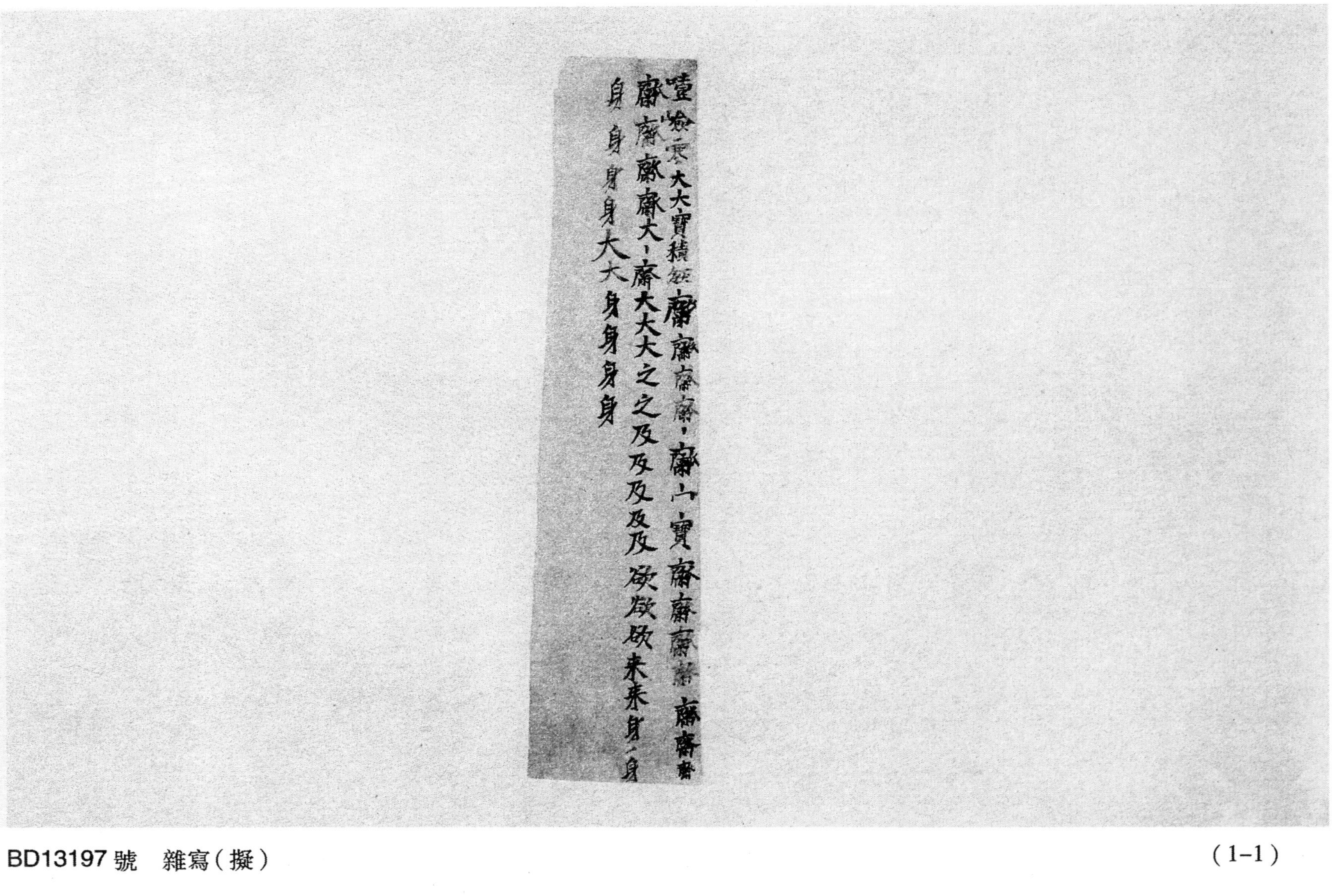

BD13197號　雜寫（擬）　　（1–1）

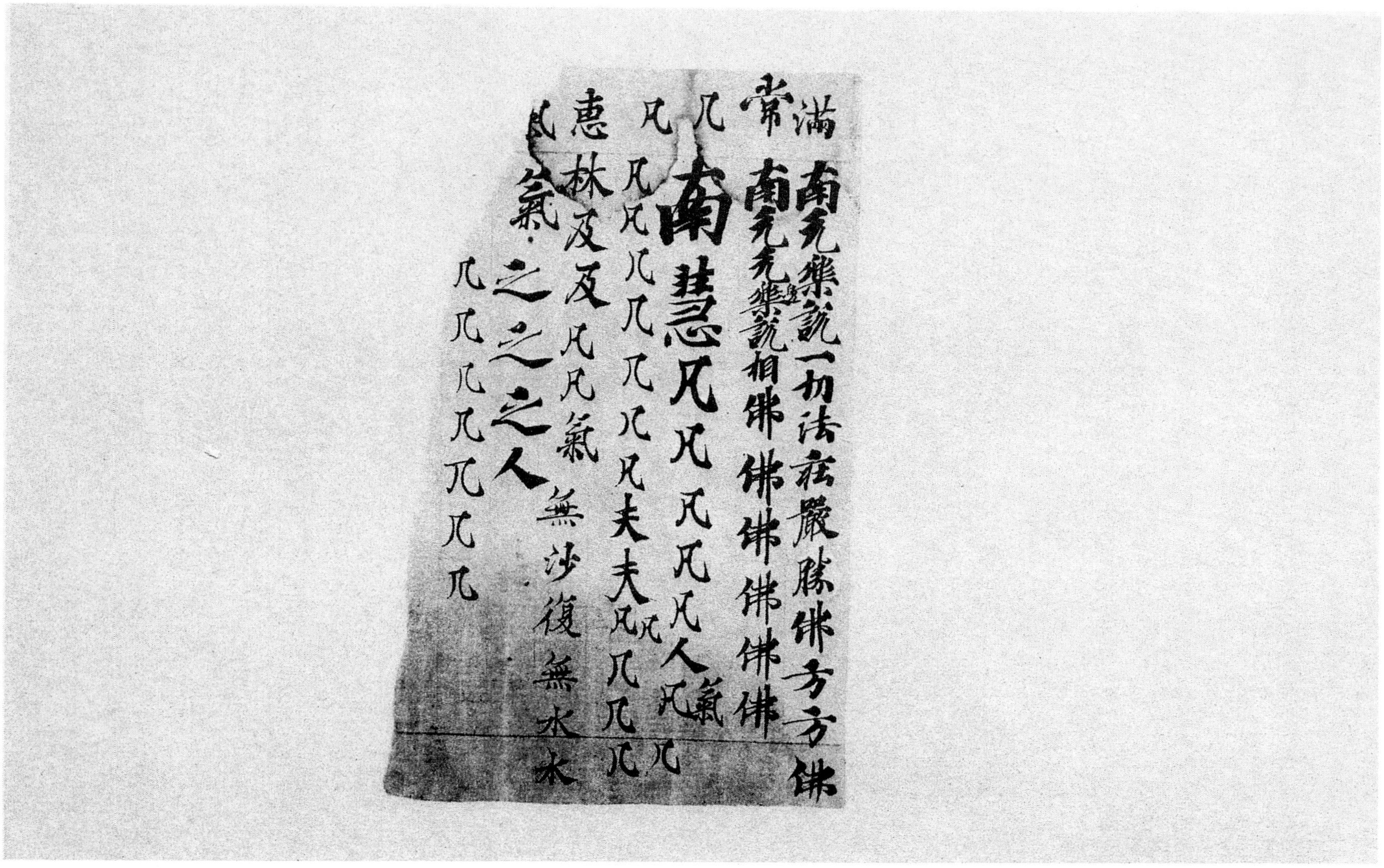

BD13198 號　雜寫（擬）　（1–1）

BD13199 號 1　經袟（擬）　（1–1）

BD13199 號 2　白畫（飛鳥）

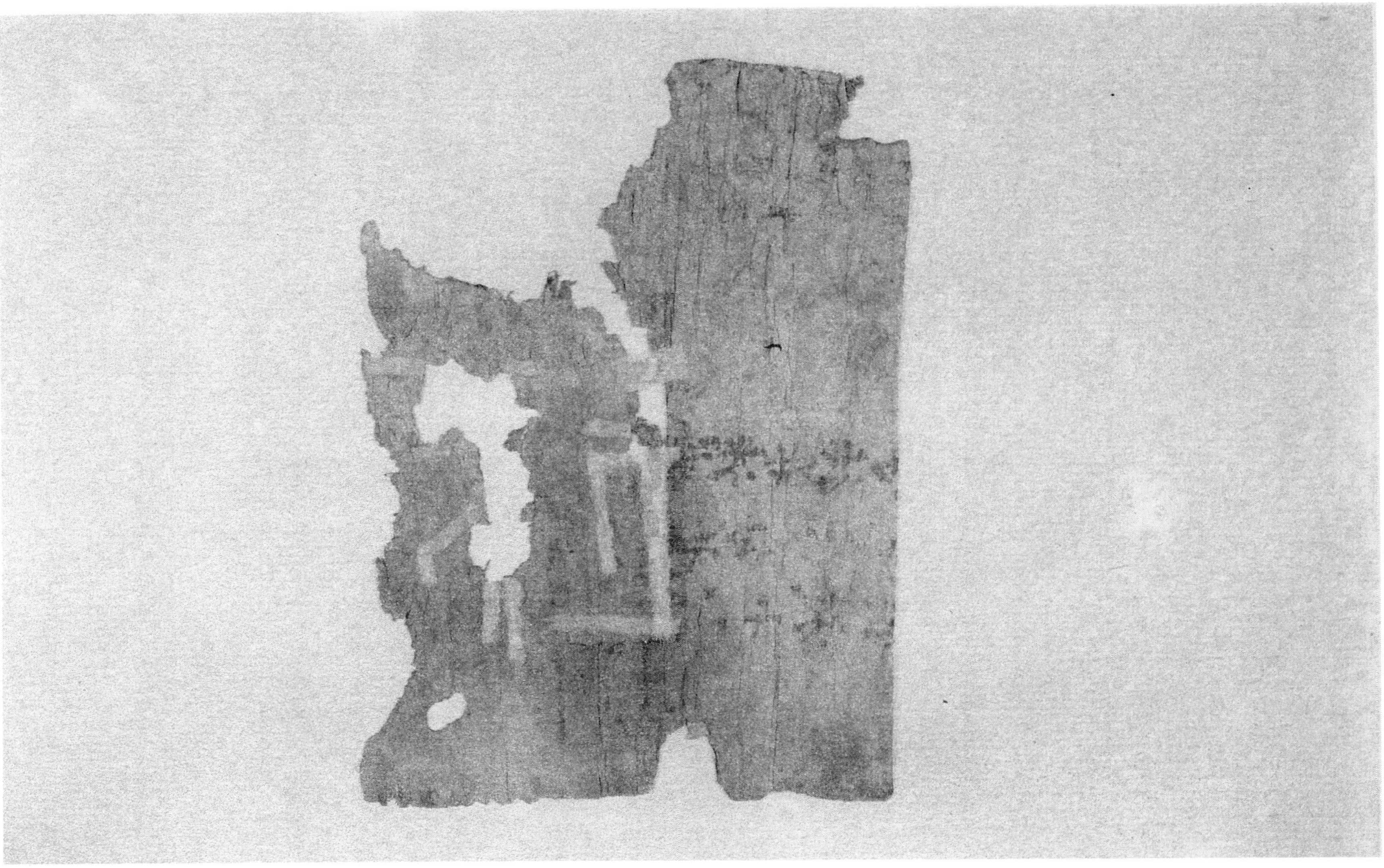

BD13200號　經袟（擬）　（1–1）

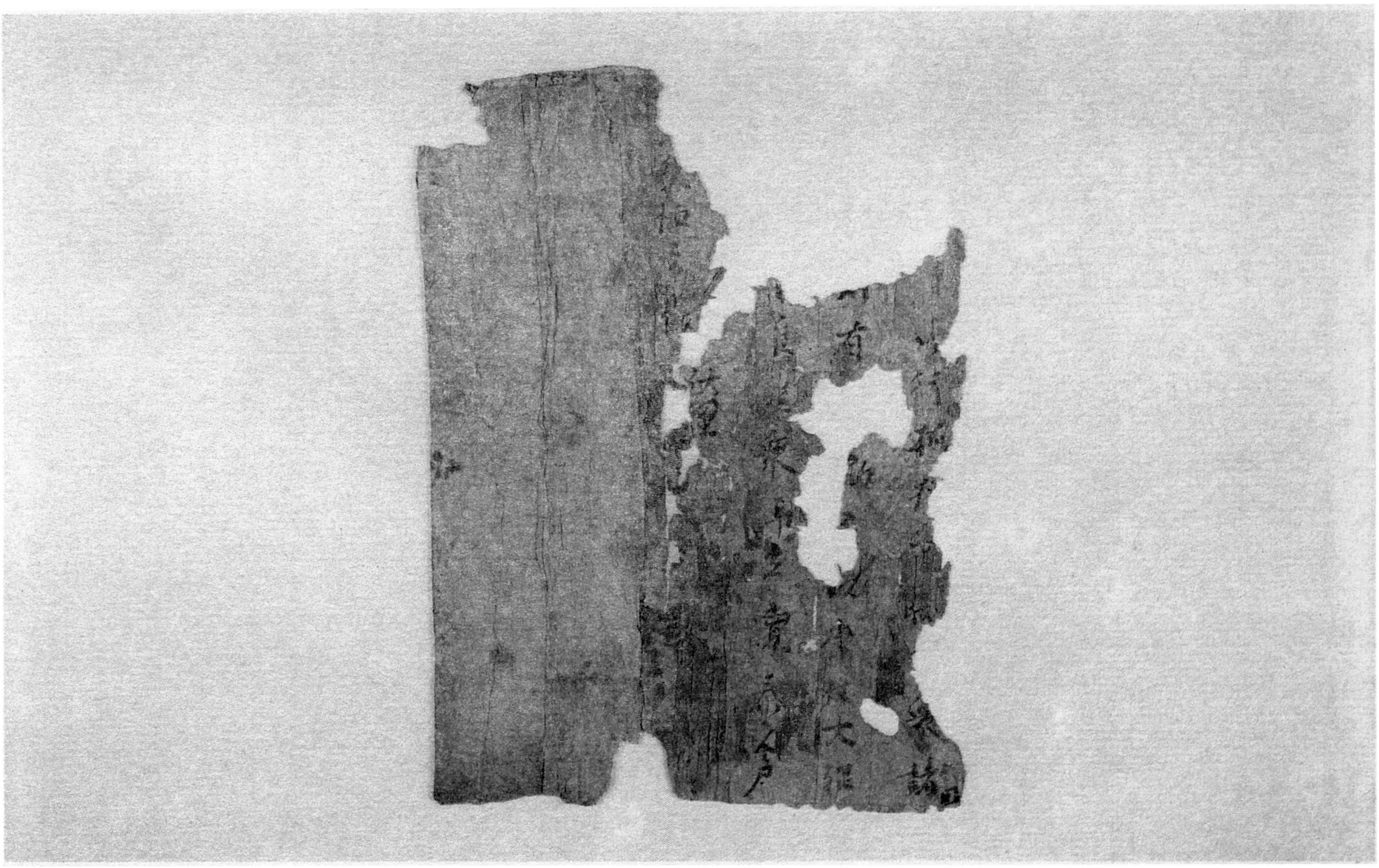

BD13200號背　殘狀（擬）　（1–1）

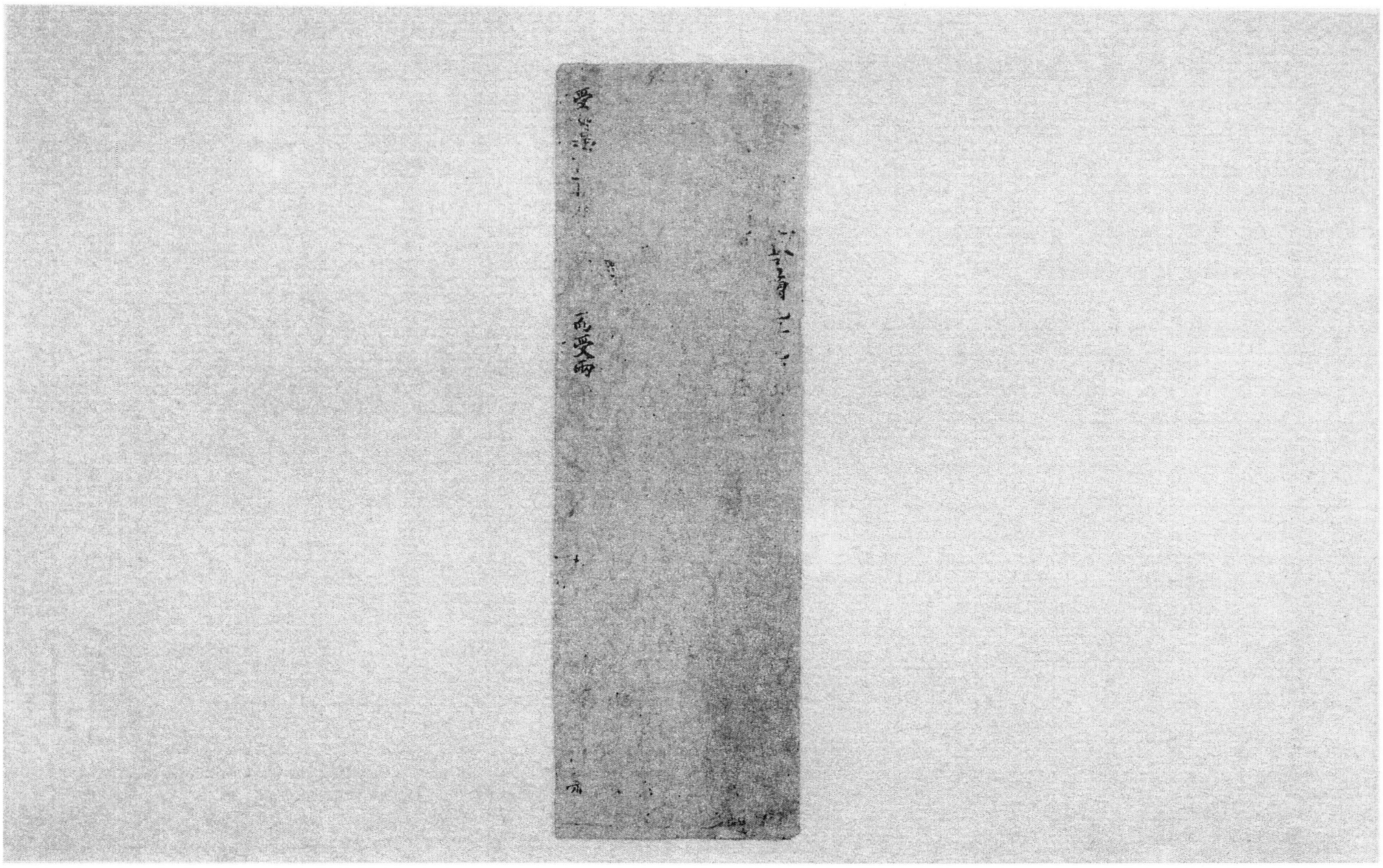

BD13201 號　紙板（擬）　（1–1）

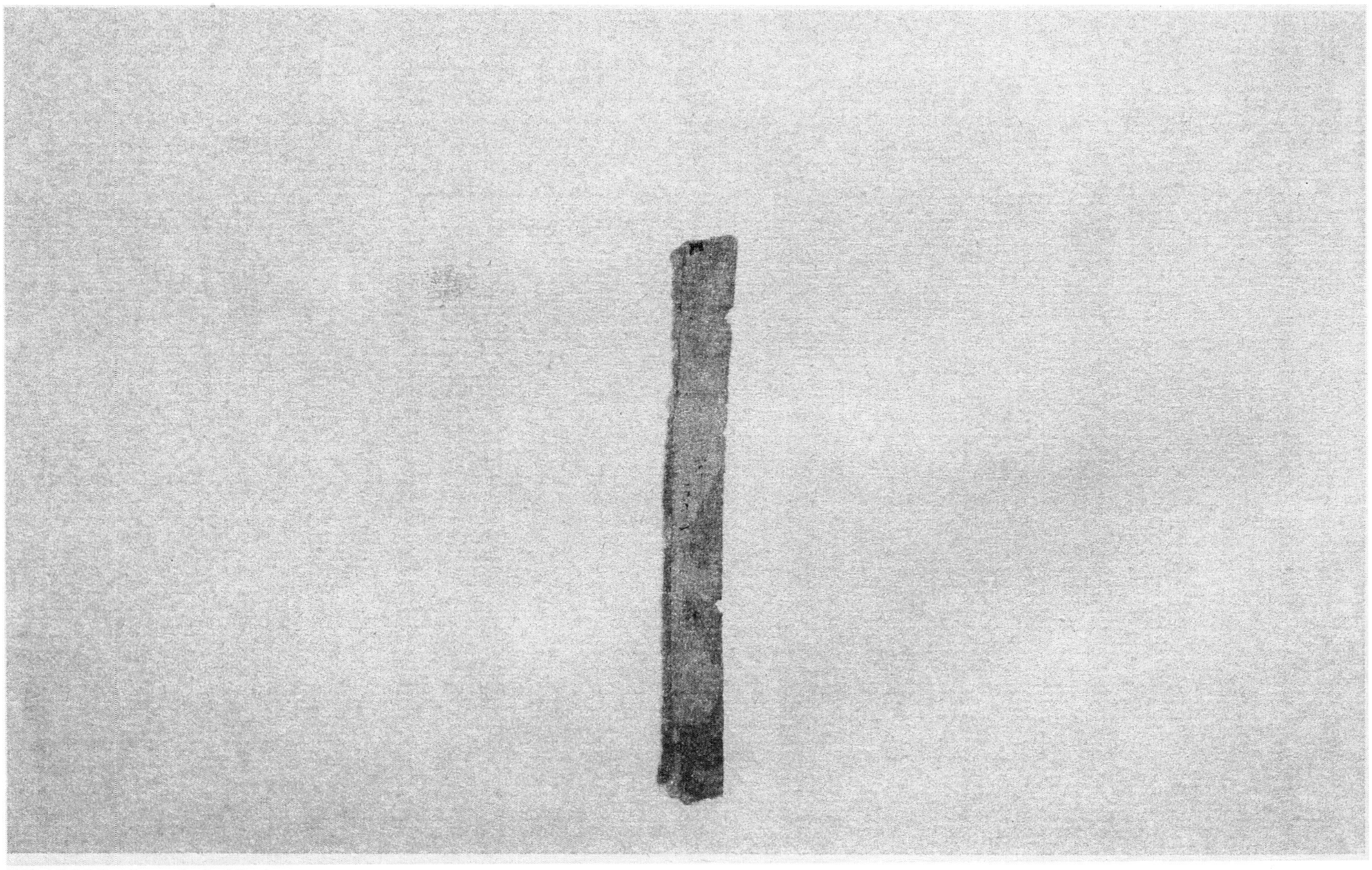

BD13202 號　殘片（擬）　（1–1）

BD13203 號 1　寺戶武進通請地牒及龍安判（擬）　（1–1）

BD13203 號 2　某經點勘錄（擬）

BD13204 號　經袟（擬）　（2–1）

BD13204 號背　經袟（擬）　（2–2）

(01) (02) (03) (04) (05) (06) (07) (08) (09) (10) (11) (12) (13) (14) (15) (16) (17) (18) (19) (20) (21) (22) (23) (24) (25) (26)

BD13205 號　阿彌陀經等殘片二十六塊（擬）　（1–1）

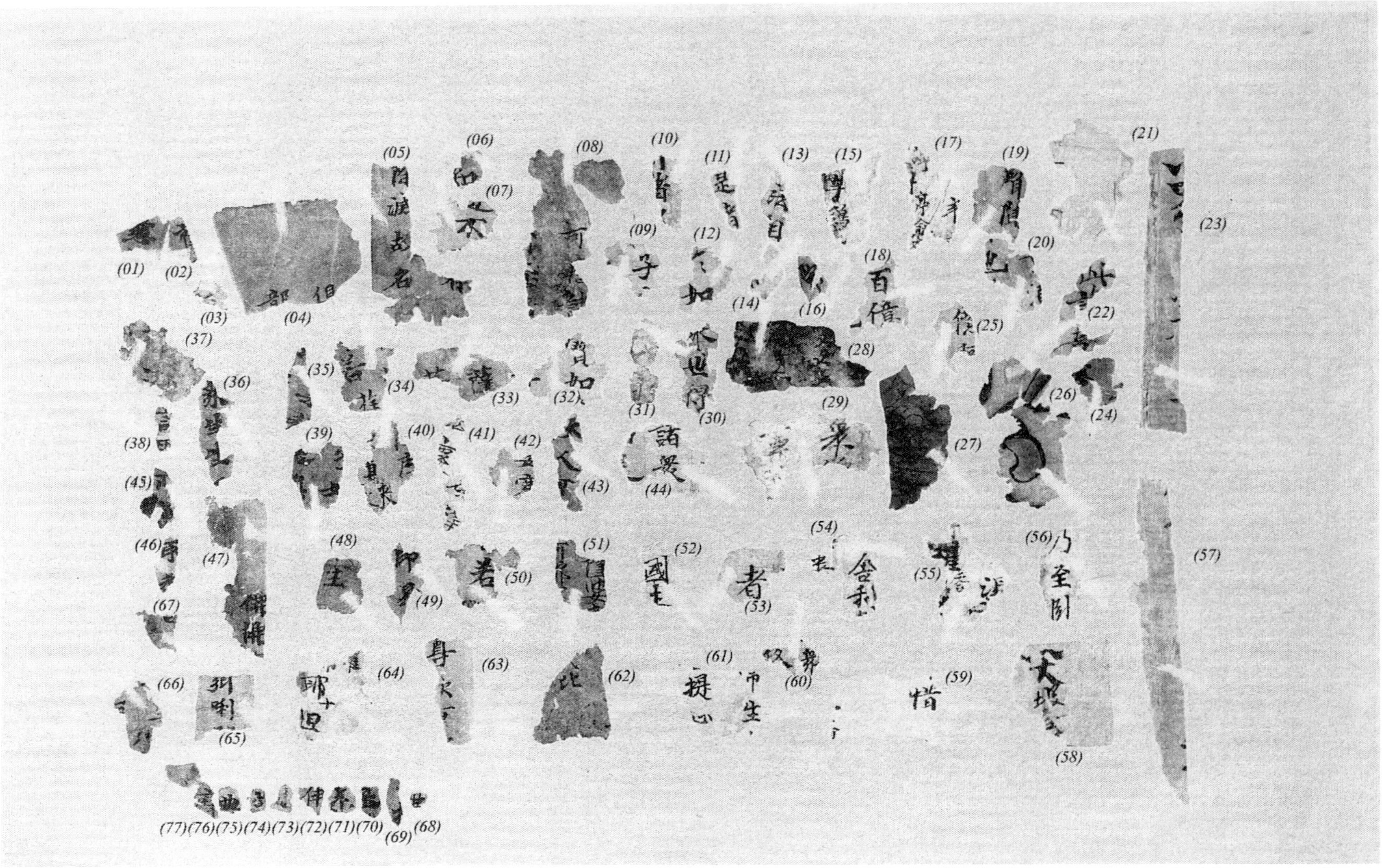

BD13206 號　殘片七十七塊（擬）　（1–1）

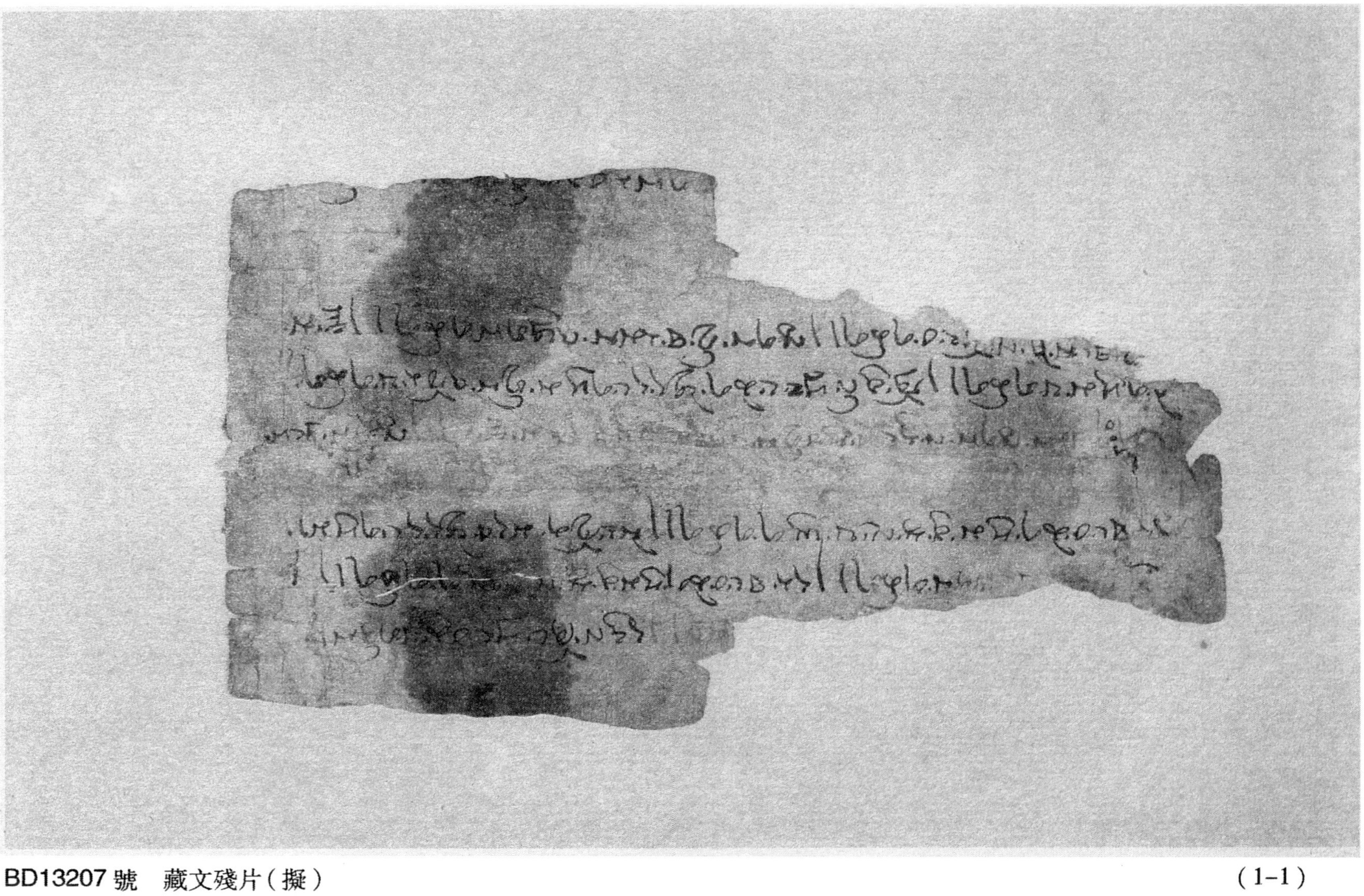

BD13207 號　藏文殘片（擬）　（1–1）

BD13208 號 A　殘片（擬）　　（1–1）

BD13208 號 B　殘片（擬）　　（1–1）

BD13208 號 C　殘片（擬）　　（1–1）

BD13208 號 D　經袟（摩訶般若波羅蜜經）　　（1–1）

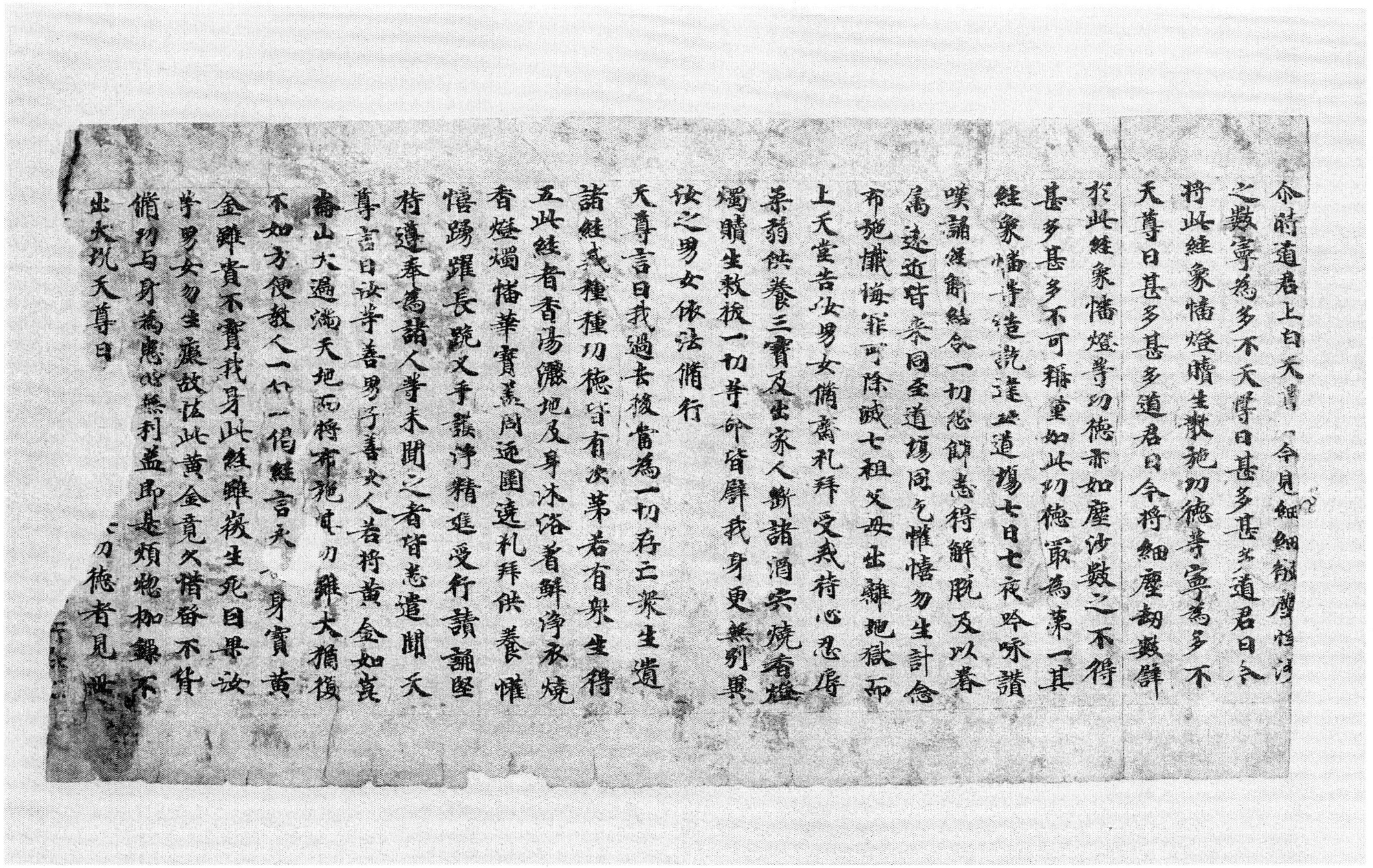

爾時道君上白天尊言今見細細微塵恒沙
之數寧為多不天尊曰甚多甚多道君曰今
將此經象幡燈續生散施功德等寧為多不
天尊曰甚多甚多道君曰今將細塵劫數辟
於此經象幡燈等功德亦如塵沙數之不得
甚多甚多不可稱量如此功德最為第一其
經象幡等造說建立道場七日七夜吟詠讚
嘆誦經斷絕念一切惡飾志得解脫及以眷
屬遠近皆來同至道場同乞惟懷勿生計念
布施懺悔罪可除滅七祖父母出離地獄而
上天堂告汝男女備齋礼拜受戒持心忍辱
柔弱供養三寶及出家人斷諸酒宍燒香燃
燭續生救拔一切眾命皆辭我身更無別異
汝之男女依法備行
天尊言曰我過去後當為一切存亡眾生遣
諸經戒種種功德皆有次第若有眾生得
五此經者香湯灑地及身沐浴著鮮淨衣燒
香燃燭幡華寶蓋周匝圍遶礼拜供養懺
悔踴躍長跪叉手嚴淨精進受行讀誦堅
持遵奉為諸人等未聞之者皆悉遣聞天
尊言曰汝等善男子善女人若將黃金如崑
崙山大過滿天地而將布施其功雖大猶復
不如方便教人一化一偈經言夫[illegible]身實黃
金雖貴不實我身此經雖微生死回果汝
等男女勿生癡故依此黃金覓火借錢不貸
備功與身為鬼[illegible]無利益即是煩惱枷鎖不
出火坑天尊曰[illegible]功德者見世

BD13208號E　天尊說隨願往生罪福報對次說預修科文妙經　（1–1）

BD13208號E背　辯中邊論頌　（1–1）

BD13208 號 F　藏文殘片（擬）　（1–1）

BD13208 號 G　藏文殘片（擬）　（1–1）

BD13209 號 1　開元十七年中書省符牒殘片（擬）　（5–1）
BD13209 號 2　經袟（擬）

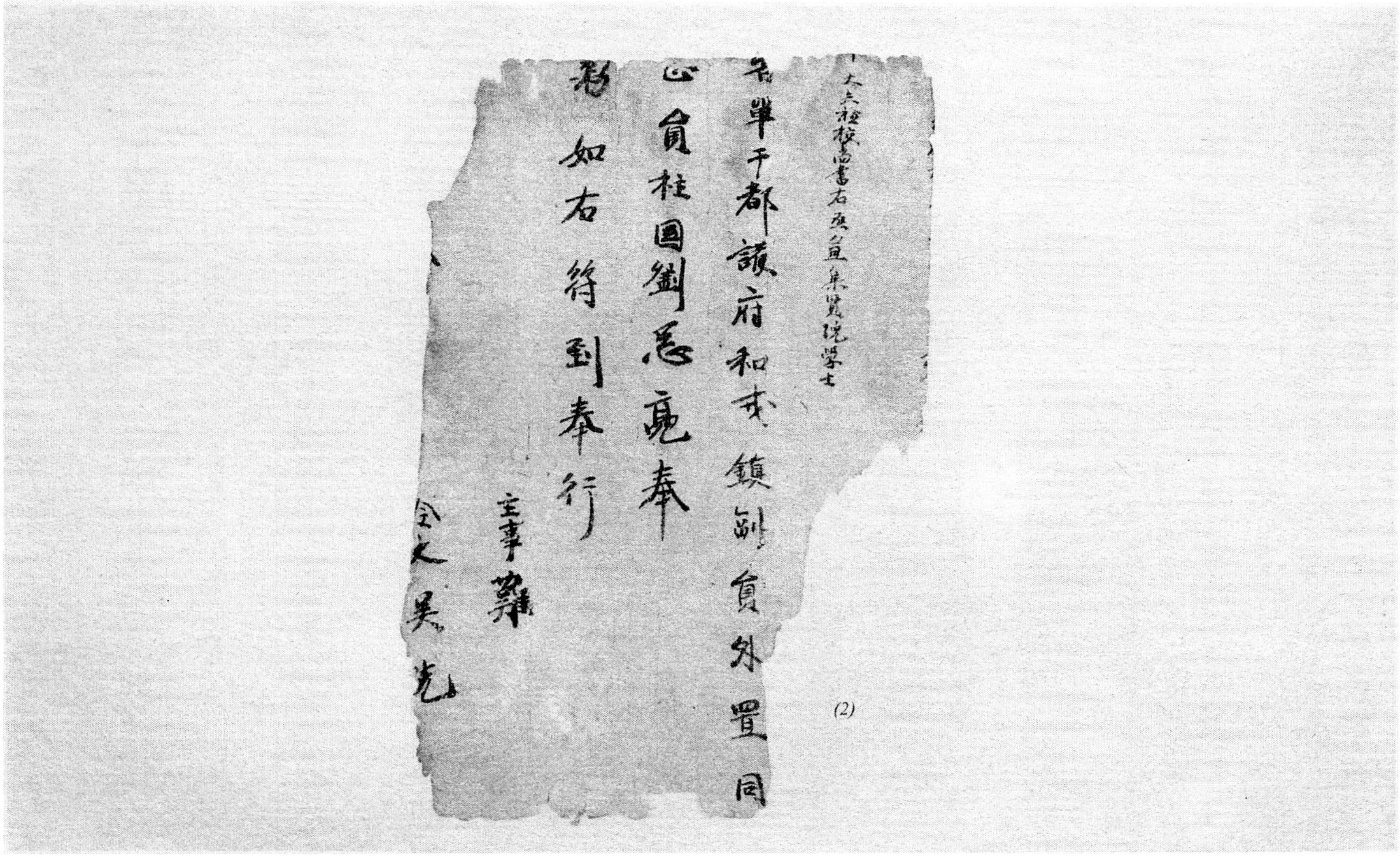

BD13209 號 1　開元十七年中書省符牒殘片（擬）　（5–2）
BD13209 號 2　經袟（擬）

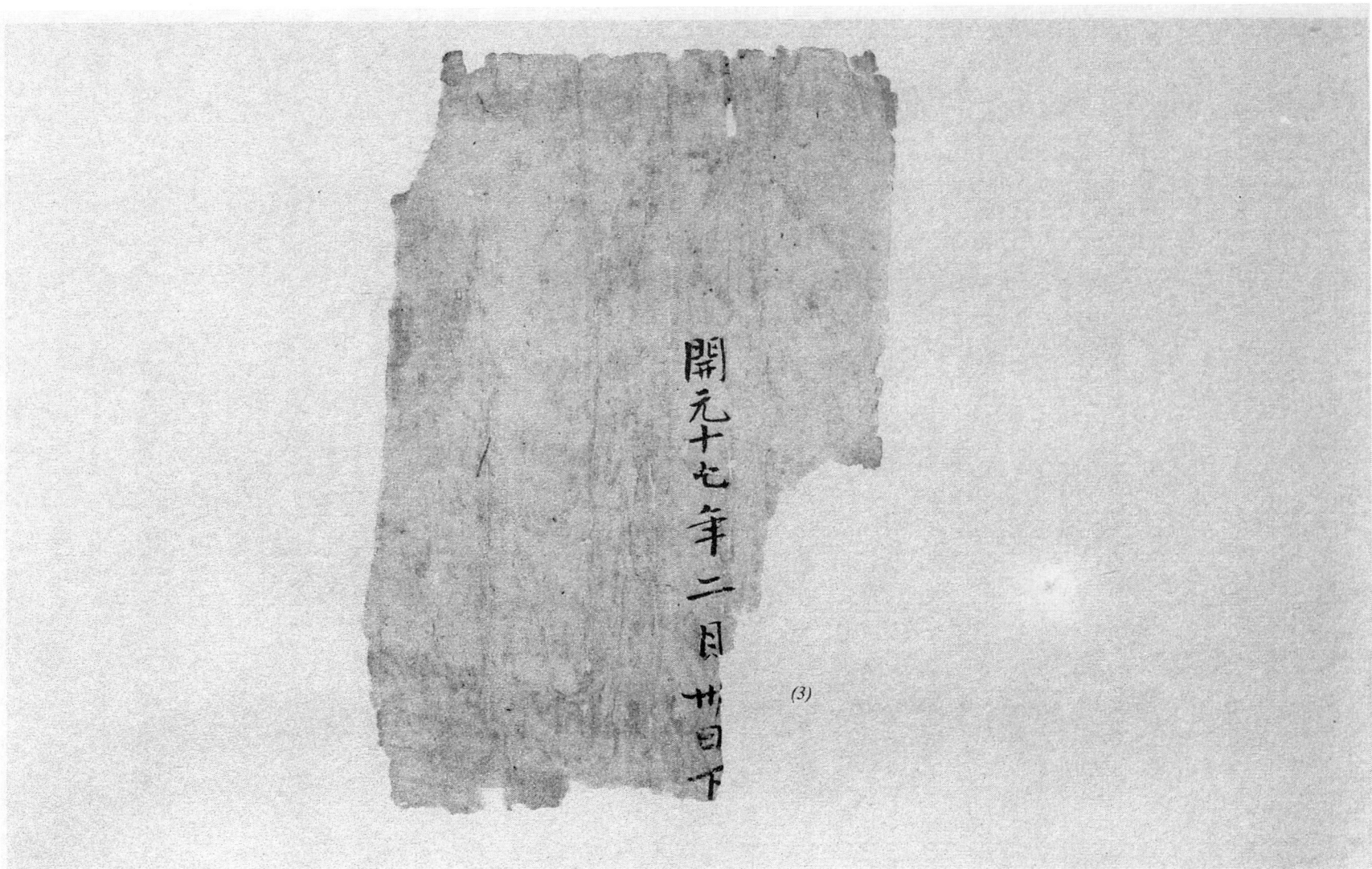

開元十七年二月卅日下

BD13209號1　開元十七年中書省符牒殘片（擬）　（5–3）
BD13209號2　經袟（擬）

奉
勑如右牒到奉行
開元十七年三月二日

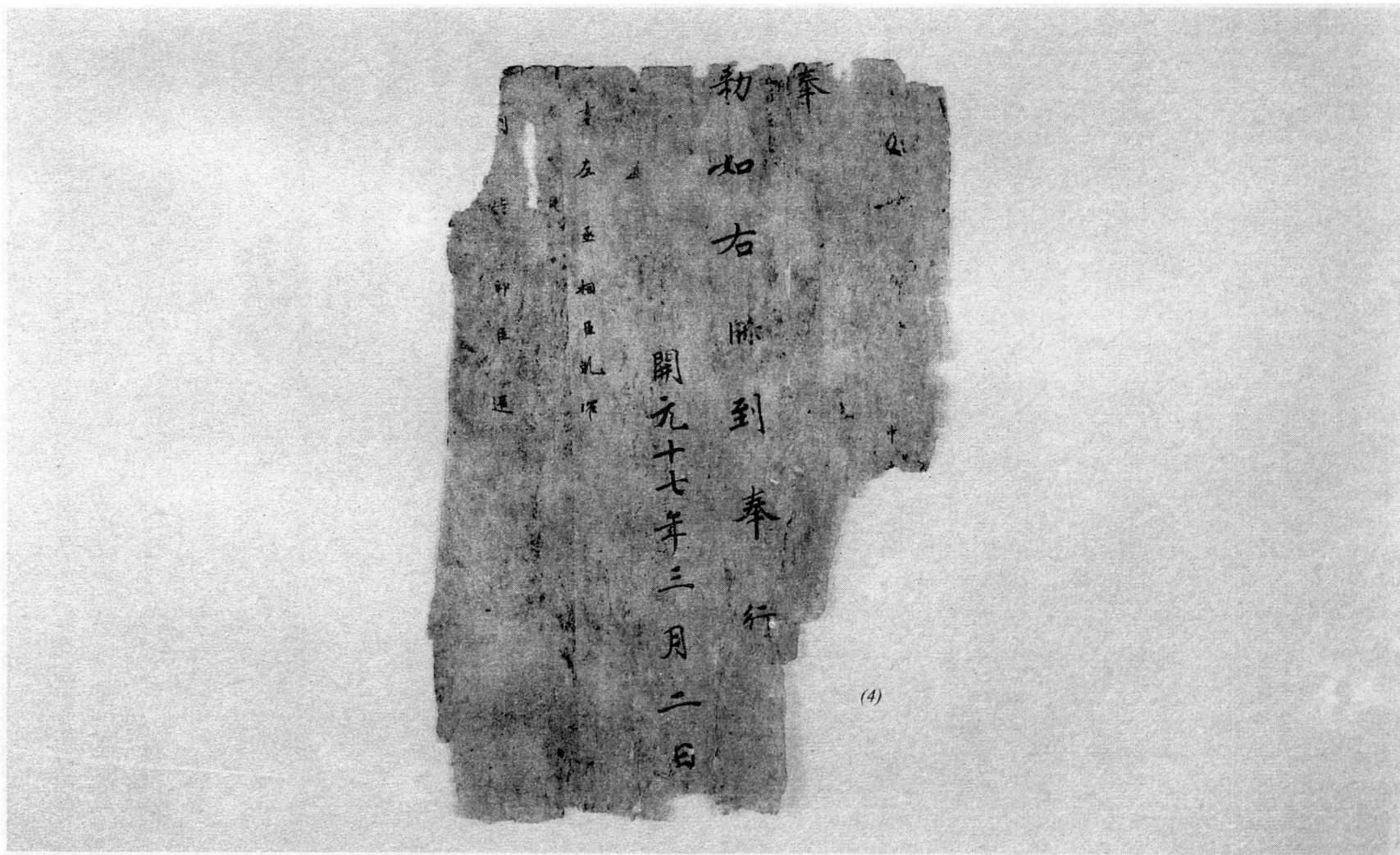

BD13209號1　開元十七年中書省符牒殘片（擬）　（5–4）
BD13209號2　經袟（擬）

BD13209 號 1　開元十七年中書省符牒殘片（擬）　（5–5）
BD13209 號 2　經袟（擬）

BD13210 號 A　亡考文　（1–1）

BD13210 號 B　齋意文（擬）　（1-1）

BD13210 號 C　亡考文（擬）　（1-1）

BD13210 號 D　習字雜寫（擬）　　（2–1）

BD13210 號 D 背　習字雜寫（擬）　　（2–2）

BD13210 號 E　素紙　　（1–1）

BD13210 號 F　千字文習字等（擬）　　（2–1）

BD13210號F背　千字文習字等(擬)　　(2–2)

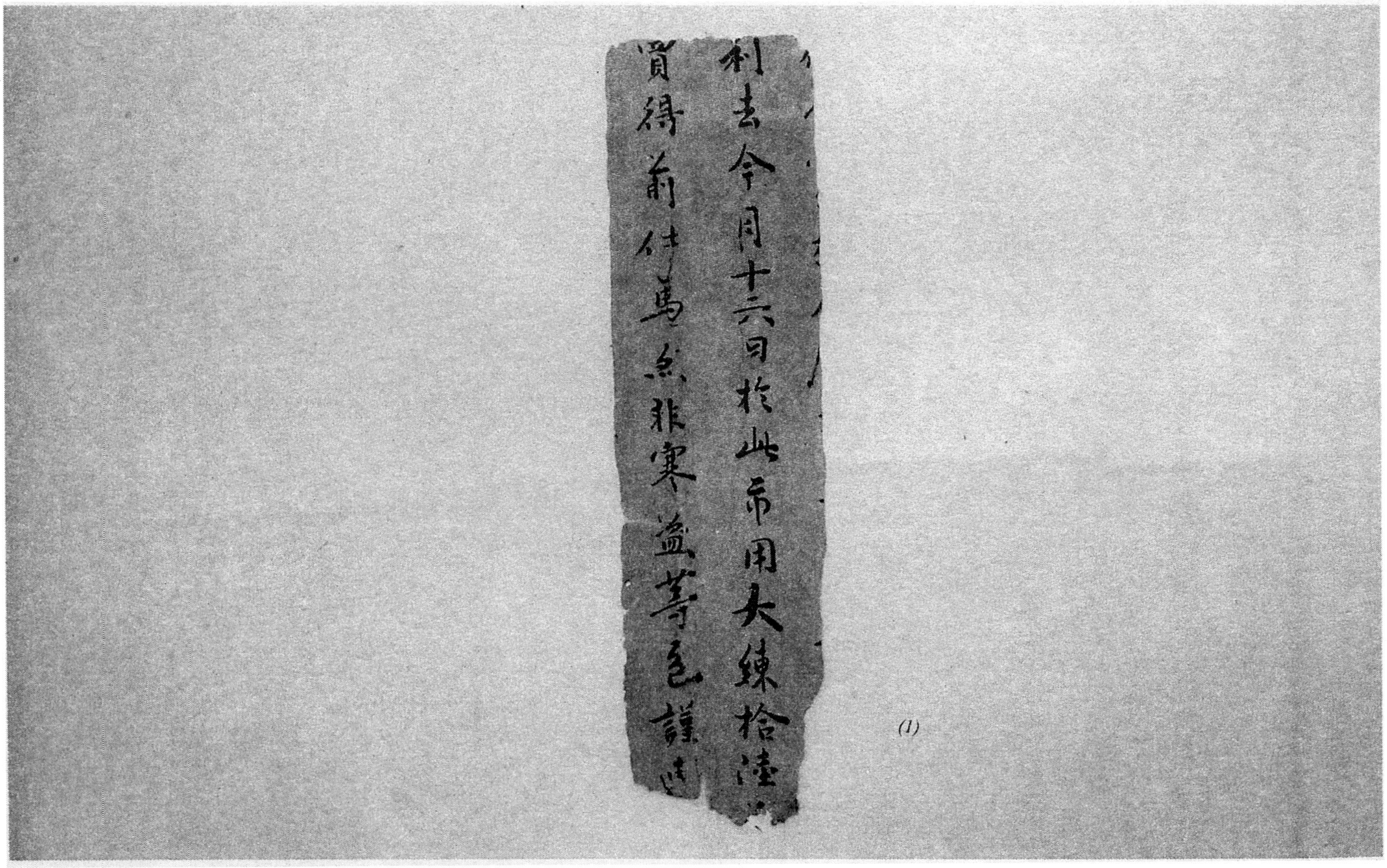

(1)

BD13211號　開元十一年九月公文殘片等(擬)　　(5–1)

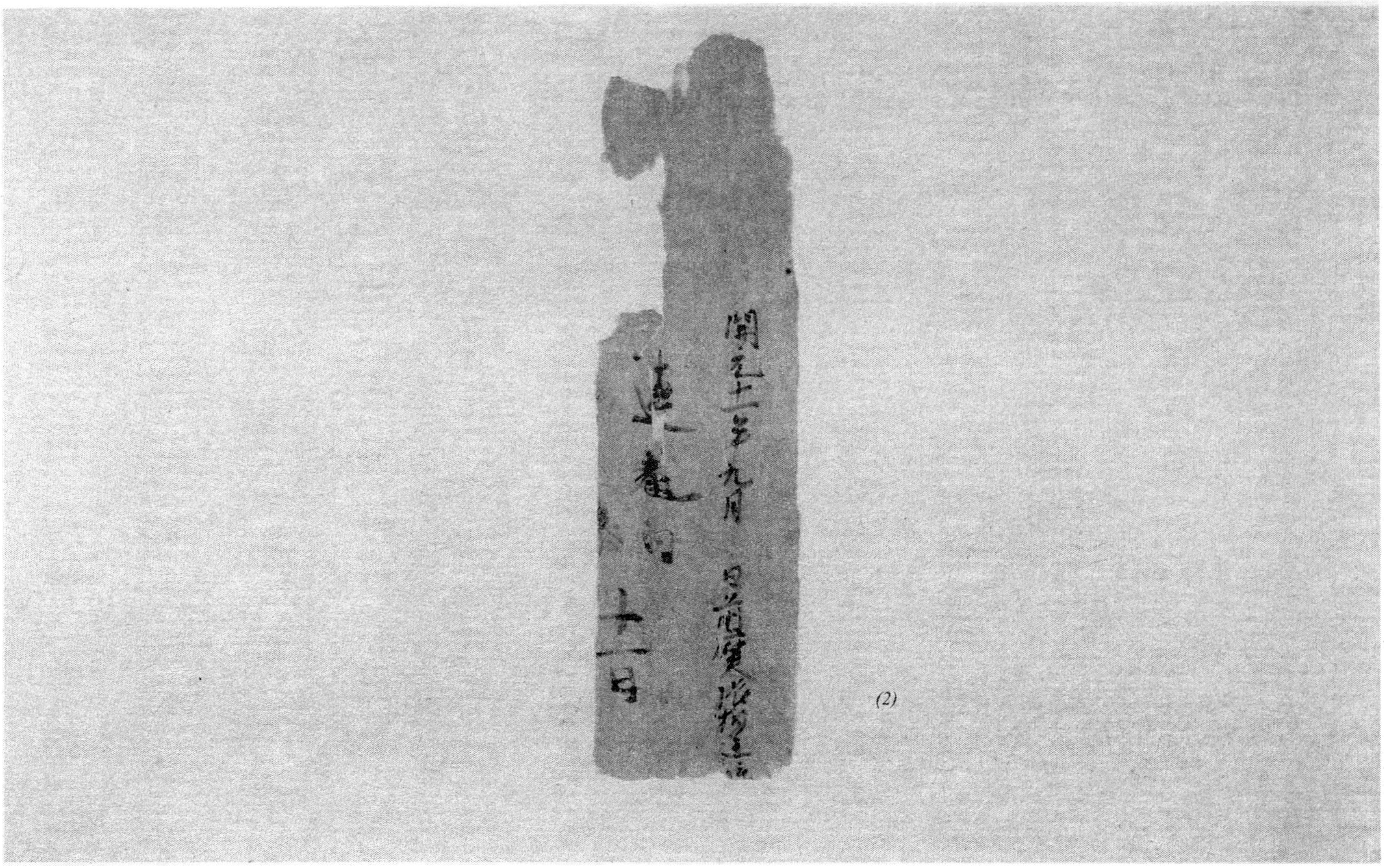

(2)

BD13211號　開元十一年九月公文殘片等（擬）　（5–2）

(3)

BD13211號　開元十一年九月公文殘片等（擬）　（5–3）

BD13211 號　開元十一年九月公文殘片等（擬）　　（5–4）

BD13211 號　開元十一年九月公文殘片等（擬）　　（5–5）

BD13212號A　藏文文獻（擬）　（1–1）

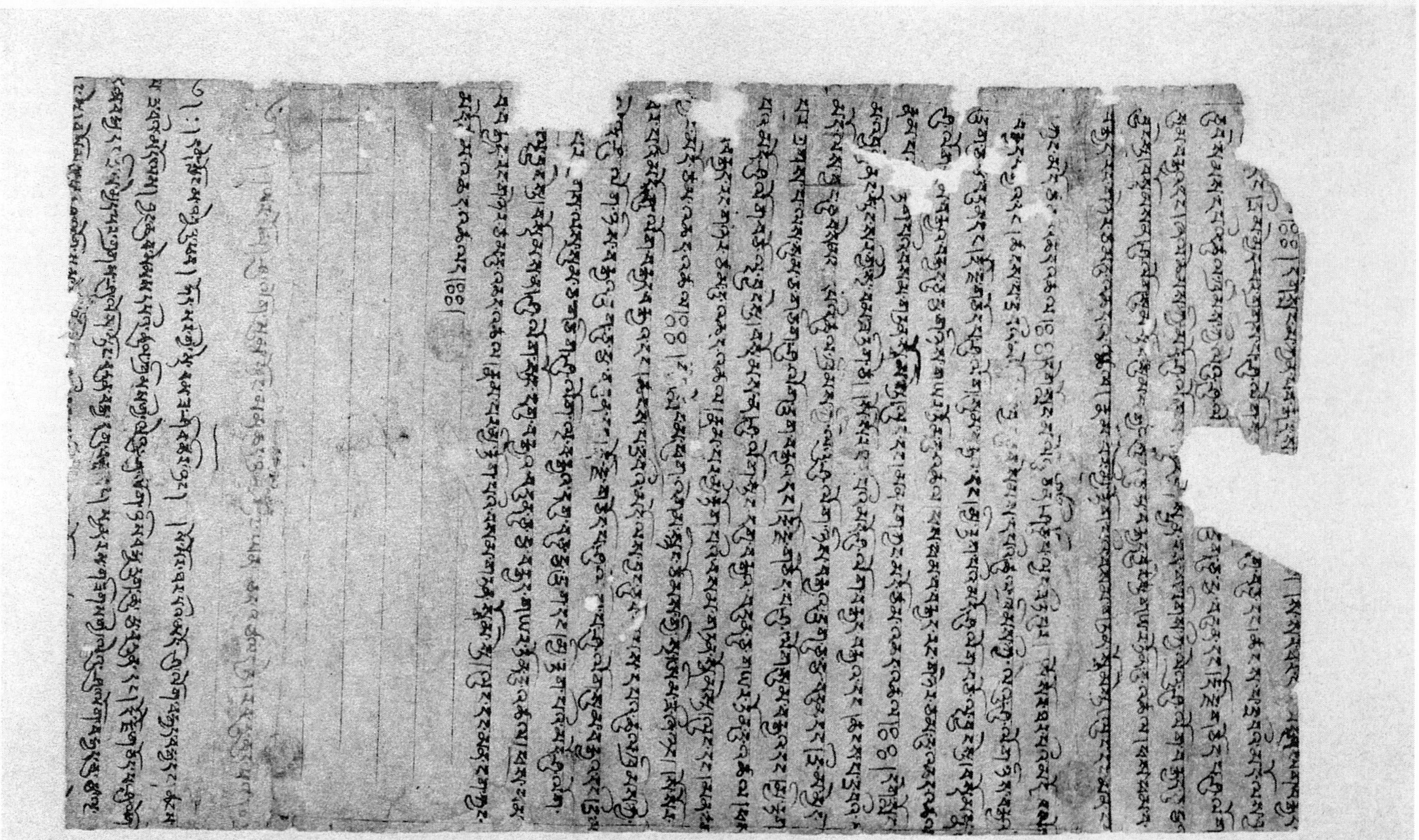

BD13212號B　藏文文獻（擬）　（1–1）

BD13212號B背　袟皮（放光般若經）（擬）　（1–1）

BD13213號A　經袟殘片八塊（擬）　（1–1）

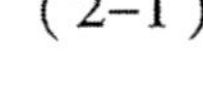

BD13213 號 B　（第一層）佛教文獻殘片（擬）　（2–1）

BD13213 號 B　（第二層）佛教文獻殘片（擬）　（2–2）

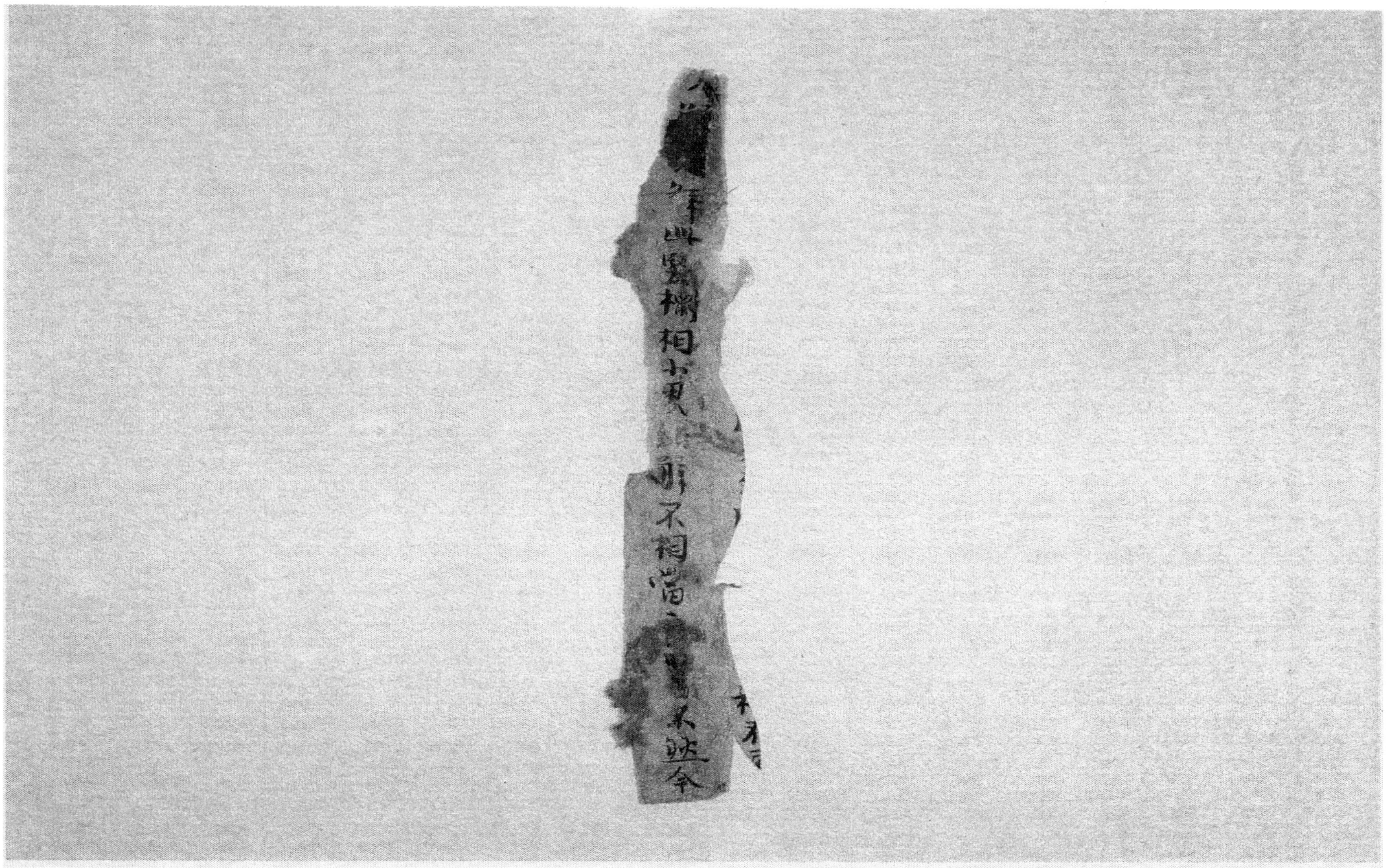

BD13213 號 C　文獻殘片（擬）　（1–1）

BD13213 號 DA　殘片（擬）　（2–1）

BD13213 號 DA 背　殘片（擬）　　（2–2）

BD13213 號 DB　殘片（擬）　　（1–1）

BD13213 號 DB 背　殘片（擬）　（1–1）

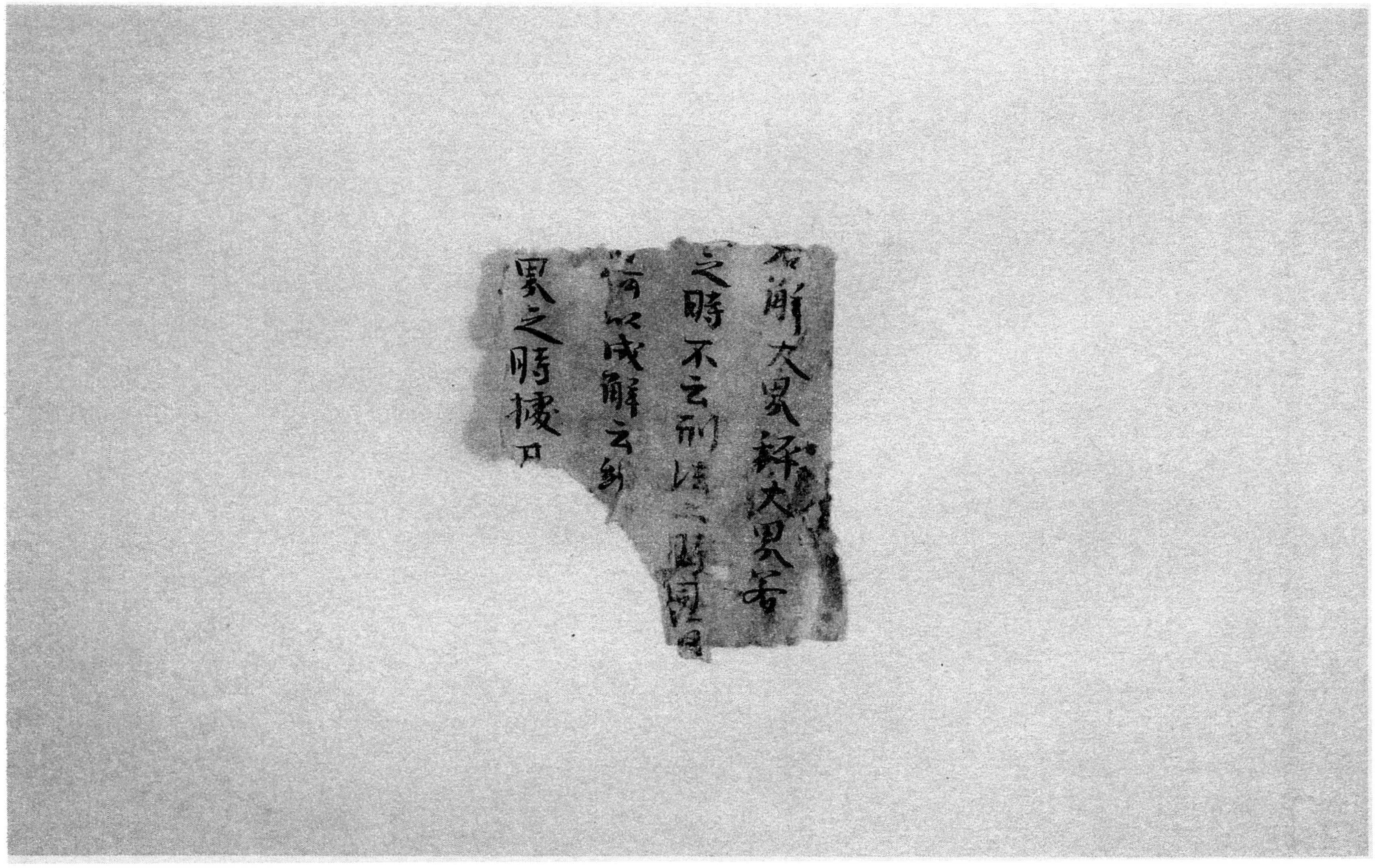

BD13213 號 E　佛典殘片（擬）　（1–1）

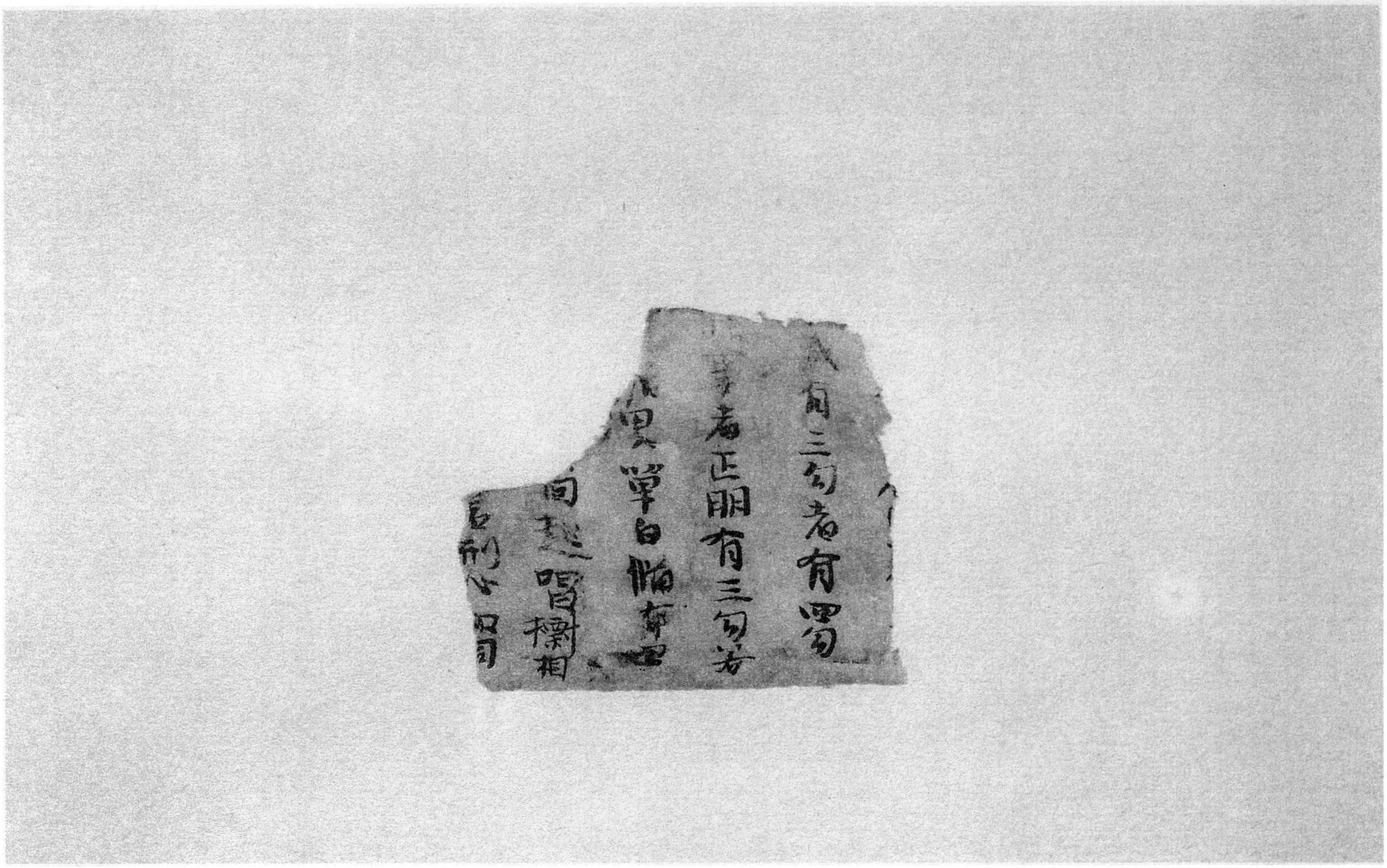

BD13213 號 F　佛典殘片（擬）　（1–1）

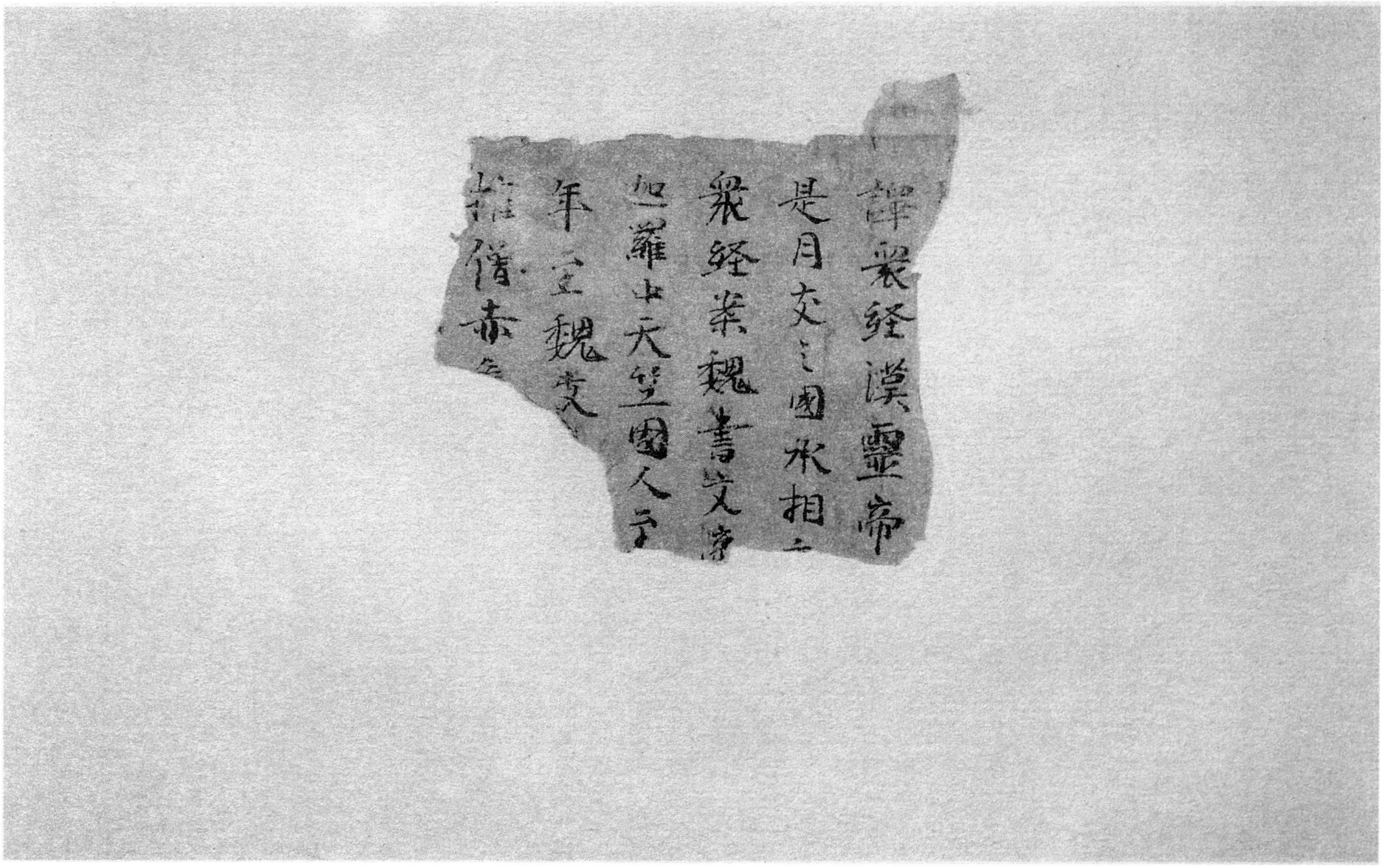

BD13213 號 G　續集古今佛道論衡　（1–1）

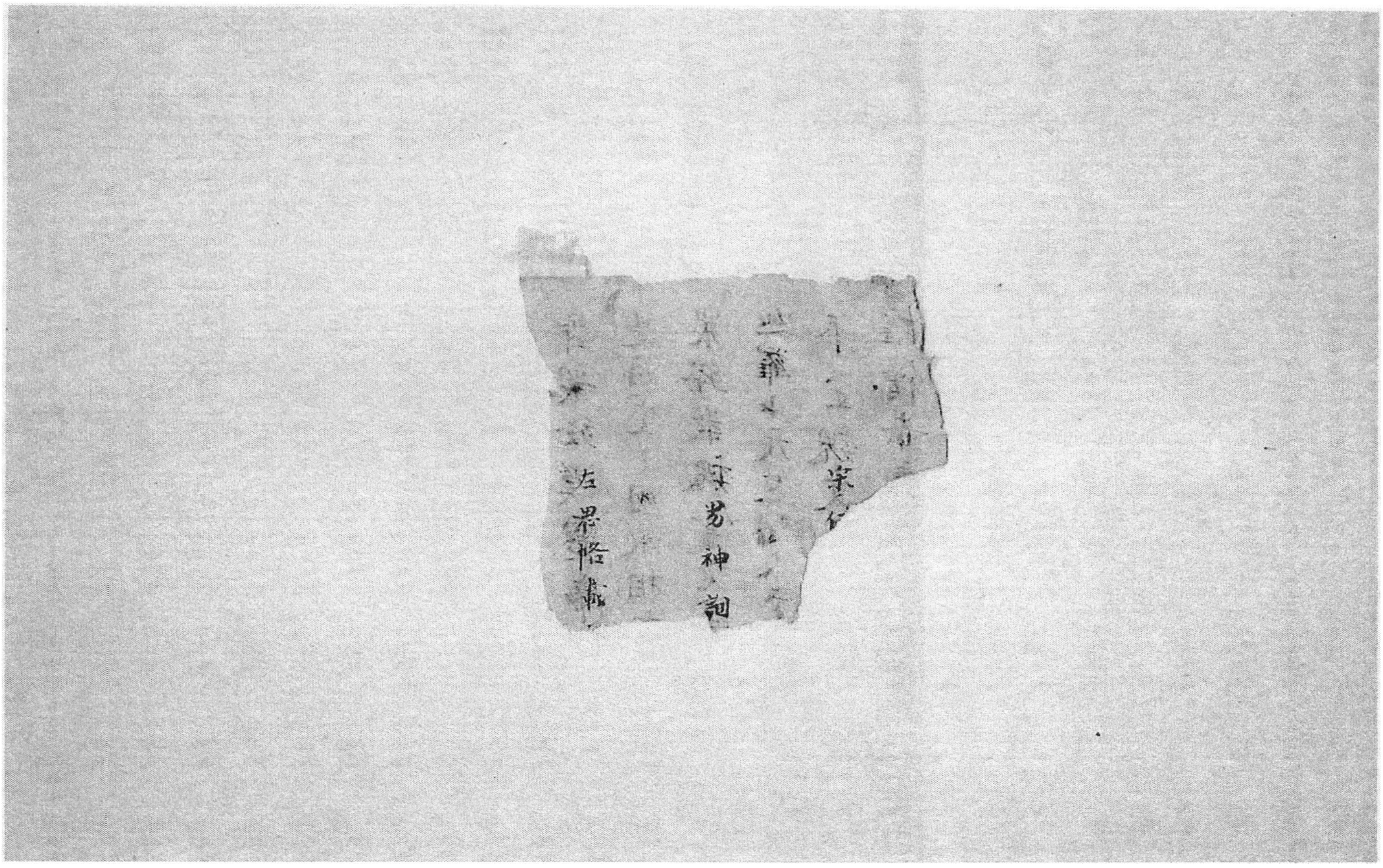

BD13213 號 G 背　待考文獻（擬）　　　　（1–1）

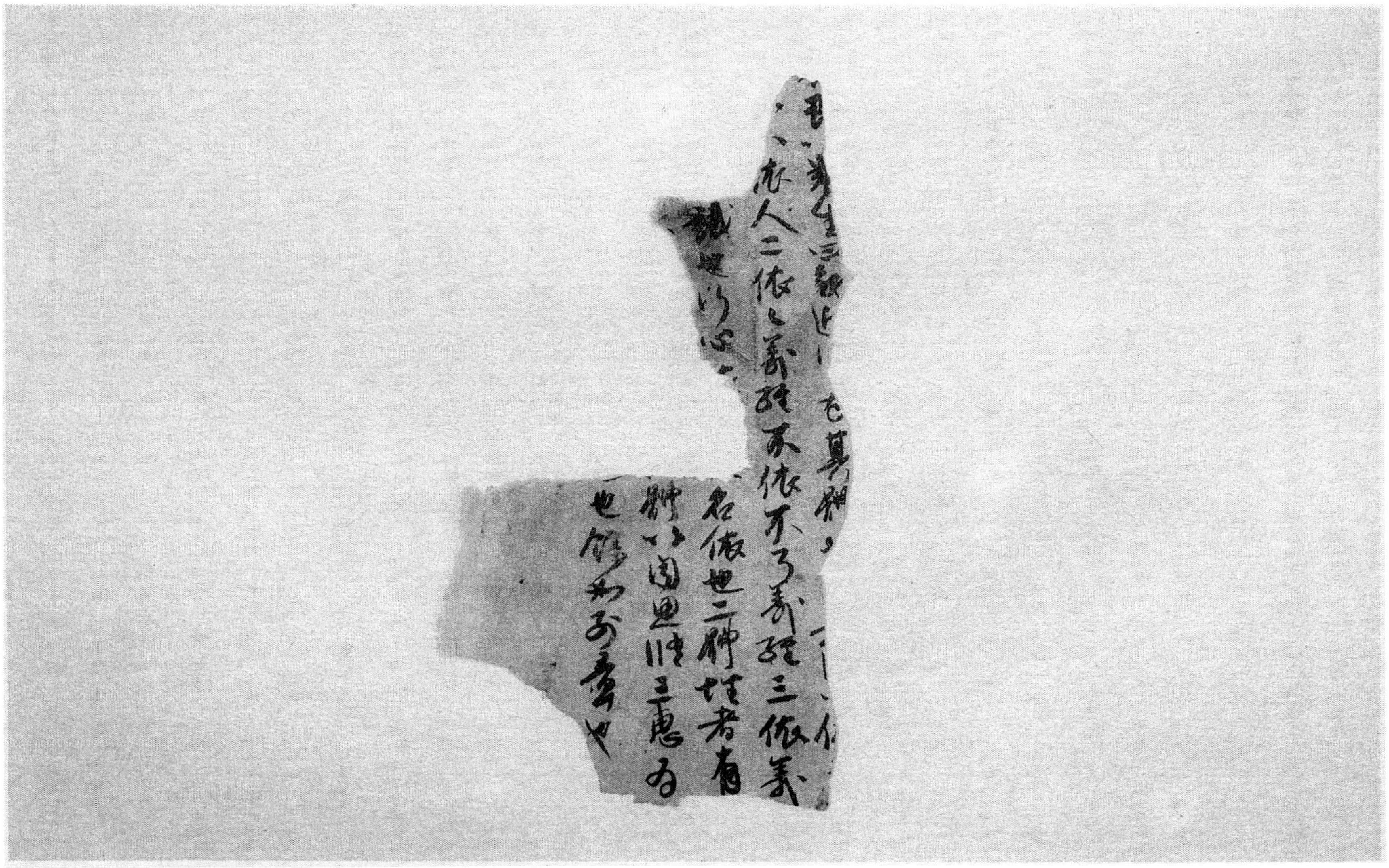

BD13213 號 H　佛經論疏（擬）　　　　（1–1）

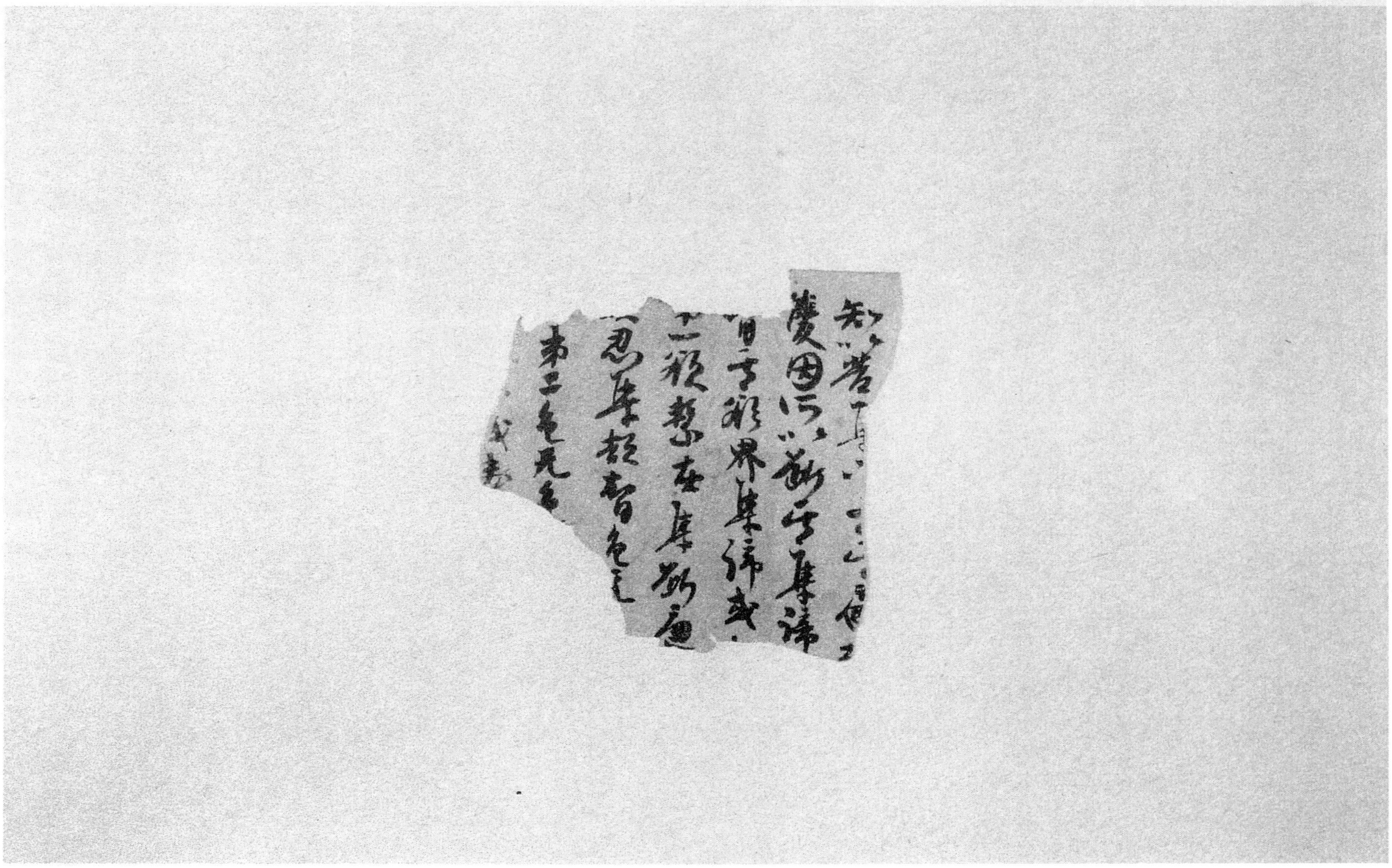

BD13213 號 I　佛經論疏（擬）　　（1–1）

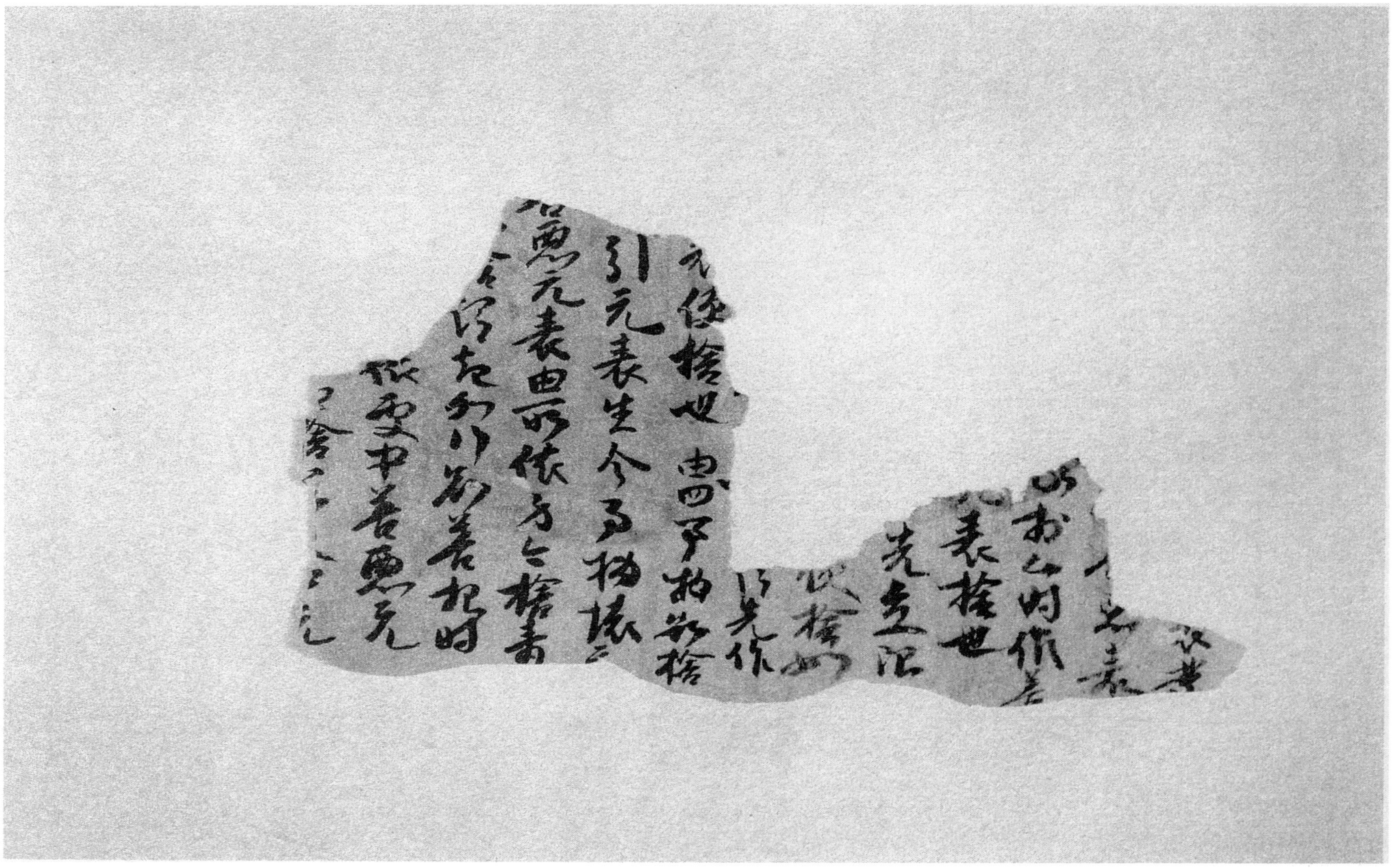

BD13213 號 J　佛教文獻（擬）　　（1–1）

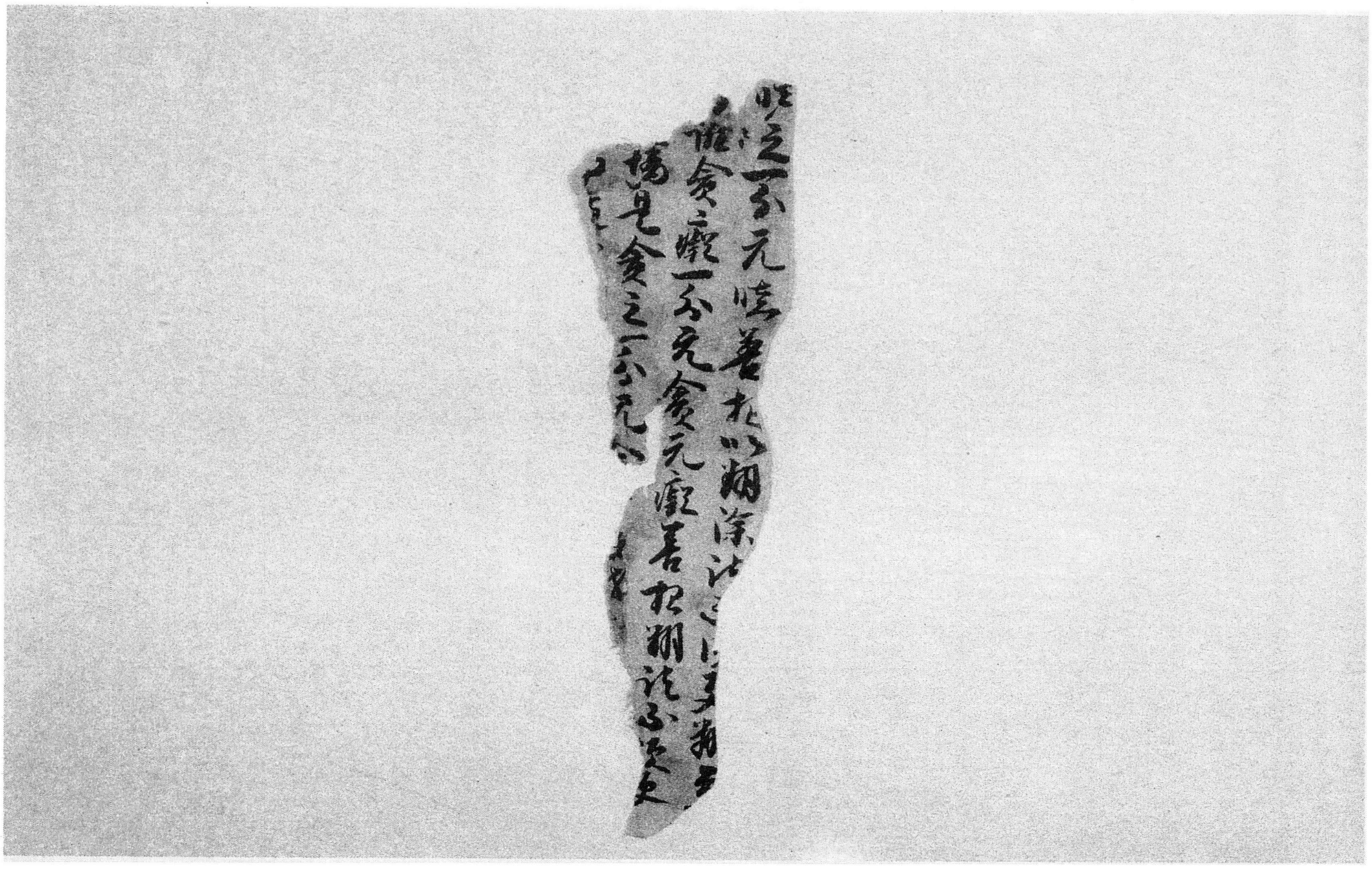

BD13213 號 K　佛經論疏（擬）　（1–1）

BD13213 號 L　佛經論疏（擬）　（1–1）

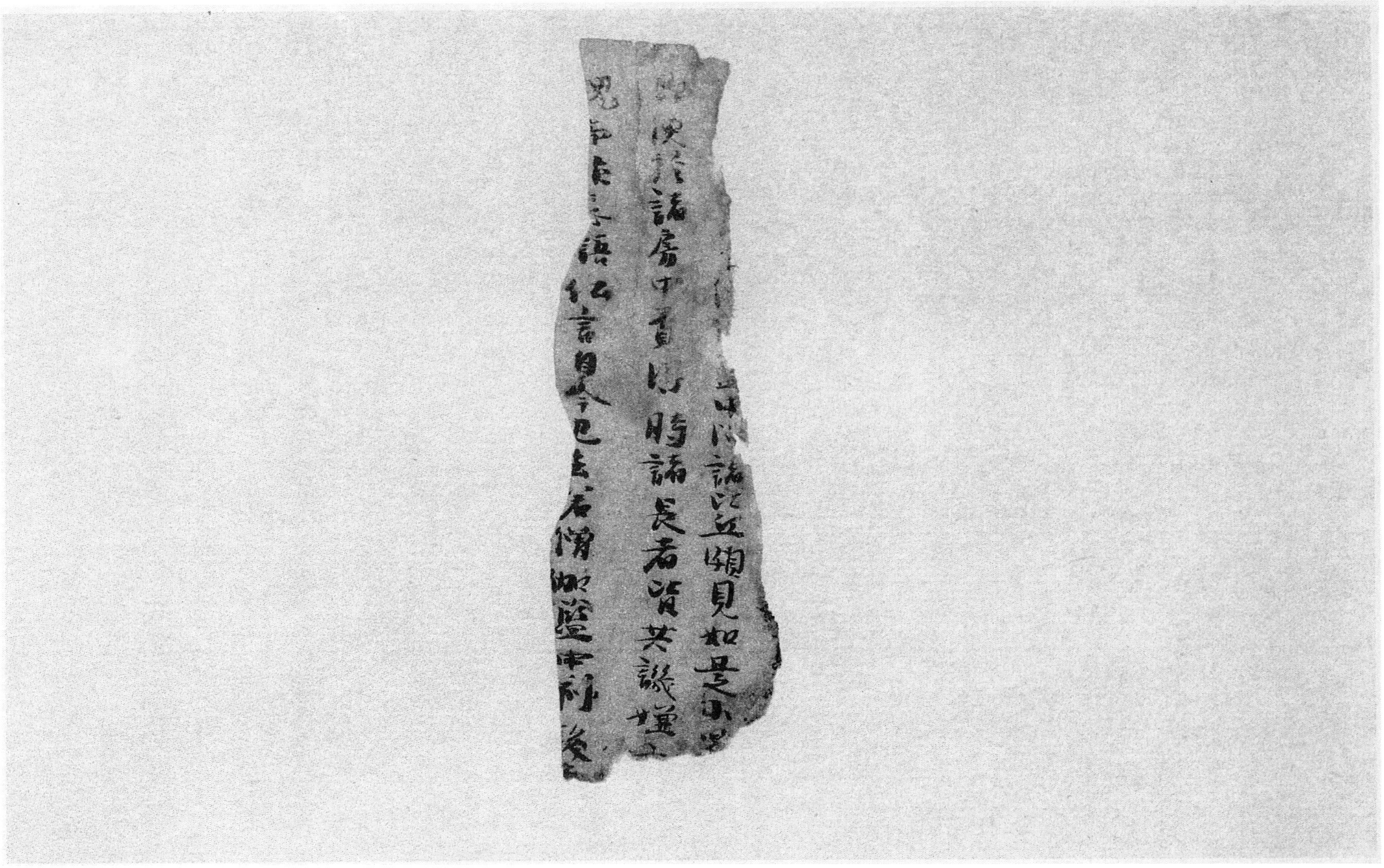

BD13213號 M　佛教律疏（擬）　　（1–1）

BD13213號 N　佛教律疏（擬）　　（1–1）

BD13213號 O　佛教律疏（擬）　（1–1）

BD13213號 P　佛教律疏（擬）　（1–1）

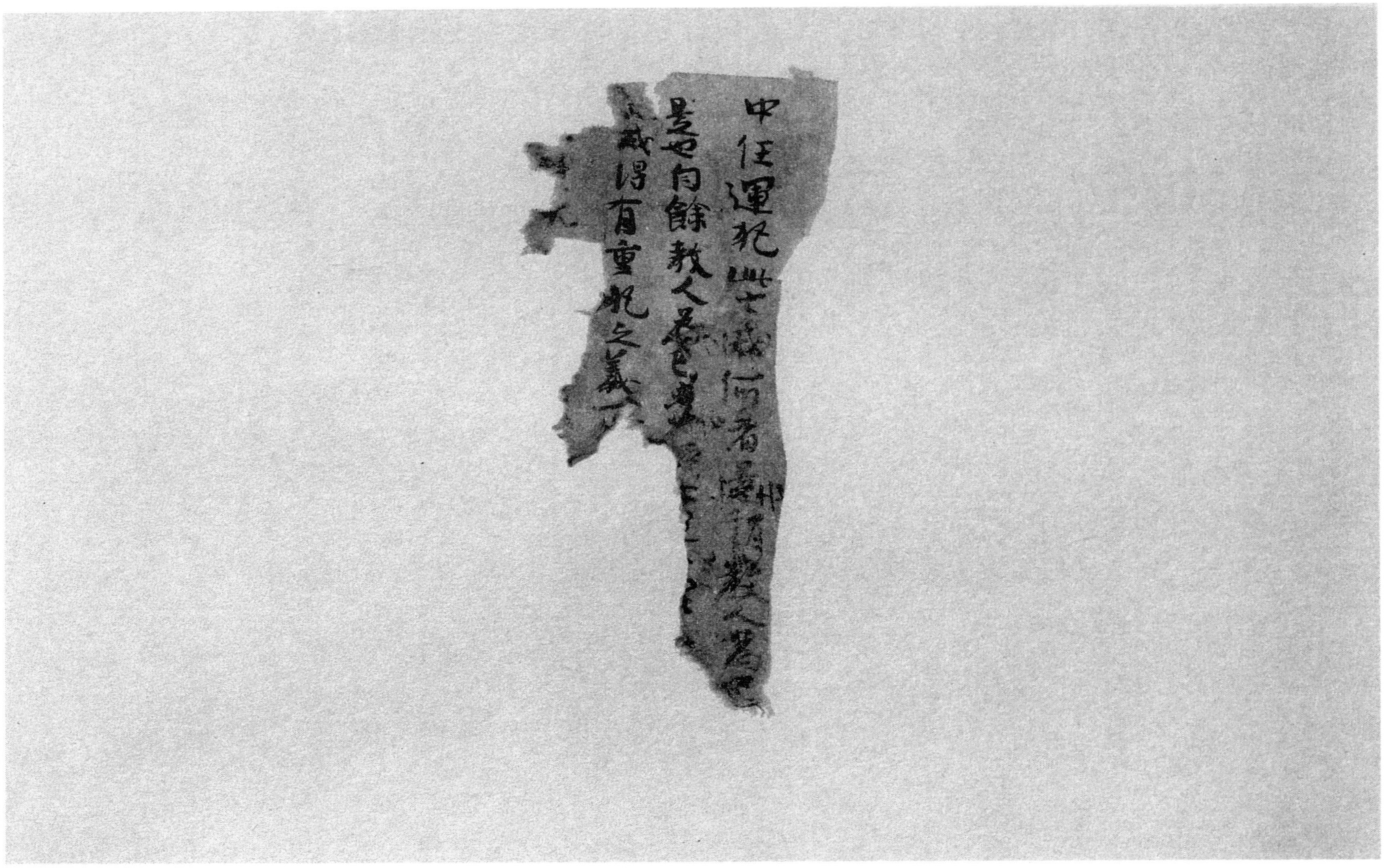

中任運犯卌七誡何者為……請殺人是
是也自餘教人是……
……誡得有重犯之義……

BD13213號Q　佛教律疏（擬）　（1-1）

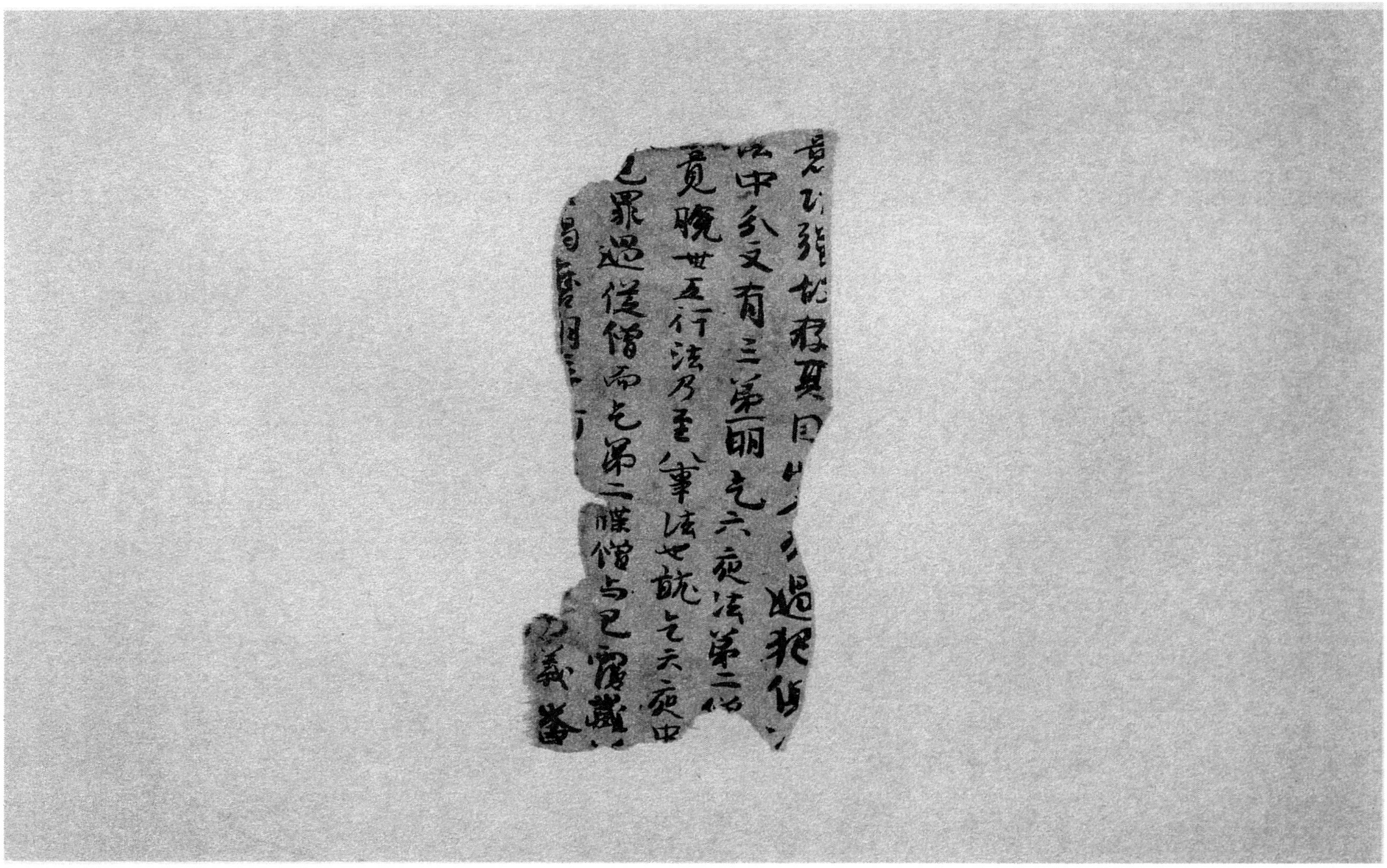

……
……中分文有三第一明七六夜法第二……
……貪曉世五行法乃至八事法也毗尼六夜中
之罪過從僧而乞第三藉僧与己懺……
……義……

BD13213號R　佛教律疏（擬）　（1-1）

BD13213 號 S　佛教律疏（擬）　　（1–1）

BD13213 號 T　佛教律疏（擬）　　（1–1）

BD13213 號 U　佛教律疏（擬）　　（1–1）

BD13213 號 V　佛教律疏（擬）　　（1–1）

BD13213 號 W　佛典殘片（擬）　（1–1）

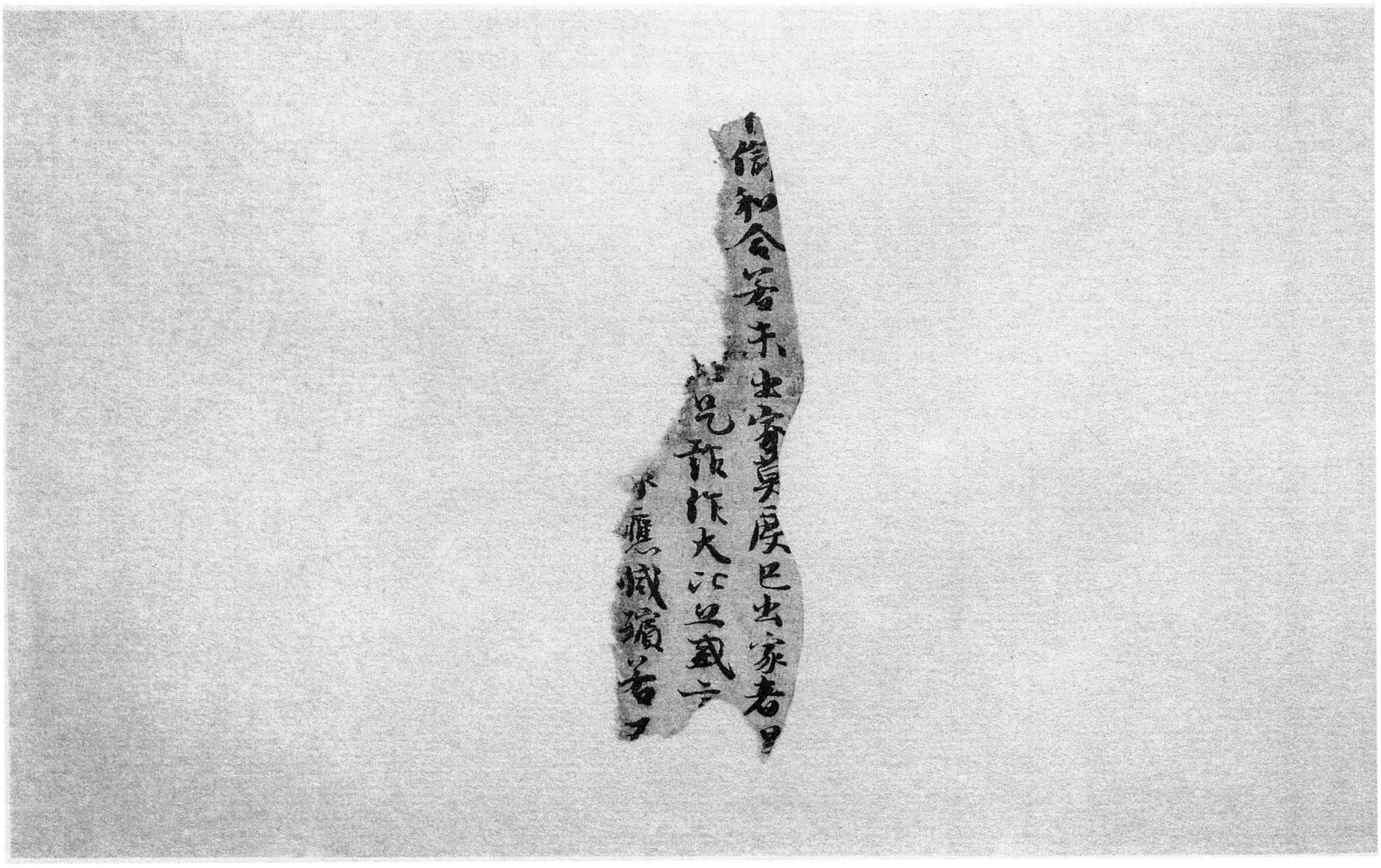

BD13213 號 X　佛教律疏（擬）　（1–1）

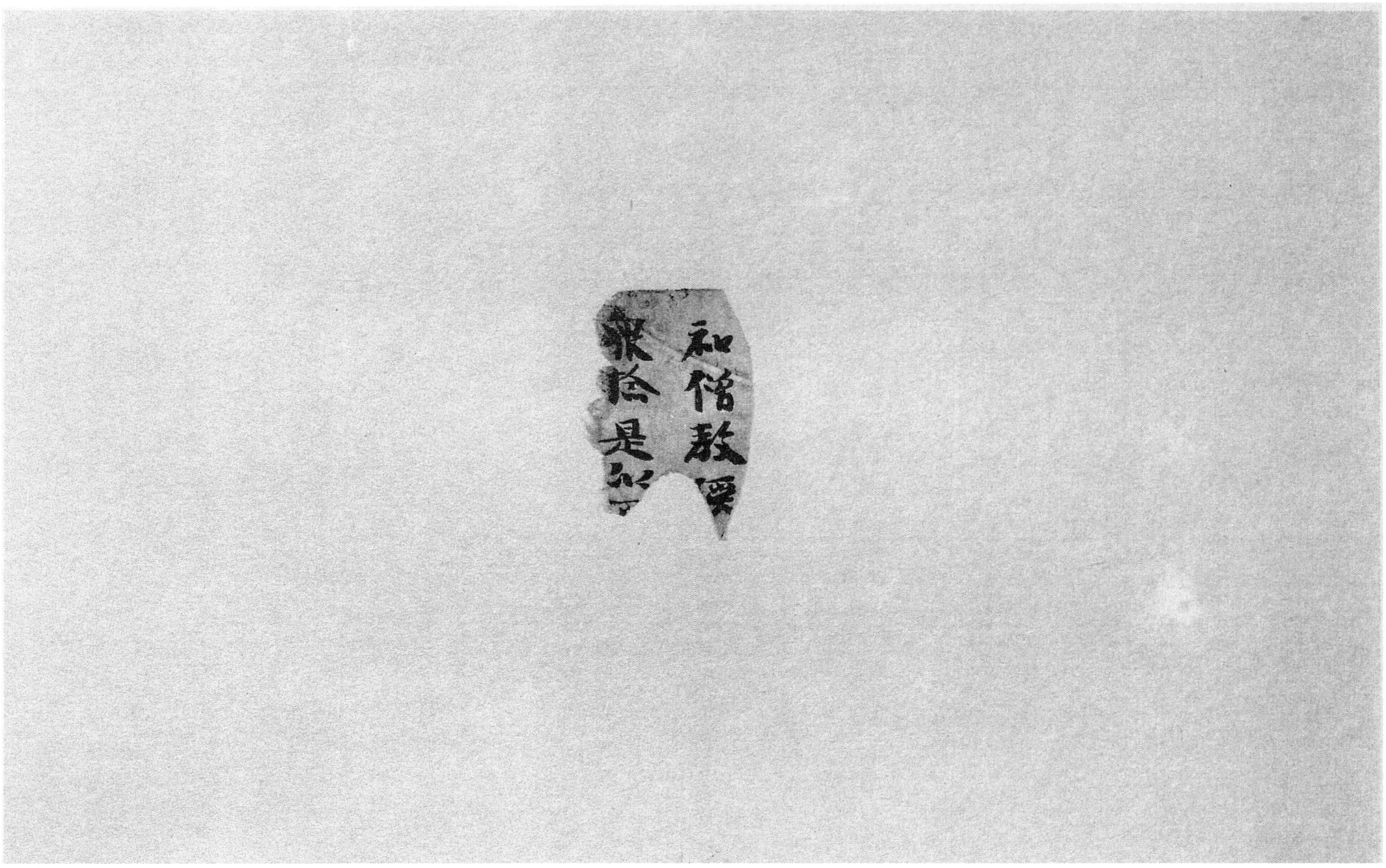

BD13213 號 Y　佛教律疏（擬）　　（1–1）

BD13359 號　護首（經名不詳）　　（1–1）

BD13367 號　護首（大寶積經）　　（1–1）

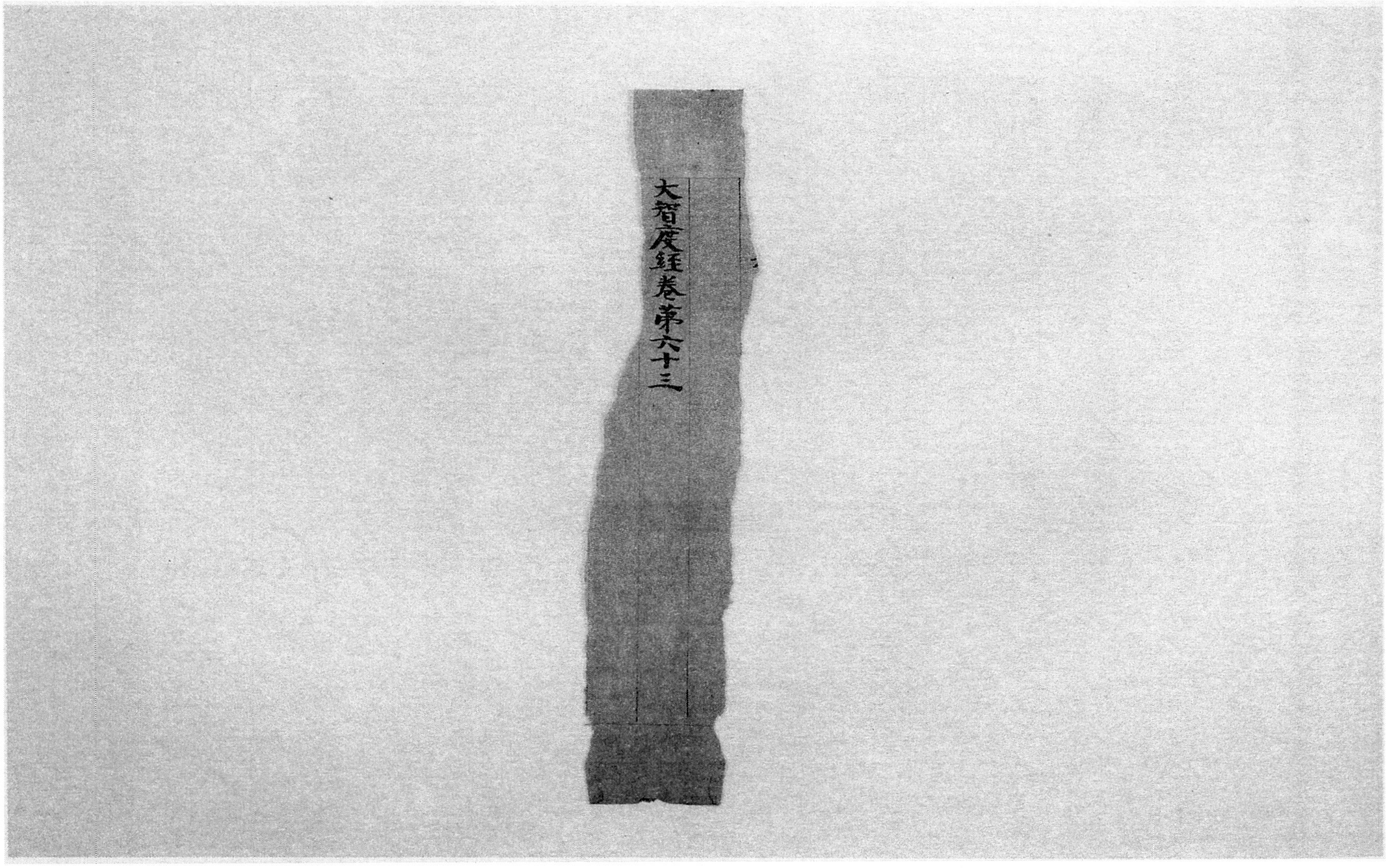

BD13372 號　大智度論卷六三　　（1–1）

BD13382 號　護首（經名不詳）　（1–1）

BD13384 號　殘題記（擬）　（1–1）

BD13385 號　護首（大寶積經）　（1–1）

BD13390 號　護首（大般若波羅蜜多經）　（1–1）

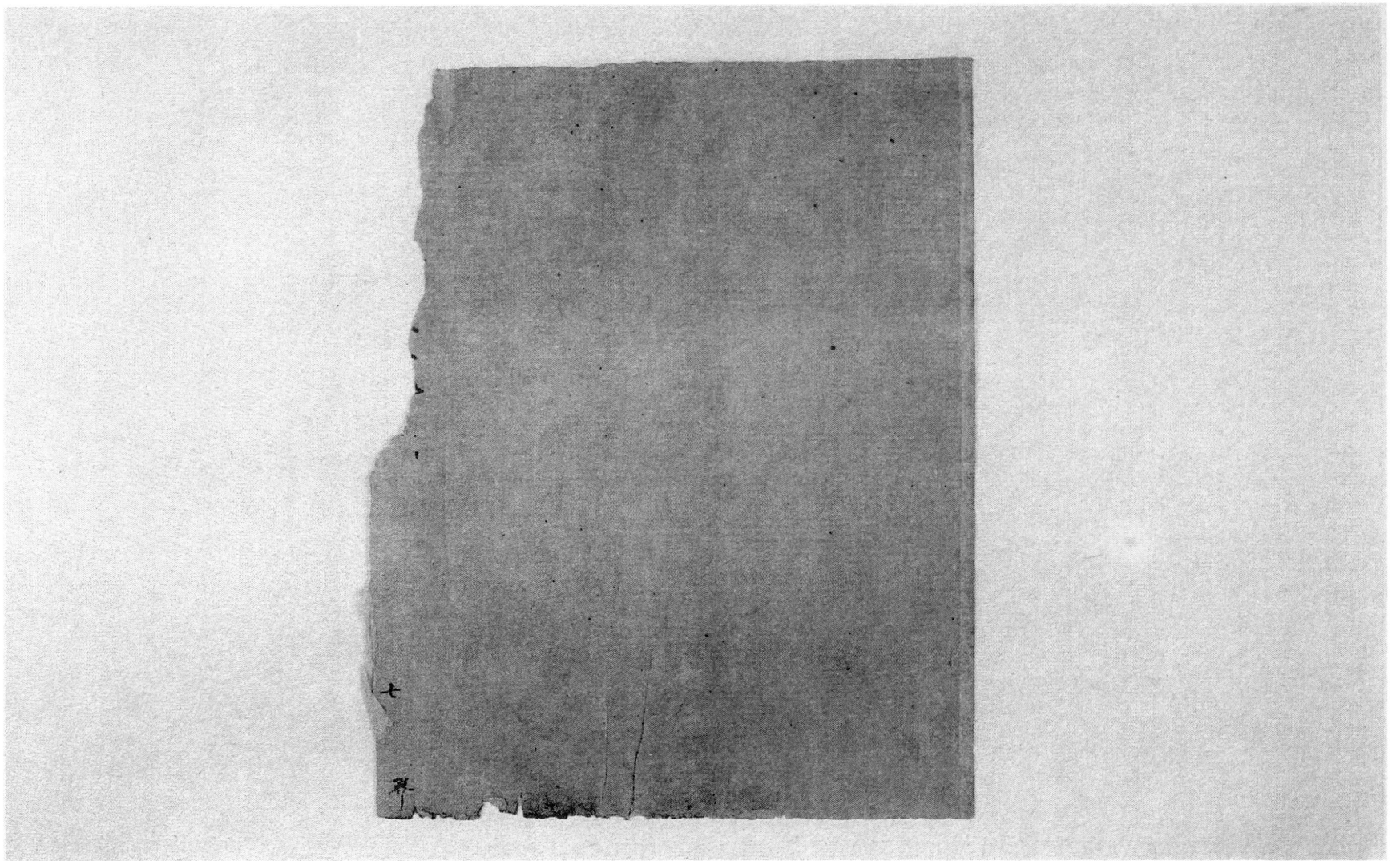

BD13392 號　護首（經名不詳）　（1–1）

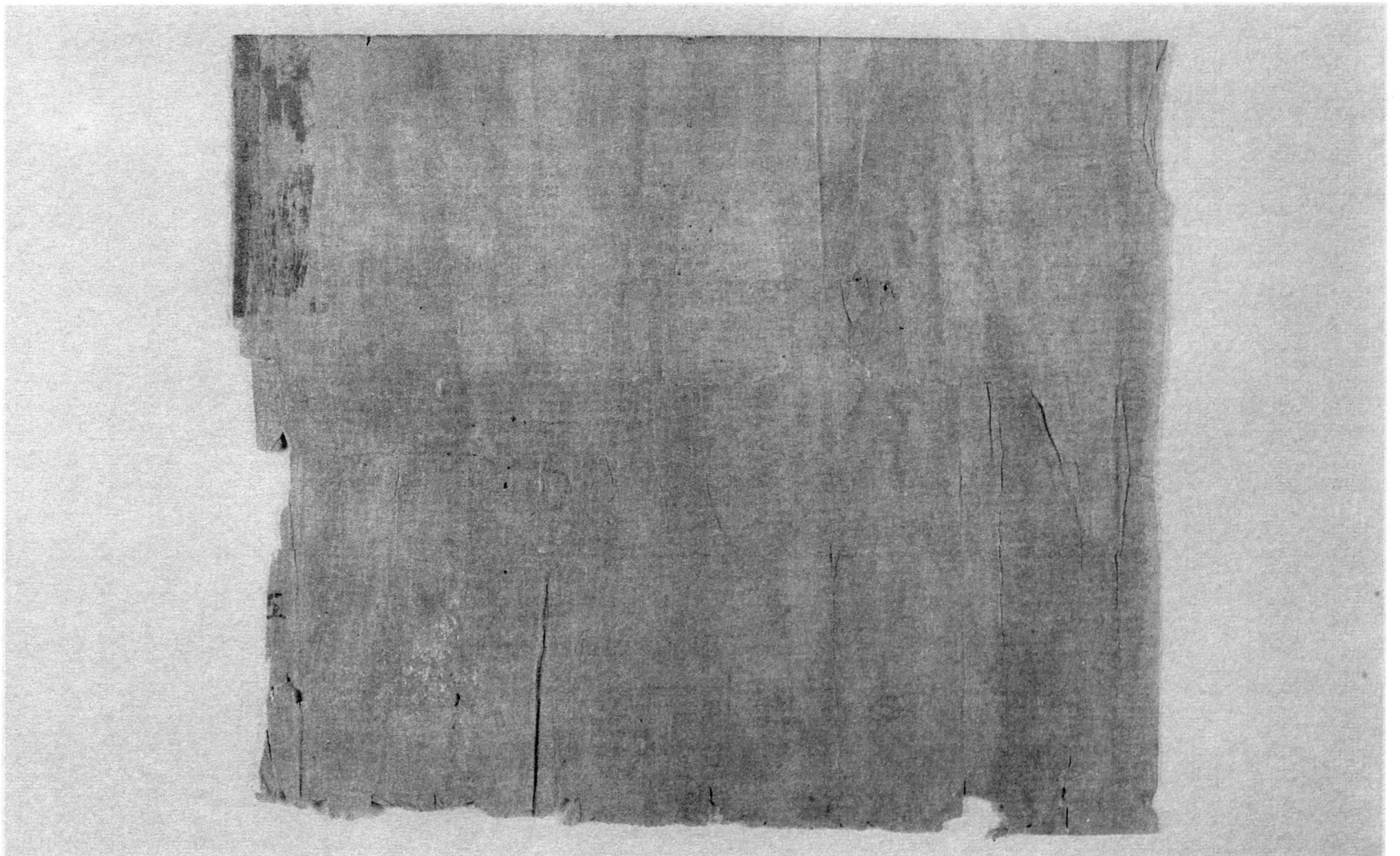

BD13400 號　護首（經名不詳）　（1–1）

BD13401 號　殘片（擬）　　（1–1）

BD13402 號　護首（大般若波羅蜜多經）　　（1–1）

BD12600號　護首（大般若波羅蜜多經）　（1–1）

BD12601號　護首（大般若波羅蜜多經）　（1–1）

BD13441 號　護首（大般若波羅蜜多經）　　（1–1）

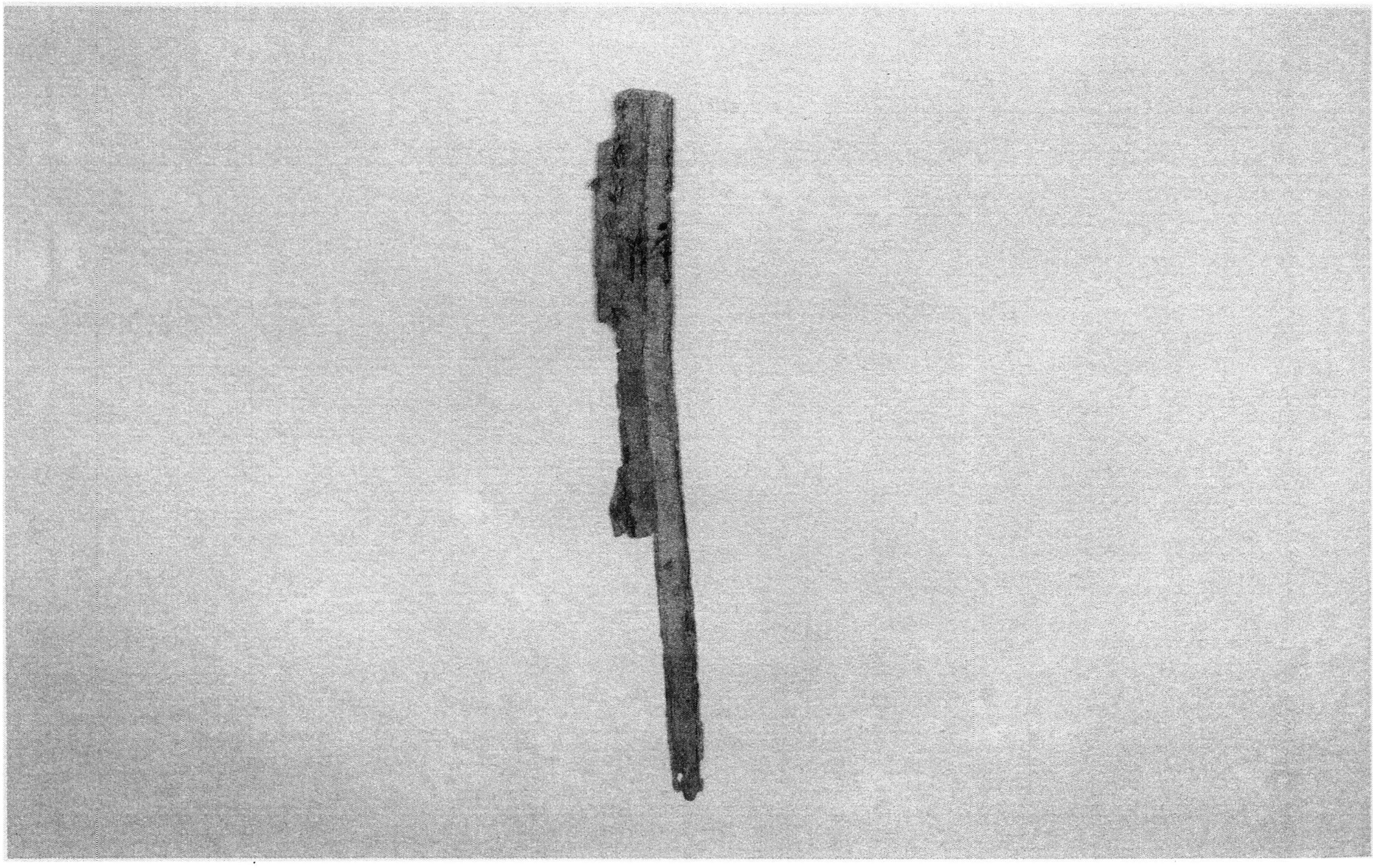

BD13443 號　牒狀殘片（擬）　　（1–1）

BD13444 號　殘片（擬）　（1–1）

BD13481 號　大佛頂如來密因修證了義諸菩薩萬行首楞嚴經　（1–1）

BD13483 號　護首（大般若波羅蜜多經）　（1–1）

BD13487 號　殘片（擬）　（1–1）

BD13491號　護首（大般若波羅蜜多經）　（1–1）

BD13498號　護首（經名不詳）　（1–1）

BD13501號　護首（經名不詳）　（1–1）

BD13502號　經袟（大智度經）　（1–1）

BD13506 號　護首（經名不詳）　　（1–1）

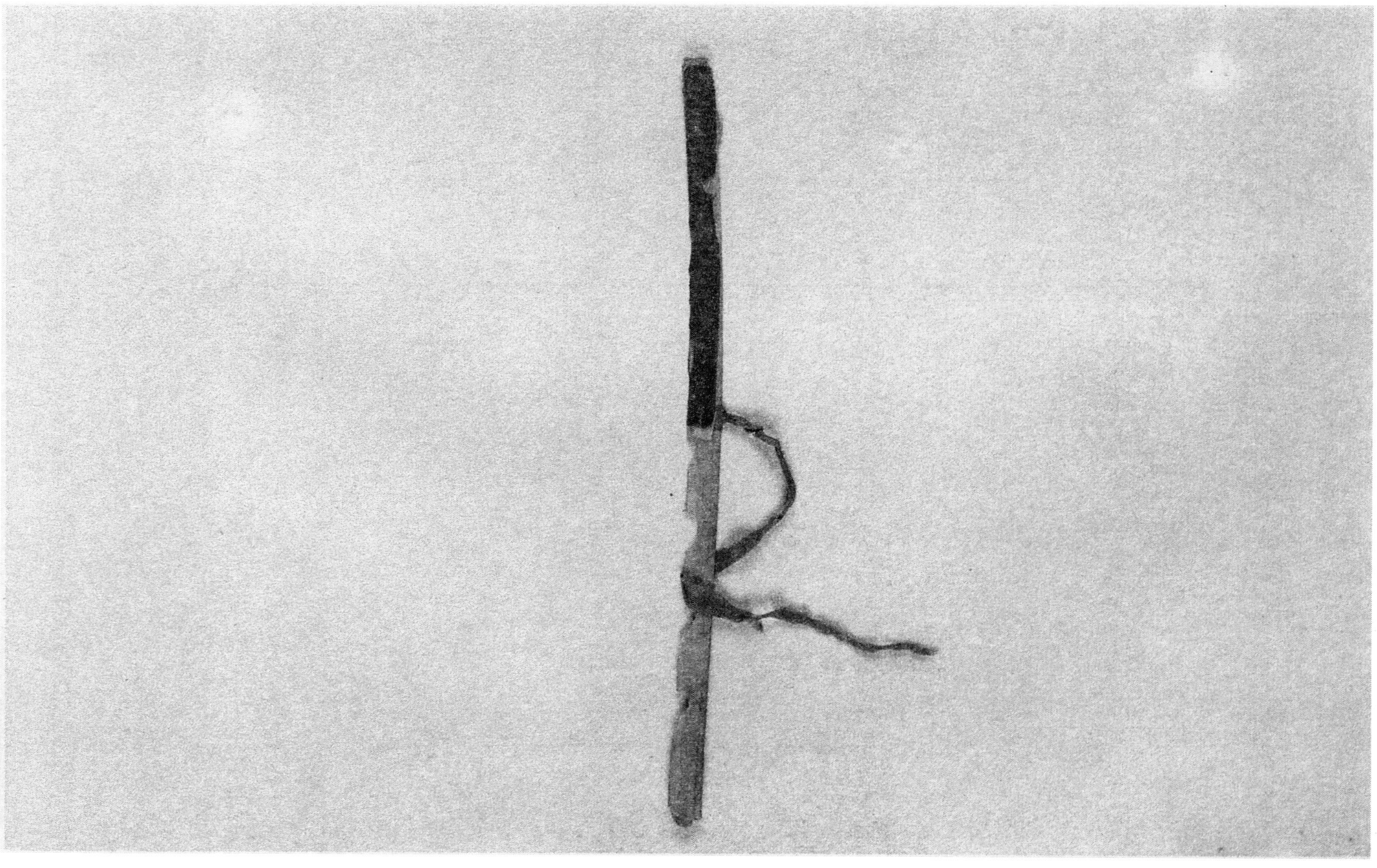

BD13508 號　素紙（裱補紙文字）　　（1–1）

BD13514號　護首（經名不詳）　（1–1）

BD13515號　護首（妙法蓮華經）　（1–1）

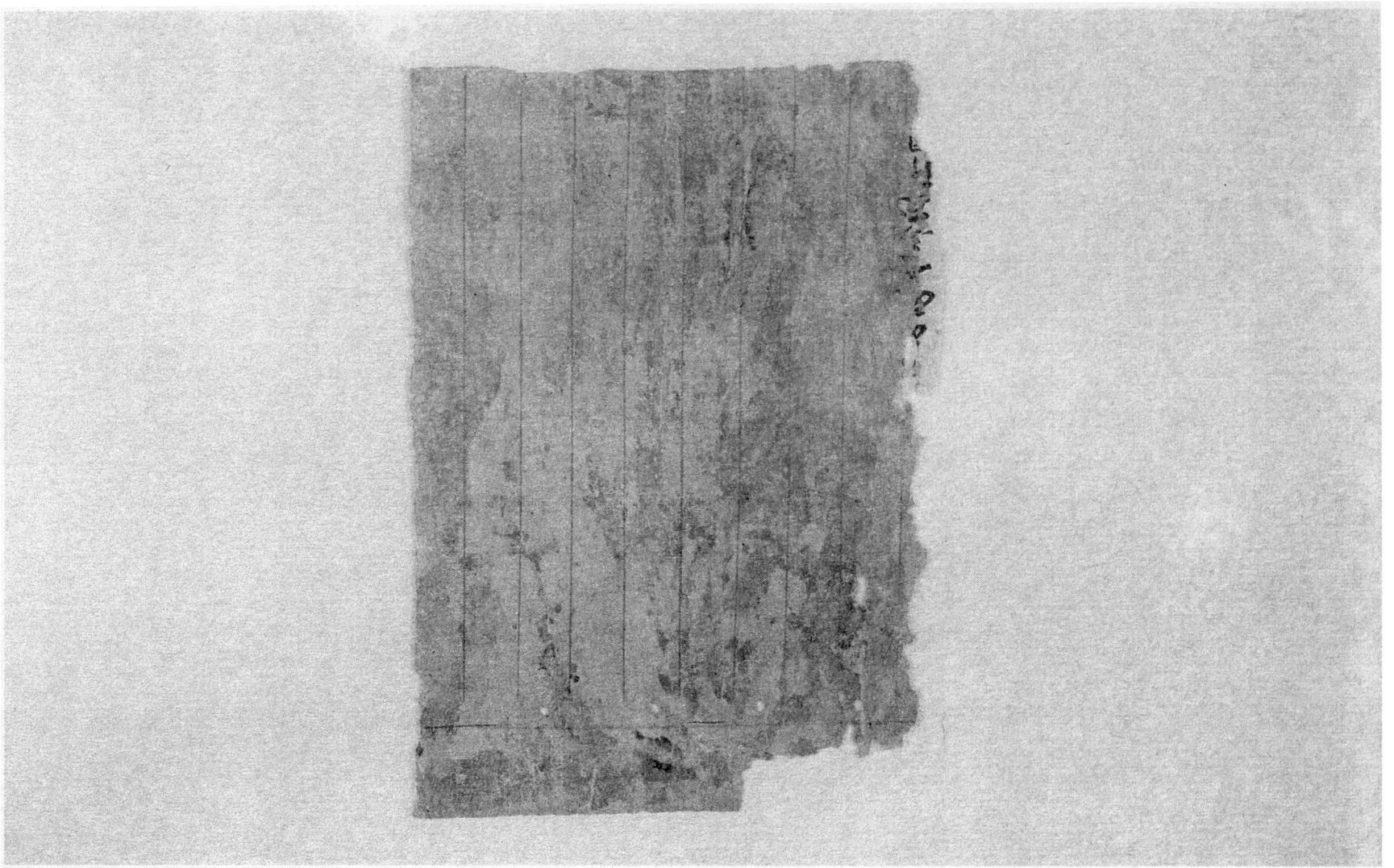

BD13535號　素紙（裱補紙文字）　　（1–1）

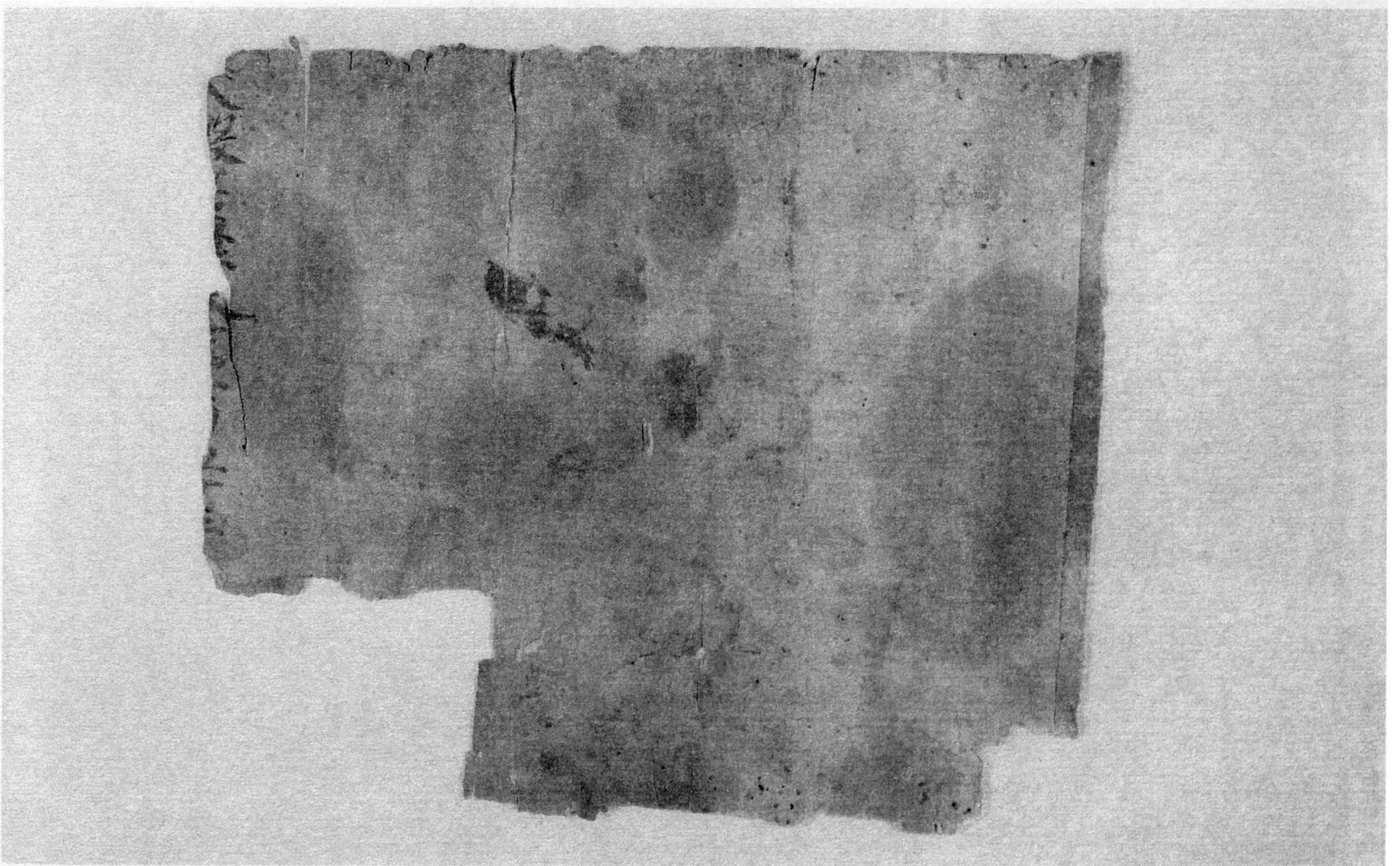

BD13549號　護首（大般若波羅蜜多經）　　（1–1）

BD13553 號背　印章　（1-1）

BD13554 號　殘片（擬）　（1-1）

BD13562號　殘片（擬）　（1–1）

BD13569號　護首（妙法蓮華經）　（1–1）

BD13571 號　護首（金籙晨夜十方懺）　　　　（1–1）

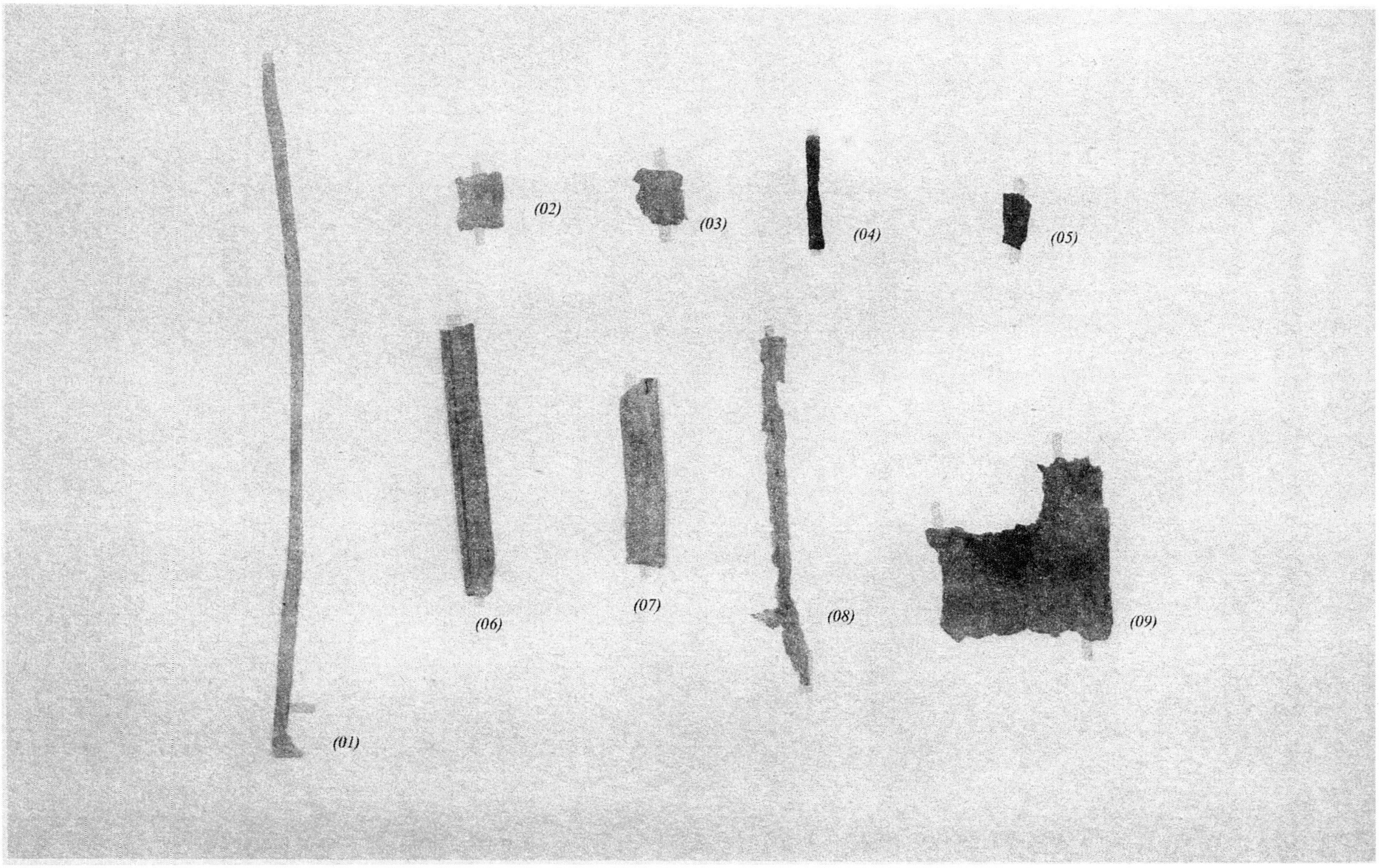

BD13577 號　護首殘片等九塊（擬）　　　　（1–1）

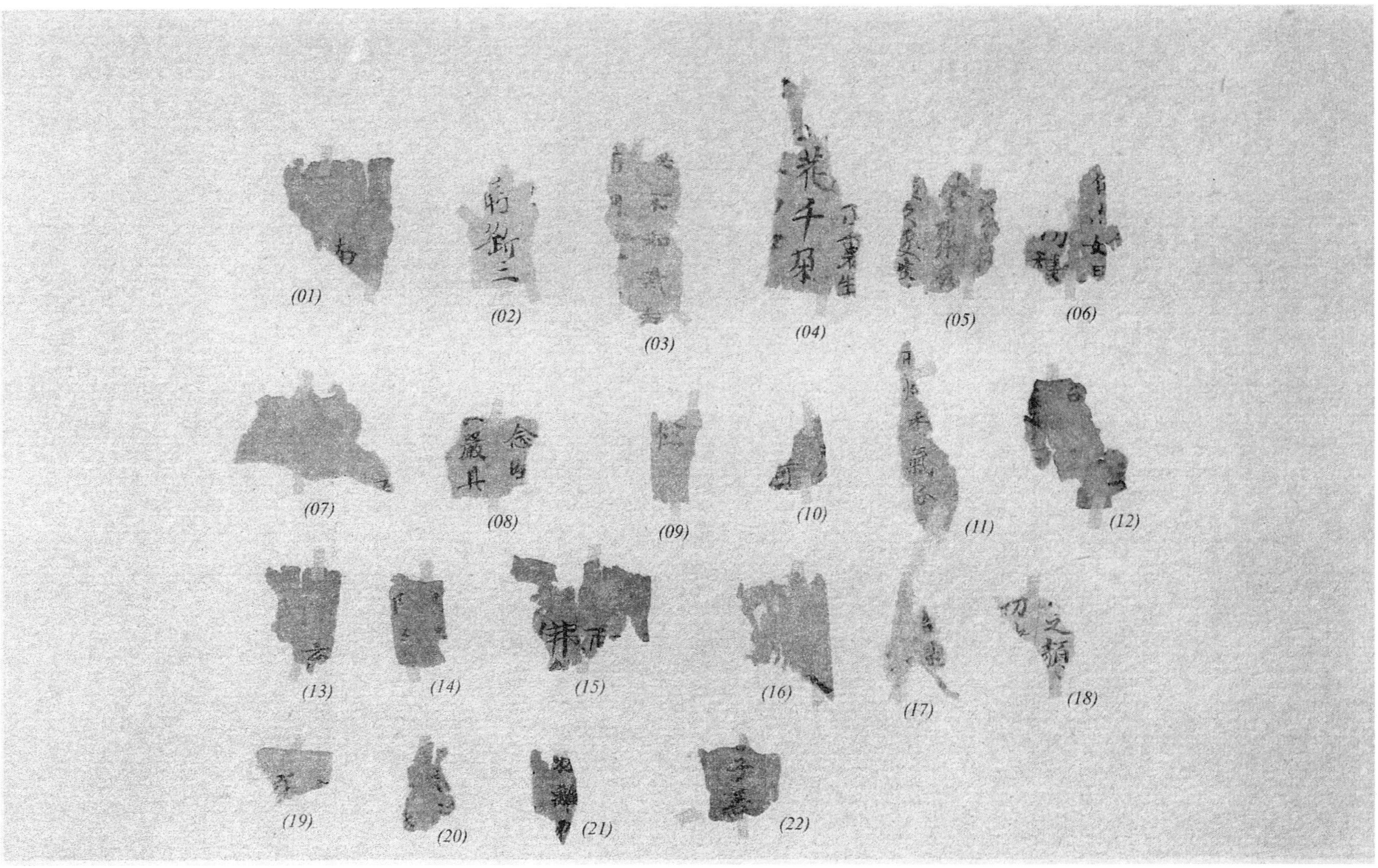

BD13598 號　殘片二十二塊（擬）　（1–1）

BD13599 號　殘片九塊（擬）　（1–1）

BD13606號　摩訶般若波羅蜜經卷四　　　　（1–1）

阿毗達磨論實義疏卷第三　　尊者安慧造
論已說諸蘊今處界攝當說其義此蘊處界
別義云何　釋曰何以有斯問起以蘊中事与處界
無有差別如於蘊中除无爲外餘所說事處界亦
然雖其義三處不殊然猶未知以何義故三科異
名故設此問　論頌曰　聚生門種族　是蘊處界義
論曰諸有爲法和合聚義是蘊義　識故即根境合生
欲顯示科三別異之義先以三法
義顯三差別三言法者一聚二生門三種族此三如此即
蘊處界或復於此三科之中有後三義非異名也謂
聚生門種族是蘊處界之義依次釋也如何得如
聚是蘊義論自答云論如契經言　色若過
去若未来若現在若内若外　細若劣若
勝若遠若近如是一切略爲一聚說名色蘊由此聚義
蘊義得成　釋曰以此經言如是一切諸所有色略爲一聚
說名色蘊由此故如聚是蘊義　論於此經等無常
已滅名過去若未已生名未来已生未謝名現在自身名内
所餘名外或約處辯有對名麤無對名細或相待立
釋曰言無常已滅名過去者已滅之等此是常無滅無言
常滅爲簡餘四若但言過去色者謂已滅色即恐濫餘
滅故言無常以簡之也有說此言唯簡擇非擇滅其理
可然若簡空滅之義不相應故以此二滅是心心所但言
已滅已成差別何用更言無常已滅等能簡之　復
有餘說

可然若論空滅之義不相應[illegible]是[illegible]亦但言
色滅已成差別何用更言無常已滅等能簡之 復
有餘說此可簡擇滅若簡餘三其義不然此非擇滅
約未來不生法前定又生滅亦約未來心心所有由此但說
過去色言已別此擇滅既是三世有漏之法之滅故應簡
之餘三不可前二師說理不如是此等四滅皆應簡之已下
論云受等亦然此中若不簡相空之滅不生滅滅是即與
後心心所等義相雜亂今此簡之復擇蘊即無此失又
小許簡非擇滅但言色滅　　知此何滅滅為
為無常滅亦可　　非擇滅於
滅二言濫彼義故若　　成雜亂若未已
生名來者此未流至現在世時未成作用已生未謝之言
別於未來未謝之言別於過去未生之法雖未未謝然
是未生過去之難之已生然是已滅所以為簡去來二世
之取現在自身名內所餘名外者此約身自眼等五
根色等五境名之為內翻此他身及非情色名之為外
或約處辯者約自他身眼等五根名之為內自身他
身色等五境及以非情無表色等並名為外有對色
麁無對名細者極微聚色十處有對諸無表色及
非聚微色無對色或相待立者此依相待為麁細故如
識對色名細色對識名麁若如是者有對應二望細名
麁望麁名細可相待故無對名細無相待故
相待麁細不成　釋曰此外起　問若言相待為麁細者此義
不然如識對塵為麁色對麦為細又色對識名麁識
對色名細如是識色名麁[illegible]　　未細無定之體故
[illegible]

BD13607號　阿毗達磨俱舍論實義疏卷三　　（2–2）

BD13607 號背　阿毗達磨俱舍論實義疏殘片（擬）　　（1–1）

佛說佛名經卷第四

BD13608 號背　護首　　（1–1）

佛說佛名經卷第四
南无遠離驚怖毛竪佛　南无觀智慧起華佛
南无功德王光明佛　南无虛空寂佛
南无虛空莊嚴成就佛　南无下方大名佛
南无妙勝佛　南无育佛
南无華勝佛　南无善生佛
南无師子勝佛　南无成就義佛
南无師子離佛　南无師子鉀佛
南无善住山王佛　南无淨弥留佛
南无清淨眼佛　南无不空足步佛
從此以上二千四百佛十二部經一切賢聖
南无虛空像佛　南无香勝佛
南无香山佛　南无无量聲佛
南无香精佛　南无寶衆佛
南无寶高佛　南无善住佛
南无善住王佛　南无淨弥留佛
南无堅王佛　南无光明輪佛
南无火然燈佛　南无不空遍佛
南无善思惟發行佛　南无師子佛
南无堅固衆生佛　南无行勝住王佛
南无上方无量境界佛　南无勝王佛
南无精進勝佛　南无斷疑佛
南无善星宿王佛　南无然燈佛

BD13608 號　佛名經（十六卷本）卷四　　（1–1）

BD13609 號　四分比丘尼羯磨文（擬）　（2–1）

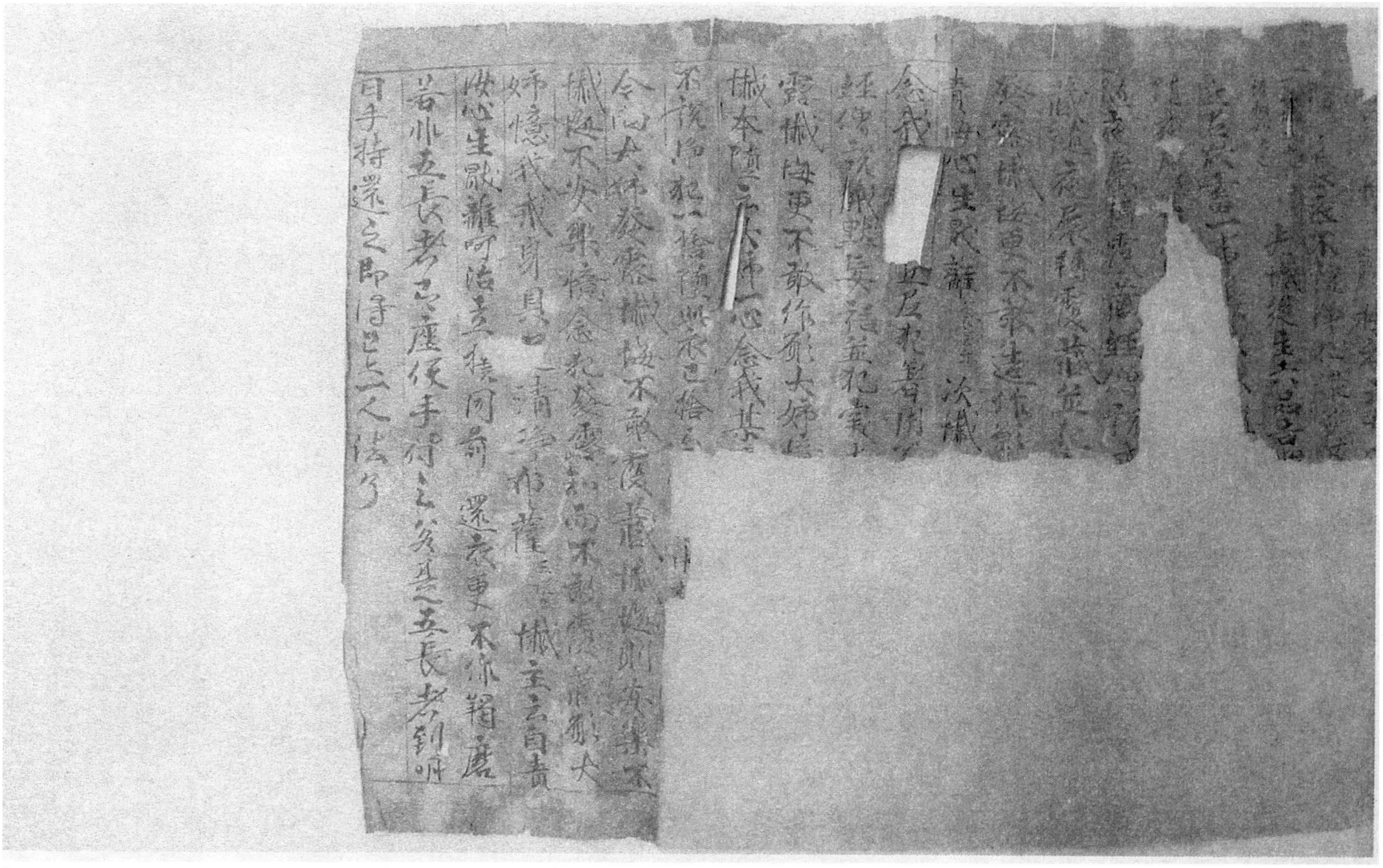

BD13609 號　四分比丘尼羯磨文（擬）　（2–2）

門良辰吉日然始殯葬之後還有妨害貧窮者多
滅門者不少唯願世尊為諸邪見无知衆生說
其因緣令得正道除其顛倒佛言善哉善哉
善男子汝實甚能問於衆生生死之事殯葬
之法汝等諦聽當為汝說智慧之理大道之法
夫天地廣大清日月廣長明時年善善美實
无有異善男子人王菩薩甚大慈悲愍念衆
生皆如赤子下為人主作人父母順於俗民教於
俗法遣作曆日頒下天下令知時節為有平滿
成收開除之字執危破煞之文愚人依字信用
无不免於凶禍又使邪師厭鎮說是道非謾求神
拜餓鬼却招殃自受苦如斯人輩反天時逆地理
背日月之光常投暗室違正道之廣路恒尋
邪徑顛倒之甚也善男子生時讀此經三遍兒
則易生大利聰明利智福德具足而无中夭死
時讀三遍一无妨害得福无量善男子日日好日
月月好月年年好年實无間隔但辦即須殯
殯葬之日讀此經七遍甚大吉利獲福无量

BD13610號　天地八陽神咒經　（2–1）

无不免於凶禍又使邪師厭鎮說是道非謾求神
拜餓鬼却招殃自受苦如斯人輩反天時逆地理
背日月之光常投暗室違正道之廣路恒尋
邪徑顛倒之甚也善男子生時讀此經三遍兒
則易生大利聰明利智福德具足而无中夭死
時讀三遍一无妨害得福无量善男子日日好日
月月好月年年好年實无間隔但辦即須殯
殯葬之日讀此經七遍甚大吉利獲福无量
人貴遷年益壽命終之日並得成聖
殯葬之地不問東西南北安隱之處人
鬼神愛樂即讀經三遍便以脩營安置
永安鄣家富人興甚大吉利[illegible]
義而說偈言
營生善善日　休殯好好時　生死讀誦經　甚得大利益
月月善明月　年年大好年　讀經即殯葬　榮華萬代昌
爾時衆中七万七千人聞佛所說心開意解捨邪
歸正得佛法分永斷疑惑皆得阿耨多羅三藐
三菩提无閡菩薩復白佛言世尊一切凡夫

BD13610號　天地八陽神咒經　（2–2）

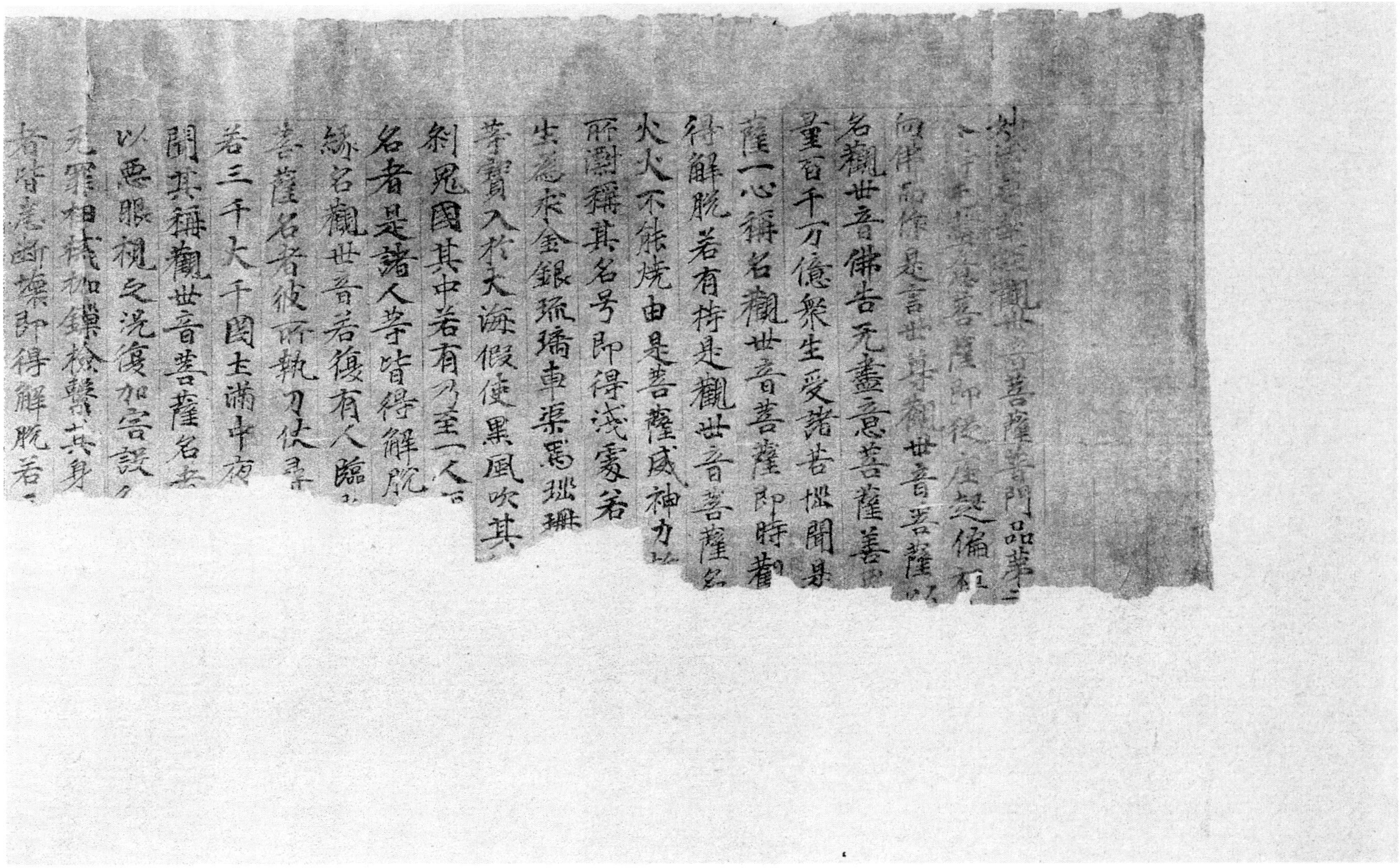

妙法蓮華經觀世音菩薩普門品第二
爾時无盡意菩薩即從座起偏袒
向佛而作是言世尊觀世音菩薩以
名觀世音佛告无盡意菩薩善男
量百千万億衆生受諸苦惱聞是
薩一心稱名觀世音菩薩即時觀
得解脫若有持是觀世音菩薩名
火火不能燒由是菩薩威神力故
所漂稱其名号即得淺處若
生為求金銀琉璃車𤦲馬瑙珊瑚
等寶入於大海假使黑風吹其
剎鬼國其中若有乃至一人
名者是諸人等皆得解脫
緣名觀世音若復有人臨
菩薩名者彼所執刀杖尋
若三千大千國土滿中夜
聞其稱觀世音菩薩名者
以惡眼視之況復加害設
无罪杻械枷鎖檢繫其身
者皆悉斷壞即得解脫若

BD13611 號　觀世音經　　（2–1）

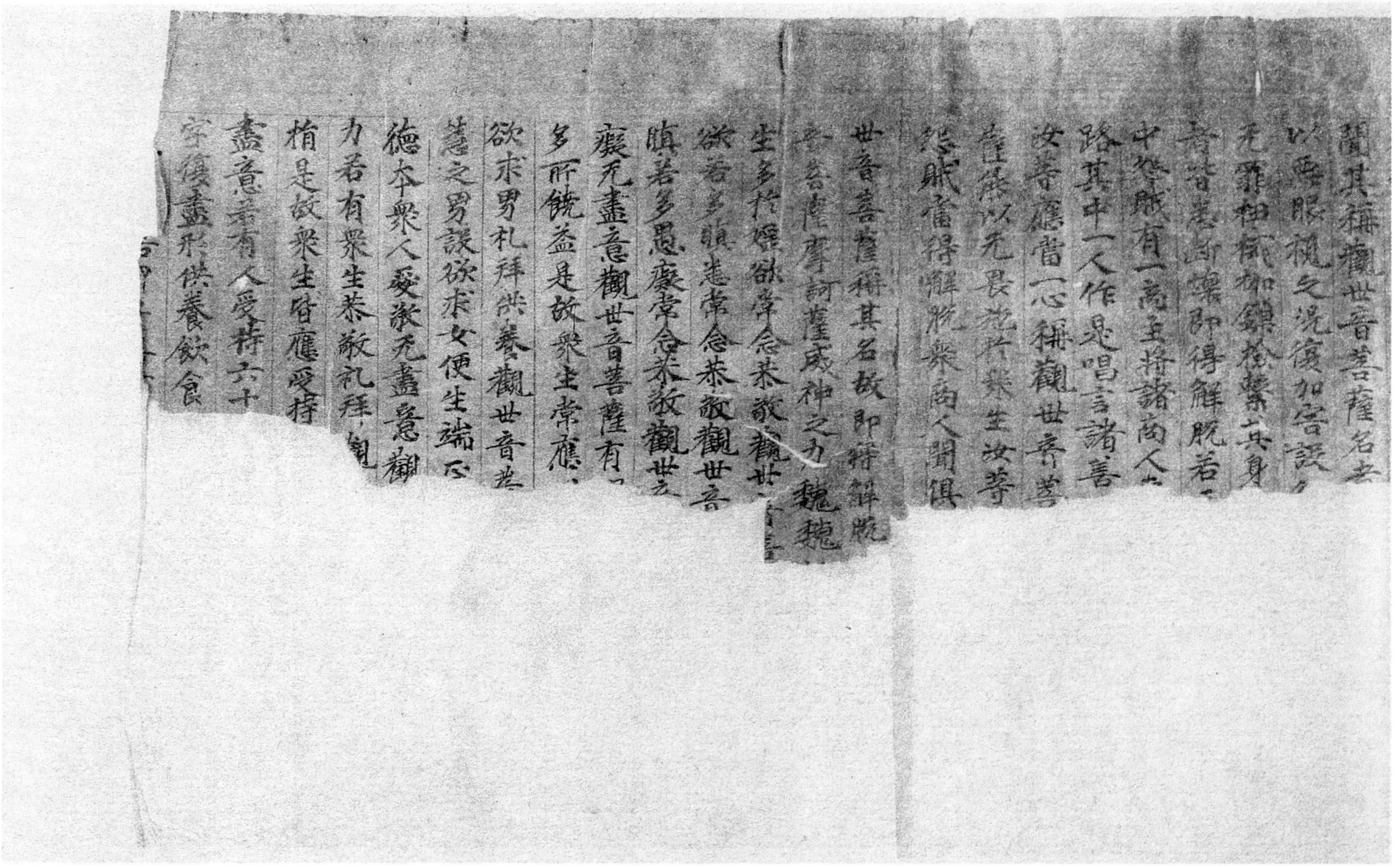

聞其稱觀世音菩薩名者
以惡眼視之況復加害設
无罪杻械枷鎖檢繫其身
者皆悉斷壞即得解脫若
中怨賊有一商主將諸商人
路其中一人作是唱言諸善
汝等應當一心稱觀世音菩
薩能以无畏施於衆生汝等
怨賊當得解脫衆商人聞俱
世音菩薩稱其名故即得解脫
菩薩摩訶薩威神之力巍巍
生多於婬欲常念恭敬觀世
欲若多瞋恚常念恭敬觀世音
瞋若多愚癡常念恭敬觀世
癡无盡意觀世音菩薩有
多所饒益是故衆生常應
欲求男礼拜供養觀世音菩
慧之男設欲求女便生端正
德本衆人愛敬无盡意觀
力若有衆生恭敬礼拜觀
捐是故衆生皆應受持
盡意若有人受持六十
字復盡形供養飲食

BD13611 號　觀世音經　　（2–2）

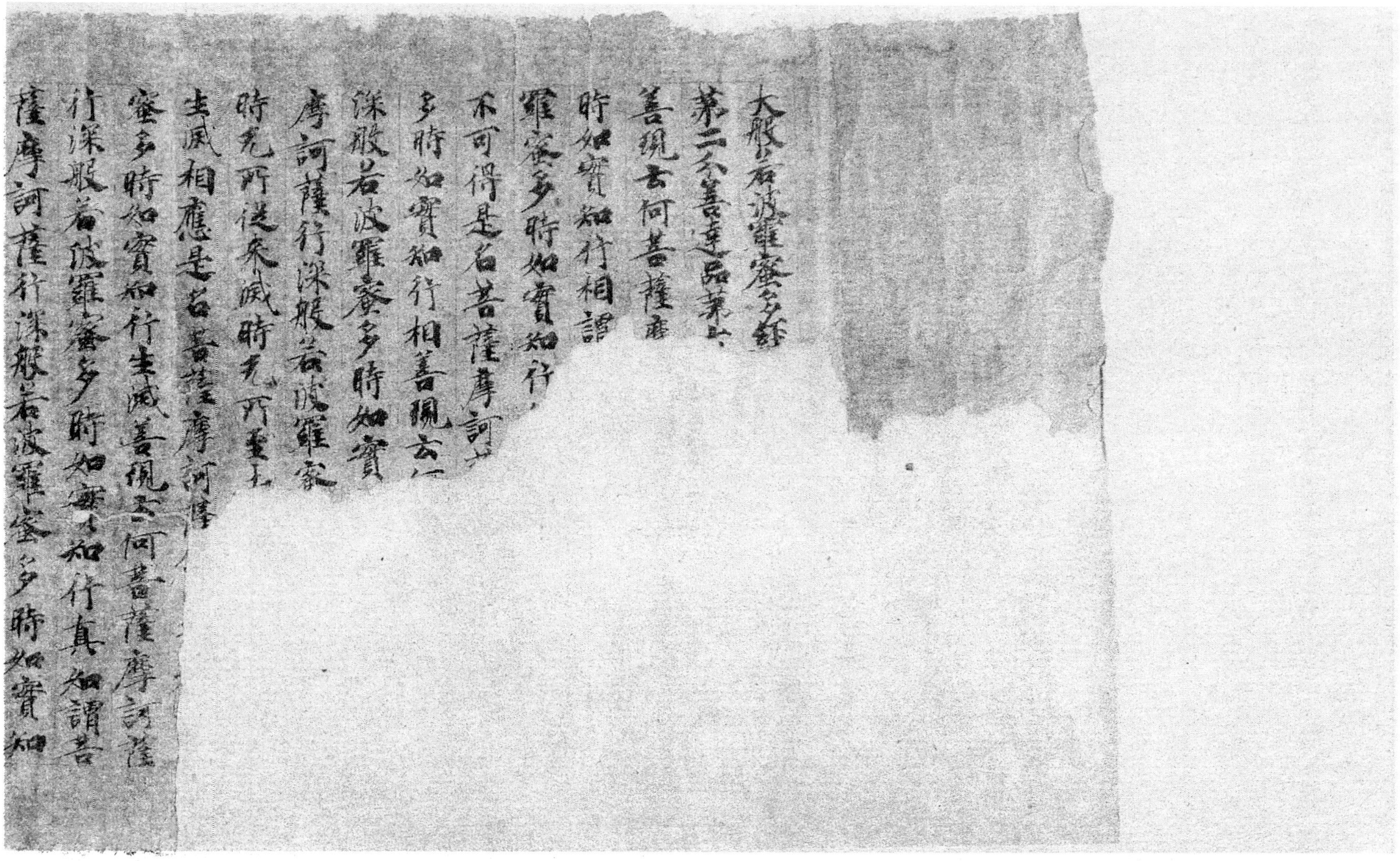

大般若波羅蜜多經
第二分善達品第七
善現云何菩薩摩訶
時如實知行相謂
羅蜜多時如實知行
不可得是名菩薩摩訶
多時如實知行相善現云何
深般若波羅蜜多時如實
摩訶薩行深般若波羅蜜
時無所從來滅時無所至
生滅相應是名菩薩摩訶薩
蜜多時如實知行生滅善現云何菩薩摩訶薩
行深般若波羅蜜多時如實知行真如謂菩
薩摩訶薩行深般若波羅蜜多時如實知

BD13612號　大般若波羅蜜多經卷四七二　（2–1）

多時如實知行相善現云何
深般若波羅蜜多時如實
摩訶薩行深般若波羅蜜
時無所從來滅時無所至
生滅相應是名菩薩摩訶薩
蜜多時如實知行生滅善現云何菩薩摩訶薩
行深般若波羅蜜多時如實知行真如謂菩
薩摩訶薩行深般若波羅蜜多時如實知
行真如無生無滅無來無去無染無淨無增
無減常如其性不虛妄不變易故名真如是
名菩薩摩訶薩行深般若波羅蜜多時如實
知行真如善現云何菩薩摩訶薩行深般若
波羅蜜多時如實知識相謂菩薩摩訶薩行
深般若波羅蜜多時如實知識如諸幻事衆
緣和合假施設有實不可得謂如幻師或彼
弟子於四衢道幻作四軍所謂象軍馬軍車
軍步軍或復幻作諸餘色類相雖似有而無
識亦如是實不可得是名菩薩摩訶薩
羅蜜多時如實知識相善現云
般若波羅蜜多時如實

BD13612號　大般若波羅蜜多經卷四七二　（2–2）

BD13613 號　至德元載敦煌縣道教度牒（擬）　（2–1）

BD13613 號　至德元載敦煌縣道教度牒（擬）　（2–2）

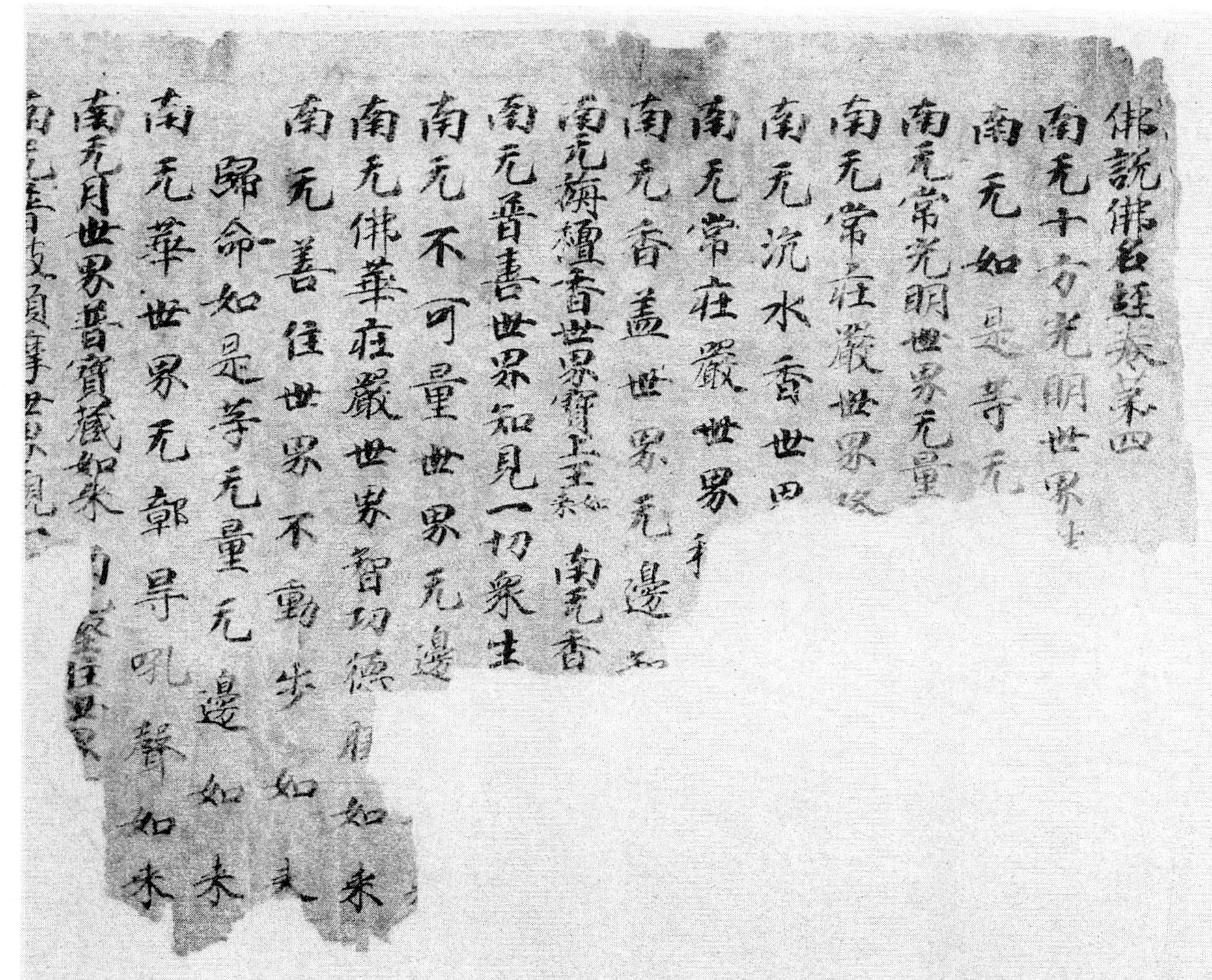
佛說佛名經卷第四
南无十方光明世界士
南无如是等无
南无常光明世界无量
南无常莊嚴世界
南无流水香世界
南无常莊嚴世界
南无香蓋世界无邊
南无旃檀香世界寶上王如来 南无香
南无普善世界知見一切衆生
南无不可量世界无邊
南无佛華莊嚴世界智功德月如来
南无善住世界不動步如来
歸命如是等无量无邊如来
南无華世界无鄣导吼聲如来
南无月世界普寶藏如来

BD13614 號　佛名經（二十卷本）卷四　　（2–1）

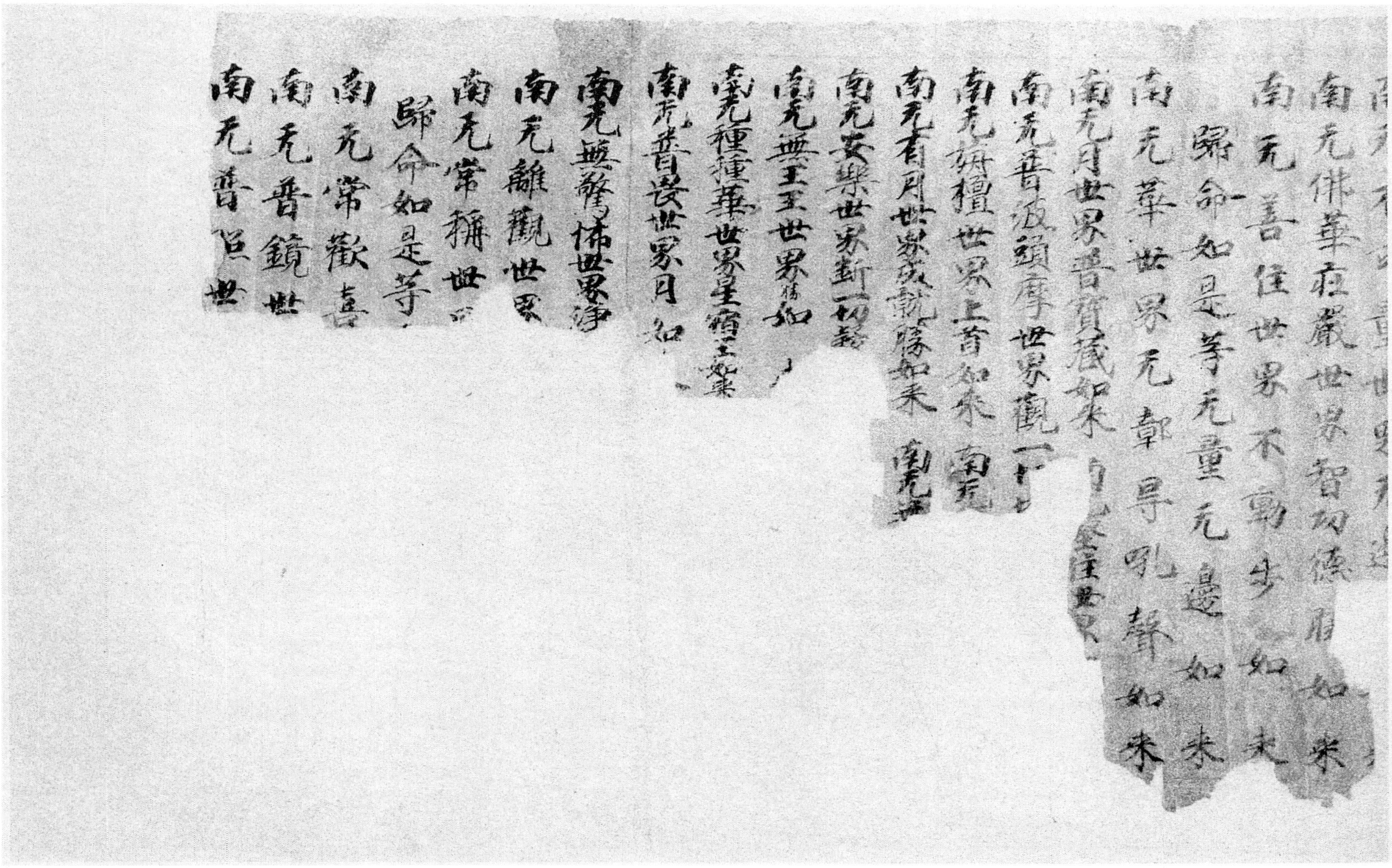

BD13614 號　佛名經（二十卷本）卷四　　（2–2）

王等[illegible]婆不[illegible]
為斷酒之人亦為耽酒[illegible]荒醉者說
不但獨為入禪定者離波多等亦為寍子亂
心婆羅門女婆私吒說不但獨為已之弟子
亦為外道尼乾子說不但獨為盛疾之年廿
五者亦為衰老八十者說不但獨為根熟之
人亦為善根未熟者說不但獨為末利夫人
亦為婬女蓮華女說不但獨受波斯匿王上
饌甘味亦受長者尸利毱多雜毒之食大王
當知尸利毱多往昔亦作逆罪之因以遇佛
聞法即發阿耨多羅三藐三菩提心大王假
使一月常以衣食供養恭敬一切眾生不如
有人一念念佛所得功德十六分一大王假
使鍛金為人車馬載寶其數各百以用布施
不如有人發心向佛舉足一步大王假使復
以象車百乘載大秦國種種珍寶及其女人
身佩瓔珞數亦滿百持用布施猶故不如發
心向佛舉足一步復置是事若以四事供養
三千大千世界所有眾生猶亦不如發心向
佛舉足一步復置是事若使大王供養恭敬
恒河沙等无量眾生不如一往娑羅雙樹到

BD13615號　大般涅槃經（北本）卷一九　（2–1）

以象車百乘載大秦國種種珍寶及其女人
身佩瓔珞數亦滿百持用布施猶故不如發
心向佛舉足一步復置是事若以四事供養
三千大千世界所有眾生猶亦不如發心向
佛舉足一步復置是事若使大王供養恭敬
恒河沙等无量眾生不如一往娑羅雙樹到
如來所誠心聽法
尒時大王答言耆婆如來世尊性已調柔故
得調柔以為眷屬如栴檀林純以栴檀而為
圍遶如來清淨所有眷屬亦復清淨猶如大
龍純以諸龍而為眷屬如來寂靜所有眷屬
亦復寂靜如來无貪所有眷屬亦復无貪佛
无煩惱所有眷屬亦无煩惱吾今既是極惡
之人惡業纏裹其身臭穢繫屬地獄云何當
得至如來所吾設往者恐不顧念接叙言說
卿雖勸吾令往佛所然吾今日深自鄙悼都
无去心尒時虛空尋出聲言无上佛法將欲
衰殄甚深法河於是欲涸大法明燈將滅不
久法山欲頹法船欲沒法橋欲壞法殿欲崩
法幢欲倒法樹欲折善友欲去大怖將至法
飢眾生將至不久煩惱疾病將欲流行大闇
時至渴法時來魔王欣慶解釋甲冑佛日將
沒大涅槃山大王佛若去世王之重惡更无
[illegible]重之業以

BD13615號　大般涅槃經（北本）卷一九　（2–2）

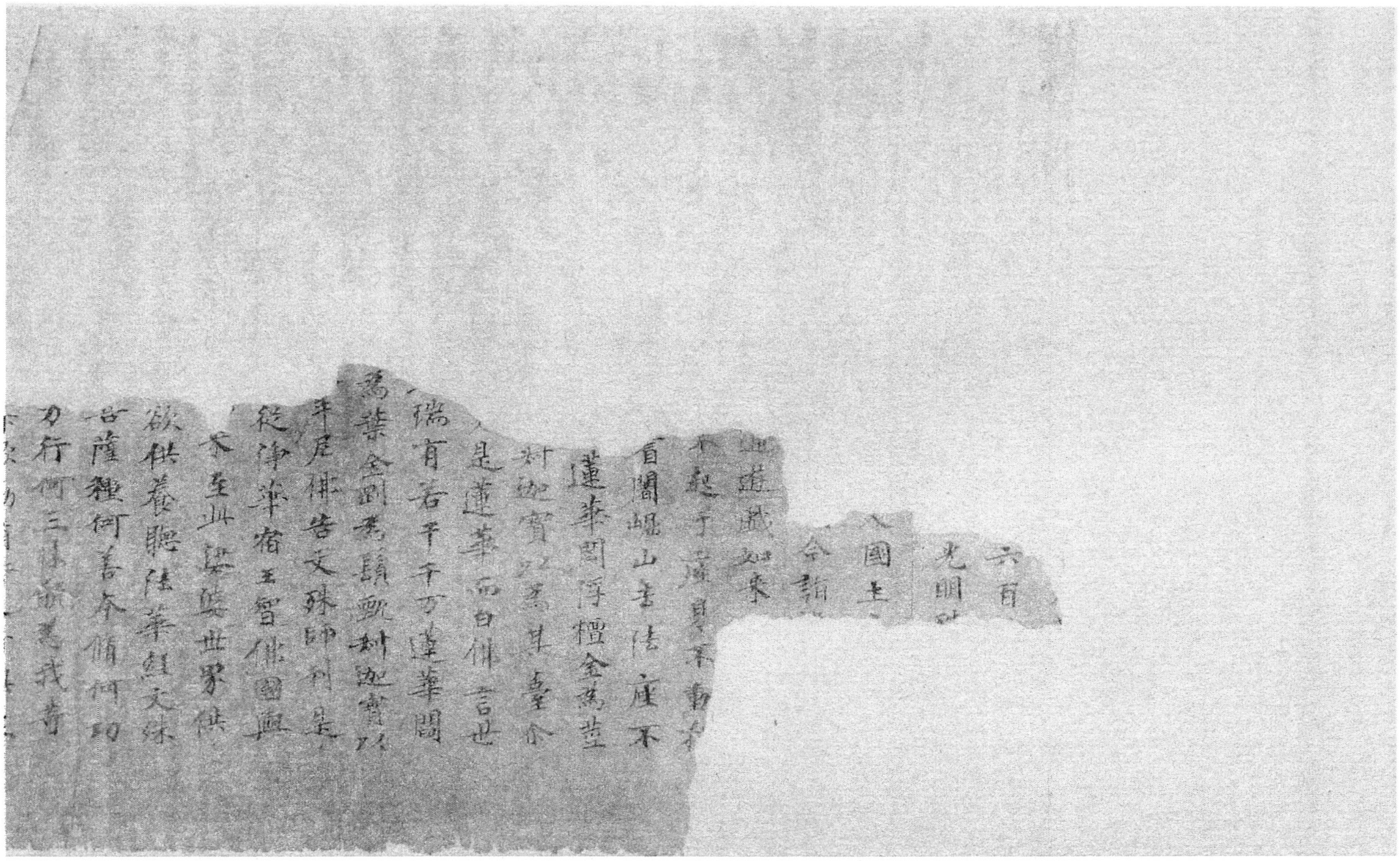

六百
光明照
國土
不起于座身不動
耆闍崛山去法座不
蓮華閻浮檀金為莖
甄叔迦寶以為其臺爾
是蓮華而白佛言世
瑞有若干千萬蓮華閻
為葉金剛為鬚甄叔迦寶以
牟尼佛告文殊師利是
從淨華宿王智佛國與
來至此娑婆世界供
欲供養聽法華經文殊
菩薩種何善本脩何功
力行何三昧願為我等

BD13616 號 妙法蓮華經卷七 （2–1）

從淨華宿王智佛國與
來至此娑婆世界供
欲供養聽法華經文殊
菩薩種何善本脩何功
力行何三昧願為我等
亦欲勤脩行之行此三
大小威儀進止唯願
來令我得見爾時釋
滅度多寶如來
當為汝等而現其相時多寶佛告彼菩薩善
男子來文殊師利法王子欲見汝身于時妙
音菩薩於彼國沒與八萬四千菩薩俱共發
來所經諸國六種震動皆悉雨於七寶蓮華
百千天樂不鼓自鳴是菩薩目如廣大青蓮
華葉正使和合百千萬月其面貌端正復過
於此身真金色無量百千功德莊嚴威德熾
盛光明照曜諸相具足如那羅延堅固之身

BD13616 號 妙法蓮華經卷七 （2–2）

法華經一袟

BD13617號　經袟（妙法蓮華經）（擬）　（2–1）

妙法蓮華

四

BD13617號　經袟（妙法蓮華經）（擬）　（2–2）

万億那由他諸菩薩摩
是阿惟越致轉不退法輪得諸
起至於佛前一心合掌而作
是念若勅我等持說此經者當如佛
復作是念佛今嘿然不見告勅
諸菩薩敬順佛意并欲自滿本
作師子吼而發誓言世尊我等
後周旋往返十方世界能令衆
受持讀誦解說其義如法脩行
是佛之威力唯願世尊在於他方
時諸菩薩俱同發聲而說偈言
佛滅度後　恐怖惡世中　我等當廣說
惡口罵詈等　及加刀杖者　我等皆當忍
邪智心諂曲　未得謂為得　我慢心充滿
納衣在空閑　自謂行真道　輕賤人間者
與白衣說法　為世所恭敬　如六通羅漢

BD13618號　妙法蓮華經卷四　（2–1）

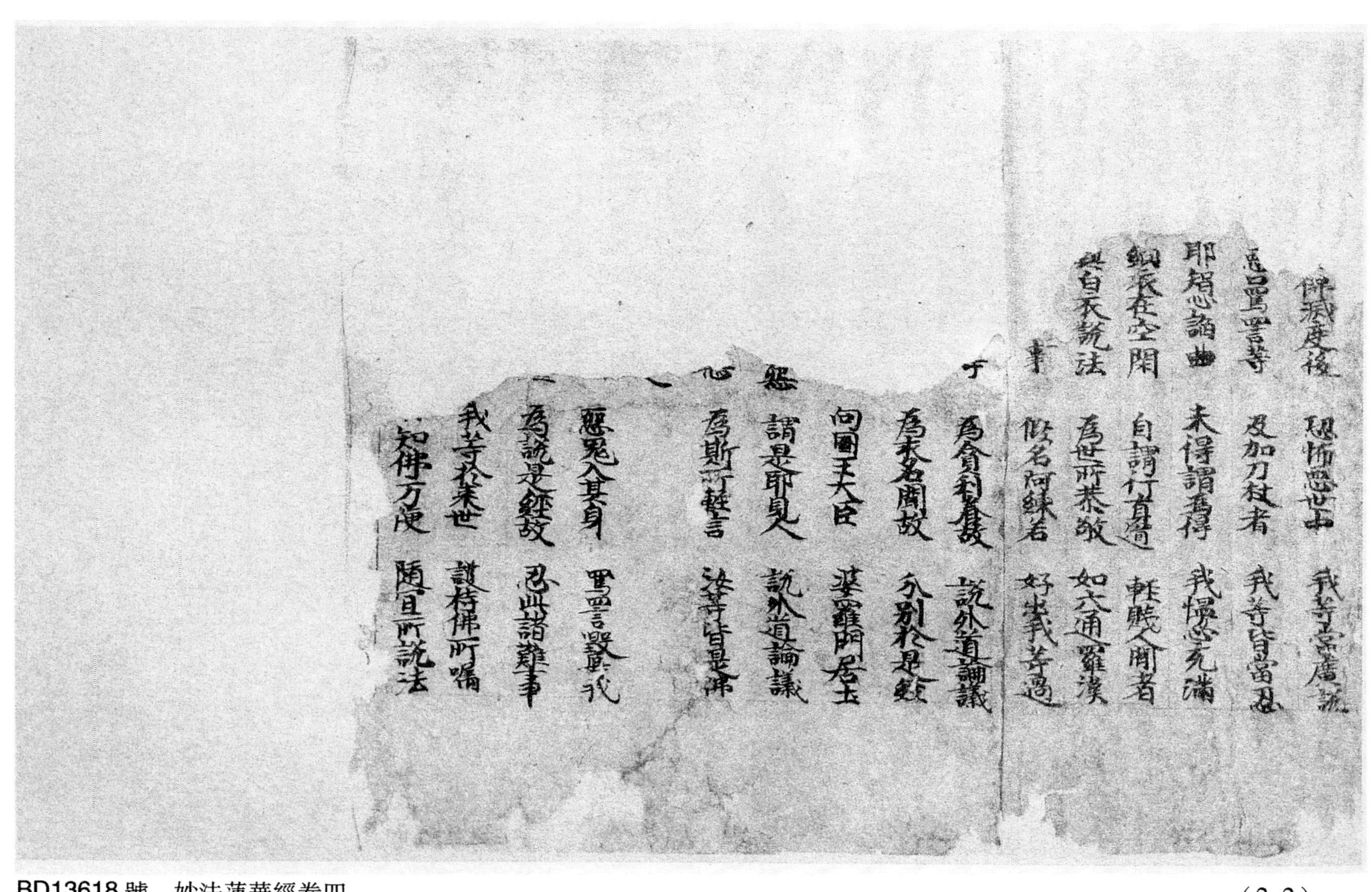
佛滅度後　恐怖惡世中　我等當廣說
惡口罵詈等　及加刀杖者　我等皆當忍
邪智心諂曲　未得謂為得　我慢心充滿
納衣在空閑　自謂行真道　輕賤人間者
與白衣說法　為世所恭敬　如六通羅漢
假名阿練若　好出我等過
為貪利養故　說外道論議
為求名聞故　分別於是經
向國王大臣　婆羅門居士
謂是邪見人　說外道論議
為斯所輕言　汝等皆是佛
惡鬼入其身　罵詈毀辱我
為說是經故　忍此諸難事
我等於來世　護持佛所囑
知佛方便　隨宜所說法

BD13618號　妙法蓮華經卷四　（2–2）

BD13619 號　大般涅槃經（北本）卷三　（2-1）

BD13619 號　大般涅槃經（北本）卷三　（2-2）

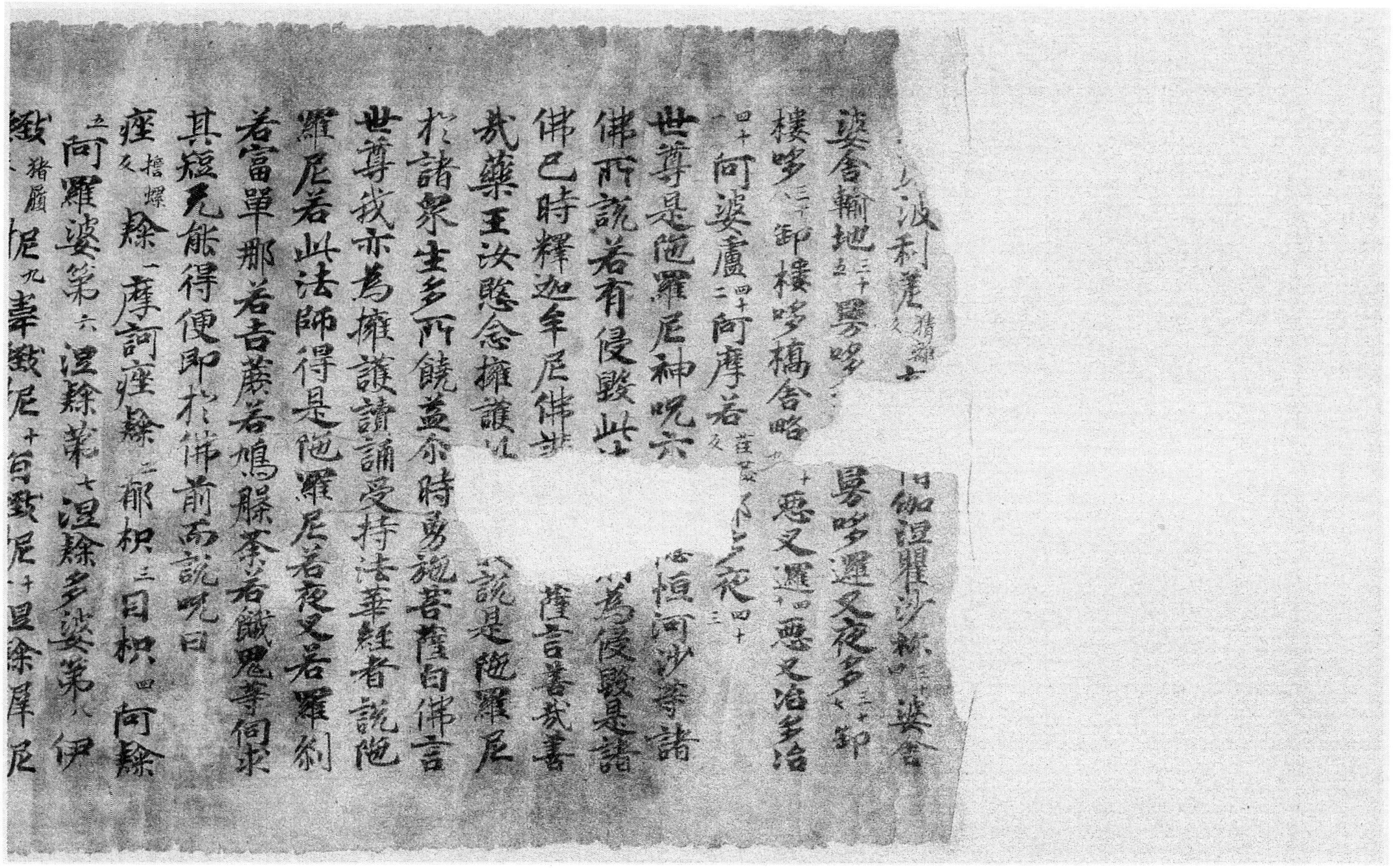

□波利履猪履反十[illegible]伽涅瞿沙禰二十婆舍
婆舍輸地五二十曼哆[illegible]曼哆邏叉夜多七二十郵
樓哆八二十郵樓哆憍舍略九二十[illegible]十惡叉邏一三十惡叉冶多冶
三十阿婆盧二三十阿摩若荏蔗反[illegible]夜三三十
世尊是陁羅尼神呪六[illegible]恒河沙等諸
佛所說若有侵毀此[illegible]為侵毀是諸
佛已時釋迦牟尼佛讃[illegible]薩言善哉善
哉藥王汝愍念擁護此[illegible]說是陁羅尼
於諸衆生多所饒益尒時勇施菩薩白佛言
世尊我亦為擁護讀誦受持法華經者說陁
羅尼若此法師得是陁羅尼若夜叉若羅剎
若富單那若吉蔗若鳩槃荼若餓鬼等伺求
其短无能得便即於佛前而說呪曰
痤挫螺反隸一摩訶痤隸二郁枳三目枳四阿隸
五阿羅婆第六涅隸第七涅隸多婆第八伊
緻猪履反柅九韋緻柅十旨緻柅一十涅隸犀尼

BD13620號　妙法蓮華經卷七　（2-1）

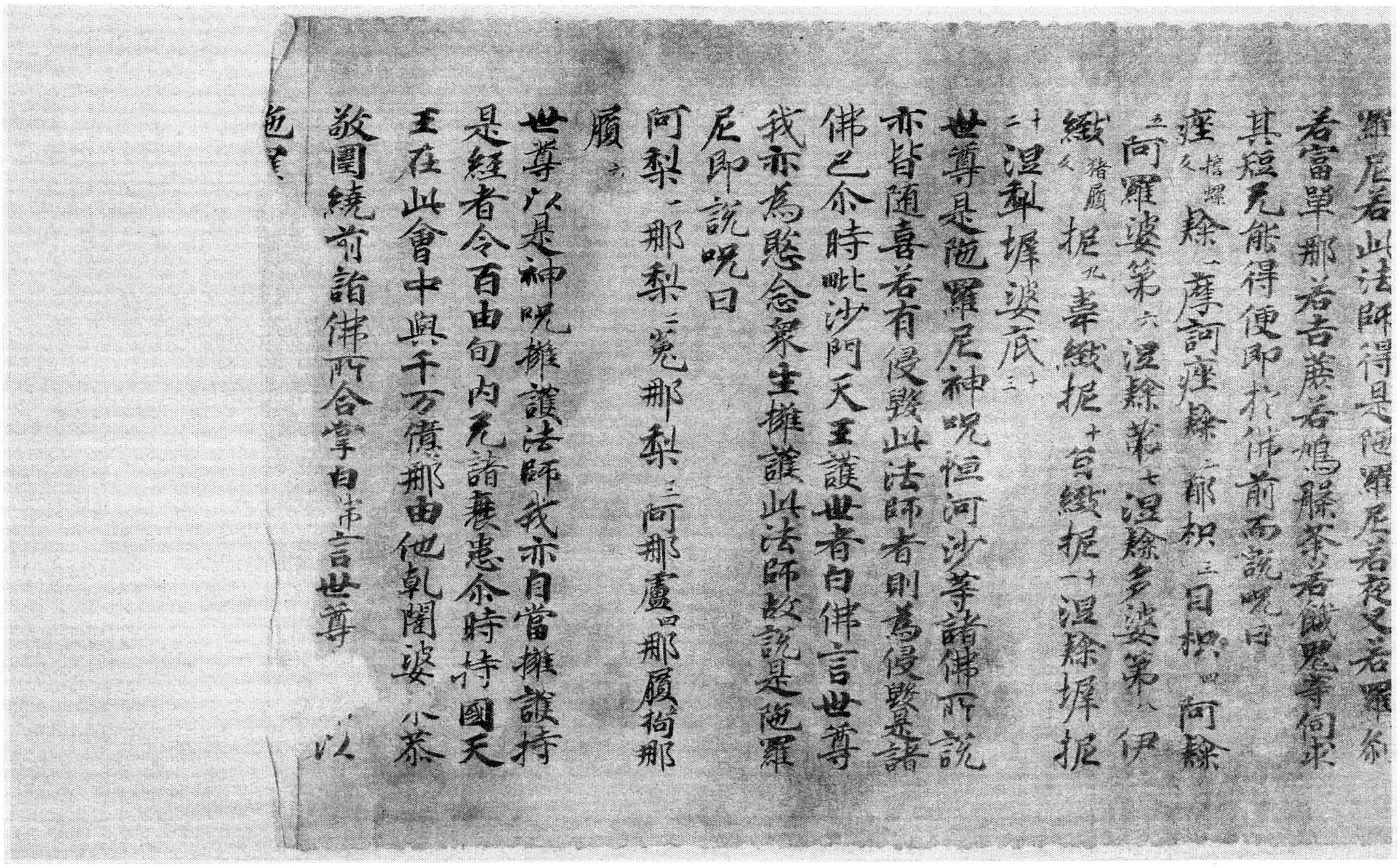

羅尼若此法師得是陁羅尼若夜叉若羅剎
若富單那若吉蔗若鳩槃荼若餓鬼等伺求
其短无能得便即於佛前而說呪曰
痤挫螺反隸一摩訶痤隸二郁枳三目枳四阿隸
五阿羅婆第六涅隸第七涅隸多婆第八伊
緻猪履反柅九韋緻柅十旨緻柅一十涅隸墀柅
二十涅犁墀婆底三十
世尊是陁羅尼神呪恒河沙等諸佛所說
亦皆隨喜若有侵毀此法師者則為侵毀是諸
佛已尒時毗沙門天王護世者白佛言世尊
我亦為愍念衆生擁護此法師故說是陁羅
尼即說呪曰
阿梨一那梨二㝹那梨三阿那盧四那履拘那
履五
世尊以是神呪擁護法師我亦自當擁護持
是經者令百由旬內无諸衰患尒時持國天
王在此會中與千万億那由他乹闥婆衆恭
敬圍繞前詣佛所合掌白佛言世尊　以
随[illegible]

BD13620號　妙法蓮華經卷七　（2-2）

心量不不也世尊
德亦復如是不
所教住須菩提
不也世尊不可
所說身相即
相皆是虛妄
生得聞如是言
提莫作是說如
福者於此章句
人不於一佛二佛
量千万佛所種諸
淨信者須菩提
何如是无量福德
相衆生相壽者
是諸衆生若心
若取法相即
取非法相即著
法不應取非法
丘知我說法如
耨多羅三藐三
須菩提言如我解
耨多羅三藐三菩
以故如來所說法
法所以者何一切
別
三千大千世界七

BD13621號　金剛般若波羅蜜經　（1–1）

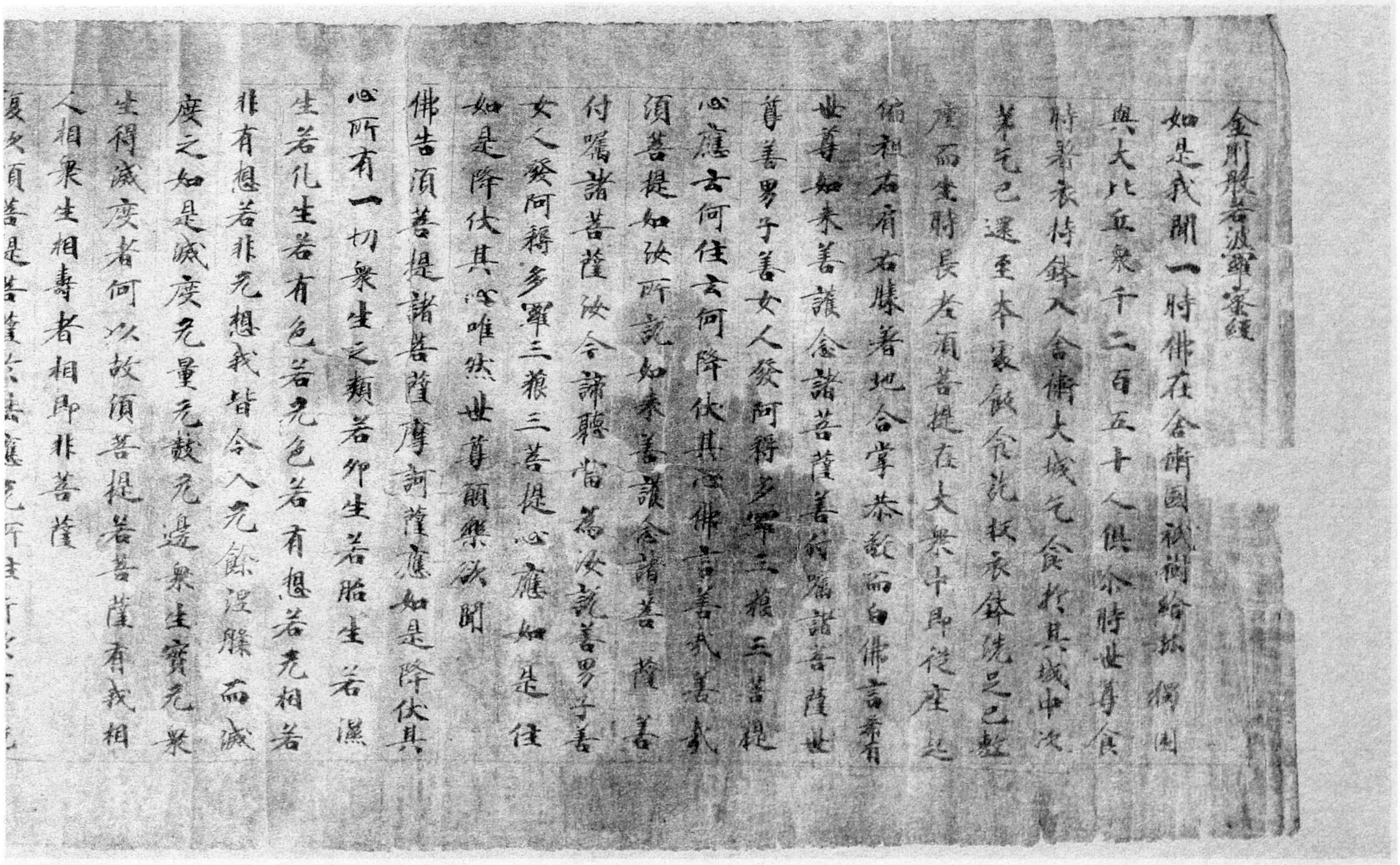

金剛般若波羅蜜經
如是我聞一時佛在舍衛國祇樹給孤獨園
與大比丘衆千二百五十人俱尒時世尊食
時著衣持鉢入舍衛大城乞食於其城中次
第乞已還至本處飯食訖收衣鉢洗足已敷
座而坐時長老須菩提在大衆中即從座起
偏袒右肩右膝著地合掌恭敬而白佛言希有
世尊如來善護念諸菩薩善付囑諸菩薩世
尊善男子善女人發阿耨多羅三藐三菩提
心應云何住云何降伏其心佛言善哉善哉
須菩提如汝所說如來善護念諸菩薩善
付囑諸菩薩汝今諦聽當爲汝說善男子善
女人發阿耨多羅三藐三菩提心應如是住
如是降伏其心唯然世尊願樂欲聞
佛告須菩提諸菩薩摩訶薩應如是降伏其
心所有一切衆生之類若卵生若胎生若濕
生若化生若有色若无色若有想若无想若
非有想非无想我皆令入无餘涅槃而滅
度之如是滅度无量无數无邊衆生實无衆
生得滅度者何以故須菩提若菩薩有我相
人相衆生相壽者相即非菩薩
復次須菩提菩薩於法應无所住行[illegible]

BD13622號　金剛般若波羅蜜經　（2–1）

度之如是滅度无量无數无邊衆生實无衆
生得滅度者何以故須菩提若菩薩有我相
人相衆生相壽者相即非菩薩
復次須菩提菩薩於法應无所住行於布施
所謂不住色布施不住聲香味觸法布施須
菩提菩薩應如是布施不住於相何以故若
菩薩不住相布施其福德不可思量須菩提
於意云何東方虛空可思量不不也世尊須
菩提南西北方四維上下虛空可思量不不
也世尊須菩提菩薩无住相布施福德亦復
如是不可思量須菩提菩薩但應如所教住
須菩提於意云何可以身相見如來不不也
世尊不可以身相得見如來何以故如來所
說身相即非身相佛告須菩提凡所有相皆
是虛妄若見諸相非相則見如來
須菩提白佛言世尊頗有衆生得聞如是言
說章句生實信不佛告須菩提莫作是說如
來滅後後五百歲有持戒脩福者於此章句
能生信心以此為實當知是人不於一佛二
佛三四五佛而種善根已於无量千万佛所
種諸善根聞是章句乃至一念生淨信者須
菩提如來悉知悉見是諸衆生得如是无量
福德何以故[illegible]

BD13622號　金剛般若波羅蜜經　(2–2)

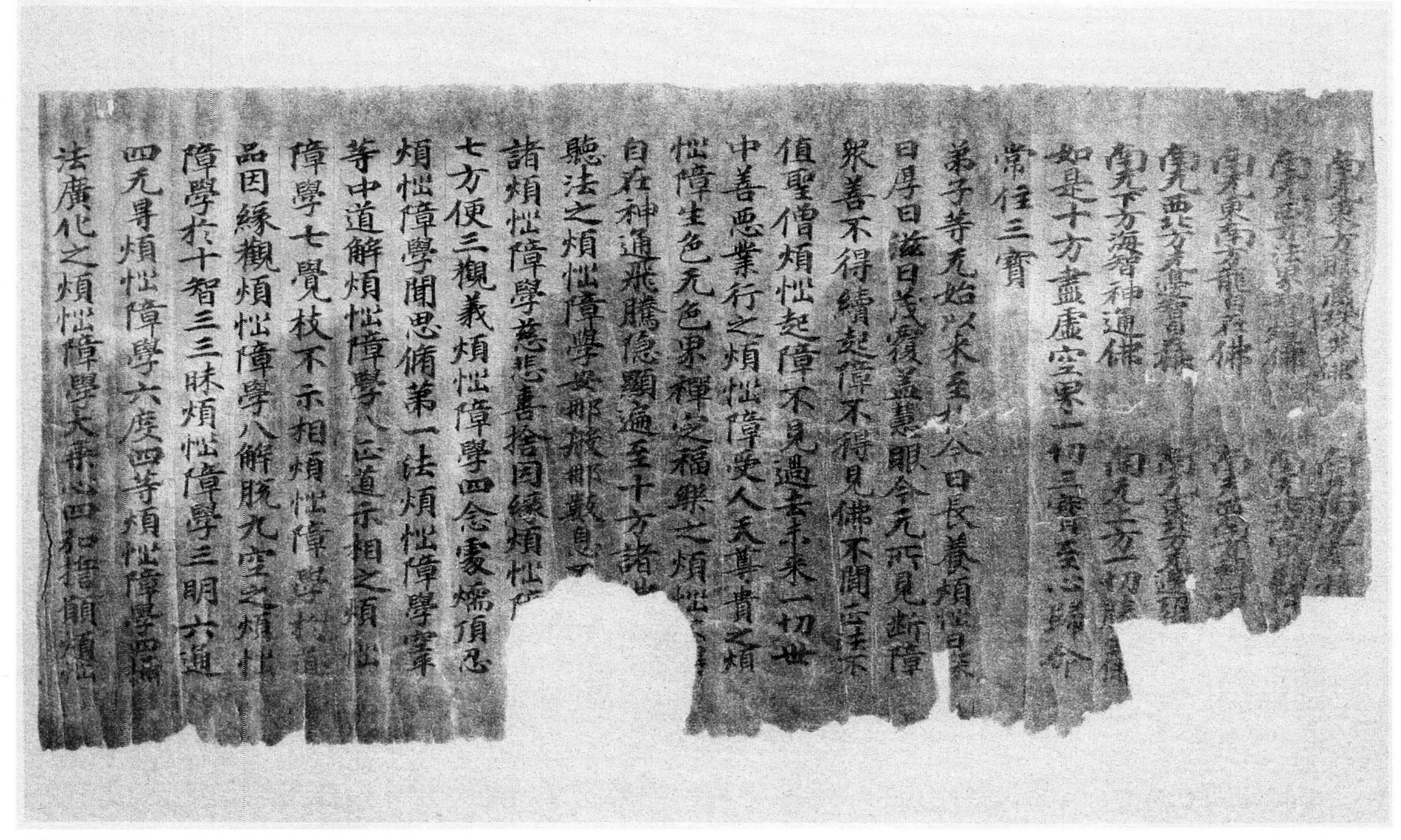
南无東方[illegible]
南无[illegible]
南无東南方龍自在佛[illegible]
南无西北方[illegible]菩薩　南无[illegible]
南无下方海智神通佛　南无上方一切[illegible]
如是十方盡虛空界一切三寶至心歸命
常住三寶
弟子等无始以來至于今日長養煩惱日[illegible]
日厚日滋日茂覆蓋慧眼令无所見斷障
衆善不得續起障不得見佛不聞正法不
值聖僧煩惱起障不見過去未來一切世
中善惡業行之煩惱障受人天尊貴之煩
惱障生色无色界禪定福樂之煩惱[illegible]
自在神通飛騰隱顯遍至十方諸[illegible]
聽法之煩惱障學安那般那數息[illegible]
諸煩惱障學慈悲喜捨因緣煩惱[illegible]
七方便三觀義煩惱障學四念處煖頂忍
煩惱障學聞思脩第一法煩惱障學[illegible]
等中道解煩惱障學八正道示相之煩惱
障學七覺枝不示相煩惱障學[illegible]
品因緣觀煩惱障學八解脫九空之煩惱
障學於十智三三昧煩惱障學三明六通
四无畏煩惱障學六度四等煩惱障學四攝
法廣化之煩惱障學大乘心四弘誓願煩惱

BD13623號　佛名經(十六卷本)卷一五　(1–1)

欲悉了達
一切十方
悉欲分別知佛數　菩薩因此初發心
不可思議諸佛剎　皆碎為末如微塵
悉欲分別知其數　菩薩因此初發心
過去未來无量劫　一切世界成敗相
悉欲覺竟達其際　菩薩因此初發心
三世一切等正覺　諸辟支佛及聲聞
悉欲分別三乘道　菩薩因此初發心
无量无邊諸世界　能以一毛悉稱舉
欲知有无真實相　菩薩因此初發心
金剛圍山數无量　盡能安置一毛端
欲知至大有小相　菩薩因此初發心
十方一切諸世界　能以一音遍充滿
悉欲解了淨妙聲　菩薩因此初發心
一切衆生語言法　一言演說悉无餘
悉欲解了淨密音　菩薩因此初發心
如來清淨微妙音　充滿十
欲得具足舌根相　菩薩因
一切十方諸世界　有成壞者時悉現
欲得解了悉虛妄　菩薩因此初發心
一切十方諸佛剎　其中无量諸如來
悉能了達佛正法　菩薩因此初發心
普能應現无量身　一切世界微塵等
悉欲……　菩薩因此初發心

BD13624 號　大方廣佛華嚴經（晉譯六十卷本）卷八　（2–1）

悉欲分別三乘道　菩……
无量无邊諸世界　能以一毛悉稱舉
欲知有无真實相　菩薩因此初發心
金剛圍山數无量　盡能安置一毛端
欲知至大有小相　菩薩因此初發心
十方一切諸世界　能以一音遍充滿
悉欲解了淨妙聲　菩薩因此初發心
一切衆生語言法　一言演說悉无餘
悉欲解了淨密音　菩薩因此初發心
如來清淨微妙音　充滿十
欲得具足舌根相　菩薩因
一切十方諸世界　有成壞者時悉現
欲得解了悉虛妄　菩薩因此初發心
一切十方諸佛剎　其中无量諸如來
悉能了達佛正法　菩薩因此初發心
普能應現无量身　一切世界微塵等
悉欲了達如幻化　菩薩因此初發心
過去未來現在世　无量无邊諸如來
欲於一念悉了知　菩薩因此初發心
欲具演說一句法　阿僧祇劫无窮盡
欲使辯才不斷絕　菩薩因此初發心
十方一切諸群生　隨其還變生滅相
欲於一念悉了達　菩薩因此初發心
……行　遊步十方无鄣㝵
……薩因此初發心
……不

BD13624 號　大方廣佛華嚴經（晉譯六十卷本）卷八　（2–2）

BD13625號　金剛般若波羅蜜經　（2–1）

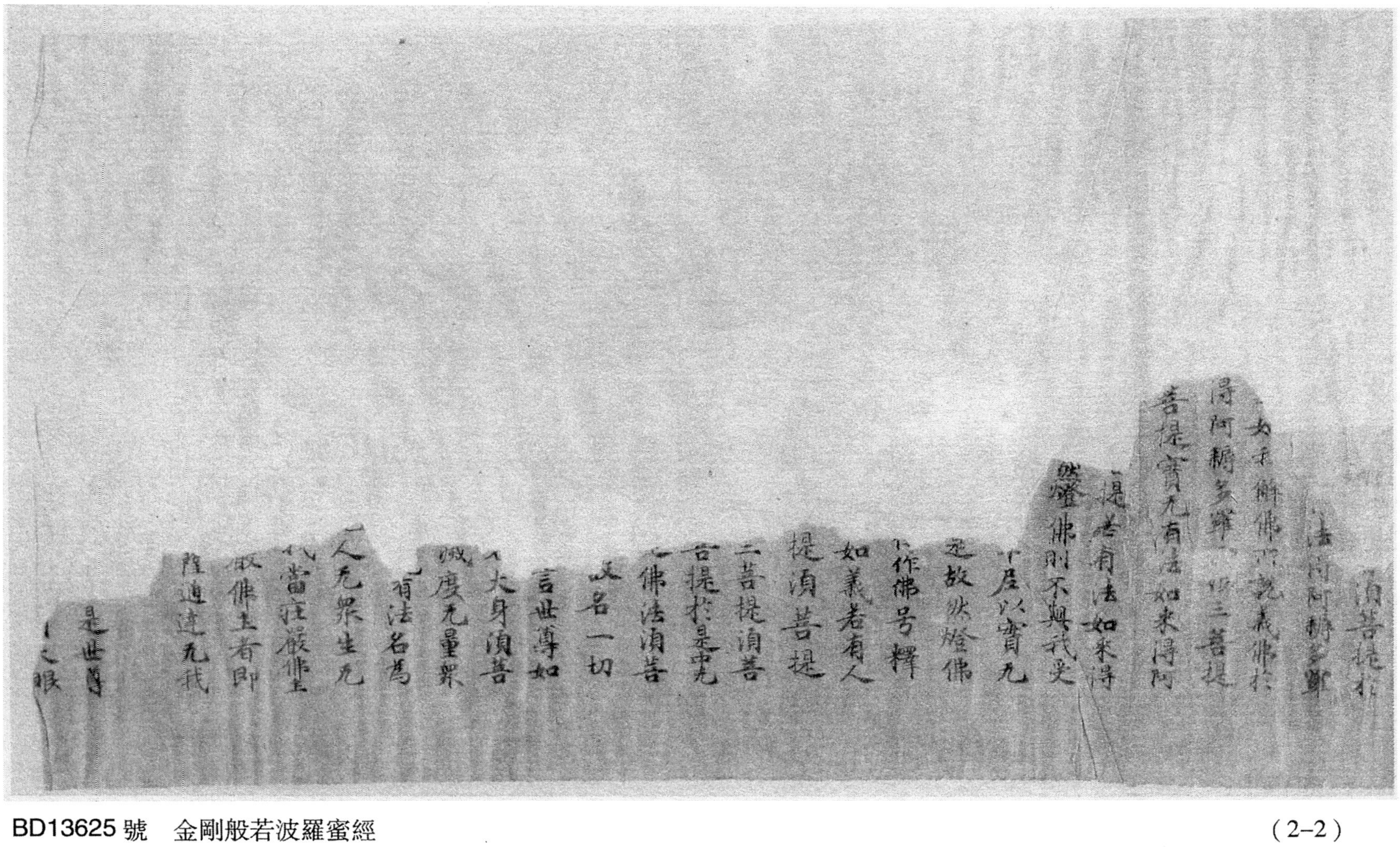

BD13625號　金剛般若波羅蜜經　（2–2）

三昧
迦牟尼
男子來文殊師
經諸國六種震
使紅合百千万月
諸相具足如那羅
來詣此娑婆世
奉上瓔珞而白
調和不世事可
邪見不善心
聽法不又問訊多寶
我令見尒時釋迦
哉善哉汝能為
德菩薩白佛言世
去有佛名雲雷
菩薩於万二千
果報今生淨
薩伎樂供養奉
曾供養親近无量
音菩薩其身在此
帝釋身或現自在
轉輪聖王身或現
或現比丘比丘尼優婆
門婦女身或現
人非人等身而說
女身而說是經華
種變化現身在此娑
薩以若干智慧明
應以聲聞形得度
為說法應以菩薩形

BD13626號　妙法蓮華經卷七　（3–1）

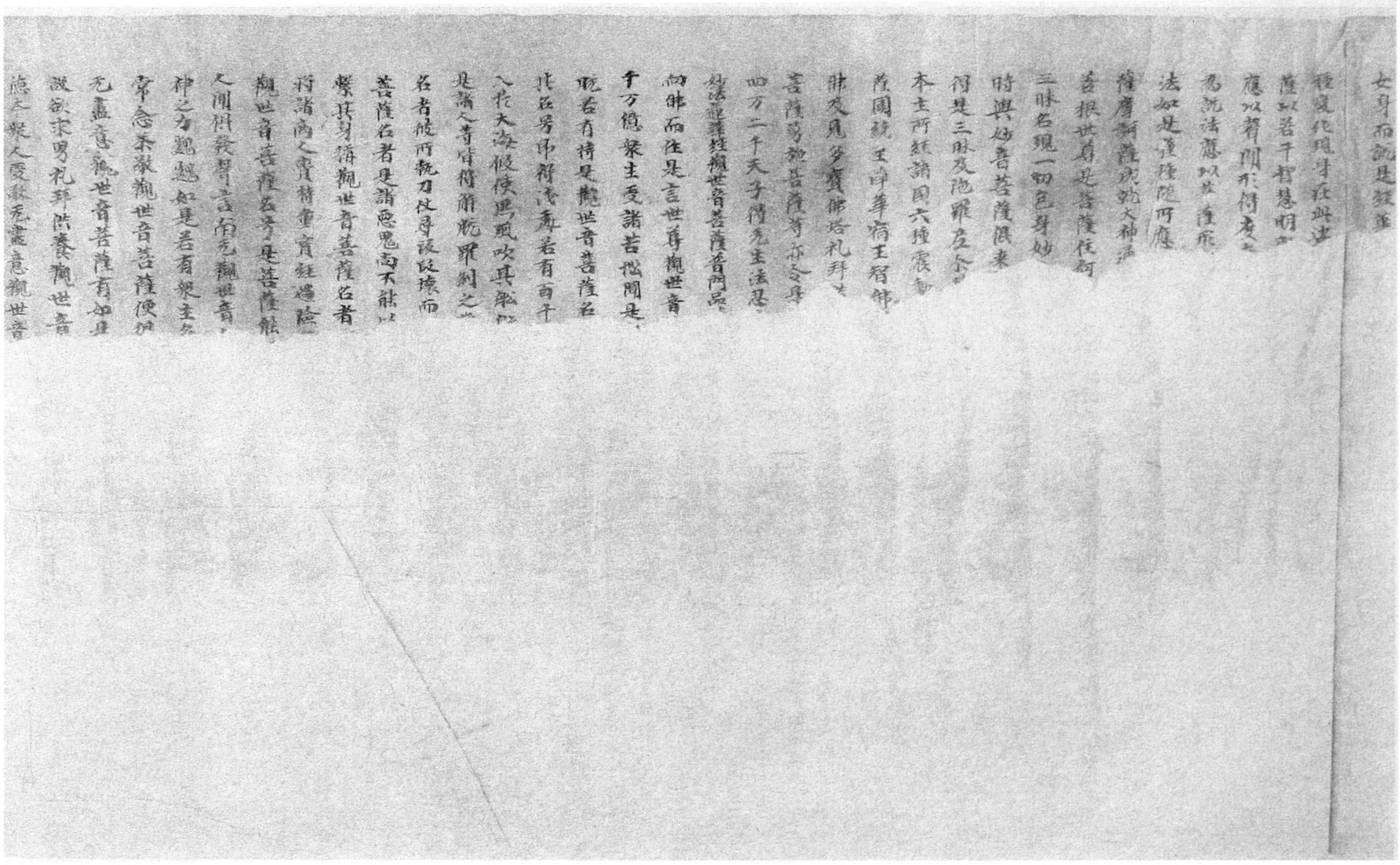

女身而說是經華
種變化現身在此娑
薩以若干智慧明
應以聲聞形得度
為說法應以菩薩形
法如是種種隨所應
薩摩訶薩成就大神力
善根世尊是菩薩住何
三昧名現一切色身妙
時與妙音菩薩俱來
得是三昧及陀羅尼尒
本土所經諸國六種震動
薩圍繞至淨華宿王智佛
佛及見多寶佛塔禮拜
菩薩勇施菩薩等亦令是
四万二千天子得无生法忍
妙法蓮華經觀世音菩薩普門品
向佛而作是言世尊觀世音
千万億眾生受諸苦惱聞是
脫若有持是觀世音菩薩名
其名號即得淺處若有百千
入於大海假使黑風吹其船舫
是諸人等皆得解脫羅剎之難
名者彼所執刀杖尋段段壞而
菩薩名者是諸惡鬼尚不能以
繫其身稱觀世音菩薩名者
將諸商人齎持重寶經過險
觀世音菩薩名號是菩薩能
人聞俱發聲言南无觀世音
神之力巍巍如是若有眾生多
常念恭敬觀世音菩薩便得
无盡意觀世音菩薩有如是
設欲求男禮拜供養觀世音
德之眾人愛敬无盡意觀世音

BD13626號　妙法蓮華經卷七　（3–2）

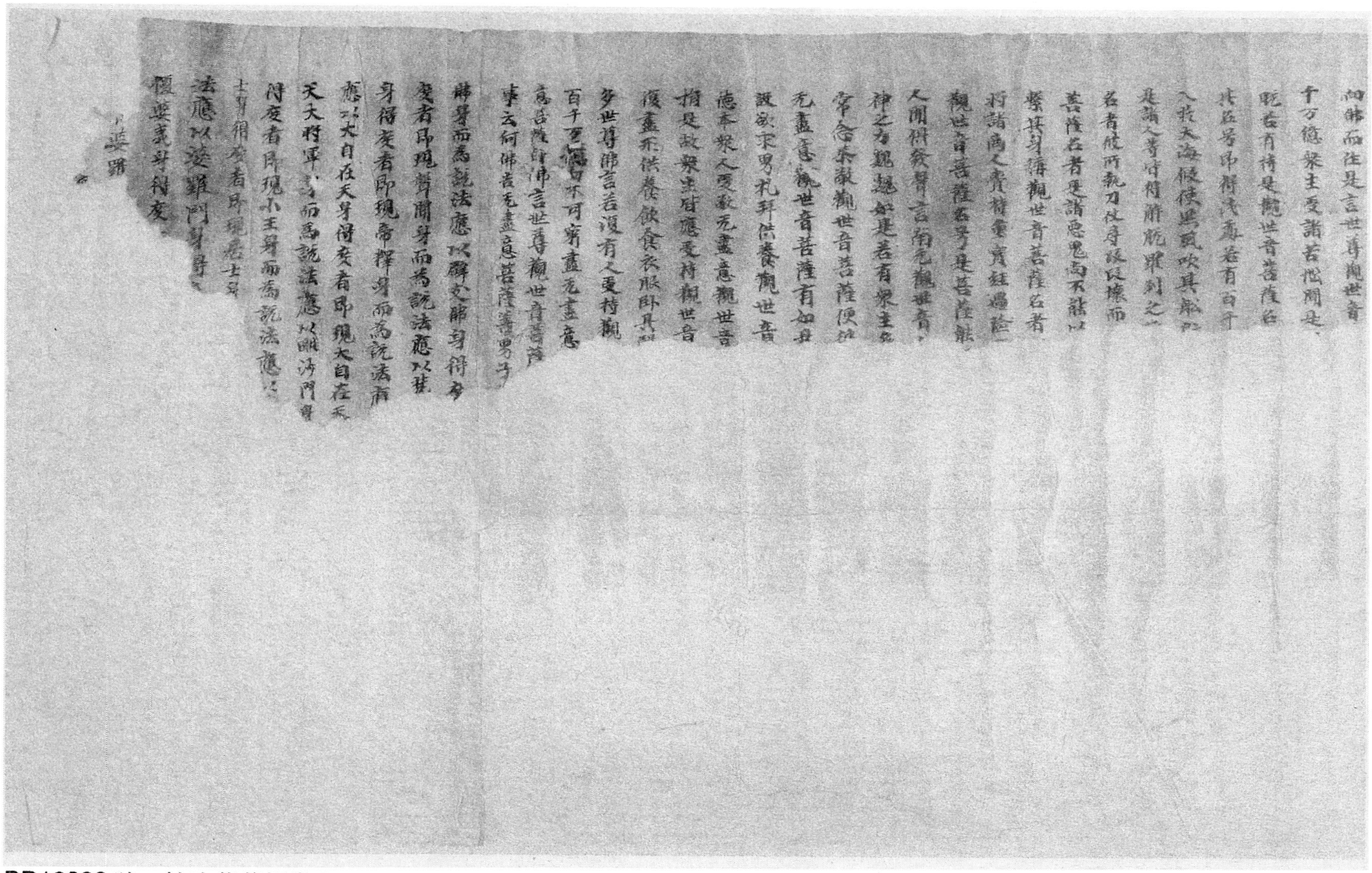

BD13626 號　妙法蓮華經卷七　　（3–3）

BD13627 號　金光明最勝王經卷九　　（2–1）

BD13627號　金光明最勝王經卷九　（2–2）

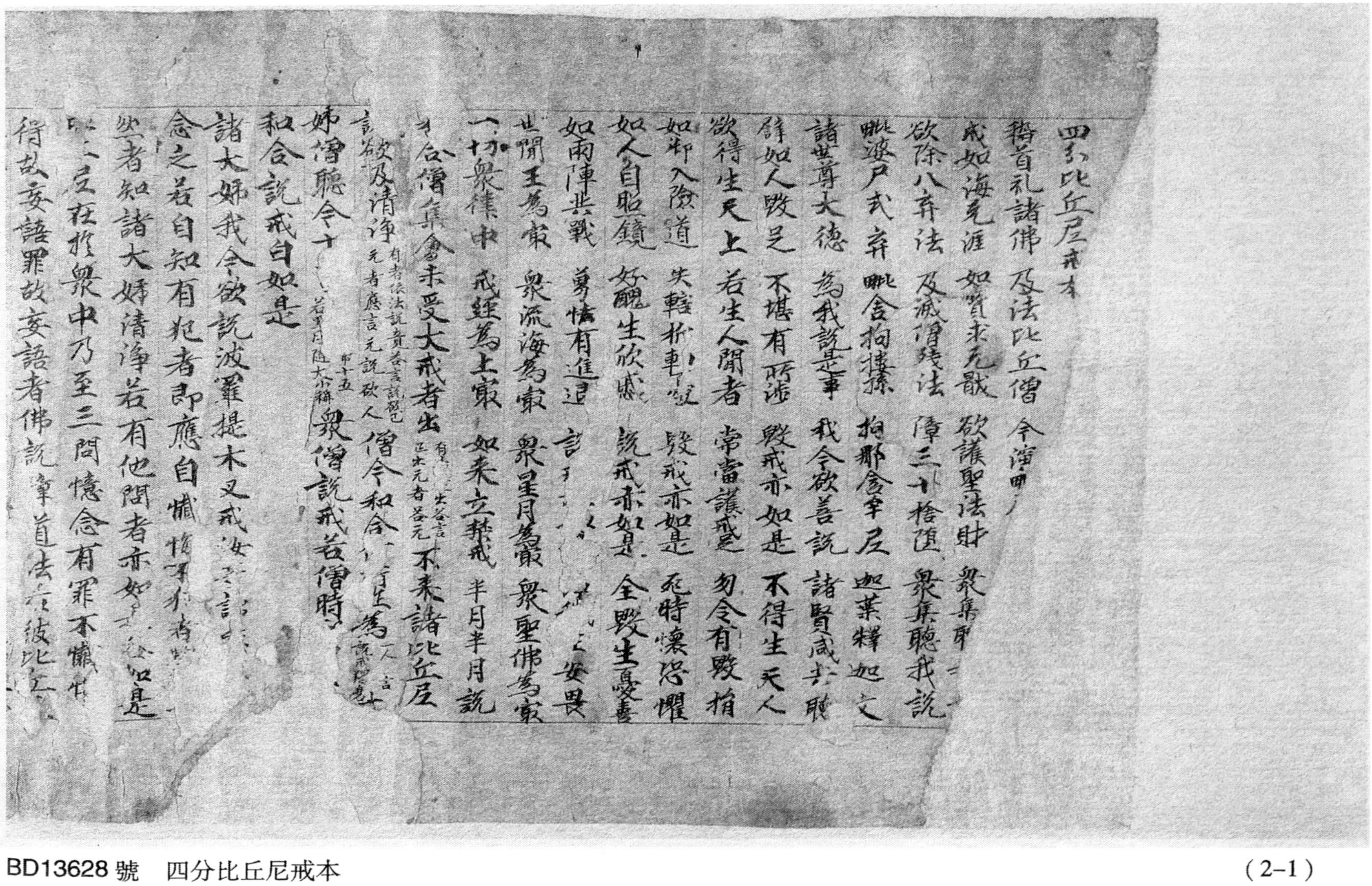

BD13628號　四分比丘尼戒本　（2–1）

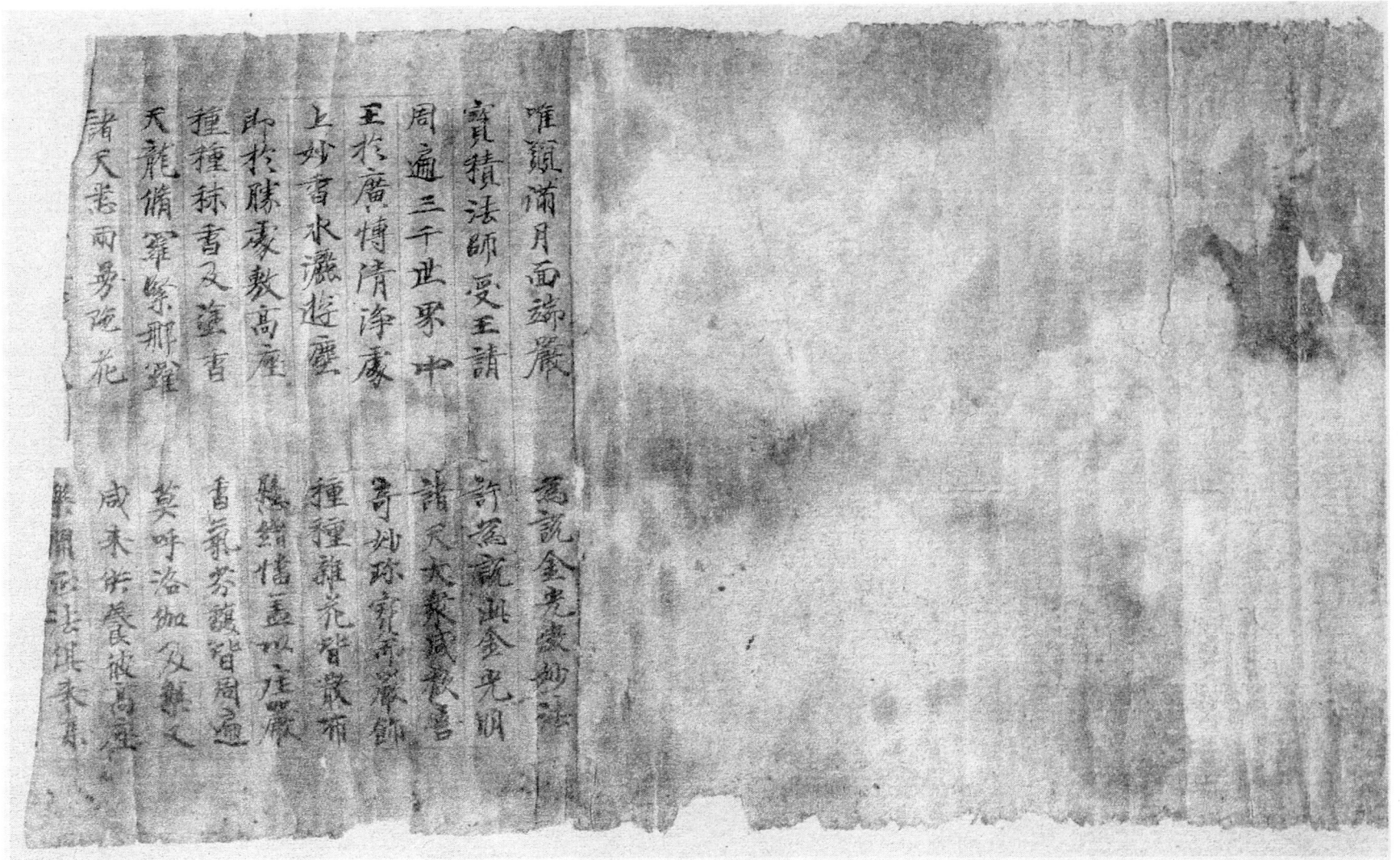

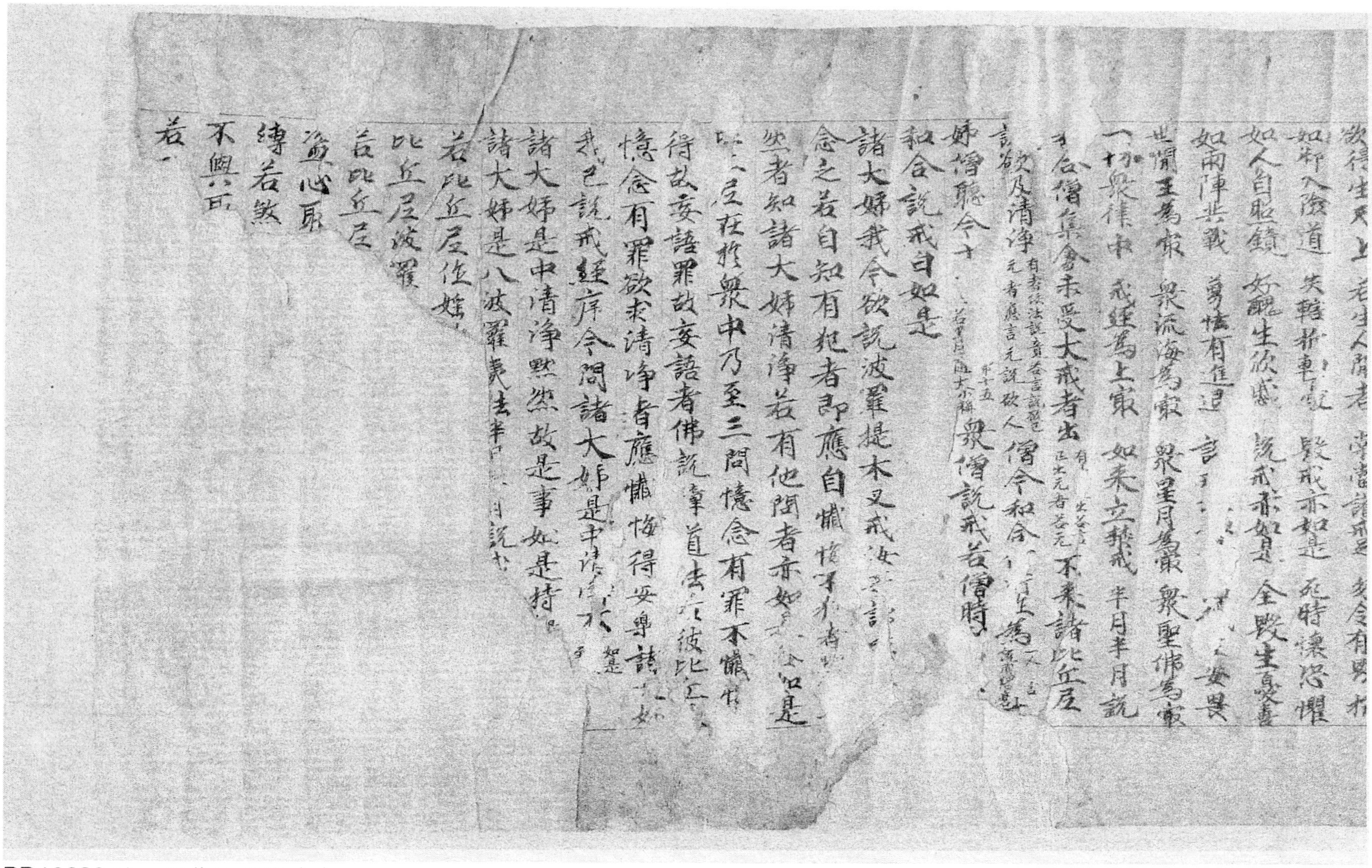
欲得生天上　若生人間者　常當護戒足　勿令有毀犯
如御入險道　失轄折車軸　毀戒亦如是　死時懷恐懼
如人自照鏡　好醜生欣慼　說戒亦如是　全毀生憂喜
如兩陣共戰　勇怯有進退　說戒亦如是　淨穢生安畏
世間王為最　眾流海為最　眾星月為最　眾聖佛為最
一切眾律中　戒經為上最　如來立禁戒　半月半月說
大姊僧集會未受大戒者出　不來諸比丘尼說欲及清淨　僧今和合何所為作
大姊僧聽　今十五日眾僧說戒　若僧時到僧忍聽和合說戒白如是
諸大姊我今欲說波羅提木叉戒　汝等諦聽善思念之　若自知有犯者即應自懺悔　不犯者默然　默然者知諸大姊清淨　若有他問者亦如是答　如是比丘尼在於眾中乃至三問　憶念有罪不懺悔者得故妄語罪　故妄語者佛說障道法　彼比丘尼憶念有罪欲求清淨者應懺悔　懺悔得安樂
諸大姊我已說戒經序　今問諸大姊是中清淨不　諸大姊是中清淨默然故　是事如是持
諸大姊是八波羅夷法半月半月說
若比丘尼作婬
比丘尼波羅
若比丘尼
盜心取
縛若殺
不與取
若

BD13628號　四分比丘尼戒本　（2–2）

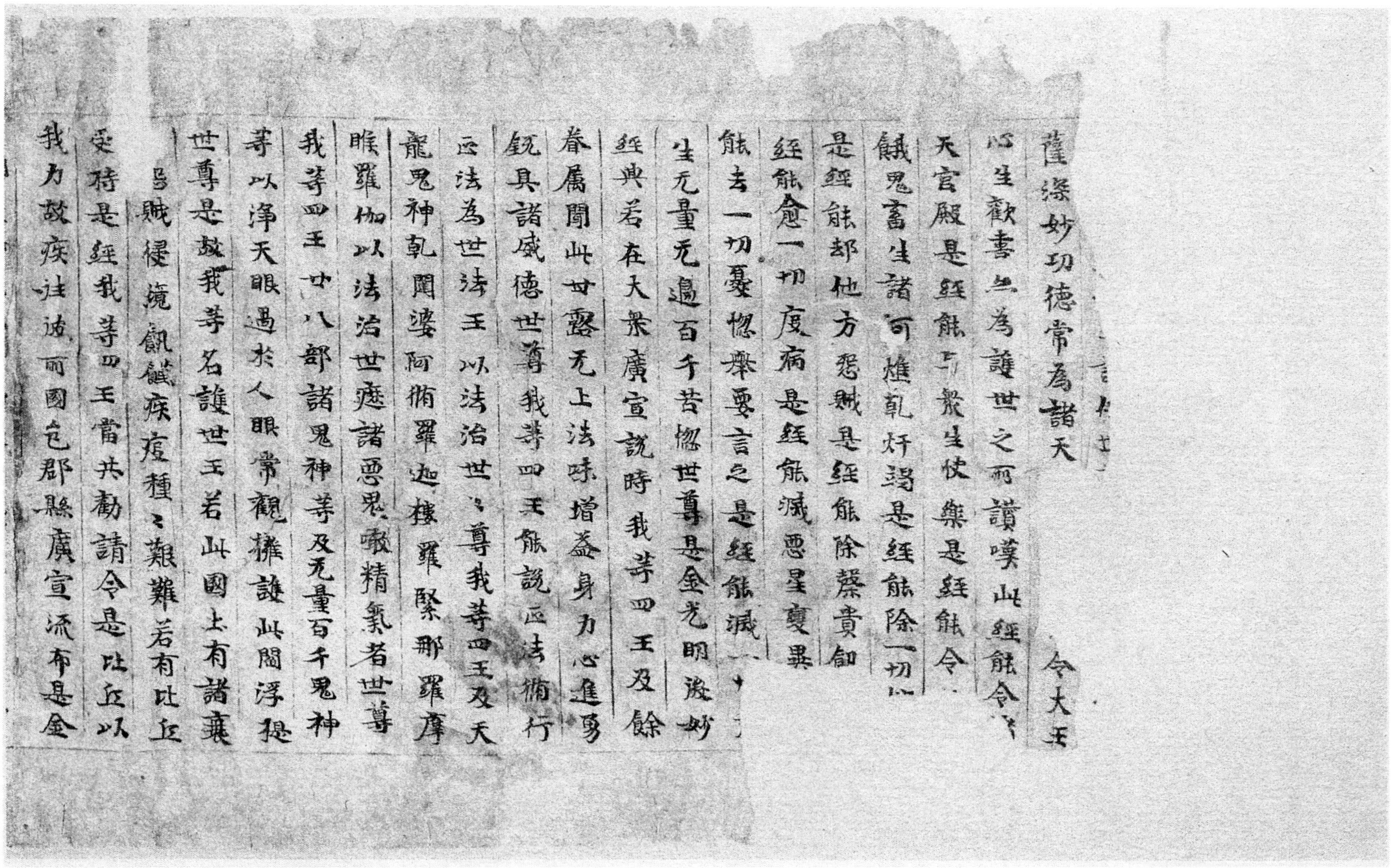
薩婆妙功德常為諸天　令大王
心生歡喜亦為護世之所讚歎此經能令
天宮殿是經能與眾生快樂是經能令
餓鬼畜生諸河焦乾枯竭是經能除一切
是經能却他方怨賊是經能除穀貴飢
經能愈一切疾病是經能滅惡星變異
能去一切憂惱舉要言之是經能滅
生無量無邊百千苦惱世尊是金光明微妙
經典若在大眾廣宣說時我等四王及餘
眷屬聞此甘露無上法味增益身力心進勇
銳具諸威德世尊我等四王能說正法脩行
正法為世法王以法治世世尊我等四王及天
龍鬼神乾闥婆阿脩羅迦樓羅緊那羅摩
睺羅伽以法治世遮諸惡鬼噉精氣者世尊
我等四王廿八部諸鬼神等及無量百千鬼神
等以淨天眼過於人眼常觀擁護此閻浮提
世尊是故我等名護世王若此國土有諸衰
耗賊侵境飢饉疾疫種種艱難若有比丘
受持是經我等四王當共勸請令是比丘以
我力故疾往彼所國邑郡縣廣宣流布是金

BD13629號　金光明經卷二　（2–1）

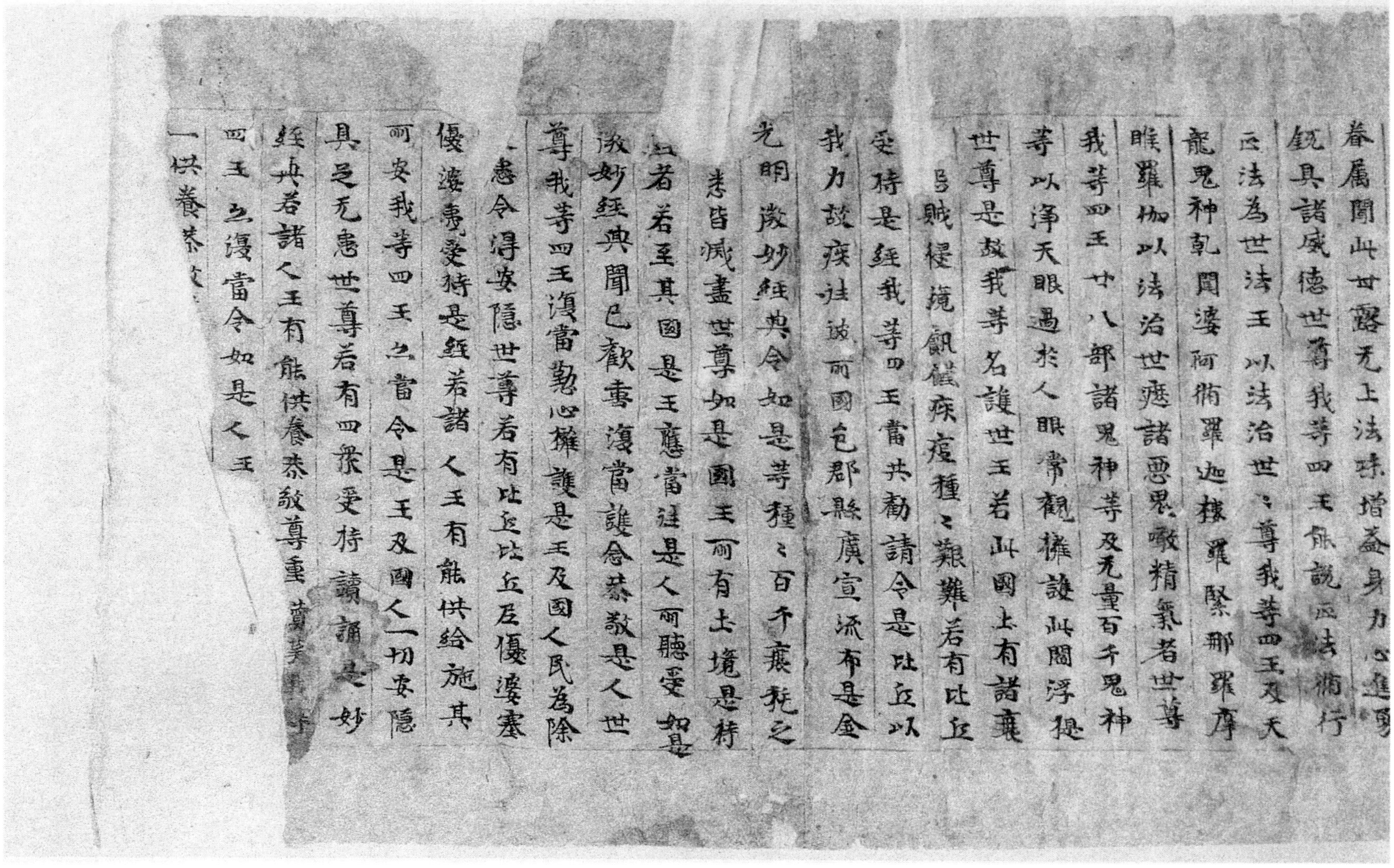

眷屬聞此甘露无上法味增益身力心進勇
銳具諸威德世尊我等四王能說正法修行
正法為世法王以法治世世尊我等四王及天
龍鬼神乾闥婆阿脩羅迦樓羅緊那羅摩
睺羅伽以法治世遮諸惡鬼噉精氣者世尊
我等四王廿八部諸鬼神等及无量百千鬼神
等以淨天眼過於人眼常觀擁護此閻浮提
世尊是故我等名護世王若此國土有諸衰
怨賊侵掠飢饉疾疫種種艱難若有比丘
受持是經我等四王當共勸請令是比丘以
我力故疾往彼所國邑郡縣廣宣流布是金
光明微妙經典令如是等種種百千衰耗之
患皆滅盡世尊如是國王所有土境是持
法者若至其國是王應當往是人所聽受如是
微妙經典聞已歡喜復當護念恭敬是人世
尊我等四王復當勤心擁護是王及國人民為除
患令得安隱世尊若有比丘比丘尼優婆塞
優婆夷受持是經若諸人王有能供給施其
所安我等四王亦當令是王及國人一切安隱
具足无患世尊若有四眾受持讀誦是妙
經典若諸人王有能供養恭敬尊重讚歎
四王亦復當令如是人王
一供養恭敬

BD13629號　金光明經卷二　（2–2）

不可
則為荷
故須菩
壽者
須菩
脩羅
恭敬
此經
道以今
得阿耨
无量阿
億那
若復有
功德於
億分
善男子
[illegible]
疑不
亦不
何
降伏其

BD13630號　金剛般若波羅蜜經　（3–1）

BD13630 號　金剛般若波羅蜜經　（3–2）

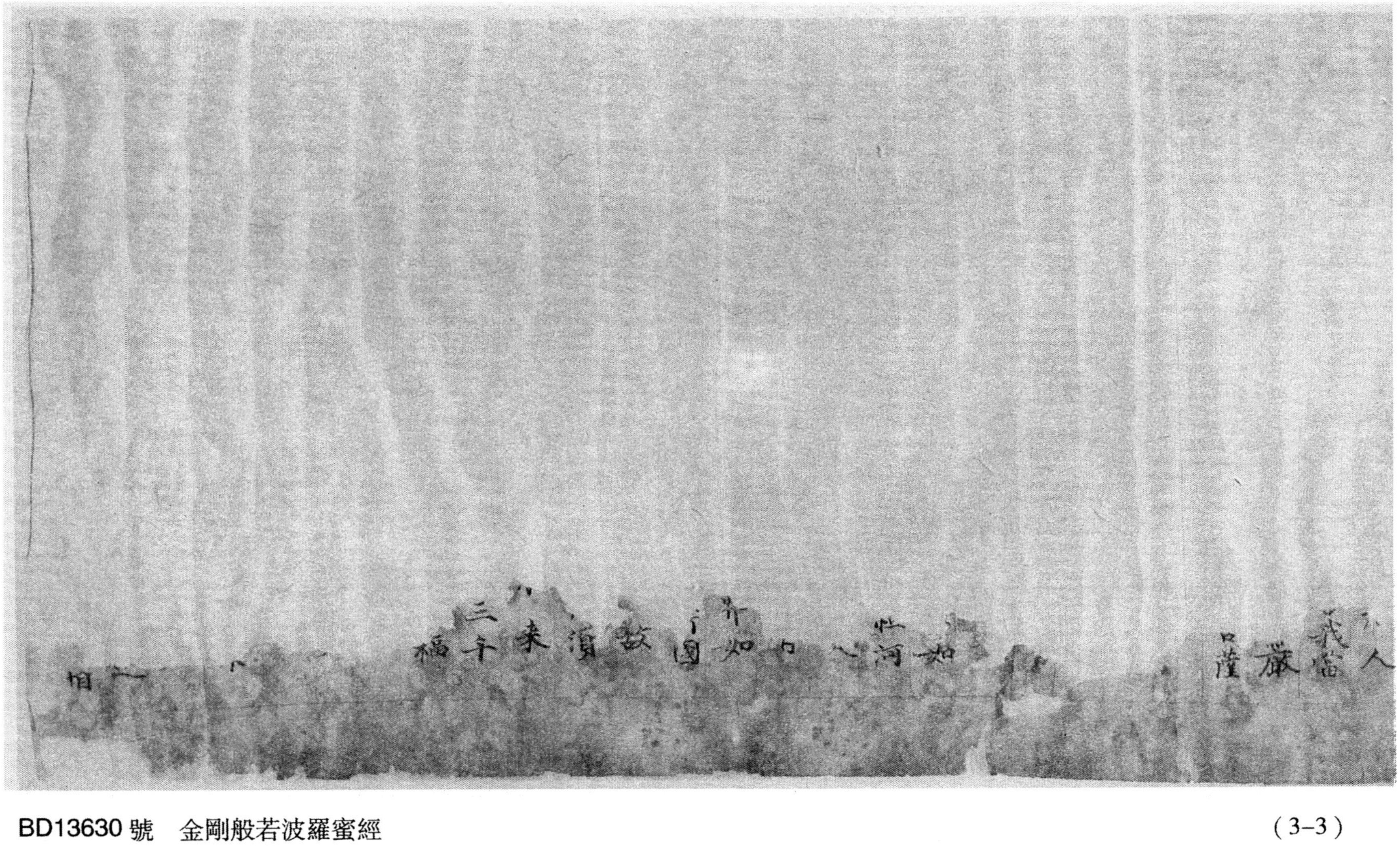

BD13630 號　金剛般若波羅蜜經　（3–3）

BD13631號　般若波羅蜜多心經疏（智詵疏）

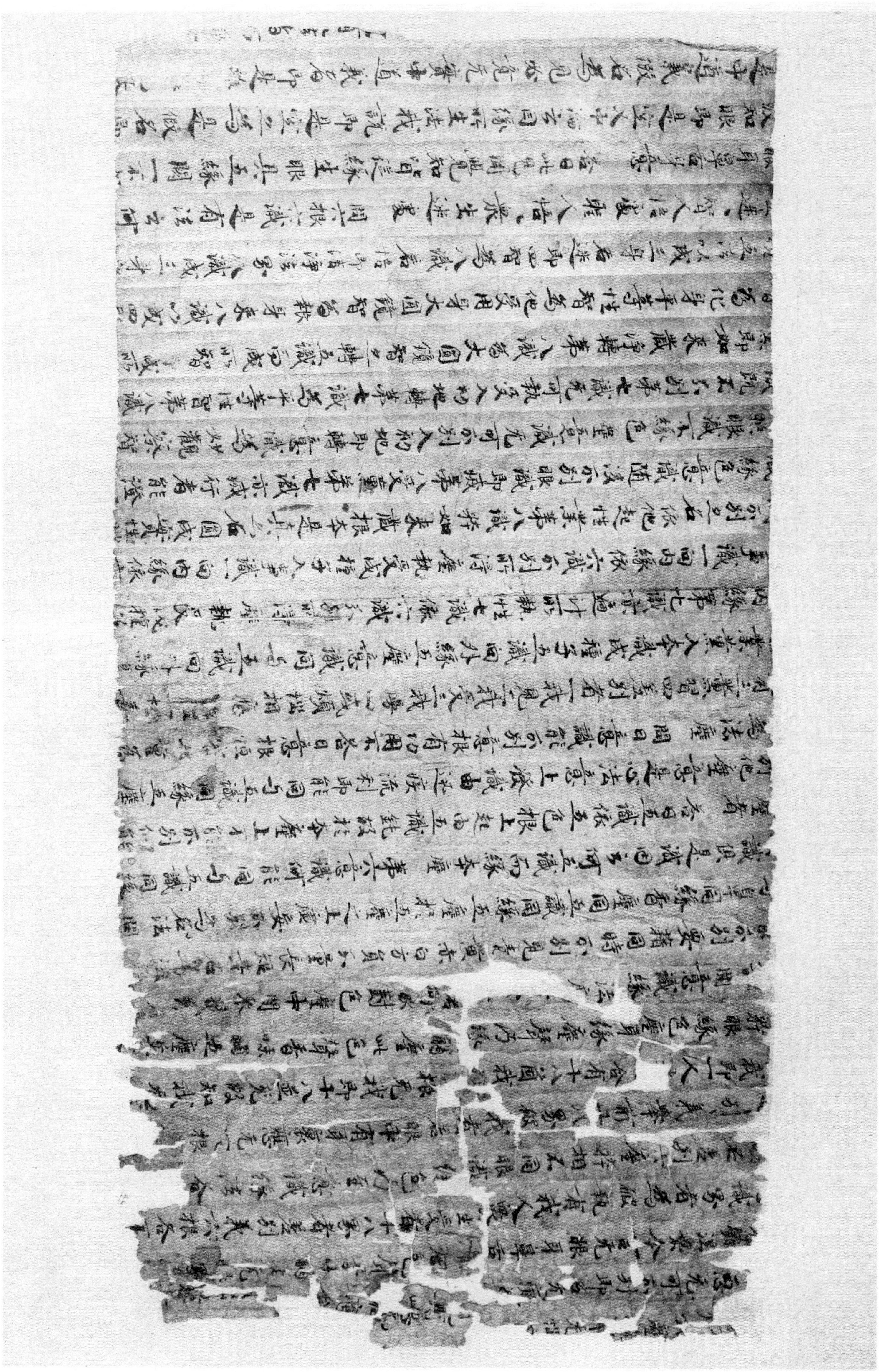

（1–1）

BD13632號　經袟（擬）　　(1–1)

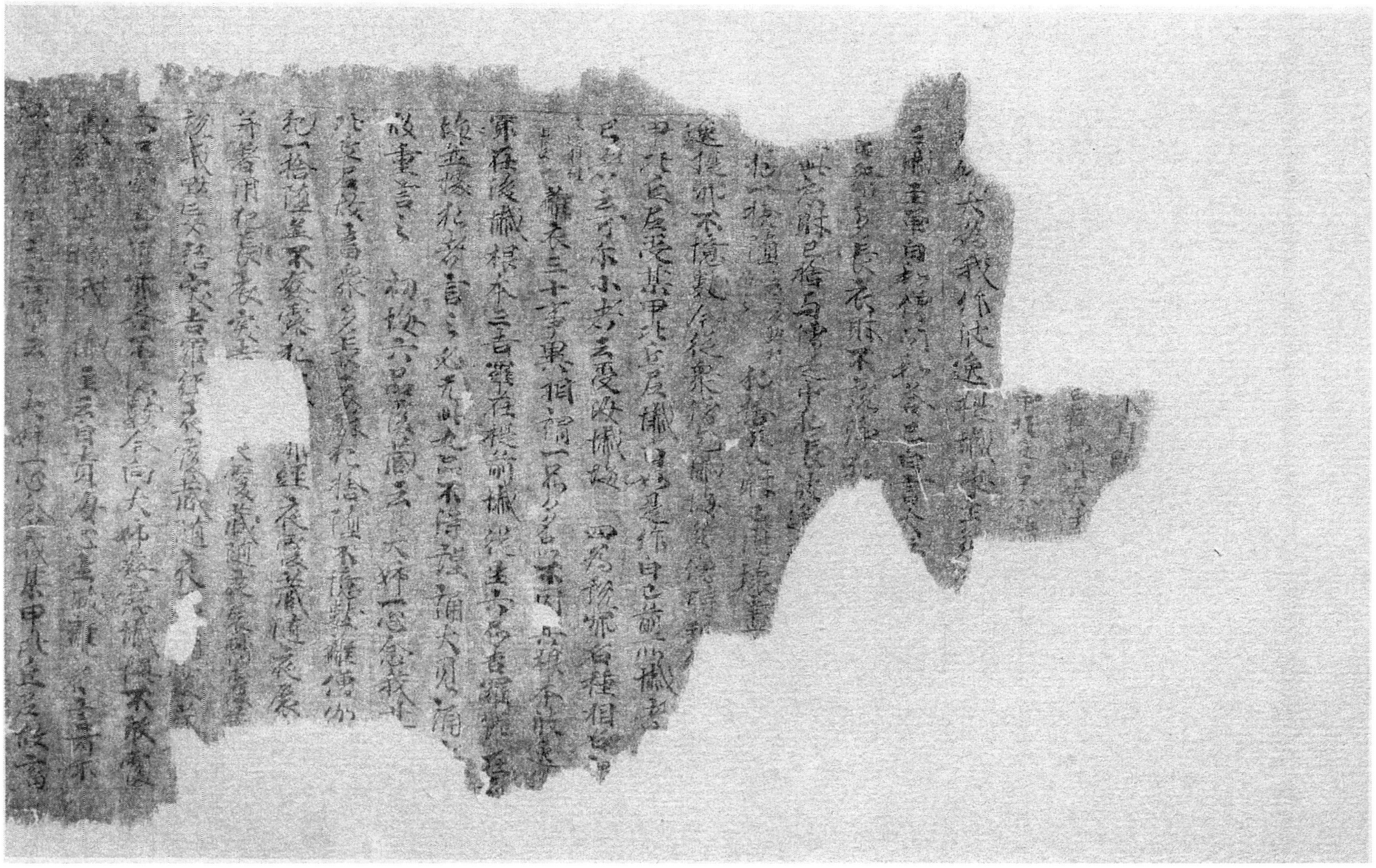

BD13633號　四分比丘尼羯磨文（擬）　　(3–1)

BD13633號　四分比丘尼羯磨文（擬）　（3–2）

BD13633號　四分比丘尼羯磨文（擬）　（3–3）

何須菩
羅蜜須菩
所說不須菩提白佛
所說須菩提於意云何三千大
千世界所有微塵是為多不須菩提言甚多
世尊須菩提諸微塵如來說非微塵是名微
塵如來說世界非世界是名世界須菩提於意
見如來不不也世尊不可
如來何以故如來說
是非相是名三十二相須菩提
若有善男子善女人以恒河沙等身命布
施若復有人於此經中乃至受持四句偈等
為他人
是經深解義趣涕淚悲泣
有世尊佛說如是甚深經典我
從昔來所得慧眼未曾得聞如是之經世尊
若復有人得聞是經信心清淨則生實相當
知是人成就第一希有功德世尊是實相者
來說名實相世尊我今

BD13634 號　金剛般若波羅蜜經　（2–1）

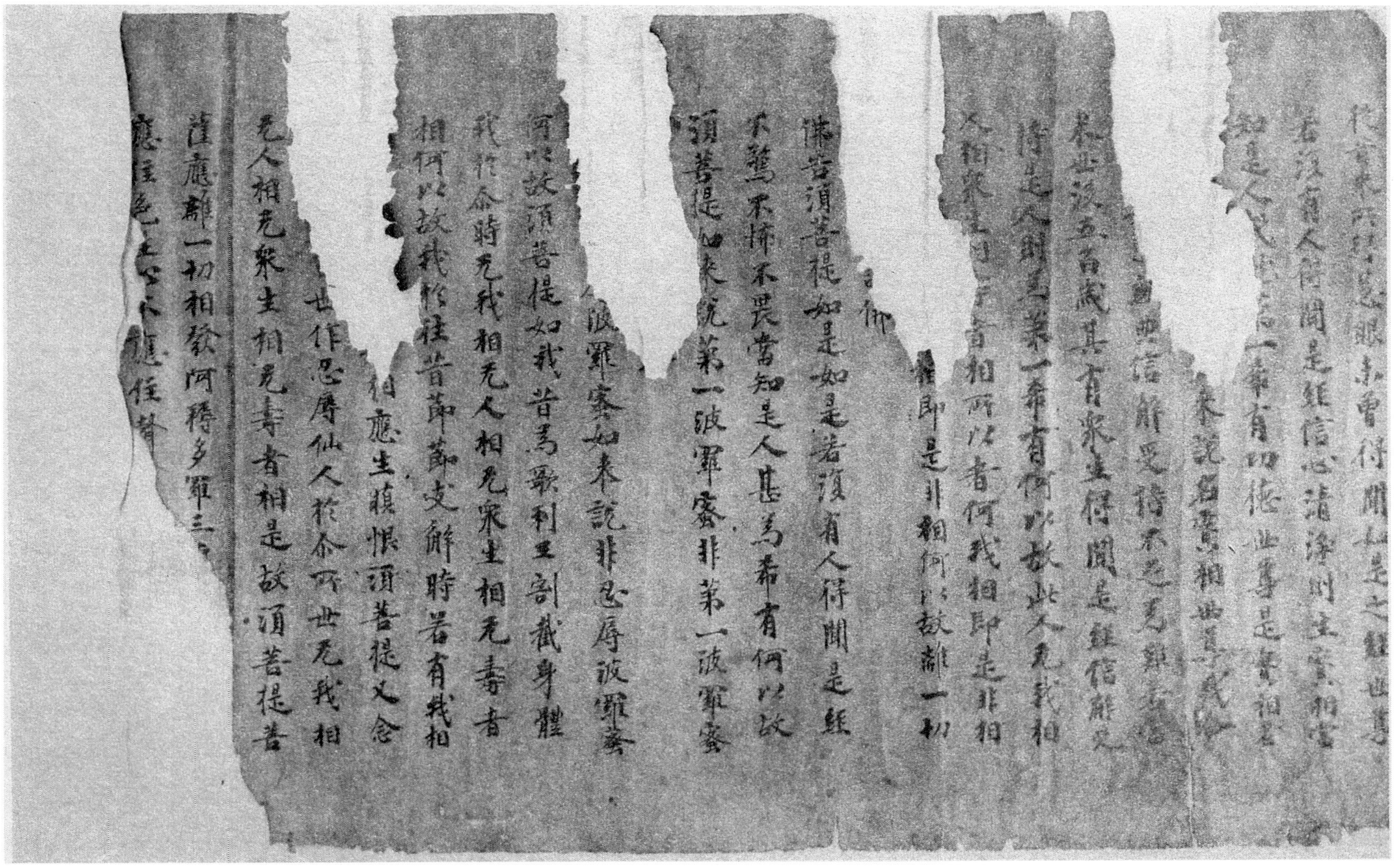
從昔來所得慧眼未曾得聞如是之經世尊
若復有人得聞是經信心清淨則生實相當
知是人成就第一希有功德世尊是實相者
來說名實相世尊我今
典信解受持不足為難若
來世後五百歲其有眾生得聞是經信解受
持是人則為第一希有何以故此人無我相
人相眾生相壽者相所以者何我相即是非相
相即是非相何以故離一切
佛
佛告須菩提如是如是若復有人得聞是經
不驚不怖不畏當知是人甚為希有何以故
須菩提如來說第一波羅蜜非第一波羅蜜
波羅蜜如來說非忍辱波羅蜜
何以故須菩提如我昔為歌利王割截身體
我於爾時無我相無人相無眾生相無壽者
相何以故我於往昔節節支解時若有我相
應生瞋恨須菩提又念
世作忍辱仙人於爾所世無我相
無人相無眾生相無壽者相是故須菩提菩
薩應離一切相發阿耨多羅三
應住色生心不應住聲

BD13634 號　金剛般若波羅蜜經　（2–2）

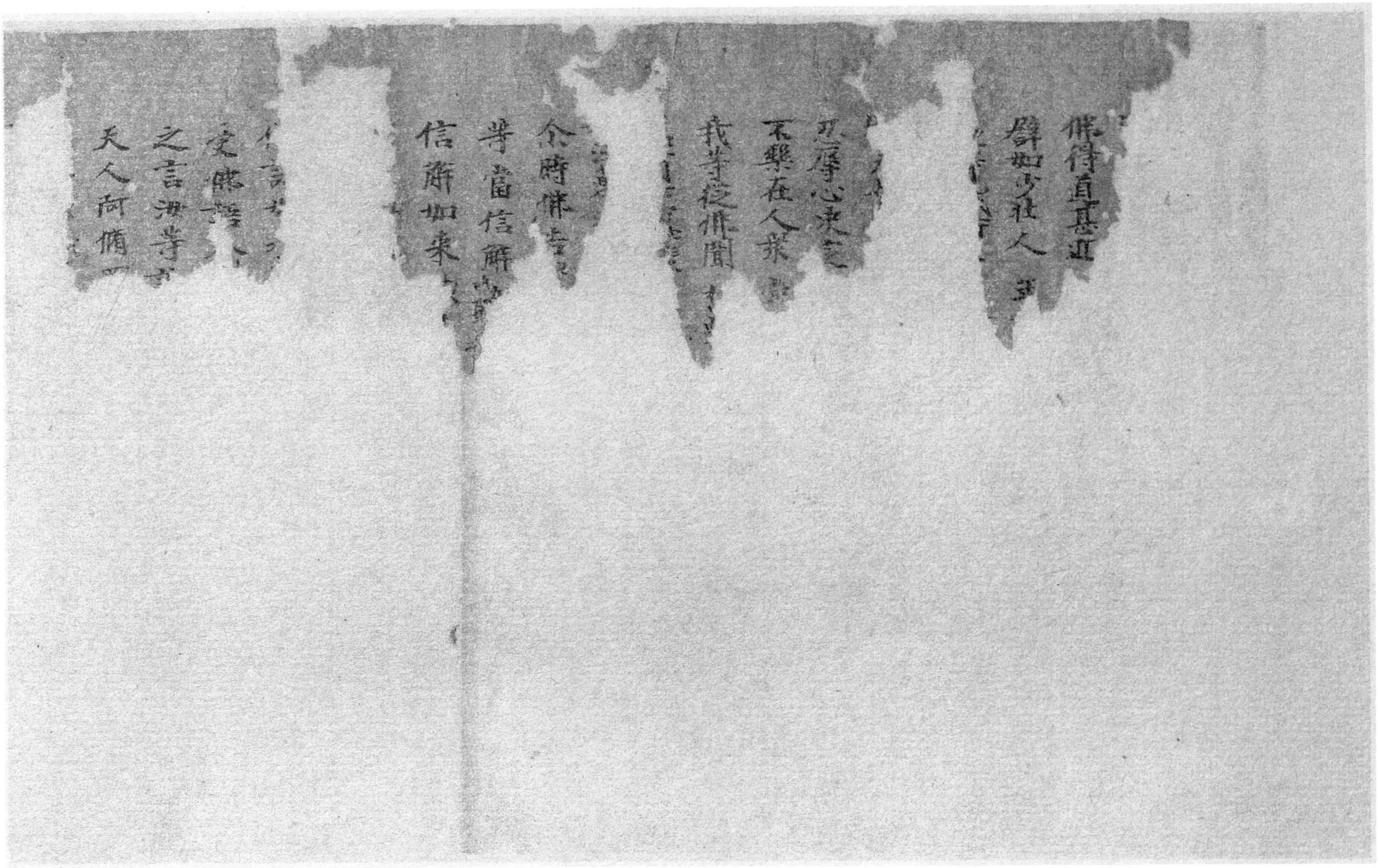

佛得道甚近
譬如少壯人
忍辱心決定
不樂在人眾
我等從佛聞
爾時佛告
等當信解
信解如來
受佛語
之言汝等
天人阿修

BD13635號　妙法蓮華經卷五　（12–1）

天人阿修
阿僧祇
塵過於東
國乃下一塵
是諸世界
盡數知其
眾无量无
已來復過
劫自從是
亦於餘處
又諸善男
信等諸根
同年既大
便說微妙法
疑然我常
比眾

BD13635號　妙法蓮華經卷五　（12–2）

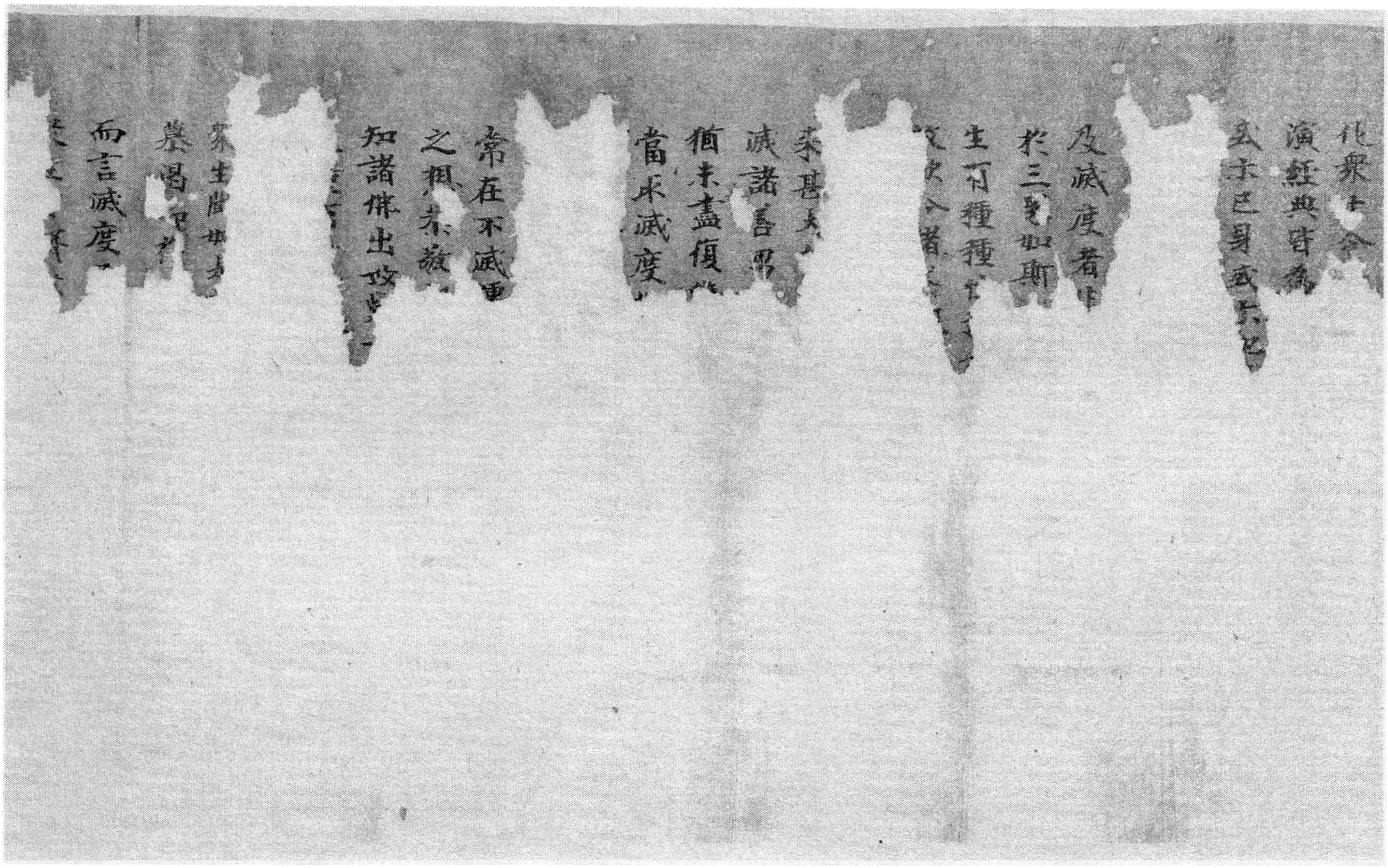

BD13635 號　妙法蓮華經卷五　（12–3）

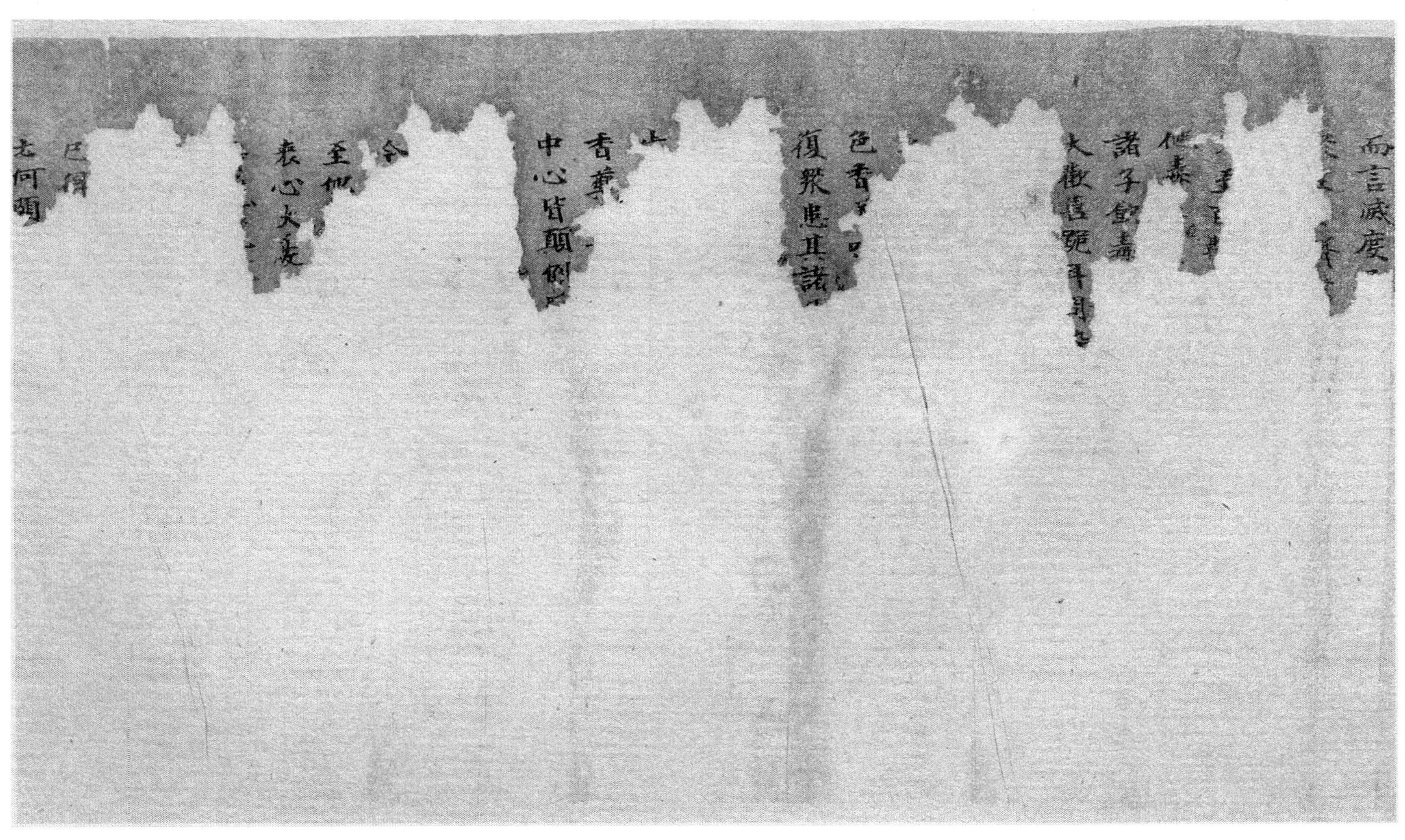

BD13635 號　妙法蓮華經卷五　（12–4）

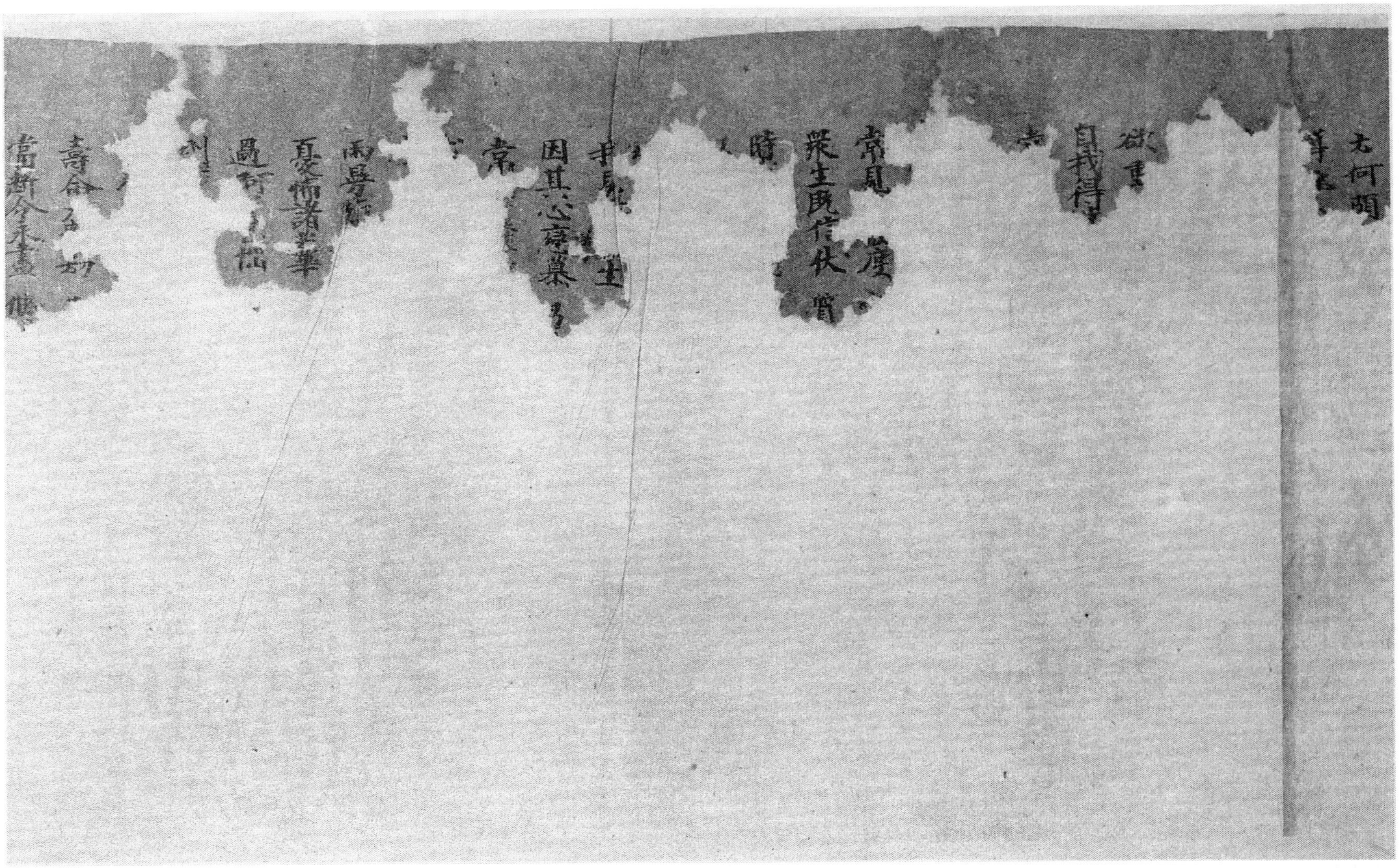

BD13635號　妙法蓮華經卷五　（12–5）

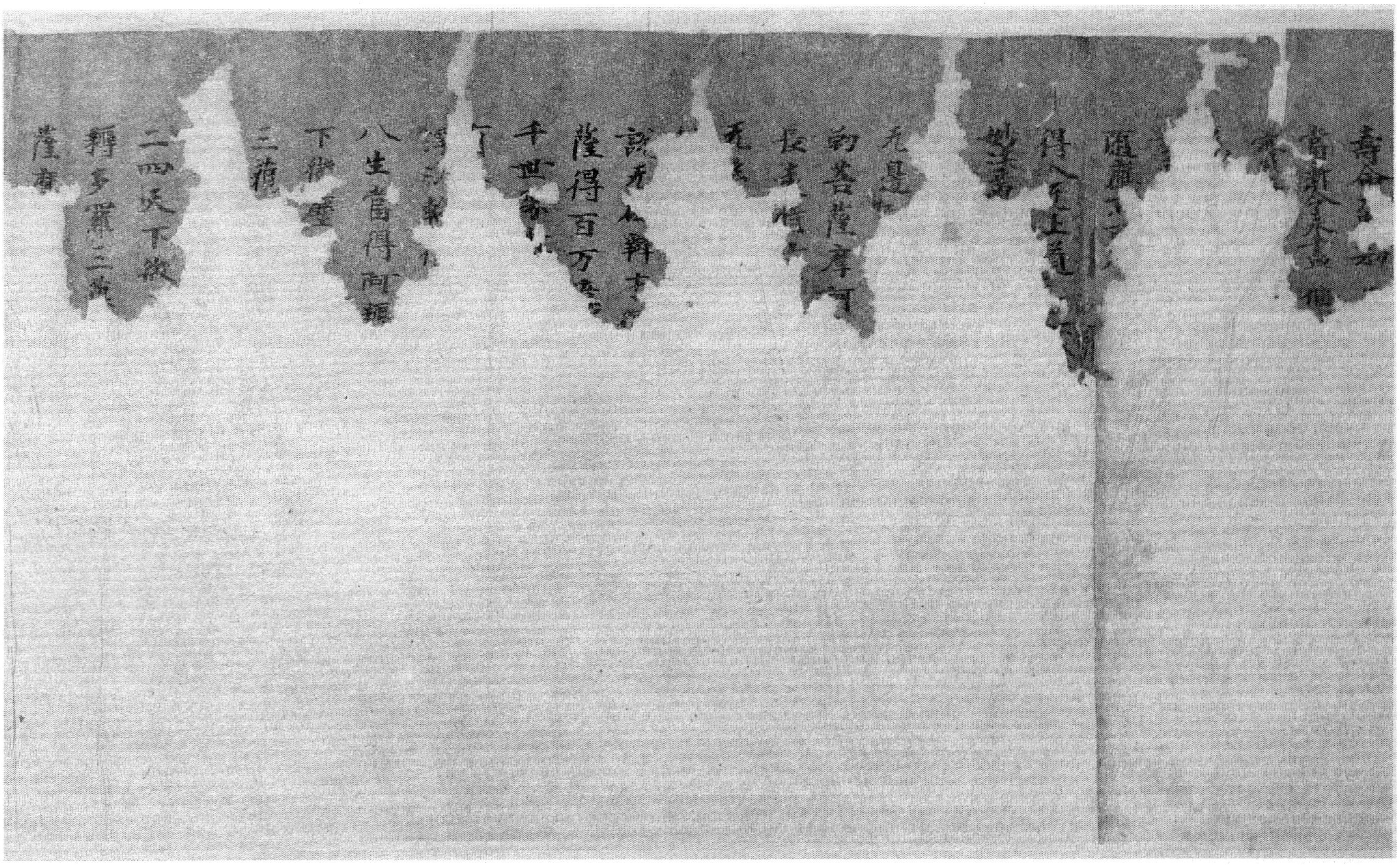

BD13635號　妙法蓮華經卷五　（12–6）

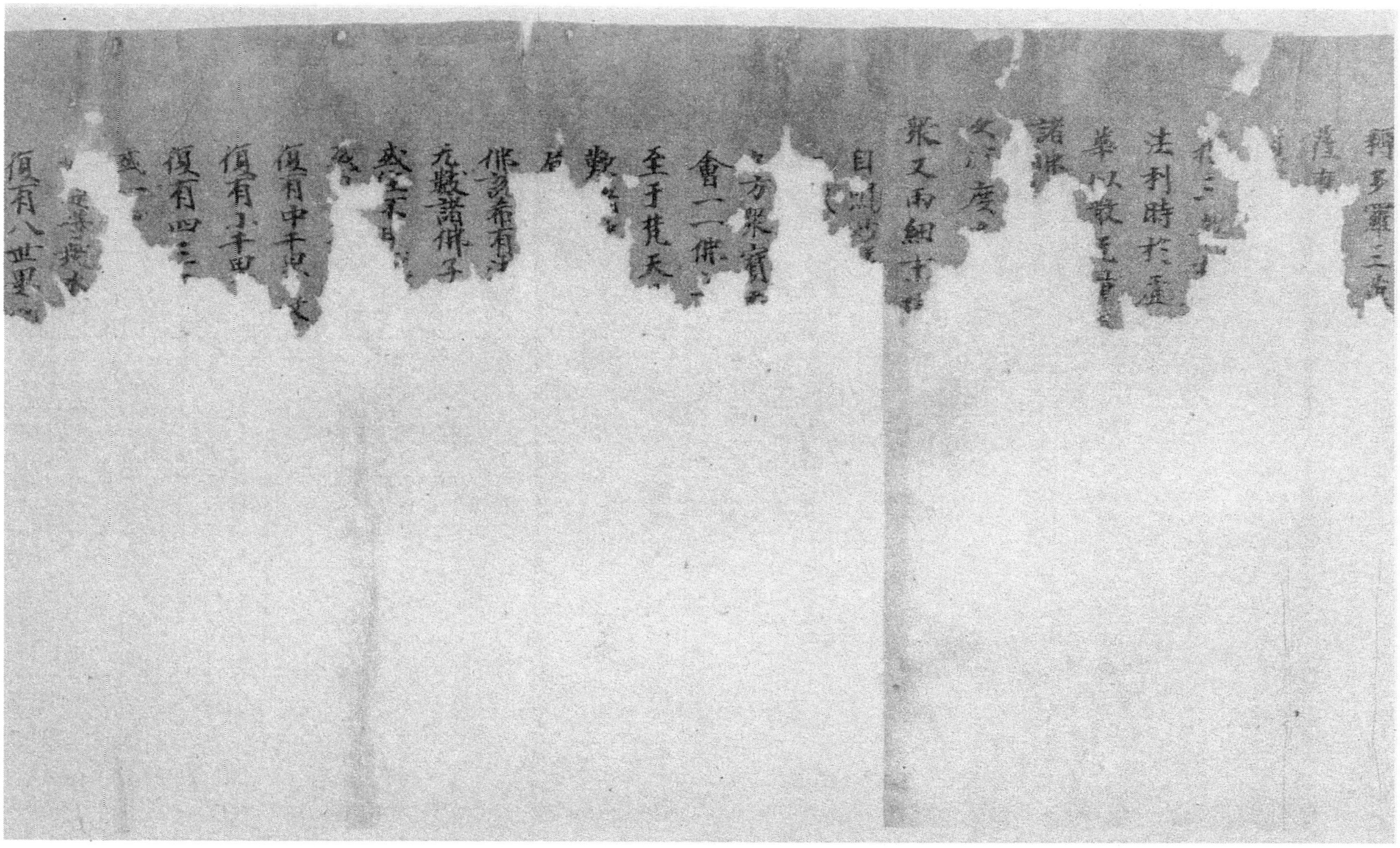

BD13635號　妙法蓮華經卷五　（12–7）

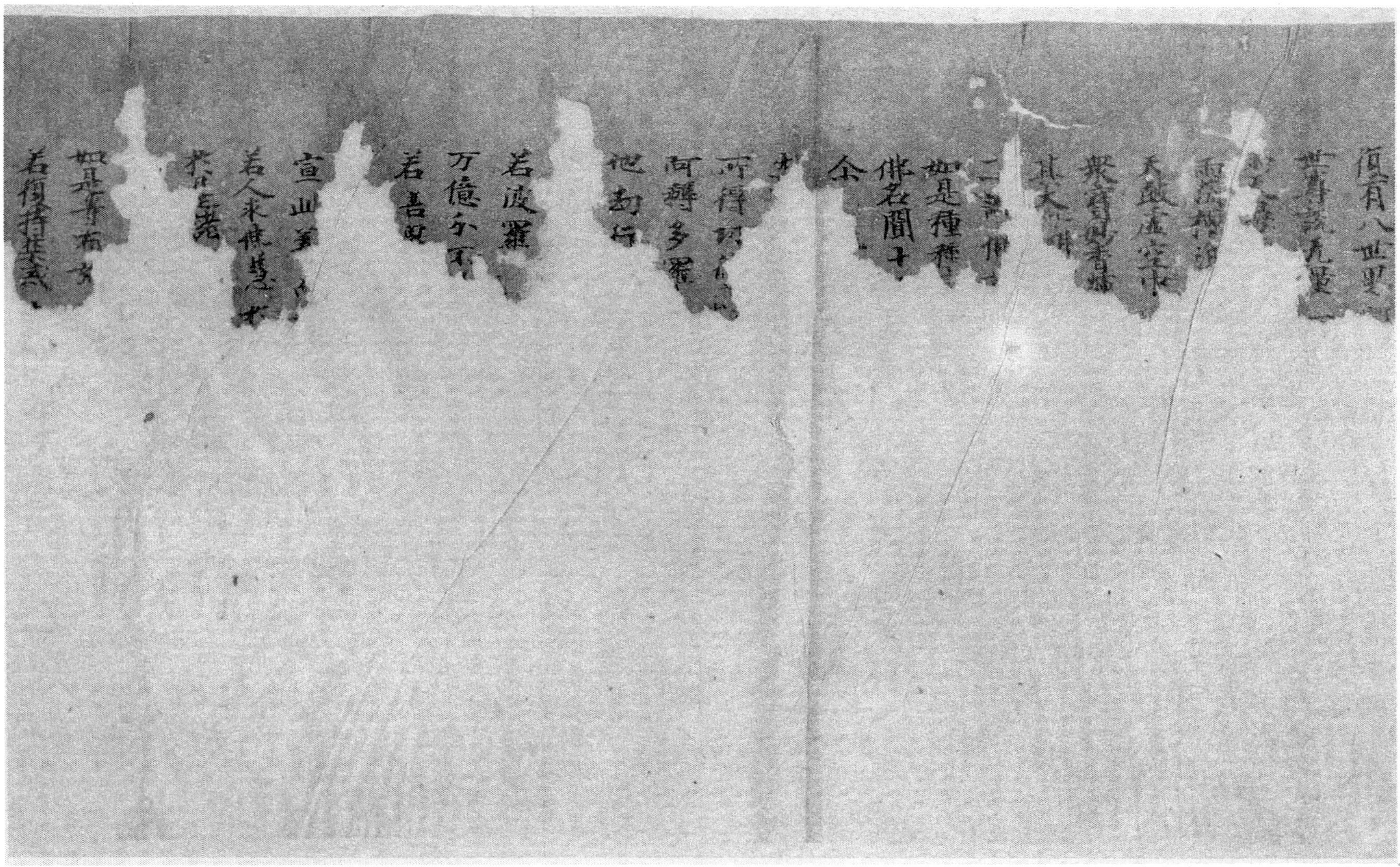

BD13635號　妙法蓮華經卷五　（12–8）

BD13635 號　妙法蓮華經卷五　　（12–9）

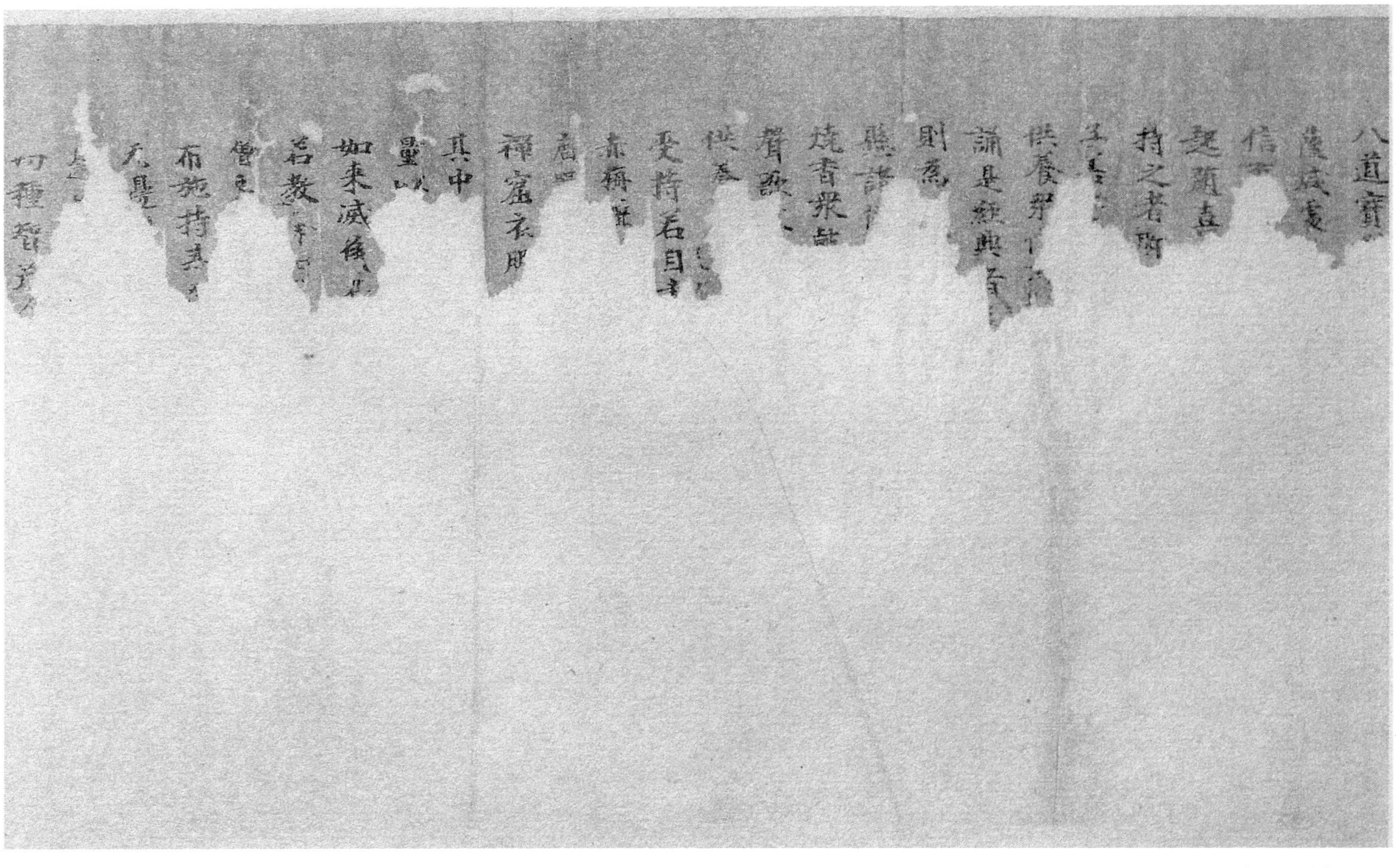

BD13635 號　妙法蓮華經卷五　　（12–10）

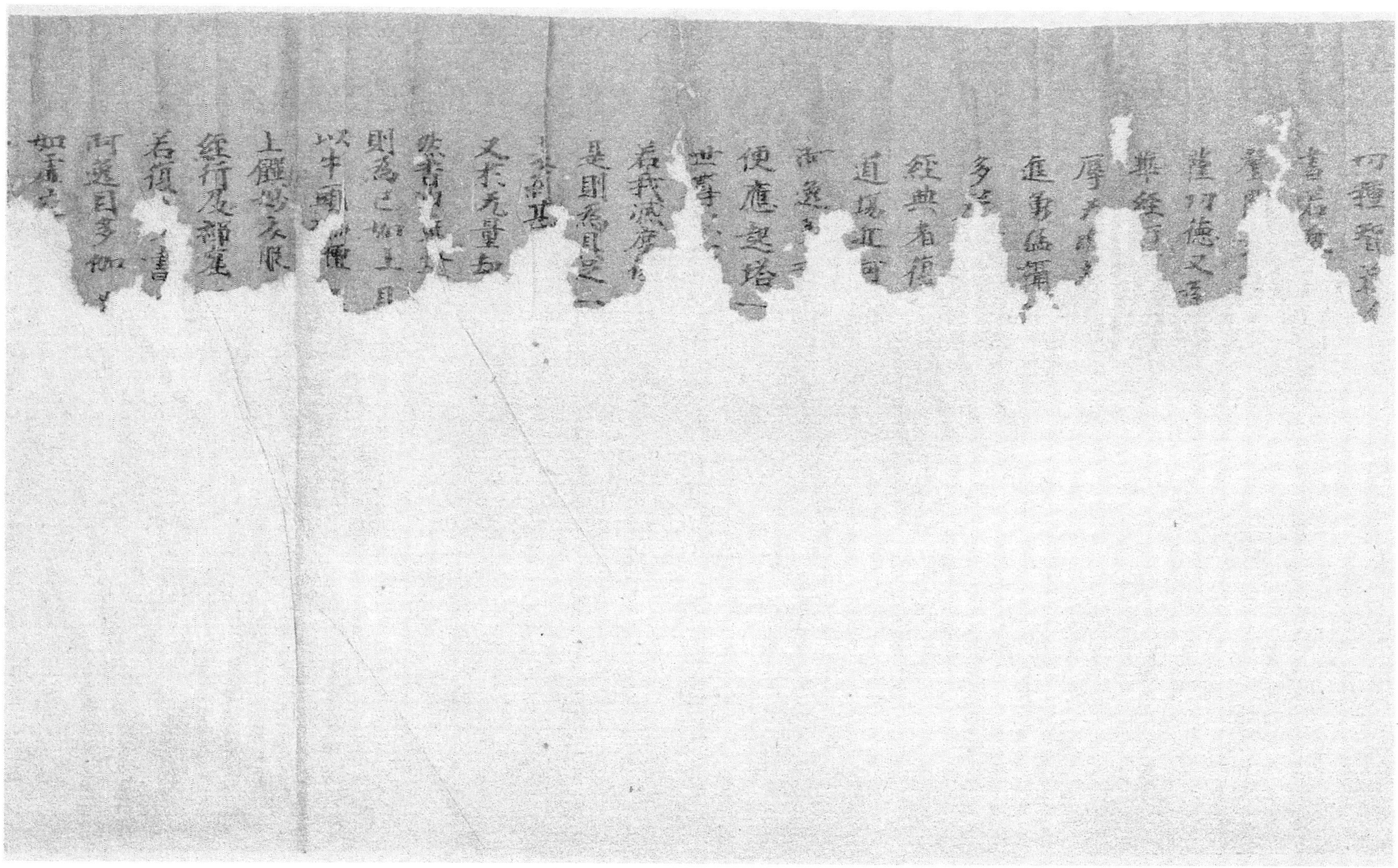

BD13635 號　妙法蓮華經卷五　（12–11）

BD13635 號　妙法蓮華經卷五　（12–12）

BD13636號　妙法蓮華經卷七　（2-1）

BD13636號　妙法蓮華經卷七　（2-2）

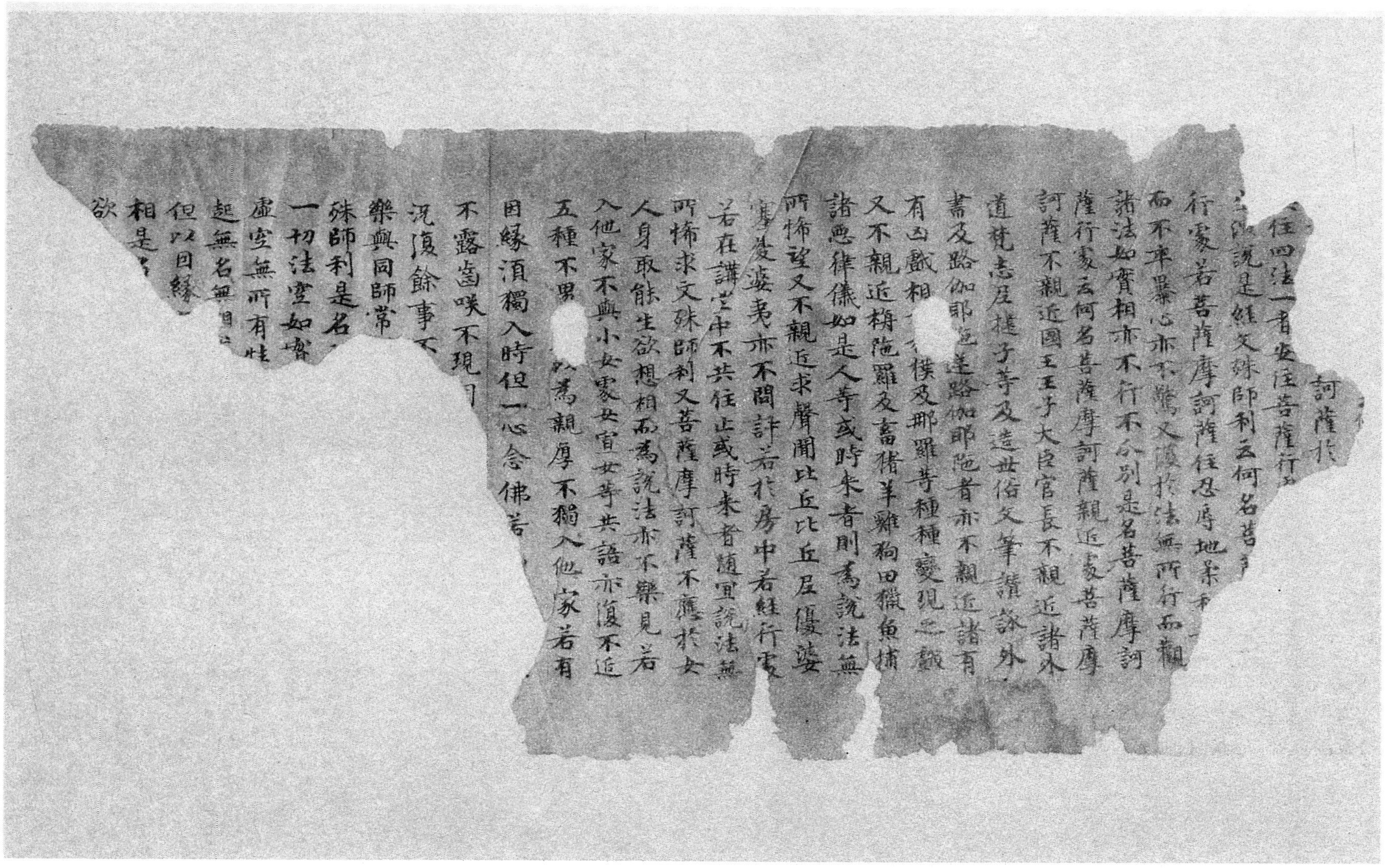

BD13637 號　妙法蓮華經卷五　　（1–1）

BD13638 號　金剛般若波羅蜜經　　（4–1）

BD13638號　金剛般若波羅蜜經　（4–2）

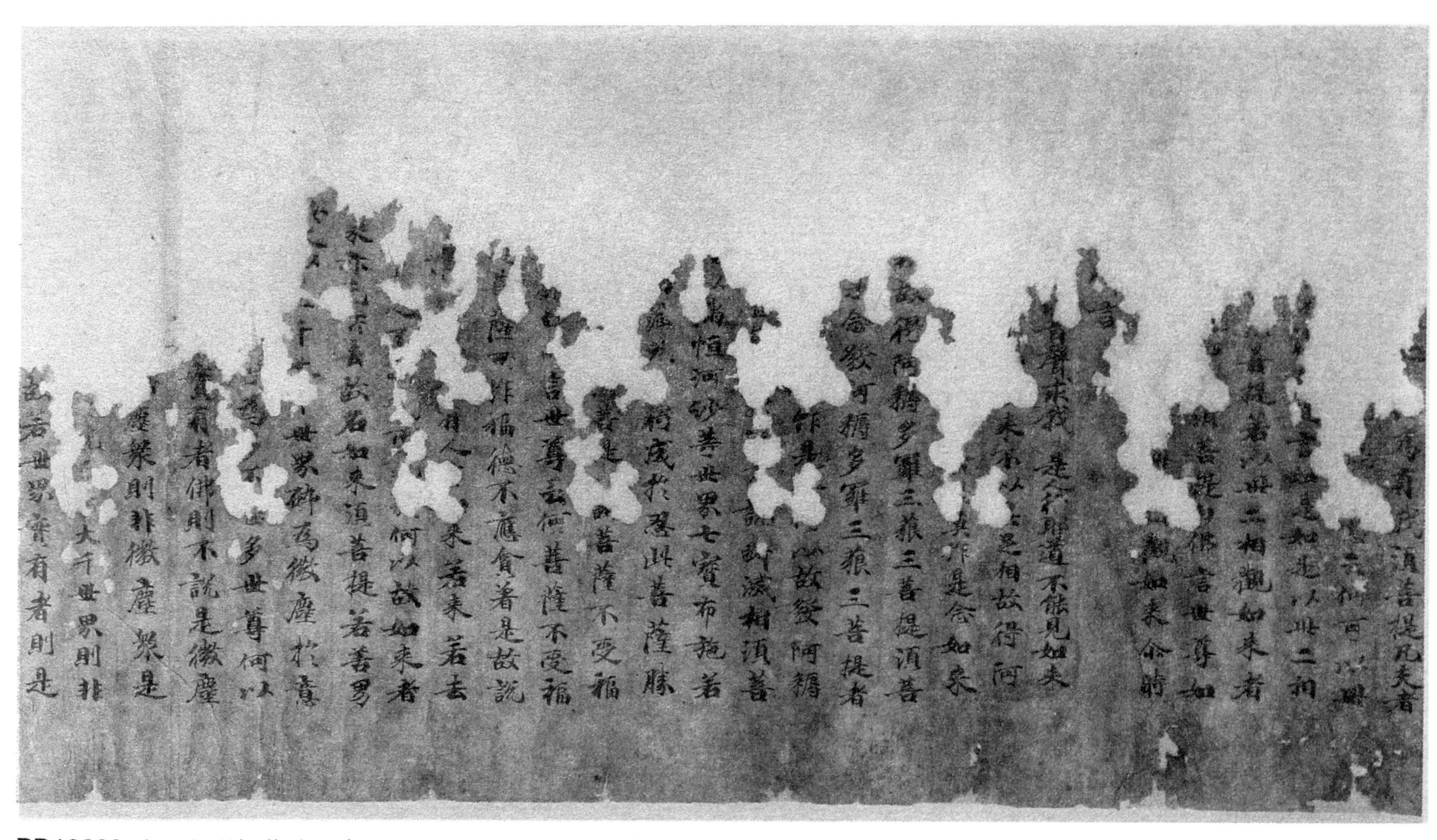

BD13638號　金剛般若波羅蜜經　（4–3）

BD13638 號　金剛般若波羅蜜經　（4–4）

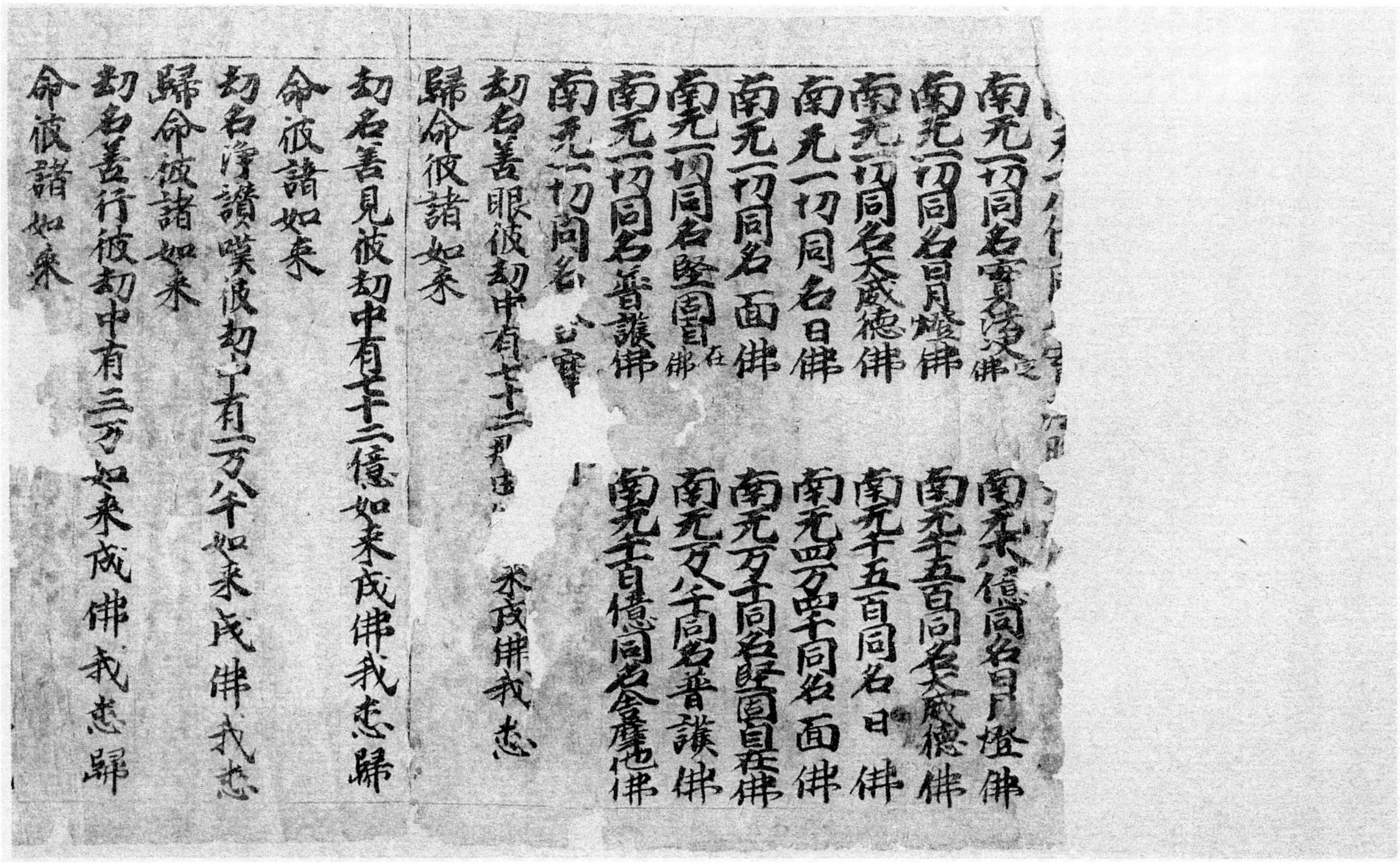

BD13639 號　佛名經（十六卷本）卷二　（2–1）

歸命彼諸如來
劫名善行彼劫中有三万如來成佛我悉歸
命彼諸如來
劫名莊嚴彼[illegible]如來成佛我
悉歸命彼[illegible]
南无現在住十方世界不捨命說諸法佛所謂
南无安樂世界中阿弥陁佛為上首
南无妙樂世界中阿閦如來為上首
南无迦葉幢世界中称金剛堅佛為上首
南无不退輪吼世界中清淨光波頭摩花身如來
為上首
南无无垢世界[illegible]中法幢[illegible]來為上首
南无善燈世界中師子如來為上首
南无善住世界中盧舍那藏如來為上首
南无難過世界中功德華身如來為上首
南无莊嚴[illegible]中一切通光如來為上首

BD13639號　佛名經（十六卷本）卷二　（2–2）

於此經中受
信等為他人說其福勝彼何以
一切諸佛及諸佛阿耨多羅三藐
法皆從此經出須菩提所謂佛法者
法
於意云何須陁洹能作是念我得須
須菩提言不也世尊何以故須陁
无所入不入色聲香味觸法
須菩提於意云何斯陁含能作
陁含果不須菩提言不也世尊
斯陁含名一往來而實无往來是名
須菩提於意云何阿那含能作是念
含果不須菩提言不也世尊何以
為不來而實无來是故名阿那
於意云何阿羅漢能作是念我得
須菩提言不也世尊何以故實
何羅漢世尊若阿羅漢作是念我得
道即為著我人衆生壽者世尊佛說
三昧人中最為第一是第一離欲

BD13640號　金剛般若波羅蜜經　（2–1）

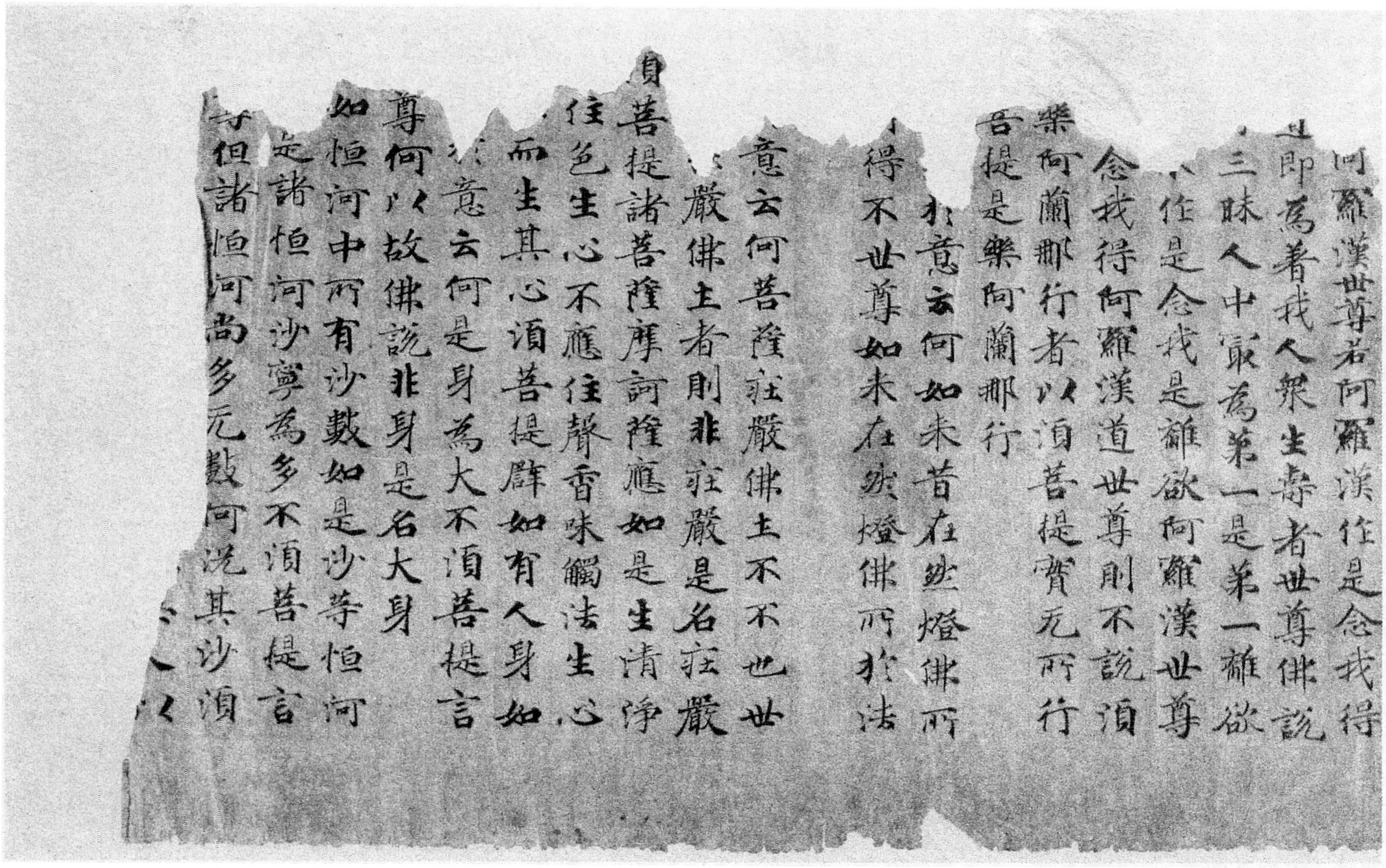
阿羅漢世尊若阿羅漢作是念我得
道即為著我人衆生壽者世尊佛說
三昧人中最為第一是第一離欲
作是念我是離欲阿羅漢世尊
念我得阿羅漢道世尊則不說須
樂阿蘭那行者以須菩提實无所行
菩提是樂阿蘭那行
於意云何如來昔在然燈佛所
得不世尊如來在然燈佛所於法
意云何菩薩莊嚴佛土不不也世
嚴佛土者則非莊嚴是名莊嚴
菩提諸菩薩摩訶薩應如是生清淨
住色生心不應住聲香味觸法生心
而生其心須菩提譬如有人身如
意云何是身為大不須菩提言
尊何以故佛說非身是名大身
如恒河中所有沙數如是沙等恒河
是諸恒河沙寧為多不須菩提言
但諸恒河尚多无數何況其沙須

BD13640 號　金剛般若波羅蜜經　（2–2）

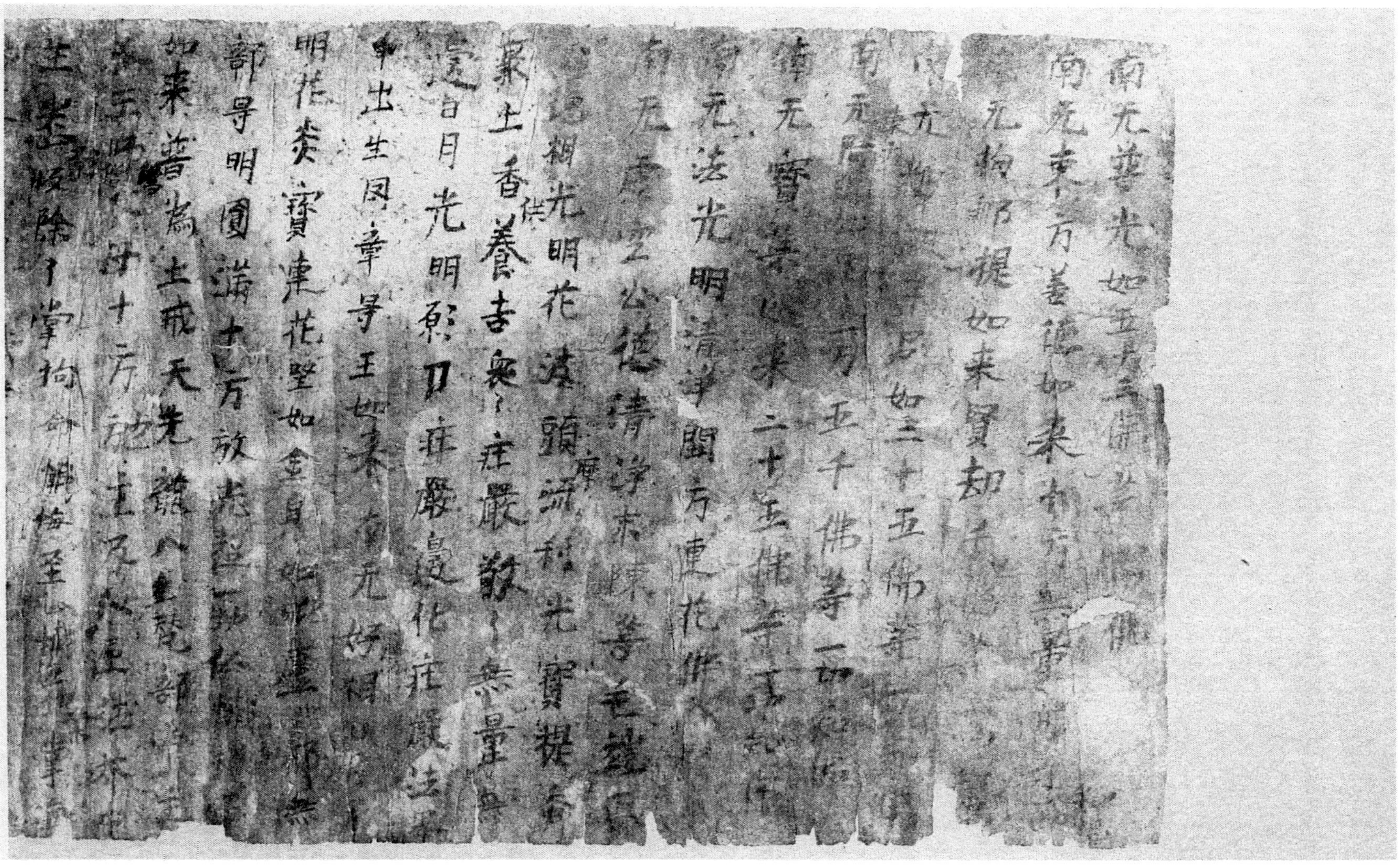
南无普光如五十三佛
南无東方善德如來
南无拘那提如來賢劫千
南无法光明清淨
衆土香供養吉祥莊嚴散無量

BD13641 號　禮懺文　（2–1）

BD13641 號　禮懺文　（2–2）

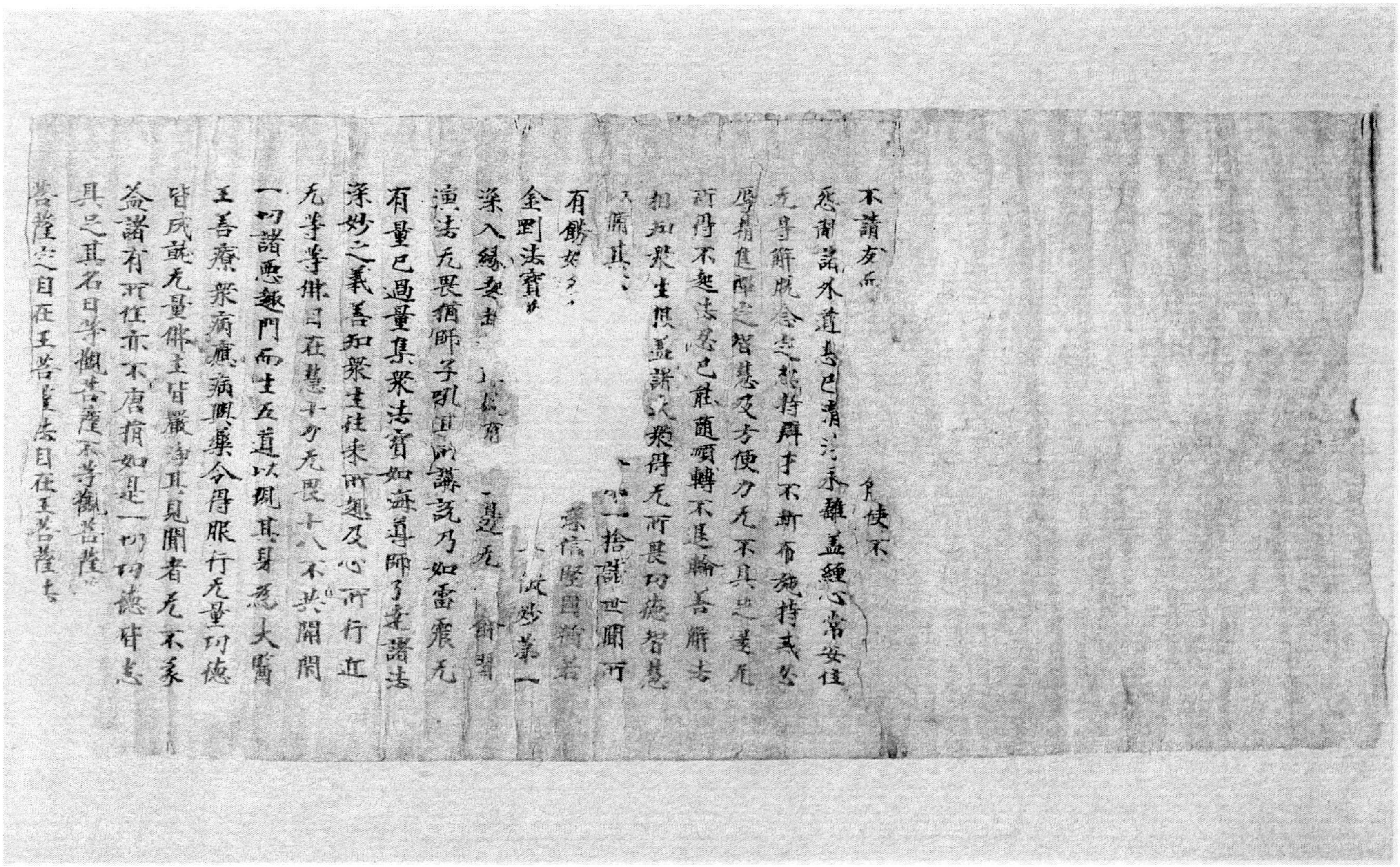

BD13642 號　維摩詰所說經卷上　（1–1）

BD13643號　空白卷軸裝（擬）　（1–1）

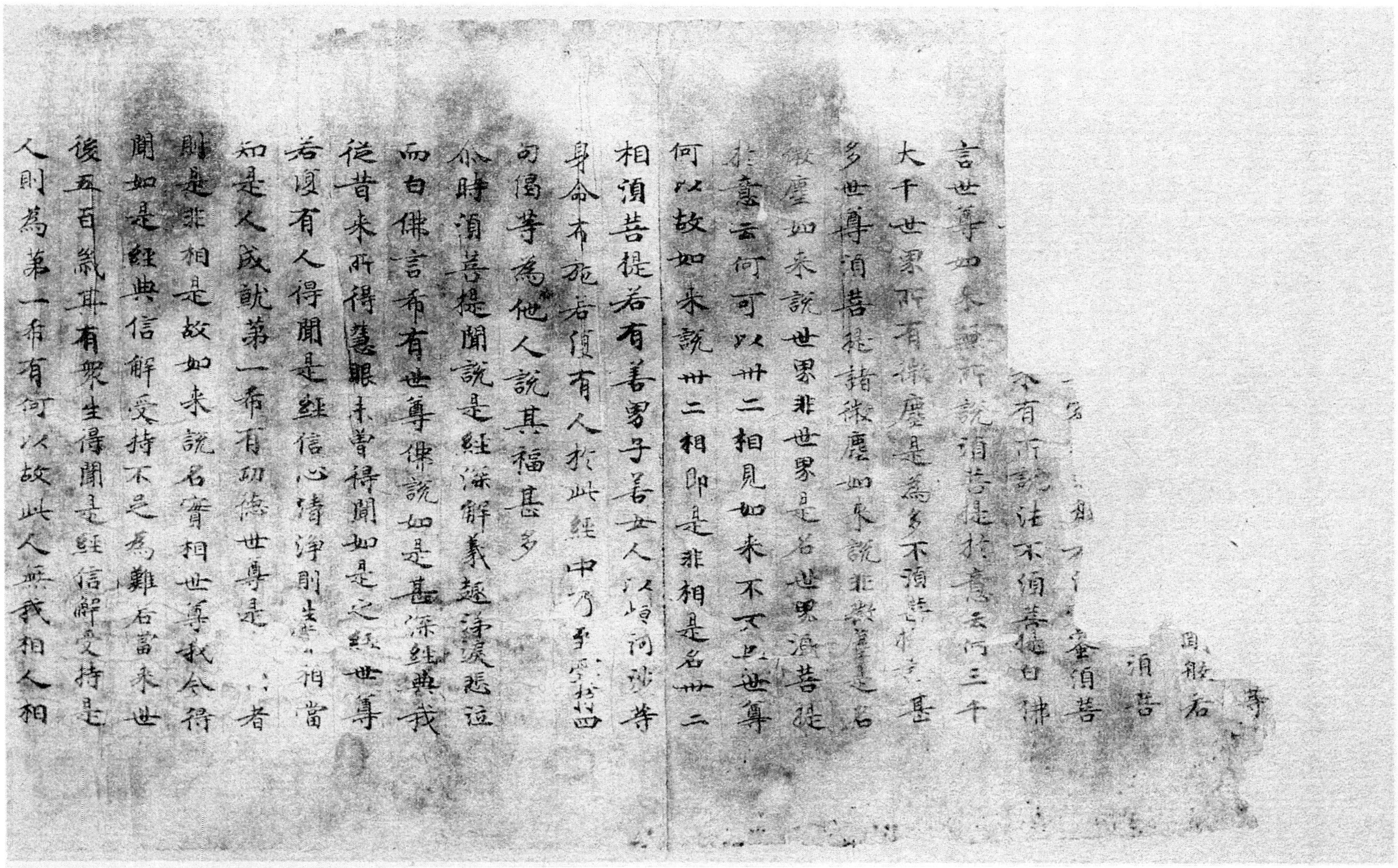

BD13644號　金剛般若波羅蜜經　（2–1）

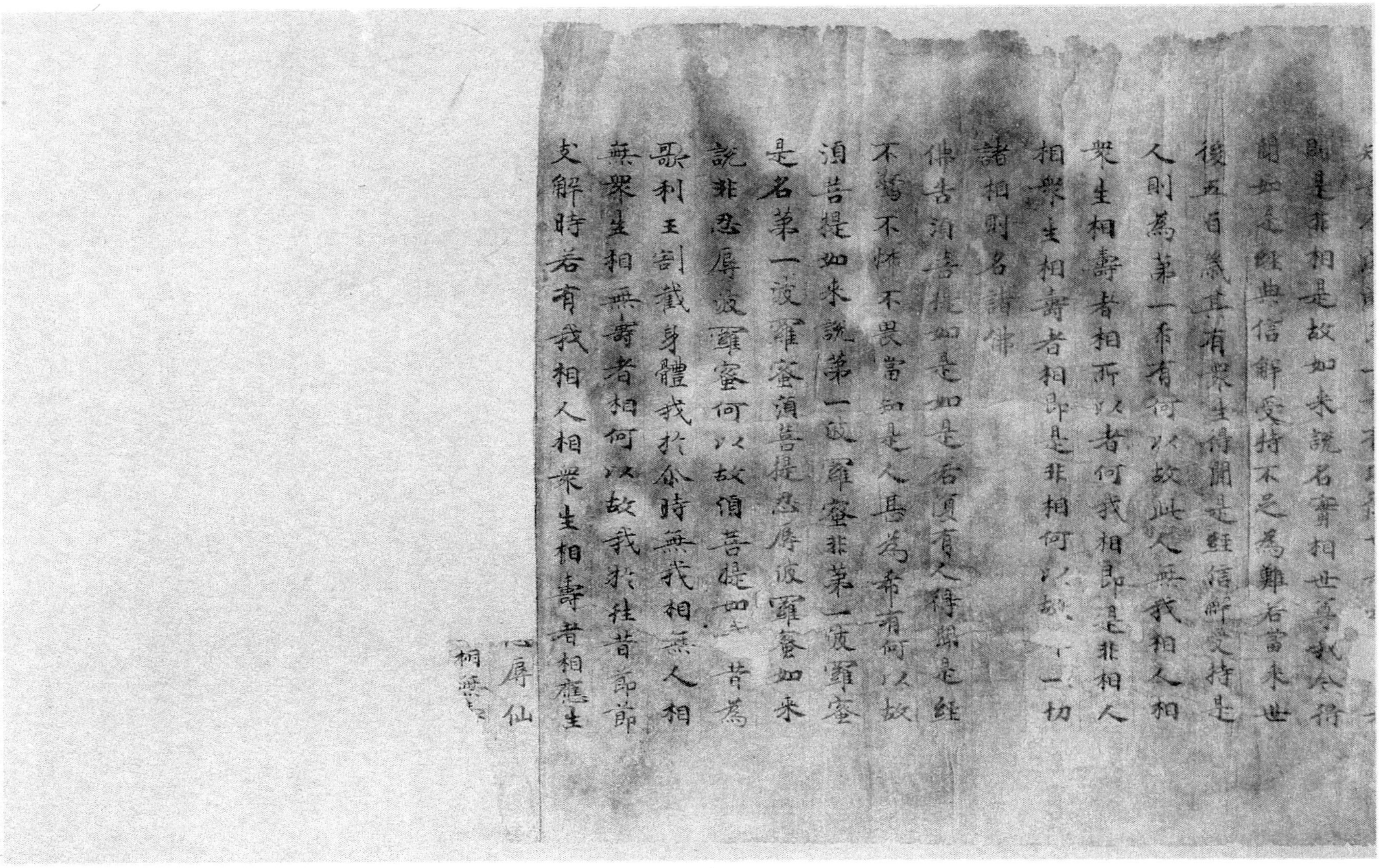

則是非相是故如來說名實相世尊我今得
聞如是經典信解受持不足為難若當來世
後五百歲其有眾生得聞是經信解受持是
人則為第一希有何以故此人無我相人相
眾生相壽者相所以者何我相即是非相人
相眾生相壽者相即是非相何以故離一切
諸相則名諸佛
佛告須菩提如是如是若復有人得聞是經
不驚不怖不畏當知是人甚為希有何以故
須菩提如來說第一波羅蜜非第一波羅蜜
是名第一波羅蜜須菩提忍辱波羅蜜如來
說非忍辱波羅蜜何以故須菩提如我昔為
歌利王割截身體我於爾時無我相無人相
無眾生相無壽者相何以故我於往昔節節
支解時若有我相人相眾生相壽者相應生

BD13644 號　金剛般若波羅蜜經　（2–2）

(B)　(C)

(A1)　(A2)

BD13645 號　喪葬文書（擬）　（2–1）

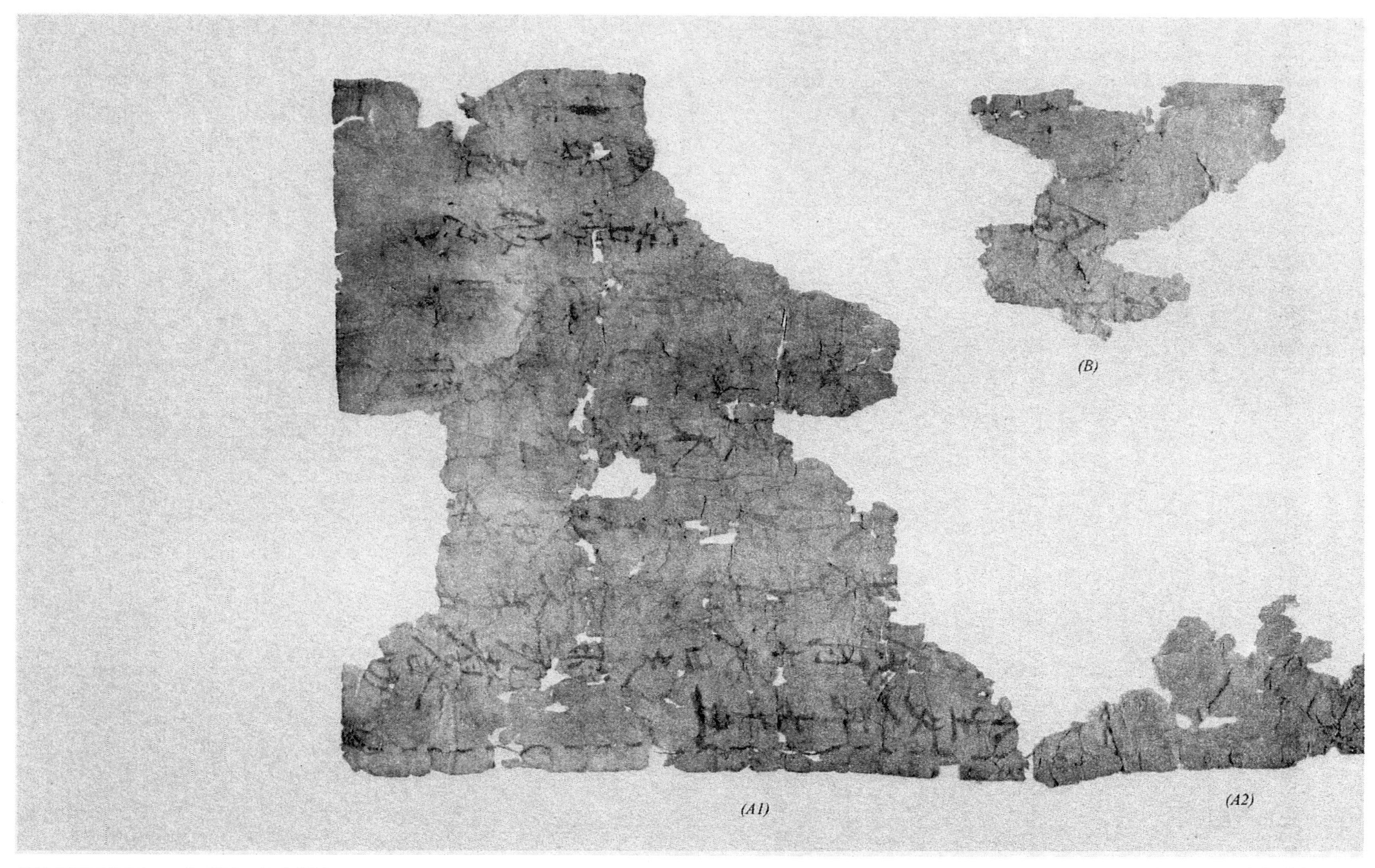

BD13645號　喪葬文書（擬）　（2–2）

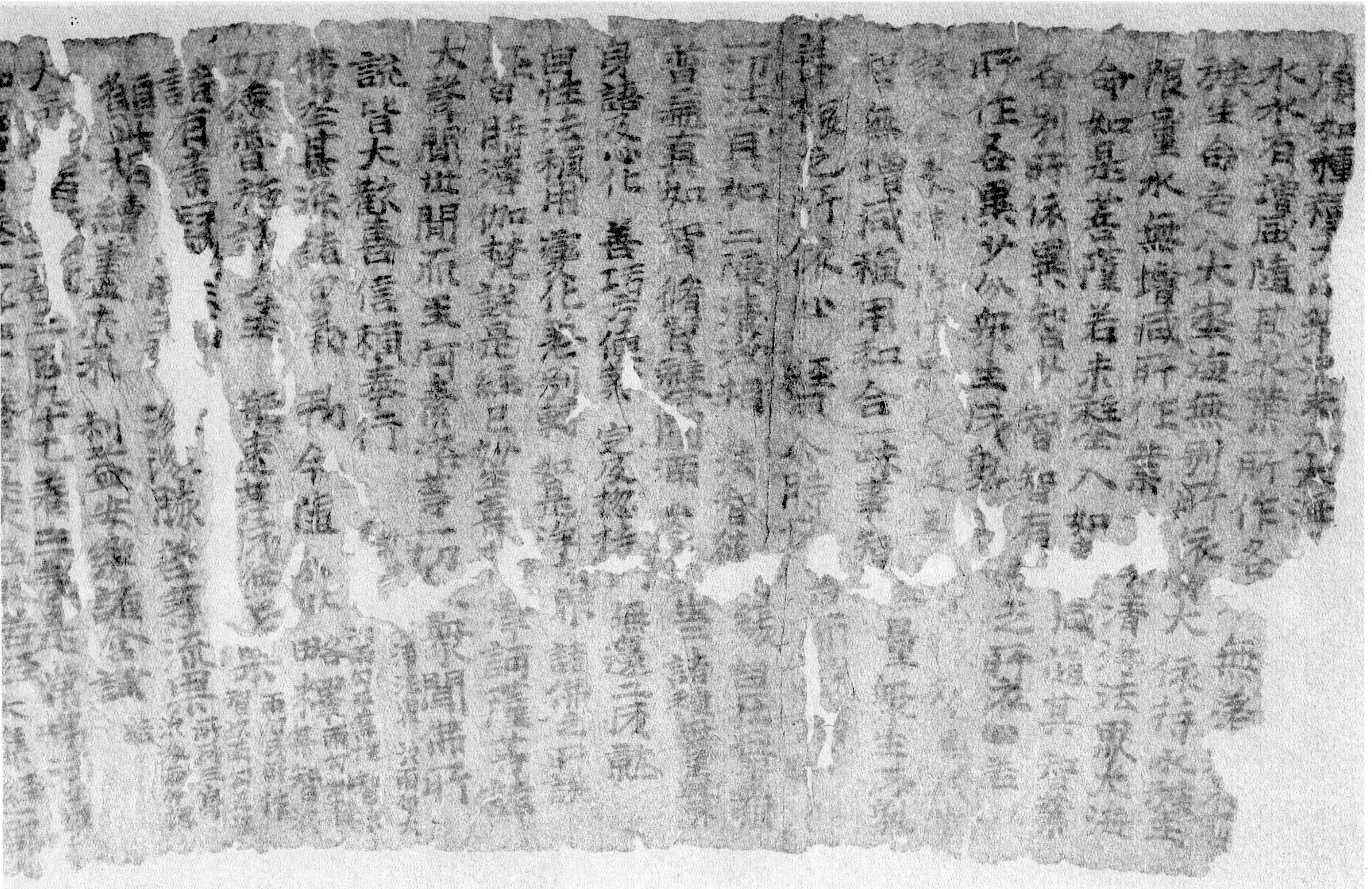

BD13646號1　佛地經及論鈔並科判（擬）　（2–1）

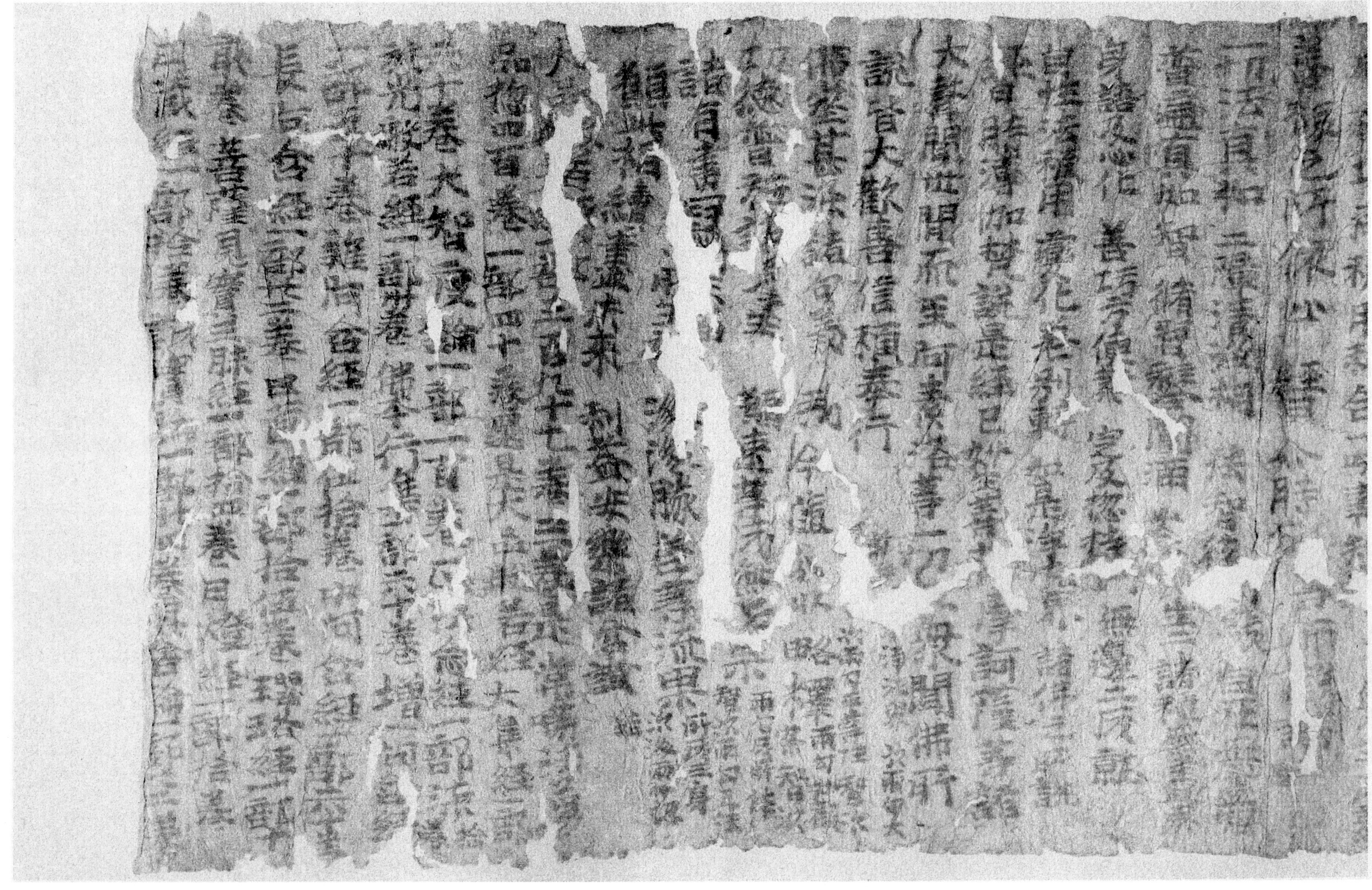

BD13646 號 1　佛地經及論鈔並科判（擬）
BD13646 號 2　雜經錄（擬）

（2–2）

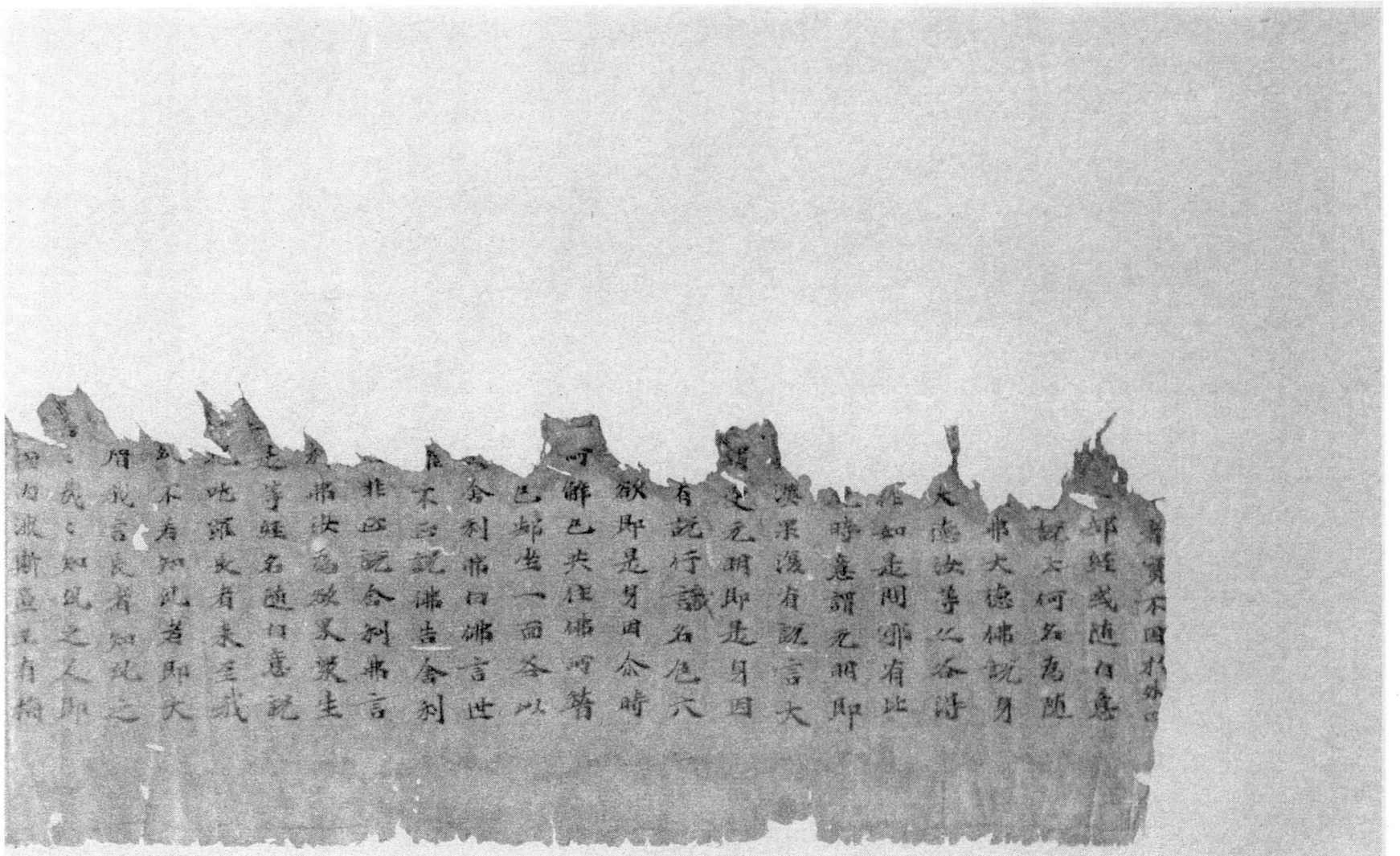

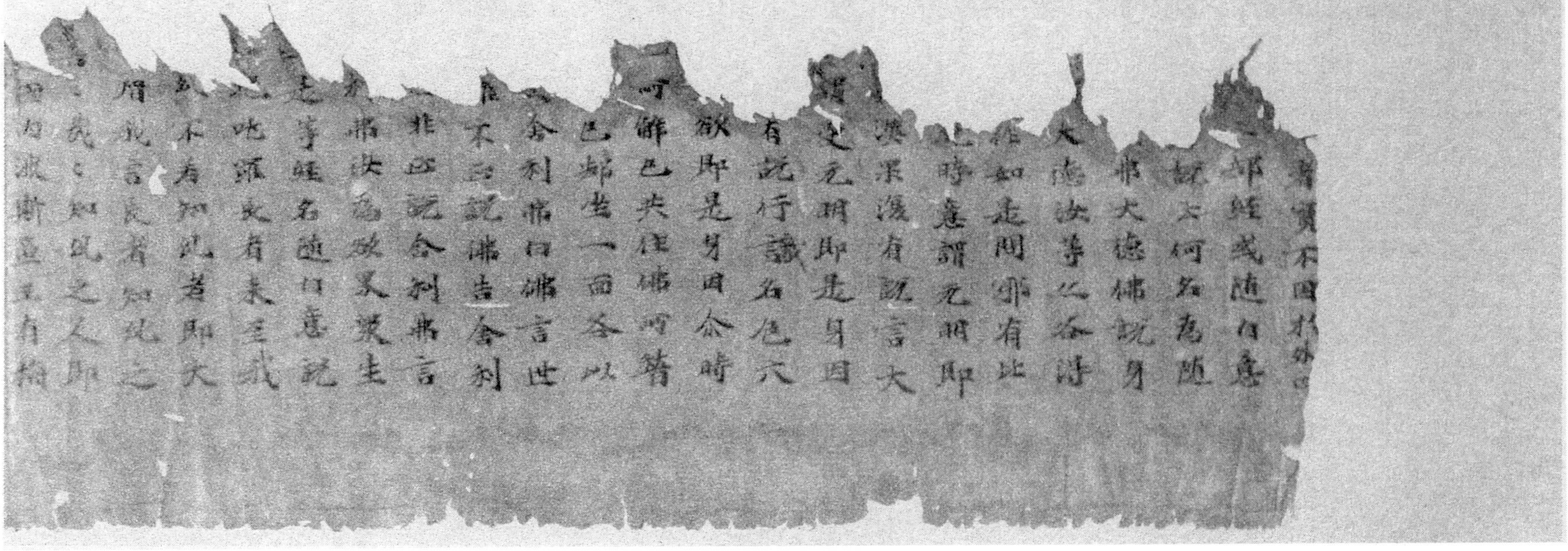

BD13647 號　大般涅槃經（北本）卷三五　　（2–1）

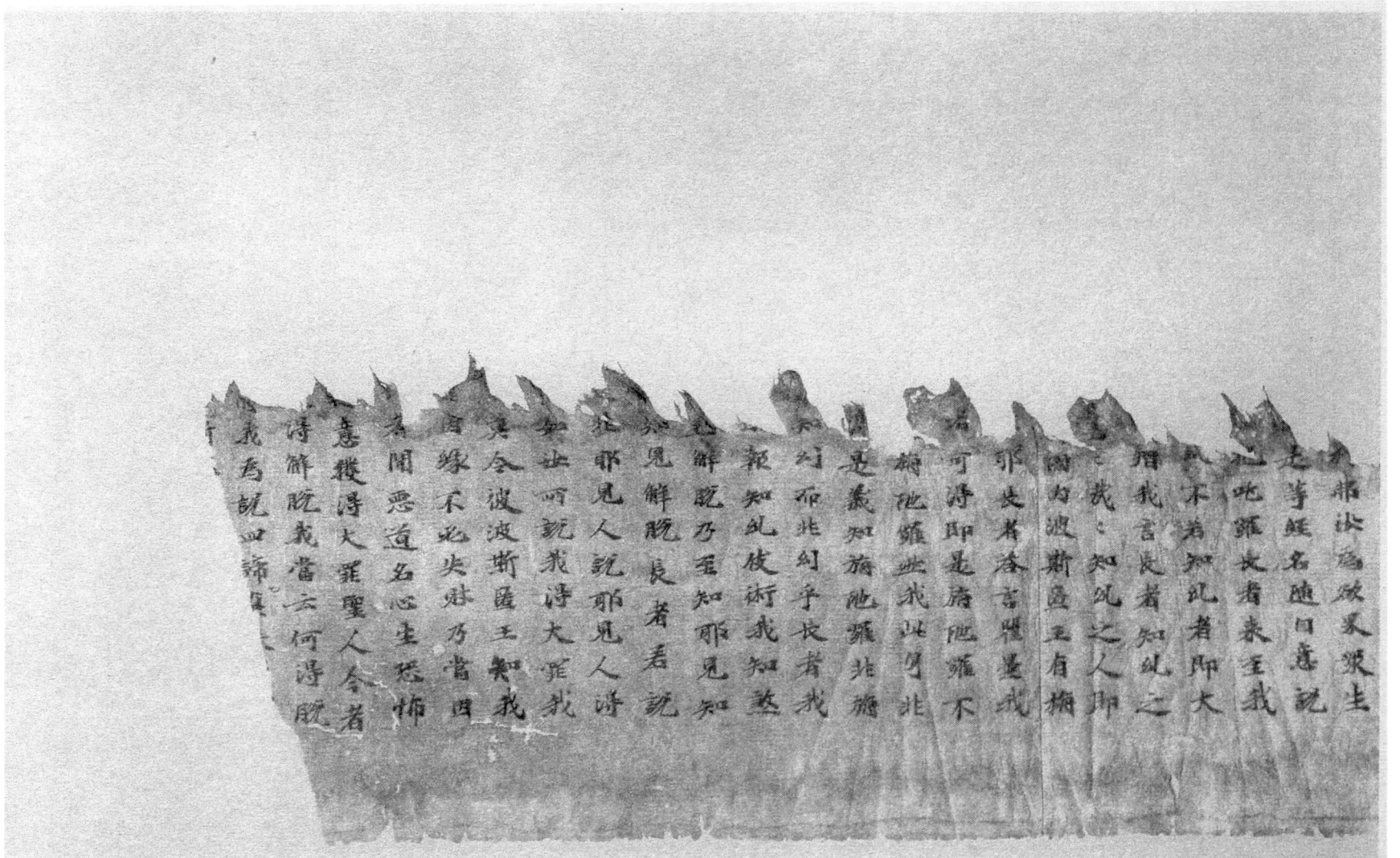

BD13647 號　大般涅槃經（北本）卷三五　　（2–2）

BD13648號　金光明最勝王經卷一　（2–1）

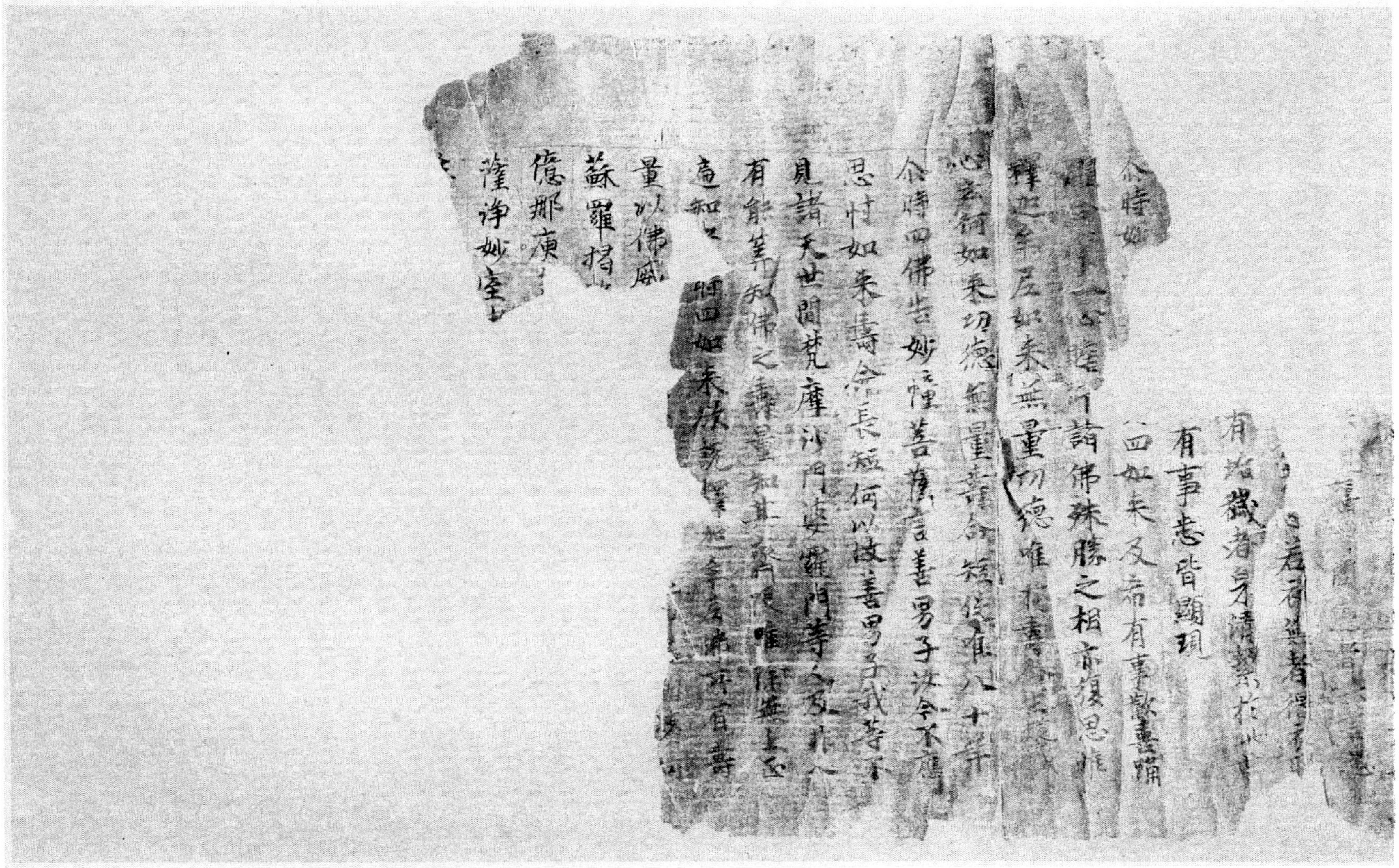

BD13648號　金光明最勝王經卷一　（2–2）

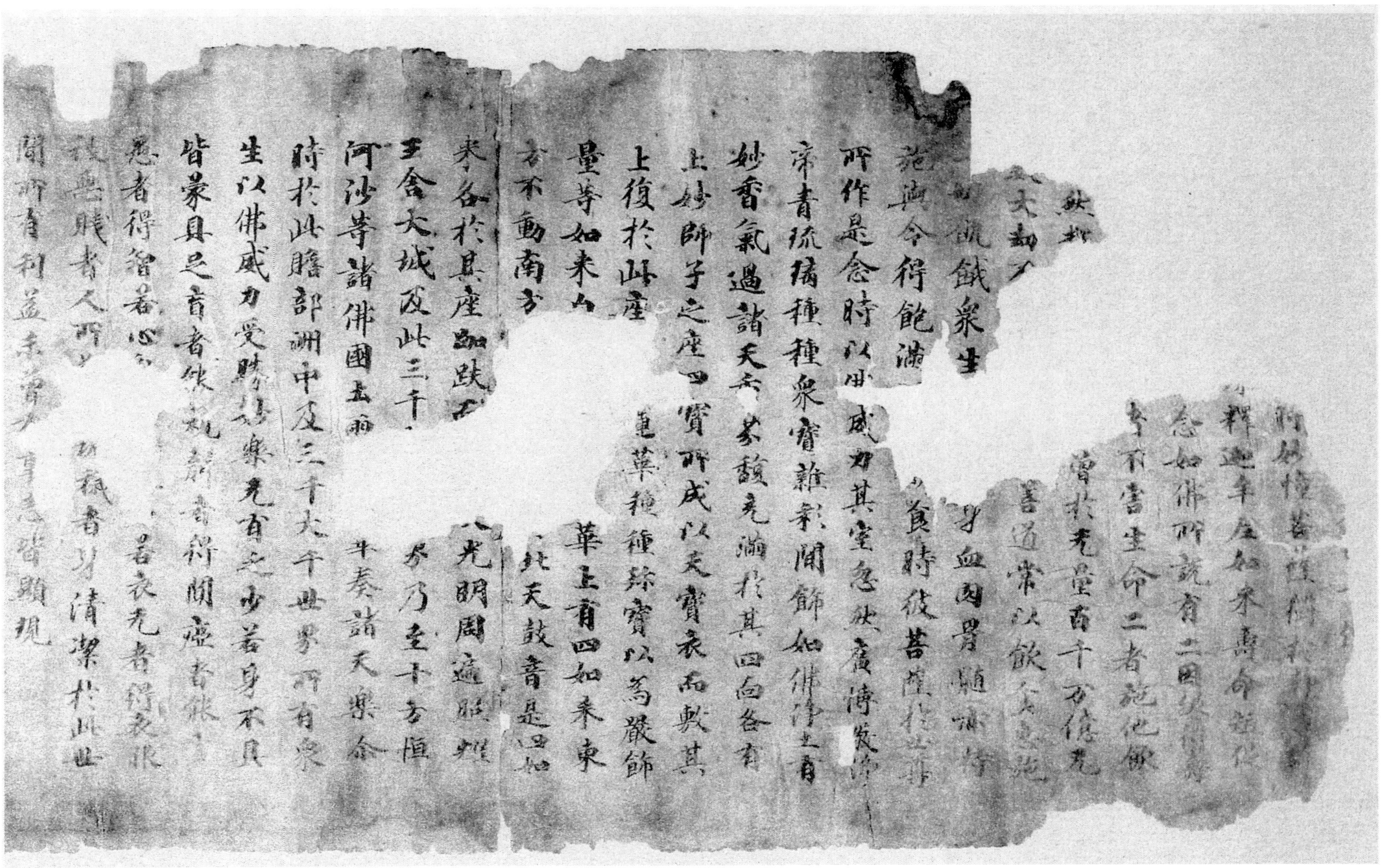

何緣唯…
釋迦牟尼如來壽命短促…
念如佛所說有二因緣…
一者不害生命二者施他飲…
曾於无量百千万億无…
善道常以飲食惠施…
…大劫…一切飢餓眾生
身血肉骨髓亦持
施與令得飽滿況餘飲食時彼菩薩於世尊
所作是念時以佛威力其室忽然廣博嚴淨
帝青琉璃種種眾寶雜彩間飾如佛淨土有
妙香氣過諸天香芬馥充滿於其四面各有
上妙師子之座四寶所成以天寶衣而敷其
上復於此座…蓮華種種珍寶以為嚴飾
量等如來自…華上有四如來東
方不動南方…北方天鼓音是四如
來各於其座跏趺…放大光明周遍照耀
王舍大城及此三千…界乃至十方恒
河沙等諸佛國土…奏諸天樂爾
時於此贍部洲中及三千大千世界所有眾
生以佛威力受勝妙樂无有乏少若身不具
皆蒙具足盲者能視聾者得聞瘂者能言
愚者得智若心亂者…若无衣者得衣服
被惡賤者人所…有垢穢者身得清潔於此世
間所有利益未曾有事悉皆顯現

BD13649號　金光明最勝王經卷一　（3–1）

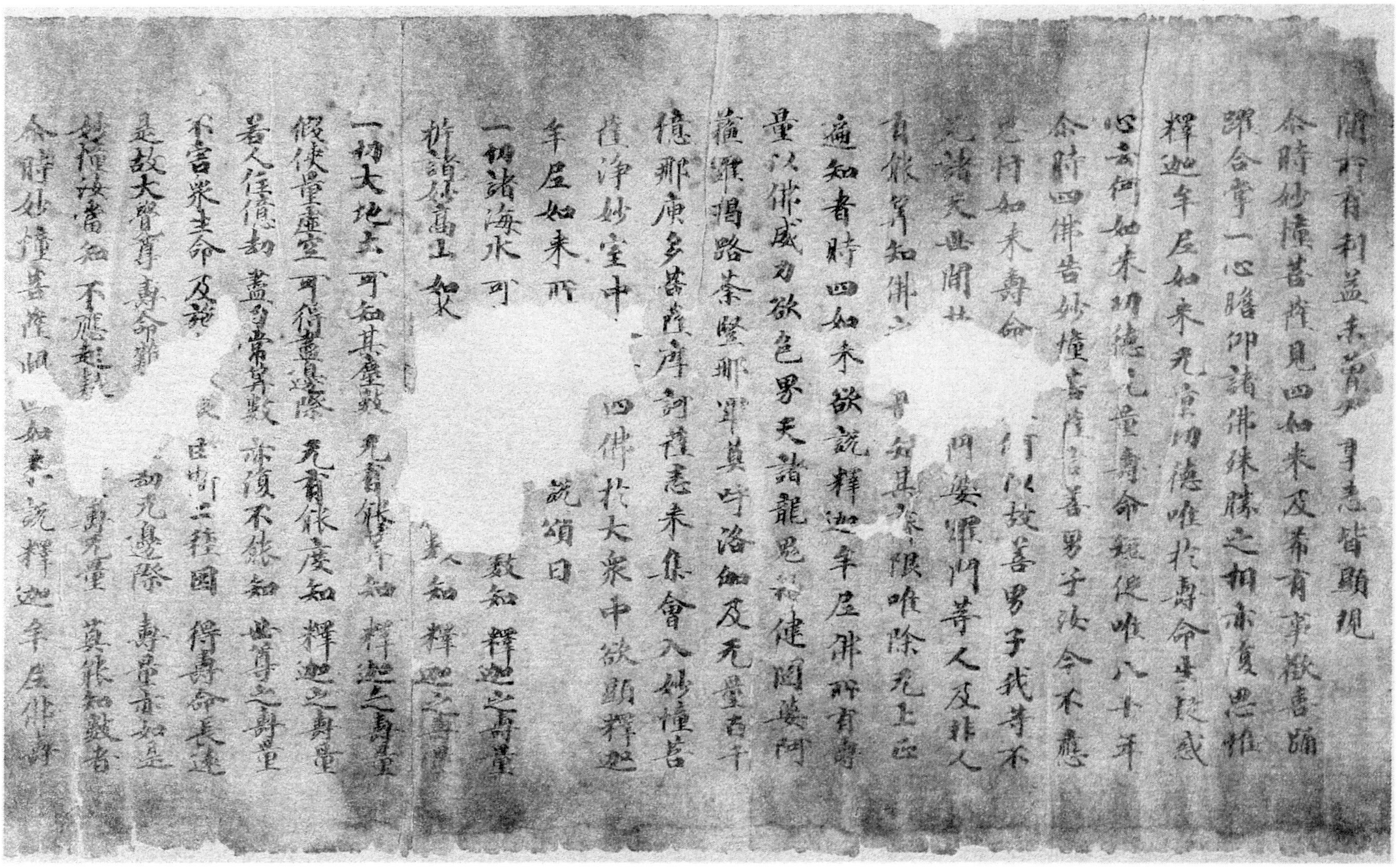

間所有利益未曾有事悉皆顯現
爾時妙幢菩薩見四如來及希有事歡喜踊
躍合掌一心瞻仰諸佛殊勝之相亦復思惟
釋迦牟尼如來无量功德唯於壽命生疑惑
心云何如來功德无量壽命短促唯八十年
爾時四佛告妙幢菩薩言善男子汝今不應
思忖如來壽命…何以故善男子我等不
見諸天世間…門婆羅門等人及非人
有能算知佛之…其齊限唯除无上正遍
知者時四如來欲說釋迦牟尼佛所有壽
量以佛威力欲色界天諸龍鬼神健闥婆阿
蘇羅揭路荼緊那羅莫呼洛伽及无量百千
億那庾多菩薩摩訶薩悉來集會入妙幢菩
薩淨妙室中…四佛於大眾中欲顯釋迦
牟尼如來所…說頌曰
一切諸海水　可…滴數　无有能數知　釋迦之壽量
析諸妙高山　如…知數　无有能數知　釋迦之壽量
一切大地土　可知其塵數　无有能數知　釋迦之壽量
假使量虛空　可得盡邊際　无有能度知　釋迦之壽量
若人住億劫　盡力常算數　亦復不能知　世尊之壽量
不害眾生命　及施…　由斯之二因　得壽命長遠
是故大覺尊　壽命難知數　如劫无邊際　壽量亦如是
妙幢汝當知　不應起疑惑　最勝壽無量　莫能知數者
爾時妙幢菩薩聞…如來說釋迦牟尼佛壽

BD13649號　金光明最勝王經卷一　（3–2）

爾時妙幢菩薩聞是如來說釋迦牟尼佛壽
量無限白言世尊云何如來示現如是短促
壽量時四世尊告妙幢菩薩言善男子彼釋
迦牟尼佛於五濁世出現之時人壽百年稟
性下劣善根微薄復無信解此諸眾生多有
我見人見眾生壽者養育邪見我我所見斷
常見等為欲利益 [illegible]生及眾外道如是
等類令生正解速得成就無上菩提是故釋
迦牟尼如來示現如是短促壽命善男子然
彼如來欲令眾生見涅槃已生難遭想憂苦
等想於佛世尊所說經教速當受持讀誦通
利為人解說不生謗毀是故如來現斯短壽
何以故彼諸眾生若見如來不般涅槃不生
恭敬難遭之想如來所說甚深經典亦不受
持讀誦通利為人宣說所以者何以常見佛
不尊重故善男子譬如有人見其父母多有
財產珍寶豐盈便於財物不生希有難遭之
想所以者何於父財物生常想故善男子彼
諸眾生亦復如是若見如來不入涅槃不生希
有難遭之想所以者何由常見故善男子譬
如有人父母貧[illegible] 乏少然彼貧人或詣

BD13649號　金光明最勝王經卷一　（3–3）

BD13650號　齋意文（擬）

（3–1）

BD13650號　齋意文（擬）

（3–2）

BD13650號　齋意文（擬）

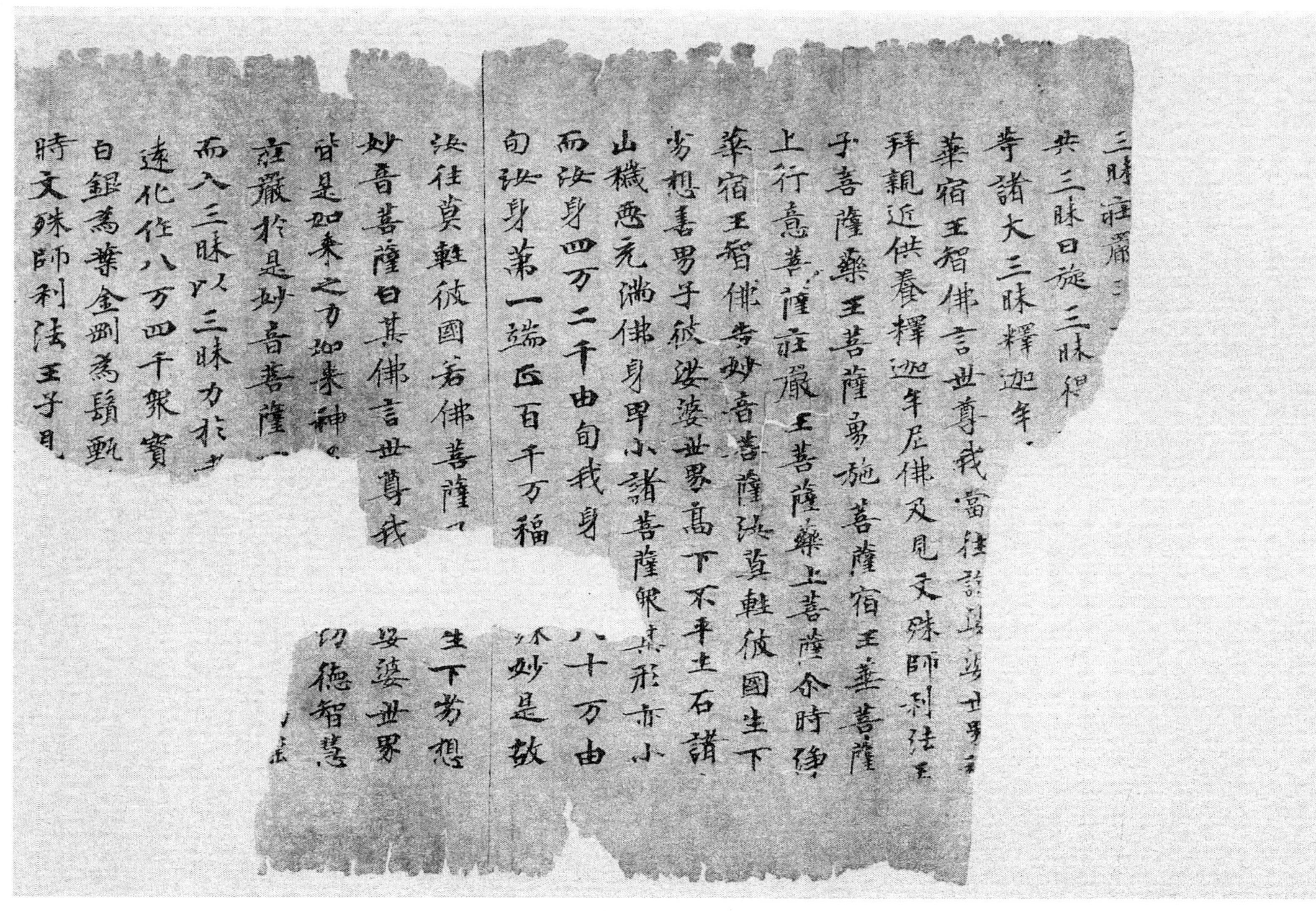

三昧莊嚴三
无三昧日旋三昧得
等諸大三昧釋迦牟
華宿王智佛言世尊我當往詣娑婆世界
拜親近供養釋迦牟尼佛及見文殊師利法王
子菩薩藥王菩薩勇施菩薩宿王華菩薩
上行意菩薩莊嚴王菩薩藥上菩薩尒時淨
華宿王智佛告妙音菩薩汝莫輕彼國生下
劣想善男子彼娑婆世界高下不平土石諸
山穢惡充滿佛身卑小諸菩薩衆其形亦小
而汝身四万二千由旬我身六百八十万由
旬汝身第一端正百千万福光明殊妙是故
汝往莫輕彼國若佛菩薩及國土生下劣想
妙音菩薩白其佛言世尊我今詣娑婆世界
皆是如來之力如來神通遊戲如來功德智慧
莊嚴於是妙音菩薩
而入三昧以三昧力於耆
遠化作八万四千衆寶
白銀為葉金剛為鬚甄
時文殊師利法王子見

BD13651號　妙法蓮華經卷七　（2–1）

山穢惡充滿佛身卑小諸菩薩衆其形亦小
而汝身四万二千由旬我身六百八十万由
旬汝身第一端正百千万福光明殊妙是故
汝往莫輕彼國若佛菩薩及國土生下劣想
妙音菩薩白其佛言世尊我今詣娑婆世界
皆是如來之力如來神通遊戲如來功德智慧
莊嚴於是妙音菩薩
而入三昧以三昧力於耆
遠化作八万四千衆寶
白銀為葉金剛為鬚甄
時文殊師利法王子見
尊是何因緣先現此
浮檀金為莖白銀
為其臺尒時釋迦
妙音菩薩摩訶薩欲
八万四千菩薩圍遶而
養親近礼拜於我亦
師利白佛言世尊是
德而能有是大神通
說是三昧名字我等
昧乃能見是菩薩色相
世尊以神通力彼菩薩
迦牟尼佛告文殊師利此久
多

BD13651號　妙法蓮華經卷七　（2–2）

未來世諸佛　雖說百千億
諸佛兩足尊　知法常無
是法住
天人所供
安隱衆
雖示種種
過去所習
譬喻亦言
以種種法
方便說諸
見六道衆
深著於五
不求大勢佛
為是衆
於三七日
衆生諸根
尒時諸梵
并餘諸天
我即自思
破法不信

BD13652 號　妙法蓮華經卷一　（2–1）

并餘諸天
我即自思
破法不信
尋念過去
作是思惟
第一之導
我等亦得
小智樂小
雖復說三
深淨微妙
如諸佛所
諸法寂滅
是名轉法
從久遠劫
舍利弗當
咸以恭敬
我即作是
舍利弗當
今我喜無

BD13652 號　妙法蓮華經卷一　（2–2）

BD13653號　禪宗文獻（擬）

（1–1）

除其[illegible]礙道鄣文聲不得
三禪三禪精進皆行但名為
中[illegible]子如是比丘名為法行　念言安心者
[illegible]心也二者向理心謂厭惡生死以求涅槃趣向寂靜名曰
者入理心謂雖復斷鄣顯理能所未亡是菩薩心也四者理心謂非理
非心外心理即是心心能平等名之為理理照能明名之為心心理平等名之為佛心
會實性者不見生死涅槃有別凡聖為異境智無二理事俱融真俗齊觀染
淨一如佛與眾生本來平等[illegible]楞伽經云一切無涅槃無有涅槃佛無有
槃遠離覺所覺若有若無有是二悉俱離大道本來廣遍圓淨本有不
從因得如似浮雲底日光雲霧滅盡日光自現何用更多廣學知見涉歷文
字語言覆歸生死道用口說文傳為道此者人貪求名利自壞壞他亦如磨銅
鏡鏡面上塵落盡鏡自明淨諸法無行經云佛亦不作佛亦不度眾生眾生強
分別作佛度眾生而此心不證是則無定證則有照緣起大用圓通無礙名大脩
道自他無二一切行一時行亦無前後亦無中間名為大乘內外無著大捨畢竟名
為檀波羅蜜善惡平等俱不可得即是尸波羅蜜心境無違怨害永盡
即是羼提波羅蜜大寂不動而萬行自然即是精進波羅蜜繁興妙寂即是禪波
羅蜜妙寂開明即是般若波羅蜜如此之人勝上廣大圓攝無礙得繁興
是為大乘有求大乘者若不先學安心定知誤矣　大品經云諸佛五眼觀眾
生心及一切法畢竟不見華嚴經云無見乃能見思益經云非眼所見非耳鼻
舌身意識所知但應隨如相見如眼如乃至意如法位如亦如是若能如是見者是名
正見　禪決曰蝙蝠角鵄晝不見物夜見物者皆是妄想顛倒故也所以者何蝙
蝠角鵄見他闇為明凡夫人見他明為闇皆為是妄想以顛倒故以業障故不見
真法若然者明不定明闇不定闇如是解者不為顛倒惑亂即入如來常樂我淨
中也　大法師云楞伽經說云何淨其念者遣勿令妄想勿令漏念念佛極著
力念念連注不斷寂然無念證本空淨也又云一受不退常寂然則佛說云何增長
也又云從師而學悟不由師凡教人智慧未嘗說法就事而徵指樹葉是何物又云
汝能入瓶入柱及能入火穴山杖能說法不又云汝身入心入又云屋內有瓶屋外亦有瓶
不瓶中有水不水中有瓶不乃至天下諸水一一中皆有瓶不又云此水是何物又樹葉能
說法瓶能說法柱能說法屋能說法及地水火風皆能說法土木瓦石亦能說法者何也
第二魏朝三藏法師菩提達摩承求那跋陀羅三藏後其達摩禪師志闡
大乘泛海吳越遊洛至鄴[illegible]

BD13654號　楞伽師資記

鏡見他闇爲明凡夫見他明爲闇皆爲是妄想以顛倒故以業障故不見
真法若然者明不定明闇不定闇如是解者不爲顛倒式亂即入如來常樂我淨
中也　大法師云楞伽經說云何淨其念者遣勿令妄想勿令漏念佛稱者
力念念連注不斷寂然無念證本空淨也又云一受不退常寂然則佛說云何增長
也又云從師而學悟不由師凡教人智慧未嘗說法就事而徵指樹葉是何物又云
汝能入瓶入柱及能入火穴山杖能說法不又云汝身心入又云屋內有瓶屋外亦有瓶
不瓶中有水不水中有瓶不乃至天下諸水一一中皆有瓶不又云此水是何物又樹葉能
說法瓶能說法柱能說法屋能說法及地水火風皆能說法土木瓦石亦能說法者何也
第二魏朝三藏法師菩提達摩承求那跋陀羅三藏後其達摩禪師志闡
大乘泛海吳越遊洛至鄴沙門道育惠可奉事五年方誨四行謂可曰有楞伽
經四卷仁者依行自然度脫餘廣如續高僧傳所明略辯大乘入道四行弟子曇
林序　法師者西域南天竺國是大婆羅門國王第三之子也神惠疏朗聞皆
曉悟志存摩訶衍道故捨素從緇紹隆聖種冥心虛寂通鑒世事內外俱明德
超世表悲悔邊隅正教陵替遂能遠涉山海遊化漢魏亡心寂默之士莫不
歸信取相存見之流乃生譏謗于時唯有道育惠可此二沙門年雖後生俊志
高遠幸逢法師事之數載虔恭諮啓善蒙師意法師感其精誠誨以真道如
是安心如是發行如是順物如是方便此是大乘安心之法令無錯謬如是安心者
壁觀如是發行者四行如是順物者防護譏嫌如是方便者遣其不著此略所由意
在後文　夫入道多途要而言之不出二種一是理入二是行入理入者謂藉教
悟宗深信含生凡聖同一真性但爲客塵妄覆不能顯了若也捨妄歸真
凝住壁觀無自他凡聖等一堅住不移更不隨於言教此即與真理冥狀無
有分別寂然無名之理入　行者所謂四行其餘諸行悉入此行中何等爲
四行一者報怨行二者隨緣行三者無所求行四者稱法行云何報怨行修道
行人若受苦時當自念言我從往昔無數劫中棄本逐末流浪諸有多起怨憎
違害無限今雖無犯是我宿殃惡業果熟非天非人所能見與甘心忍受都無
怨訴經云逢苦不憂何以故識達故此心生時與理相應體怨進道是故說
言報怨行第二隨緣行者衆生無我並緣業所轉苦樂齊受皆從緣生若
得勝報榮譽等事是我過去宿因所感今方得之緣盡還無何喜之有
得失從緣心無增減喜風不動冥順於道是故說言隨緣行第三無所求行

生當戴勤
衆生被困厄　无量
具足神通力　廣脩智方便
種種諸惡趣　地獄鬼畜
真觀清淨觀　廣大智慧
无垢清淨光　慧日破諸闇　能伏
悲體戒雷震　慈音妙大雲　澍甘露
諍訟經官處　怖畏軍陣中　念彼觀
妙音觀世音　梵音海潮音　勝彼世間
念念勿生疑　觀世音淨聖　於苦惱死厄　能
具一切功德　慈眼視衆生　福聚海无量　是故應頂禮
尒時持地菩薩即從座起前白佛言世尊若
有衆生聞是觀世音菩薩品自在之業普門
示現神通力者當知是人功德不少佛說是
普門品時衆中八万四千衆生皆發无等等
阿耨多羅三藐三菩提心

妙法蓮華經觀世音經一卷

BD13655號　觀世音經　（2–1）

具一切功德　慈眼視衆生　福聚海无量　是故應頂禮
尒時持地菩薩即從座起前白佛言世尊若
有衆生聞是觀世音菩薩品自在之業普門
示現神通力者當知是人功德不少佛說是
普門品時衆中八万四千衆生皆發无等等
阿耨多羅三藐三菩提心

妙法蓮華經觀世音經一卷

BD13655號　觀世音經　（2–2）

……作男女
……舍利弗言无沒生也汝豈不聞佛
說諸法如幻相乎答曰如是若一切法如幻
相者云何問言汝於何沒而來生此舍利弗
……者為虛誑法相
……不長諸惡
佛号无動是
利弗言未曾
而來樂此多
意云何日光出
時則无眾冥
提答曰欲以明
……如是雖生不淨
……合也但滅眾生
……无動如來及其
……眾會所念告維摩
言善男子為此眾會現妙喜國无動如來
及諸菩薩聲聞之眾眾皆欲見於是維摩詰
……吾當不起于坐接妙喜國鐵圍山川溪
……日月星宿天
……并……聲聞之眾
小乃至无動如來及菩提樹諸

BD13656號　維摩詰所說經卷下　（5–1）

小乃至无動如來及菩提樹諸
妙蓮華能於十方作佛事者三道寶階從
閻浮提至忉利天以此寶階諸天來下悉為禮
……法閻浮提人亦登其階
……世界成就如是无量
……吒天下至水際以右手斷
取如陶家輪入此世界猶持華鬘示一切眾
作是念已入於三昧現神通力以其右手斷
……此土彼得神通菩薩及聲
……世尊誰取
淨无動佛言非我所為是維摩
詰神力所作其餘未得神通者不覺不知
己之所往妙喜世界雖入此土而不增減於是
……如本無異
……汝等且觀妙喜
其國嚴飾菩薩行淨弟子清白
皆曰唯然已見佛言若菩薩欲得如是清淨
佛土當學无動如來所行之道現此妙喜國
……那由他人發阿耨多羅三藐三菩
……妙……釋迦牟尼佛即
時妙喜世界於此國土所
應饒益其事訖已還復本處舉眾皆見
佛告舍利弗汝見此妙喜世界及无動佛
……願使一切眾生得清淨土
……詰世尊我等快
人親近供養其諸眾生若今
現在若佛滅後聞此經者亦得善利況復聞

BD13656號　維摩詰所說經卷下　（5–2）

現在若佛滅後聞此經者亦得善利況復聞
已信解受持讀誦解說如法脩行若有手得
爲得法寶之藏若有讀誦解
佛之所護念其有
知則爲供養於佛其有書
持此經卷者當知其室則有如來若聞是經
能隨喜者斯人則爲取一切智若能信解
一四句偈爲他說者當知此人即是
品第十
尒時釋提桓因於大衆中白佛言世尊我雖
從佛及文殊師利聞百千經未曾聞此不可
神通決定實相經典如我解佛所
聞經法信解受持讀誦
之者必得是法不疑何況如說脩行斯人則
爲閉衆惡趣開諸善門常爲諸佛之所護
念降伏外學摧滅魔怨脩治菩提安處道場
世尊若有受持讀誦如說
眷屬供養給事所在衆
落城邑山林曠野有是經處我亦與諸眷屬
聽受法故共到其所其未信者當令生信其已
當爲作護佛言善哉善哉天帝如汝所
說過去未來現在諸佛
多羅三藐三菩提是故天帝
若善男子善女人受持讀誦供養是經者則
爲供養去來今佛天帝正使三千大千世界

爲供養去來今佛天帝正使三千大千世界
甘蔗竹葦稻麻叢林若有善
一劫恭敬尊重讚
歎供養奉諸所安至諸佛滅後以一一全身
舍利起七寶塔縱廣一四天下高至梵天表
刹莊嚴以一切華香瓔珞幢幡伎樂微妙第
一而供養之於天帝意云
爲多不釋提桓因言多矣世
尊彼之福德若以百千億劫說不能盡佛告
天帝當知是善男子善女人聞是不可思議
解受持讀誦脩行福多於彼所
提皆從是生菩提之相不可
量以是因緣福不可量
佛告天帝過去無量阿僧祇劫時世有佛号
曰藥王如來應供正遍知明行足善逝世間解
天人師佛世尊世界曰大
佛壽二十小劫其聲聞僧
三十六億那由他菩薩僧有十二億天帝是
時有轉輪聖王名曰寶蓋七寶具足王四天
端正勇健能伏怨敵尒時寶蓋
藥王如來施諸所安至滿五
劫過五劫已告其千子汝等亦當如我以深
心供養於佛於是千子受父王命供養藥王

時有轉輪聖王名曰寶□□□具足王四天

端正勇健能伏怨敵尒時寶蓋

與藥王如來施諸所安至滿五

劫過五劫已告其千子汝等亦當如我以深

心供養於佛於是千子受父王命供養藥王

□劫一切施安其王一子名曰月

有供養殊過此者以佛神力

空中有天曰善男子法之供養勝諸供養即

問何謂法之供養天曰汝可往問藥王如來當

爲汝說法之供養即時月蓋王子行詣藥

之却住一面白佛言世尊諸

供養中法供養勝云何爲法供養佛言善

男子法供養者諸佛所說深經一切世間難信

難受微妙難見清淨无染非但分別思惟

之菩薩法藏所攝陀羅尼印印之至

不退轉成就六度善分別義順菩提法衆經

之上入大慈悲離衆魔事及諸邪見順因緣

法无我无人无衆生无壽命空无相无作无

訞　生坐於道場而轉法輪諸天龍神

乾闥婆等所共歎譽能令衆生入佛法藏攝

諸賢聖一切智慧說衆菩薩所行之道依於

諸法實相之義明宣无常苦空无我寂滅能

救一切　衆生諸魔外道及貪著者能

BD13656 號　維摩詰所說經卷下　（5–5）

諸衆生長者維摩詰以如是

益衆生其以方便現身有疾以

大臣長者居士婆羅門等及

屬无數千人皆往問疾其往

身疾廣爲說法諸仁者是身无　无力

无堅速朽之法不可信也爲苦爲　病所

集諸仁者如此身明智者所不怙是身如聚

沫不可撮摩是身如泡不得久立是身如炎

從渴愛生是身如芭蕉中无有堅是身如幻

從顛倒起是身如夢爲虛妄見是身如影從

業緣現是身如響屬諸因緣是身如浮雲須

臾變滅是身如電念念不住是身无主爲如

地是身无我爲如火是身无壽爲如風是身

无人爲如水是身不實四大爲家是身爲空

離我我所是身无知如草木瓦礫是身无作

風力所轉是身不淨穢惡充滿是身爲虛僞

雖假以澡浴衣食必歸磨滅是身爲灾百一

病惱是身如丘井爲老所逼是身无定爲要

當死是身如毒蛇如怨賊如空聚陰界諸入

所共合成諸仁者此可患猒當樂佛身所以

BD13657 號　維摩詰所說經卷上　（2–1）

離我我所是身无知如草木瓦礫是身无作
風力所轉是身不淨穢惡充滿是身為虛僞
雖假以澡浴衣食必歸磨滅是身為灾百一
病惱是身如丘井為老所逼是身无定為要
當死是身如毒蛇如怨賊如空聚陰界諸入
所共合成諸仁者此可患猒當樂佛身所以
者何佛身者即法身也從无量功德智慧生
從戒定慧解脫解脫知見生從慈悲喜捨生
從布施持戒忍辱柔和勤行精進禪定解脫
三昧多聞智慧諸波羅蜜生從方便生從六
通生從三明生從三十七道品生從止觀生
從十力四无所畏十八不共法生從斷一切
不善法集一切善法生從真實生從不放逸
生從如是无量清淨法生如來身諸仁者欲
得佛身斷一切衆生病者當發阿耨多羅三
藐三菩提心如是長者維摩詰為諸問疾
如應說法令无數千人皆發阿耨
三菩提心
維摩詰經弟子品第三
尒時長者維摩詰自念寢疾于
寧不垂愍佛知其意即告舍利弗

BD13657 號　維摩詰所說經卷上　（2–2）

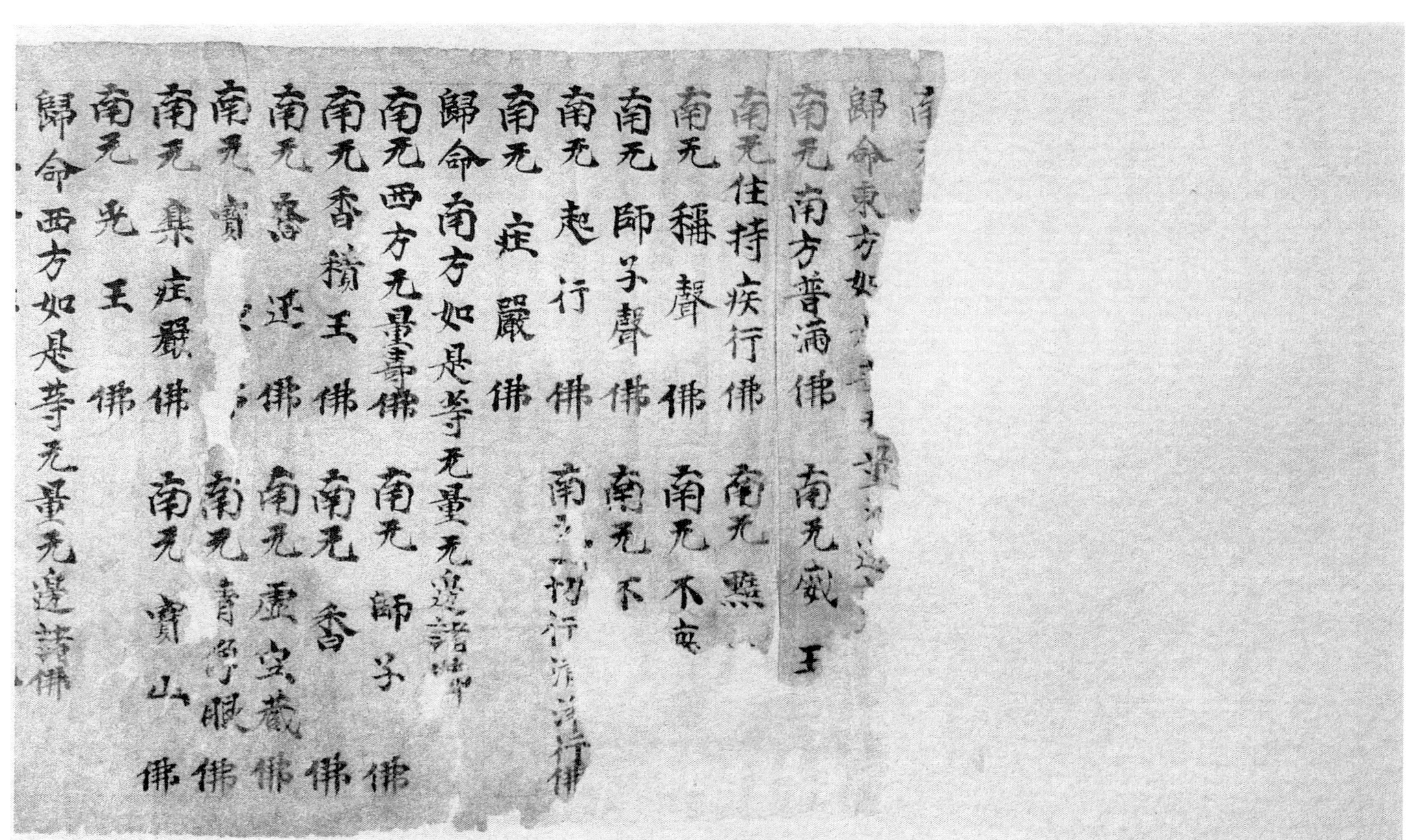
南无
歸命東方如
南无南方普滿佛　南无寂王
南无住持疾行佛　南无熈
南无稱聲佛　南无不疲
南无師子聲佛　南无不
南无起行佛　南无……物行……行佛
南无莊嚴佛
歸命南方如是等无量无邊諸佛
南无西方无量壽佛　南无師子佛
南无香積王佛　南无香佛
南无普遂佛　南无虛空藏佛
南无寶……　南无青淨眼佛
南无集莊嚴佛　南无寶山佛
南无光王佛
歸命西方如是等无量无邊諸佛

BD13658 號　佛名經（十六卷本）卷一　（2–1）

南无師子聲佛　南无下
南无起行佛　南无一切行淸淨佛
南无莊嚴佛
歸命南方如是等无量无邊諸佛
南无西方无量壽佛　南无師子佛
南无香積王佛　南无香佛
南无香迷佛　南无虛空藏佛
南无寶[illegible]　南无青淨眼佛
南无集莊嚴佛　南无寶山佛
南无光王佛
歸命西方如是等无量无邊諸佛
南无北方難勝佛　南无日光佛
南无栴檀佛　南无自在佛
南无金色王佛　南无月色旃檀佛
南无普眼佛　南无普照眼見佛
南无輪手佛　南无无垢佛
歸命北方如是等无量无邊諸佛
南无東南方治地佛　南无自在佛

BD13658 號　佛名經（十六卷本）卷一　（2–2）

BD13660 號　妙法蓮華經卷五　（2–1）

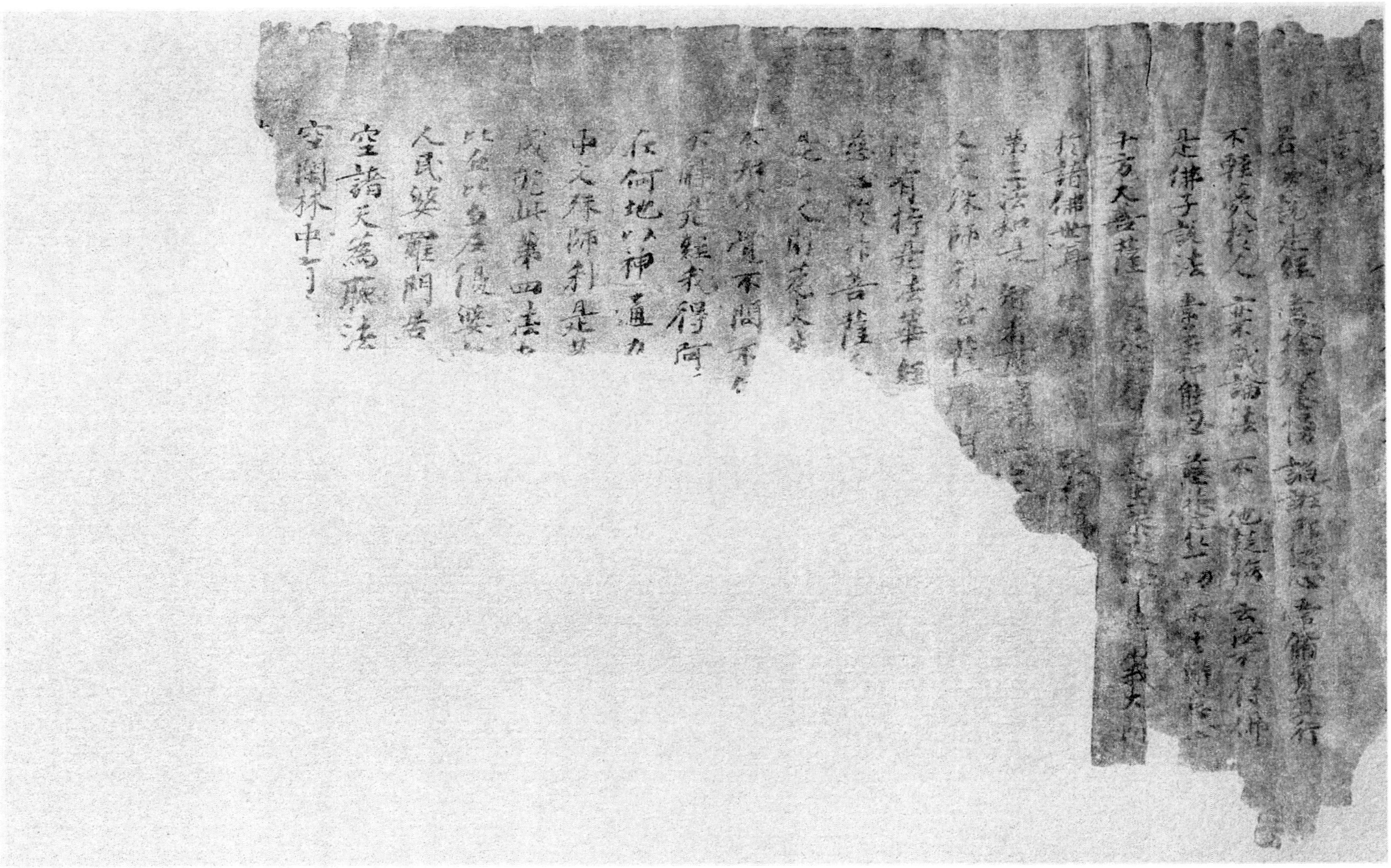

BD13660 號　妙法蓮華經卷五　（2–2）

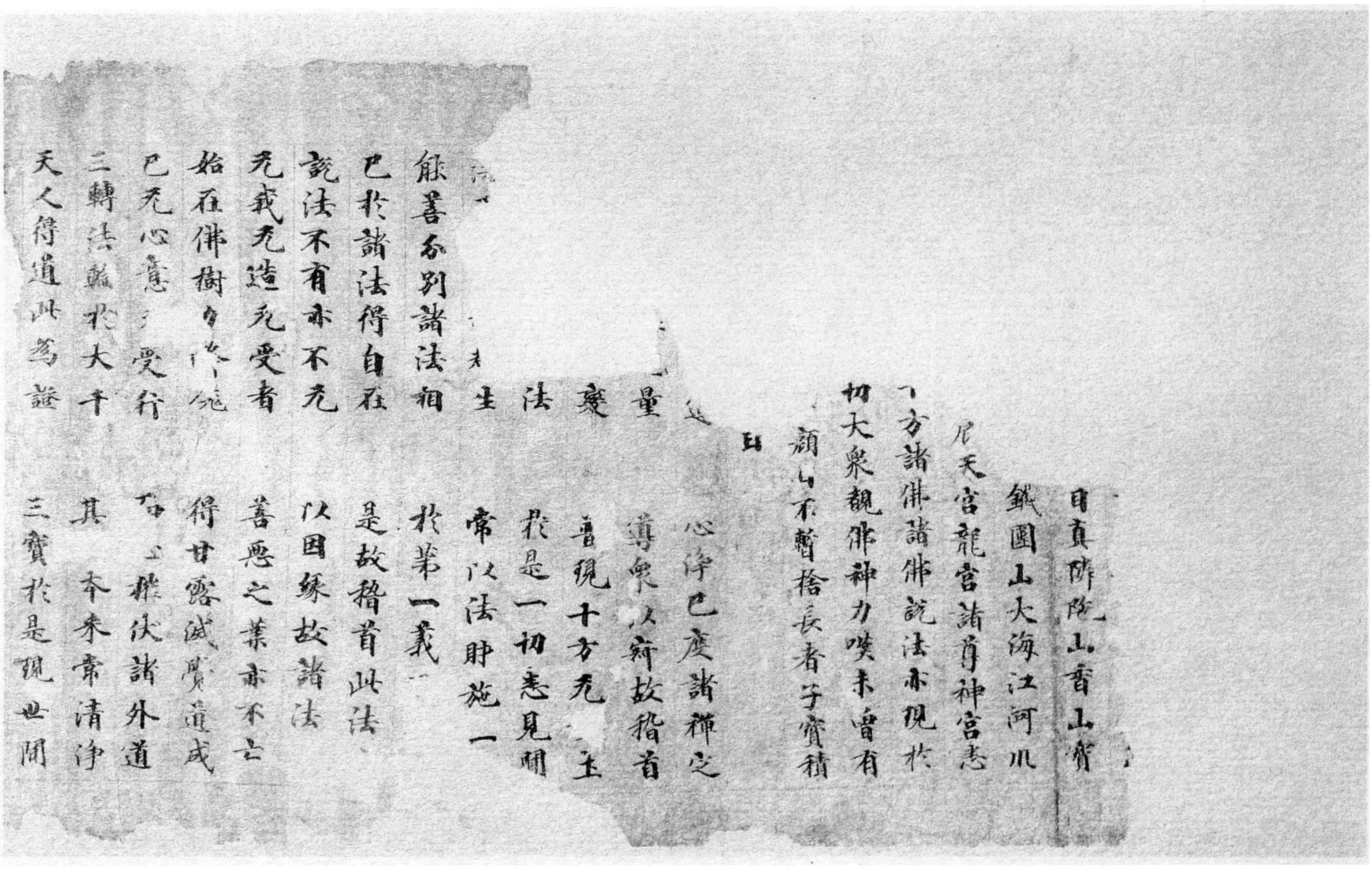

BD13661 號　維摩詰所說經卷上　（2–1）

已於諸法得自在　是故稽首此法
說法不有亦不无　以因緣故諸法
无我无造无受者　善惡之業亦不亡
始在佛樹力[illegible]魔　得甘露滅覺道成
已无心意[illegible]受行　[illegible]悉摧伏諸外道
三轉法輪於大千　其[illegible]本來常清淨
天人得道此為證　三寶於是現世間
以[illegible]群生　一受不退常寂然
[illegible]大醫王　當礼法海德无邊
[illegible]不動如須弥　於善不善等以慈
心行平等如虛空　孰聞人寶不敬承
今奉世尊此微蓋　於中現我三千界
諸天龍神所居宮　揵闥婆等及夜叉
悉見世間諸所有　十力哀現是化變
眾覩希有皆歎佛　今我稽首三、
大聖法王眾[illegible]　[illegible]心觀佛
各見世尊在其[illegible]
佛以一
皆謂[illegible]

BD13661 號　維摩詰所說經卷上　（2–2）

方綱命
入邊郊隣國不捨執而送之若見父王秘杰
而死群臣議之以為逆子亂臣不許收葬
之荒外鳥獸蟲蟻燻其凶逆不喫其宍脂膏
滂沲流洿草澤一為不信自取滅亡天地不
哀人神同疾魂爽徒謫万劫不原縱得出生
亦失人道尒時紹光拜為太子太會公卿普
赦天下燒香登殿遥望如神色正顏和德合
春日四海无事天下太平方外子來龜用遠
華匡贊王國人神合符風雨以時百穀成熟
尒時太子溫仁忠恕慈善孝敬年至三十父
王禪社即以國政付囑太子太子三辞不受
又恐逆命非孝子也即以頓首父王受天正
位以道治國不施雜令未滿一年頌聲溢路
人神交歸衆瑞紛錯芝草盈庭麟鳳翔集天
人下遊仙雲四張上元真宰以為門師授其
道要身佩生籙威神法衛年至九十老而更
丁色如童稚耳目聰明出煮帝參五藏無禁
白髮加黑朽齒更生太鑒仙王為合神藥復
炁如犾終身不衰年百七十一且要國ヽ
香
太霄于今治在泰清天中處於玉華瓊臺
在无窮猶故脩學无上道法一生立信然
自期道不負人其義斯在善男子汝諸衆等
於道立信勤脩戒行身无懈怠名之道士
時諸戒聞說是法彌更篤重大衆有千一時
開悟因緣之道心无外想各各嚴整所求之
為諸利天真各還本國果請朝見奉此法力
身度南宮受生衆方法樂世世求有道之因是
時中國男女亦各建中途脩立法一國道士

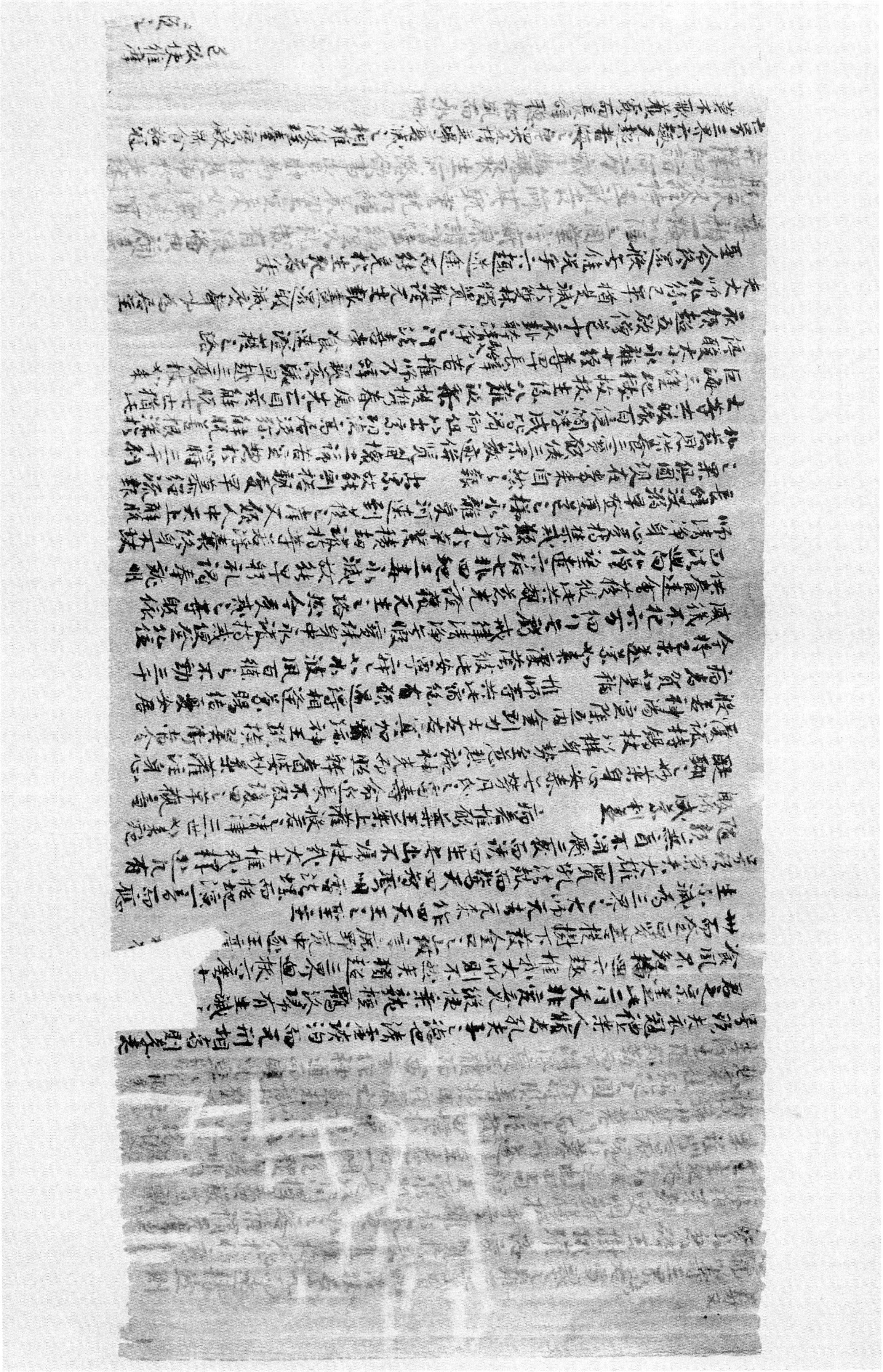

（1–1）

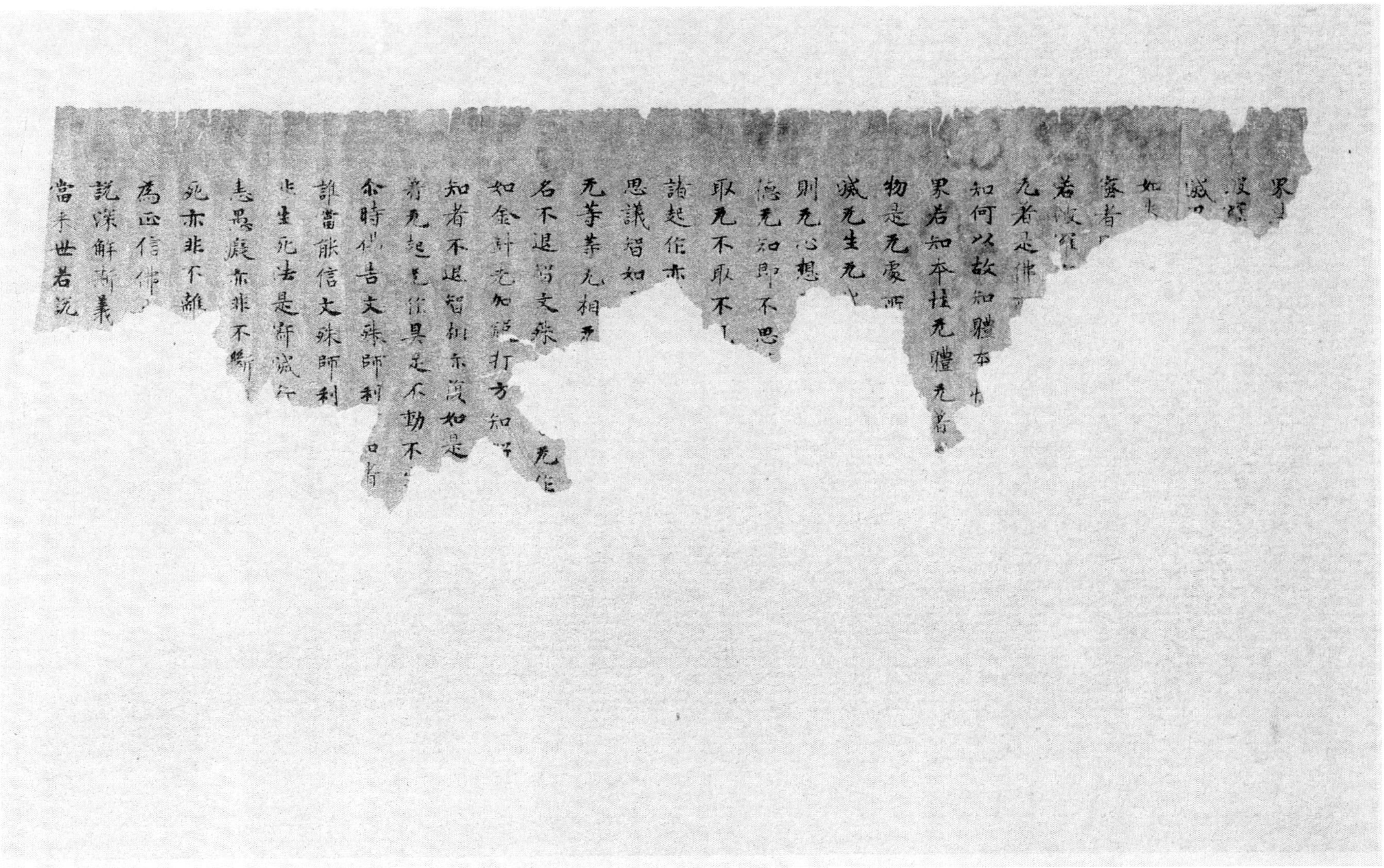

BD13663號　文殊師利所說摩訶般若波羅蜜經卷下　（1–1）

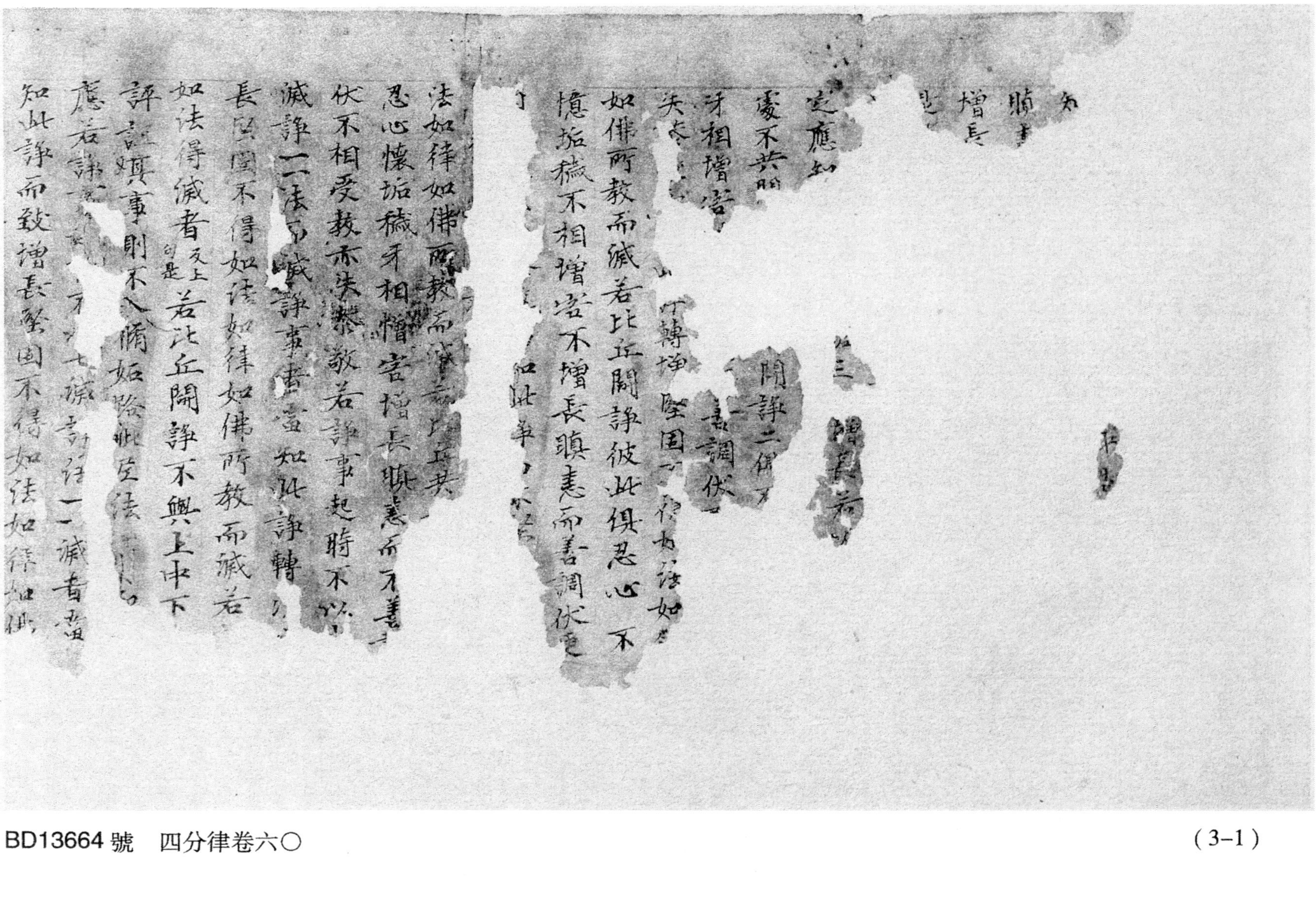

BD13664號　四分律卷六〇　（3–1）

評言煩事則不入僧婦路毗尼法[illegible]
應若諍[illegible]有七滅諍法一一滅者當
知此諍而致增長堅固不得如法如律如佛
所教而滅若諍事如法得滅（如上句是）若不興持法
持律持摩夷者共評論諍事增長亦如
句說若諍事[illegible]法滅[illegible]尒時世尊告[illegible]
彼離[illegible]數舉他比丘罪何以故若[illegible]
他罪身不清淨口不清淨即生他語長[illegible]
自淨身口威儀[illegible]彼離[illegible]自
生他語復次[illegible]舉他比丘命不清淨若[illegible]
不誦脩多羅若舉他罪即生他語長[illegible]
淨其命誦脩多羅若[illegible]彼離舉他比丘命清
淨多聞誦脩多羅不生他語復次[illegible]彼離舉
他比丘不多聞不知毗尼言不[illegible]
羊若舉他罪則生他語長老先學毗尼學[illegible]
若[illegible]彼離舉他比丘多聞誦毗尼語[illegible]
不生他語是故[illegible]彼離比丘應作
比丘有愛恭敬[illegible]者則應[illegible]無愛有恭
敬應舉無恭敬有愛應舉若無愛無敬
捨惡就善應舉若無愛無敬亦
行善而彼有所重比丘尊敬信樂亦
捨惡行善應舉若無[illegible]無敬不[illegible]
善復無有所重比丘尊敬信樂者不能令捨
惡行善[illegible]彼離增即應都捨置驅棄語言長
老[illegible]汝所去處彼當為汝[illegible]舉作憶
言處問無婆[illegible]處[illegible]女[illegible]

BD13664 號　四分律卷六〇　（3–2）

捨惡行善應舉若無[illegible]無敬不[illegible]
善復無有所重比丘尊敬信樂者不能令捨
惡行善[illegible]彼離增即應都捨置驅棄語言長
老[illegible]汝所去處彼當為汝[illegible]舉作憶
言處問無婆[illegible]處[illegible]女[illegible]
馬難調即合羈靮驅棄此比丘[illegible]
是人不應先從其求聽此即是驅[illegible]
憂波離聞歡喜信樂受持憂波[illegible]
德為比丘起事以幾法[illegible]言為[illegible]
以三事破戒破見破威儀憂波離復問以此
三事起事復以幾法為作舉佛言以三事舉
見聞疑彼離復[illegible]以三事起事[illegible]
舉應[illegible]
舉（如上說以時不以非時如是五法）尒時世尊在[illegible]
諸比丘汝等謂我為衣
卧具而說法耶諸比丘
生如是意謂世尊為
法佛言若不
等作如是意
言汝等若[illegible]

BD13664 號　四分律卷六〇　（3–3）

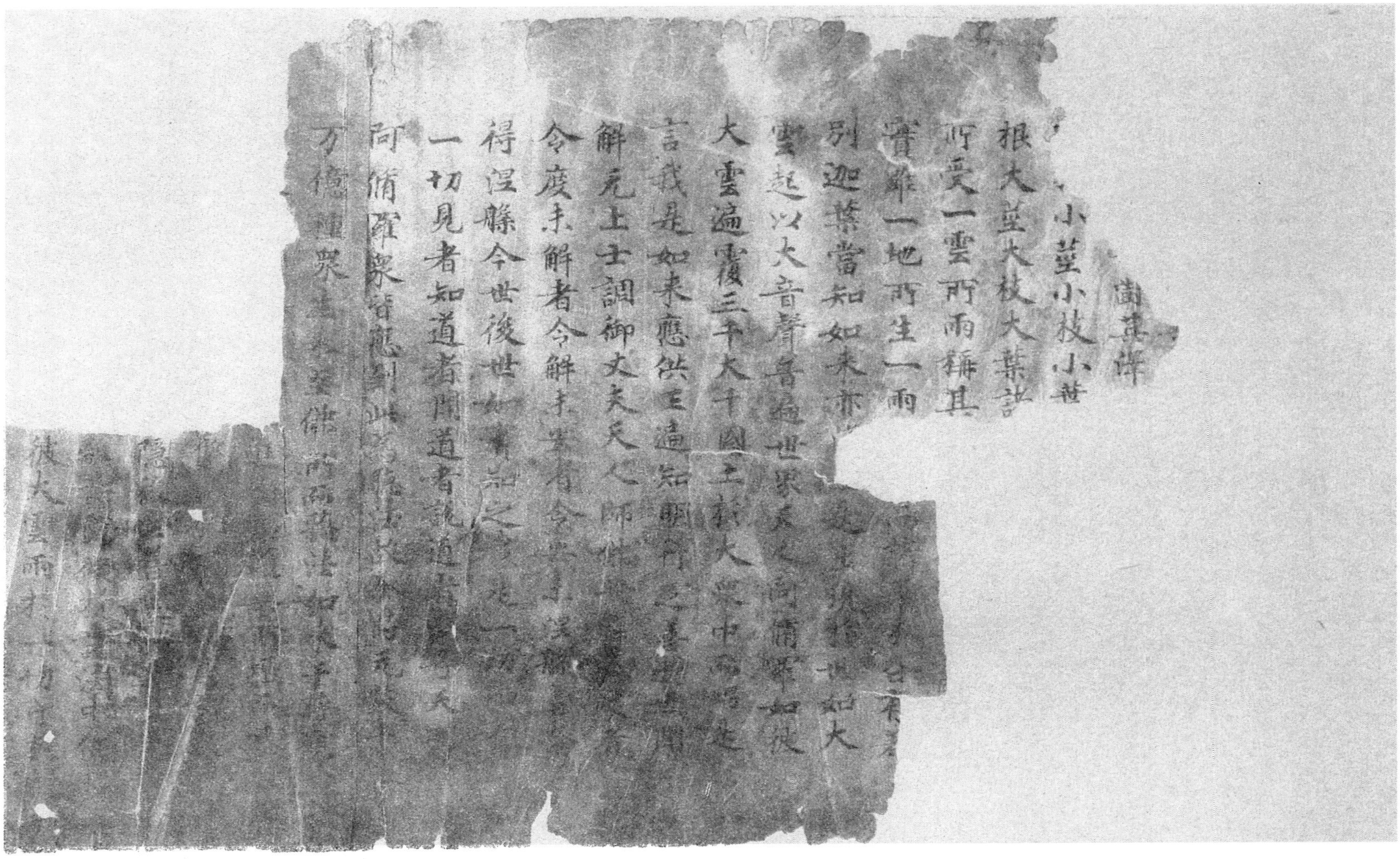

BD13665 號　妙法蓮華經卷三　　　（2–1）

BD13665 號　妙法蓮華經卷三　　　（2–2）

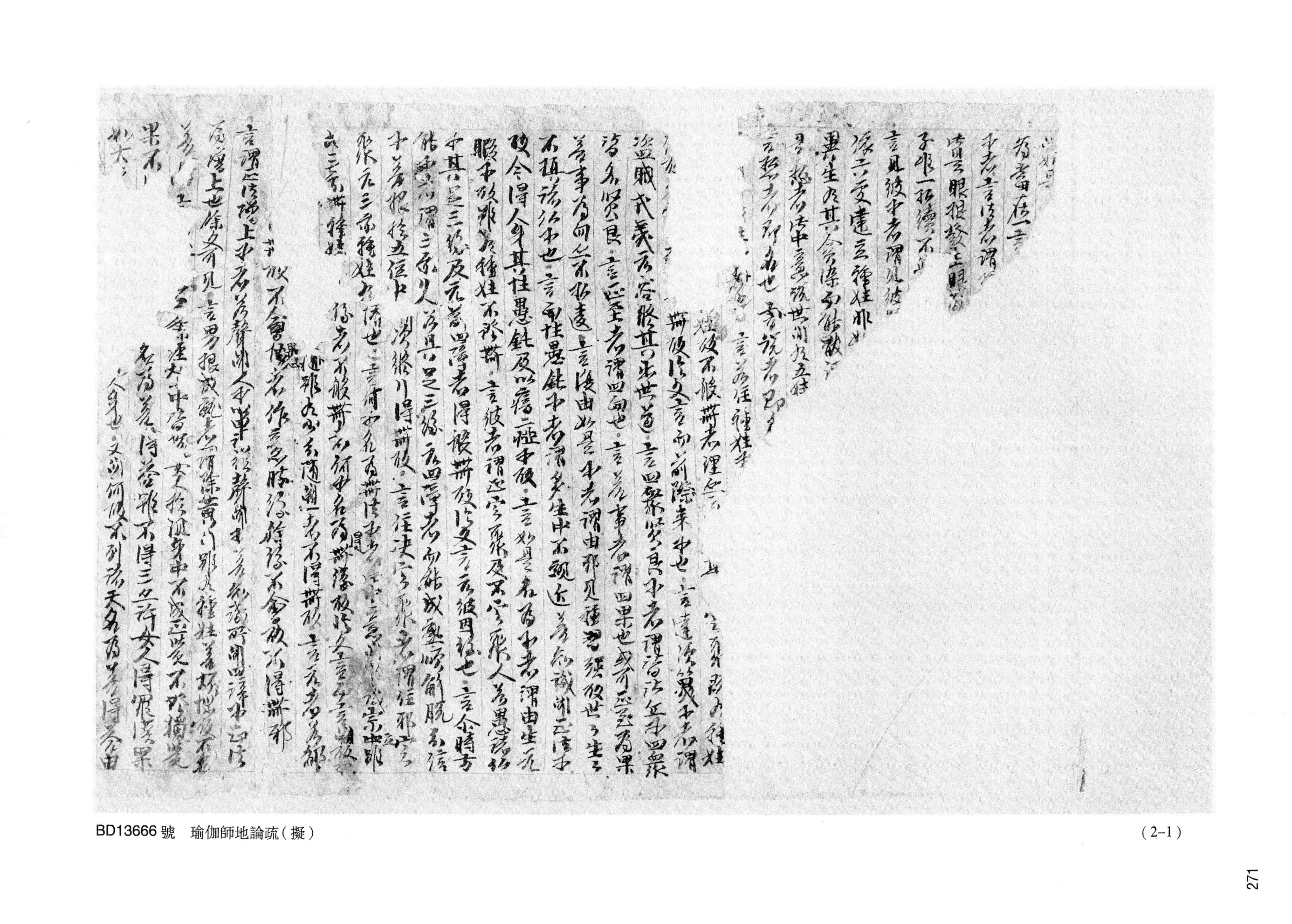

BD13666號　瑜伽師地論疏（擬）　（2–1）

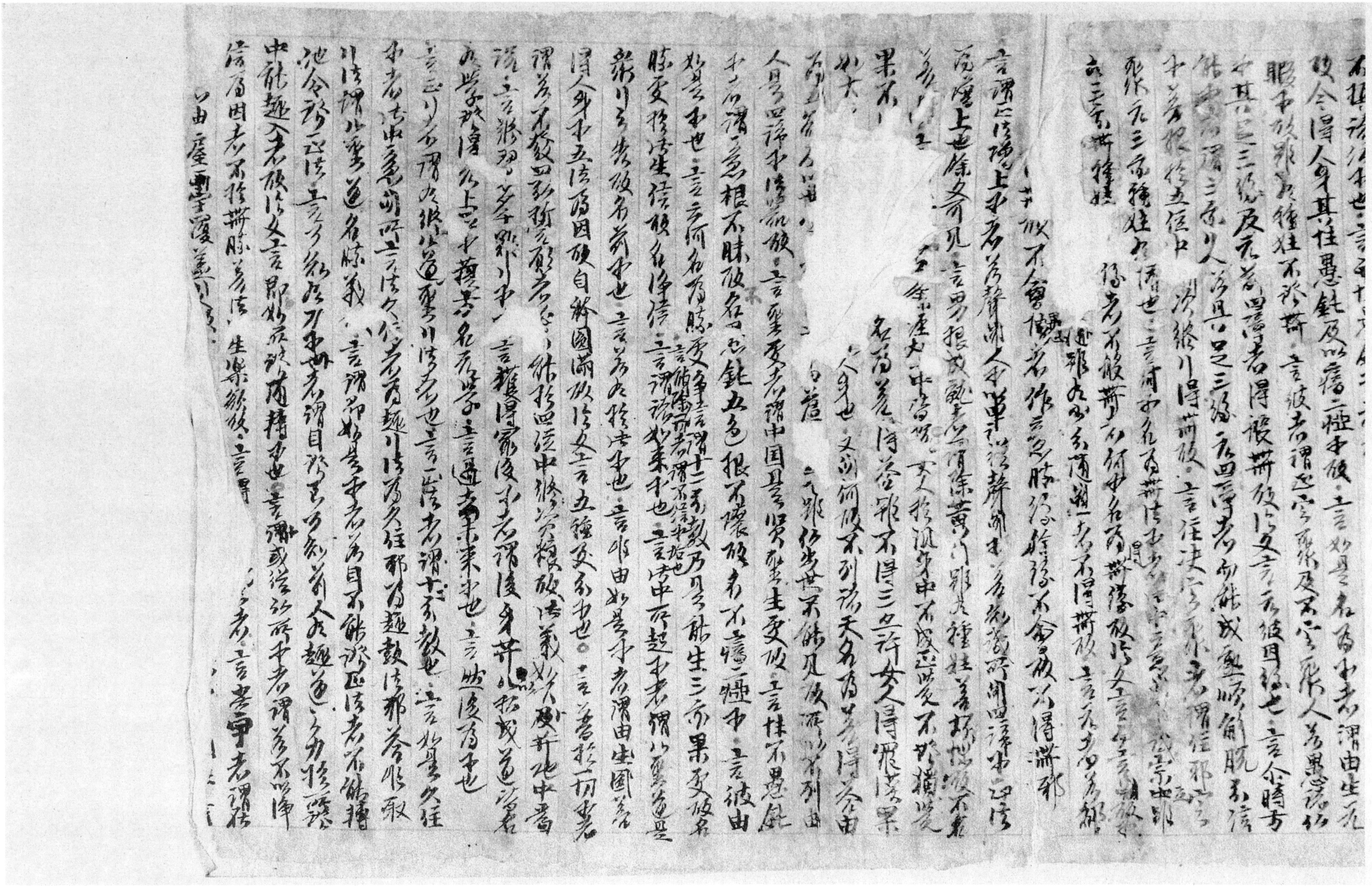

BD13666號　瑜伽師地論疏（擬）　（2–2）

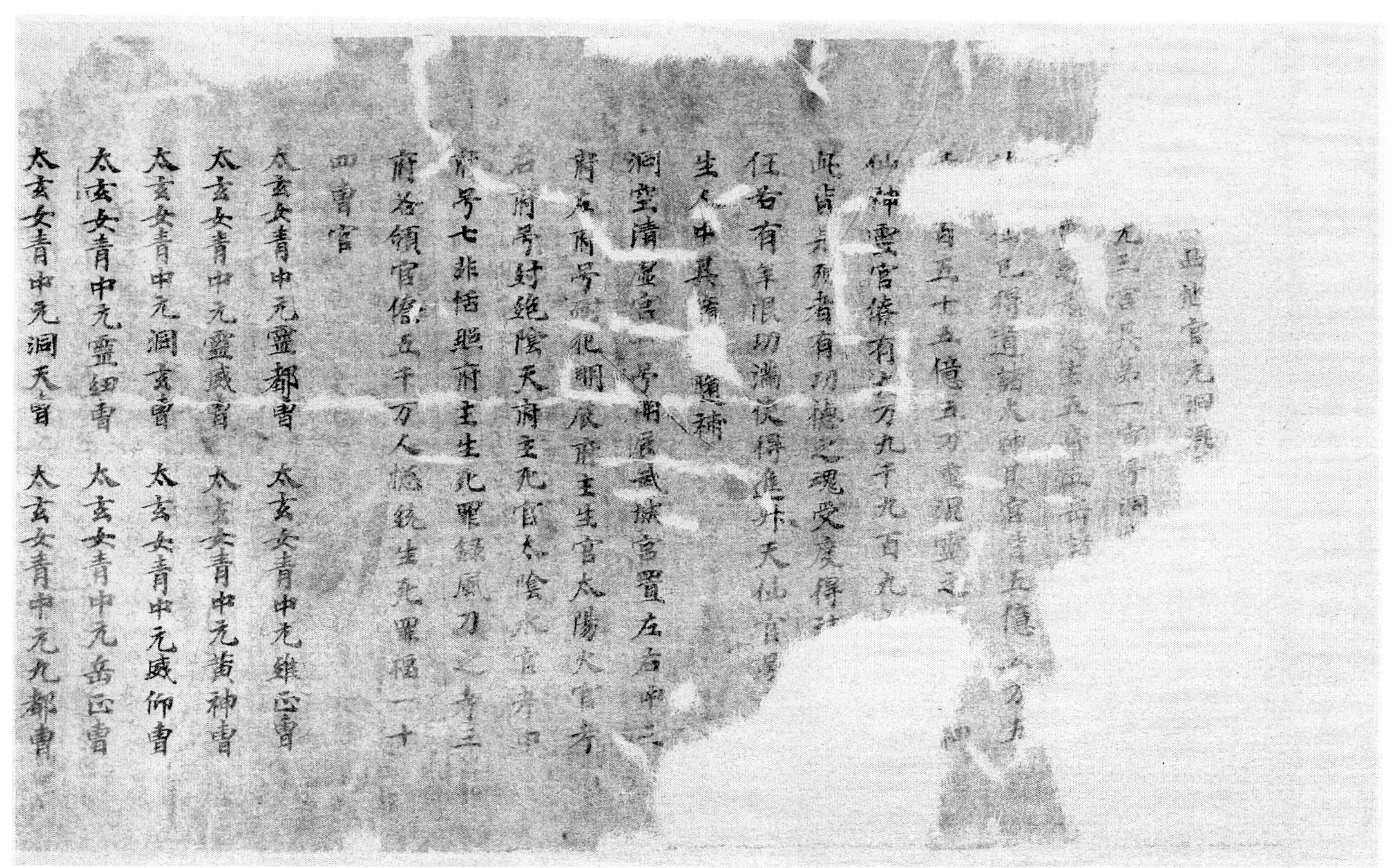
任皆有年限功滿使得進昇天仙官
四曹官
太玄女青中元靈都曹　太玄女青中元雜正曹
太玄女青中元靈威曹　太玄女青中元黃神曹
太玄女青中元洞玄曹　太玄女青中元威仰曹
太玄女青中元靈紬曹　太玄女青中元岳正曹
太玄女青中元洞天曹　太玄女青中元九都曹

BD13667號　太上洞玄靈寶三元品戒功德輕重經　（2–1）

太玄女青中元洞天曹　太玄女青中元九都曹
太玄女青中元五集曹　太玄女青中元通明曹
太玄女青中元儀範曹　太玄女青中元九孝曹
右一十四曹太玄女青所置屬洞空清虛宮
主左府太陽火官太陰右府水官中府無刀
之考一十四曹曹置一考官百廿考吏一千
二百考兵一万二千考士主五岳神仙真人
已得道及未得道學士及百姓子男女人所
犯功過罪惡薄錄大考三年中考九年小考
廿四年大福三年中福九年小福廿四年罪
福俱行功過同報其薄錄並封在五岳洞室
中元二品左宮名南洞陽宮一號宋天宮總
主地上九土五星四維八極諸靈官及未得
道學者百姓子男女人生命錄籍其宮皆五
億五万五千五百五十五億五万重混黃之
炁其中土府地官僚而有九万九千九百九
十九万衆皆是死者有功之魂受度而補其
職局
南洞陽宮置左右中三府左府號諫事府主

BD13667號　太上洞玄靈寶三元品戒功德輕重經　（2–2）

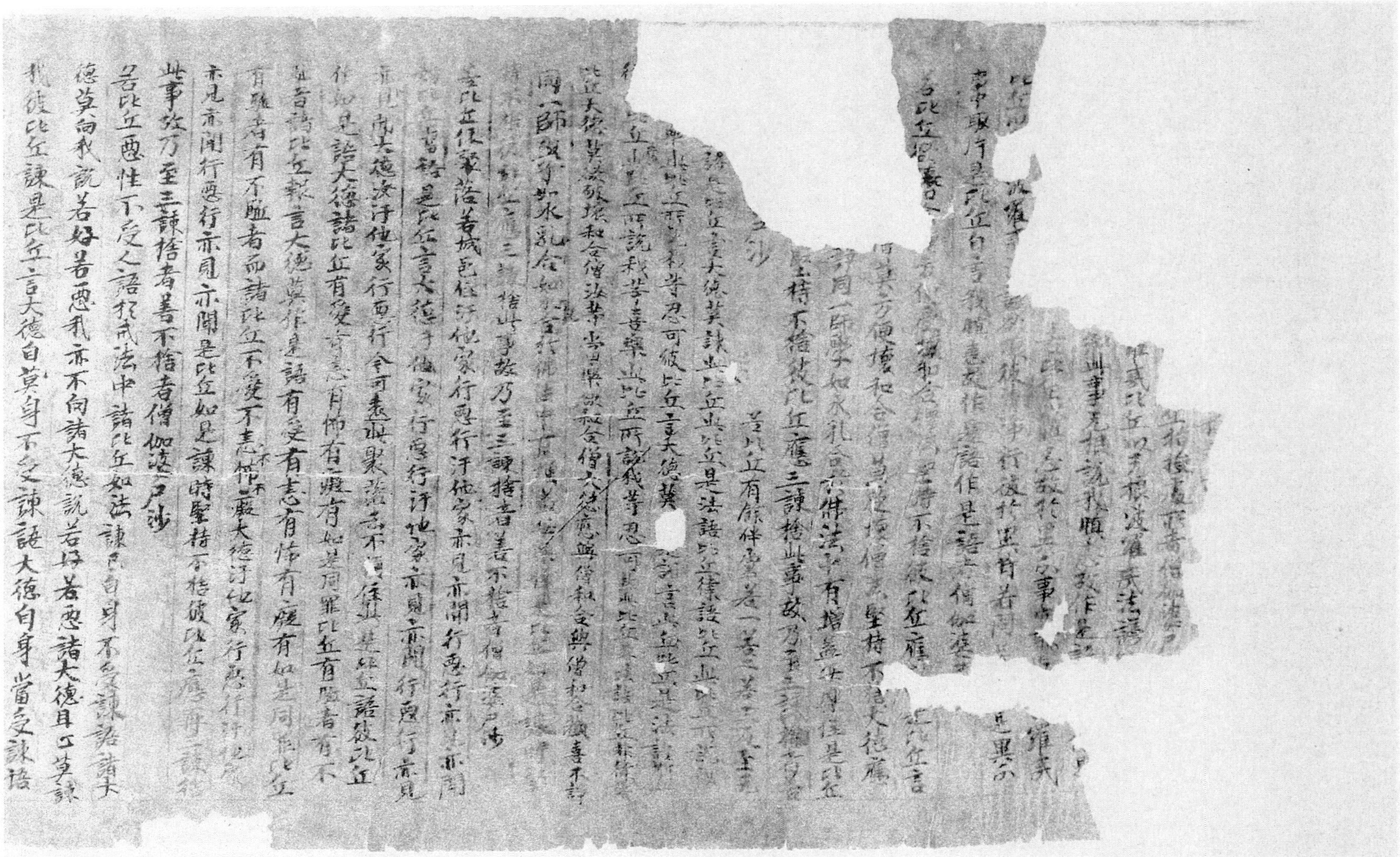

BD13667號背　四分律比丘戒本　　　　（2–1）

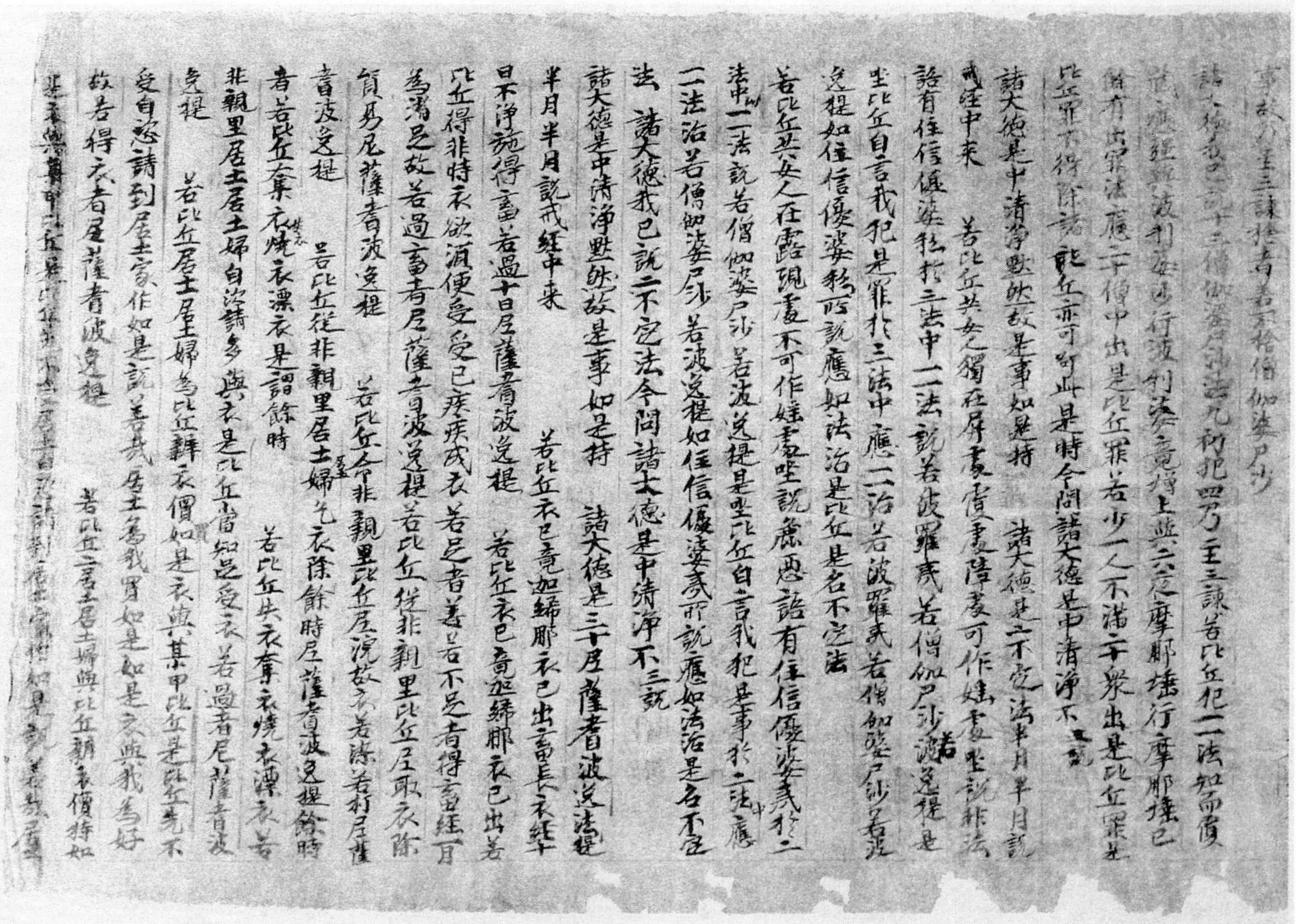

BD13667號背　四分律比丘戒本　　　　（2–2）

解百生怨家經

BD13668號背　護首　　　　（1–1）

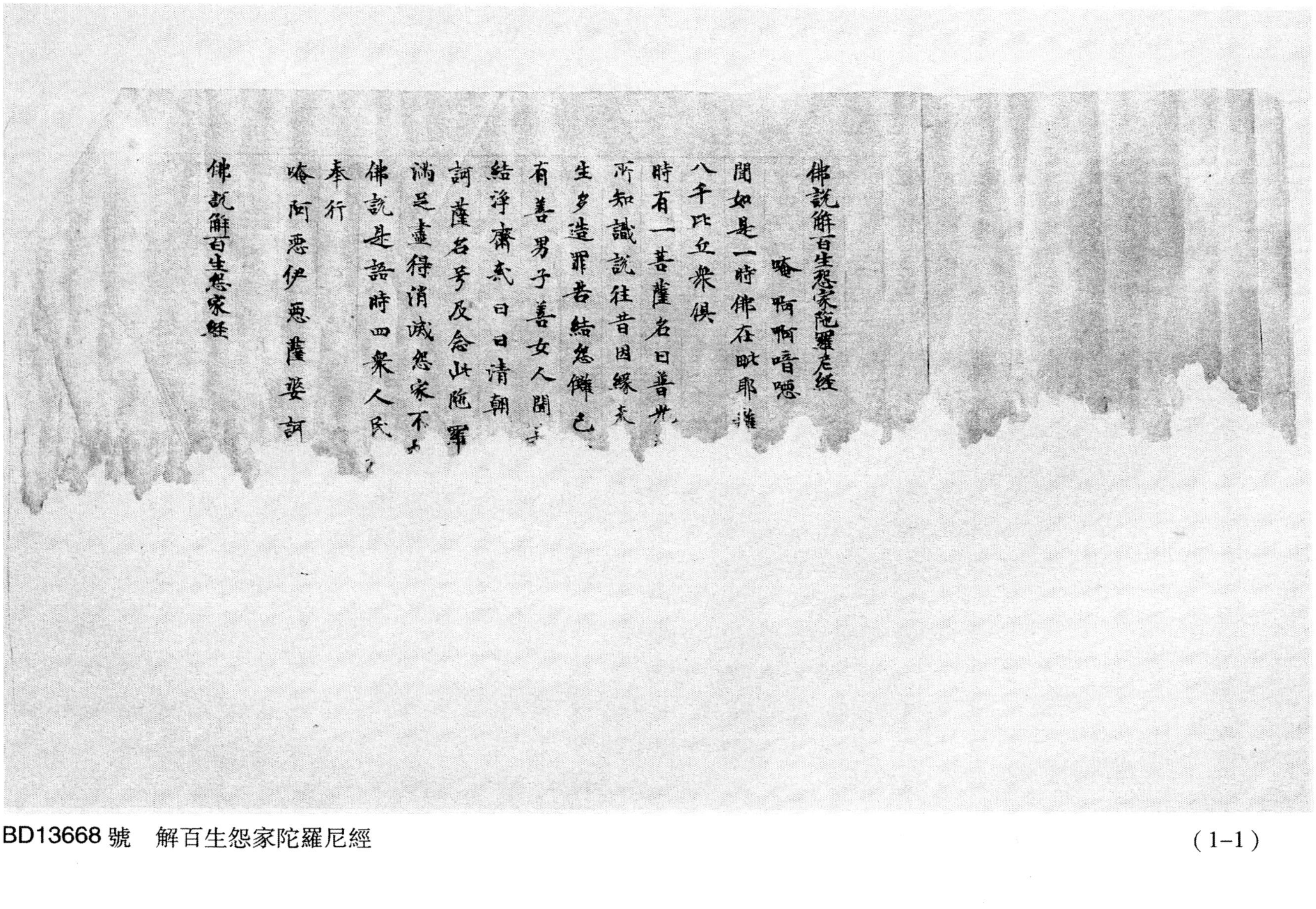

佛說解百生怨家陀羅尼經
唵 阿 啊 喑 噁
聞如是一時佛在毗耶離
八千比丘衆俱
時有一菩薩名曰普光
所知識說往昔因緣未
生多造罪若結怨讎已
有善男子善女人聞
結淨齋戒日日清朝
訶薩名号及念此陀羅
滿足盡得消滅怨家不
佛說是語時四衆人民
奉行
唵 阿 惡 伊 惡 薩 婆 訶
佛說解百生怨家經

BD13668號　解百生怨家陀羅尼經　　　　（1–1）

濁又汝朝夕生滅
見每欲留於世間業運每常遷於國土相織
妄成是第四重名眾生濁汝等見聞元无異
性眾塵隔越无狀異生性中相知用中相背
同異失准相織妄成是第五重名為命濁阿
難汝今欲令見聞覺知遠契如來常樂我淨
應當先擇死生根本依不生滅圓湛性成以
湛旋其虛妄滅生伏還元覺得元明覺无生
滅性為因地心然後圓成果地修證如澄濁水
貯於靜器靜深不動沙土自沉清水現前名
為初伏客塵煩惱去泥純水名為永斷根本
无明明相精純一切變現不為煩惱皆合涅
槃清淨妙德
第二義者汝等必欲發菩提心於菩薩乘生
大勇猛決定棄捐諸有為相應當審詳煩惱
根本此无始來發業潤生誰作誰受阿難汝
修菩提若不審觀煩惱根本則不能知虛妄
根塵何處顛倒處尚不知云何降伏取如來
位阿難汝觀世間解結之人不見所結云何
知解不聞虛空被汝隳裂何以故空无相形
无結解故則汝現前眼耳鼻舌及與身心六
為賊媒自劫家寶由此无始眾生世界生纏
縛故於器世間不能超越阿難云何名為眾
生世界世為遷流界為方位汝今當知東西
南北[illegible]

BD13669號　大佛頂如來密因修證了義諸菩薩萬行首楞嚴經卷四　（2–1）

生世界世為遷流界為方位汝今當知東西
南北東南西南[illegible]上下[illegible]過去未
來現[illegible]眾生
織妄相成[illegible]
雖十方[illegible]下
无位中无[illegible]四
三四四三[illegible]總括始終
六根之中各各功德[illegible]阿難汝復於
中克定優劣如眼觀見後暗前明前方全明
後方全暗左右旁觀三分之二統論所作功
德不全三分言功一分无德當知眼唯八百
功德如耳周聽十方无遺動若邇遙靜无邊
際當知耳根圓滿一千二百功德如鼻嗅聞
通出入息有出有入而闕中交驗於鼻根三
分闕一當知鼻唯八百功德如舌宣揚盡諸
世間出世間智言有方分理无窮盡當知舌
根圓滿一千二百功德如身覺觸識於違順
合時能覺離中不知離一合雙驗於身根三
分闕一當知身唯八百功德如意默容十方
三世一切世間出世間法唯聖與凡无不包
容盡其涯際當知意根圓滿一千二百功德
阿難汝今欲逆生死欲流返窮流根至不生
滅當驗此等六受用根誰合誰離誰深誰淺
誰為圓通誰不圓滿若能於此悟圓通根逆
彼无始織妄業流得循圓通與不圓根日劫
相倍我今備顯六湛圓明本所功德數量如
是隨汝詳擇其可入者吾當發明令汝增進

BD13669號　大佛頂如來密因修證了義諸菩薩萬行首楞嚴經卷四　（2–2）

不相應法非心元為因
非差別非名非相
元有元如非元如有何
諍論不見其相菩薩
非識之所識識大力菩薩
是法相不合成不獨成不羇不伴不聚
乘相及以云住不可思議佛言如是不
心心亦如是何以故如不異心心本如故
不異衆生性本元生識之性性本涅槃
緣元起起相性如如元
緣空空元有緣起一切
本元故心如法理
心忘分別見如如
識菩薩如心之法不
元不元相非言說地何
二所及靈空境界內外不泄
入力菩薩言云何六行願為說
一者十信行二者十住行三者十行行四者十迴向
五者十地行六者等覺行如是行者乃能
菩薩言實際覺利元有出入何等法心得入實際
際之法法元有際元際之心則入實際大力菩薩言
心智其智元崖元崖之心心得自在自在之智得
實際如彼凡夫軟心衆生其心多喘以何法御令得堅
入實際佛言菩薩然心喘者以內外使隨使流注

BD13670號　金剛三昧經

(2–1)

元不元相非言說地何
二所及靈空境界內外不泄
入力菩薩言云何六行願為說
一者十信行二者十住行三者十行行四者十迴向
五者十地行六者等覺行如是行者乃能
菩薩言實際覺利元有出入何等法心得入實際
際之法法元有際元際之心則入實際大力菩薩言
心智其智元崖元崖之心心得自在自在之智得
實際如彼凡夫軟心衆生其心多喘以何法御令得堅
入實際佛言菩薩然心喘者以內外使隨使流注
風鼓浪大龍驚駭之心故令多喘
存三守一入如來禪以禪定故心則元
謂存三守一入如來禪佛言存三守一
一者守一心如入如是禪者理觀心是入如
大力菩薩言云何存脫法是何等
佛言三解脫是虛空解脫金
觀者心如理淨元可不心大
觀之佛言心事不二是名
不二不住一相心元得失一不一
如是之人不住二相雖不
不具持波羅提木叉不
應果不住二乘入菩
薩言不可思議如是之
著如來衣坐菩

BD13670號　金剛三昧經

(2–2)

尒文人須言二乘〻〻也開所以故合人〻　以故離〻人天同在世間故合三示行
別故離若作此須且可消文但義不在此〻　中有五辟但有四諦法〻就辟故但言
四乘所以更離　合者欲彰五乘義別若但離人天〻謂二乘无殊第離二乘謂人天
無別之是義故更　離合也求聲聞者合上草木求緣覺者合上諸小求大示者
〻大海是名荷負四種重任者喻既因所以結句也所以名為重任衆生沉論
三友莫由自運　〻身枝〻口〻亦善法免濟令出非重任如何如是荷
負四重任者義不異上下以更來者釋　所勝義　〻地但能荷負四種重物
无諂神之益令攝受正法善男子〻　〻〻負四種善根普及衆生与
作不請〻友化以善法令度生死豈不勝也不請〻友者欲明菩薩有感則
〻不待請而說故言不請〻友也菩薩慈育群品能生世法故言為世法母
又女人下上明〻也〻〻〻〻尸有寶須借藏為喻又如大地有四種寶藏
者喻行願〻人天四乘善法〻〻　下列　下喻四示有其憂劣
如是善男子女人得衆生四種眾上〻　者合上大地有四種寶藏菩薩
已自得法何故直言得衆生寶欲明菩薩於一切求法本不為己故言得
衆生寶也三乘出世可言眾上人天世間何得言上令明世間善補能感出世
言上非法衆生以下上明大士為物求法令攝根機藥以人天善根而
攝受之者今　聲聞也　尸寶求乘覺者合上上寶攝以大
乘者合上无價如是得大寶衆生皆〻　善男子善女人得此希有功德者
欲明弟子得法皆由於而大寶藏者即是攝受正法者此与人為辟應
言大地即是攝受正法善男子女人但法是其本還結与法故言即是〻
〻〻是正法又時人須行人并備六度蘊積在懷目〻為藏并正是六度
〻〻法故言即　法
第五緣攝所以而來上法說〻中言又〻對益喻〻進言攝受大乘令出利益
〻行攝受之方故次明也就中有三初明法〻相即二從何以故以下因其釋即
正明緣攝三從是故以下是其結句此〻緣攝通前願中有大利益行中攝八下四
千〻〻門及其四辟盡章應前外化大願近從雲水二辟中來得以得知上〻法

于〻明又有四辟盡章應前外化大願近從雲水二辟中來是以得知上與法
能出生是喻[illegible] 顯此中將明爲物作緣攝生外行何意
无即欲明正法〻上有波羅蜜義有攝受義何以〻下即消釋因有釋故
得明緣攝是故先即攝受正法語攝受 [illegible]攝受正法者是有上攝受无
異正法者導攝受不異於正法无異攝受正法者還導正法〻外无別攝受
正法即是攝受正法者前言无異時情謂相似故无異今明斛即是一故言无異蘭
者被〻〻无異〻波羅蜜〻[illegible]即攝受正法〻外无別波羅蜜也即是者言斛
即是也何以故下歎〻有攝攝正法波 [illegible]三法〻 即明緣攝也欲明六度
可執北耶稱爲正法行此正法令前衆生〻〻 已而行自爲攝受前人建立乘法
事轉名波羅蜜是義故從緣故義則有三論轉至實无利正明緣〻攝義
蔡釋三法即可名一言當蒲污智之謂也應以施成熟者觀前衆生應見菩
薩行者[illegible] 行與行成熟旨菩薩即自行施而成熟〻有施悲一旦諸拒慶道
言乃至捨身支節〻〻本行正法以此[illegible] 護有一命行成熟是其攝受
彼者彼化主所成熟者前衆生建立〻〻 者得性地〻〻功行成就是名
檀波羅蜜還結與化主〻法也應以戒成就 者菩薩爲之持戒齊護
六根者不染諸塵淨身口意業者三業上爲不惡也正四威義者行住坐
臥亦〻 持戒此是正法得建者明有攝受是名尸波羅蜜者前人威立師
法事弁也應以〻〻熟者 〻〻行是所以忍[illegible]舒事而不惠
者意欲饒益前衆生也第一忍刀杖〻无相忍也顏色无變者忍之相
也此是正法之行而成熟之明其攝受建立者事弁也第行益人不生懈怠
心也生大欲心者万行无不願欲行也第一應已精進成熟者菩薩爲行精
進不起懈心也精[illegible]義者行住坐臥恒自急也此是正法
之行應以禪成熟者禪名爲定衆生〻意以靜嘿而導益者大士爲之入定以
不亂心者无覺觀動亂心也不外向者不趣餘緣外攀緣諸境也第一者无相也
也看至久時所作是身業也久時所說是口業終〻不失是意業也應以智慧成
就 菩薩爲現智惠演諸衆生問一切義所以微問方明智惠者
神知是有其〻 [illegible] 方顯故稱外問然以明智慧也以
无異心而爲演說者欲明出智惠之法也欲明菩薩明[illegible]攝不懼外難

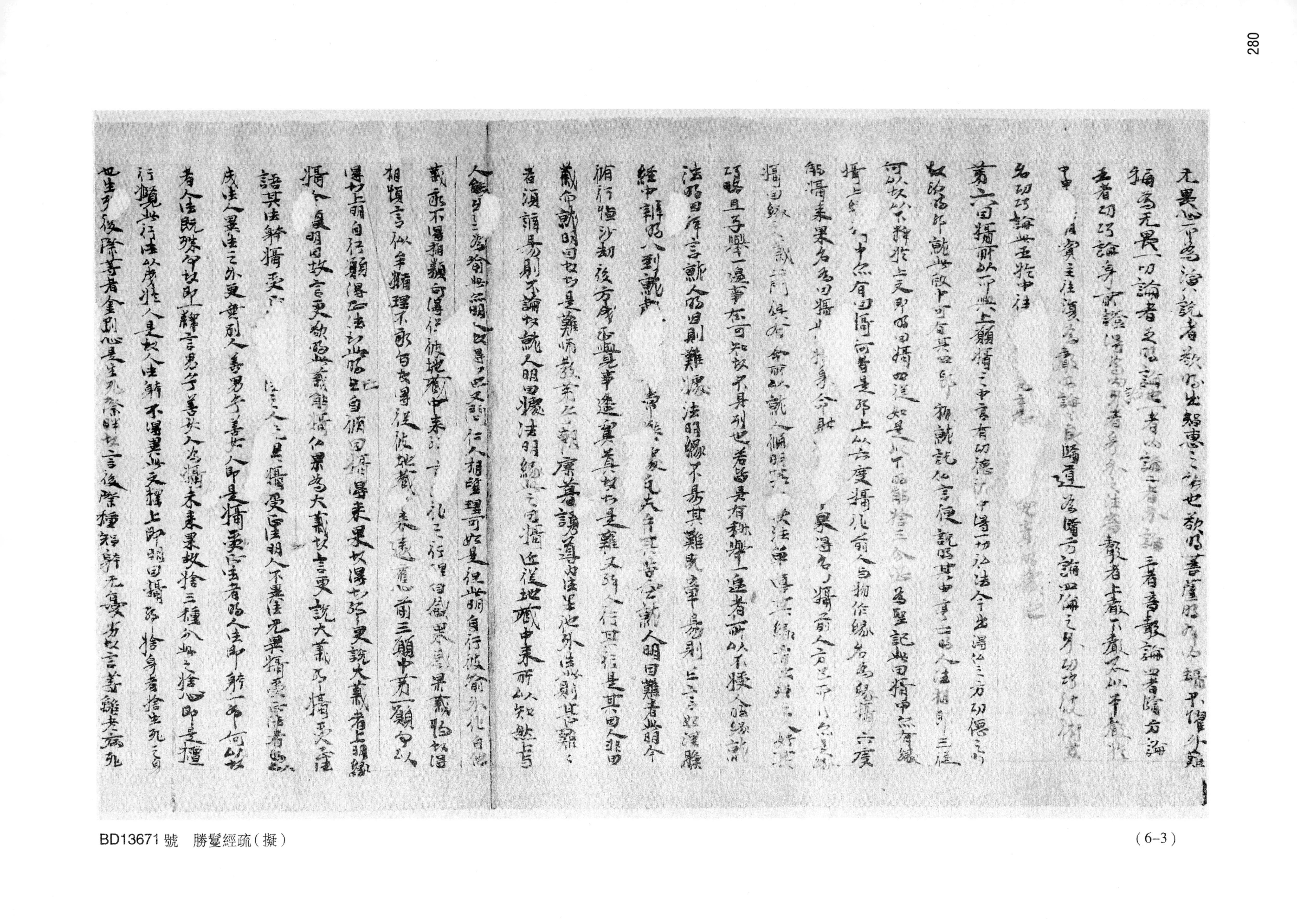

BD13671號　勝鬘經疏（擬）　　（6–3）

也生ㄅ後際等者金剛心是生死際時故言後際種智時无憂苦故言等離老病死
者離三界分段死也[illegible]之死[illegible]然 言不懷也无有變易者離變易生死
捨命者欲明捨生死之命得於常住智命 之命畢竟離死者上明捨身不[illegible]
命捨命其必至身必死是故道言畢竟離死生就相當故言有時人聞二
乘了於變易不名畢竟如來永離二種生死故言畢竟也通達甚深佛法者
明智慧之命能通 者欲明會因中无常之財獲得常住功德法財
得不共者明常住功德之財不与衆生共也无盡滅者明常住法財无盡滅也得
一切衆生中殊勝供養者明本資身活命欲明常住法財資養慧命也於諸衆
生供養中最故言殊勝也仏諸受記者既捨命財出離來苦是故諸仏爲其記
也之所瞻何者既蒙受已 於此起群生之上故爲群生之所瞻仰也此之二行但論
大乘自行化人之行[illegible]不明小心所循者此中唯有大根之人欲令兩教行行是故偏爲大
乘之行无化偏小之人故闕而不論善仏上章何故明於四乘所言真中衆生要聞三
乘之中大乘最勝然後方見[illegible]大精懸是故說也又聞者聞大乘便爲菩薩若
乘 [illegible]應善化方欲使俱聞[illegible]攝寶二義所以明也
第七護法所以[illegible]來上言捨身命財護持正法出時節故明也即應前章第三大願說
此殺中子句有七第一從初說攝受正法者出護法之人第二法欲滅時者出其時節夫
興護法之住要[illegible]法將欲滅自[illegible]不能化人不通菩薩於中捨身命財法[illegible]
法[illegible]與不遮身爲護法也第三朋黨諍訟者是滅法之相欲明四衆各執己
解互相是非從法[illegible]不通之非滅法[illegible]第四破壞離散以下說入法網中明
護法之功欲明菩薩見衆諍訟壞法殄滅是以於中致身[illegible]命和諧而蒙說是
斷非破壞朋黨離散諍訟能令歸從歸宗正化亦時方名護法之功以不諂
曲不[illegible]欺[illegible]邪入正自入諂曲也心口相稱名不欺誑[illegible]成名不會爲既不
以命者三種[illegible] [illegible]奉[illegible]正法爲欲攝生正法之[illegible]來也第五
明既入正於法[illegible]來果必就是故諸仏爲其授記 第六釋法見大力所以加護
明是大力[illegible]因攝緣攝之力第七明唯仏世尊見法見大力見法明正法爲寶明[illegible]
法[illegible]寶[illegible]爲正法者之所歸依仏以大法根本名善知見攝受正法
是自[illegible]化之方
從爾時世尊以下第八大段明如來述成所以興者上來勝鬘說行願

BD13671號　勝鬘經疏（擬）　　（6–4）

從爾時世尊以下第八大段明如來述成所以興者上來勝鬘說行願已
生自行外化護法之功葬會聖心是故如來述成其人就中有三從初訖赴
隨喜心是經家序第二從如是勝鬘以下訖不得邊際正明述成第三明其六
結句大精進力者目上攝受正法能護大法更興化人冨通自行益友故言精進也
廣說當理故言起隨喜心就第二段中文復有三初說以譬喻文故明如來興其三
譬以喻攝受勝妙也二從是故以下明其結勸三從如是勝鬘以下釋可信初
世如汝所說者正是述歎之辭如大力士者喻攝受正法少觸身分者以譬往上一種語
之為少生大苦痛者 士大少觸身分令人苦痛以譬攝受正法道過魔境
一種之力令魔苦惱如是少攝受正法者合上如大力士少觸身分也令魔苦惱者
合上生大苦痛也餘有一善者三乘之善不能生死遠魔不極雅令魔苦生惱
處尊不如少攝受法正能超生死遠魔處極生惱則重也又如牛王以下與勝
二乘作譬牛王形色無比勝一切牛者喻攝受正法以廣大故勝於二乘如是大
乘少攝受正法合上牛王勝於一切二乘善根合上勝一切牛以廣大故合上形色無比故
明攝受正法廣大道過天下故勝於二乘又如須彌以第三譬又如須彌山王端嚴殊
特勝於諸山者以譬攝受正法以廣大故勝於住下住地初住大乘如是大乘
捨身命財者是行以攝取心者是願攝受正法者行願俱是攝受正
法合上須彌山王勝不捨身命財初住大乘者合上勝諸山住下
之能捨身命財住上相心未名無相之捨故不与捨名初住
者新來住於性地 凡二乘者皆自勝於性地大乘豈況二乘所不勝也以
廣大故合上端嚴殊特是以者住上攝受正法過魔境界道越二乘位
過性地以勸決定以是法開示教化建立衆生也一住說法開其信心名為
開示中間正道目為教化前人功成事辯稱為建立如是以下釋正以攝受福
利處多所以勸也 二利者外化之利大福自行之福大果者是二行家果
阿僧祇劫所說不得邊際者明正以理深旨遠故能福利處多也功德義
利不得邊際者欲明自行功德化人義利無量無邊說不可盡也
佛告以下第五明一乘章所以而興前四章明乘家之行未明行有乘義故須明

[illegible]

二乘作譬牛王形[illegible]勝一切牛者喻攝受正法以廣大故勝於二乘如是大

乘少攝受正法合上牛王勝於一切二乘善根合上勝一切牛以廣大故合上形色無比故

明攝受正法廣大道無天下故勝於二乘大如須彌以第三譬如須彌山王端嚴殊

特勝於諸山者以譬攝受正法以廣大故勝於住下性地初住大乘如是大乘

捨身命財者是行以攝取心者是願攝受正法者行願俱是攝受正

法合上須彌山王勝不捨身命財於住大乘者合上勝諸山住下

不能捨身命財住者相心未若無相之捨故不与捨為初住

者勝未住於性地下凡二乘者皆自勝於性地大乘皆現二乘而不勝也以

廣大故合上端嚴殊特是以者住上攝受正法過寬境界道越二乘位

過性地故勸決應以是法開示教化建立衆生也一往說法開其信心名為

開示中間正道日教化前人功成事辦稱為建立如是以下釋正以攝受福

利處多所以勸也二利者外化之利大福自行之福大果者是二行處果

阿僧祇劫所說不得邊際者明正以理深旨遠故能福利處多也功德義

利不得邊際者欲明自行功德化人義利無量無邊說不可盡也

佛告以下第五明一乘章所以來興前四章明乘行之本明行有乘義故須

此章前以攝持佛善者以來昔日隱一為三未曾會三為一勝鬘遠聖意恐

顛輒說故請佛更說就此章中大判有二初說所說攝受正法明聖命說

二從勝鬘白佛以下明奉教當說決令更說若更明行有乘義者諸佛者明、

請佛再聽所說不異所說攝受正法者[illegible]所說攝受三種正攝受在此章

之末義設相承故偏舉也就說中有二初說無邊不斷正明破三歸一第三

從無限者時往以下說於章末明乘義所說相故也文復有二初說出世

間善法明攝會因果八乘一乘二從六處以下明會因果以歸一乘就攝會中有

句有二初法說二舉[illegible]二從是故以下明結入一乘善義者如來所說[illegible]

教受教世攝受正法是摩訶衍者不該攝受之義欲明攝受能[illegible]

四乘之善是摩訶衍摩訶言大衍之言乘攝受正法所[illegible]善是大乘何以故為

BD13671號　勝鬘經疏（擬）　　（6–6）

作牛馬
□飢渴逼　負重隨路而行
生居下賤　□婢受他駈使恒不□
人中曾聞世尊藥師瑠璃光如來名号
善因今復憶念至心歸依以佛神力
脫諸根□利智慧多聞恒求勝□
友永斷魔罥破無明㲉竭煩惱河
生老病死憂悲苦惱
復次曼殊室利若諸有情好喜乖離
訟惱亂自他以身語意造作增長
展轉常為不饒益事互相謀害告召
塚等神殺諸衆生取其血肉祭祀藥
娑等書怨人名作其形像以惡呪術而呪咀
之厭媚蠱道呪起屍鬼令斷彼命及壞
是諸有情若得聞此藥師瑠璃光如來
彼諸惡事悉不能害一切展轉皆
益安樂無損惱意及嫌恨心各各歡
所受生於喜足不相侵淩互為饒益
復次曼殊室利若有四衆苾芻苾芻尼
索迦鄔波斯迦及餘淨信善男子善女
有能受持八分齋戒或經一年或復三
持學處以此善根願生西方極樂世

BD13672號　藥師琉璃光如來本願功德經　（8–1）

持學處以此善根願生西方極樂世界
壽佛所聽聞正法而未定者若聞世尊藥
瑠璃光如來名号臨命終時有八菩薩
道來示其道路即於彼界種種雜色衆
中自然化生或有因此生於天上雖生
本善根亦未窮盡不復更生諸餘惡趣
壽盡還生人間或為輪王統攝四洲威德
在安立無量百千有情於十善道
帝利婆羅門居士大家多饒財寶倉
形相端嚴眷屬具足聰明智慧勇健
大力士若是女人得聞世尊藥師瑠
來名号至心受持於後不復更受女身
尒時曼殊室利童子白佛言世尊我當
像法轉時以種種方便令諸淨信善男
女人等得聞世尊藥師瑠璃光如來名号乃
至睡中亦以佛名覺悟其耳世尊若於此
受持讀誦或復為他演說開示若自書若教
人書恭敬尊重以種種華香塗香末香燒
花鬘瓔珞幡蓋伎樂而為供養以五
囊盛之掃灑淨處敷設高座而用安處
四大天王與其眷屬及餘無量百千天衆
詣其所供養守護世尊若此經寶流行之
處有能受持以彼世尊藥師瑠璃光如來
願功德及聞名号當知是處無復横死亦復
不為諸惡鬼神奪其精氣設已奪者還

BD13672號　藥師琉璃光如來本願功德經　（8–2）

不爲諸惡鬼神奪其精氣設已奪者還得
如故身心安樂
佛告曼殊室利如是如是如汝所說曼殊室
利若有淨信善男子善女人等欲供養彼
世尊藥師琉璃光如來者應先造立彼佛形
像敷清淨座而安處之散種種華燒種種香
以種種幢幡莊嚴其處七日七夜受八分齋
戒食清淨食澡浴香潔著新淨衣應生无垢
濁心无怒害心於一切有情起利益安樂慈
悲喜捨平等之心鼓樂歌讚右遶佛像復應念
彼如來本願功德讀誦此經思惟其義演
說開示隨所樂願一切皆遂求長壽得長
壽求富饒得富饒求官位得官位求男
得男女若復有人忽得惡夢見諸惡相
或恠鳥來集或於住處百恠出現此人若以衆
妙資具恭敬供養彼世尊藥師琉璃光如來
者惡夢惡相諸不吉祥皆悉隱沒不能爲
患或有水火刀毒懸嶮惡象師子虎狼熊
毒蛇惡蠍蜈蚣蚰蜒蚊虻等怖若能至心憶
彼佛恭敬供養一切怖畏皆悉解脫若他國
侵擾盜賊反亂憶念恭敬彼如來者亦皆
解脫
復次曼殊室利若有淨信善男子善女
乃至盡形不事餘天唯當一心歸佛法僧受
持禁戒若五戒十戒菩薩四百戒苾芻二百

BD13672 號　藥師琉璃光如來本願功德經　（8–3）

持禁戒若五戒十戒菩薩四百戒苾芻二百
五十戒苾芻尼五百戒於所受中或有毀犯
怖墮惡趣若能專念彼佛名号恭敬供養
者必定不受三惡趣生或有女人臨當産時受
於極苦若能至心稱名禮讚恭敬供養彼
如來者衆苦皆除所生之子身分具足形色
端正見者歡喜利根聰明安隱少病无有
非人奪其精氣
尒時世尊告阿難言如我稱揚彼佛世尊藥
師琉璃光如來所有功德此諸佛甚深行
處難可解了汝爲信不阿難白佛言大德世
尊我於如來所說契經不生疑惑所以者
何一切如來身語意業无不清淨世尊此日月
輪可令墮落妙高山王可使傾動諸佛所言
有異也世尊有諸衆生信根不具聞說諸
佛甚深行處作是思惟云何但念藥師琉
璃光如來一佛名号便獲尒所功德勝利由
此不信返生誹謗彼於長夜失大利樂墮諸
惡趣流轉无窮佛告阿難是諸有情若聞世
尊藥師琉璃光如來名号至心受持不生疑
惑墮惡趣者无有是處阿難此是諸佛甚
深所行難可信解汝今能受當知皆是如來威
力阿難一切聲聞獨覺及未登地諸菩薩等
皆悉不能如實信解唯除一生所繫菩薩阿難
人身難得於三寶中信敬尊重亦難可得得
聞世尊藥師琉璃光如來名号復難於是阿
難彼藥師琉璃光如來无量菩薩行无量巧
方便无量廣大願我若一劫若一劫餘而廣

BD13672 號　藥師琉璃光如來本願功德經　（8–4）

方便无量廣大願我若一劫若一劫餘不能
說者劫可速盡彼佛行願善巧方便无有
盡也
尒時衆中有一菩薩摩訶薩名曰救脫即從
座起偏袒右肩右膝著地曲躬合掌而白佛
言大德世尊像法轉時有諸衆生爲種種
患之所困厄長病羸瘦不能飲食喉脣乾
燥見諸方暗死相現前父母親屬朋友知識
啼泣圍遶然彼自身臥在本處見琰魔使引
其神識至于琰魔法王之前然諸有情有俱
生神隨其所作若罪若福皆具書之盡持授與
琰魔法王尒時彼王推問其人筭計所作隨其
罪福而處斷之時彼病人親屬知識若能爲彼
歸依世尊藥師瑠璃光如來請諸衆僧轉讀
此經然七層之燈懸五色續命神幡或有是
處彼識得還如在夢中明了自見或經七
日或二十一日或三十五日或四十九日彼
識還時如從夢覺皆自憶知善不善業所
得果報由自證見業果報故乃至命難亦不造
作諸惡之業是故淨信善男子善女人等皆
應受持藥師瑠璃光如來名号隨力所能恭
敬供養
尒時阿難問救脫菩薩曰善男子應云何恭
敬供養彼世尊藥師瑠璃光如來續命幡燈
復云何造救脫菩薩言大德若有病人欲脫
病苦當爲其人七日七夜受持八分齋戒應
以飲食及餘資具隨力所辦供養苾芻僧晝

BD13672號　藥師琉璃光如來本願功德經　（8–5）

以飲食及餘資具隨力所辦供養苾芻僧晝
夜六時礼拜供養彼世尊藥師瑠璃光如來
讀誦此經四十九遍然四十九燈造彼如來
形像七軀一一像前各置七燈一一燈量大
如車輪乃至四十九日光明不絶造五色綵
幡長四十九搩手應放雜類衆生至四十九
可得過度危厄之難不爲諸橫惡鬼所持
復次阿難若刹帝利灌頂王等災難起時所
謂人衆疾疫難他國侵逼難自界叛逆難星
宿變怪難日月薄蝕難非時風雨難過時不
雨難彼刹帝利灌頂王等尒時應於一切有
情起慈悲心赦諸繫閉依前所說供養之法
供養彼世尊藥師瑠璃光如來由此善根
及彼如來本願力故令其國界即得安隱風
雨順時穀稼成熟一切有情无病歡樂於其
國中无有暴惡藥叉等神惱有情者一切惡
相皆即隱沒而刹帝利灌頂王等壽命色力
无病自在皆得增益阿難若帝后妃主儲君
王子大臣輔相中宮綵女百官黎庶爲病所
苦及餘厄難亦應造立五色神幡然燈續明
放諸生命散雜色華燒衆名香病得除愈衆
難解脫
尒時阿難問救脫菩薩言善男子云何已盡
之命而可增益救脫菩薩言大德汝豈不聞
如來說有九橫死邪是故勸造續命幡燈脩
諸福德以脩福故盡其壽命不經苦患阿難
問言九橫云何救脫菩薩言有諸有情得病

BD13672號　藥師琉璃光如來本願功德經　（8–6）

問言九横云何救脫菩薩言有諸有情得病
雖輕然无醫藥及看病者設復遇醫授以非
藥實不應死而便横死又信世間邪魔外道
妖孽之師妄說禍福便生恐動心不自正卜
問覓禍殺衆種衆生解奏神明呼諸鬼神
請乞福祐欲冀延年終不能得愚癡迷惑信
邪倒見遂令横死入於地獄无有出期是名初
横二者横被王法之所誅戮三者畋獵嬉戲耽
婬嗜酒放逸无度横爲非人奪其精氣四者横
爲火焚五者横爲水溺六者横爲種種惡獸
所噉七者横墮山崖八者横爲毒藥厭禱呪
咀起屍鬼等之所中害九者飢渴所困不得
飲食而便横死是爲如來略說横死有此九
種其餘復有无量諸横難可具說
復次阿難彼琰魔王主領世間名籍之記若
諸有情不孝五逆破辱三寶壞君臣法毀於
信戒琰魔法王隨罪輕重考而罰之是故我
今勸諸有情然燈造幡放生脩福令度苦厄
不遭衆難
尒時衆中有十二藥叉大將俱在會坐所謂
宮毗羅大將　伐折羅大將　迷企羅大將　安底羅大將
頞你羅大將　珊底羅大將　因達羅大將　波夷羅大將
摩虎羅大將　真達羅大將　招杜羅大將　毗羯羅大將
此十二藥叉大將一一各有七千藥叉以爲
眷屬同時舉聲白佛言世尊我等今者蒙佛

BD13672 號　藥師琉璃光如來本願功德經　（8–7）

摩虎羅大將　真達羅大將　招杜羅大將　毗羯羅大將
此十二藥叉大將一一各有七千藥叉以爲
眷屬同時舉聲白佛言世尊我等今者蒙佛
威力得聞世尊藥師瑠璃光如來名號不復
更有惡趣之怖我等相率皆同一心乃至盡
形歸佛法僧誓當荷負一切有情爲作義利
饒益安樂隨於何等村城國邑空閑林中若
有流布此經或復受持藥師瑠璃光如來名
號恭敬供養者我等眷屬衛護是人皆使解
脫一切苦難諸有願求悉令滿足或有疾厄
求度脫者亦應讀誦此經以五色縷結我名
字得如願已然後解結
尒時世尊讚諸藥叉大將言善哉善哉大藥
叉將汝等念報世尊藥師瑠璃光如來恩德者
常應如是利益安樂一切有情
尒時阿難白佛言世尊當何名此經門我等
云何奉持佛告阿難此法門名說藥師瑠璃
光如來本願功德亦名說十二神將饒益有
情結願神呪亦名拔除一切業障應如是持
時薄伽梵說是語已諸菩薩摩訶薩及大聲
聞國王大臣婆羅門居士天龍藥叉健達縛
阿素洛揭路荼緊捺洛莫呼洛伽人非人等
一切大衆聞佛所說皆大歡喜信受奉行

BD13672 號　藥師琉璃光如來本願功德經　（8–8）

大方等陀羅尼經初分
尒時雷音即從坐起
手合掌而白佛言世
思惟世尊往昔難行苦行入□□之□
心得悲心已攝諸衆生令出三有而得
我今亦應入諸禪定應脩慈悲四无量心
應遠離九十八賊亦應遠離一切世間諸事
作是念已欲入陀羅尼門此衆魔王來覆
我如是思惟令我不得正念嘿吼而叫叫已
未久時花聚菩薩忽來我所我亦不見
菩薩來到我所降魔怨已我即忽然顧視四
方見花聚菩薩在我前立復見十方諸
乘七寶蓮華在虛空中見諸魔王叉手合
恭敬圍繞花聚菩薩我於尒時謂是魔王覆
空中聲而謂我言汝今立何不知恭敬如是
大士雷音比丘聞此語已即從坐起頂礼足
下欲視其目見虛空中有諸天王以種種名
華而以供養尒時諸天即以種種名華持以與
我我得華已即以供養花聚菩薩摩訶薩
我即白言祇洹有佛名釋迦牟尼我等二人
可共供養而得大利聞此語已荅言善哉哉
等即從坐起與此二衆來詣佛所世尊此事
衆多我今略說世尊自知唯願世尊敷演解
說此菩薩所來方土有何因緣來以救我
尒時佛告雷音善男子如是菩薩者皆女主
昔善知識也供養十方恒河沙諸佛於諸佛

BD13673 號 A　大方等陀羅尼經（異卷）卷一（擬）　（16–1）

昔善知識也供養十方恒河沙諸佛於諸佛
所了達方便深入諸陀羅尼門能深觀□諸
佛境界知衆生根之利鈍善男子東方有佛
名曰寶王世界名衆香離此世界十万□□
土此菩薩而從彼土來詣此間欲令我顯往
昔大方便故汝今諦聽當為汝說善男子過
去有佛名栴檀華如來无所著至真等正覺
彼佛去世甚大久遠不可思議我於彼時□□
汝无異復次善男子時有一菩薩名曰上
首作一乞士入城乞食時有一比丘名曰恒
伽謂乞士言汝從何來荅言吾從寶法中來
恒伽問曰何謂為寶曰寂滅相故名為真寶
曰寂滅相中有所求也无所求也上首荅言
无有所求曰无所之求當何用求上首荅言
无所求中吾故求之曰无所有中何用求為
荅曰有所之求一切皆空得者亦空者者亦
空寶者亦空來者亦空諸者亦□□
寂滅涅槃亦復皆空一切虛空分界亦復皆
空吾為如是次第空法而求真實恒伽曰寶
何用求汝言一切萬法亦復皆空何用求□
荅曰以空空故為實問曰善哉今當□□
脩實法荅曰當以六波羅蜜中求問曰何□
為六所謂檀那波羅蜜尸波羅蜜羼提波羅
蜜毗梨耶波羅蜜禪波羅蜜般若波羅蜜上
首說已尒時恒伽歡喜踊躍即時頭面礼敬
上首足下而便問言當以何食供□□□
首荅言當以須陀味供養此人尒時恒伽即
詣都市而自唱言吾欲賣身誰欲須者尒時

BD13673 號 A　大方等陀羅尼經（異卷）卷一（擬）　（16–2）

詣都市而自唱言吾欲賣身誰欲須者尒時
衆中有一居士名毗奴律即來問言吾欲
之汝索何等恒伽報言索提那寧白
𣏌恒伽荅言索於五枚尒時居士即數五錢
買此道人以為給使尒時恒伽白大家言我
身屬汝假我七日當供養上首比丘
士告恒伽言吾當將汝亦於舍宅放
尒時恒伽見舍宅已涉路而還見
食未得即將上首到都市頭買百味飲食
買食已將到一寺寺名四王設施種種林生
種種華香供養上首復設種
養或以種種妙供而供養之尒時上
伽言善男子今是時
一切諸佛受行寶法尒時上首廣為恒伽說
受行寶法應如是持陀羅尼章句
哆蛭吔一蒲耆稟婆二欝波多毗耶
暖破羅四阿嵬那哆蛭吔五阿嵬那
復得究追七蒲耆 八 沙呵
南无喔喔蛭鬲一嗬提易勤二那伽夜弥 莎呵
南无離婆浮陀呵一南无摩訶離婆浮陀呵二南
无花聚陀羅尼三毗舍闍室收四 有
林六窮伽林七恒伽喋八阿鉢那鉢那羅
尒時恒伽歡喜踊躍而問
佛寶法尒時上首告恒伽言若有善男子善
女人願欲聞者汝當夢中住其人前當現汝
身是人若見汝身汝當教行如
當去何行荅恒伽言若欲行持七日
三時洗浴著淨潔衣坐佛形像

BD13673 號 A　大方等陀羅尼經（異卷）卷一（擬）　（16–3）

三時洗浴著淨潔衣坐佛形像
此章句百二十遍繞百二十匝如是作之
坐思惟思惟已竟復更誦此章句如是七日
尒時恒伽而問上首當用何日善男子
月八日十五日行此法已若
罪身有白癩若不還者无有是處若有
塞犯三自歸至於六重若不還生无有是處
若菩薩廿四戒沙弥戒式叉沙弥尼戒比丘
戒比丘尼戒如是諸戒若犯一一誦
心懺悔若不還生无有是處
復次善男子尒時上
者名一者若謂菩薩飢餓衆生來詣其所
飲食卧具不隨意者是名第一尊者若謂菩
薩婬欲无度下擇飛鳥是
菩薩見有比丘畜於妻子隨意說過
三尊者若謂菩薩
喪身更已己意譏他瞋怒敗他命根
人以火揩火都燒一切是名第四尊者若謂
菩薩出於精舍到於曠路得直賃直意取
之是名第五尊者若謂菩薩見他瞋恚
他命更以義言譏
薩見他瞋恚若聞
諫彼惡人是名第七尊者若謂菩薩
人若聞有人犯於重罪若彼菩薩
人來詣我所我有良藥溉
若謂不來汝應三呼是名第八尊者
薩見聞有人犯
此非正業汝非梵行莫作是行是名第九
者若謂菩薩見聞他人欲與大事更起瞋

BD13673 號 A　大方等陀羅尼經（異卷）卷一（擬）　（16–4）

者若謂菩薩見聞他人欲興大事更起瞋[illegible]
壞他善慧是名第十尊者[illegible]
人飲諸甘酒當以己情叱呵他人除自因[illegible]
此非梵行是名[illegible]
有人媱他婦女往他正夫所作如是白言此人
犯汝汝可視之是名第十二尊者若謂菩
薩視他怨家作怨家想是名第十三尊[illegible]
謂菩薩見他視怨家如赤子想往彼
如是言何以故視此人如[illegible]
名第十四尊者[illegible]
所佐其氣力搵打諸人是名第十五[illegible]者
謂菩薩見聞他人伏匿之事發号非説[illegible]
四輩彼人不憶使他瞋恚是[illegible]
若謂菩薩見聞他事都不得言是[illegible]
尊者若謂菩[illegible]
廟若復有人築諸精舍若謂不依毗者[illegible]
第十八尊者若謂菩薩見聞有人[illegible]善知[illegible]
親近惡友若有人言汝爲善[illegible]
近善友是名第十九尊者[illegible]
處惡人處惡狗處聲聞二乘之處
皆不得行除已[illegible]
菩薩見聞疑煞即自思惟食此肉者斷大慈
種當獲大罪不見聞疑煞食都无患是名第
二十一尊者若謂菩薩見[illegible]
煞若不食此[illegible]者即惟三世[illegible]佛[illegible]
三世諸佛之恩以此爲尊[illegible]是[illegible]
者若謂菩薩[illegible]
當獲罪槃是名第廿三尊者若謂菩薩[illegible]
[illegible]

當獲罪槃是名第廿三尊者若謂菩薩[illegible]
戒時若見[illegible]若見虛空藏若見觀世音[illegible]
見一一諸菩薩者如見不[illegible]
得言我見如是法王子華[illegible]言[illegible]
現身得部道[illegible]
有戒時目睹妄想分别諸佛[illegible]
謗此戒者央[illegible]如是持此戒時若口言[illegible]
宣傳我見此事若不言者[illegible]
外亦不得言善男子是名
戒善男子在在處處莫妄宣傳[illegible]
男子一切諸佛[illegible]
佛亦因此戒成等正覺[illegible]言[illegible]
介時恒伽白上首言若有刹利婆羅門[illegible]
首陁得受此戒不上首[illegible]
此戒恒伽白言當云何受[illegible]
言受此戒時應請一比丘解此戒相[illegible]
衆僧隨意堪[illegible]
若多者元妨[illegible]
此比丘五心著地在形像前及諸[illegible]
礼敬唱如是言
諸佛色藏諸衆僧[illegible]我今[illegible]
衆僧私意當證知[illegible]復更唱言
法中[illegible]猶微妙尊[illegible]
介時此人應[illegible]
而已淳熟此戒性[illegible]盡性[illegible]
諦聽諦受而莫犯[illegible]持[illegible]
恒伽盡菩提性菩薩摩訶[illegible]
時法應如是善男子汝若[illegible]
汝略説往昔因緣善男子[illegible]

BD13673 號 A　大方等陀羅尼經（異卷）卷一（擬）　（16–7）

BD13673 號 A　大方等陀羅尼經（異卷）卷一（擬）　（16–8）

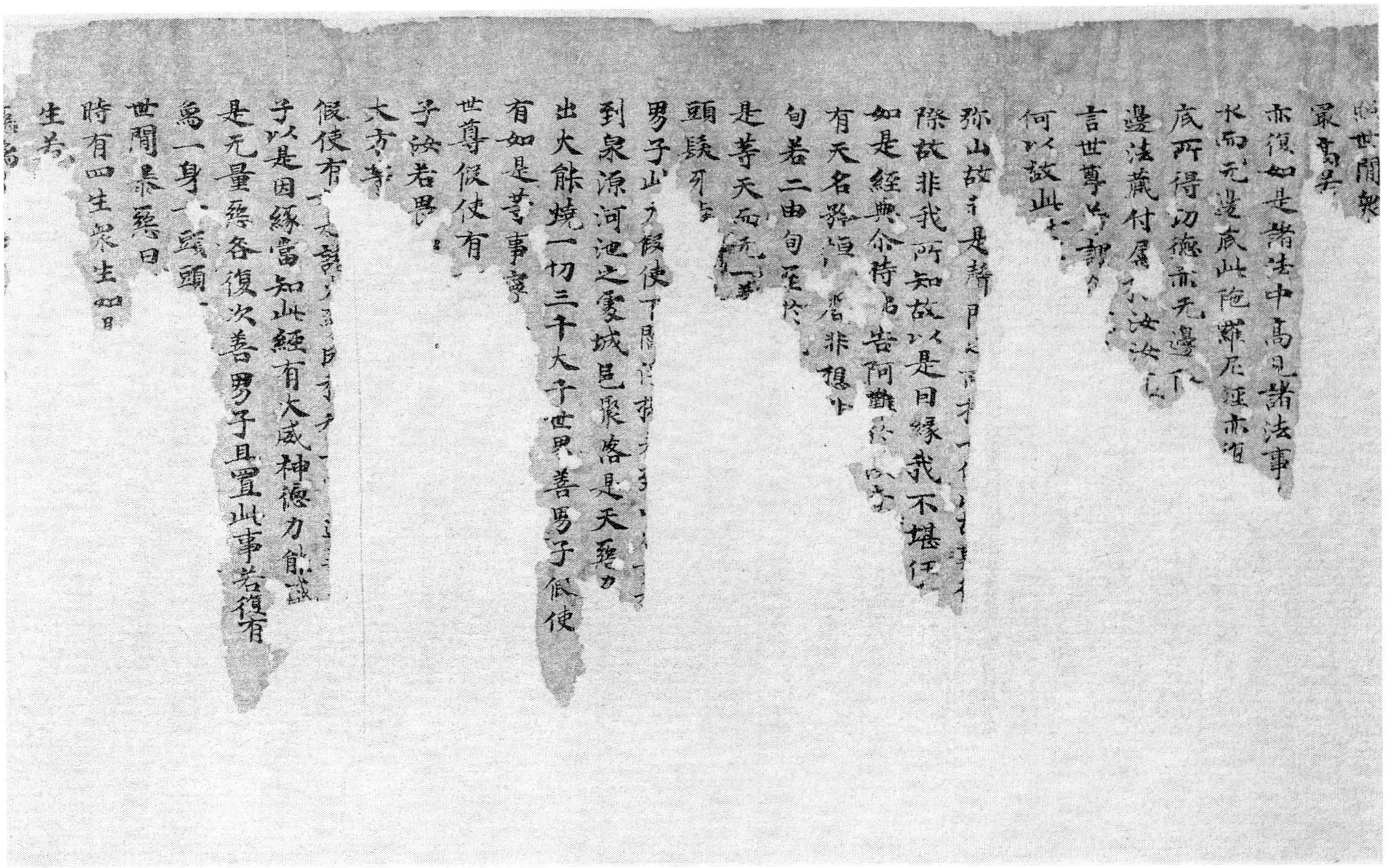

照世間無
最高是
亦復如是諸法中高是諸法事
水而无邊底此陀羅尼經亦復
底所得功德亦无邊
邊法藏付屬汝汝
言世尊
何以故此
彌山故是諸
際故非我所知故以是因緣我不堪任
如是經典亦時苦阿難
有天名
旬善二由旬至於
是等天而
頭縣
男子此假使
到泉源河池之處城邑聚落是天魔力
出大餘燒一切三千大千世界善男子假使
有如是等事寧
世尊假使有
子汝若畏
大方等
假使有
子以是因緣當知此經有大威神德力能
是无量魔各復次善男子且置此事若復有
為一身一頭
世間悉魔曰
時有四生衆生四日
生若

BD13673號 A　大方等陀羅尼經（異卷）卷一（擬）　　（16–9）

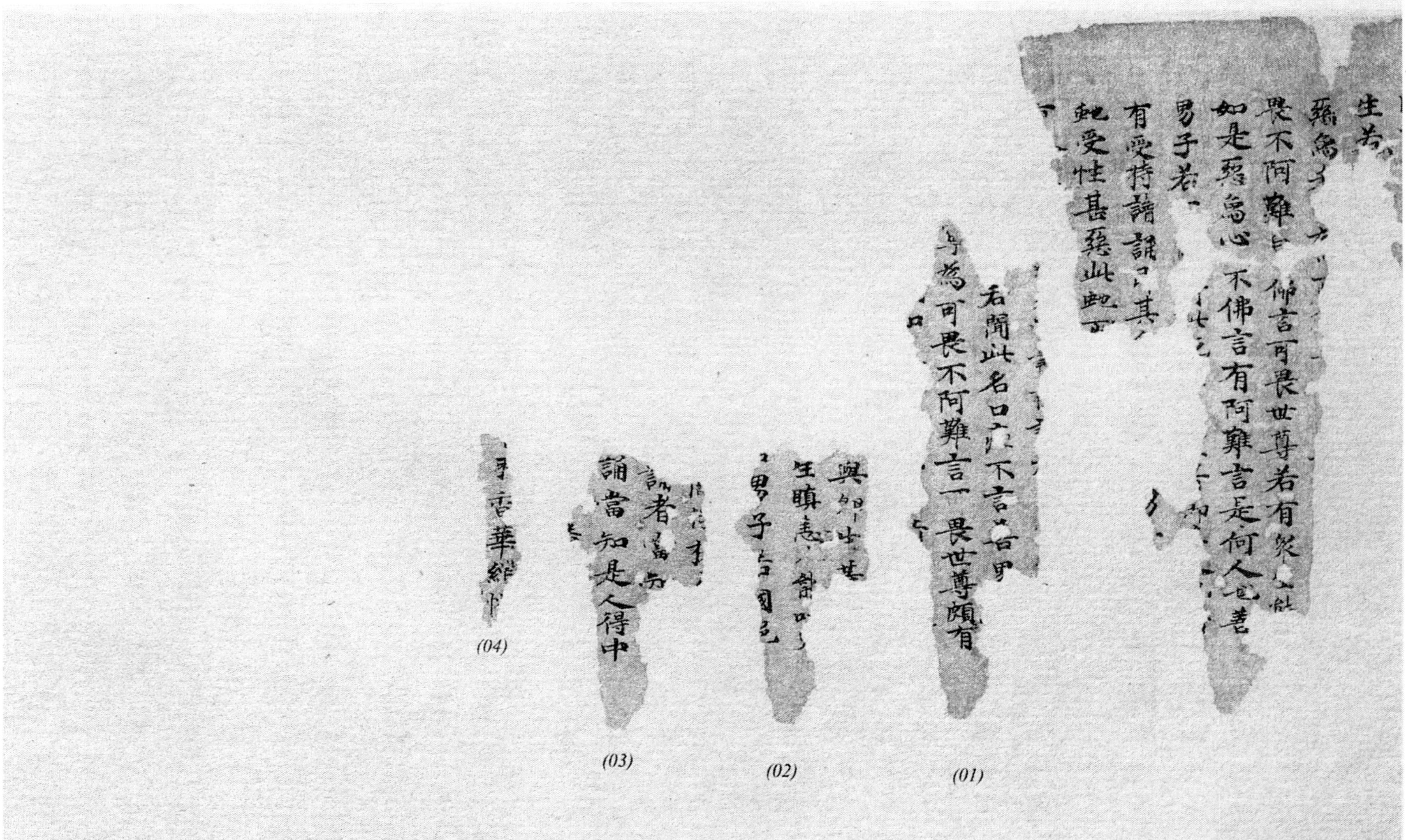

生若
魔為
畏不阿難曰佛言可畏世尊若有衆生
如是魔為心不佛言有阿難言是何人已善
男子若
有受持讀誦其
魅受性甚魔此魅

若聞此名口下言男
魔為可畏不阿難言一畏世尊頗有
(01)

與
生瞋恚
男子
(02)

誦者
誦當知是人得中
(03)

華經
(04)

BD13673號 A　大方等陀羅尼經（異卷）卷一（擬）　　（16–10）
BD13673號 B　大方等陀羅尼經（異卷）卷二（擬）

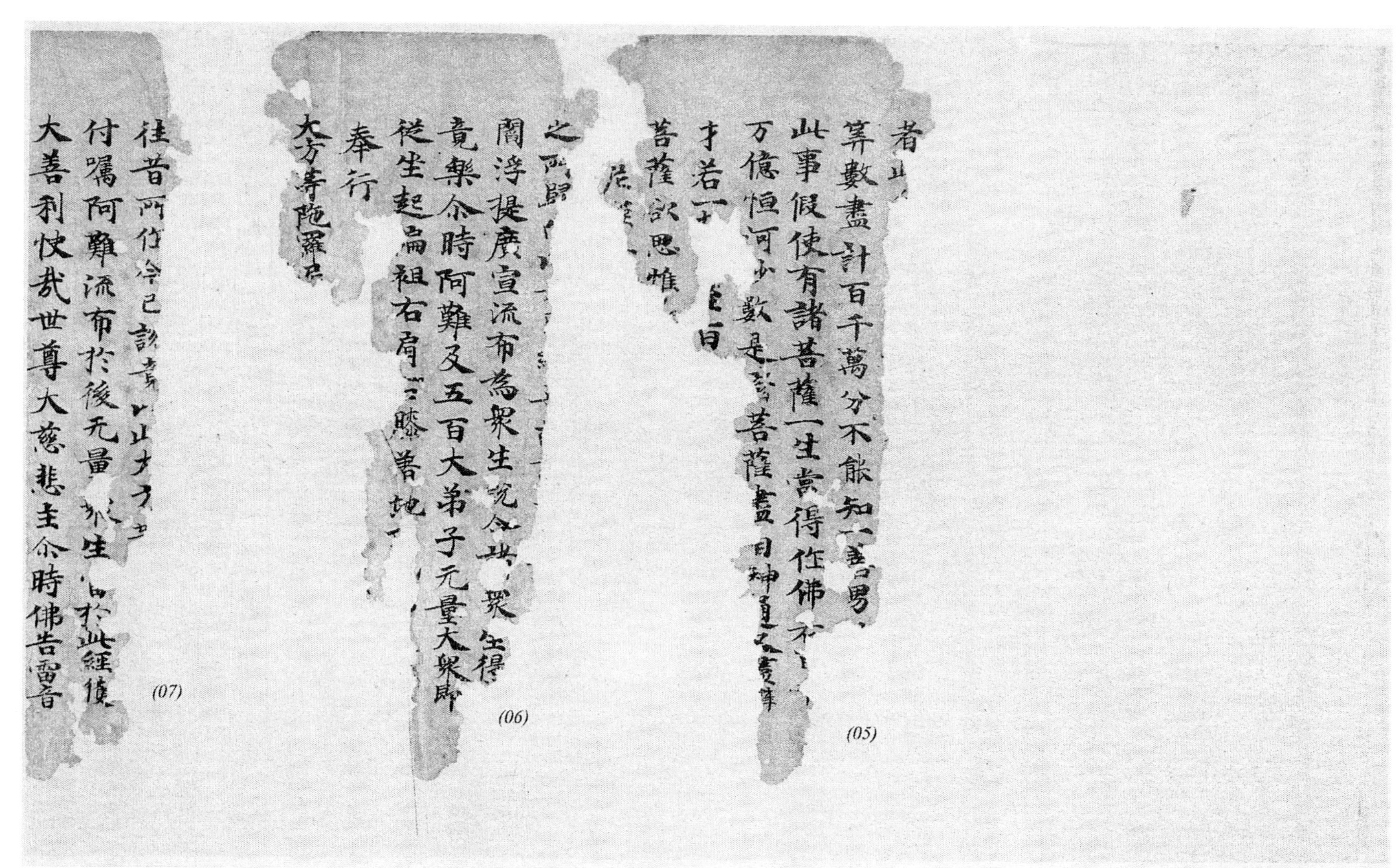

BD13673 號 B　大方等陀羅尼經（異卷）卷二（擬）　（16–11）

BD13673 號 B　大方等陀羅尼經（異卷）卷二（擬）　（16–12）

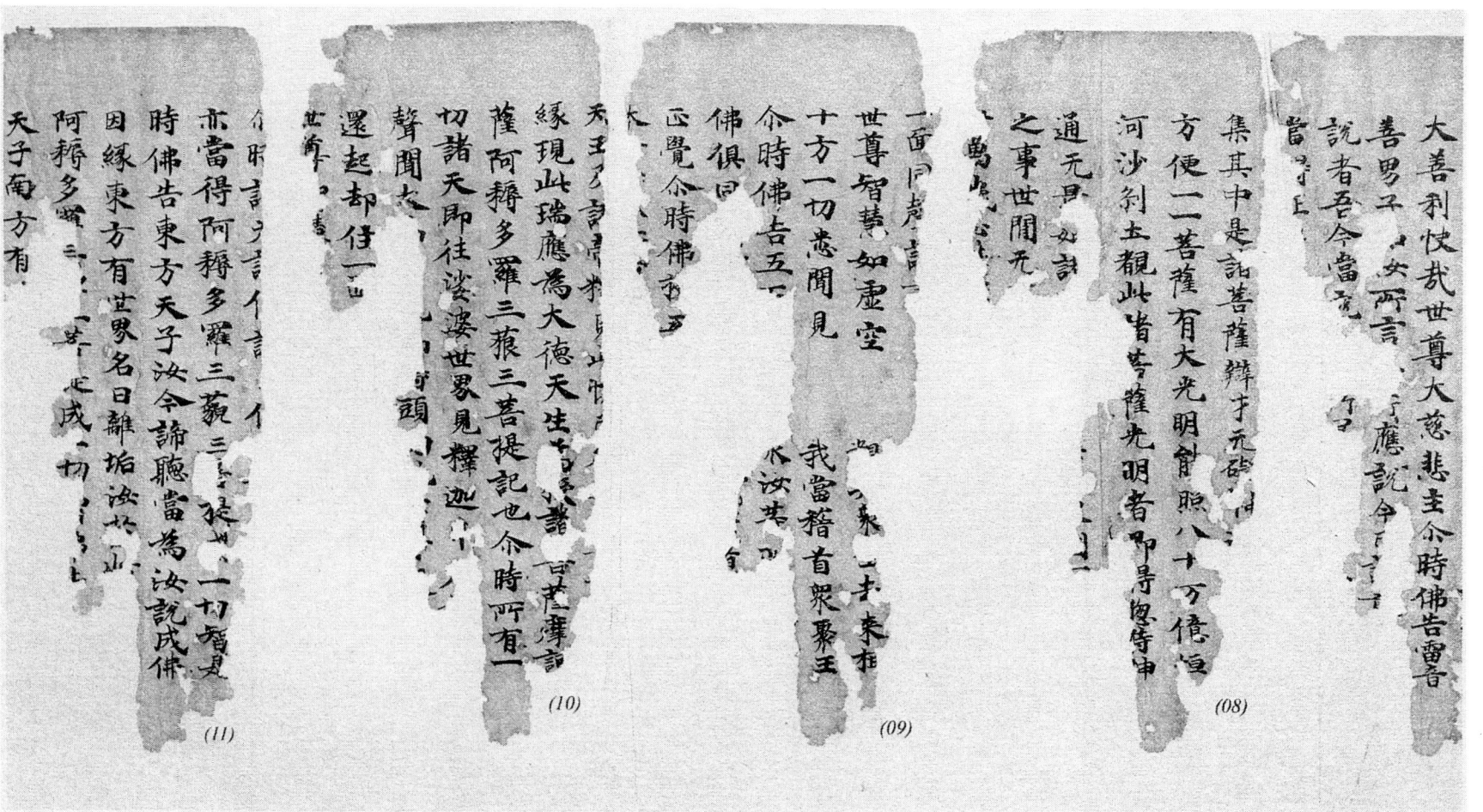

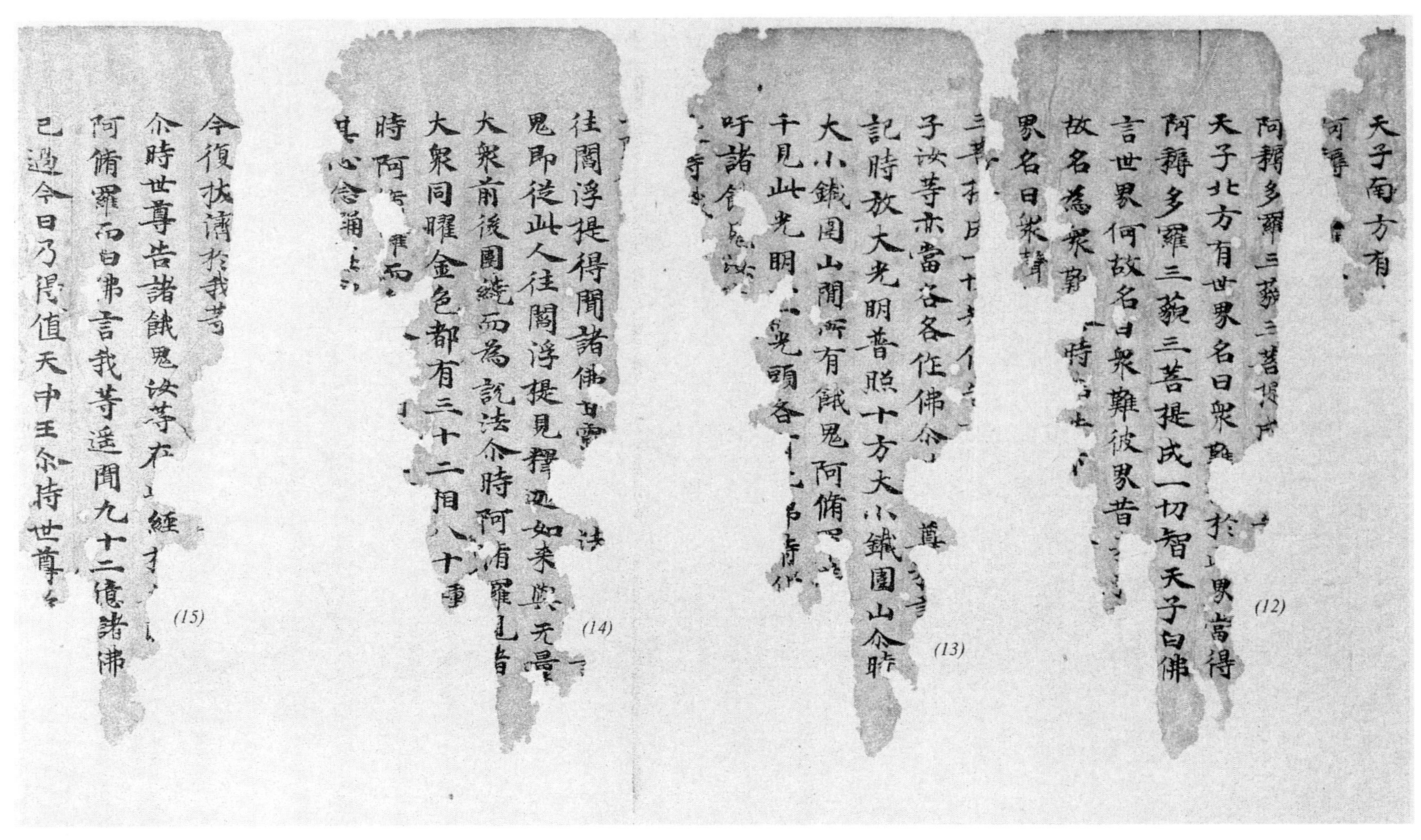

BD13673 號 B　大方等陀羅尼經（異卷）卷二（擬）　（16–13）

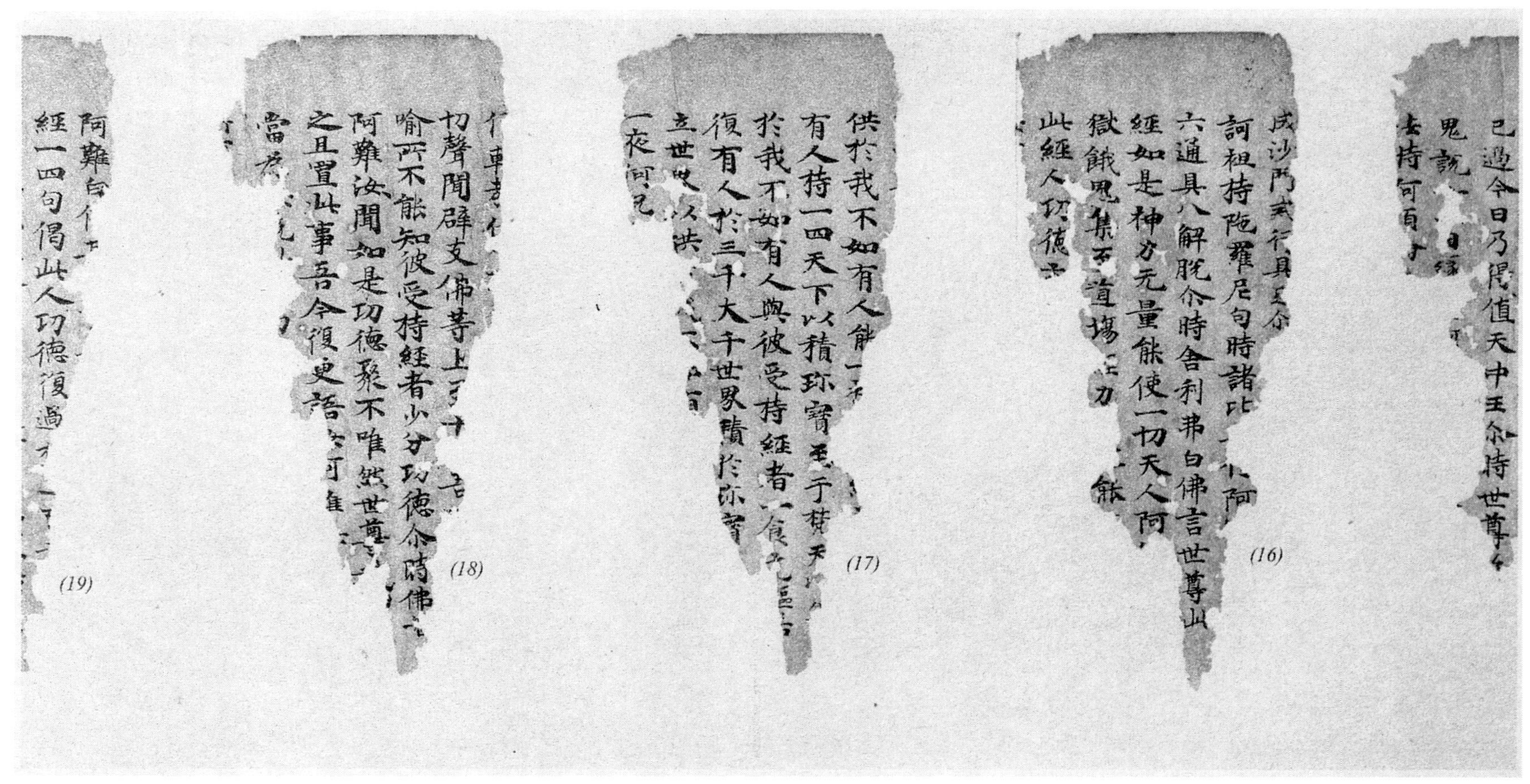

BD13673 號 B　大方等陀羅尼經（異卷）卷二（擬）　（16–14）

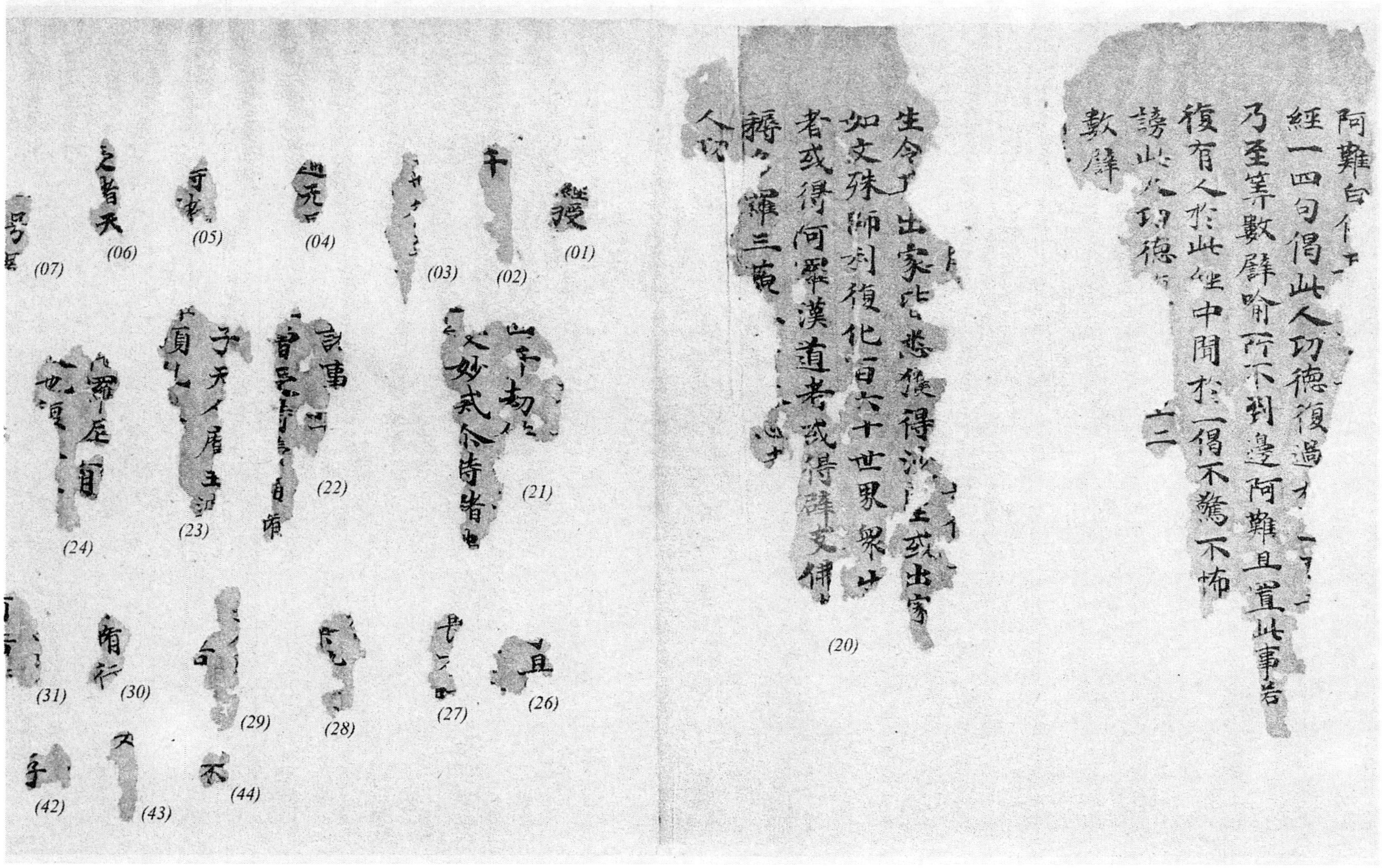

BD13673 號 B　大方等陀羅尼經（異卷）卷二（擬）　（16–15）

BD13673 號 C　殘片四十五塊（擬）

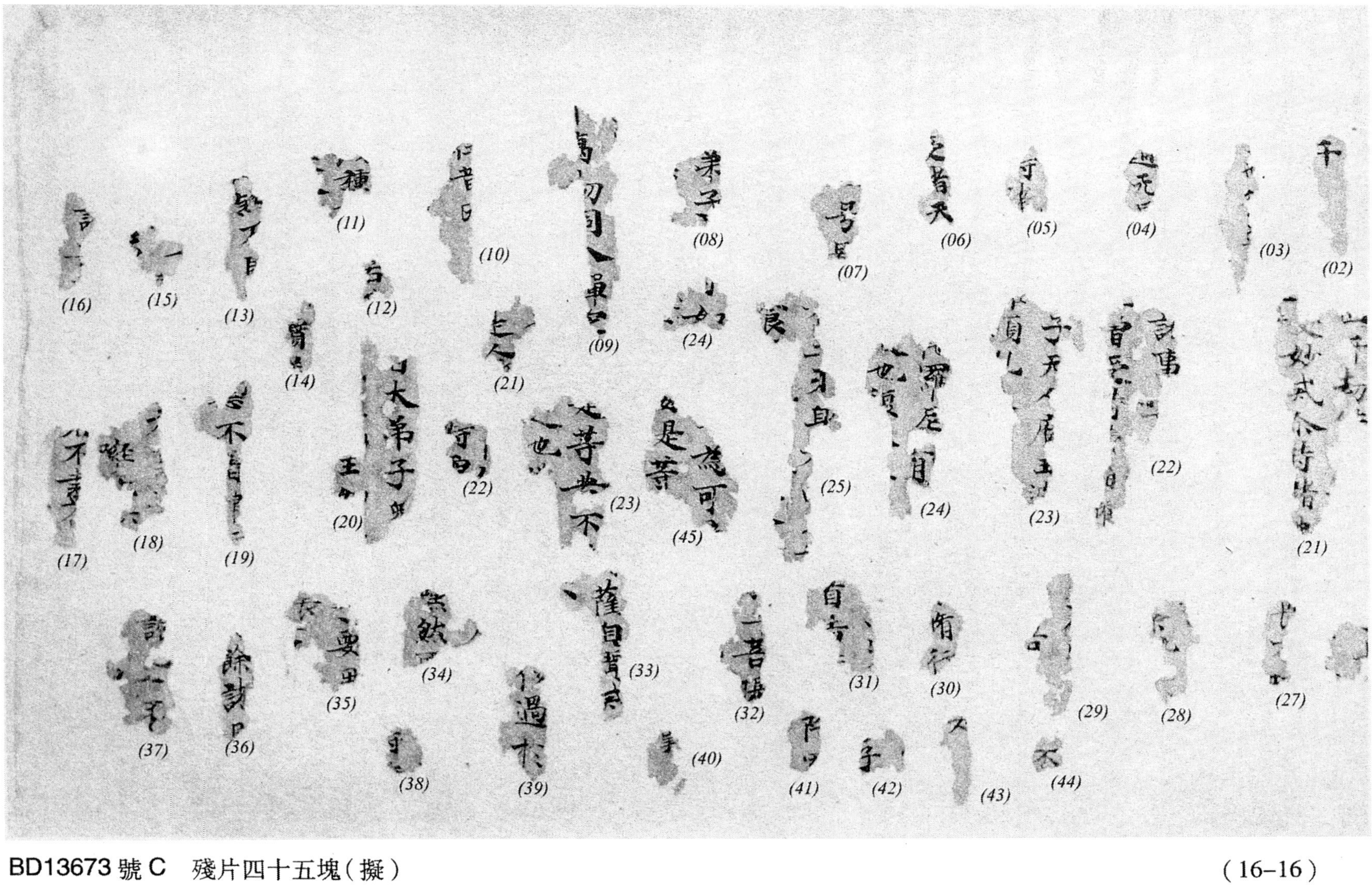

BD13673 號 C　殘片四十五塊（擬）　（16–16）

无救
所需
色緣作
安處外侍
千天聞
流行之
如來本願
亦復不
者還得如故
曼殊室
供養依世
成佛形像
或種種香以
八分齋戒
聖无垢濁
安樂慈悲
像須應念
具壽演說
壽得長壽求
男女得男女
惟烏來集
資具恭
者惡夢惡

BD13674 號　藥師琉璃光如來本願功德經　　（2–1）

安樂慈悲
像須應念
具壽演說
壽得長壽求
男女得男女
惟烏來集
資具恭
者惡夢惡
惡獸有水火
其地堅固
入佛教
國侵擾盜賊
部犯
子善女人等
師佛法僧受
薩四百戒比丘二百
人中或有毀犯
惡趣恭敬供養者
人臨當產時受
依供養恭敬如
多端
病元有非人

BD13674 號　藥師琉璃光如來本願功德經　　（2–1）

BD13675號　大乘百法明門論本事分中略錄名數釋（擬）　（5–1）

BD13675號　大乘百法明門論本事分中略錄名數釋（擬）　（5–2）

BD13675號　大乘百法明門論本事分中略錄名數釋（擬）　（5–3）

BD13675號　大乘百法明門論本事分中略錄名數釋（擬）

（5-4）

BD13675號　大乘百法明門論本事分中略錄名數釋（擬）

（5–5）

BD13675號背 1　七言詩（擬）　　（5–1）

BD13675號背 2　大乘百法明門論本事分中略錄名數釋（擬）

BD13675號背 2　大乘百法明門論本事分中略錄名數釋（擬）　（5–2）

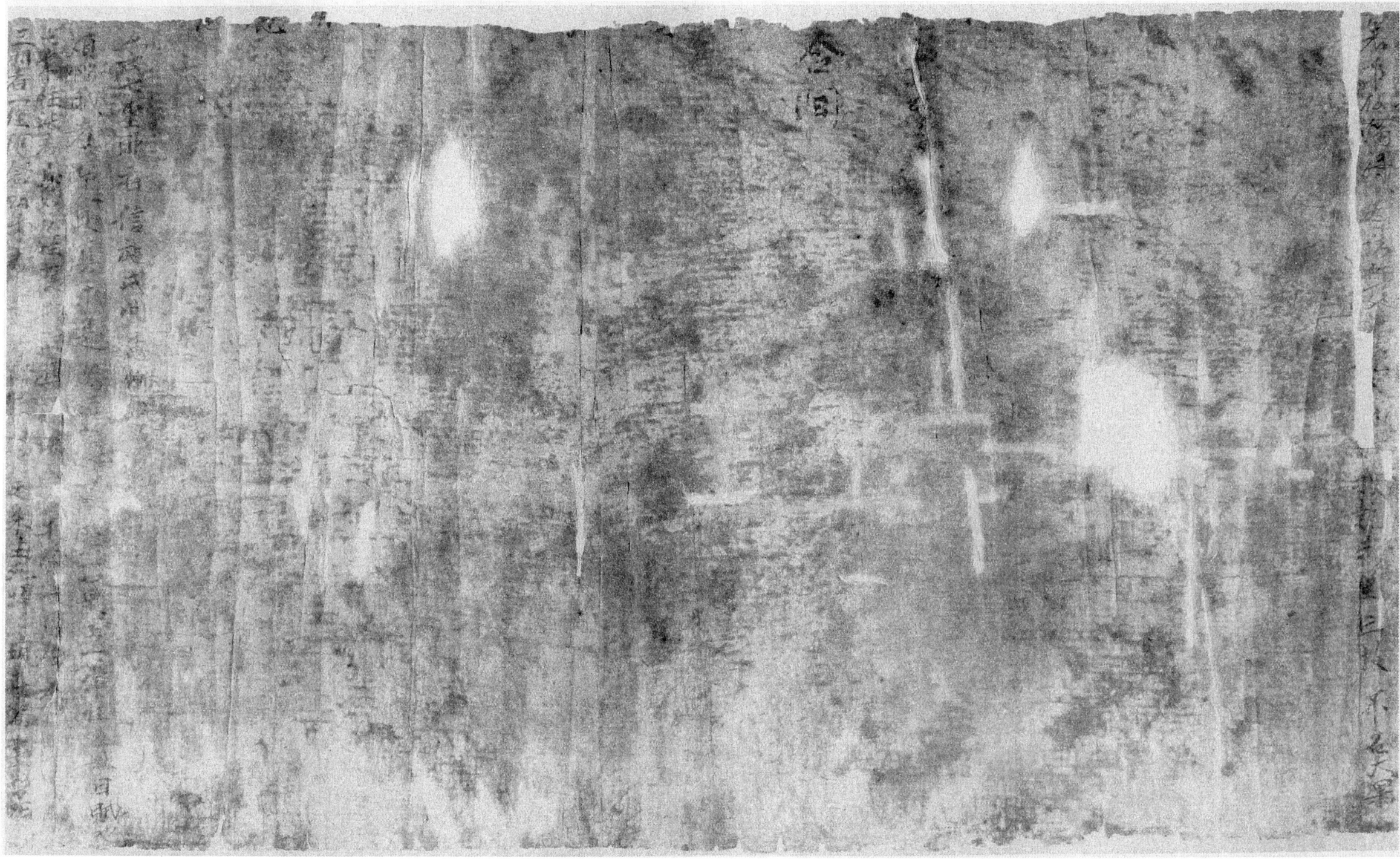

BD13675號背2　大乘百法明門論本事分中略錄名數釋（擬）　（5–3）

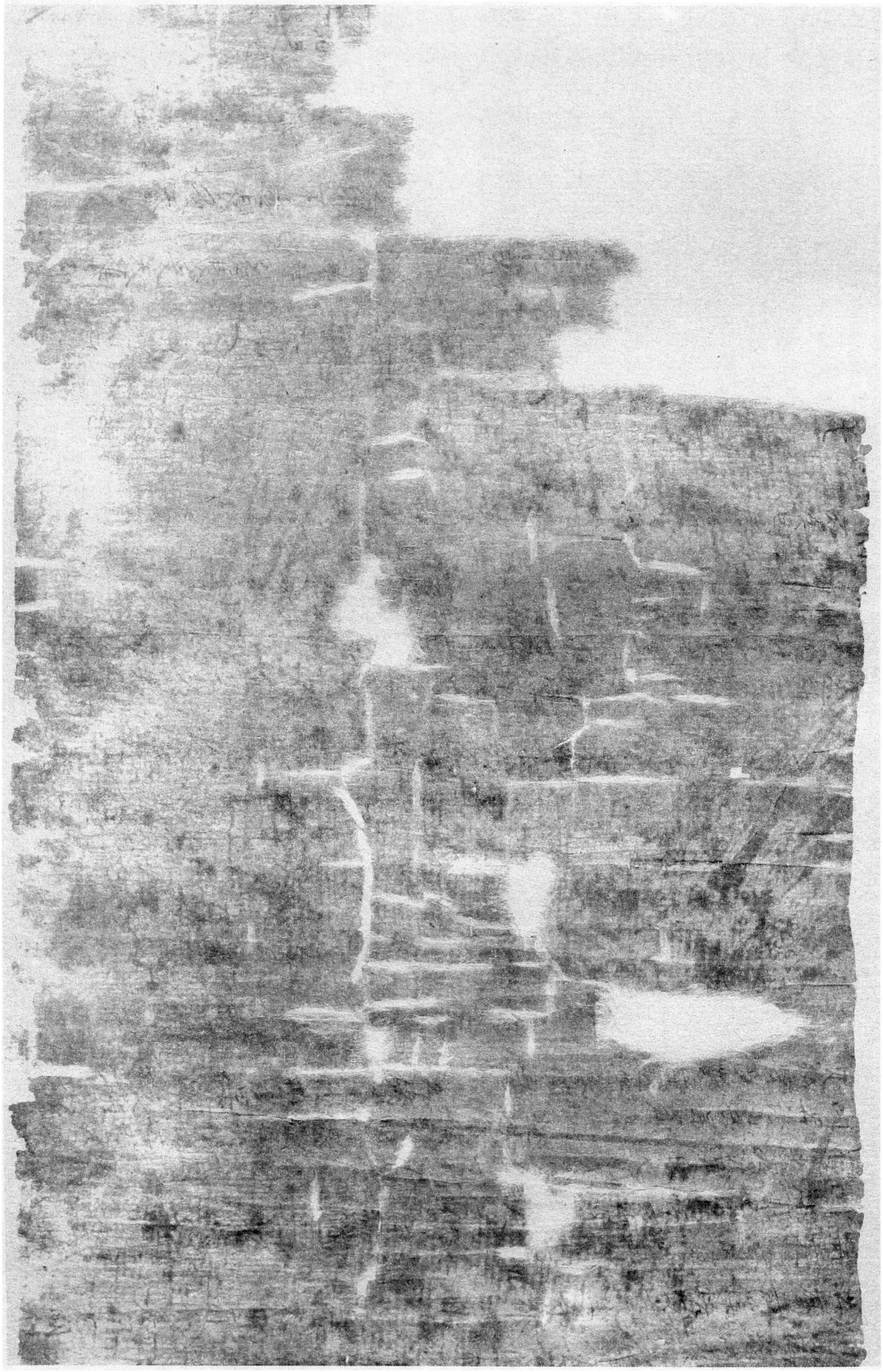

BD13675號背2　大乘百法明門論本事分中略錄名數釋（擬）　（5–4）

BD13675號背2　大乘百法明門論本事分中略錄名數釋（擬）

（5–5）

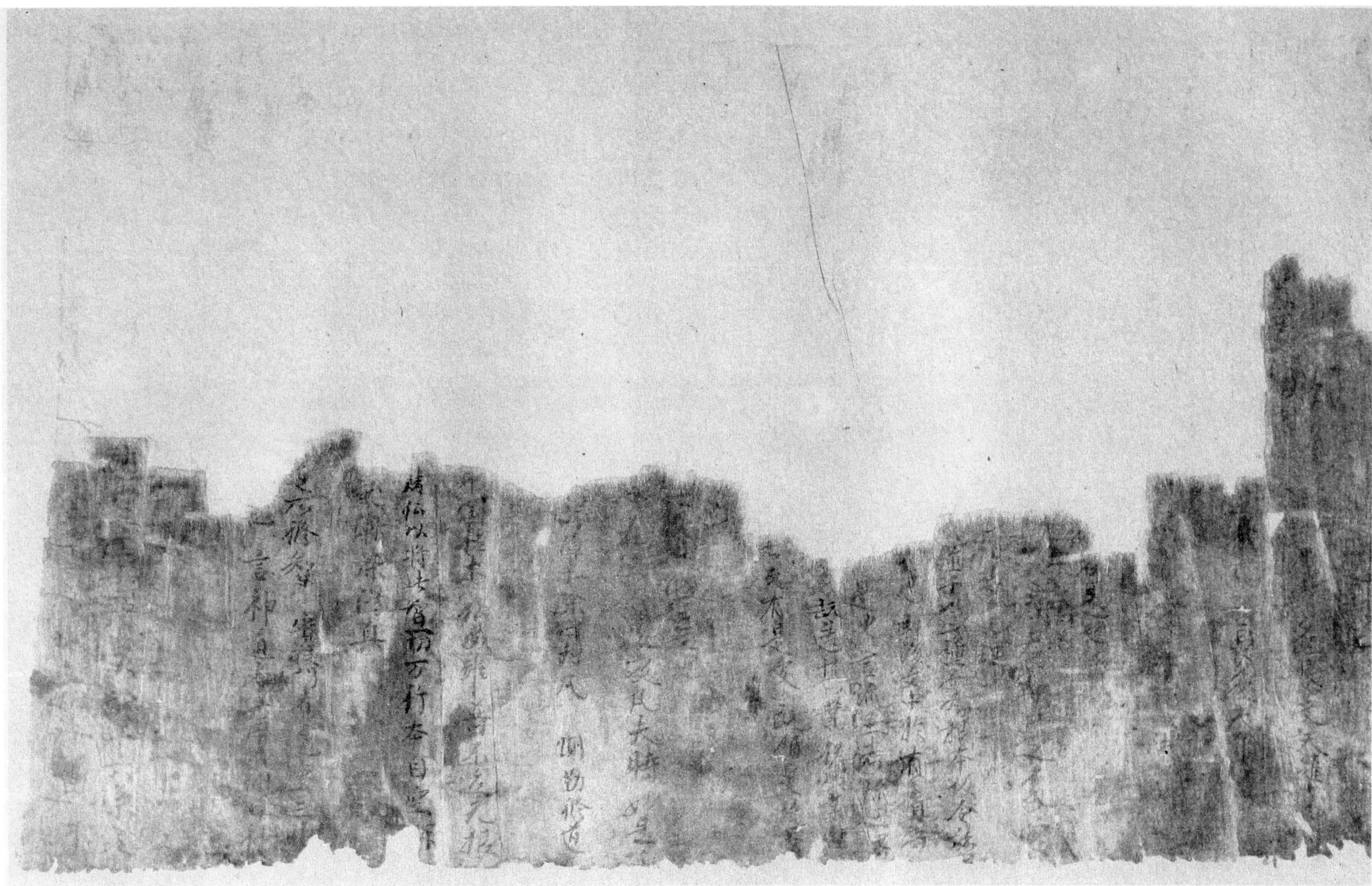

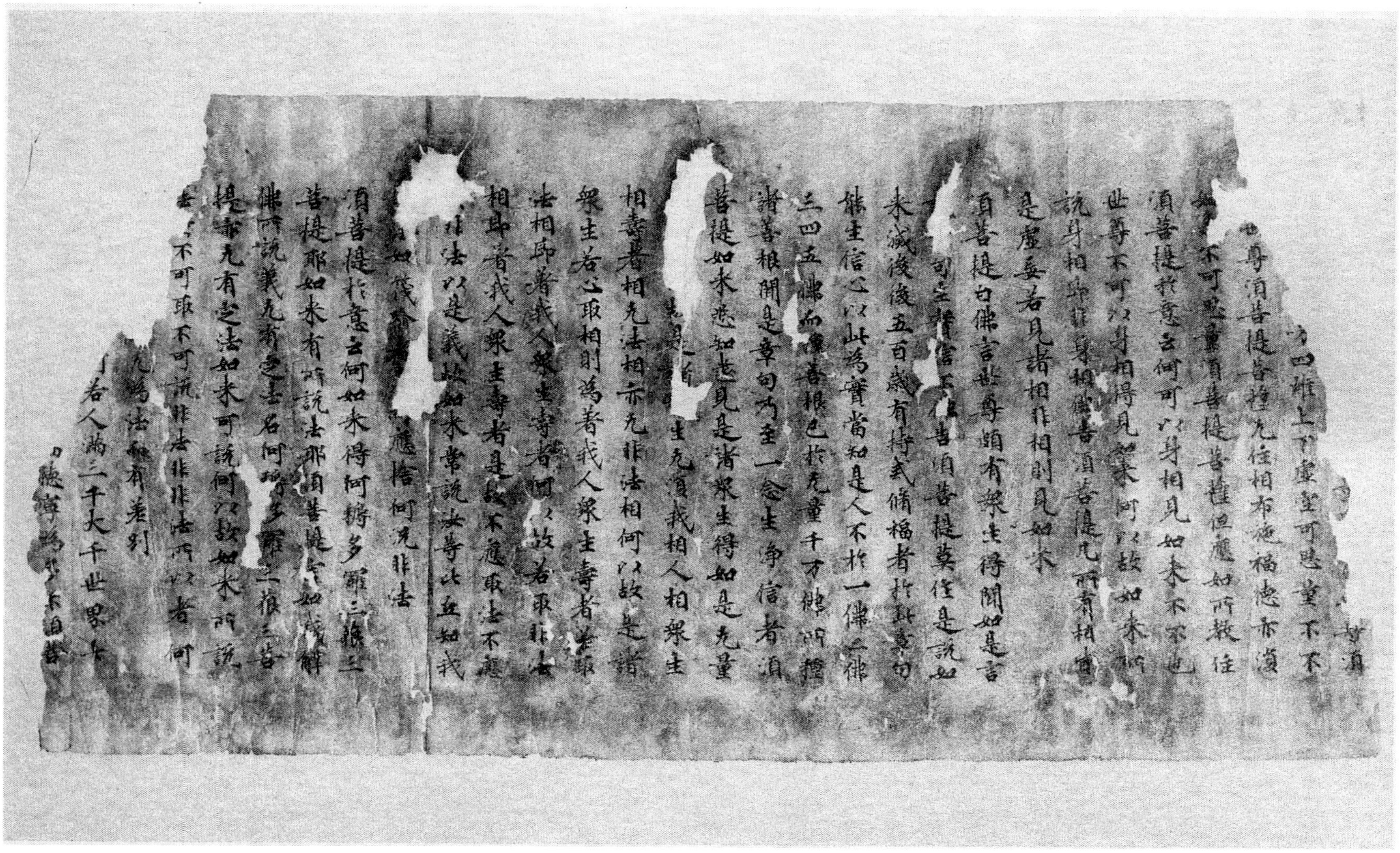

也　須
方四維上下虛空可思量不不
世尊須菩提菩薩无住相布施福德亦復
如是不可思量須菩提菩薩但應如所教住
須菩提於意云何可以身相見如來不不也
世尊不可以身相得見如來何以故如來所
說身相即非身相佛告須菩提凡所有相皆
是虛妄若見諸相非相則見如來
須菩提白佛言世尊頗有衆生得聞如是言
…生實信不佛告須菩提莫作是說如
來滅後後五百歲有持戒脩福者於此章句
能生信心以此為實當知是人不於一佛二佛
三四五佛而種善根已於无量千万佛所種
諸善根聞是章句乃至一念生淨信者須
菩提如來悉知悉見是諸衆生得如是无量
…生无復我相人相衆生
相壽者相无法相亦无非法相何以故是諸
衆生若心取相則為著我人衆生壽者若取
法相即著我人衆生壽者何以故若取非法
相即著我人衆生壽者是故不應取法不應
…非法以是義故如來常說汝等比丘知我
…如筏喻者…應捨何況非法
須菩提於意云何如來得阿耨多羅三藐三
菩提耶如來有所說法耶須菩提言如我解
佛所說義无有定法名阿耨多羅三藐三菩
提亦无有定法如來可說何以故如來所說
法皆不可取不可說非法非非法所以者何
…无為法而有差別
…若人滿三千大千世界七
…寧為多…甚

BD13676 號　金剛般若波羅蜜經　（1–1）

BD13677 號背　護首　（1–1）

BD13677號　金剛般若波羅蜜經　（1–1）

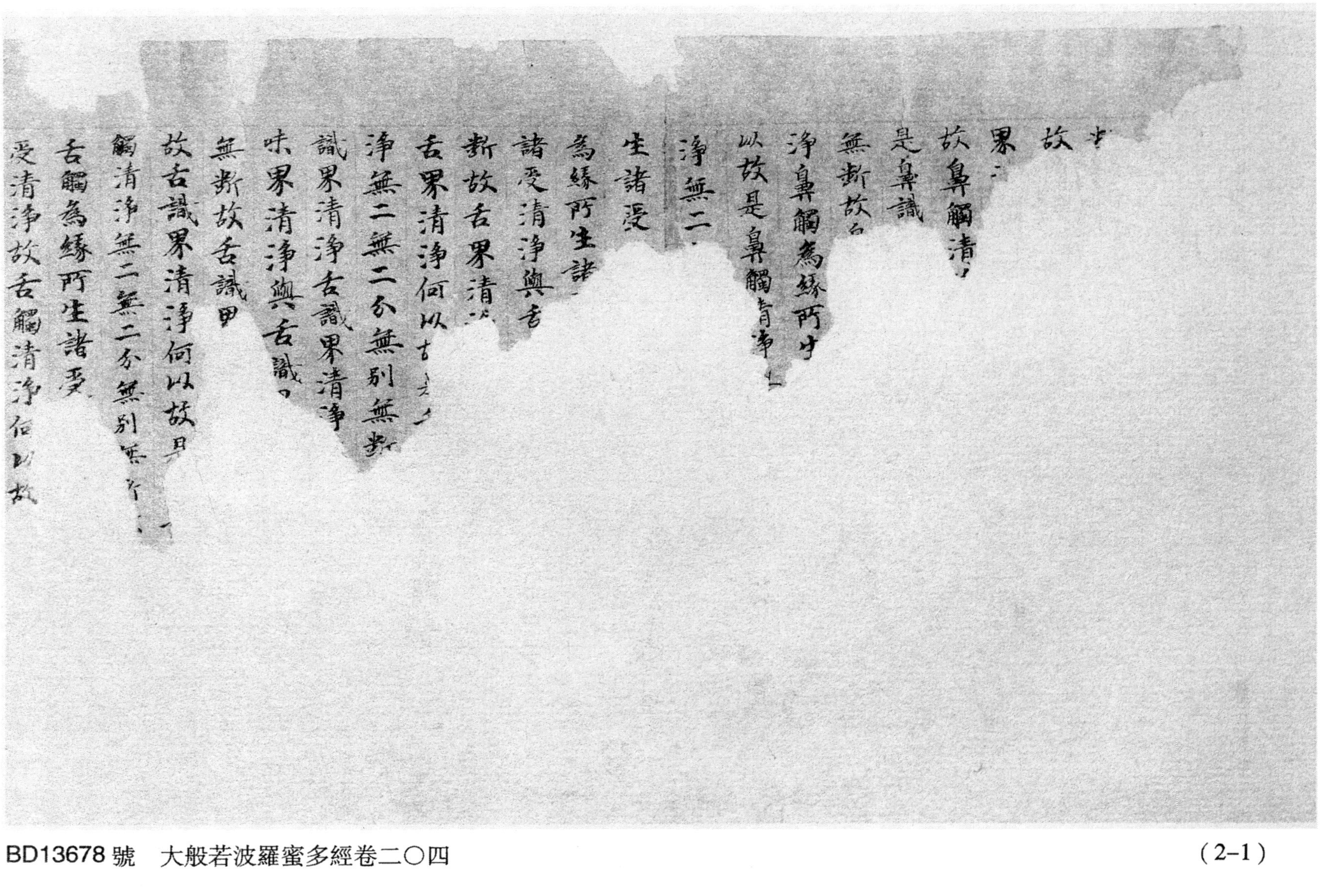

BD13678號　大般若波羅蜜多經卷二〇四　（2–1）

受清淨故舌觸清淨何以故
舌觸為緣所生諸受清淨無二
無斷故舌觸為緣所生諸受
淨身界清淨故舌
何以故是舌觸為緣所生
清淨無二無二分無別無斷
觸界清淨觸界清淨故身
身界清淨與觸界清淨
斷故觸界清淨故身識界清淨身識界
故觸界清淨何以故是觸界清淨與
界清淨無二無二分無別無斷故身識界
淨故身觸清淨身觸清淨故身識界清淨何以
故是身識界清淨與身觸清淨無二無二分
無別無斷故身觸清淨故身觸為緣所生諸
受清淨身觸為緣所生諸受　觸清
淨何以故是身觸清淨與身　生諸
受清淨無二無二分無別無斷故身觸為
所生諸受清淨故意界清淨意界清淨故
觸為緣所生諸受清淨何以故是身觸為緣所
生諸受清淨與意界清淨無二無二分無別
無斷故意界清淨故法界清淨法界清淨故
意界清淨何以故是意界清淨與法界清
淨無二無二分　意
識界青

BD13678 號　大般若波羅蜜多經卷二〇四　（2–2）

羅蜜多善現如
說不可以外空內外空
為空無為空畢竟空
本性空自相共相空
無性空自性空無性自
切智智不可以真如說
虛妄性不變異性平
實際虛空界不思議
智不可以四念住
五根五力七等覺支
一切智智不可以苦聖
聖諦說善現如是一切
說善現如是一切智
現如是一切智智不一
如是一切智智不可以
一切智智不可以八
智智不可以九次第定
智不可以十遍處說善現如是一切智智不
可以空解脫門說不可以無相無願解脫門
說善現如是一切智智不可以五眼說善現
如是一切智智不可以六神通說善現如是
一切智智不可以三摩地門說善現如是一
切智智不可以陀羅尼門說善現如是一切
智智不可以佛十力說不可以四無所畏四
無礙解大慈大悲大喜大捨十八佛不
說善現如是一切智智不可以預流果說不
可以一來不還阿羅漢果說善現如是一切
智智不可以獨覺菩提說善現如是一切智

BD13679 號　大般若波羅蜜多經卷三一八　（1–1）

BD13679 號背　勘記　　（1–1）

復次善男子父母有罪臨終之日
其子即為讀斯經典七遍父母即
聞法悟无生忍而證菩提
佛告无导菩薩毗婆尸佛時有
不信耶敬崇佛法書寫此經受持
一无所問以正信故兼行布施平等供養
成菩提道号曰普光如来應正等覺
号无邊一切人民皆行菩薩无上正法
復次善男子此八陽經行在閻浮提在在處處有
八菩薩梵天王一切明靈圍遶此經香華供養如佛无
異若善男子善女人等為諸衆生講說此經深解實
相得甚深理即知身心佛身法心所以能知即知惠眼
常見種種无盡色色即是空空即是色受想行識亦
空即是妙色身如来耳常聞種種无盡聲聲即是空
空即是聲是妙音聲如来鼻常嗅種種无盡香香
即是空空即是香是香積如来舌常了種種无盡
味味即是空空即是味是法喜如来身常覺種種无
盡觸觸即是空空即是觸是智明如来意常思想
分別種種无盡法法即是空空即是法是法明如来善
男子此六相顯現人皆口說之說其善語法輪常轉

BD13680 號　天地八陽神咒經　　（2–1）

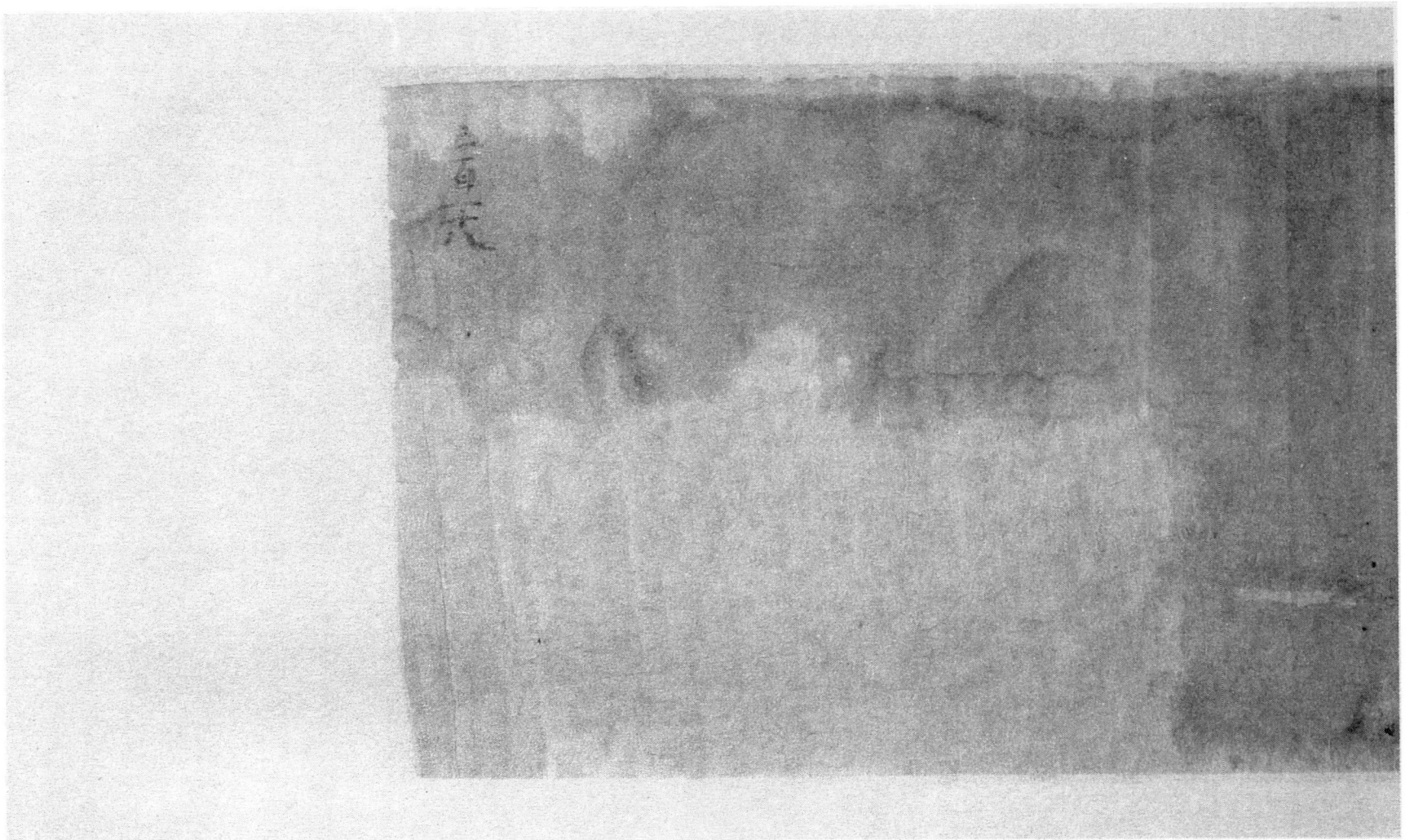

男子此六相顯現人皆口說之說其善語法輪常轉即成
趣善男子善惡之理不得不信无礙菩薩人之身心是
佛法器亦是十二部大經卷也无始已來轉讀不盡不損
一毫毛如來藏經唯識心見性者之所能知非諸聲聞
凡夫所能知也善男子讀誦此經深解真理即知身心是
佛法器若醉迷不醒不了自心是佛根本流浪諸趣墮
於惡道永沈苦海不聞佛法名字无量菩薩復白
佛言世尊人之在世生死為重生不擇日時至死亡
不擇日時至死殯葬何因殯葬時問良辰吉日然始殯葬
之後還有妨害貧窮者多滅門者不少唯願世尊為
諸邪見无知眾生說其因緣令得正道除其顛倒
佛言善哉善哉善男子汝實甚能問於眾生生死之
事殯葬之法汝等諦聽當為汝說智惠之理大道之法
夫天地廣大清日月廣長明時年善善美實无有異
善男子人王菩薩甚大慈悲愍念眾生皆如赤子下為人
主作人父母順於俗民教於俗法造作曆日頒下天下令
知時節為有平滿成收開除之字執危破
依字信用无不免於凶禍又使邪師厭鎮
求神拜餓鬼却招殃自受若如斯人輩返
背日月之光明常投闇室違正道之廣
顛倒之甚也善男子生時讀此經三遍兒則
明利智福德具足而无中夭

BD13680號　天地八陽神咒經　　　　（2–2）

BD13681號背　護首　　　　（1–1）

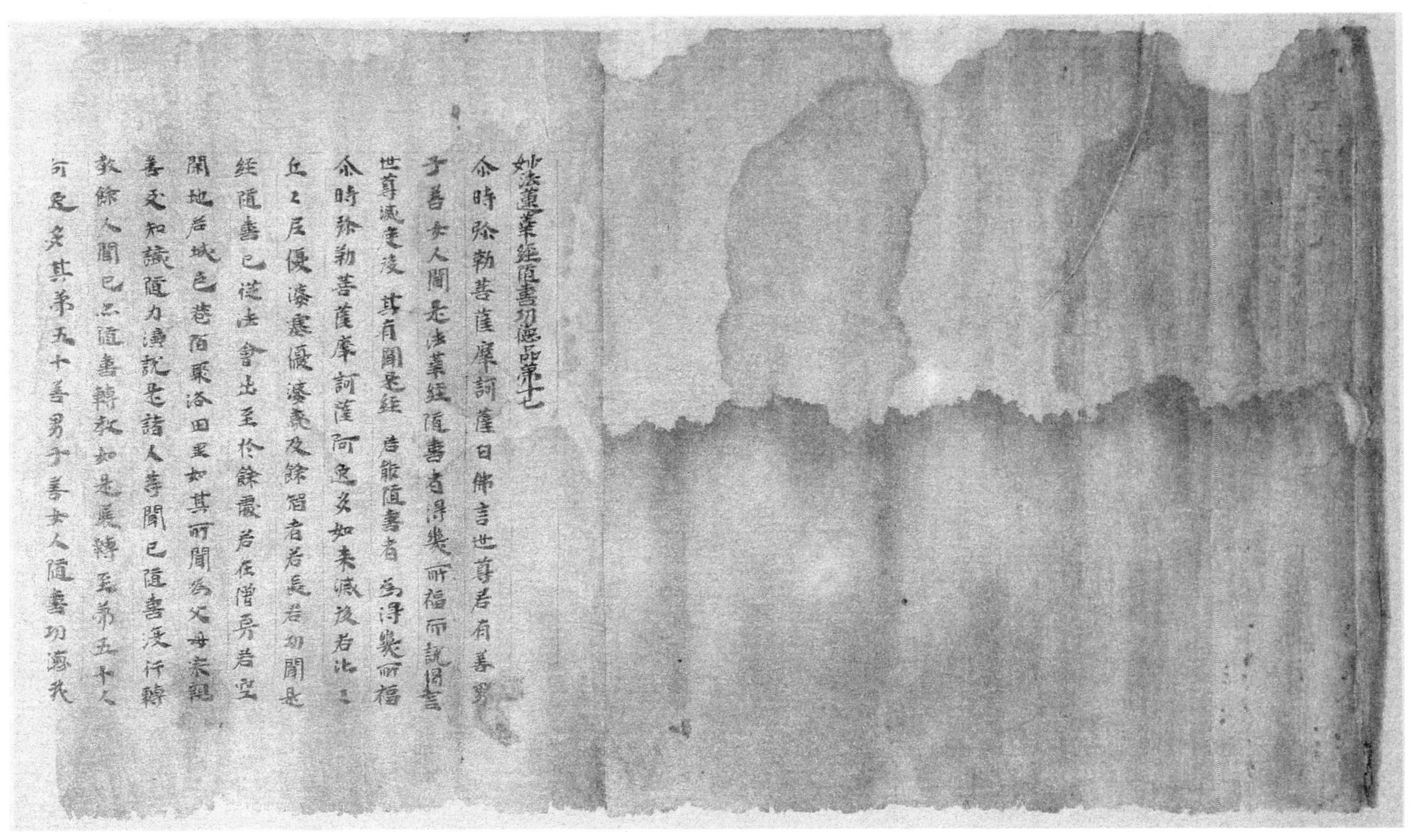

妙法蓮華經隨喜功德品第十七

尒時彌勒菩薩摩訶薩白佛言世尊若有善男

子善女人聞是法華經隨喜者得幾所福而說偈言

世尊滅度後　其有聞是經　若能隨喜者　為得幾所福

尒時佛告彌勒菩薩摩訶薩阿逸多如來滅後若比丘

比丘尼優婆塞優婆夷及餘智者若長若幼聞是

經隨喜已從法會出至於餘處若在僧坊若空

閑地若城邑巷陌聚落田里如其所聞為父母宗親

善友知識隨力演說是諸人等聞已隨喜復行轉

教餘人聞已亦隨喜轉教如是展轉至第五十人

阿逸多其第五十善男子善女人隨喜功德我

BD13681號　妙法蓮華經（十卷本）卷八　（1–1）

BD13682號　護首（大般若波羅蜜多經）　（2–1）

BD13682 號　護首（大般若波羅蜜多經）　　（2–2）

BD13683 號　誦經錄（擬）　　（1–1）

BD13684 號　大般若波羅蜜多經卷一一七　（2–1）

BD13684 號　大般若波羅蜜多經卷一一七　（2–2）

BD13686 號　護首（大般若波羅蜜多經）　　（1–1）

BD13689 號　護首（經名不詳）　　（1–1）

BD13694 號　護首（經名不詳）　（1–1）

BD13698 號　護首（經名不詳）　（1–1）

BD13706 號　護首（大般若波羅蜜多經）　（1–1）

BD13708 號　護首（經名不詳）　（1–1）

BD13722 號　護首（經名不詳）　　（1-1）

BD13733 號　護首（經名不詳）　　（1-1）

BD13738 號　護首（經名不詳）　（1–1）

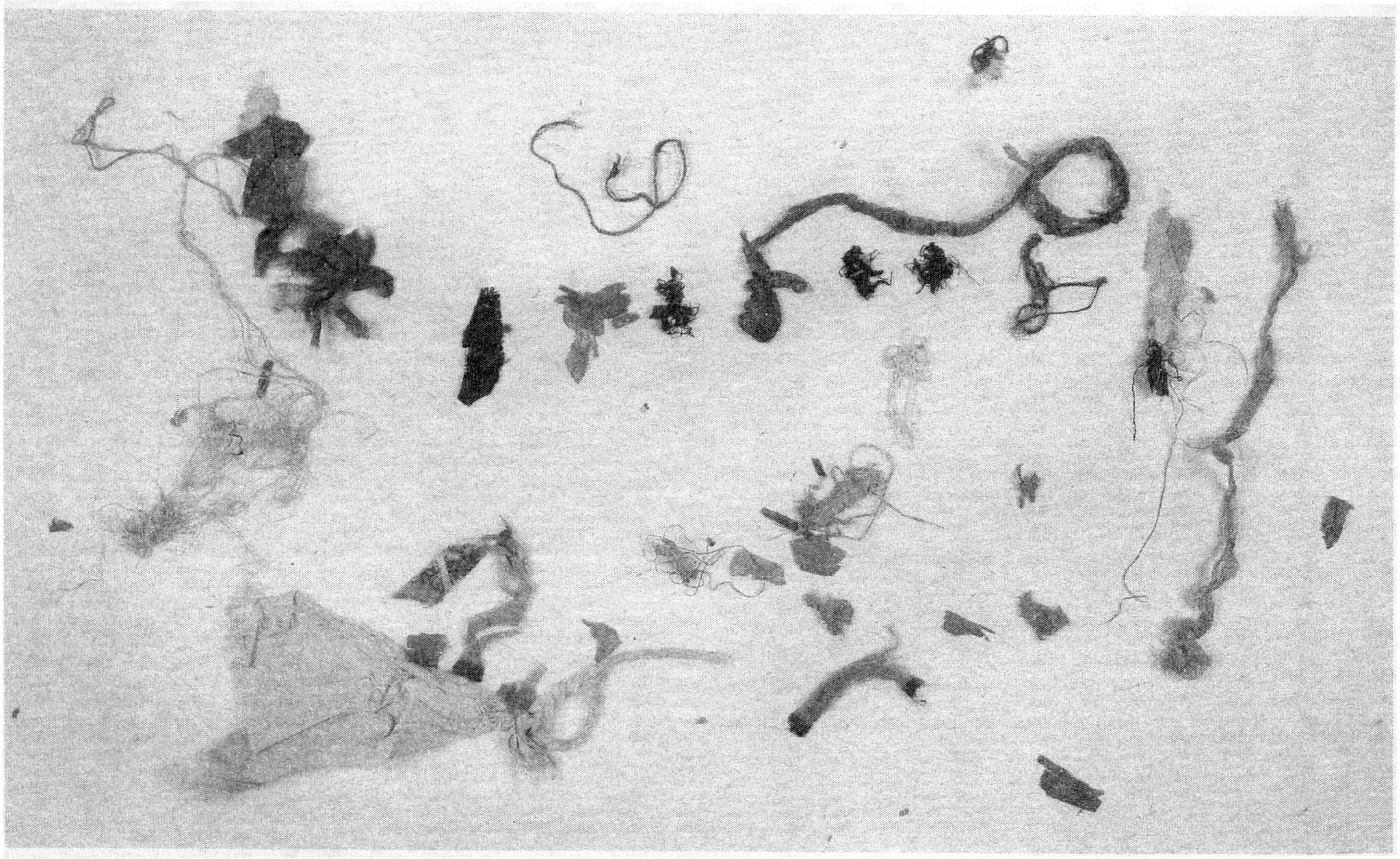

BD13751 號　殘綫殘絹殘麻布等（擬）　（1–1）

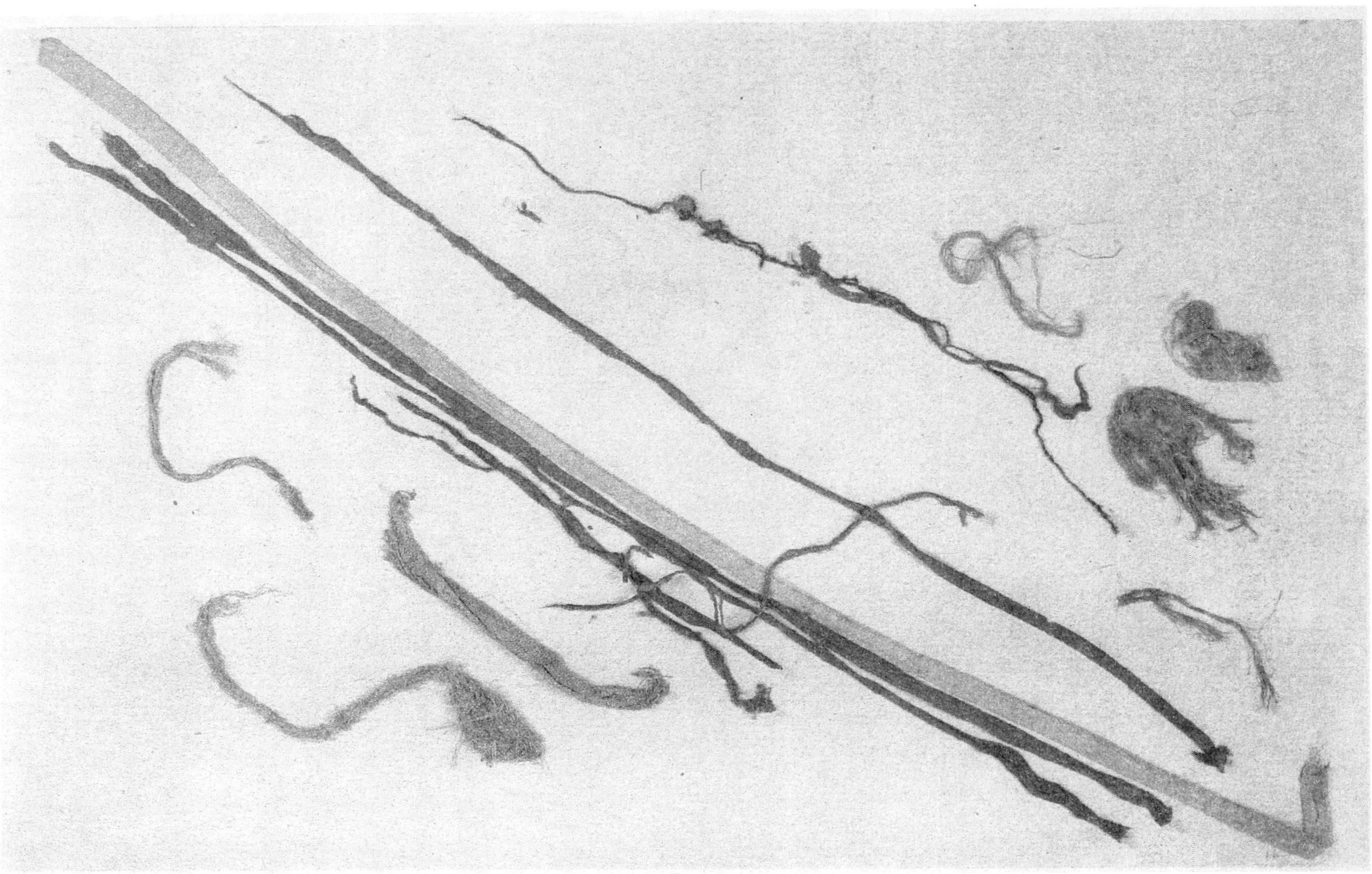

BD13752 號　縹帶麻繩頭殘麻布等（擬）　（1–1）

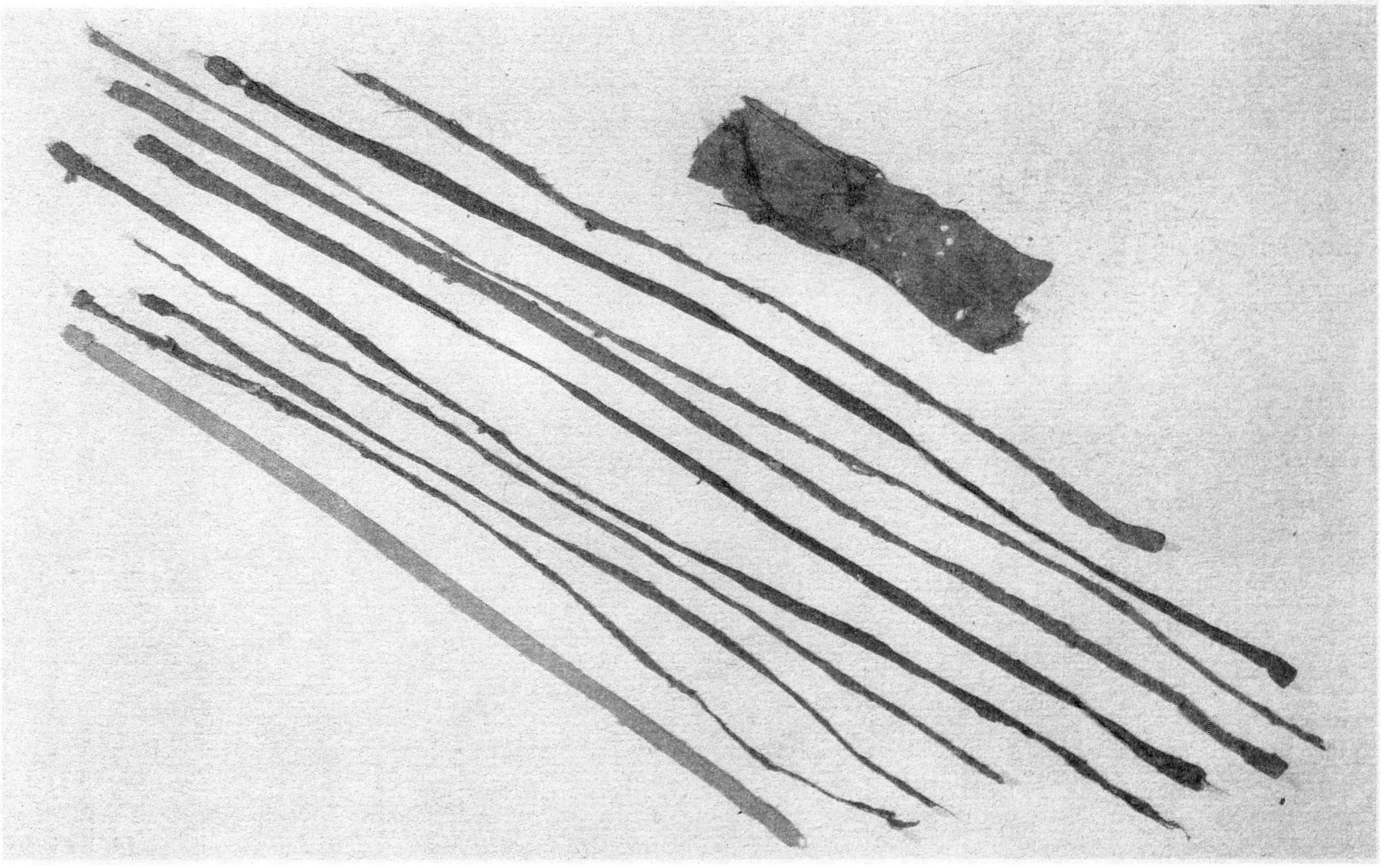

BD13753 號　縹帶殘絹等（擬）　（1–1）

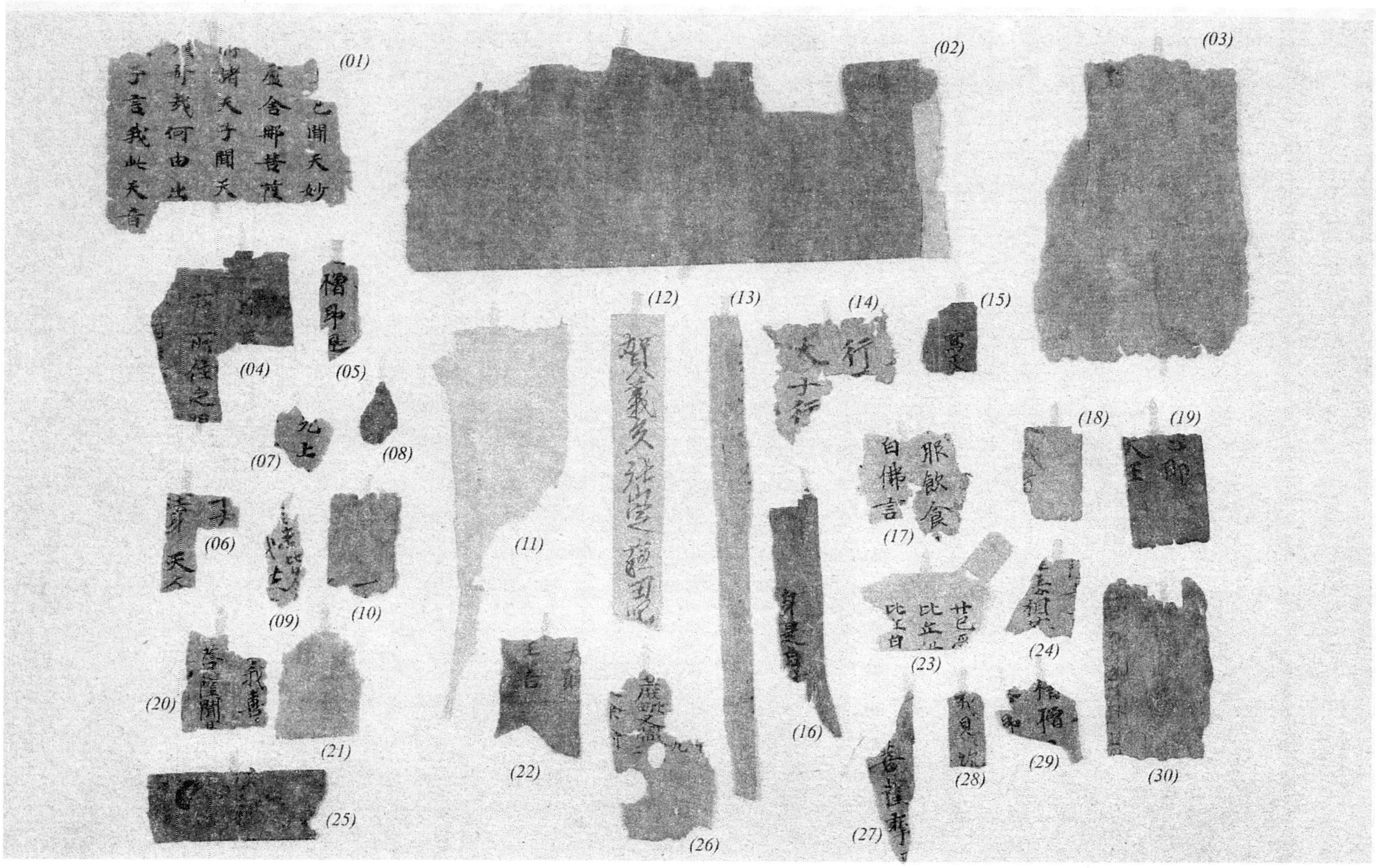

BD13754 號　殘片三十塊（擬）　（1–1）

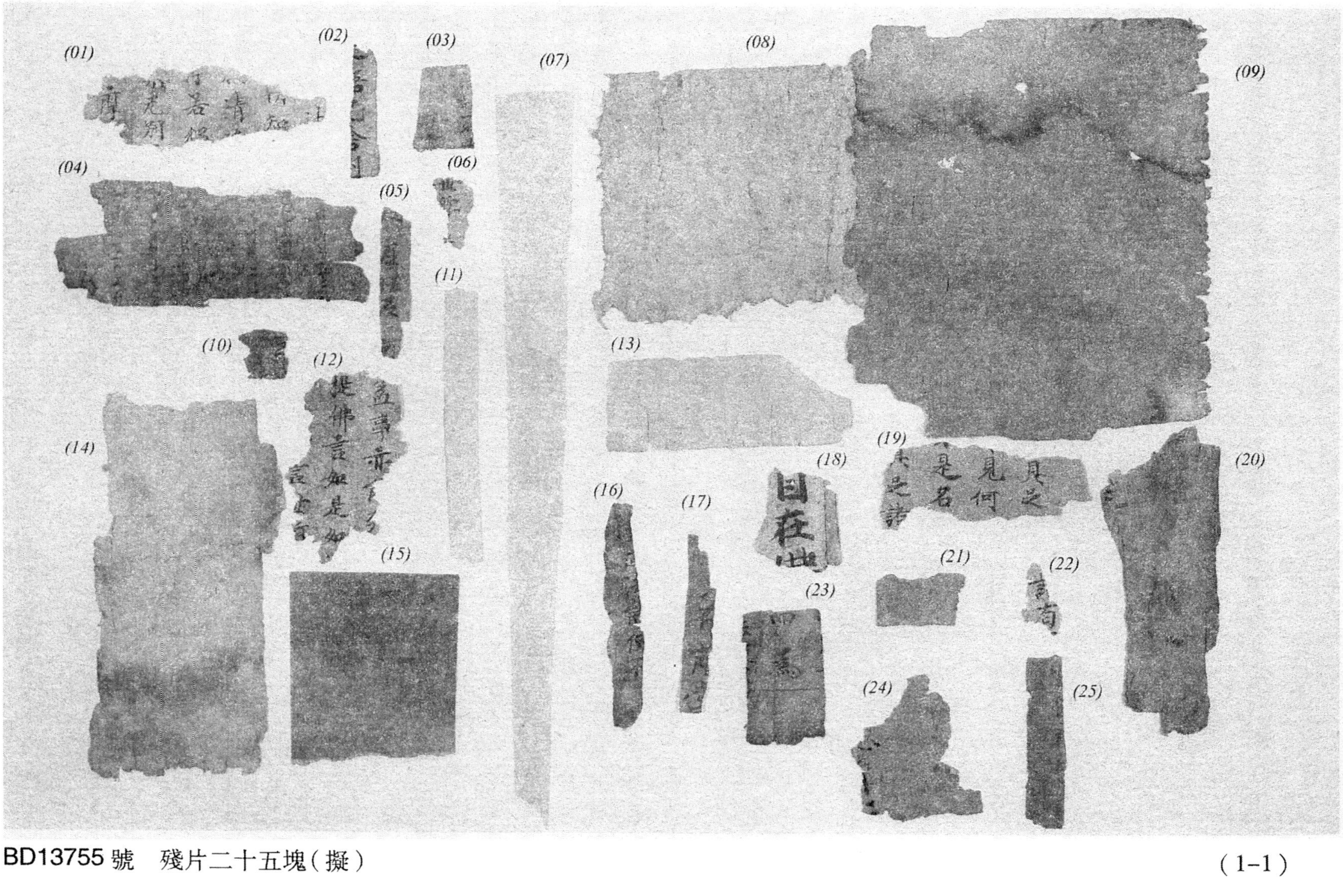

BD13755 號　殘片二十五塊（擬）　（1–1）

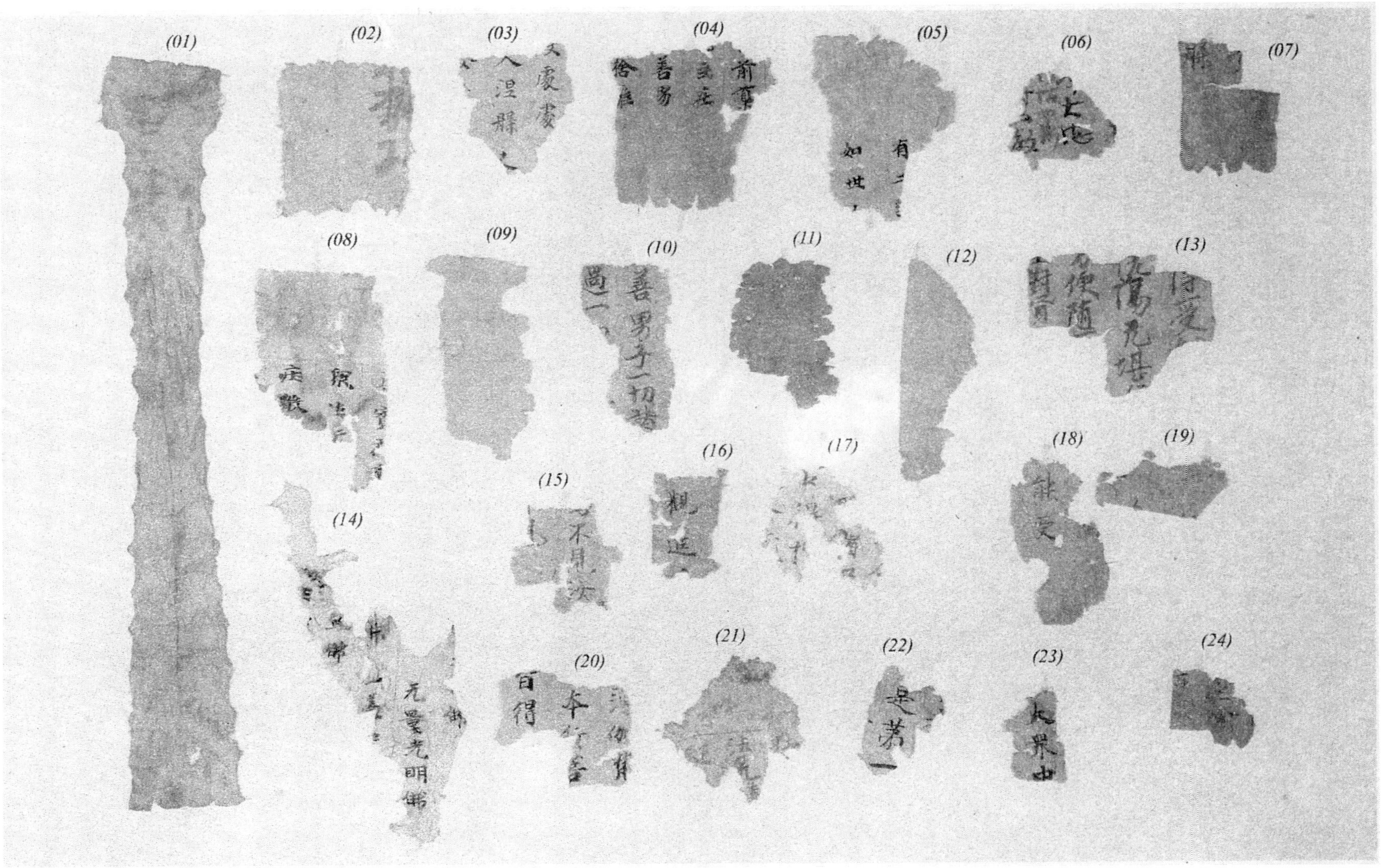

BD13756 號　殘片二十四塊（擬）　（1–1）

BD13757 號　殘片十六塊（擬）　（1–1）

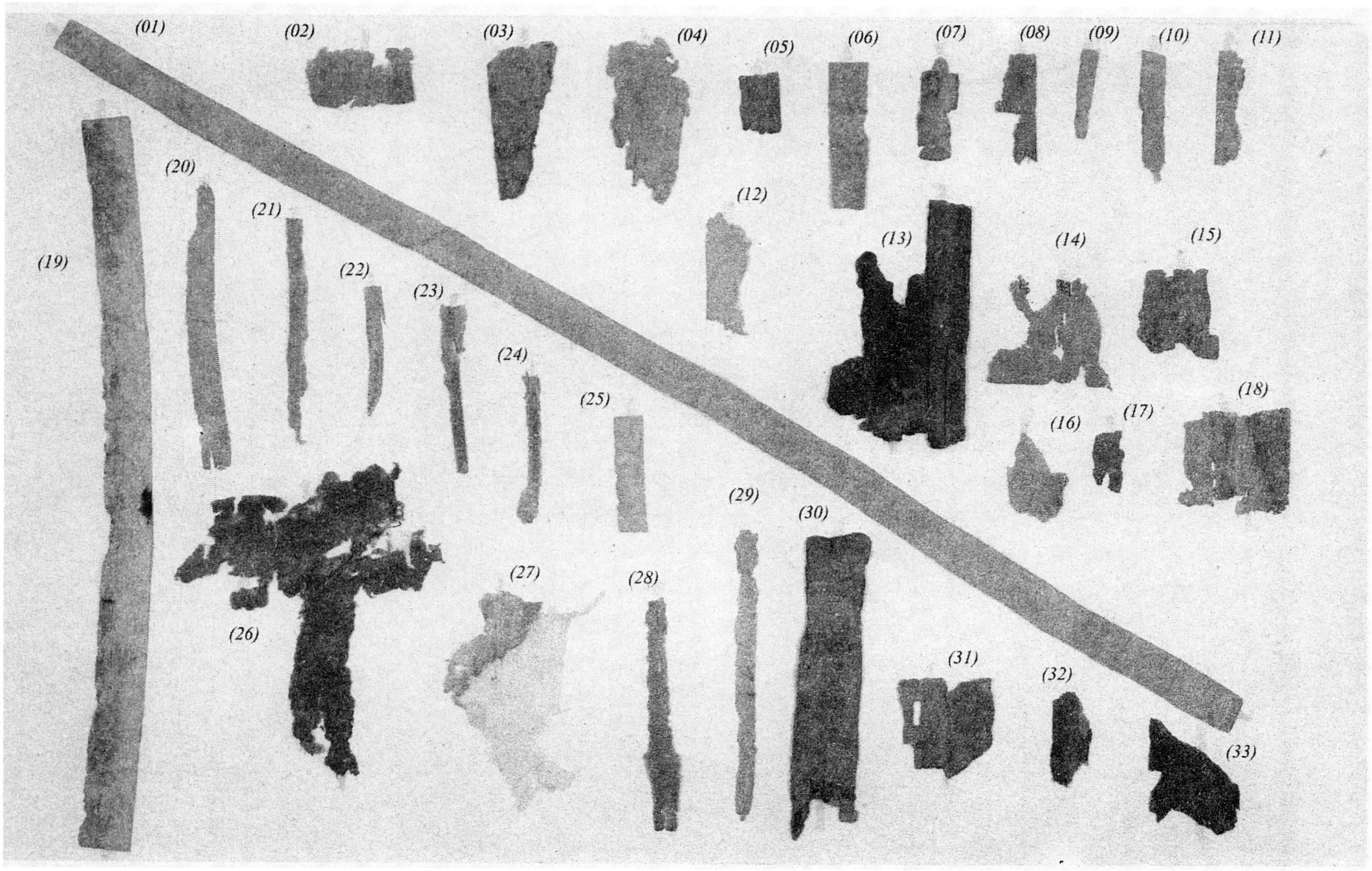

BD13758 號　殘片三十三塊（擬）　（1–1）

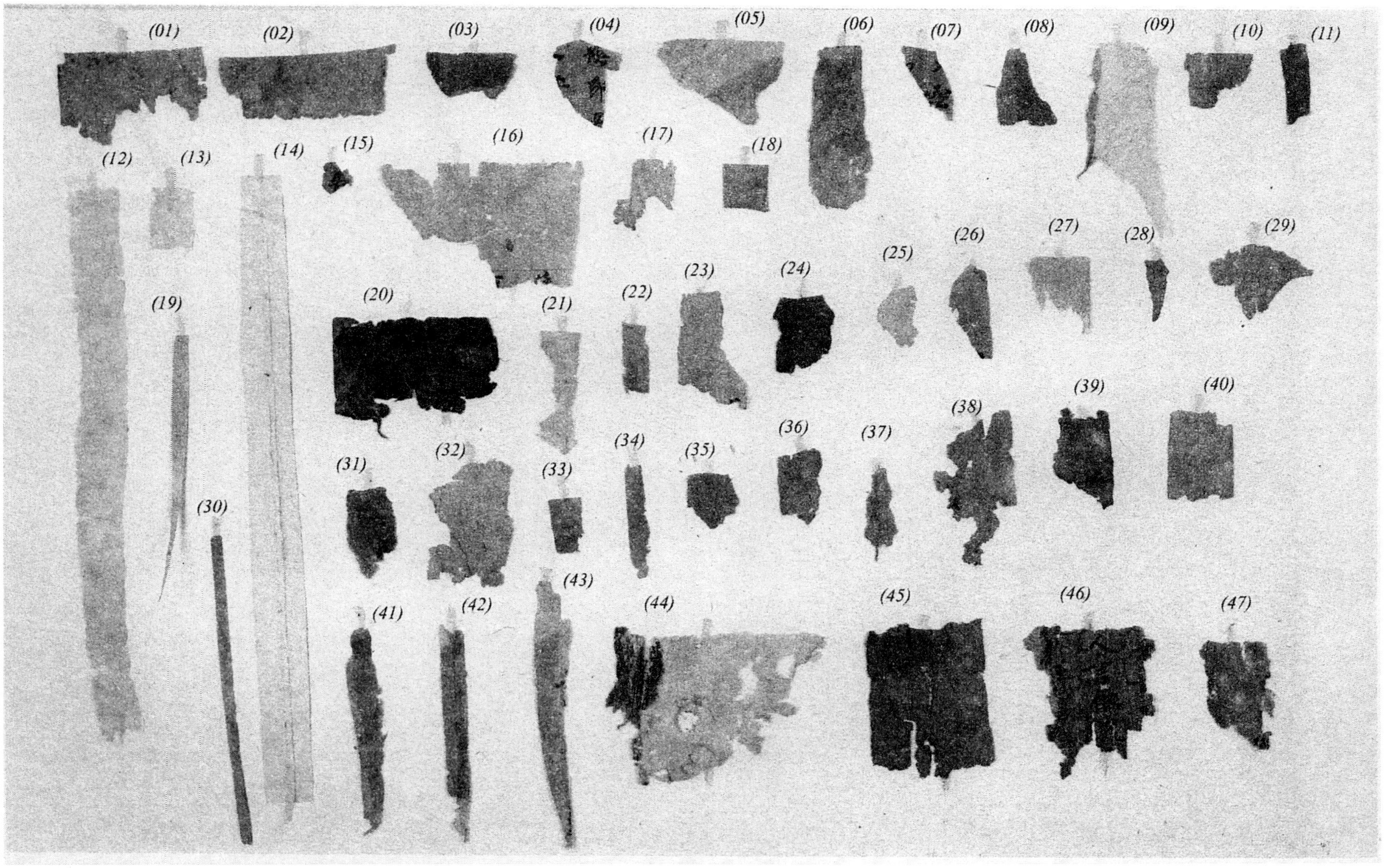

BD13759 號　殘片四十七塊（擬）　（1–1）

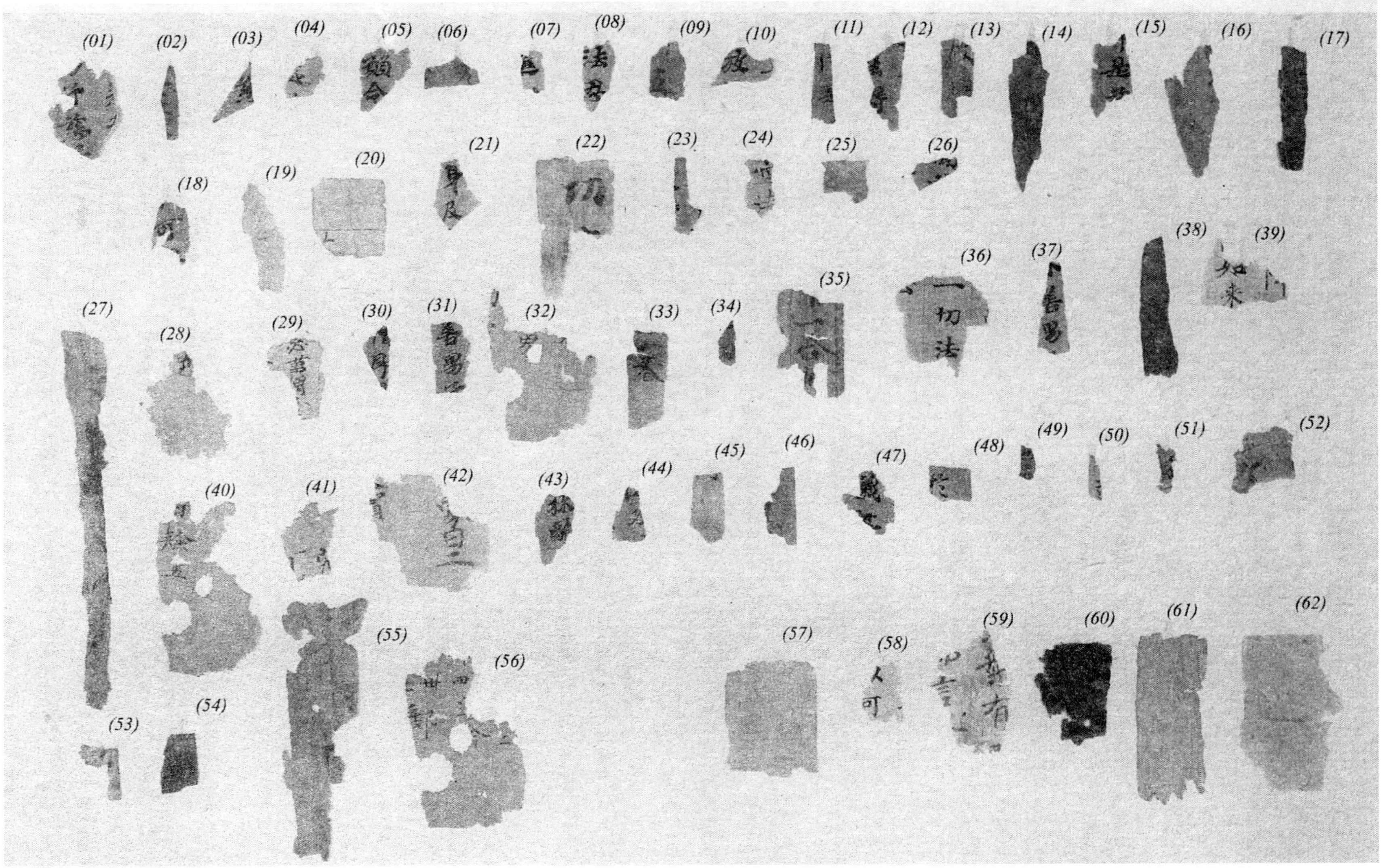

BD13760 號　殘片六十二塊（擬）　　（1–1）

BD13761 號　殘片六十五塊（擬）　　（1–1）

BD13762 號　殘片九十八塊(擬)　（1–1）

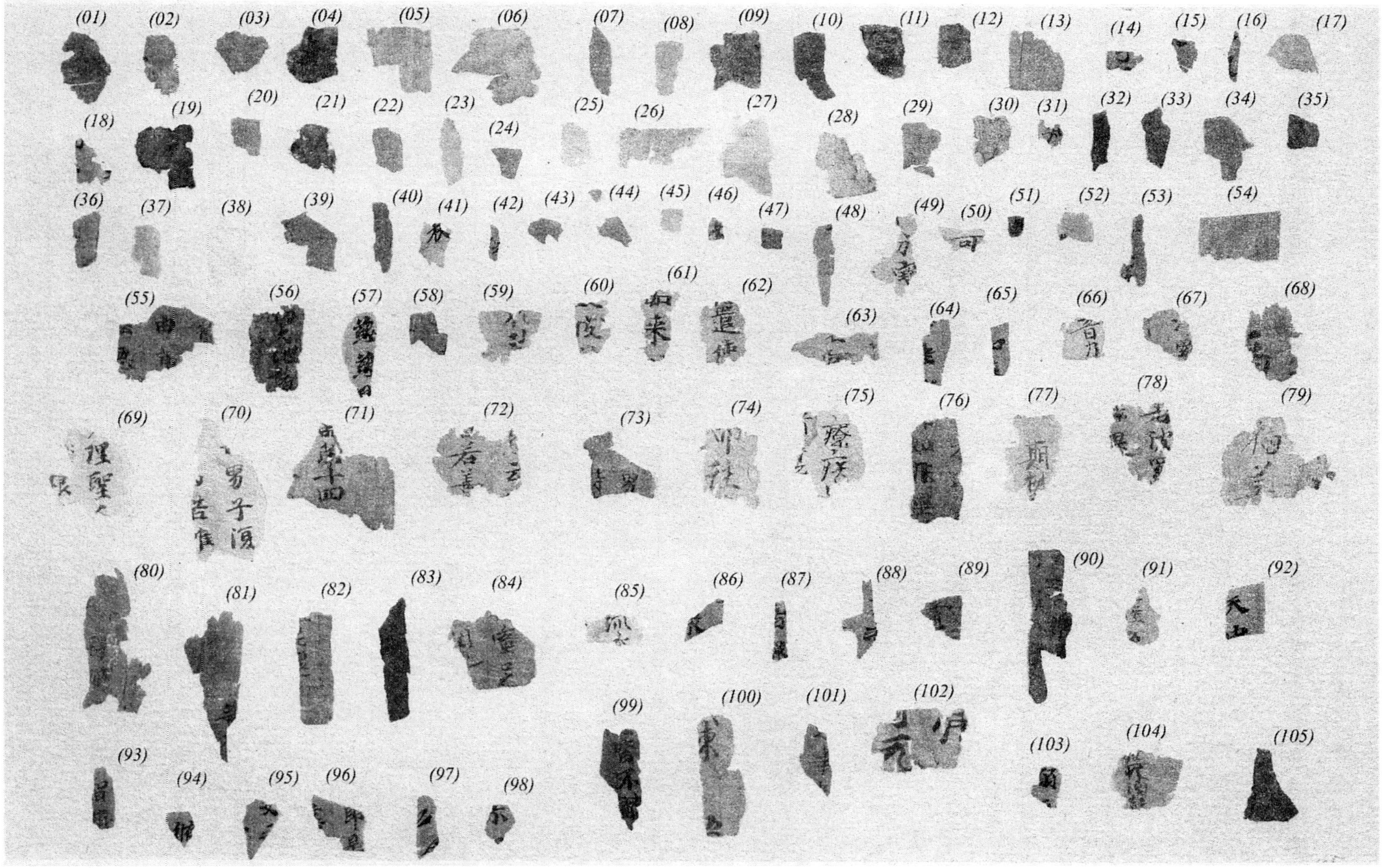

BD13763 號　殘片一百零五塊(擬)　（1–1）

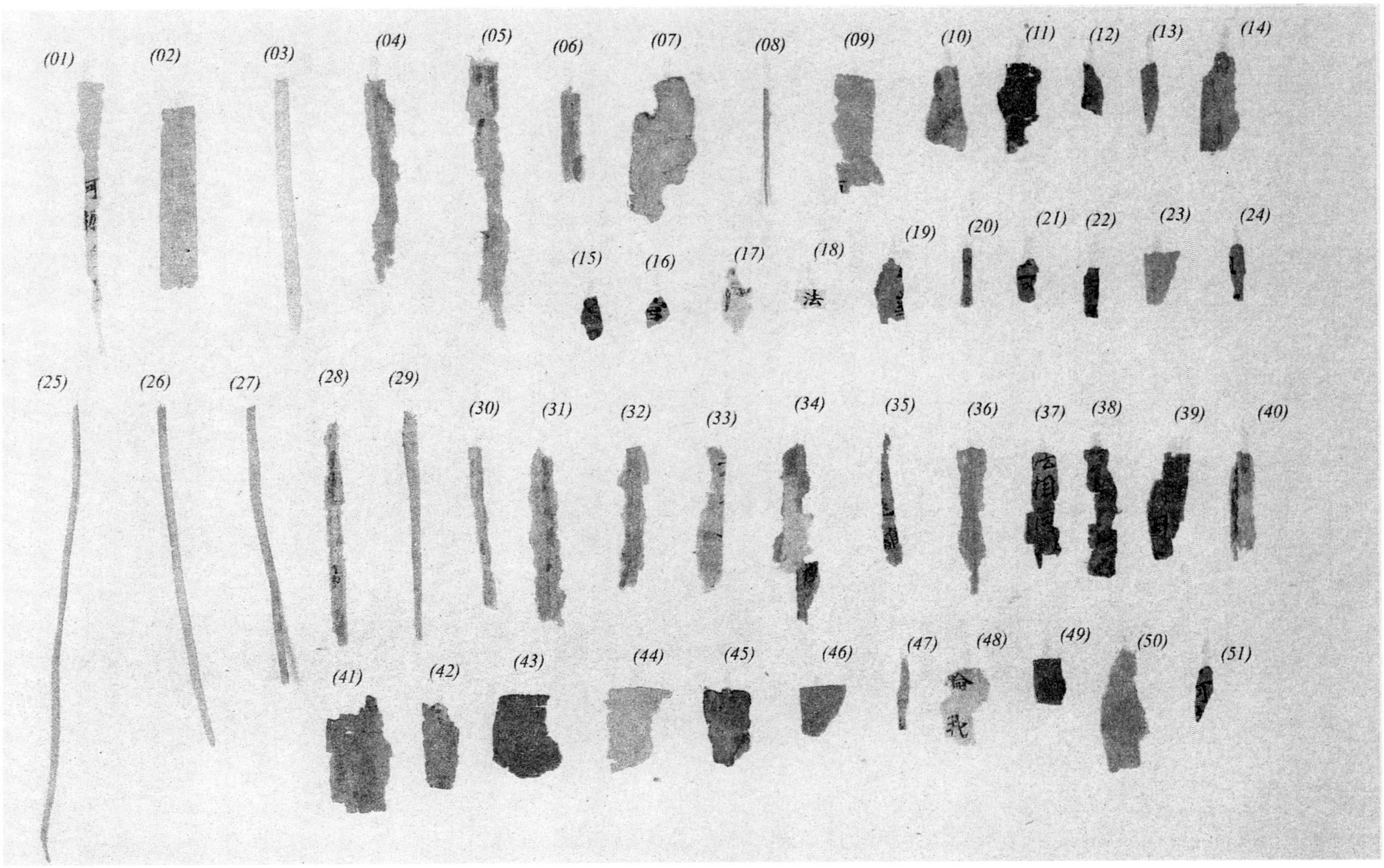

BD13764 號　殘片五十一塊（擬）　　（1–1）

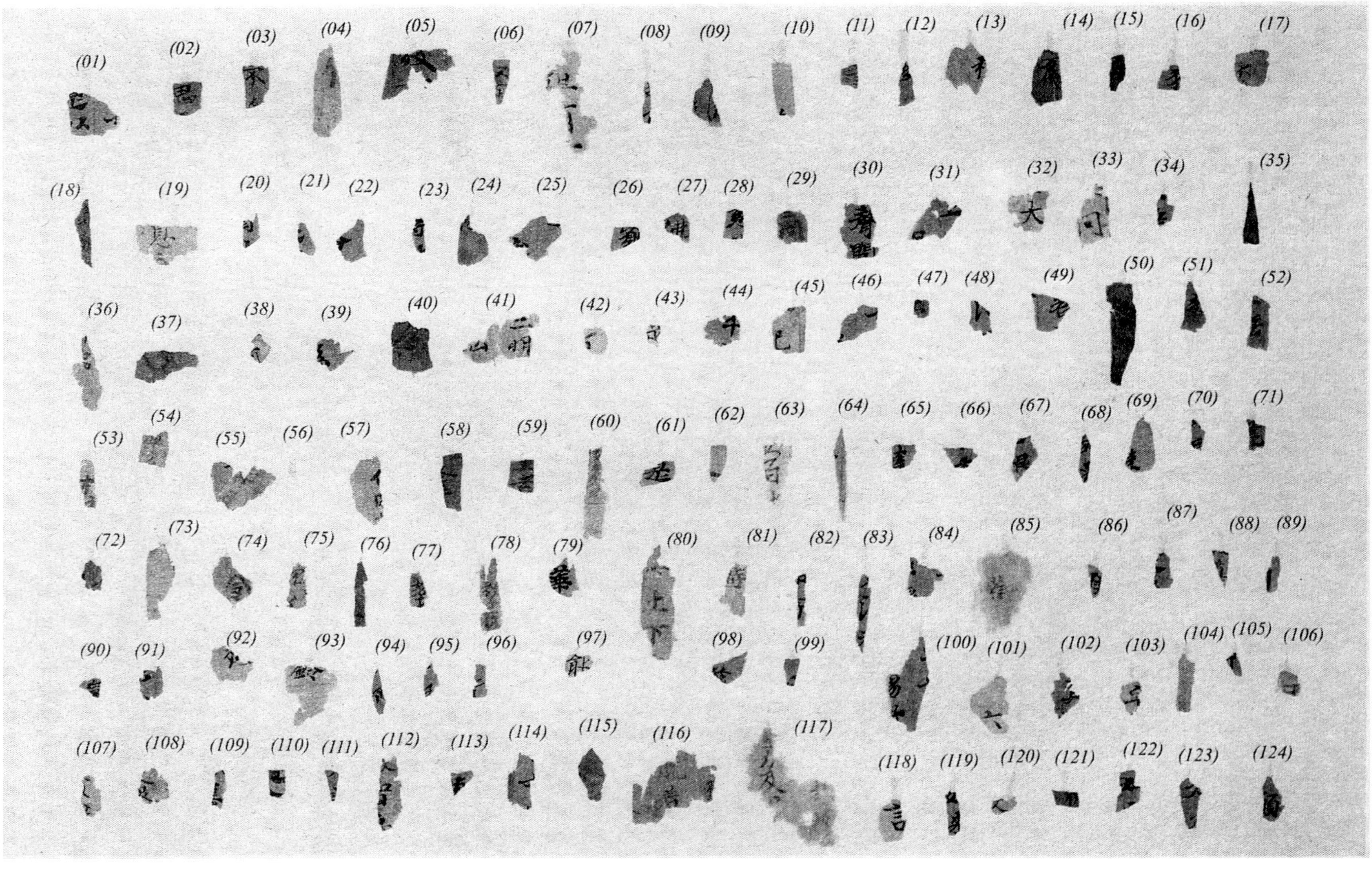

BD13765 號　殘片一百二十四塊（擬）　　（1–1）

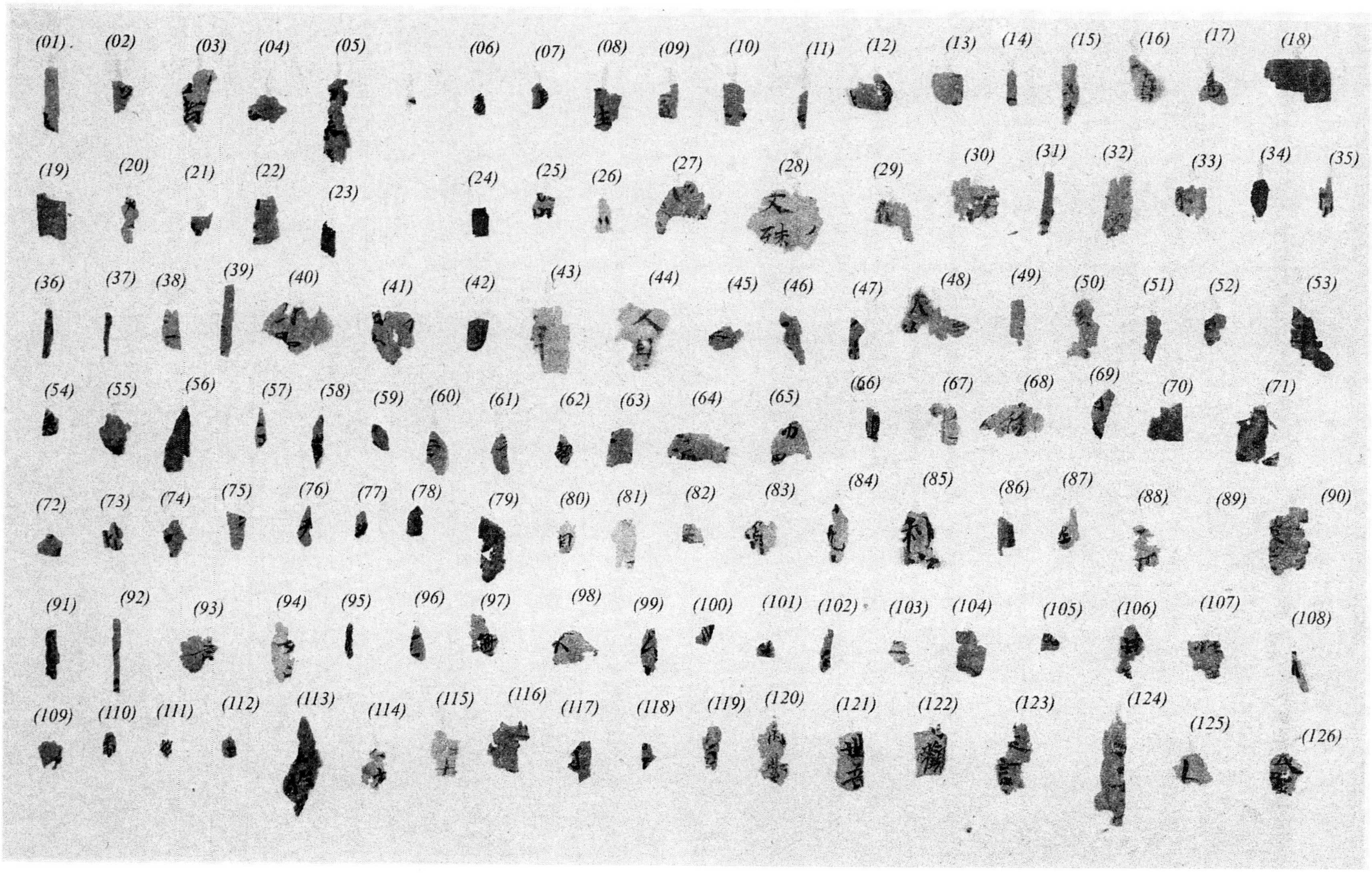

BD13766號　殘片一百二十六塊（擬）　　（1–1）

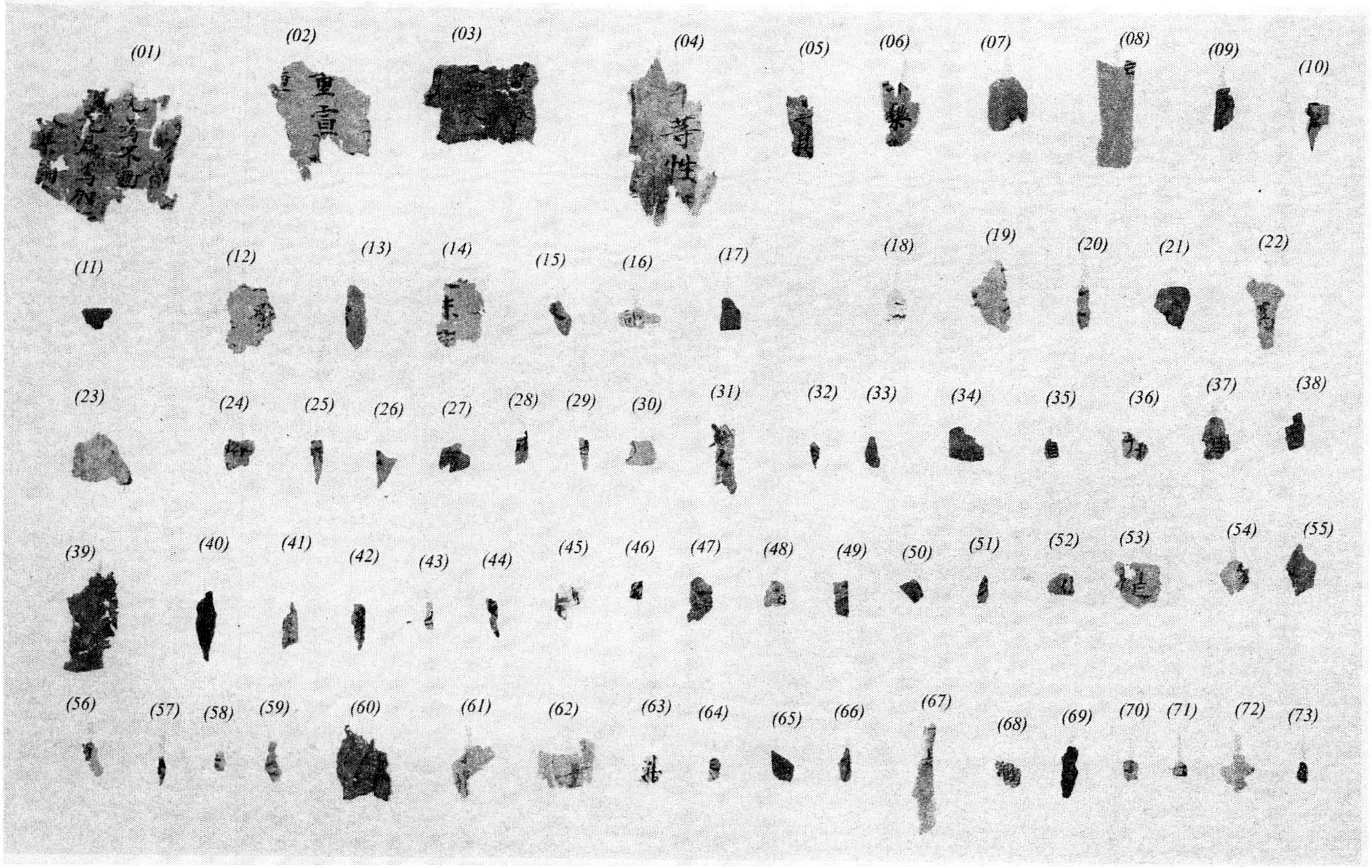

BD13767號　殘片七十三塊（擬）　　（1–1）

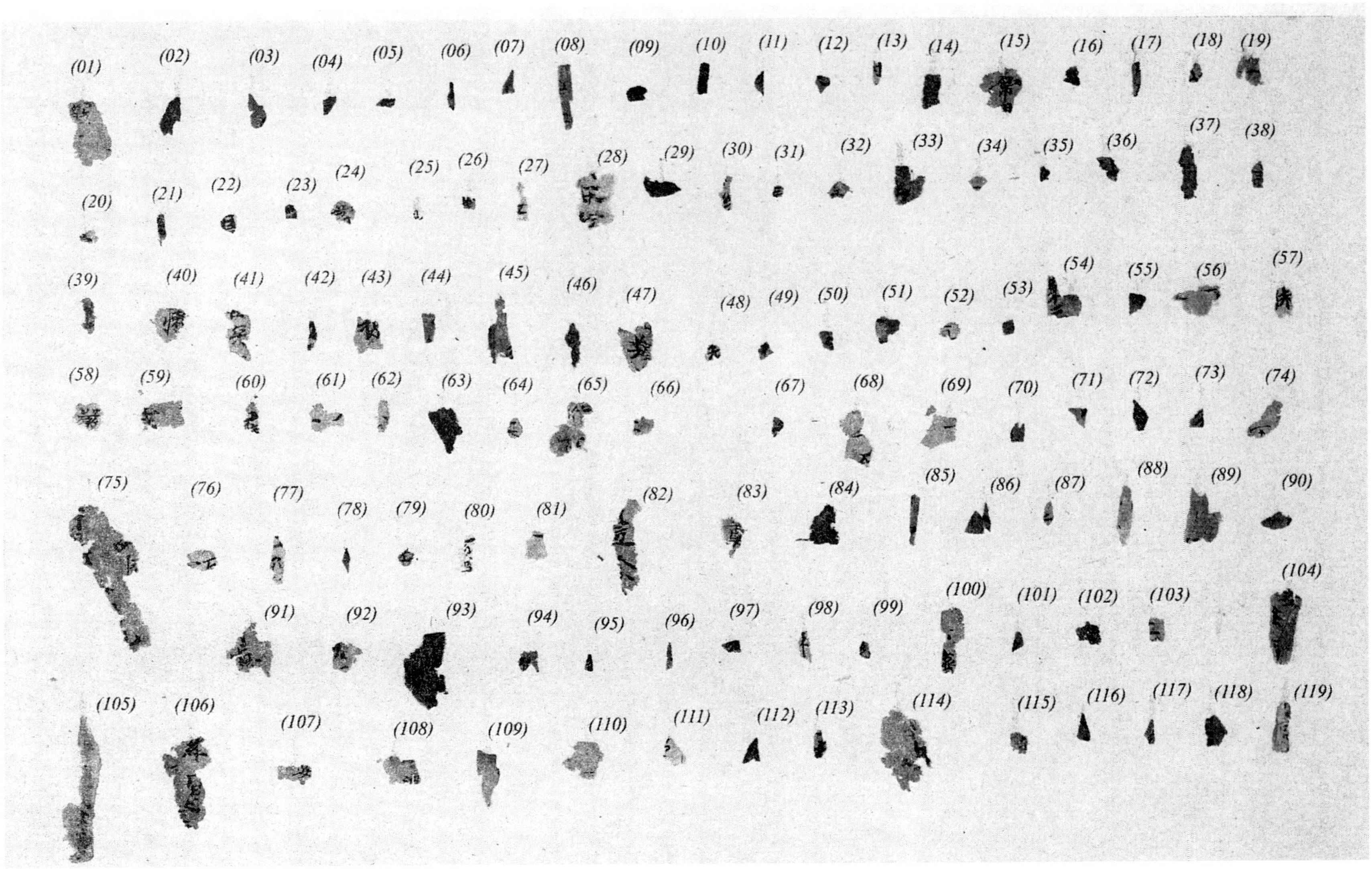

BD13768號　殘片一百二十塊(擬)　(1-1)

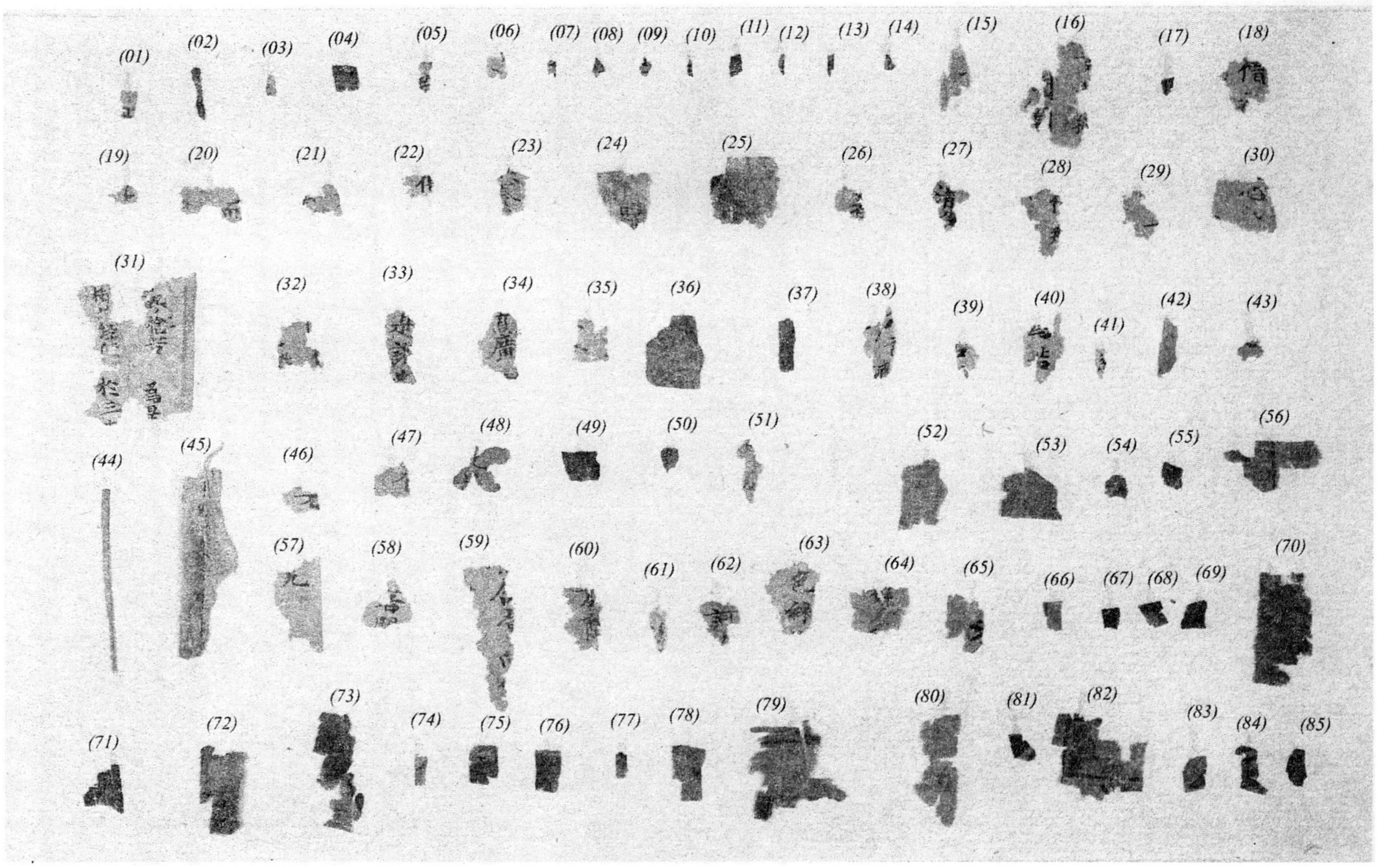

BD13769號　殘片殘絹八十五塊(擬)　(1-1)

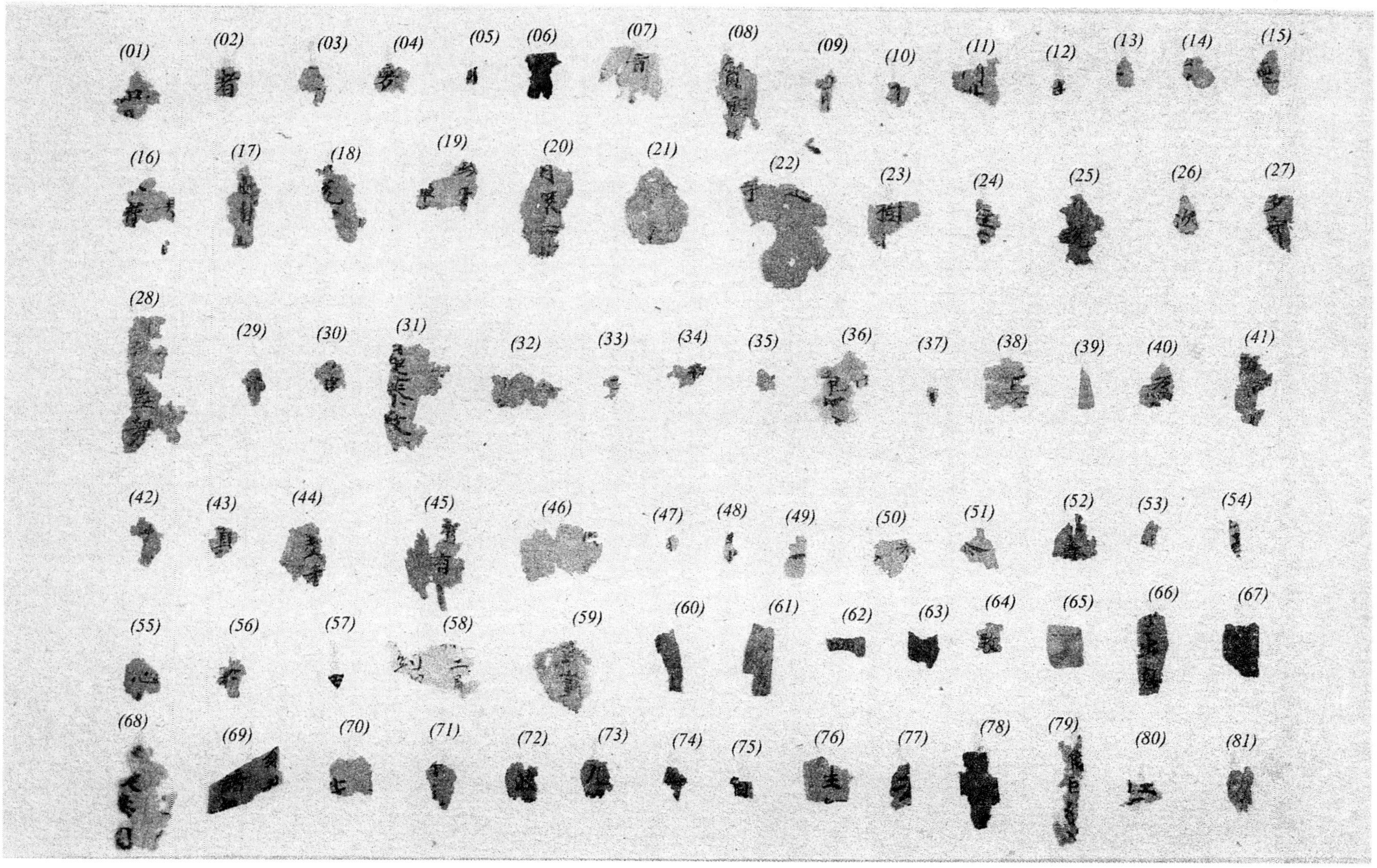

BD13770 號　殘片八十一塊(擬)　　　　(1–1)

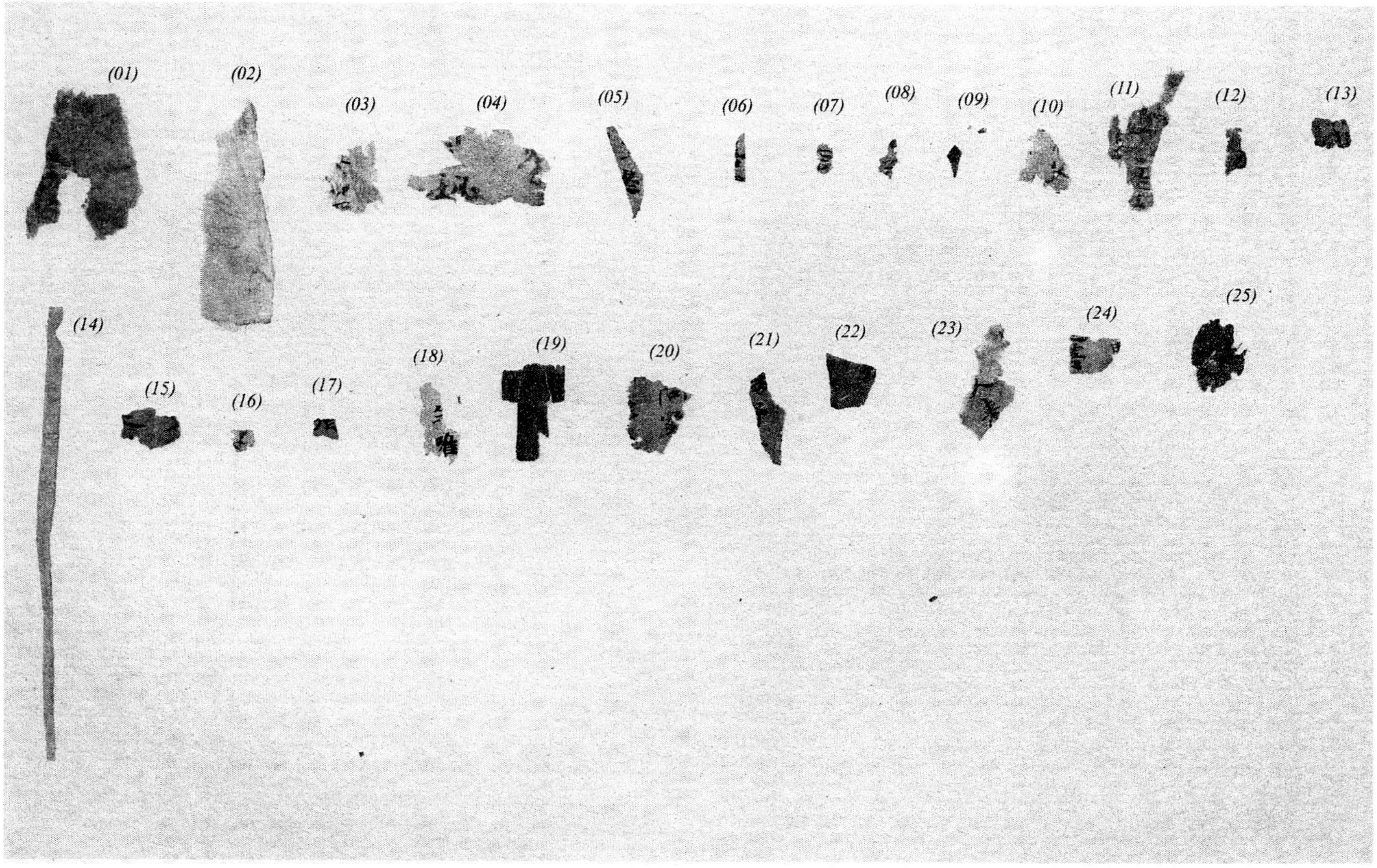

BD13771 號　殘片二十五塊(擬)　　　　(1–1)

BD13772 號　紙本彩繪千佛圖（擬）　（1–1）

BD13773 號　唐卡　（2–1）

BD13773 號背　唐卡　　（2–2）

BD13774 號　唐卡　　（2–1）

BD13774 號背　唐卡　　（2–2）

BD13775 號　唐卡　　（2–1）

BD13775號背　唐卡　　　　（2–2）

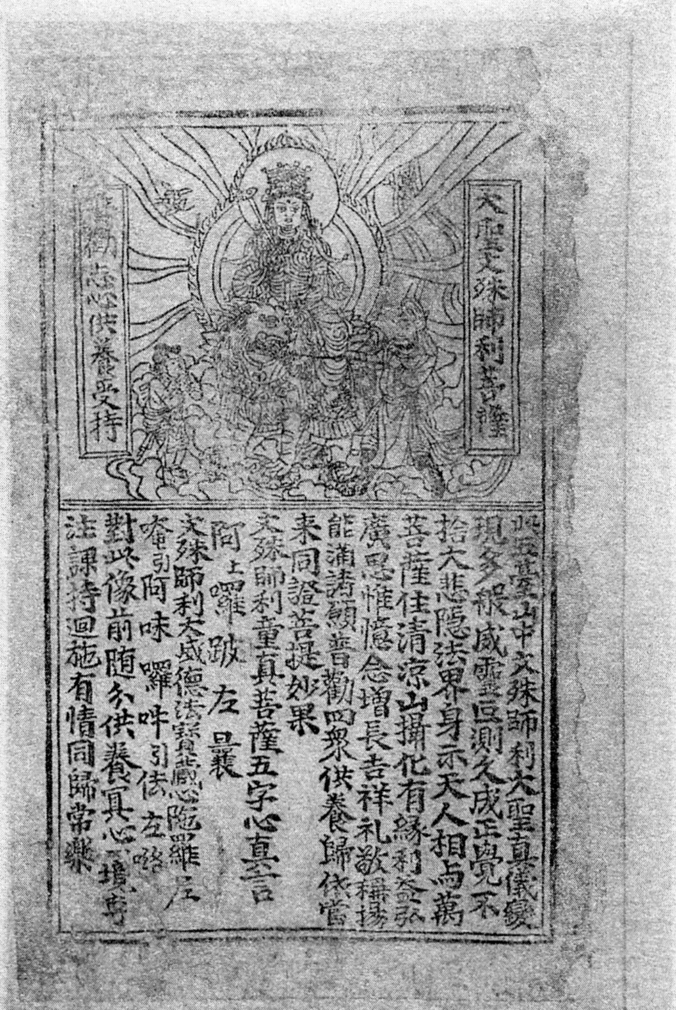

大聖文殊師利菩薩

普勸志心供養受持

此五臺山中文殊師利大聖真儀變
現多般威靈叵測久成正覺不
捨大悲隱法界身示天人相與萬
菩薩住清涼山攝化有緣利益弘
廣思惟憶念增長吉祥礼敬稱揚
能滿諸願普勸四眾供養歸依當
來同證菩提妙果
文殊師利童真菩薩五字心真言
阿上囉跛左曩
文殊師利大威德法寶藏心陀羅尼
唵引阿味囉吽引佉左啰
對此像前隨分供養冥心一境專
注課持迴施有情同歸常樂

BD13791號　大聖文殊師利菩薩（刻本）　　　　（1–1）

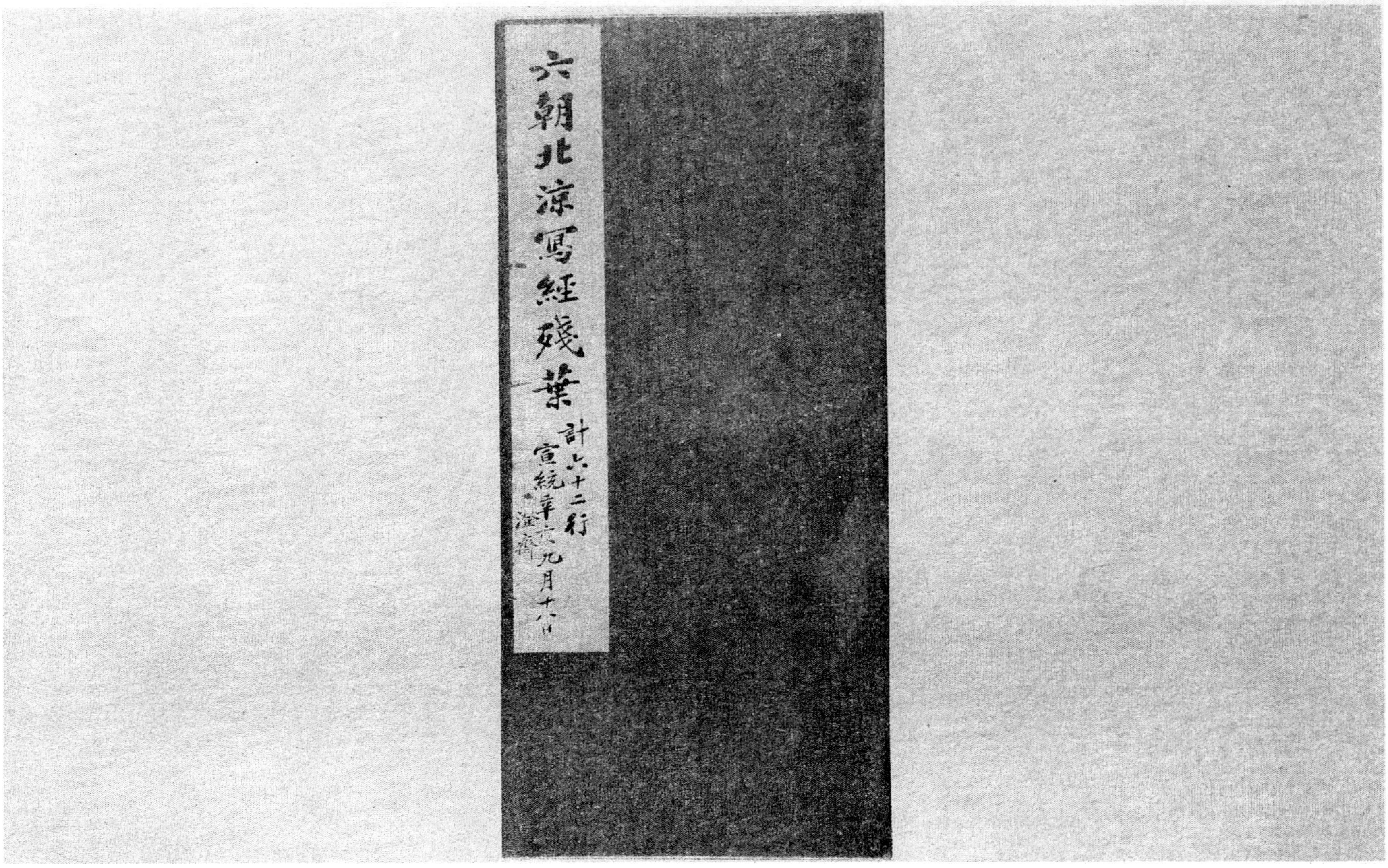

六朝北涼寫經殘葉

計六十二行

宣統辛亥九月十八日

BD13792號　大智度論卷五一　　（25–1）

BD13792號　大智度論卷五一　　（25–2）

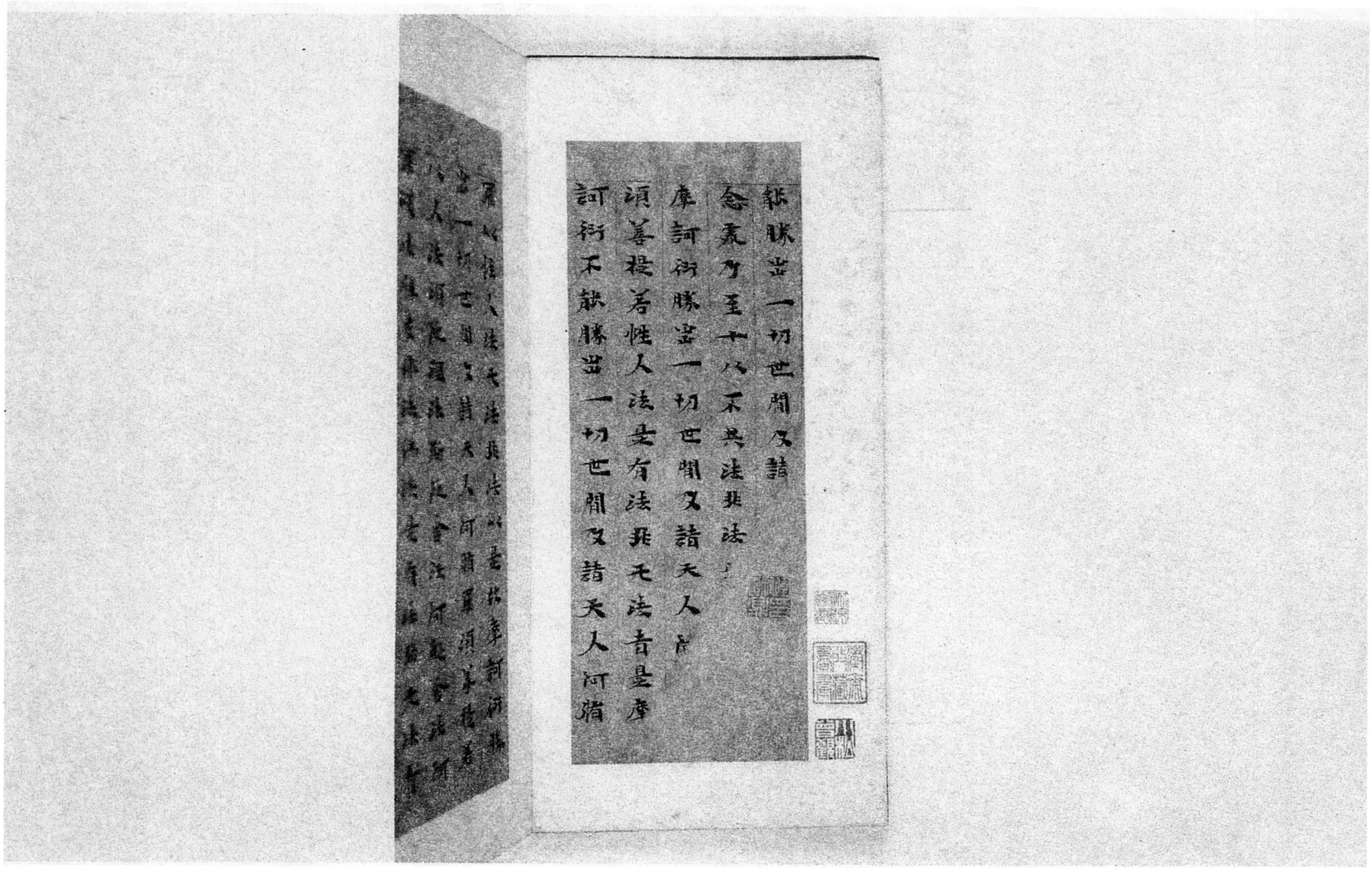

BD13792 號　大智度論卷五一　（25–3）

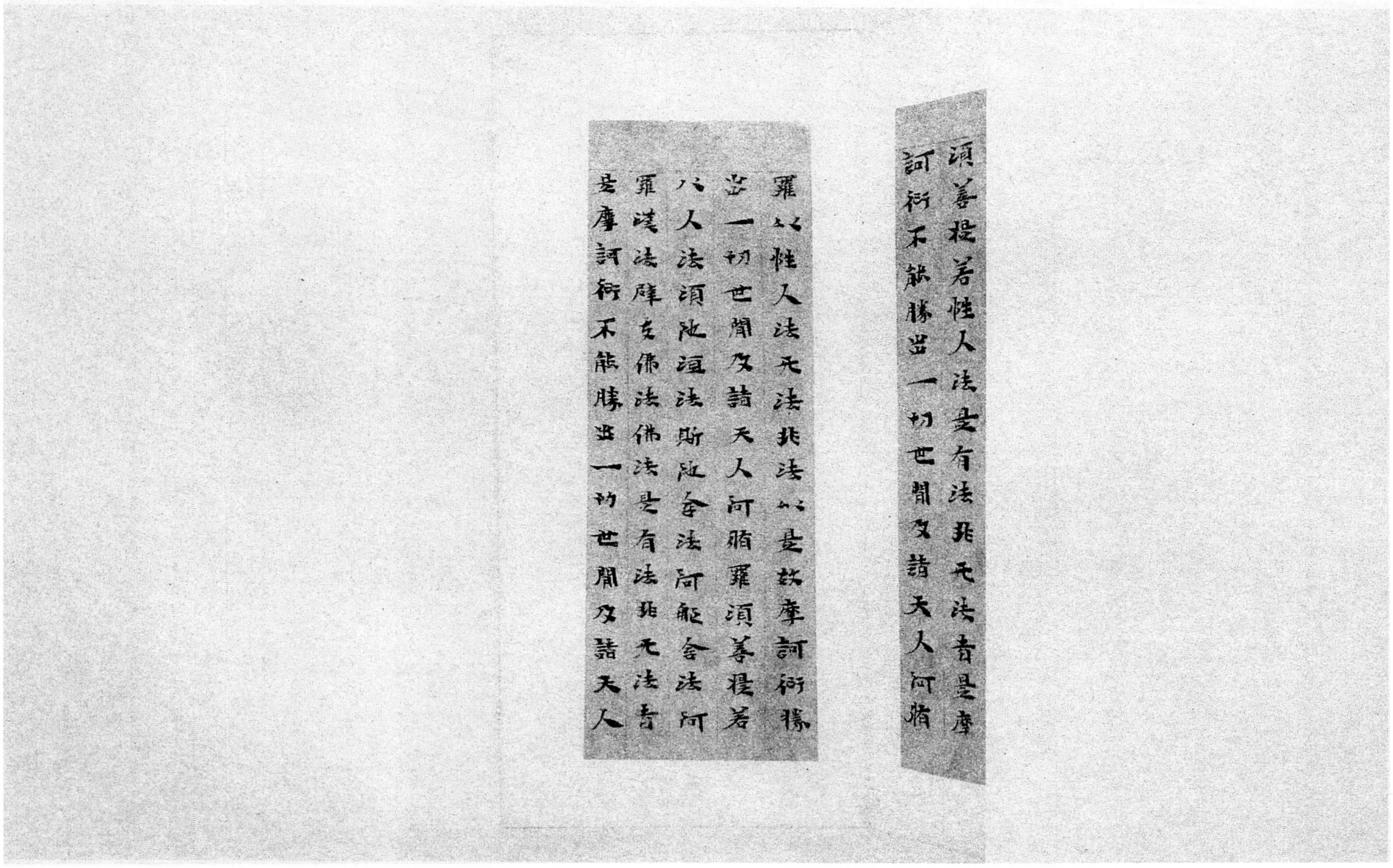

BD13792 號　大智度論卷五一　（25–4）

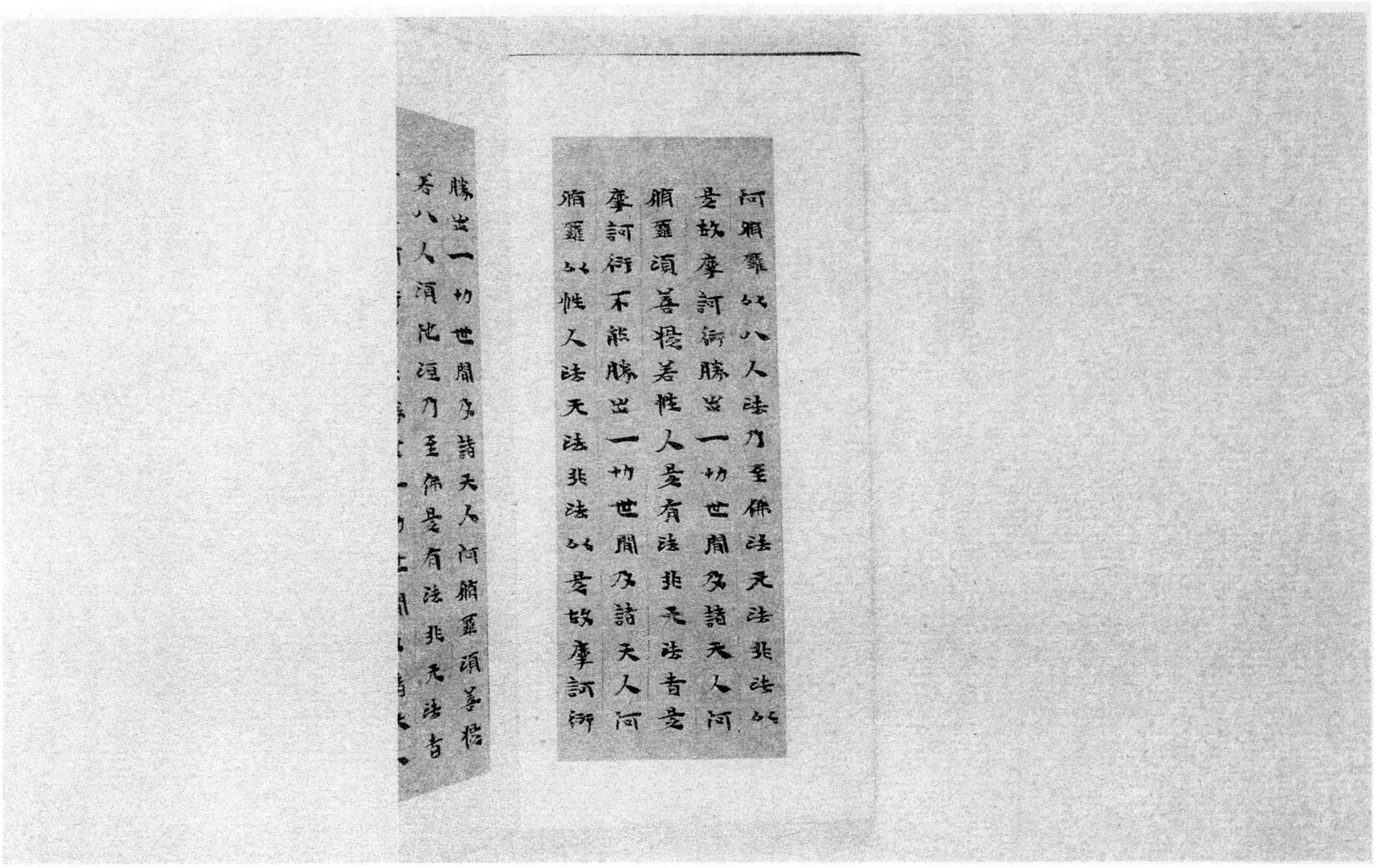

勝出一切世間及諸天人阿脩羅須菩提
若八人須陀洹乃至佛是有法非无法者

阿脩羅以八人法乃至佛法无法非法以
是故摩訶衍勝出一切世間及諸天人阿
脩羅須菩提若性人是有法非无法者是
摩訶衍不能勝出一切世間及諸天人阿
脩羅以性人法无法非法以是故摩訶衍

BD13792 號　大智度論卷五一　（25–5）

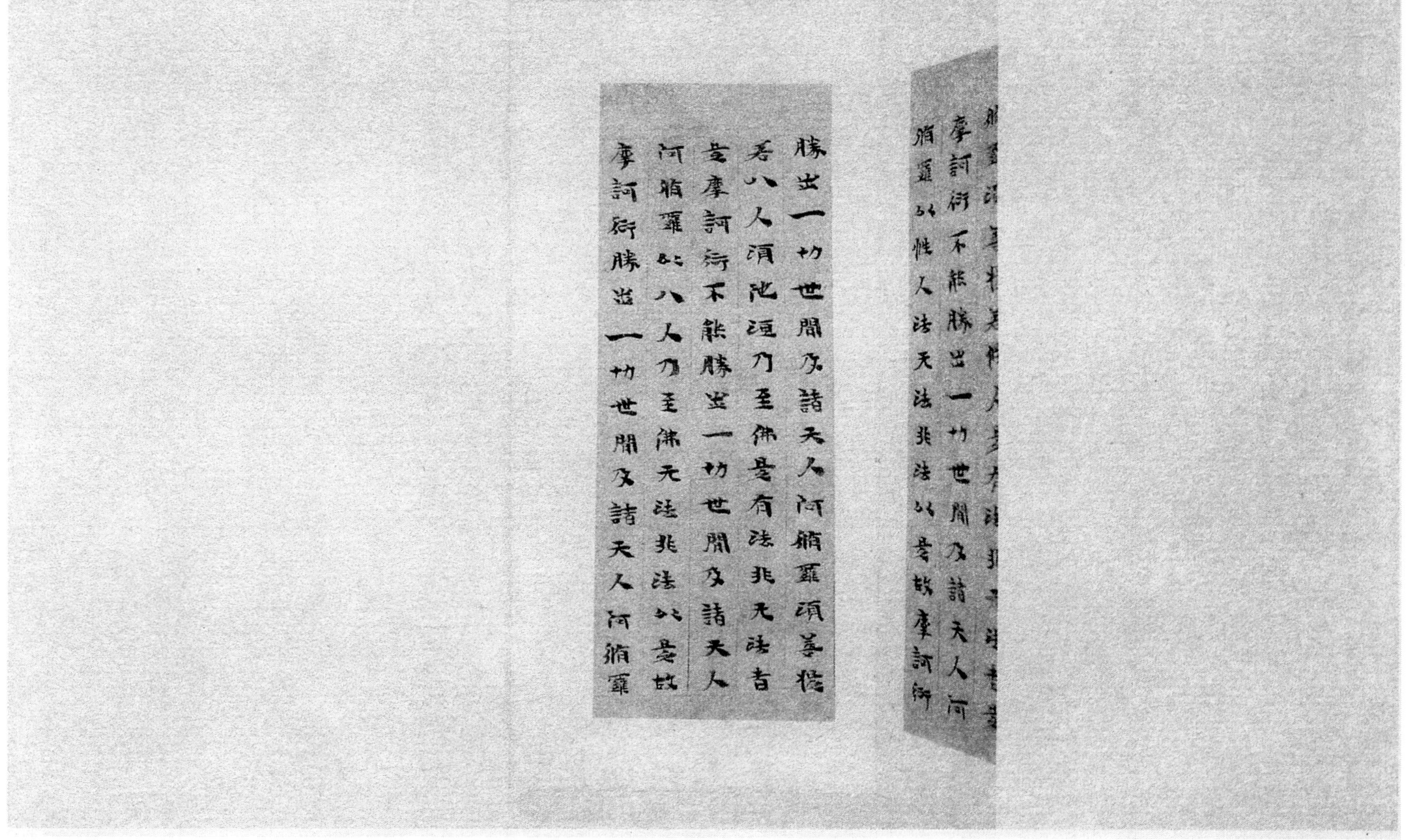
摩訶衍不能勝出一切世間及諸天人阿
脩羅以性人法无法非法以是故摩訶衍

勝出一切世間及諸天人阿脩羅須菩提
若八人須陀洹乃至佛是有法非无法者
是摩訶衍不能勝出一切世間及諸天人
阿脩羅以八人乃至佛无法非法以是故
摩訶衍勝出一切世間及諸天人阿脩羅

BD13792 號　大智度論卷五一　（25–6）

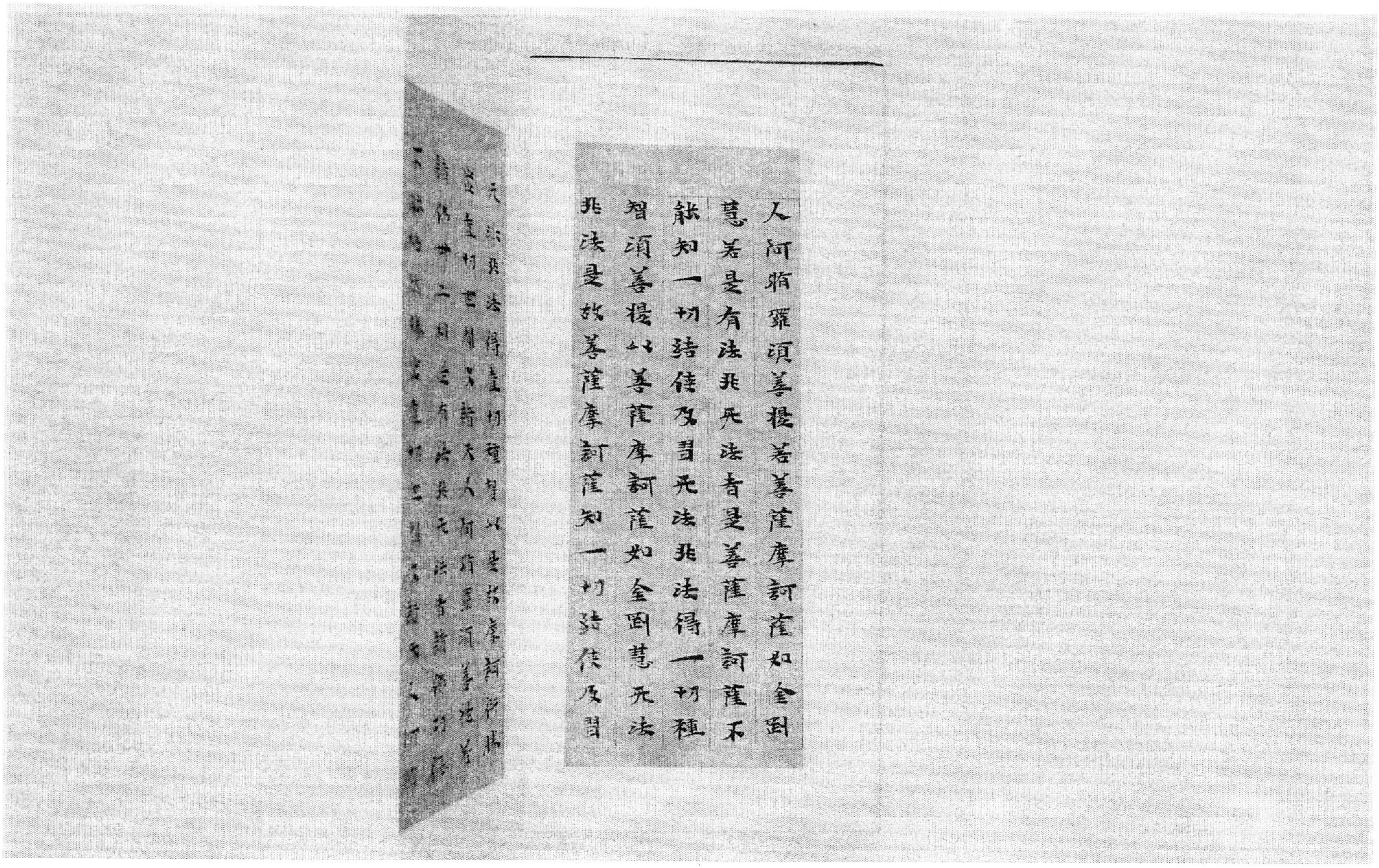

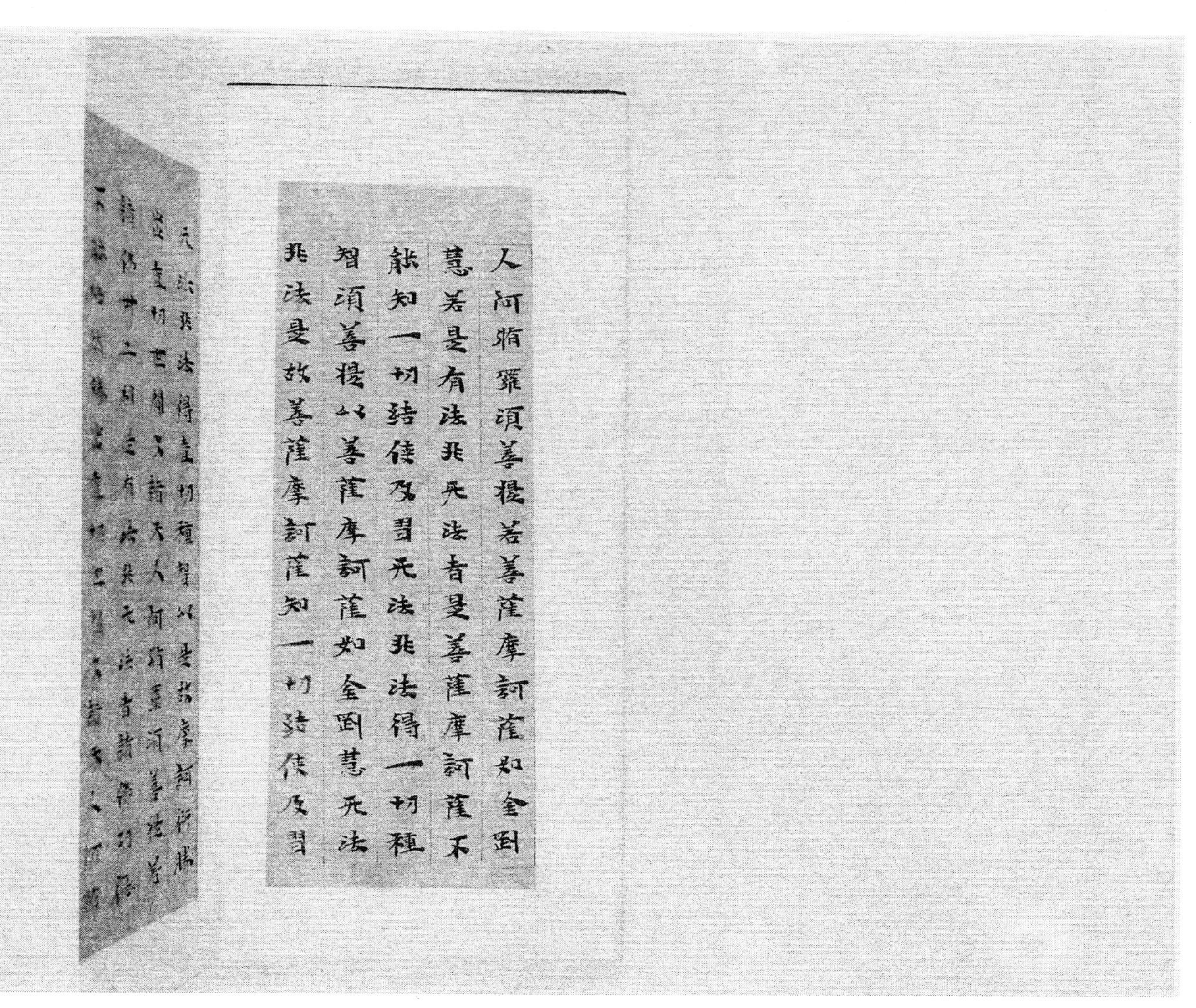

人阿脩羅須菩提若菩薩摩訶薩如金剛
慧若是有法非无法者是菩薩摩訶薩不
能知一切結使及習无法非法得一切種
智須菩提以菩薩摩訶薩如金剛慧无法
非法是故菩薩摩訶薩知一切結使及習

BD13792 號　大智度論卷五一　（25–7）

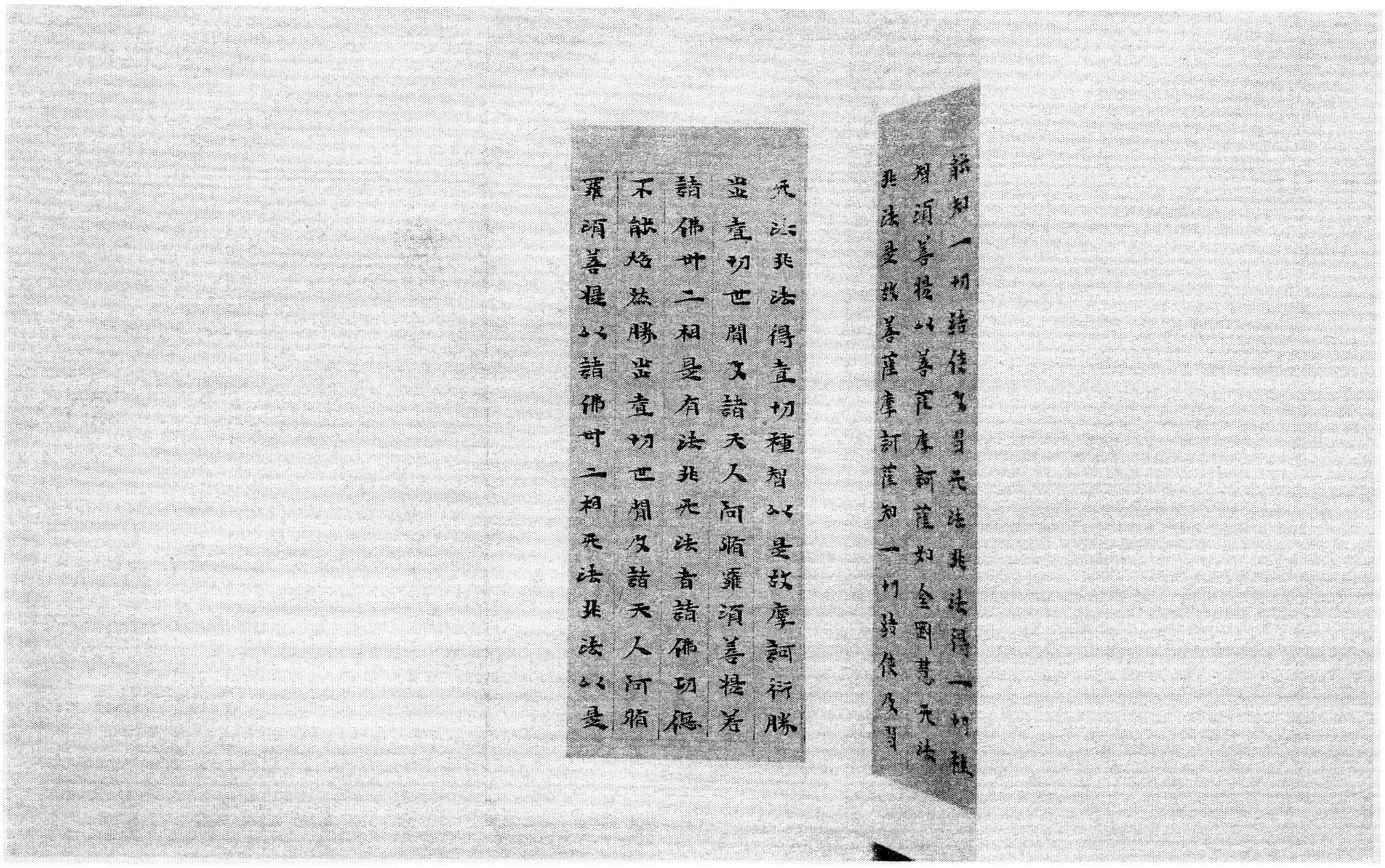

无法非法得一切種智以是故摩訶衍勝
出一切世間及諸天人阿脩羅須菩提若
諸佛卅二相是有法非无法者諸佛功德
不能照然勝出一切世間及諸天人阿脩
羅須菩提以諸佛卅二相无法非法以是

BD13792 號　大智度論卷五一　（25–8）

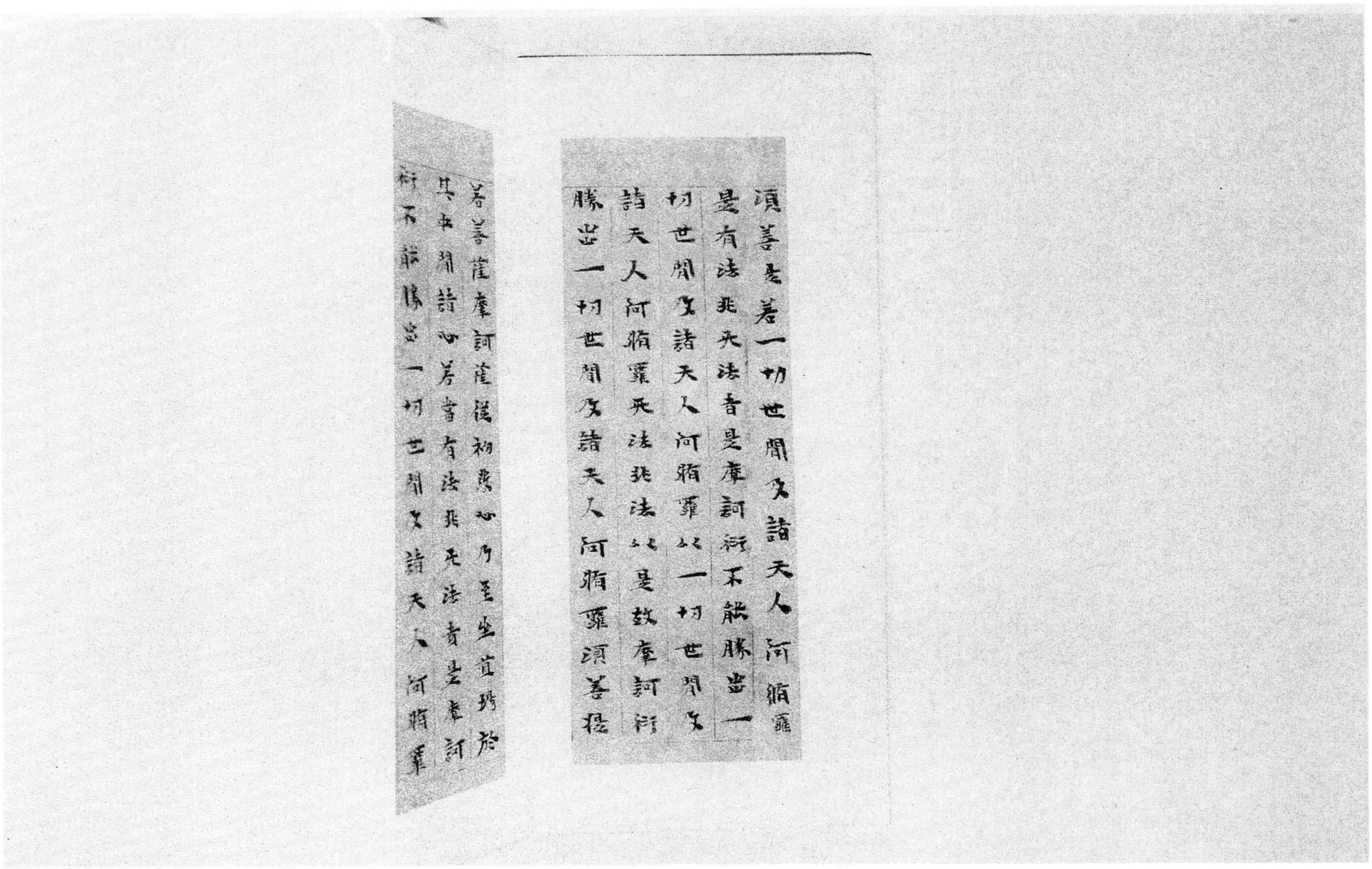

須菩提若一切世間及諸天人阿脩羅
是有法非无法者是摩訶衍不能勝出一
切世間及諸天人阿脩羅以一切世間及
諸天人阿脩羅无法非法以是故摩訶衍
勝出一切世間及諸天人阿脩羅須菩提
若菩薩摩訶薩從初發心乃至坐道場於
其中間諸心若當有法非无法者是摩訶
衍不能勝出一切世間及諸天人阿脩羅

BD13792號　大智度論卷五一　（25–9）

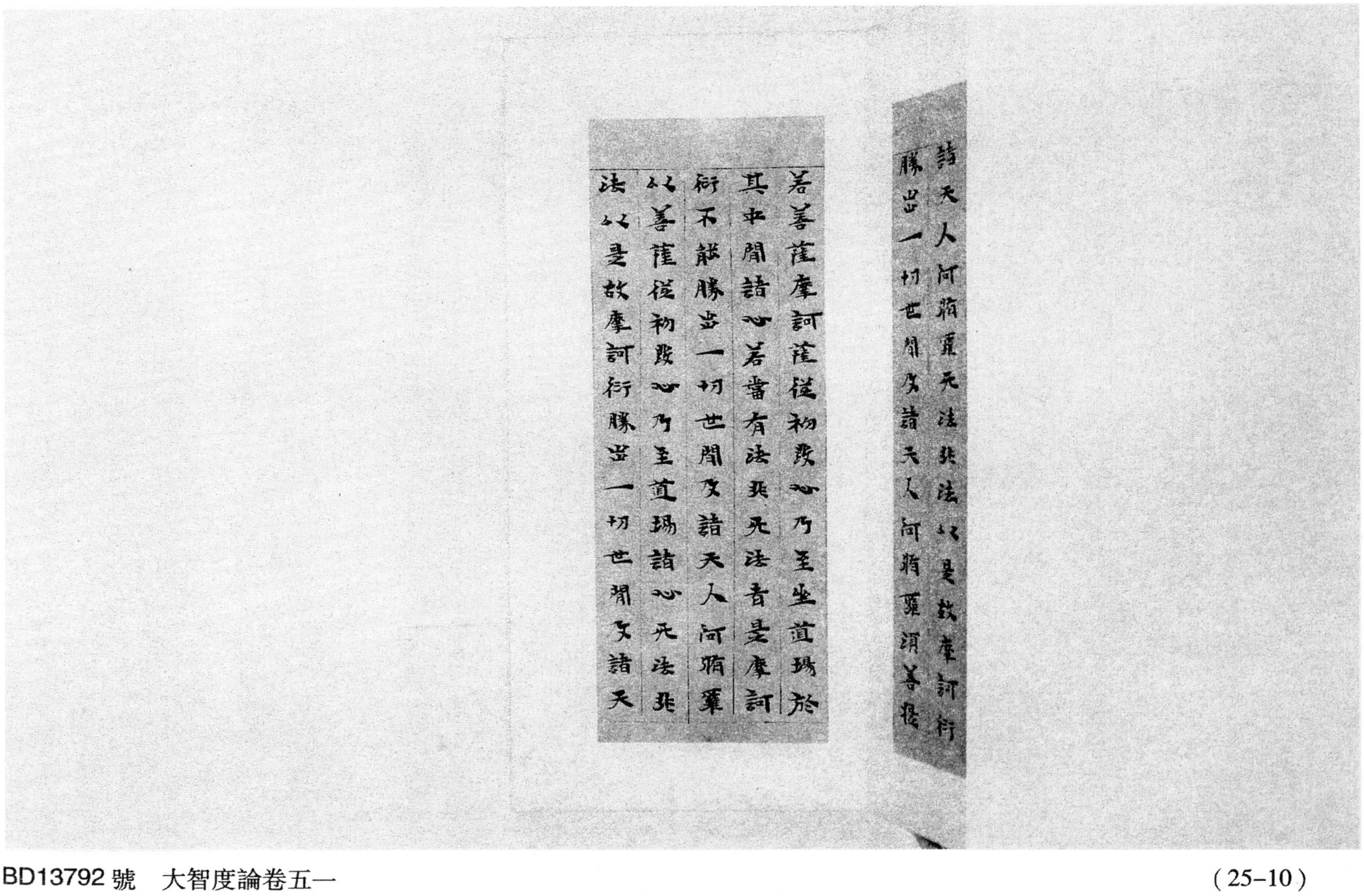

諸天人阿脩羅无法非法以是故摩訶衍
勝出一切世間及諸天人阿脩羅須菩提
若菩薩摩訶薩從初發心乃至坐道場於
其中間諸心若當有法非无法者是摩訶
衍不能勝出一切世間及諸天人阿脩羅
以菩薩從初發心乃至道場諸心无法非
法以是故摩訶衍勝出一切世間及諸天

BD13792號　大智度論卷五一　（25–10）

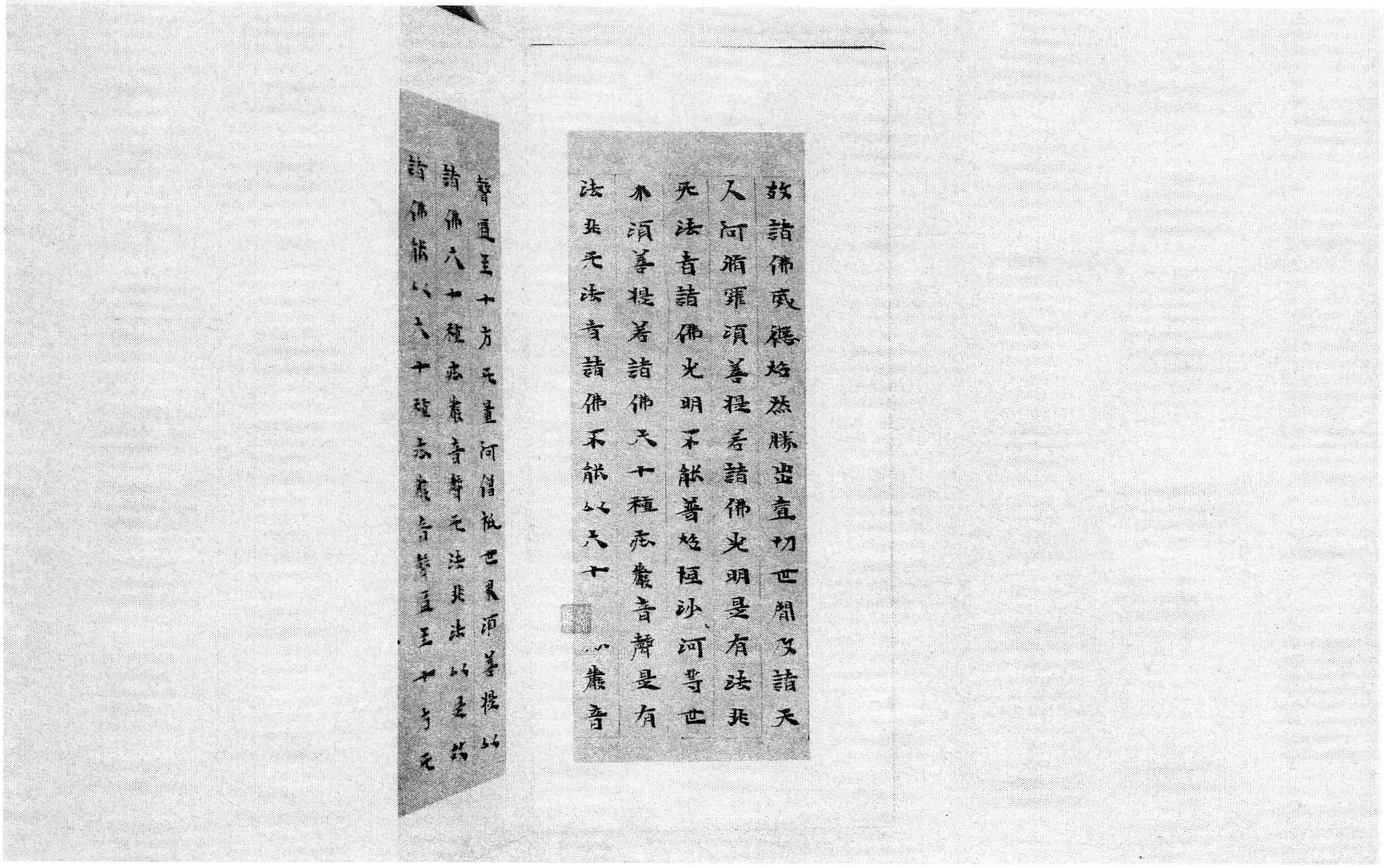

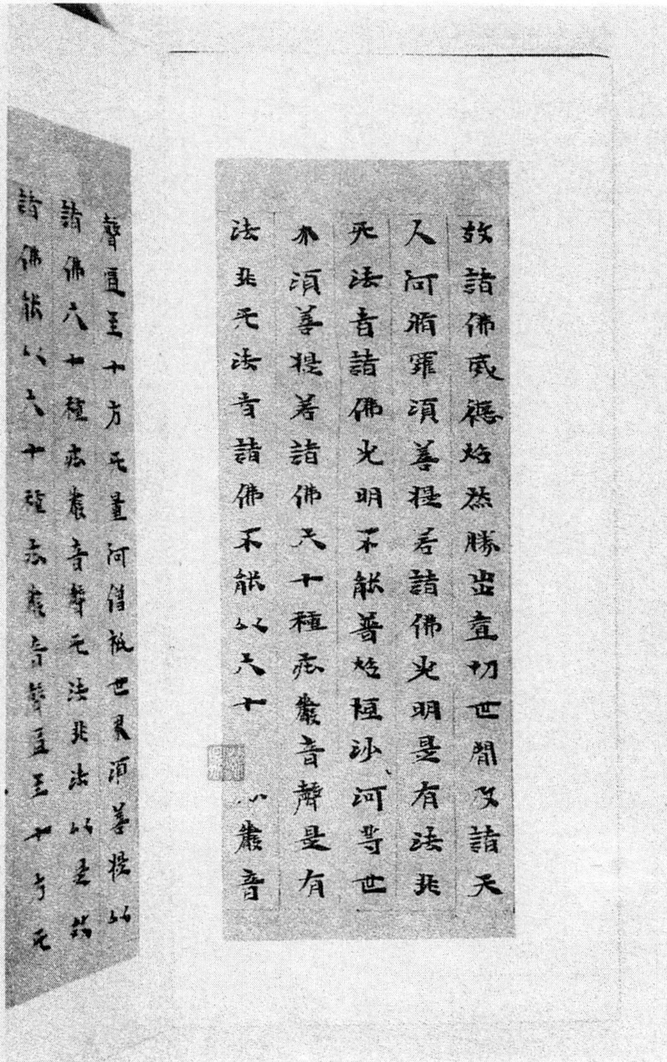
故諸佛威德殊勝出一切世間及諸天
人阿脩羅須菩提若諸佛光明是有法非
无法者諸佛光明不能普照恒沙河等世
界須菩提若諸佛八十種莊嚴音聲是有
法非无法者諸佛不能以八十[illegible]嚴音
聲遍至十方无量阿僧祇世界須菩提以
諸佛八十種莊嚴音聲无法非法以是故
諸佛能以八十種莊嚴音聲遍至十方无

BD13792 號　大智度論卷五一　（25–11）

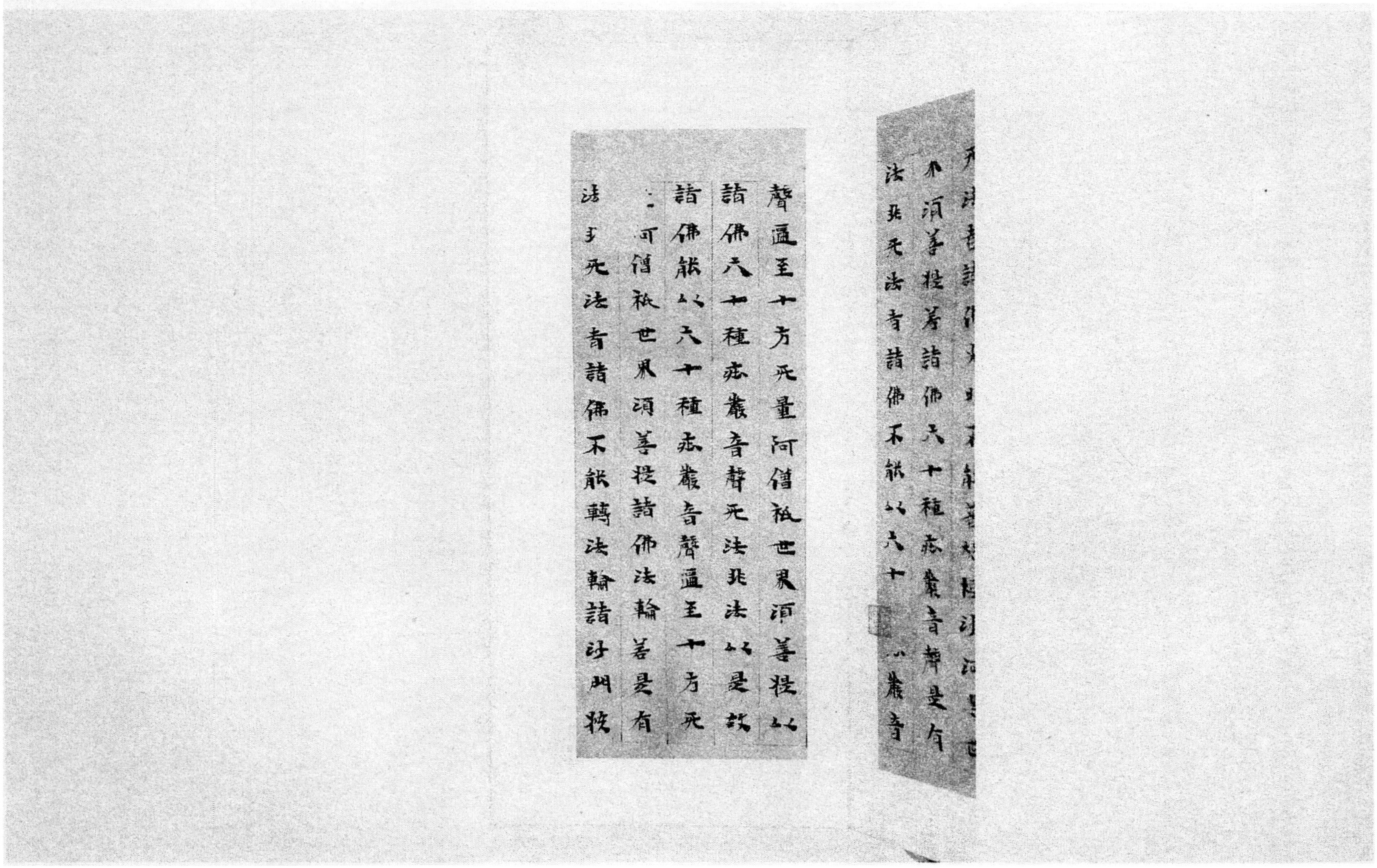

聲遍至十方无量阿僧祇世界須菩提以
諸佛八十種莊嚴音聲无法非法以是故
諸佛能以八十種莊嚴音聲遍至十方无
量阿僧祇世界須菩提諸佛法輪若是有
法非无法者諸佛不能轉法輪諸子所枝

BD13792 號　大智度論卷五一　（25–12）

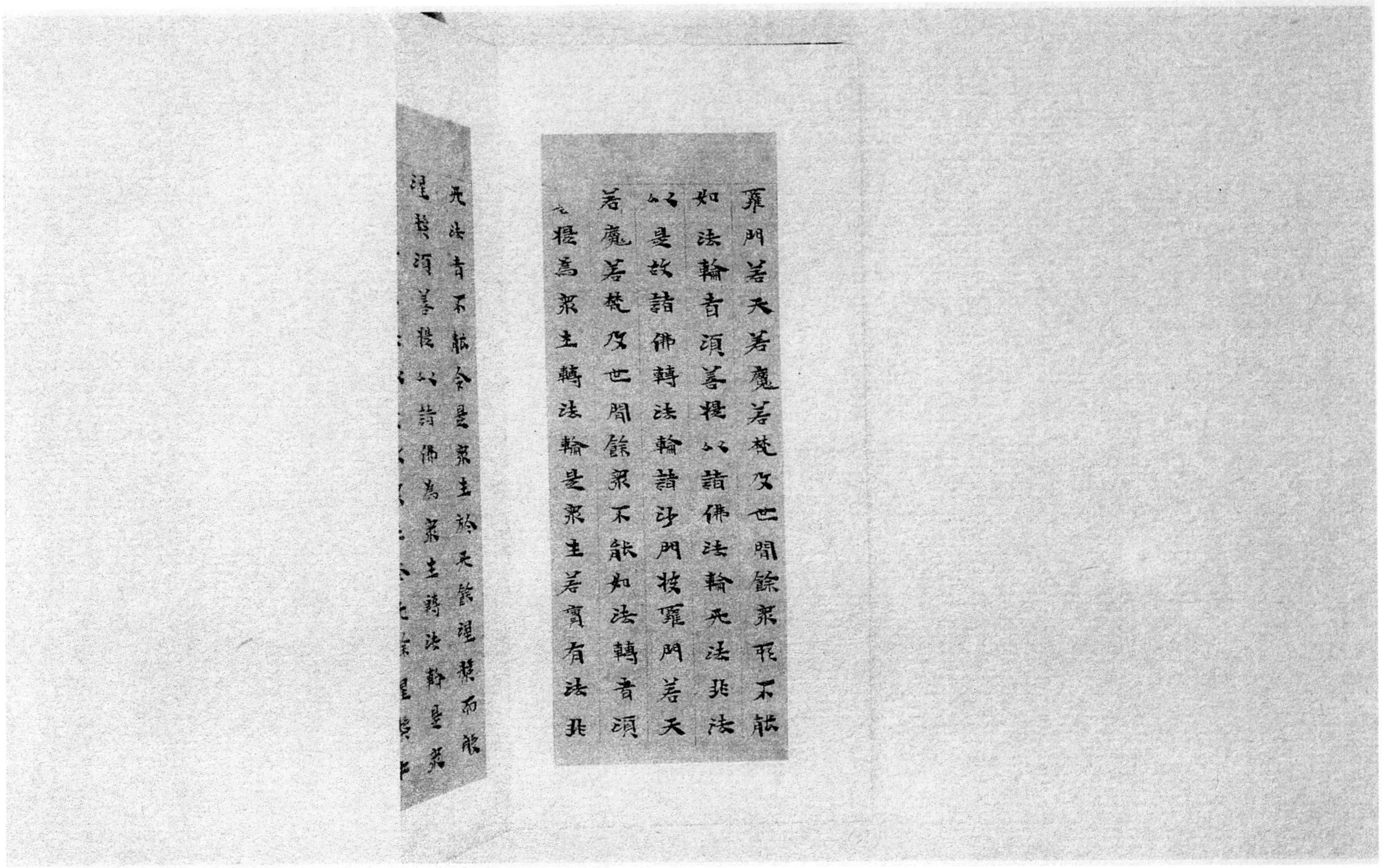

羅門若天若魔若梵及世間餘衆所不能
如法輪者須菩提以諸佛法輪無法非法
以是故諸佛轉法輪諸沙門婆羅門若天
若魔若梵及世間餘衆不能如法轉者須
菩提為衆生轉法輪是衆生若實有法非

BD13792 號　大智度論卷五一　（25–13）

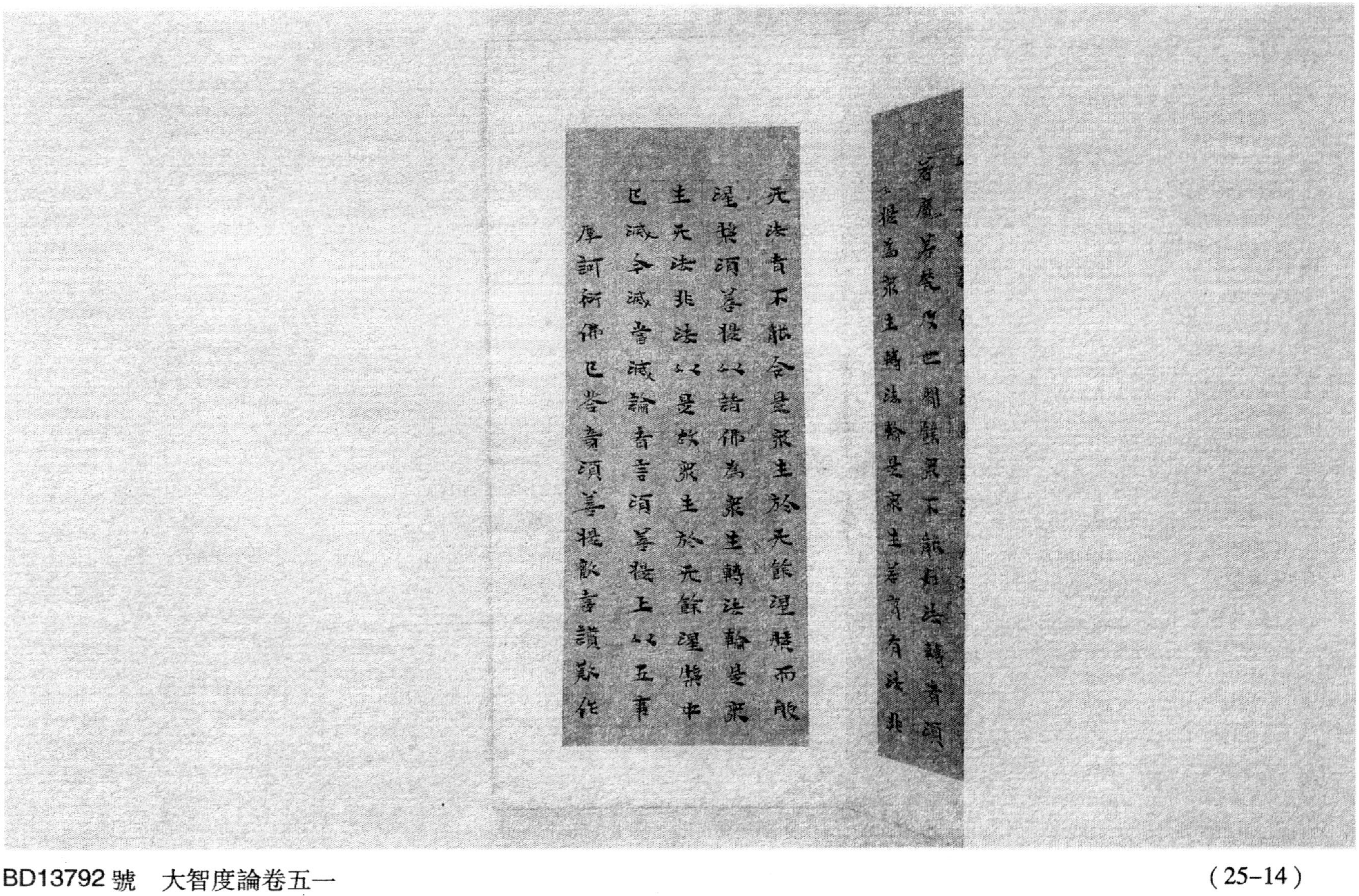

無法者不能令是衆生於無餘涅槃而般
涅槃須菩提以諸佛為衆生轉法輪是衆
生無法非法以是故衆生於無餘涅槃中
已滅今滅當滅論者言須菩提上以五事
摩訶衍佛已答竟須菩提歡喜讃歎作

BD13792 號　大智度論卷五一　（25–14）

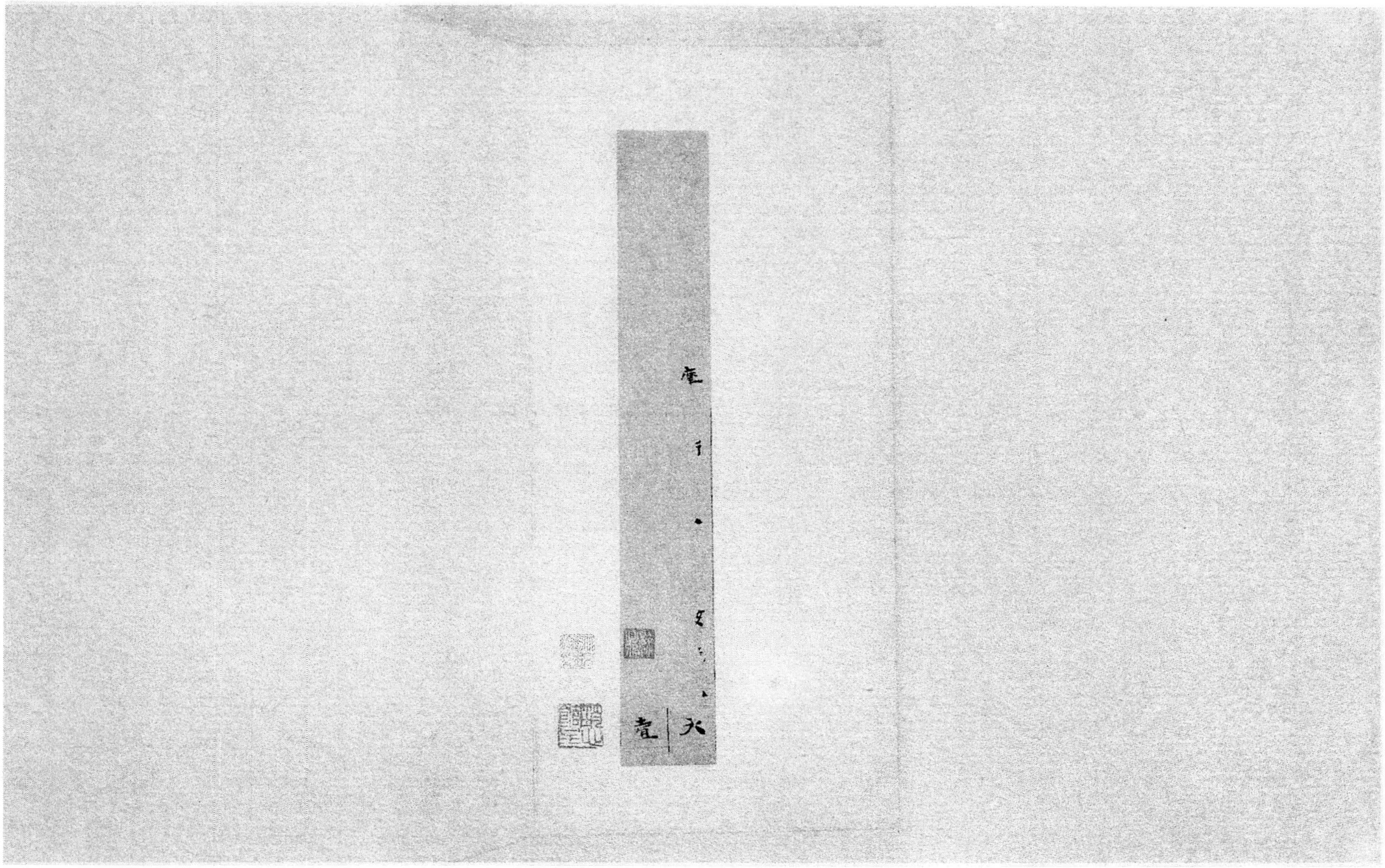

BD13792號　大智度論卷五一　（25–15）

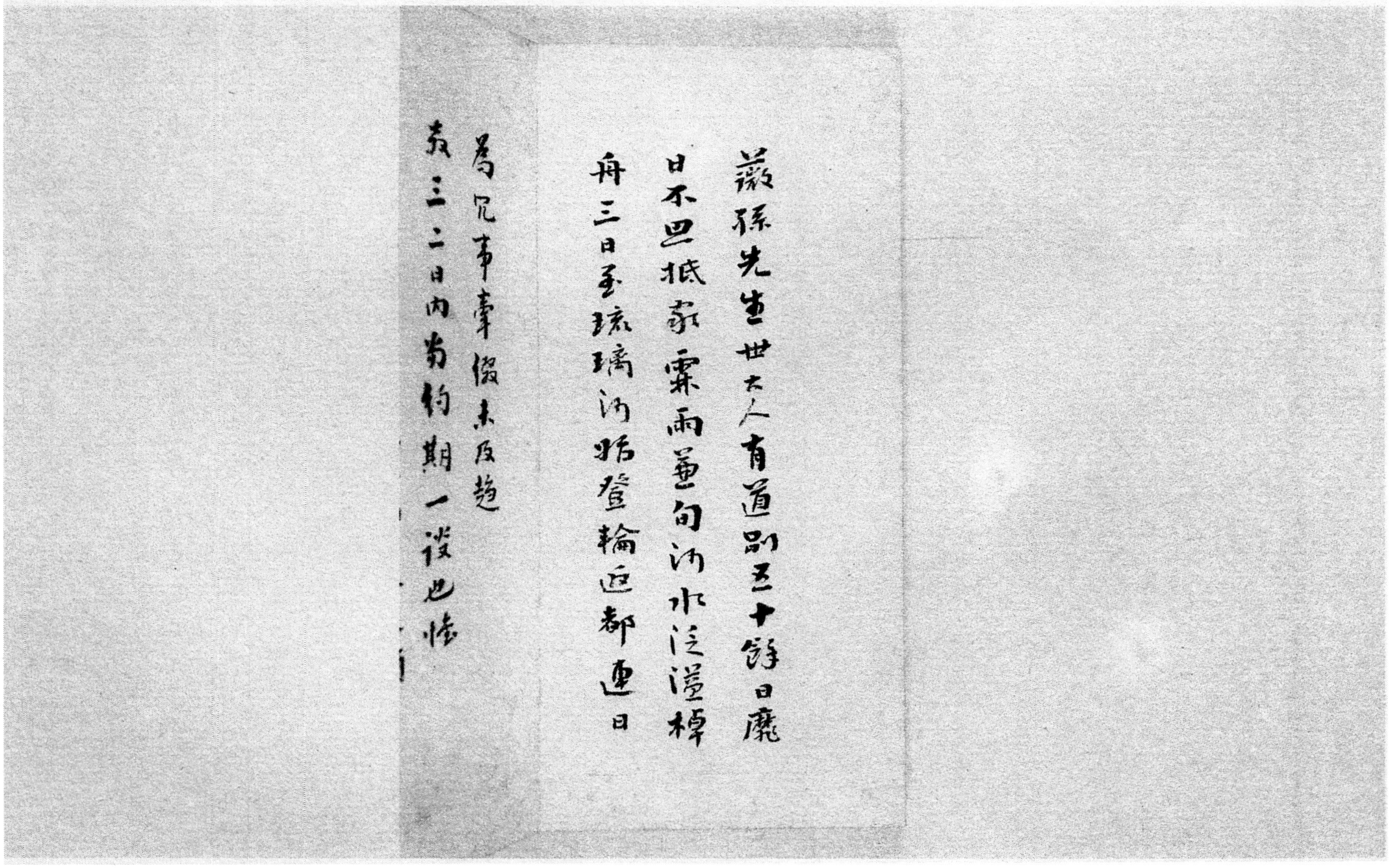

蕺孫先生世大人有道別五十餘日靡
日不思抵家霖雨兼旬河水泛溢棹
舟三日至琉璃河始登輪返都連日
為冗事牽假未及趋
表三二日内當約期一談也悵

BD13792號　大智度論卷五一　（25–16）

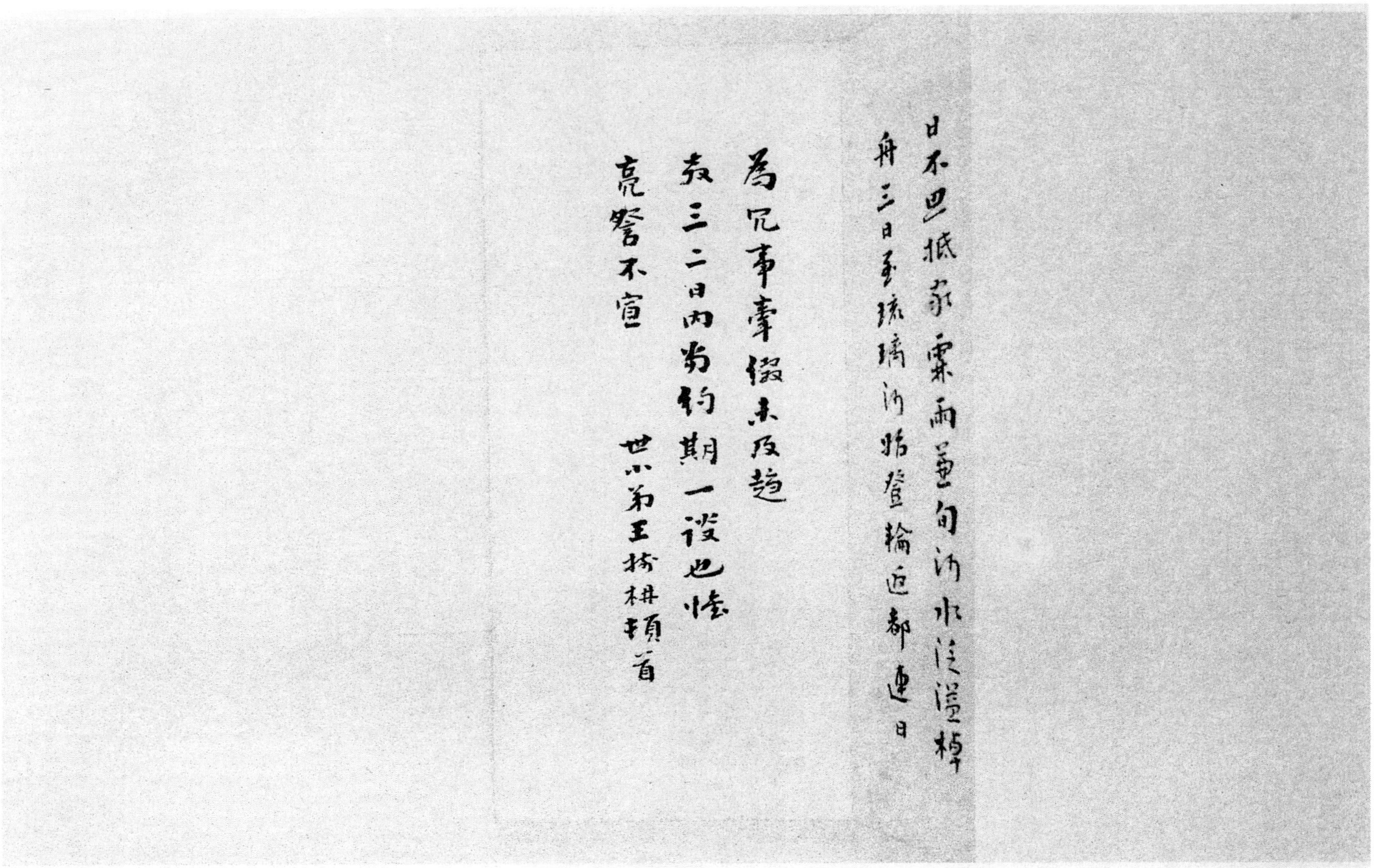

日本巴抵家霖雨兼旬河水泛溢樽
舟三日至琉璃河始登輪返都連日
為兄事牽綴未及趋
表三二日内当約期一談也悵
亮詧不宣　世小弟王樹枏頓首

BD13792號　大智度論卷五一　（25–17）

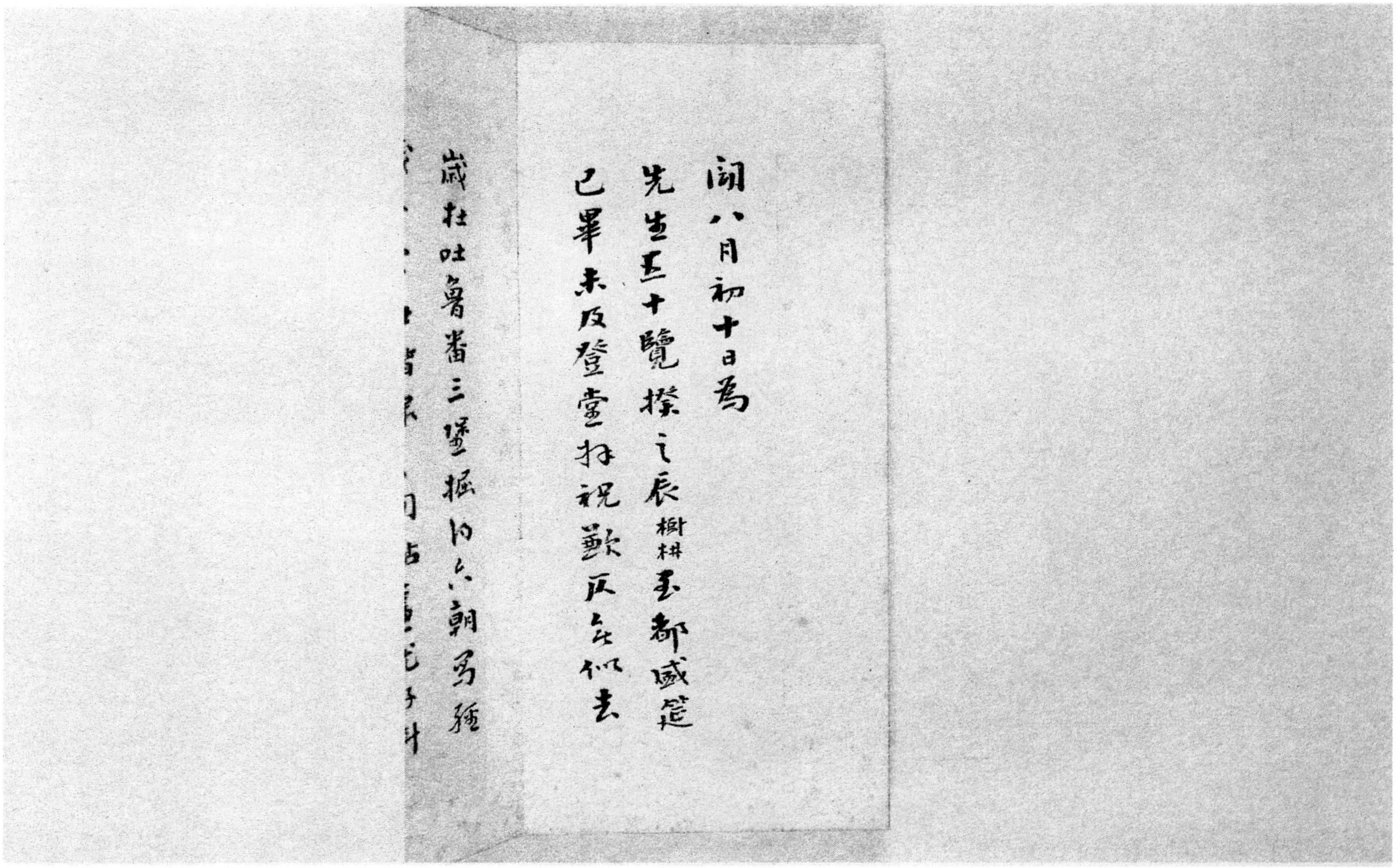

閏八月初十日為
先生五十覽揆之辰樹枏至都盛筵
已畢未及登堂拜祝歉仄無似去
歲在吐魯番三堡掘得六朝写經

BD13792號　大智度論卷五一　（25–18）

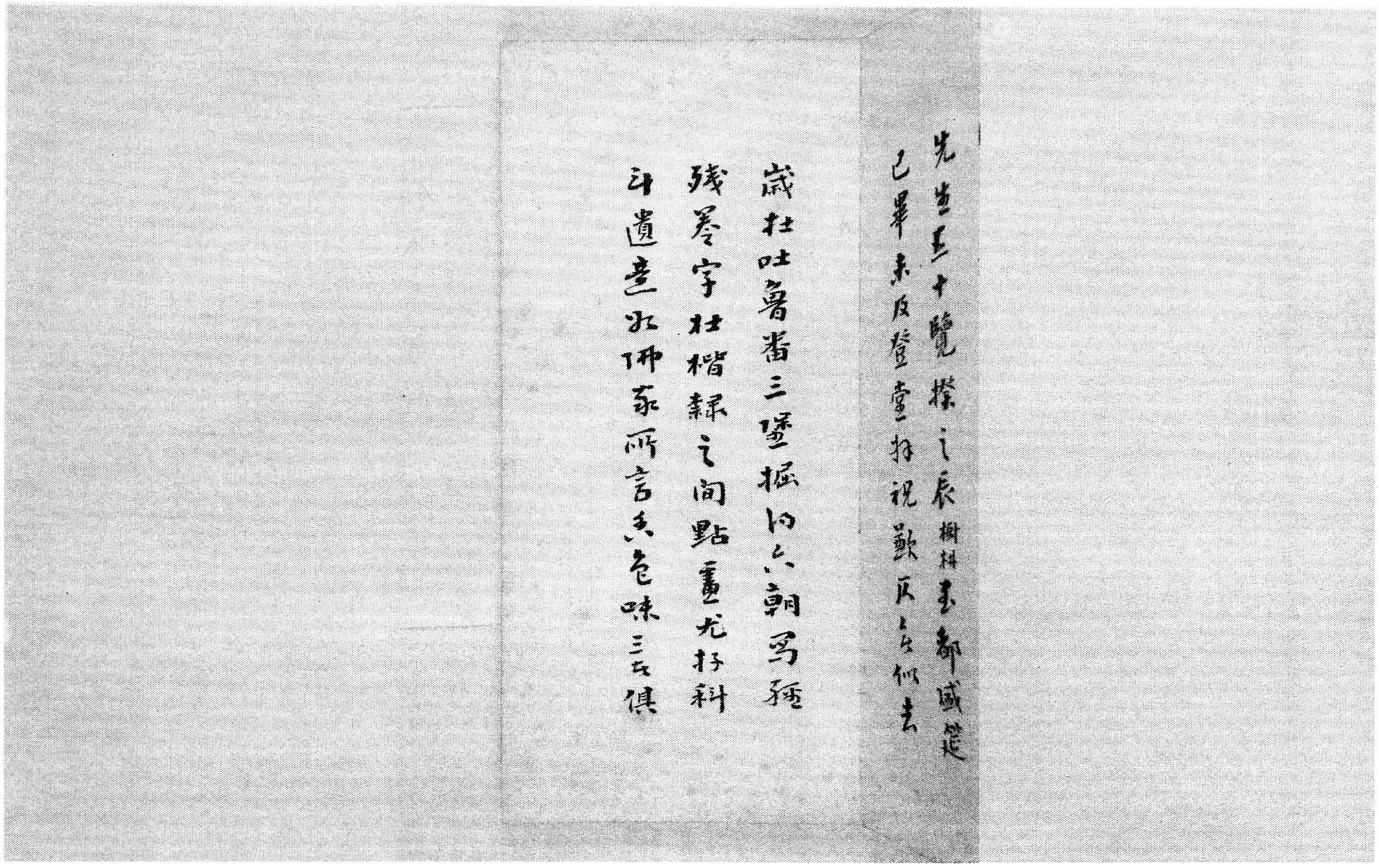

先生五十覽揆之辰樹枏[illegible]
已畢未及登堂稱祝歉仄之似去
歲於吐魯番三堡掘得六朝寫經
殘卷字於楷隸之間點畫尤存科
斗遺意以佛家所言香色味三者俱

BD13792號　大智度論卷五一　（25–19）

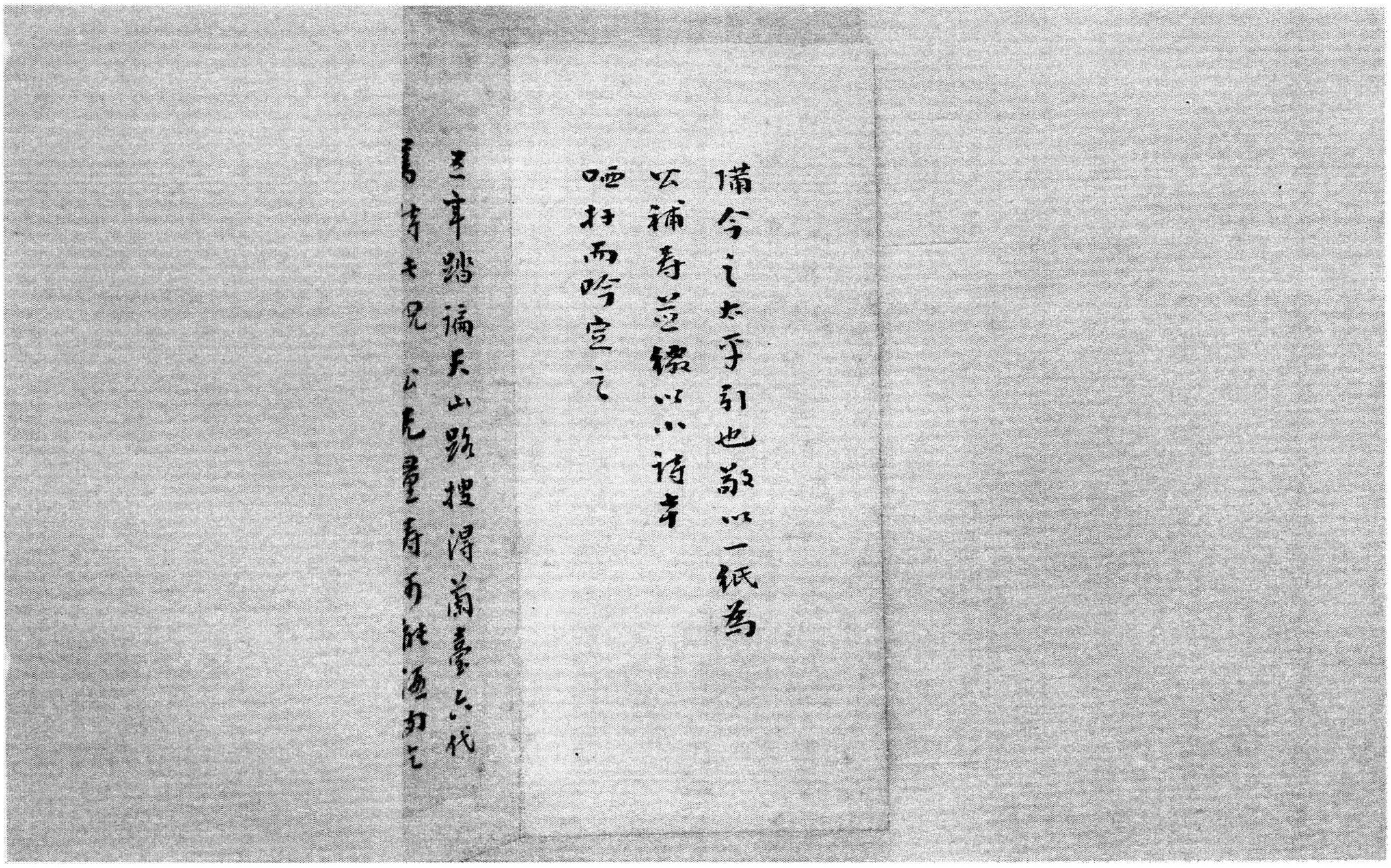

備今之太平引也敬以一紙為
公補壽並綴以小詩聊
哂存而吟宣之
三年踏徧天山路搜得蘭臺六代
書持與兄公先量壽可能逾劫之

BD13792號　大智度論卷五一　（25–20）

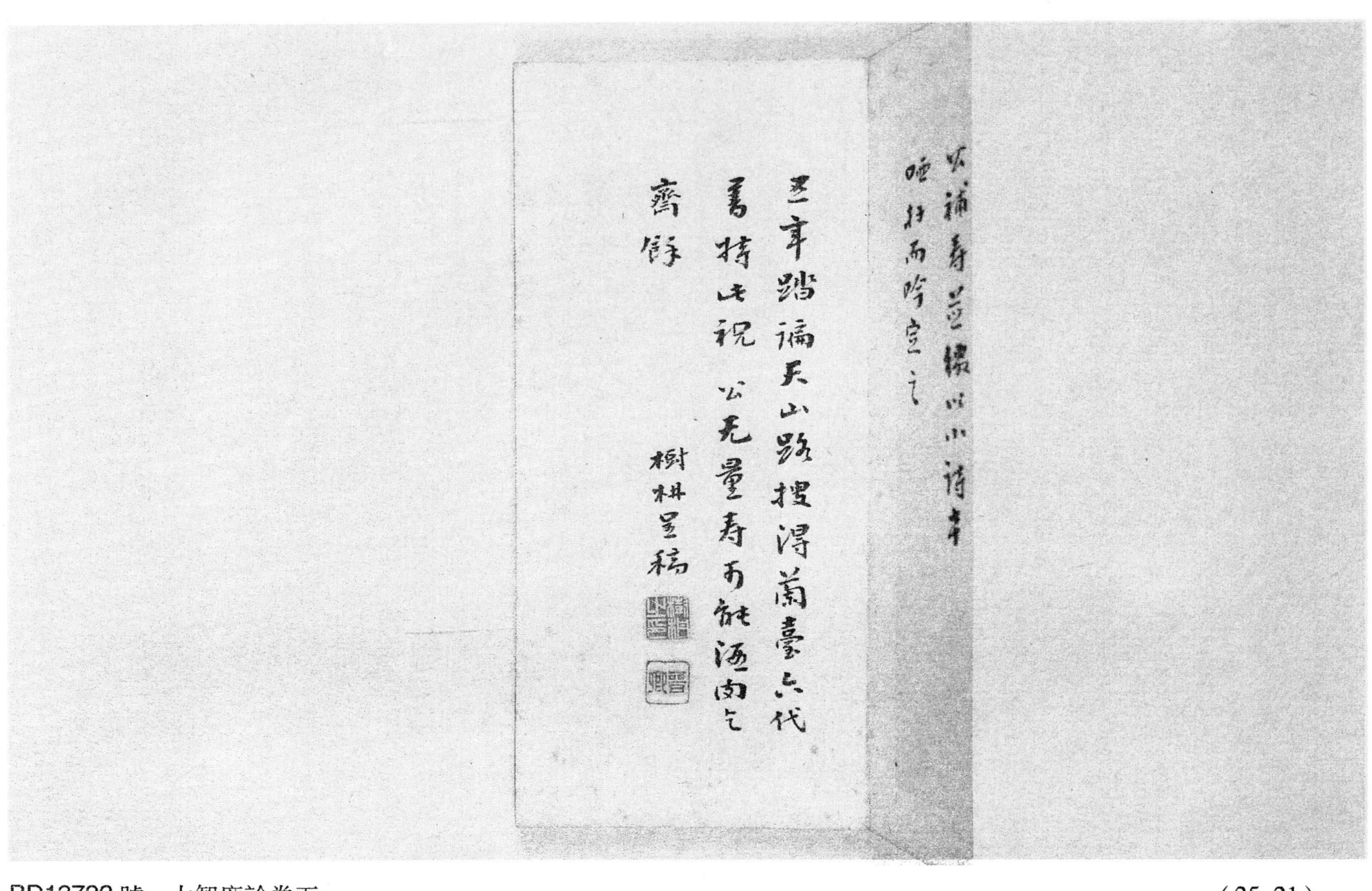

以補壽萱儀以小詩奉
呵抒而吟定之

三年踏遍天山路 搜得蘭臺六代
書 持此祝 公無量壽 可能遍內乞
齋餘
樹林呈稿

近二十年新疆吐魯番一帶土人掘沙往々
從沙中得古人寫經殘卷新城王晉卿方
伯所收頗多撿其一以贈予方伯為予言
卷中常有承平某年年號蓋沮渠安周
王高昌時物也己酉年予從法蘭西人伯
希和許見沮渠安周造寺功德刻石其末
署承平三年知方伯之言確也考史北涼
沮渠牧犍永和七年為魏所滅其弟無諱
由燉煌走[illegible]奔[illegible]據高昌自王其事

伯所收頗多撿其一以贈予方伯复予言
卷中常有承平某年年號蓋沮渠安周
王高昌時物也己酉年予從法蘭西人伯
希和許見沮渠安周造寺功德刻石其末
署承平三年知方伯之言確也考史北涼
沮渠牧犍永和七年為魏所滅其弟無諱
西渡流沙擊降鄯善據高昌自王無諱
卒安周代立至宋大明四年為蠕蠕所滅
雖姑臧之亡已二十二年北涼至是始絕魏
宋二書於沮渠西徙後紀載殊略無諱安

BD13792號　大智度論卷五一　（25–23）

周兩世紀年俱無徵承平年號可以補史
之闕安周都高昌其故城已在今吐魯番
東附近四十里沮渠氏自蒙遜以來世奉
佛法造寺寫經乃其國俗安知今之沙磧
非即安周時佛寺舊址故經卷多埋壓
沙中歟經紙粗厚似繭埋沙中久不為
風溼所侵閱二千年彌覺堅固令人
得唐人墨迹已詑詫為天壤瓌寶況更

BD13792號　大智度論卷五一　（25–24）

佛法造寺寫經乃其國俗安知今之沙磧
非即安周時佛寺舊址故經卷多埋壓
沙中歟經紙粗厚似繭埋沙中久不為
風溼所侵閱二千年彌覺堅固今人
以唐人墨迹已詫詫為天壤瓌寶況更
在魏宗時乎卷共六十二行前三行缺
角末二行僅存數字書法奇古晉卿
手札中已言之　乙卯春澄齋惲毓鼎識

BD13792號　大智度論卷五一　（25–25）

BD13793號1　藏文（無量壽宗要經）　（18–1）

61336

BD13793 號 1　藏文（無量壽宗要經）　（18–2）

BD13793 號 1　藏文（無量壽宗要經）　（18–3）

BD13793 號 1　藏文（無量壽宗要經）　　（18–4）

BD13793 號 1　藏文（無量壽宗要經）　　（18–5）

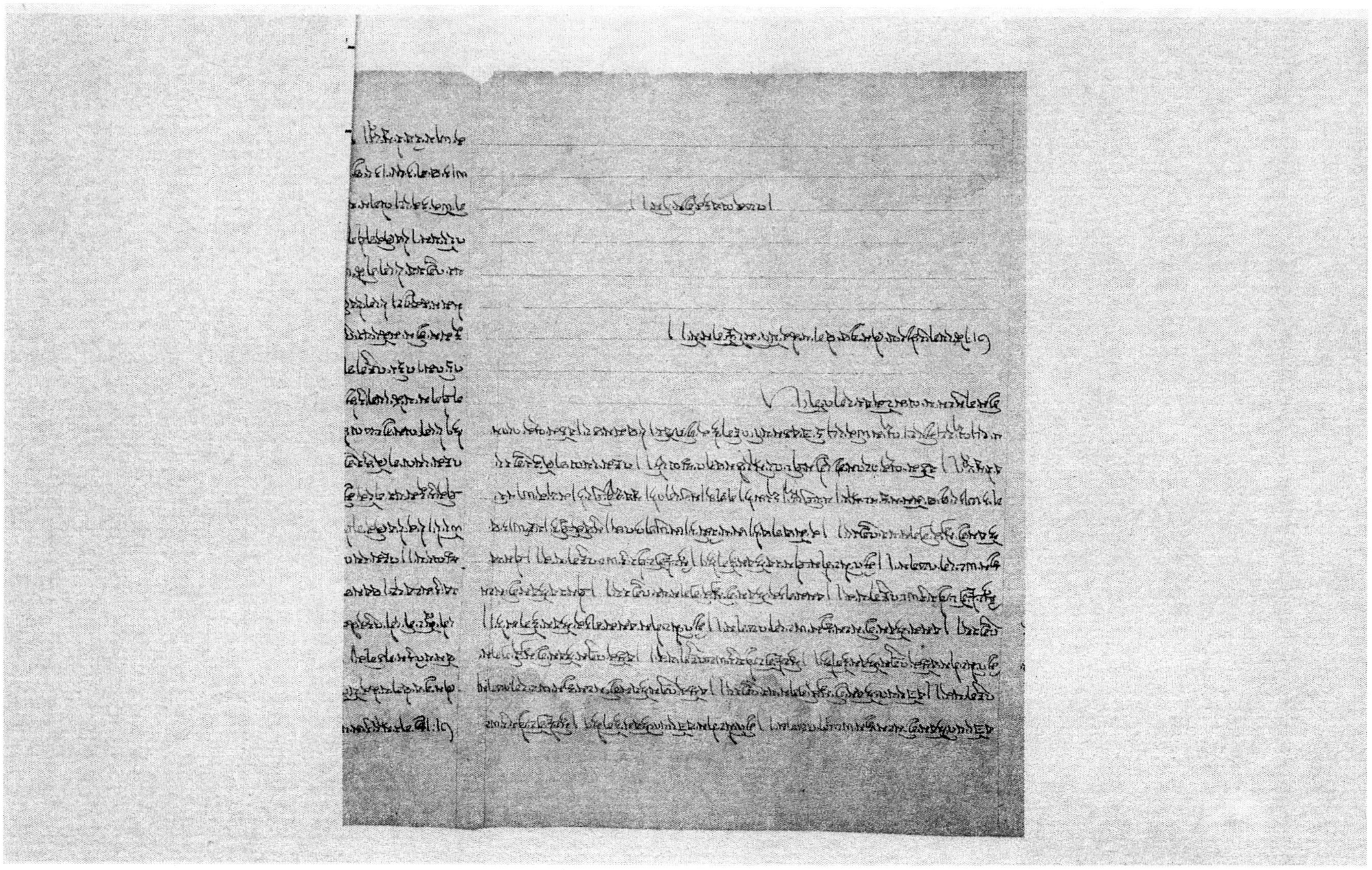

BD13793 號 1　藏文(無量壽宗要經)　　(18–6)

BD13793 號 2　藏文(無量壽宗要經)　　(18–7)

BD13793 號 2　藏文（無量壽宗要經）　　　　（18–8）

BD13793 號 2　藏文（無量壽宗要經）　　　　（18–9）

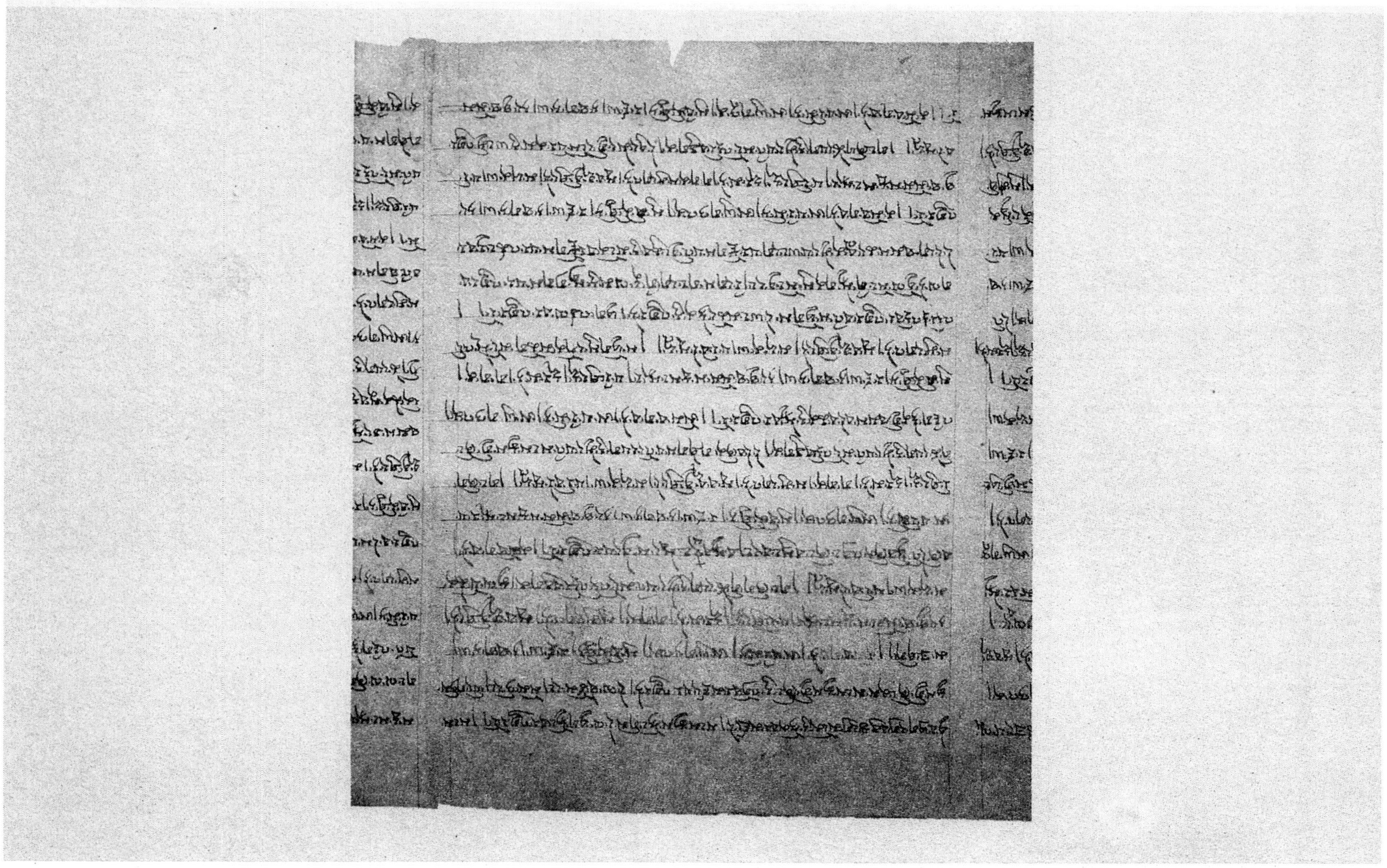

BD13793 號 2　藏文（無量壽宗要經）　　（18–10）

BD13793 號 2　藏文（無量壽宗要經）　　（18–11）

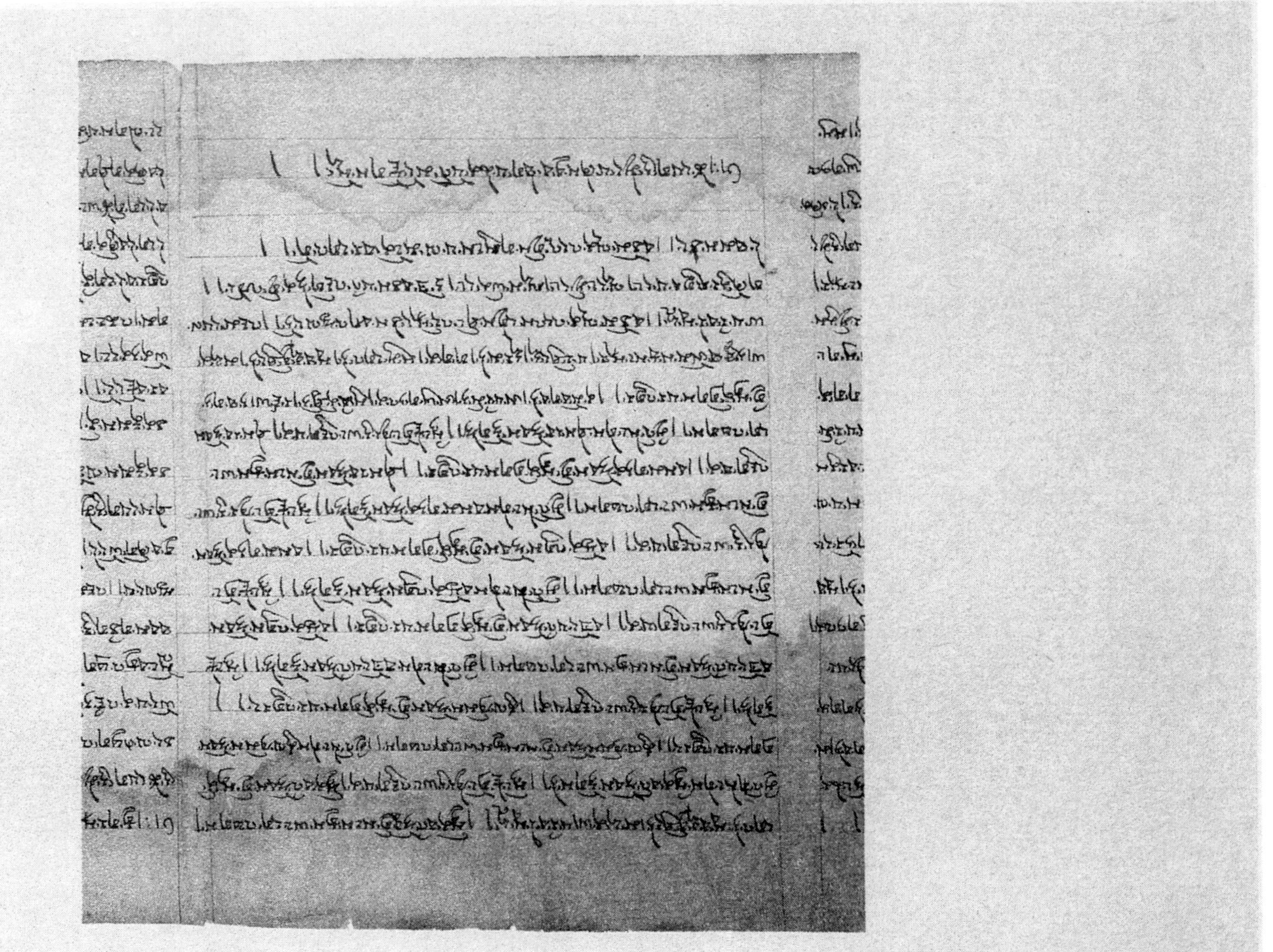

BD13793號2　藏文（無量壽宗要經）　（18–12）

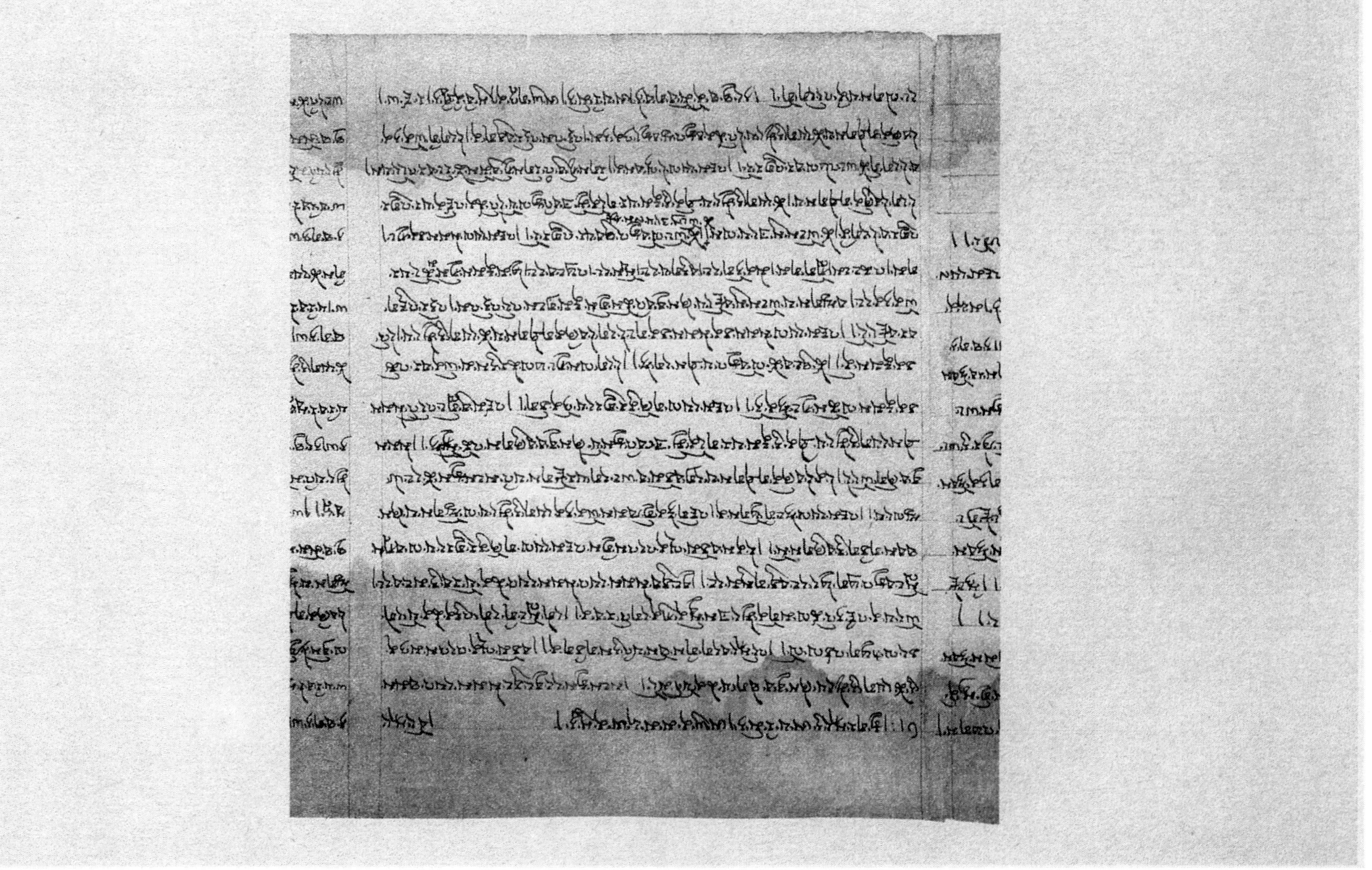

BD13793號3　藏文（無量壽宗要經）　（18–13）

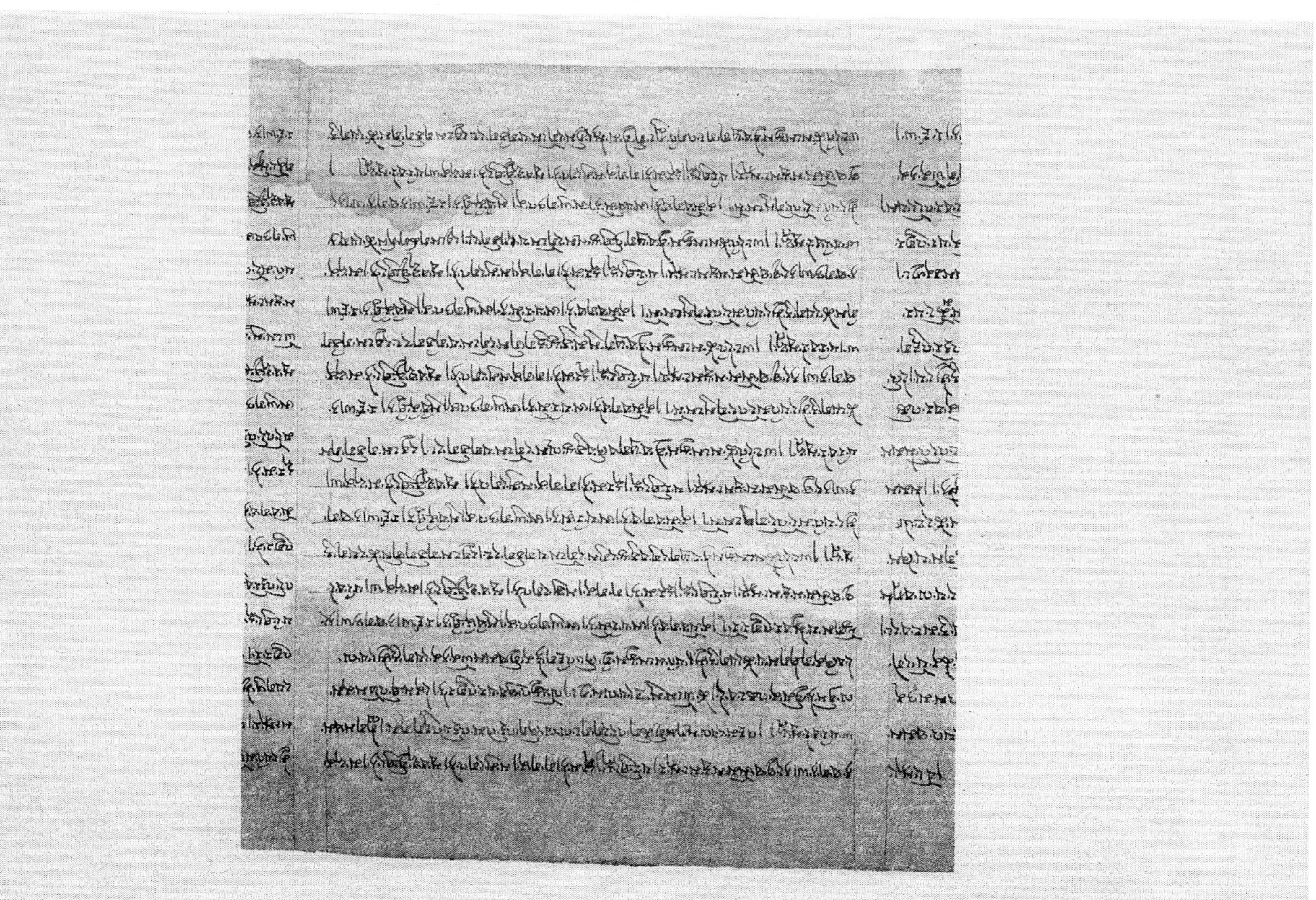

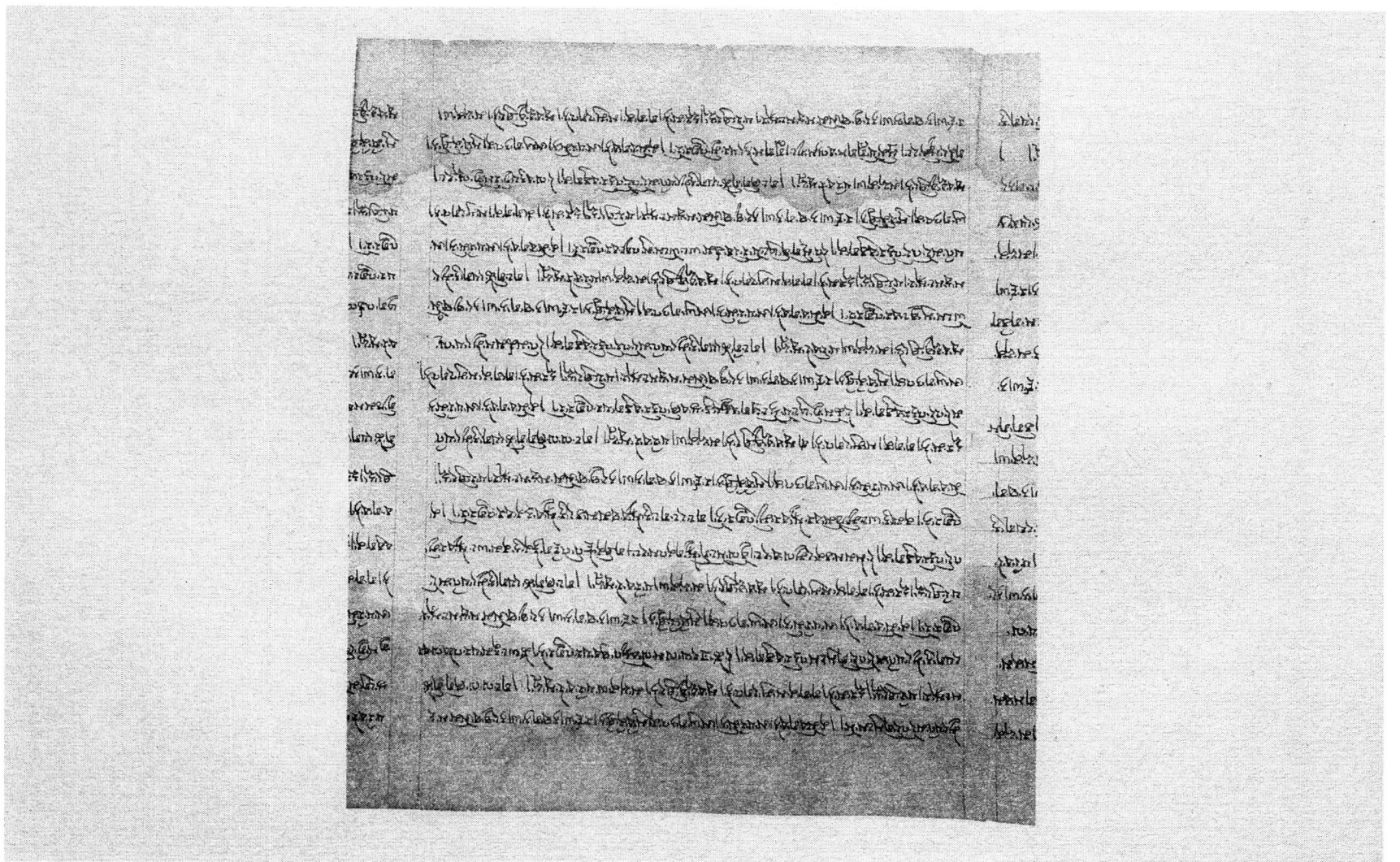

BD13793 號 3　藏文（無量壽宗要經）　　（18–14）

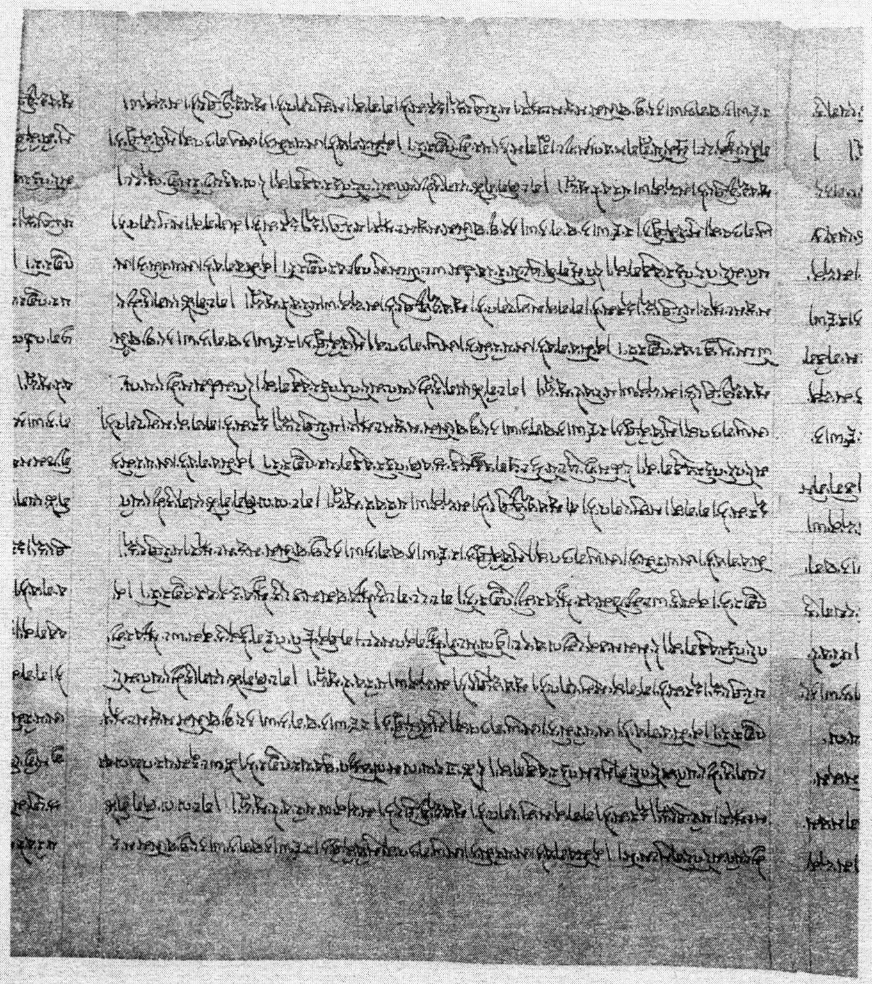

BD13793 號 3　藏文（無量壽宗要經）　　（18–15）

BD13793 號 3　藏文（無量壽宗要經）　（18–16）

BD13793 號 3　藏文（無量壽宗要經）　（18–17）

BD13793 號 3　藏文（無量壽宗要經）　　（18–18）

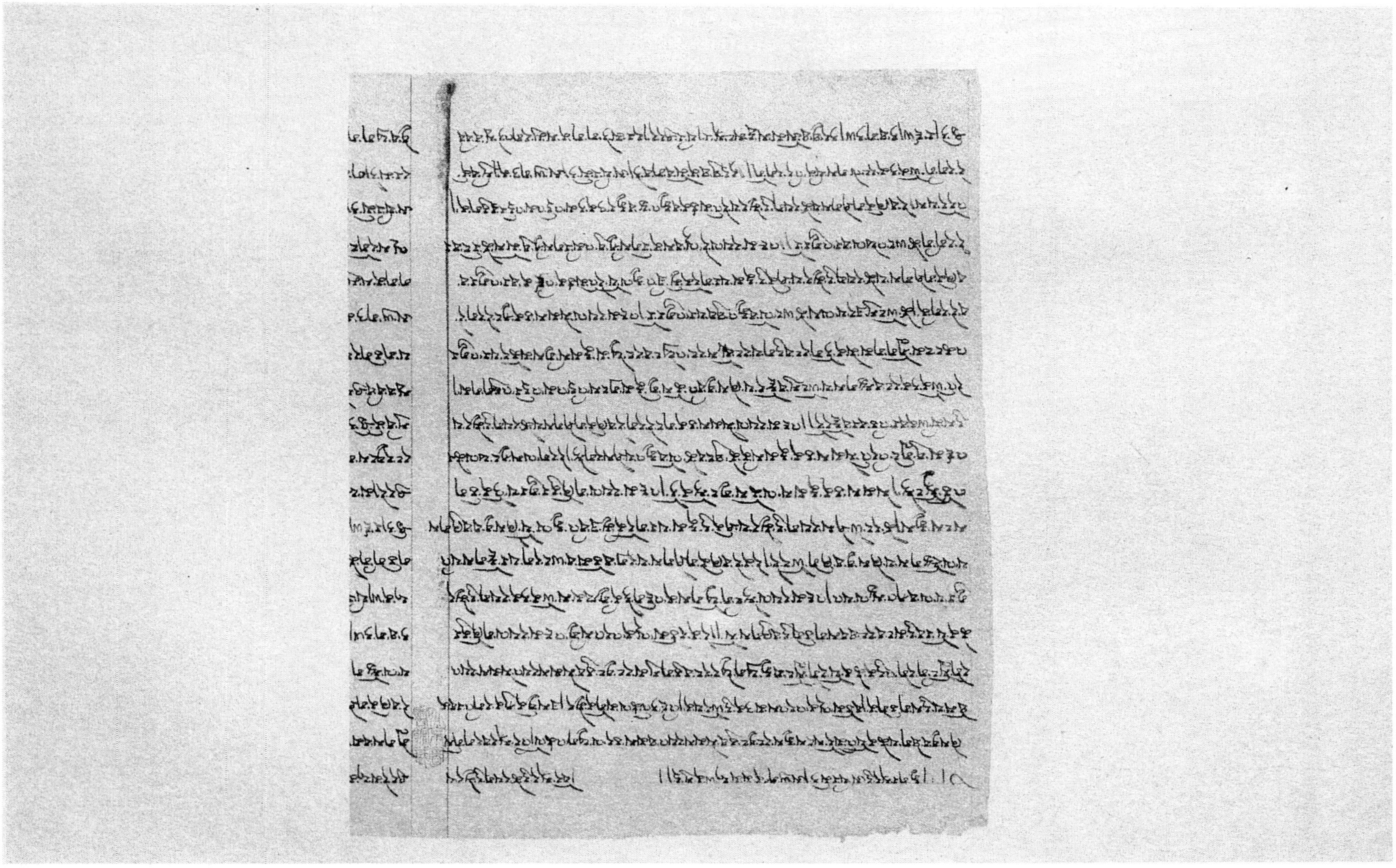

BD13794 號 1　藏文（無量壽宗要經）　　（18–1）

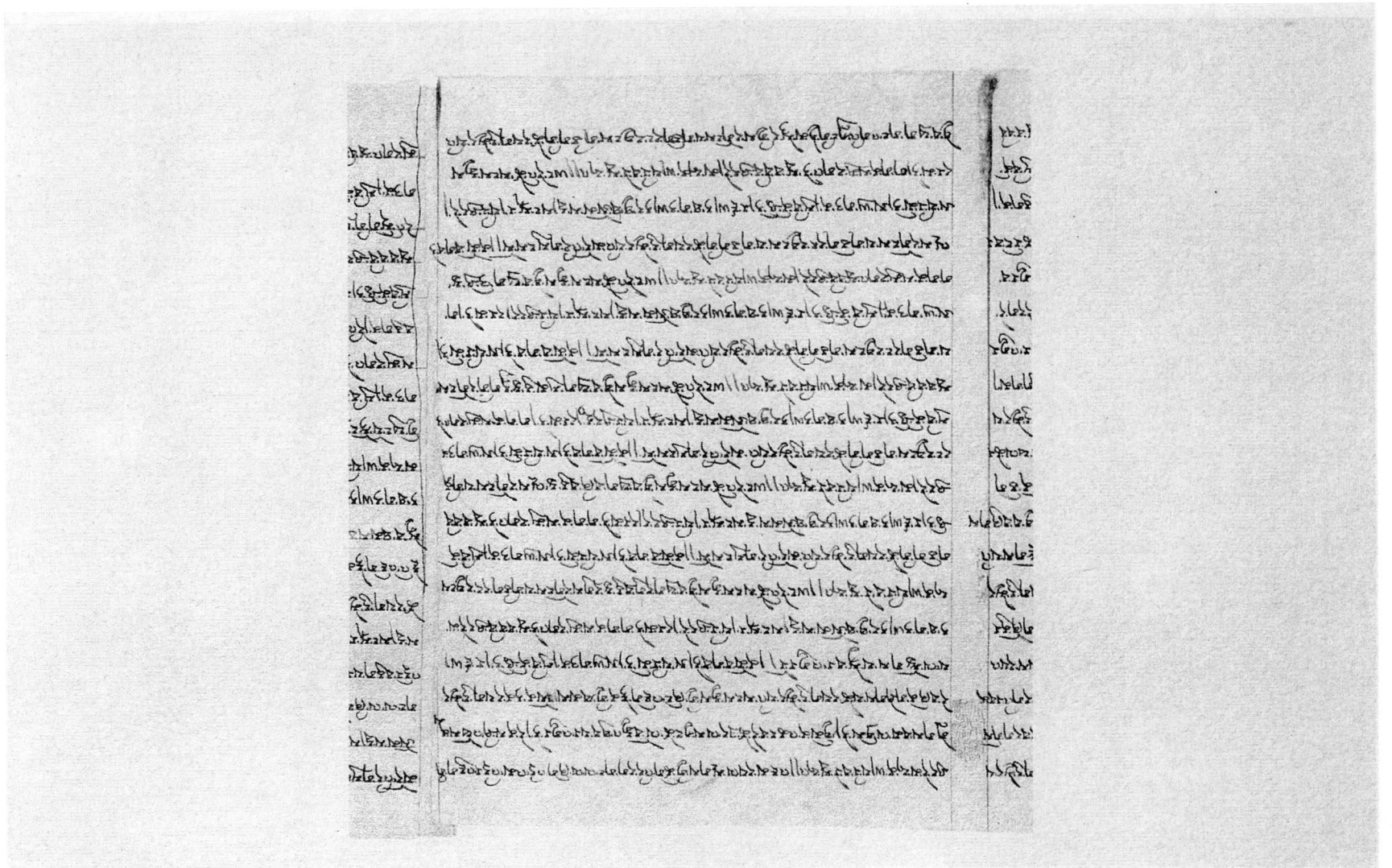

BD13794 號 1　藏文（無量壽宗要經）　　（18–2）

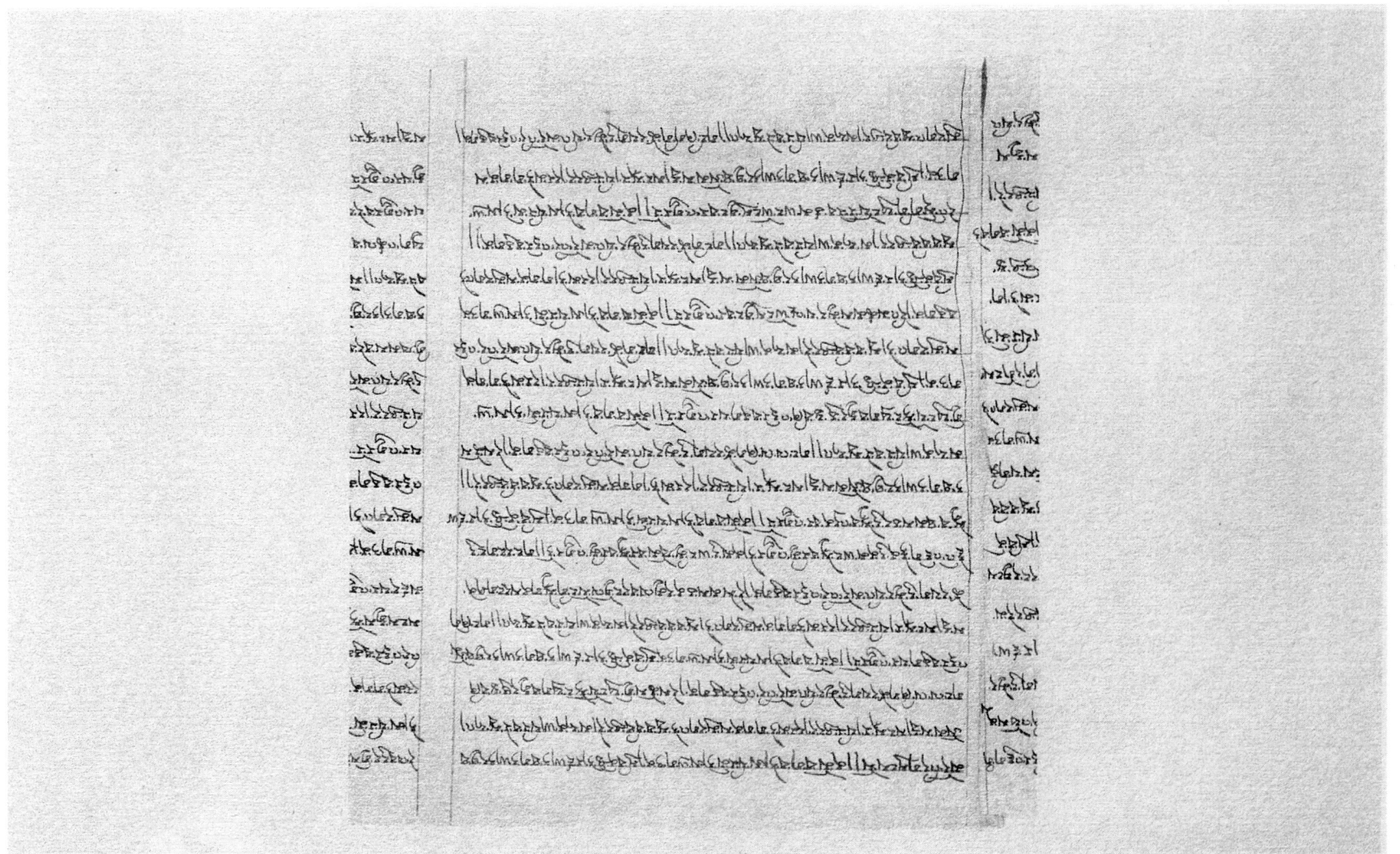

BD13794 號 1　藏文（無量壽宗要經）　　（18–3）

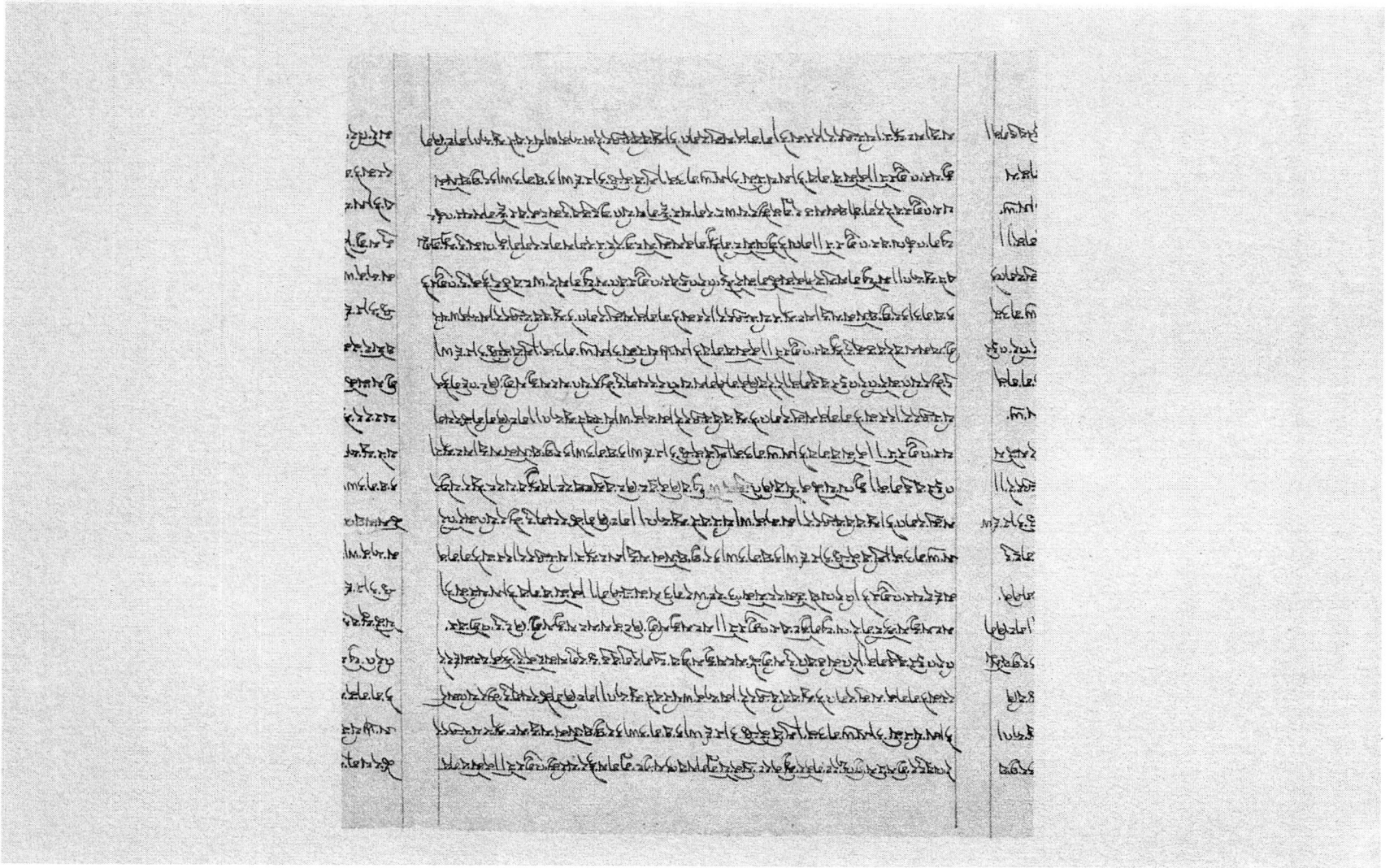

BD13794 號 1　藏文（無量壽宗要經）　（18–4）

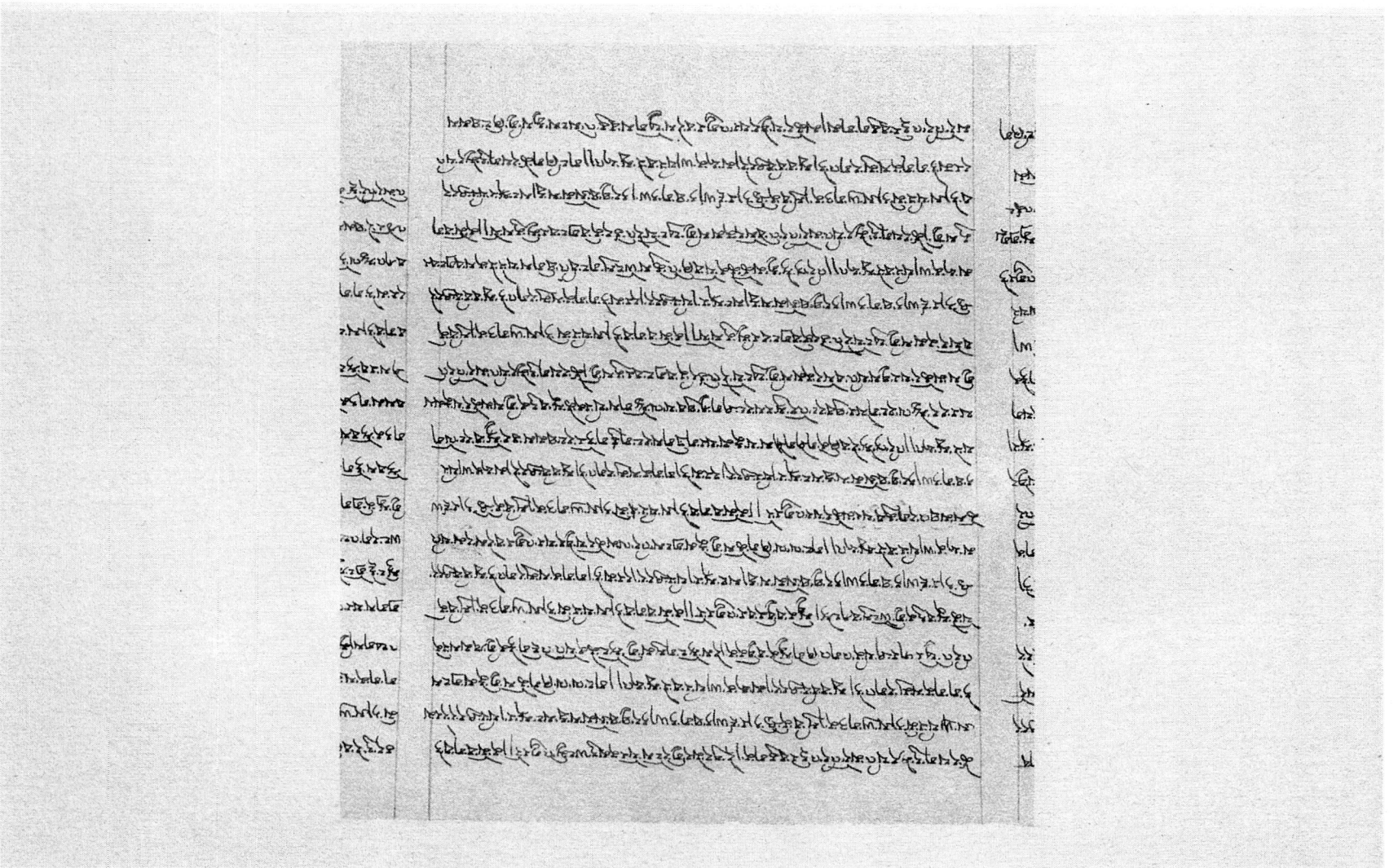

BD13794 號 1　藏文（無量壽宗要經）　（18–5）

BD13794 號 1　藏文（無量壽宗要經）　　（18–6）

BD13794 號 2　藏文（無量壽宗要經）　　（18–7）

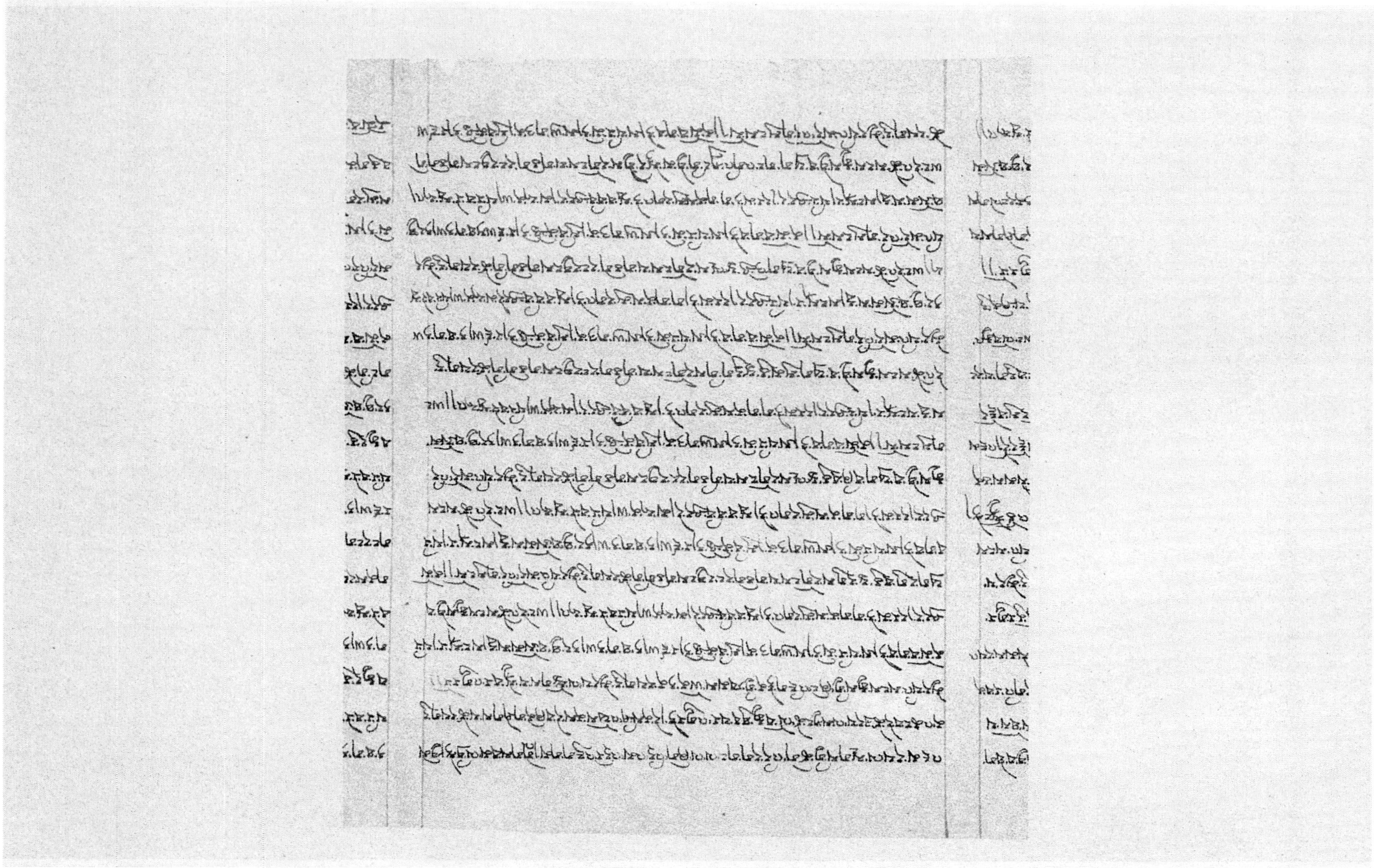

BD13794 號 2　藏文（無量壽宗要經）　　（18–8）

BD13794 號 2　藏文（無量壽宗要經）　　（18–9）

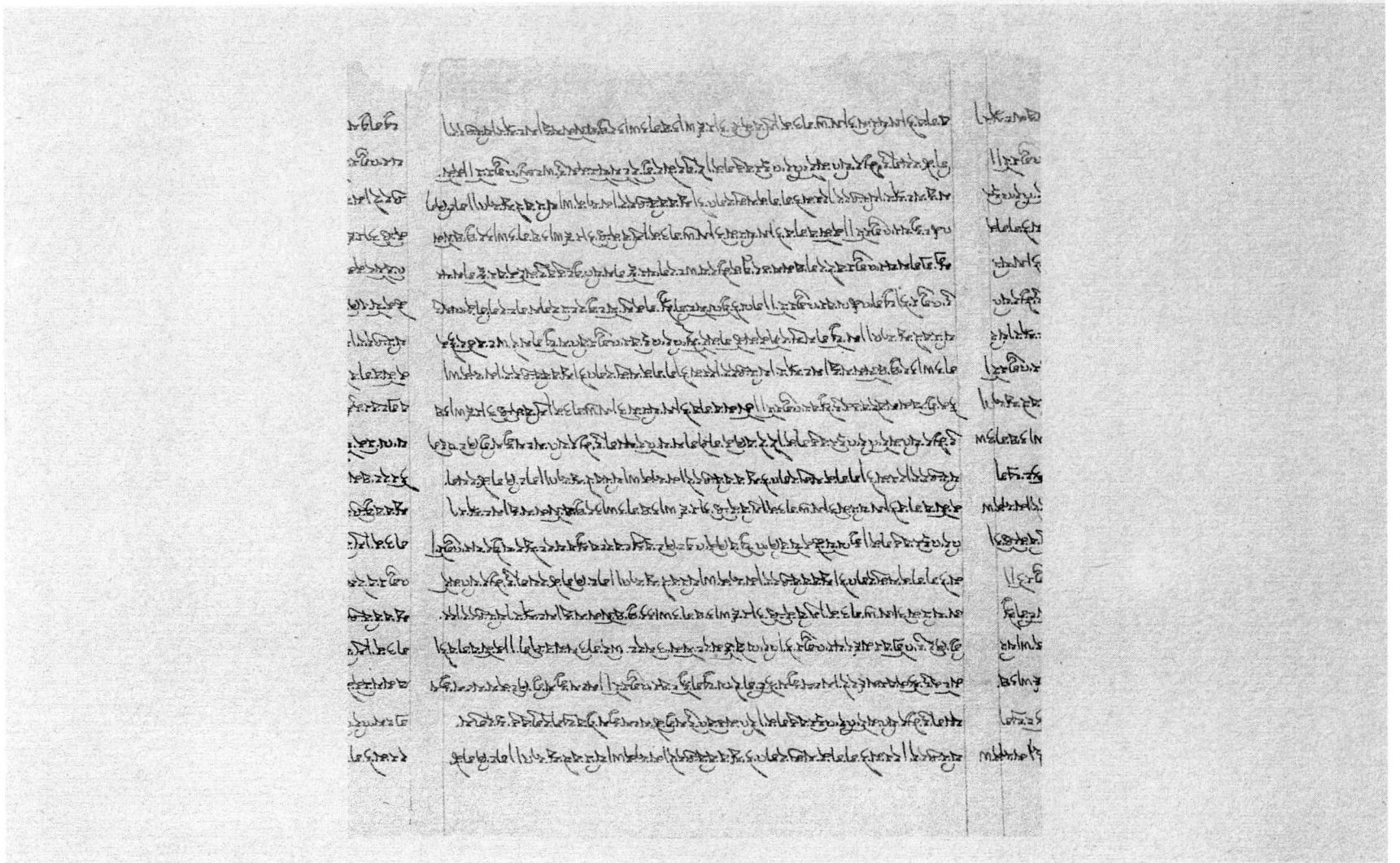

BD13794 號 2　藏文（無量壽宗要經）　　（18–10）

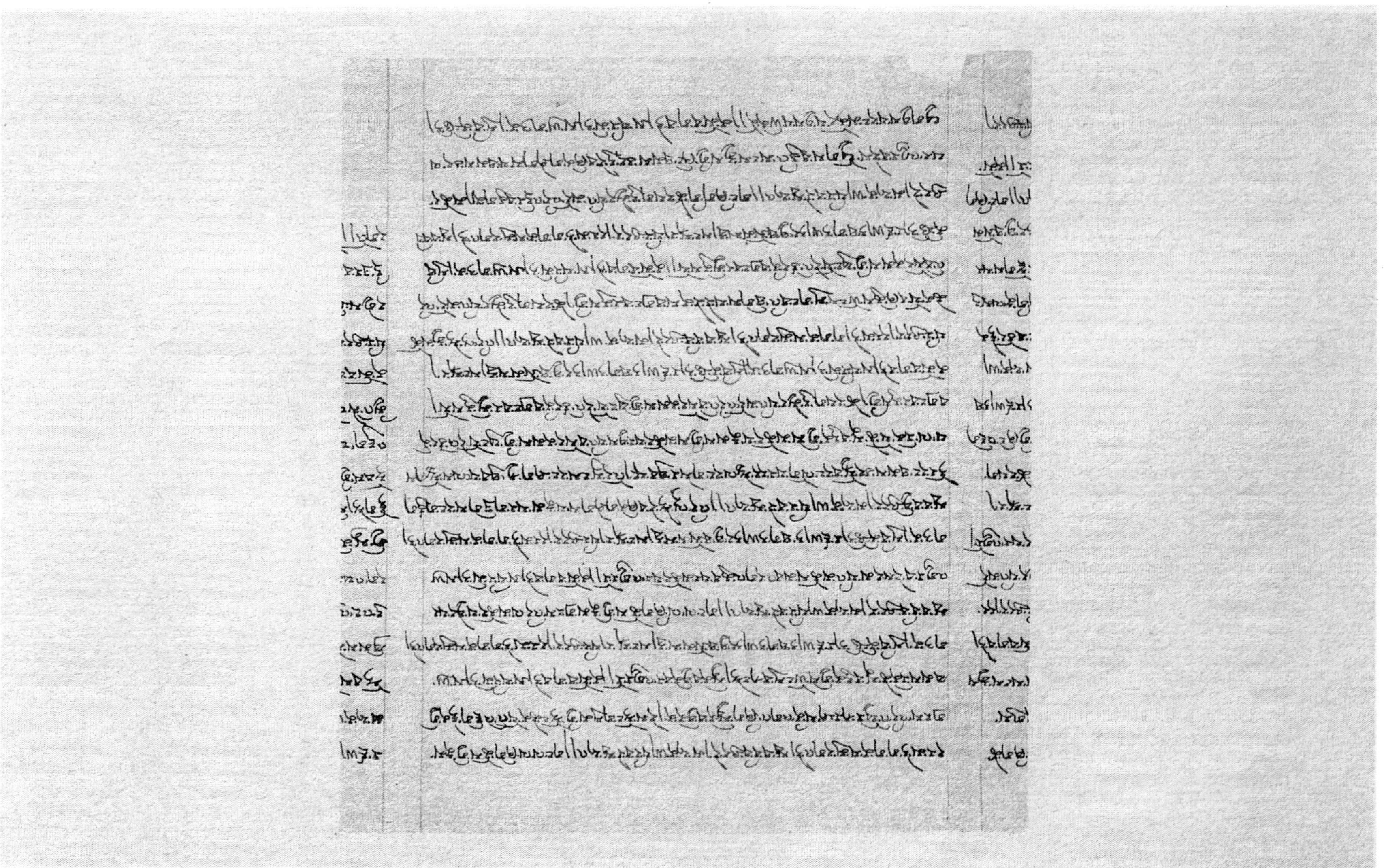

BD13794 號 2　藏文（無量壽宗要經）　　（18–11）

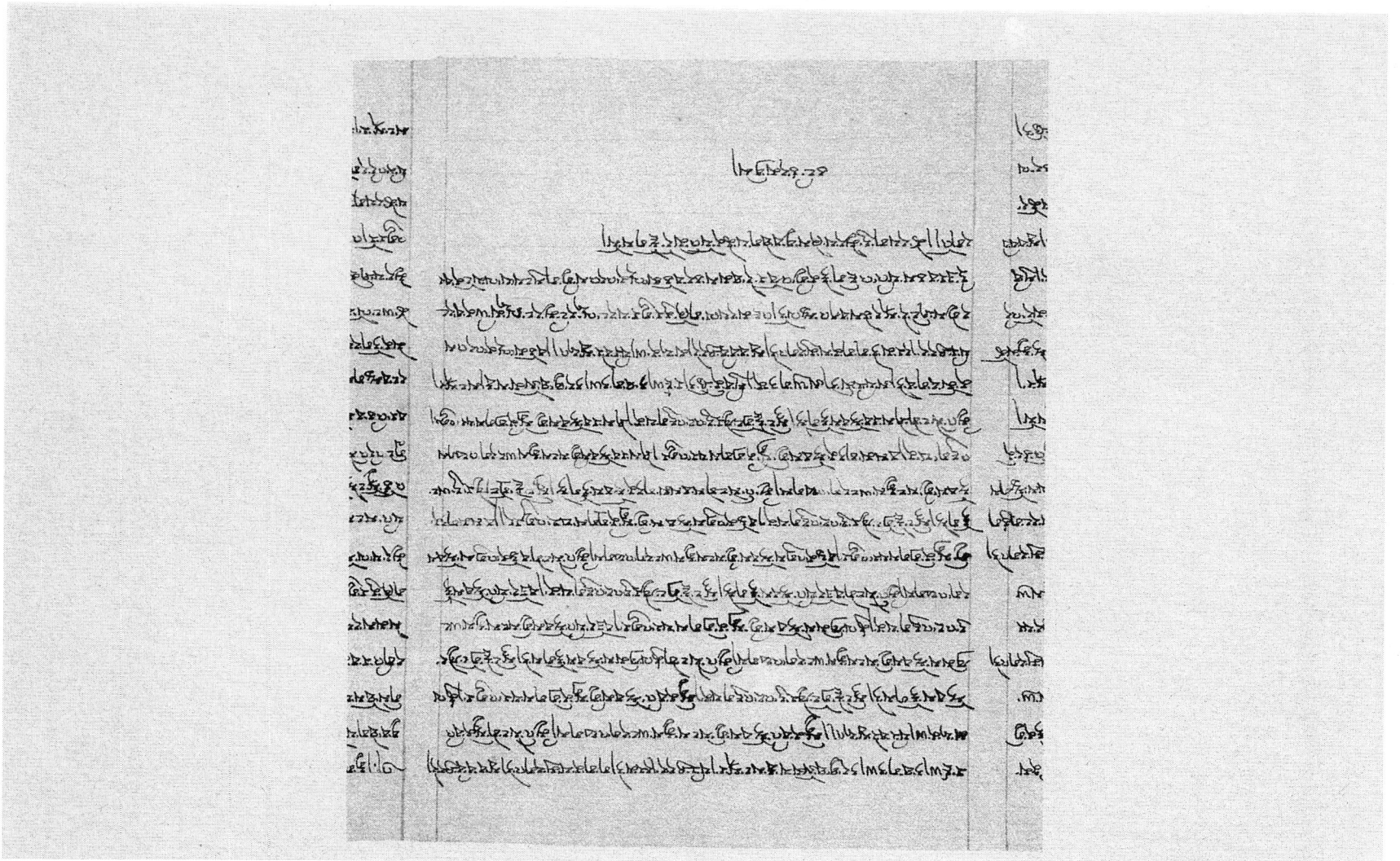

BD13794 號 2　藏文（無量壽宗要經）　　（18–12）

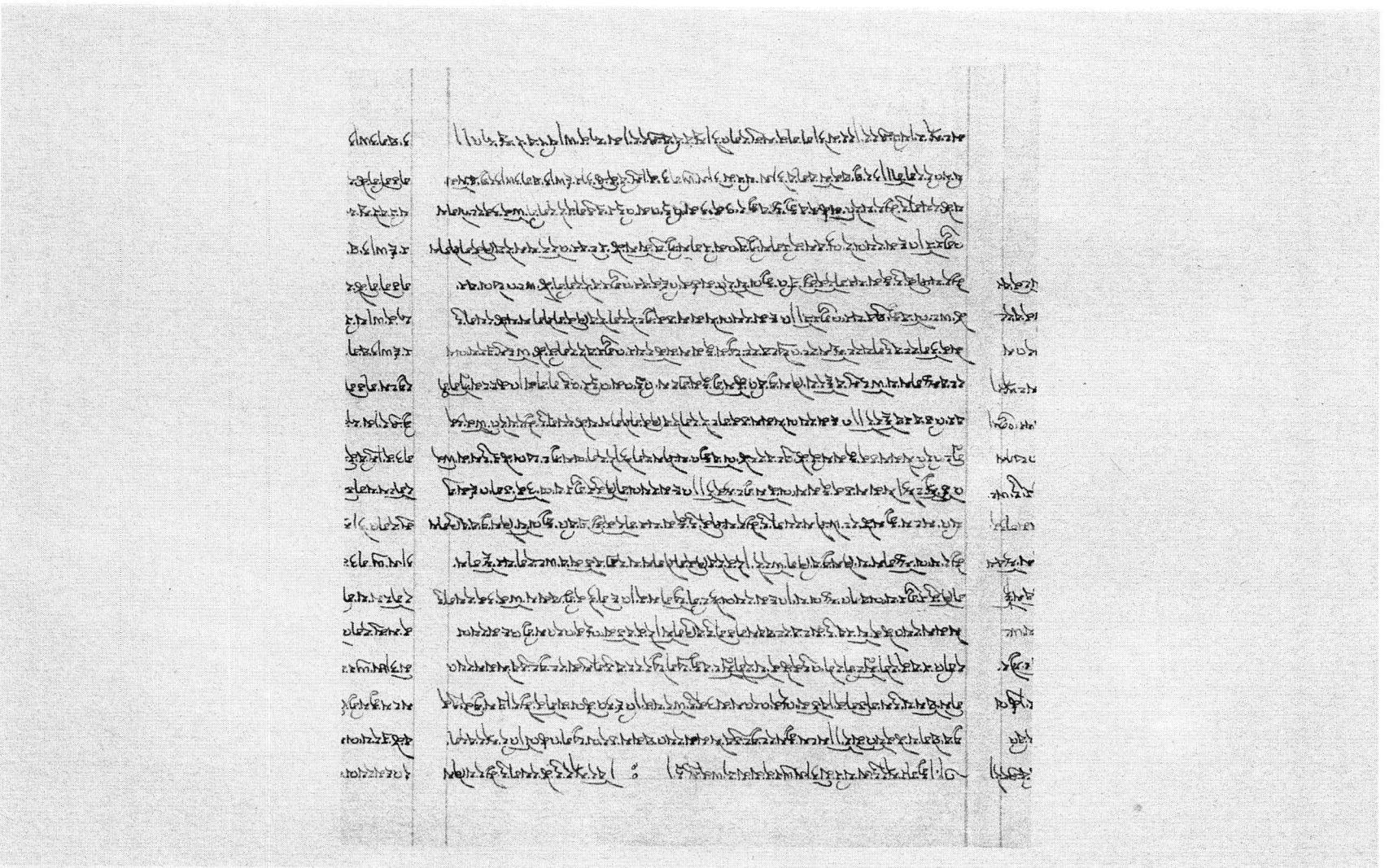

BD13794 號 3　藏文（無量壽宗要經）　　（18–13）

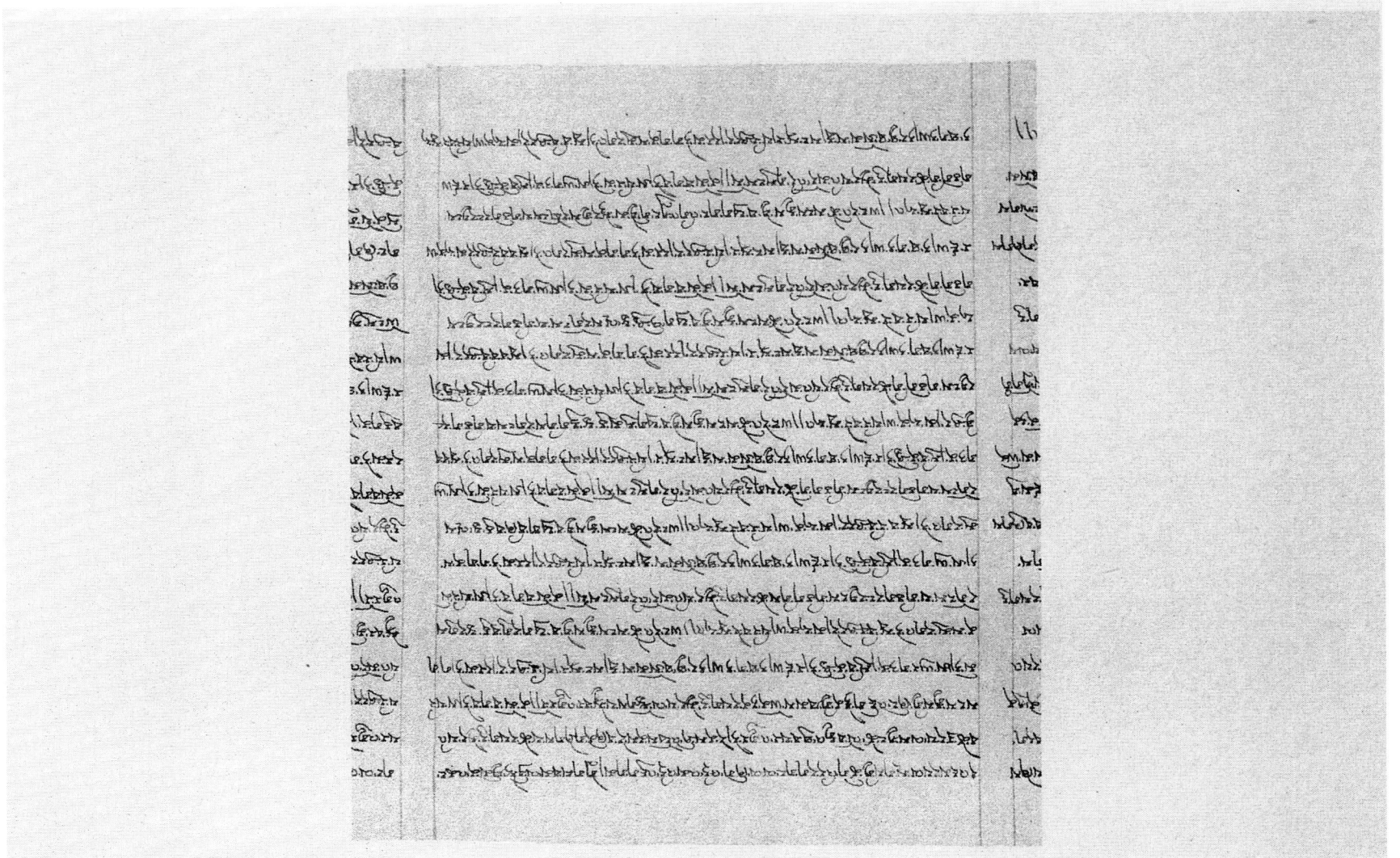

BD13794 號 3　藏文（無量壽宗要經）　　　　　　　　　　　　　　（18–14）

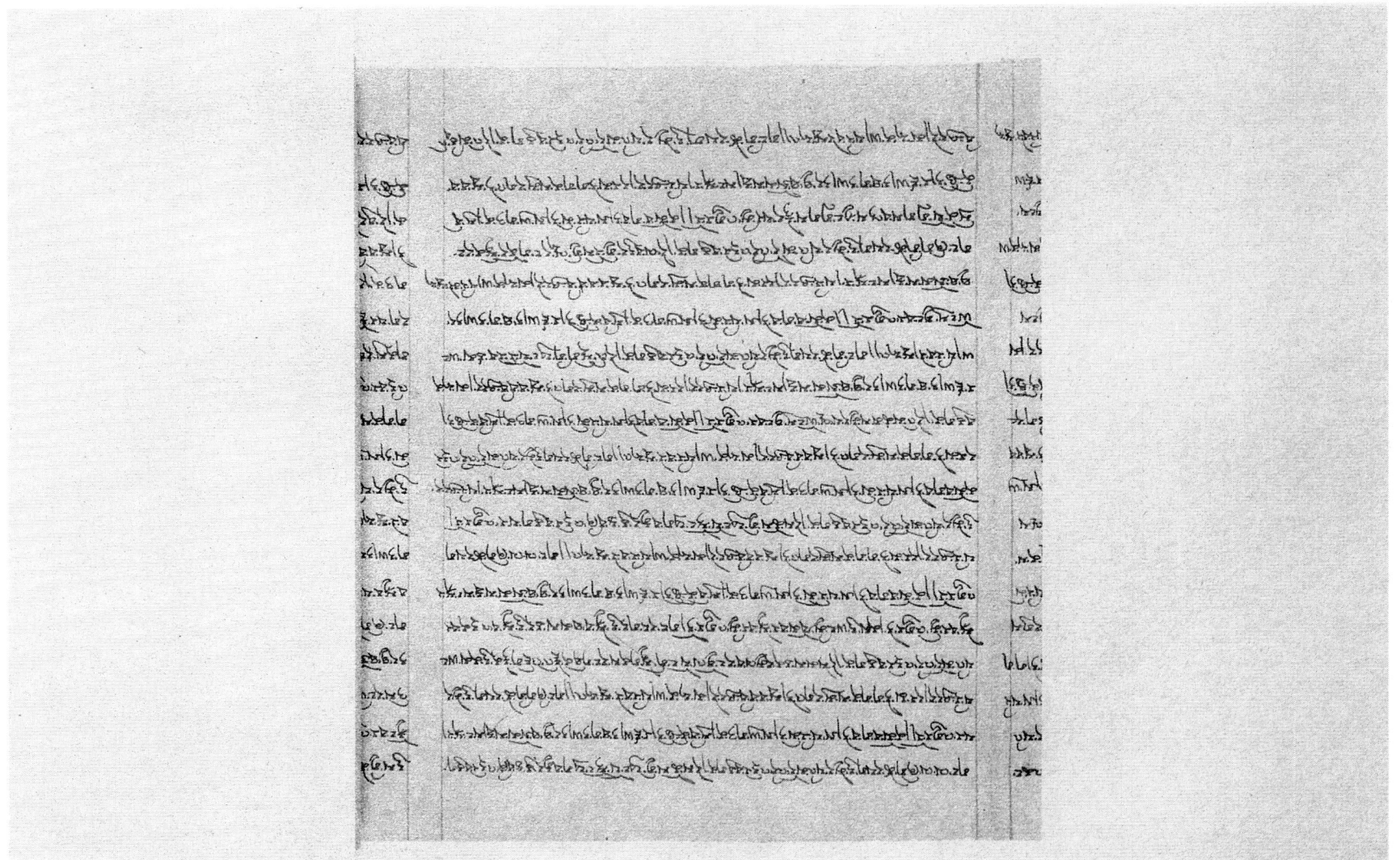

BD13794 號 3　藏文（無量壽宗要經）　　　　　　　　　　　　　　（18–15）

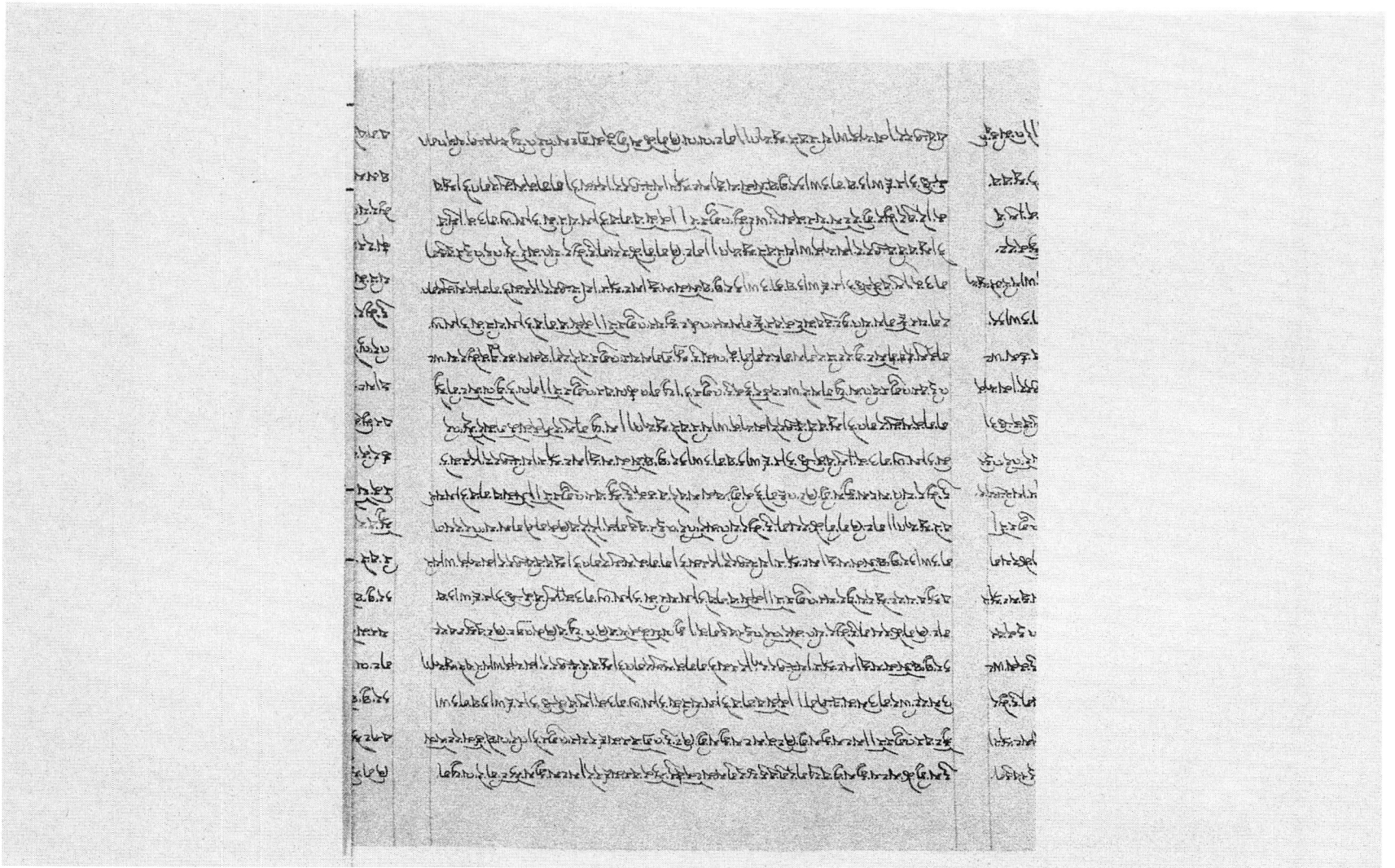

BD13794 號 3　藏文（無量壽宗要經）　　（18–16）

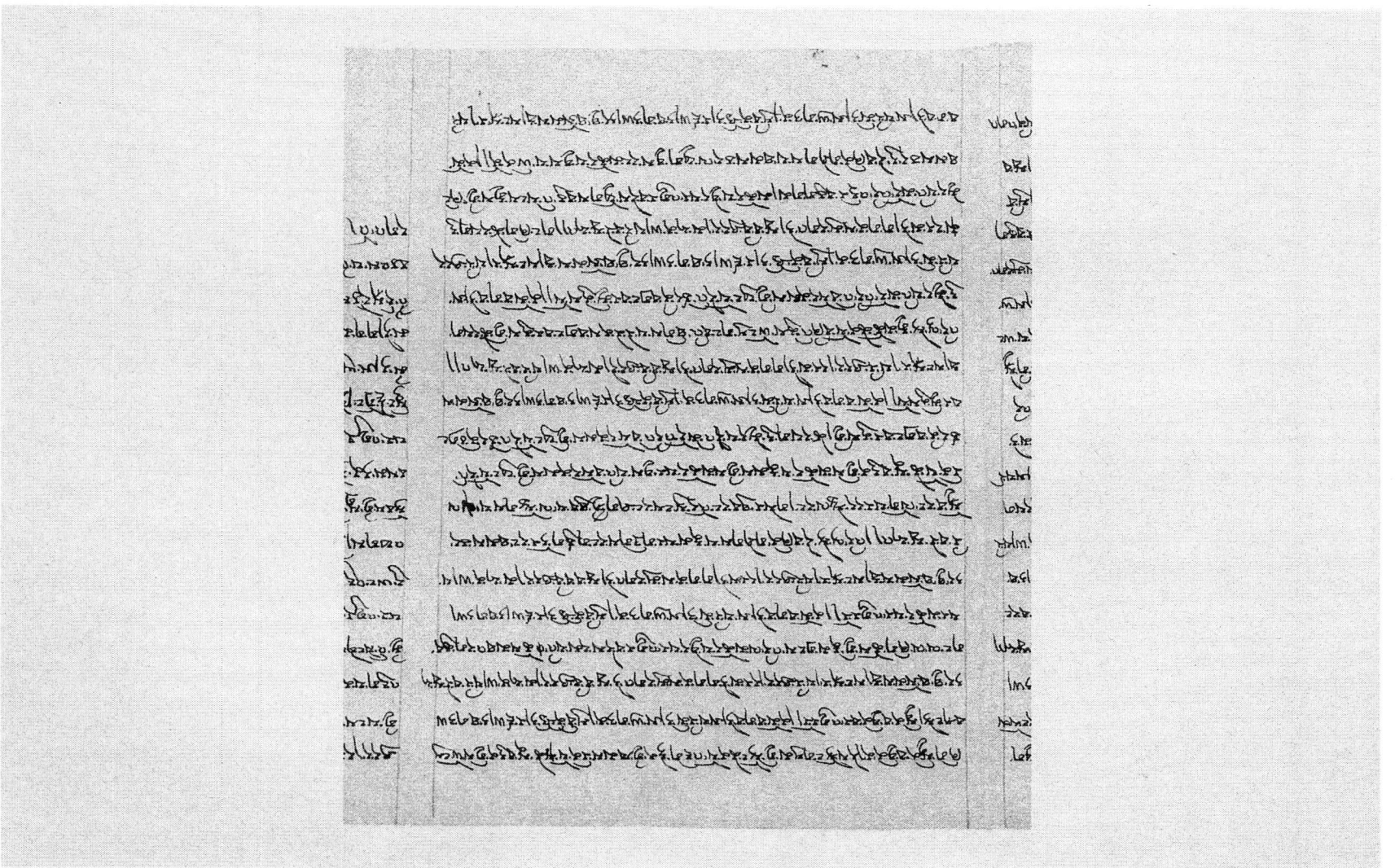

BD13794 號 3　藏文（無量壽宗要經）　　（18–17）

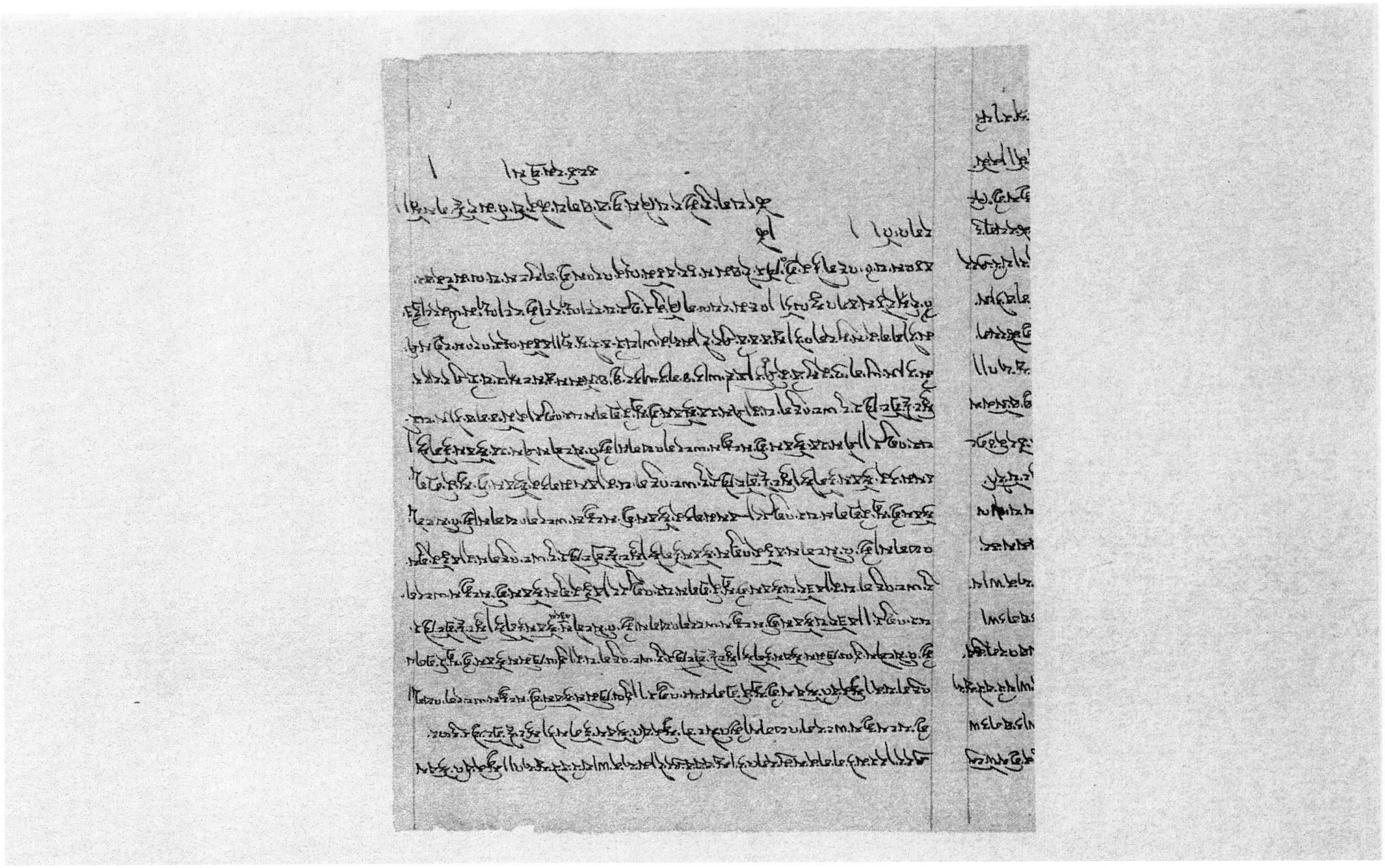

BD13794 號 3　藏文（無量壽宗要經）　（18–18）

燉煌木刻文殊像並題記

BD13795 號　大聖文殊師利菩薩（刻本）　（2–1）

BD13795 號　大聖文殊師利菩薩（刻本）　（2–2）

唐雕本文殊聖像

BD13796 號　大聖文殊師利菩薩（刻本）　（4–1）

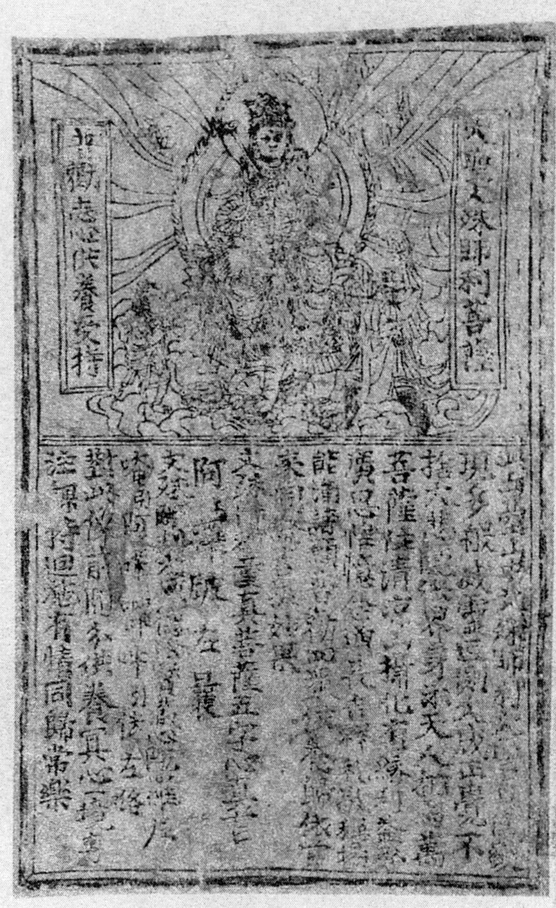

BD13796 號　大聖文殊師利菩薩（刻本）　　（4–2）

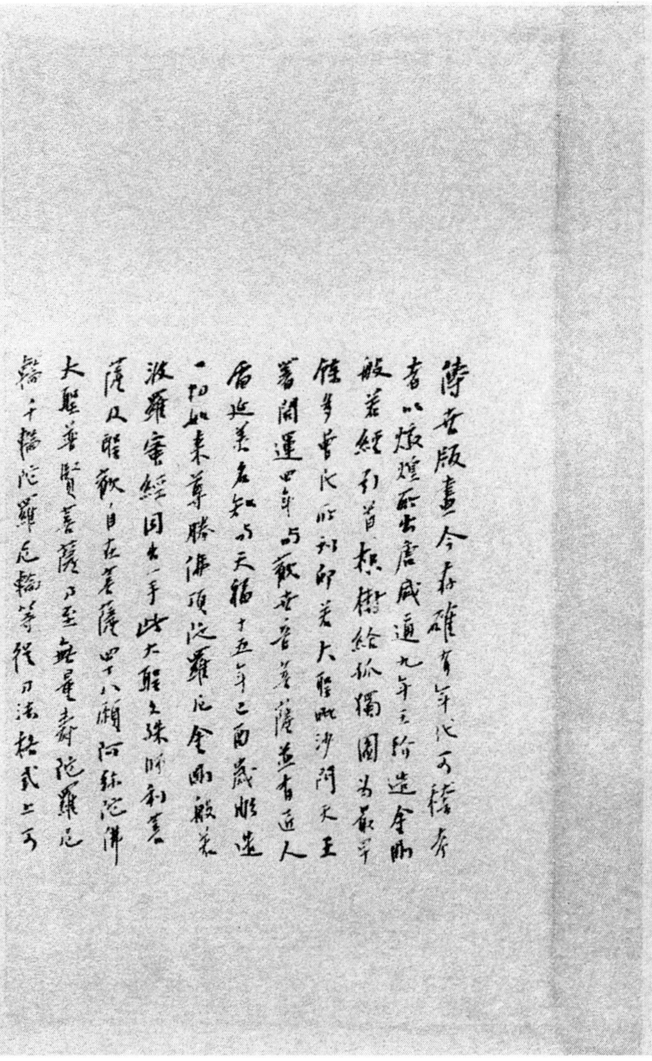

BD13796 號　大聖文殊師利菩薩（刻本）　　（4–3）

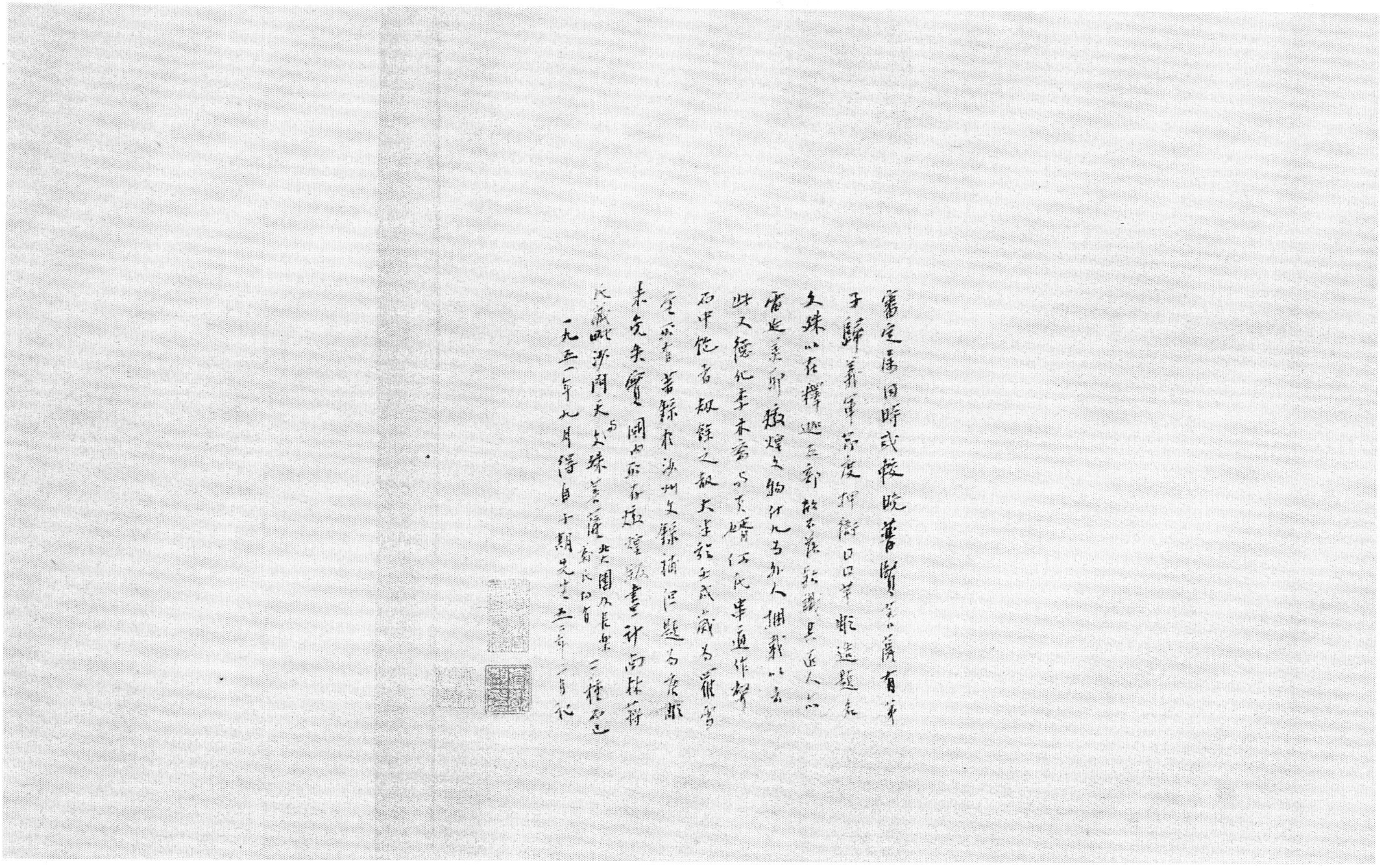

BD13796 號　大聖文殊師利菩薩（刻本）　　（4–4）

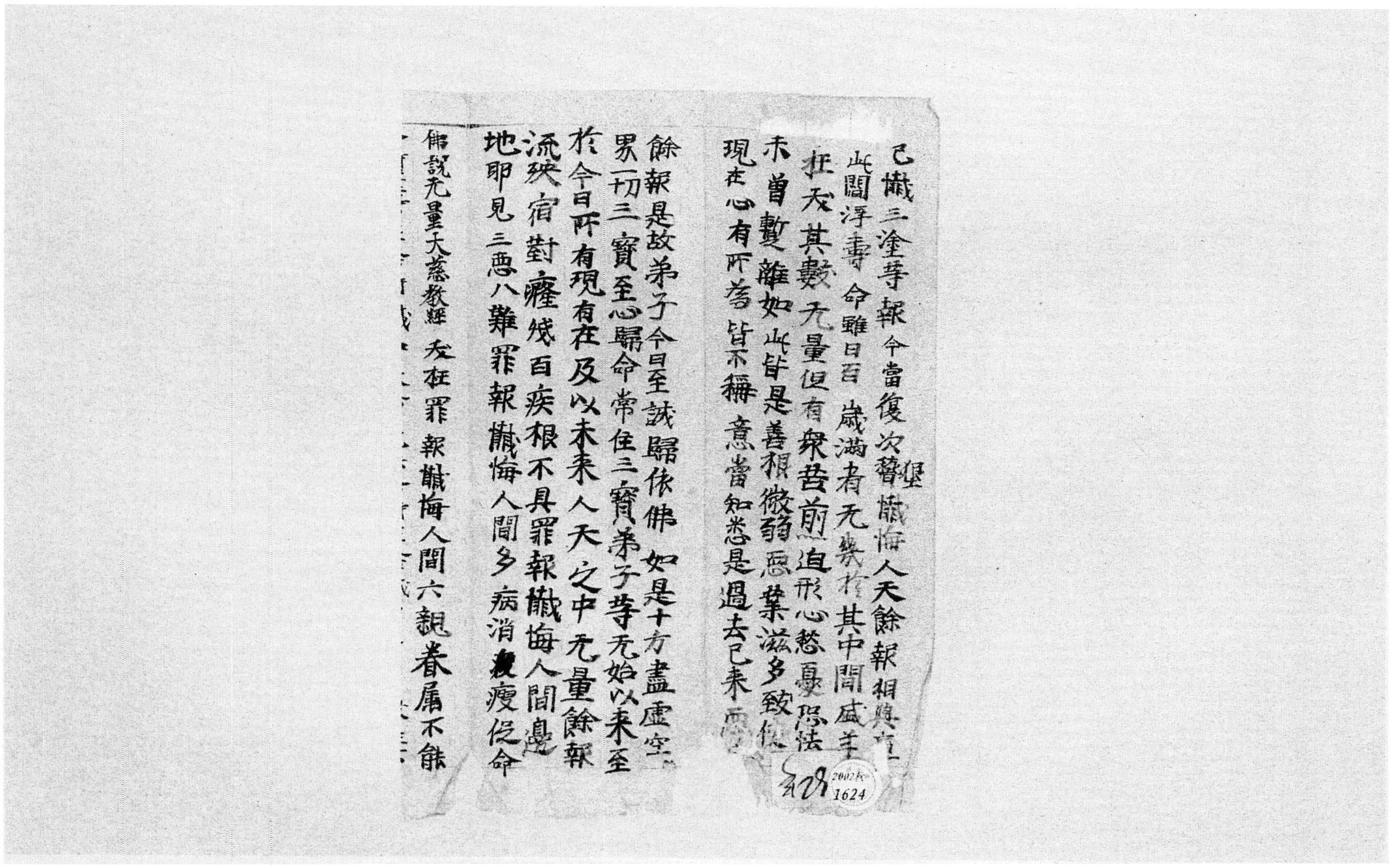

已懺三塗等報今當復次發露懺悔人天餘報相與生
此閻浮壽命雖日百歲滿者无幾於其中間盛年
枉夭其數无量但有衆苦煎迫形心愁憂恐怖
未曾暫離如此皆是善根微弱惡業滋多致使
現在心有所爲皆不稱意當知悉是過去已來
餘報是故弟子今日至誠歸依佛如是十方盡虛空
界一切三寶至心歸命常住三寶弟子等无始以來至
於今日所有現有在及以未來人天之中无量餘報
流殃宿對癃殘百疾根不具罪報懺悔人間邊
地邪見三惡八難罪報懺悔人間多病消瘦促命
佛說无量大慈教經　夭枉罪報懺悔人間六親眷屬不能

BD13797 號背 2　佛名經（十六卷本）卷十三鈔　　（10–1）

地獄見三惡八難罪報懺悔人間多病消瘦促命
佛說无量大慈教經　无本罪報懺悔人間六親眷屬不能
尒時世尊在舍衛城中大會說法尒時王舍城中多有衆生不
信有衆生不信有佛不信有法不信有僧尒時阿難白佛言語
阿難此人過去之時當墮惡道一百三十二劫悉皆入中若遇善
知識免斯地獄之苦不遇善知識還墮地獄輪迴六道受苦經歷
尒時阿難白佛言世尊一切衆生貧賤不等富貴不同或生閻
浮或生邊界言語殊方種種異類茹毛食血不識文字爲栖露
宿禽獸同類有短生壽報有害作无地有經行在外蔽奔妻子
女臥鐵床男抱銅柱鐵叉叉身鑊湯煎煮汝向所論種種衆苦
皆由此十惡之業佛說此經爲一切愚癡不信佛法衆生二爲邪行
衆生三爲五逆不孝衆生故說此經善男子善女人等於此經中

BD13797 號背 2　佛名經（十六卷本）卷十三鈔　　　　（10–2）

BD13797 號　無量大慈教經

衆生三爲五逆不孝衆生故說此經善男子善女人等於此經中
生清淨信者受持讀誦晝夜奉持脩行與人過去之時定生男
極樂世界若有衆生讀此經者誹謗見在世舌即直落
尒時世尊復語阿難一切不信佛衆生一爲邪行衆生三有不
孝父母衆生若見此經更生輕慢不肯受持與人過去之時
定墮阿鼻地獄二名難間地獄一百三十六劫悉皆入中百劫千
劫無有出日鍾聲不救　尒時阿難白佛言世尊若有衆生行
道遶須彌山无數帀不如斷酒肉造舍利塔廣遍十方大地如林
不如有人能斷酒肉黃金百万兩在天布施不如斷酒肉持恒河
沙等身命布施不如斷酒肉　尒時世尊復語阿難若有衆生
念阿彌陁佛國者一斷酒肉二斷五辛三斷煞生四斷邪行習儀

BD13797 號　無量大慈教經　　　　（10–3）

汝等身命布施不如斷酒肉　尒時世尊復語阿難若有衆生
念阿彌陁佛國者一斷酒肉二斷五辛三斷煞生四斷邪行誓脩
善行如此之人舉足一步天當自至未來受果如樹提伽受福无量
尒時世尊復語阿難我聞三歸五戒車本是山中木得聞大慈教
經死不墮地獄尒時阿難白佛言大衆我奉諸天世尊菩薩等敎
育衆生若有衆生憶我語者念我語者受我語者用我語者我
若不救誓當不轉　尒時世尊荅言阿難我看一切衆生猶如
赤子怜愍亦然若有衆生憶我之者我若不救誓當不轉若有
衆生造舍利塔廟遍十方大地黃金百千万兩六天布施不如念佛
心至尒時世尊復語阿難若有衆生將瓔珞寶珠黃金百万兩供養
十方比丘福得多不言謂甚多世尊荅言阿難由不如舉足一
步向道場中佛說此經為一切法界衆生勸脩淨行一切天人阿脩

BD13797 號 2　無量大慈教經　（10–4）

十方比丘福得多不言謂甚多世尊荅言阿難由不如舉足一
步向道場中佛說此經為一切法界衆生勸脩淨行一切天人阿脩
羅聞佛所說皆大歡喜作礼而去信受奉行
尒時世尊欲離娑婆入於涅槃佛告阿難我去之時未知迴日親屬
汝等令敎衆生汝盡心勞瘦尒時阿難白佛言世尊衆生流在苦
海无有出期尒時世尊復語阿難由汝等方便之力善化善育今
出苦海尒時阿難白佛言世尊衆生愚癡現前顛到柰其貴妻
逐他賊妄下漏一種无有二殊衆生心別　尒時世尊聞其經發演
說歎言利益衆生若有衆生聞是說者心生歡喜當知是人命上
希有尒時阿難白佛言世尊唯有闡提衆生難化難育尒
時世尊荅如牛耕田由人所盡獼猴作儛由人所教造罪衆
生由人所勸尒時阿難白佛言世尊若有衆生樂西方國者緣

BD13797 號 2　無量大慈教經　（10–5）

時世尊答如牛耕田由人所盡獅猴作儛由人所教造罪衆
生由人所勸尒時阿難白佛言世尊若有衆生樂西方國者緣
我身及向我口服中下不淨我亦不諱語阿難此經大聖若
有衆生勤讀此經者先得三難苦一難禁囚二難病人三難
地獄　尒時世尊語阿難我為閻浮衆生難化難齊故開
此經藏出藤别妙經為汝演說若人見此經者不生淨清
當知是人與我无業一切經典廣說妙言引度衆生一稱我名
者悉聞悉見隨聲救救千身劫剝師僧者死墮寒氷地獄又
生蛮中為他煮剝如此等以逕八万之劫餘受畜生身以經五
百劫蠢動衆生皆悉作癡後受人身瘂殘青跛五百劫中恒
受惡報　尒時世尊答言阿難行不淨行比丘僧死墮鑊窟
中地獄八万刀輪一時來下斬截其身尒時阿難白佛言如佛

BD13797 號 2　無量大慈教經　（10–6）

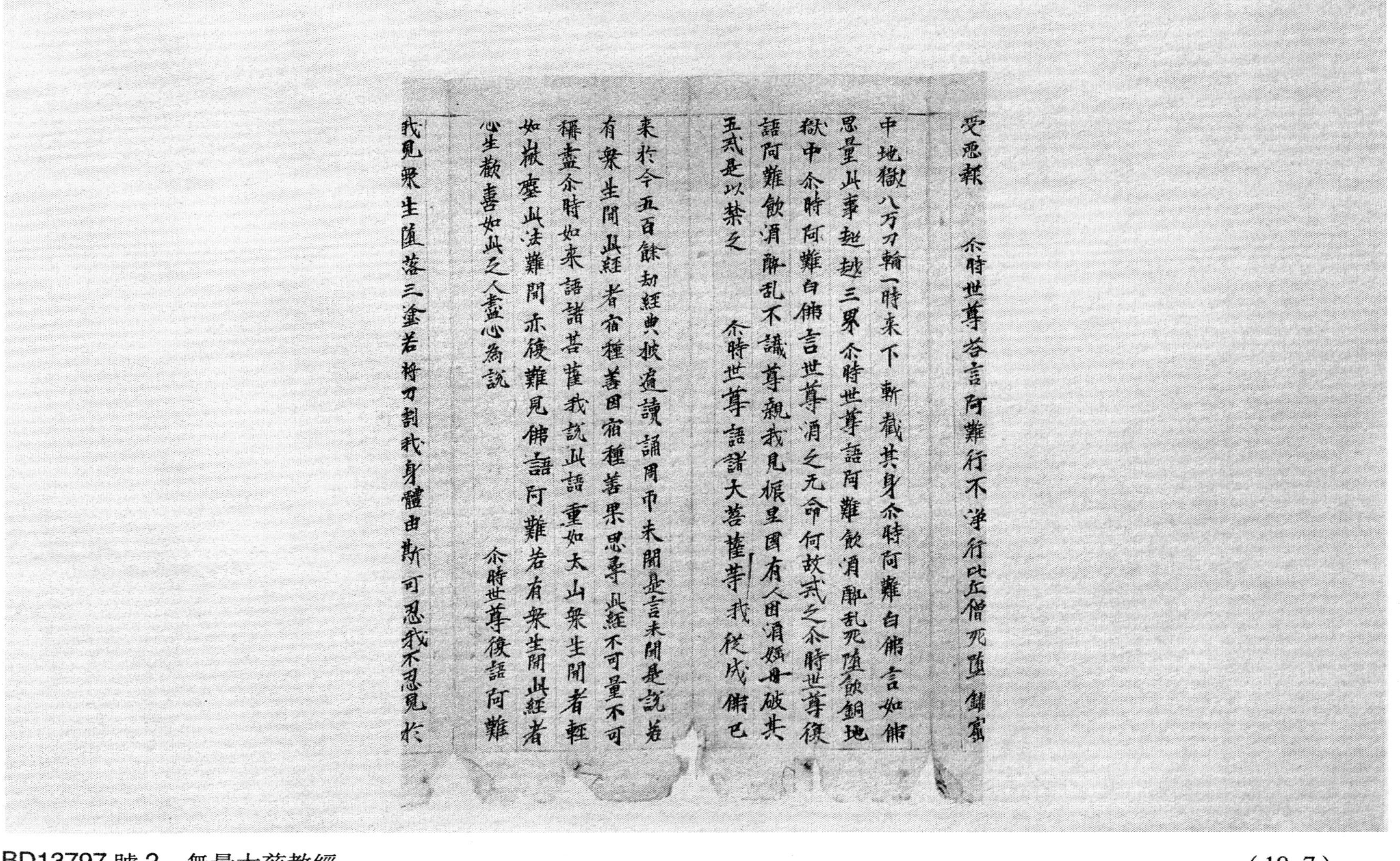
受惡報　尒時世尊答言阿難行不淨行比丘僧死墮鑊窟
中地獄八万刀輪一時來下斬截其身尒時阿難白佛言如佛
思量此事趣越三界尒時世尊語阿難飲酒醉乱死墮飲銅地
獄中尒時阿難白佛言世尊酒之无命何故式之尒時世尊復
語阿難飲酒醉乱不識尊親我見振里國有人因酒婬母破其
五式是以禁之　尒時世尊語諸大菩薩等我從成佛已
來於今五百餘劫經典披遍讀誦周帀未聞是言未聞是說若
有衆生聞此經者宿種善因宿種善果恩尋此經不可量不可
稱盡尒時如來語諸菩薩我說此語重如太山衆生聞者輕
如微塵此法難聞亦復難見佛語阿難若有衆生聞此經者
心生歡喜如此之人盡心為說　尒時世尊復語阿難
我見衆生墮落三塗若將刀割我身體由斯可忍我不忍見於

BD13797 號 2　無量大慈教經　（10–7）

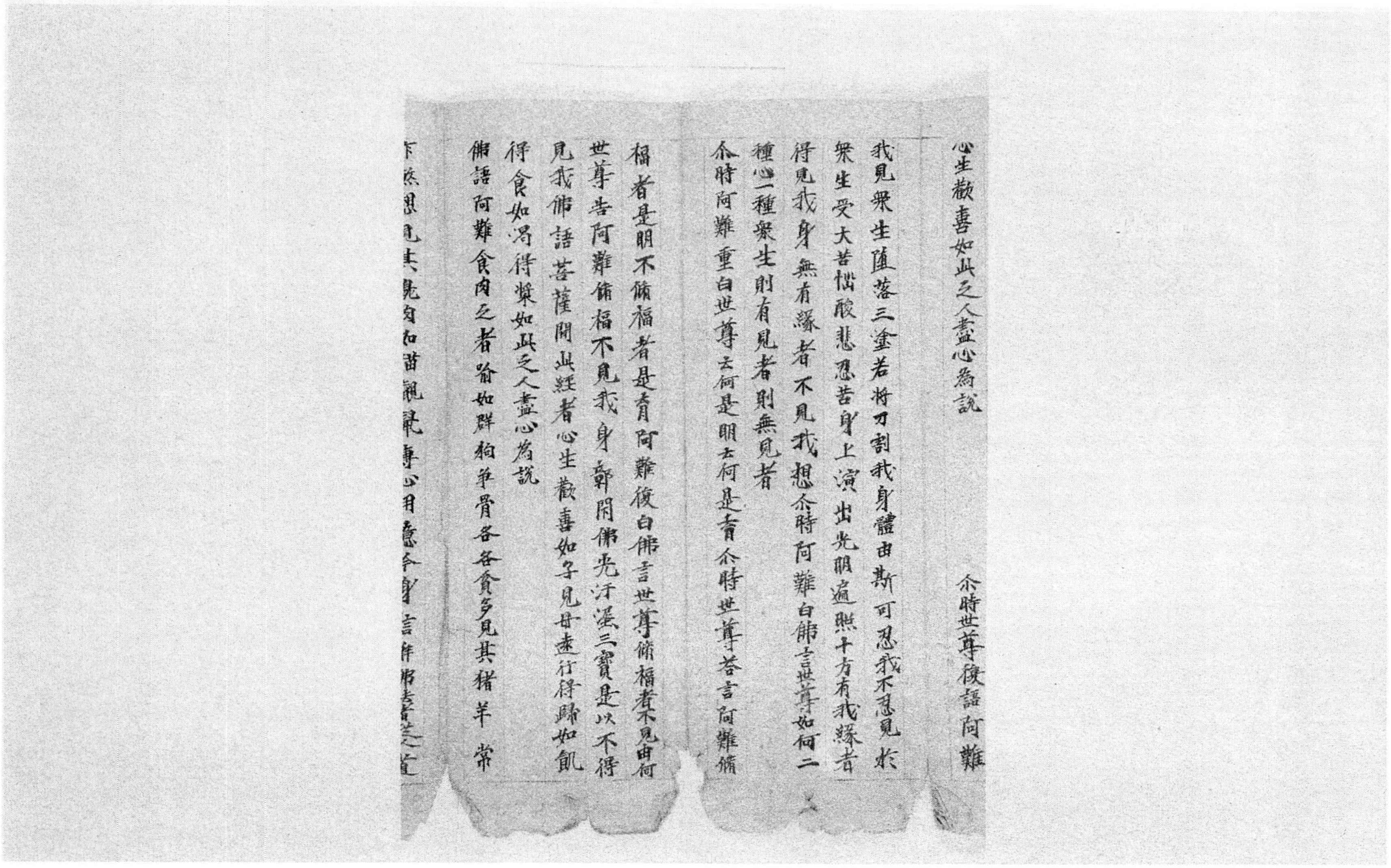

心生歡喜如此之人盡心爲説

　　尒時世尊復語阿難

我見衆生墮落三塗若將刀割我身體由斯可忍我不忍見於

衆生受大苦惱酸悲忍苦身上演出光明遍照十方有我緣者

得見我身無有緣者不見我想尒時阿難白佛言世尊如何二

種心一種衆生則有見者則無見者

尒時阿難重白世尊云何是明云何是責尒時世尊荅言阿難脩

福者是明不脩福者是責阿難復白佛言世尊脩福者不見由何

世尊告阿難脩福不見我身前聞佛光汙溪三寶是以不得

見我佛語菩薩聞此經者心生歡喜如子見母遠行得歸如飢

得食如渴得漿如此之人盡心爲説

佛語阿難食肉之者喻如群狗爭骨各各貪多見其猪羊常

作慈想見其兒肉如猫鼠專心用意今身信佛法者從之道

BD13797號2　無量大慈教經　（10–8）

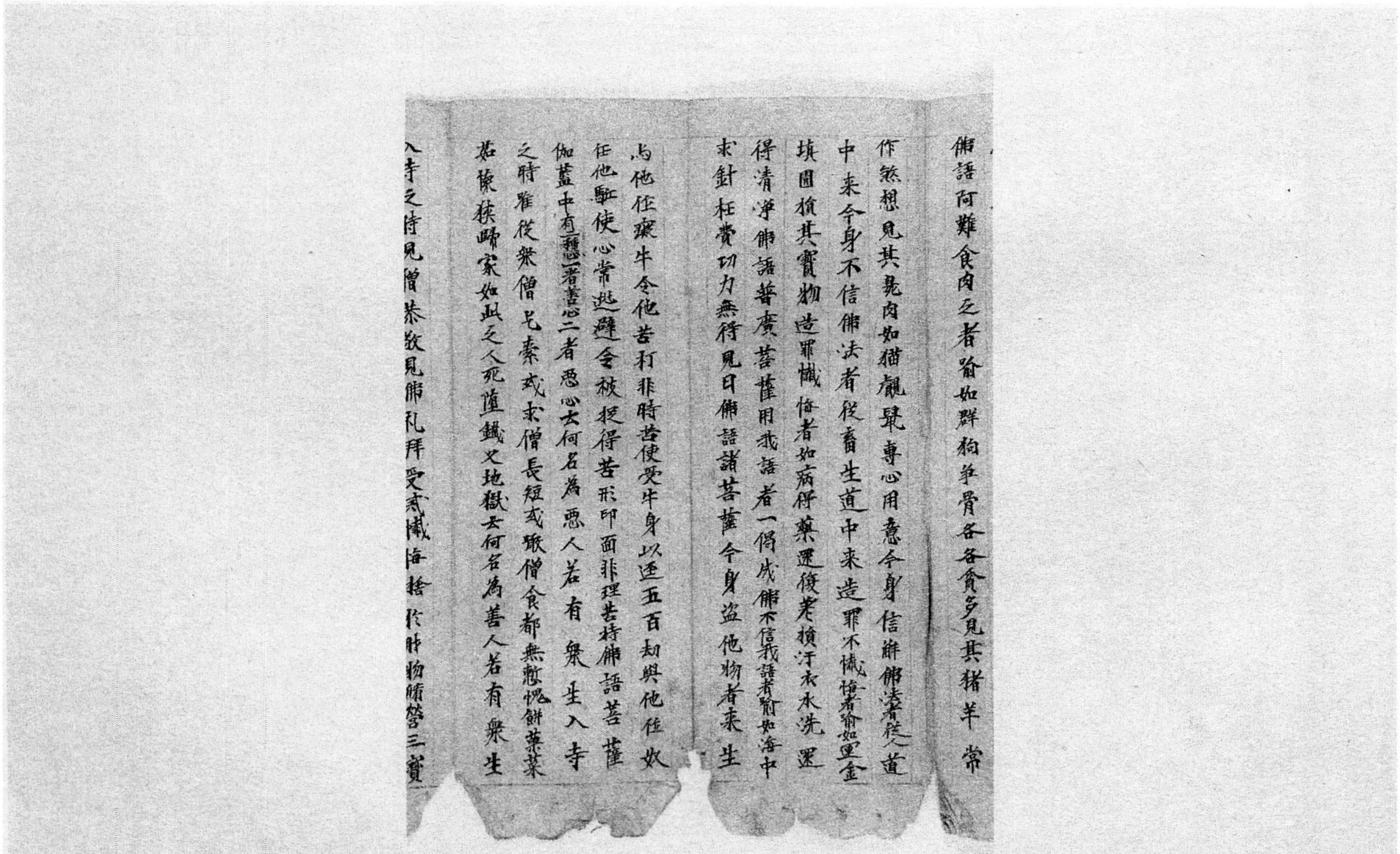

佛語阿難食肉之者喻如群狗爭骨各各貪多見其猪羊常

作慈想見其兒肉如猫鼠專心用意今身信佛法者從人道

中來今身不信佛法者從畜生道中來造罪不懺悔者喻如黑金

填圖損其實物造罪懺悔者如病得藥還復差損汙衣水洗還

得清淨佛語普廣菩薩用我語者一得成佛不信我語者喻如海中

求針枉費功力無得見日佛語諸菩薩今身盜他物者來生

與他作奴牛令他苦打非時苦使受牛身以逕五百劫與他作奴

任他驅使心常逃避令被捉得苦形印面非理苦持佛語菩薩

伽藍中有二種心一者善心二者惡心云何名爲惡人若有衆生入寺

之時唯從衆僧乞索或求僧長短或嫌僧食都無慙愧餅藥菜

茹藥挾歸家如此之人死墮鐵丈地獄云何名爲善人若有衆生

入寺之時見僧恭敬見佛礼拜受戒懺悔捨於財物供養三寶

BD13797號2　無量大慈教經　（10–9）

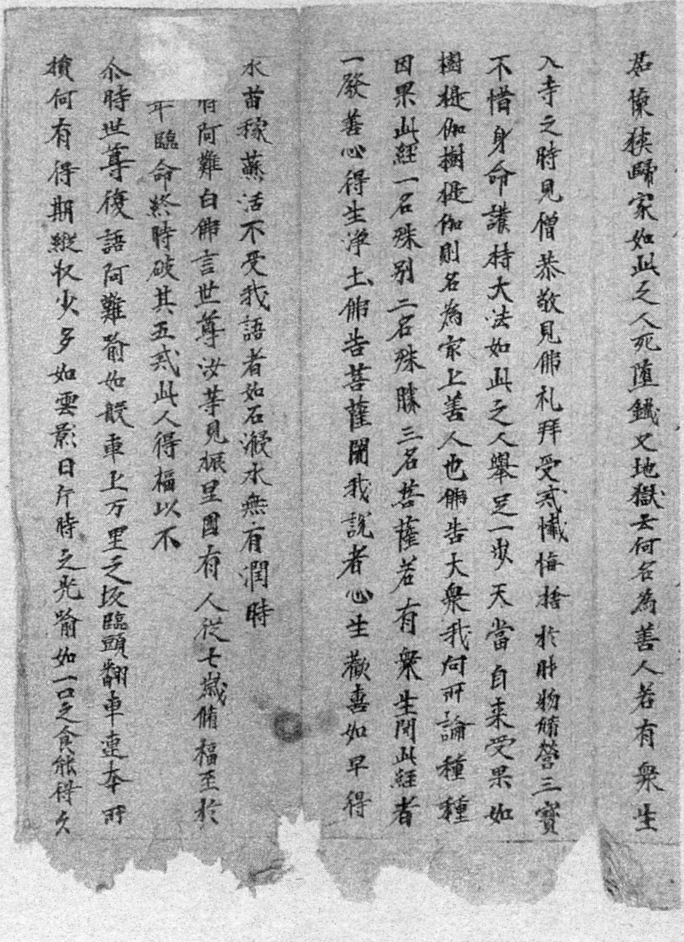

若懷挟嫉家如此之人死墮鐵丈地獄云何名為善人若有衆生
入寺之時見僧恭敬見佛礼拜受戒懺悔捨於財物布施三寶
不惜身命護持大法如此之人舉足一步天當自来受果如
樹提伽樹提伽則名為最上善人也佛告大衆我向所論種種
因果此經一名殊別二名殊勝三名菩薩若有衆生聞此經者
一發善心得生淨土佛告菩薩聞我說者心生歡喜如旱得
水苗稼蘇活不受我語者如石潑水無有潤時
阿難白佛言世尊汝等見祇里國有人從七歲脩福至於
年臨命終時破其五戒此人得福以不
尒時世尊復語阿難譬如載車上万里之坂臨頭翻車違本所
損何有得期縱収少多如雲影日斤時之光譬如一口之食能得久

BD13797 號 2　無量大慈教經　（10–10）

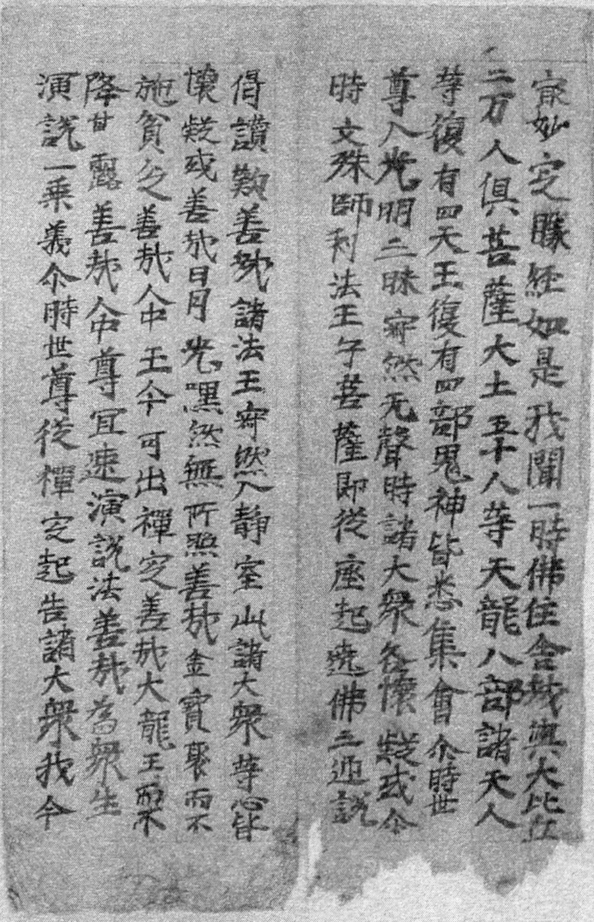

最妙定勝經如是我聞一時佛住舍城與大比丘
二万人俱菩薩大士五千人等天龍八部諸天人
等復有四天王復有四部鬼神皆悉集會尒時世
尊入光明三昧寂然无聲時諸大衆各懷疑惑尒
時文殊師利法王子菩薩即從座起遶佛三匝說
偈讚歎善哉諸法王寂然入静室此諸大衆等心皆
懷疑惑善哉日月光嘿然無所照善哉金寶聚而不
施貧乏善哉人中王今可出禪定善哉大龍王衆
降甘露善哉人中尊宜速演說法善哉為衆生
演說一乘義尒時世尊從禪定起告諸大衆我今

BD13797 號背 1　最妙勝定經　（10–1）

安樂大有珎寶若有貧乏恣汝所用莫生疑惑所謂
珎寶无上智慧恣汝所用爾時阿難從座而起白
佛言世尊我今多聞疾得无上菩提如經中說多
聞智慧利根之者得道甚難生於八難中我今云何
成无上道佛告阿難多聞之人有二種心云何為二者
定心二者亂心心若在定多聞無妨心若亂者難復多
聞何所益也若人能善定慧具足衆是疾得无上佛
道阿難白佛言世尊云何處處經中讚嘆定慧
為衆第一佛言阿難定慧具足亦如師子衆中第一
亦如日光能照一切如須彌山衆山中上何以故定慧

BD13797號背1　最妙勝定經　（10–2）

具足其力衆勝佛告阿難若復有人造作旃檀
精舍滿於三千大千世界復有一人造七寶精舍亦滿
三千大千世界功德云何得等以不阿難言七寶者勝
佛復告阿難言復有一人造黃金精舍滿於三千大千
世界復有一人造紫磨黃金精舍亦滿三千大千世界
如此二人功德云何難言紫磨黃金功德甚多佛言
阿難若有復人造旃檀像及香木像滿於三千大
千世界供養礼拜復有一人造紫磨黃金及七寶
像亦滿三千大千世界供養礼拜於此二人功德云何阿
難言七寶此磨黃金像者功德甚多佛言阿難

BD13797號背1　最妙勝定經　（10–3）

若復有人起大心施持七寶庫藏并及妻子持用
布施復有一人持頭目身體并及難得七寶庫藏布
施此等二人功德云何阿難言七寶身體妻子者
多佛言復有一人書寫十二部經流通世間使人讀
誦滿於三千大千世界復有一人執文如讀於文通利
於滿三千大千世界於此二人功德云何阿難言執文
者多佛言復有一人能誦十二部經悉皆利不解
深義其經卷多滿三千大千世界復有一人讀誦
十二部經悉皆通利并復解深義忽滿三千大千世
界於此二人功德云何阿難言讀誦解說其功

BD13797 號背 1　最妙勝定經　（10–4）

德甚多佛告阿難復有一人解說十二部經不行
布施持戒忍辱慈悲喜捨復有一人解說十二部經
廣行布施持戒忍辱慈悲喜捨於諸衆生等心
如子而此二人功德云何阿難言其慈悲喜捨持
戒忍辱等布施衆生功德甚多佛言阿難若有一人
解說十二部經講說五達陀論為人宣說流通於
世復有一人善能說十二部經五達陀論所
謂生論變論五陰論十二人論十八門論大空
論日月論日愛論莊嚴論弟一義論空金
剛心論種知論性空三空門論復能持戒布

BD13797 號背 1　最妙勝定經　（10–5）

施忍辱慈悲喜捨於諸破戒等心无忘行
平等忍如虛空不見眾生一切過惡等心眾
生如視一子於怨憎中平虛空不諍方等十
二部經其人功德无量无邊不思議佛言復
有一人如上所說一切功德能作忍滿三千大千世
界忍能讀誦十二部經十五毗陁論持戒忍辱
有施論持戒忍辱布施多聞於諸人中最
為第一演說萬法皆悉空寂令諸聽者有得五
神通雖有是益不如有一人一日一夜思惟
佛說佛名經卷十三 舍利弗應敬礼十方諸佛

BD13797 號背 1　最妙勝定經　（10–6）
BD13797 號背 2　佛名經（十六卷本）卷十三鈔

南无自在量佛 舍利弗我見南方如是等无量佛種種名
種種姓種種佛國土汝等應當至心心歸命西
方无量佛 舍利弗西方如是等无量无邊佛汝當至心歸命次
礼十二部尊經大藏法輪 南无眾寶金剛藏世界觀勝法妙
清淨王菩薩 南无善摩辟支佛歸命如是等无量无邊辟支
佛礼三寶已次復懺悔已懺地獄報竟今當復次懺悔三惡道
報經中佛說多欲之人多求利故苦惱亦多知足之人雖臥地上猶以為
樂不知足者雖處天堂不稱意但世間人忽有急難便能捨肝不
計多少而不知此身臨於三塗深坑之上一息不還便應墮落忽有知
識管功福德令脩未來善法資糧執此慳心无肯從理夫如此極

BD13797 號背 2　佛名經（十六卷本）卷十三鈔　（10–7）

為愚惑何以故今蓮中佛說生時不費一文而來死亦不持一文而去苦
身積聚為之憂惱損已无益徒為他有无善可恃无德可
怙致使命終墮諸惡道是故弟子等今日稽顙懇到歸依
佛南无上方月幢王佛如是十方盡虛空界一切三寶至心歸命常
住三寶弟子今日次復懺悔畜生道中无所識知罪報懺悔畜
生道中負重牽犁償他宿債罪報懺悔畜生道不得自在
為他所刲屠割罪報懺悔畜生无足二足四足多足罪報懺悔
畜生道中身諸毛羽鱗甲之內為諸小虫之所唼食罪報如
是畜生道中有无量罪報今日至誠皆悉懺悔至心歸命常
住三寶次復懺悔餓鬼道中長飢罪報懺悔餓鬼百千萬歲

BD13797 號背 2　佛名經（十六卷本）卷十三鈔　（10–8）

初不曾聞漿水之名罪報懺悔餓鬼食噉膿血糞穢罪報懺
悔餓鬼動身之時一切枝節火然罪報懺悔餓鬼腹大咽小罪報
今日稽顙皆悉懺悔至心頂礼常住三寶次復懺悔一切鬼神
修羅道中諂誑詐僞罪報懺悔鬼神道中擔沙負石填
河塞海罪報懺悔鬼神羅剎鳩槃荼諸惡鬼神生噉肉
血受此醜陋罪報如是鬼神道中无量无邊一切罪報今日
稽顙向十方佛大菩薩求哀懺悔悉令消滅至心頂礼常
住三寶願弟子等承是懺悔畜生等報所生功德生生
世世滅愚癡垢自識業緣智慧明照斷惡道身願以
懺悔餓鬼等報所生功德生生世世永離慳貪飢渴之

BD13797 號背 2　佛名經（十六卷本）卷十三鈔　（10–9）

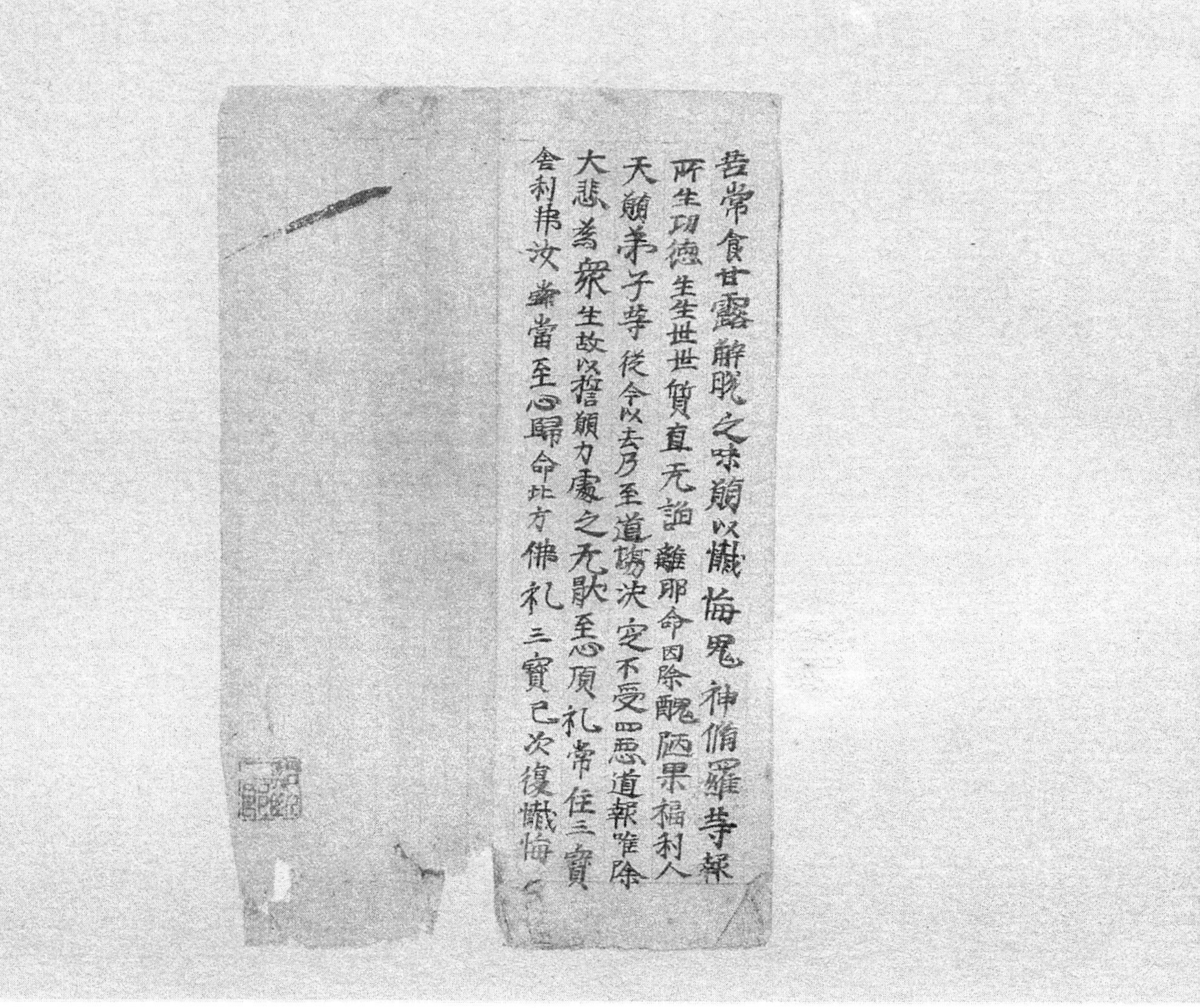
苦常食甘露解脫之味願以懺悔鬼神脩羅等報
所生功德生生世世質直无諂離邪命因除醜陋果福利人
天願弟子等從今以去乃至道場決定不受四惡道報唯除
大悲為衆生故以誓願力處之无猒至心頂礼常住三寶
舍利弗汝等當至心歸命北方佛礼三寶已次復懺悔

BD13797 號背 2　佛名經（十六卷本）卷十三鈔　（10–10）

詣東方鐵圍
山四方了无草木日月威光都不能照
須前俠道兩邊有卅六王典主地獄其王名
日恒伽喋王波吉頭王廣目都王安頭羅王
甫目見王陽聲吉王大諍訟王吸血鬼王安
得羅王陁達王達多羅王吉梨善王安侏羅
王寶首王金樹吉王大惡聲王鳥頭王等甫
眼王等烏牙王等震聲王等歸首王衣首王
見首王廣炎王廣定王王頭王立正王立見
王摩尼羅王都曹王部見王惡目王善王龍
口王鬼王南安王等卅六王遥見寶達菩薩
悲皆叉手合掌前行作礼白言大智尊王云
何因入此苦處亦如旃檀在伊蘭而生寶達
答言我聞如来三界人尊說言東方有鐵圍
山其山幽冥日月之光所不能照我故聞之
故来詣汝諸王前入地獄行諸罪人汝等諸
王誰能共我往詣大王前見罪人受苦之者
尒時恒伽喋王即便與寶達菩薩往詣大王
尒時大鬼王遥見寶達菩薩從門而来光顏
從容即便下坐往前礼敬白言大王今此惡
處云何佐我伊蘭林中忽生旃檀
尒時寶達便前戟以問鬼王曰今此東方地
獄可有幾獄鬼王答言此山之中有无量地
獄今此一方有卅二沙門地獄寶達問曰卅

BD13798 號　大乘蓮華馬頭羅刹經　（2–1）

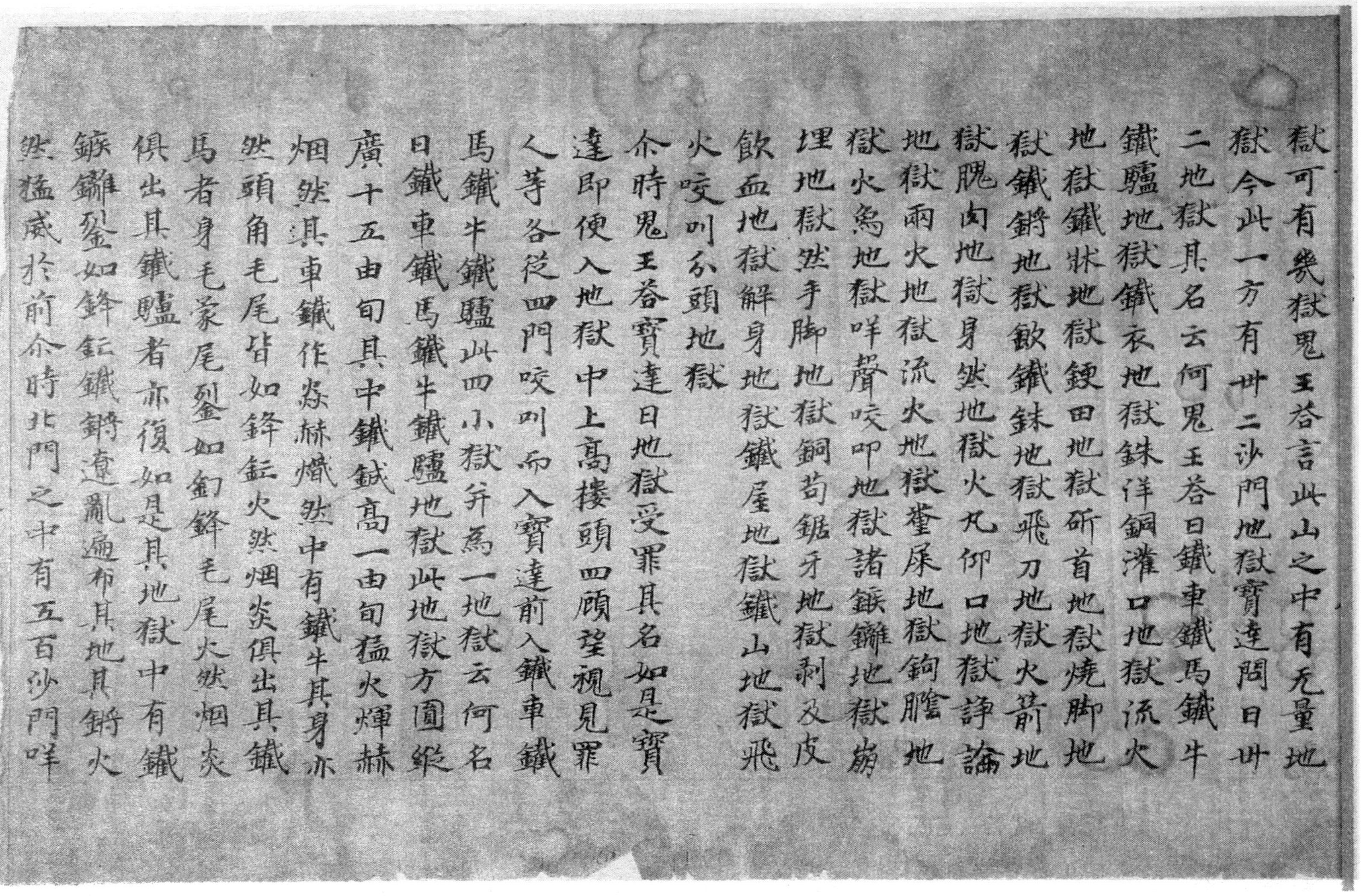

獄可有幾獄鬼王荅言此山之中有无量地
獄今此一方有卌二沙門地獄寶達問曰卌
二地獄其名云何鬼王荅曰鐵車鐵馬鐵牛
鐵驢地獄鐵衣地獄銖洋銅灌口地獄流火
地獄鐵牀地獄鏈田地獄斫首地獄燒脚地
獄鐵鏘地獄飲鐵銖地獄飛刀地獄火箭地
獄䐔肉地獄身然地獄火丸仰口地獄諍論
地獄雨火地獄流火地獄糞屎地獄鉤膽地
獄火爲地獄咩聲咬叩地獄諸鏃鏟地獄崩
埋地獄然手脚地獄銅葋鋸牙地獄剥及皮
飲血地獄解身地獄鐵屋地獄鐵山地獄飛
火咬叫分頭地獄
尒時鬼王荅寶達曰地獄受罪其名如是寶
達即便入地獄中上高樓頭四顧望視見罪
人等各從四門咬叫而入寶達前入鐵車鐵
馬鐵牛鐵驢此四小獄并爲一地獄云何名
日鐵車鐵馬鐵牛鐵驢地獄此地獄方圓縱
廣十五由旬其中鐵鉞高一由旬猛火煇赫
烟然其車鐵作焱赫燼然中有鐵牛其身亦
然頭角毛尾皆如鋒鉅火然烟炎俱出其鐵
馬者身毛蒙尾裂鋻如劍鋒毛尾火然烟炎
俱出其鐵驢者亦復如是其地獄中有鐵
鏃鏟鋻如鋒鉅鐵鏘遶亂遍布其地其鏘火
然猛威於前尒時北門之中有五百沙門咩

BD13798 號　大乘蓮華馬頭羅刹經　（2–2）

BD13798 號背　印章　（2–1）

BD13798 號背　印章　（2–2）

BD13799 號　刻經蒙字剩紙雜存（擬）　（11–1）

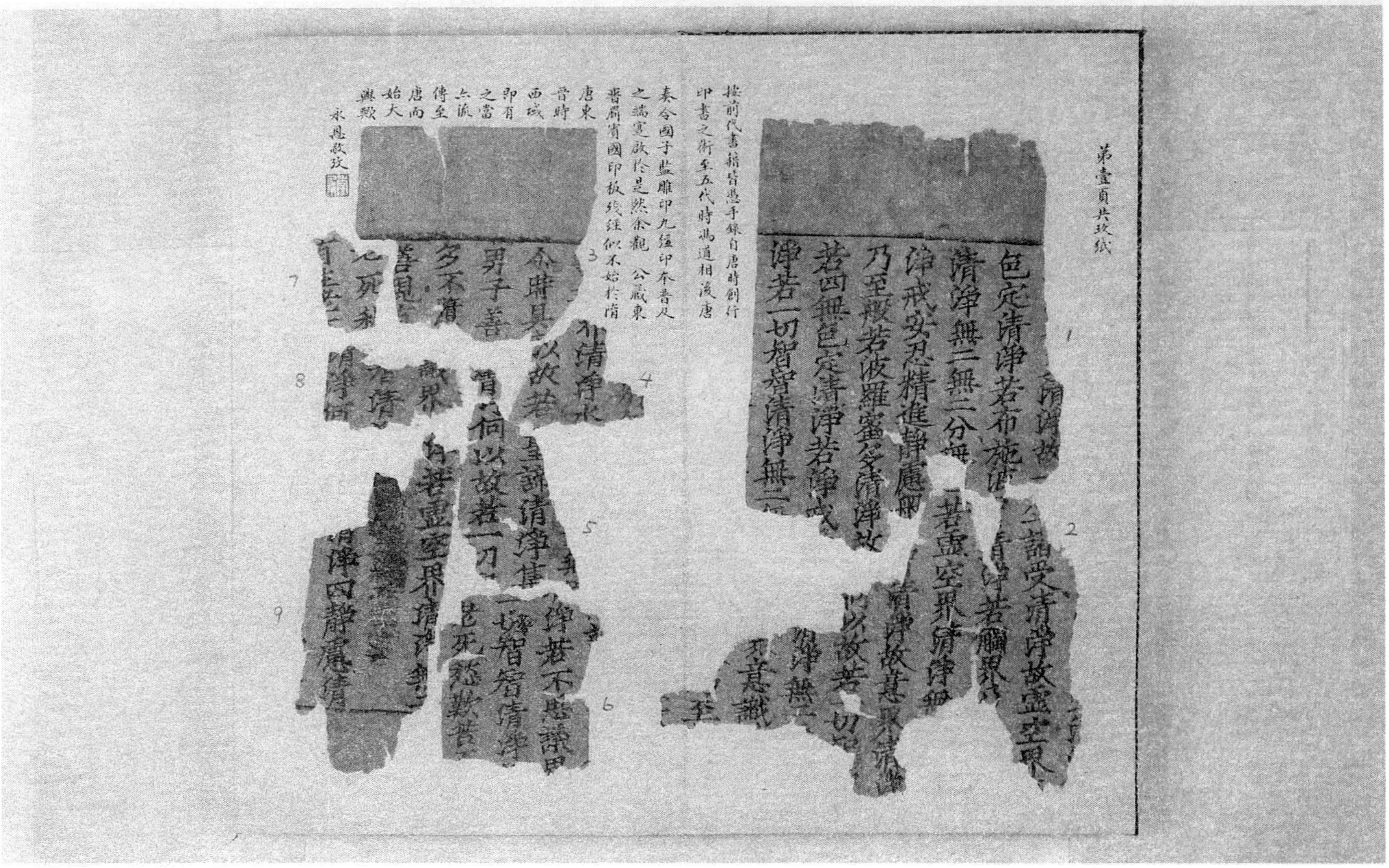

BD13799 號　刻經蒙字剩紙雜存（擬）　（11–2）

BD13799 號　刻經蒙字剩紙雜存（擬）　（11–3）

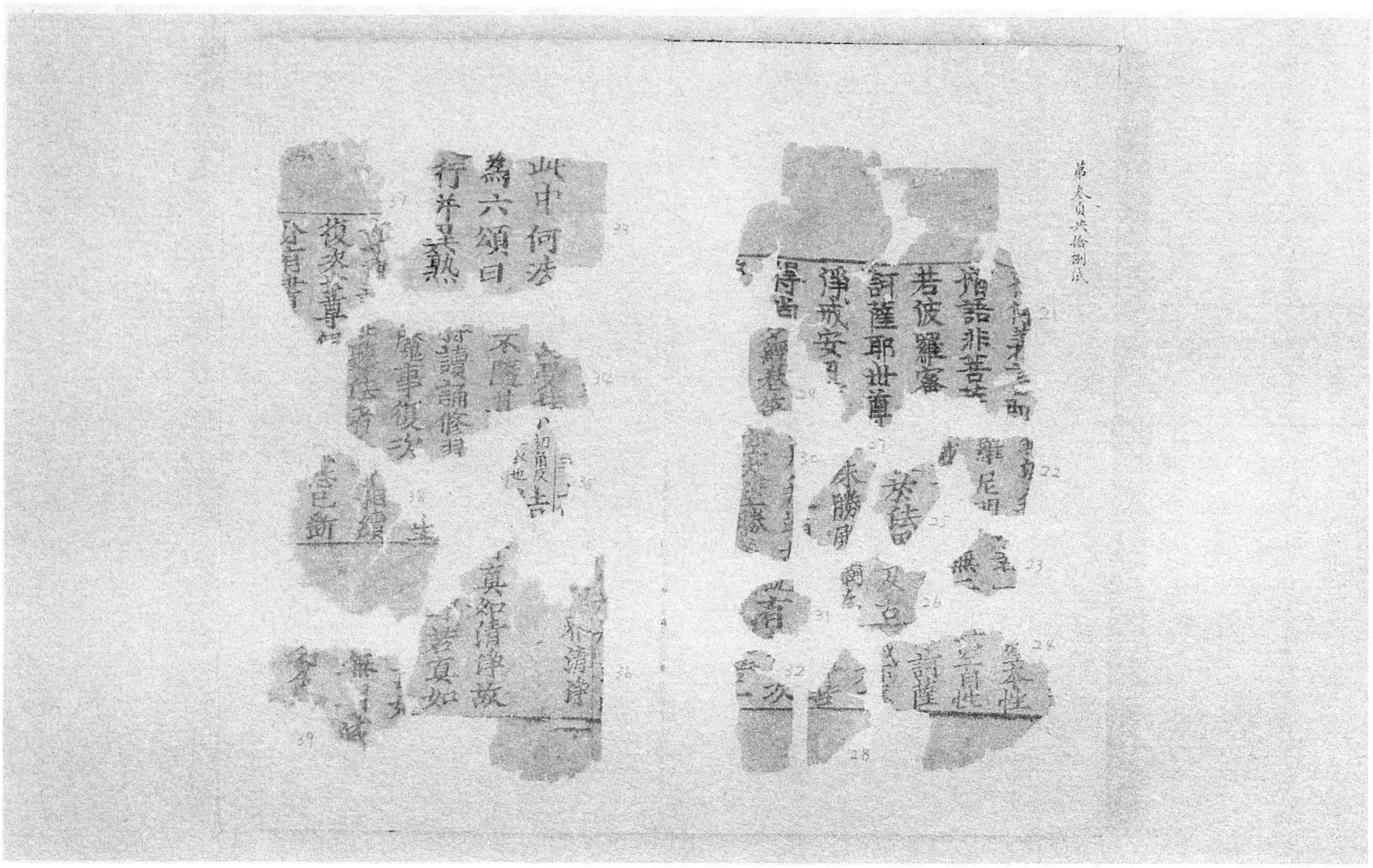

BD13799號　刻經蒙字剩紙雜存（擬）　（11–4）

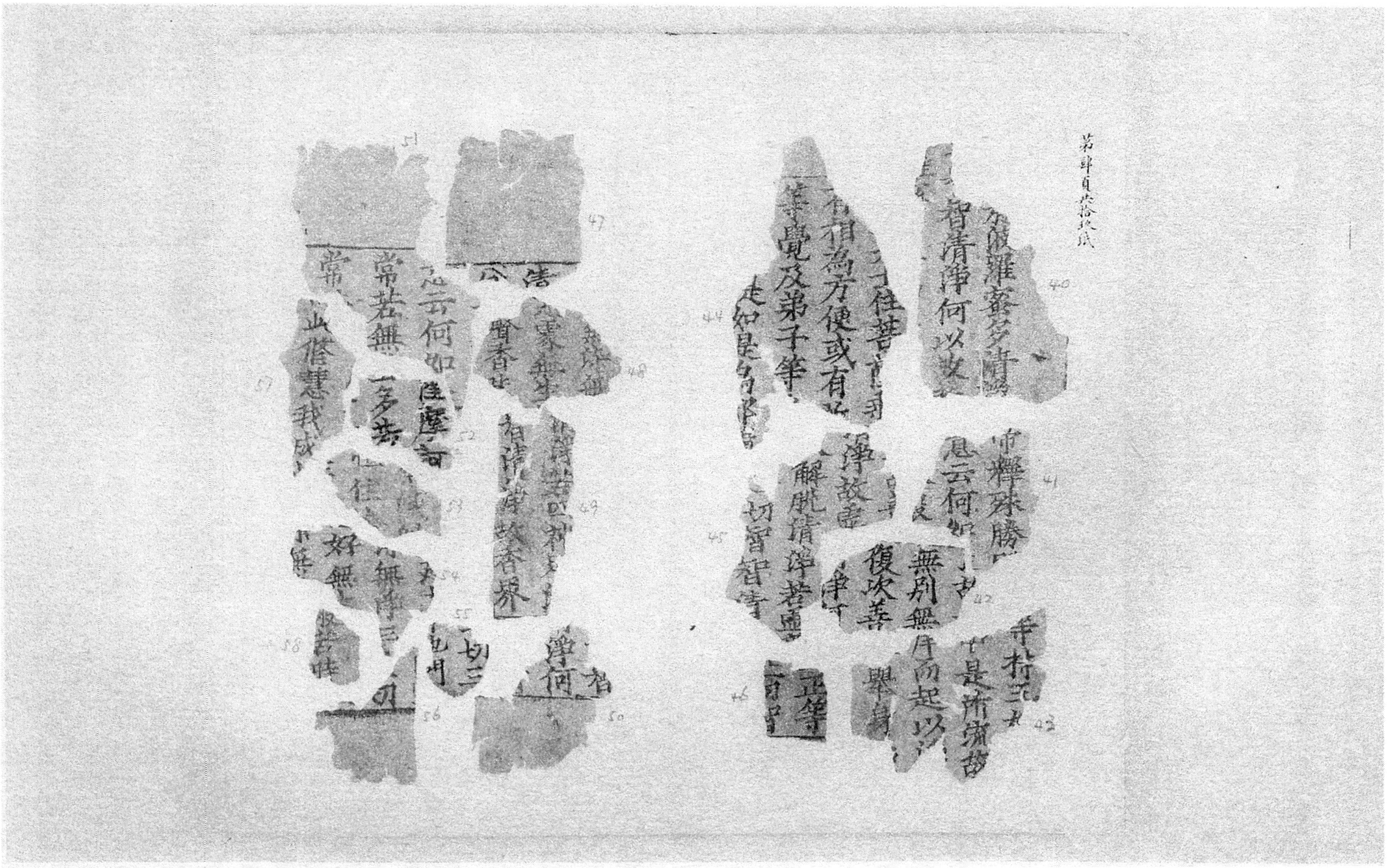

BD13799號　刻經蒙字剩紙雜存（擬）　（11–5）

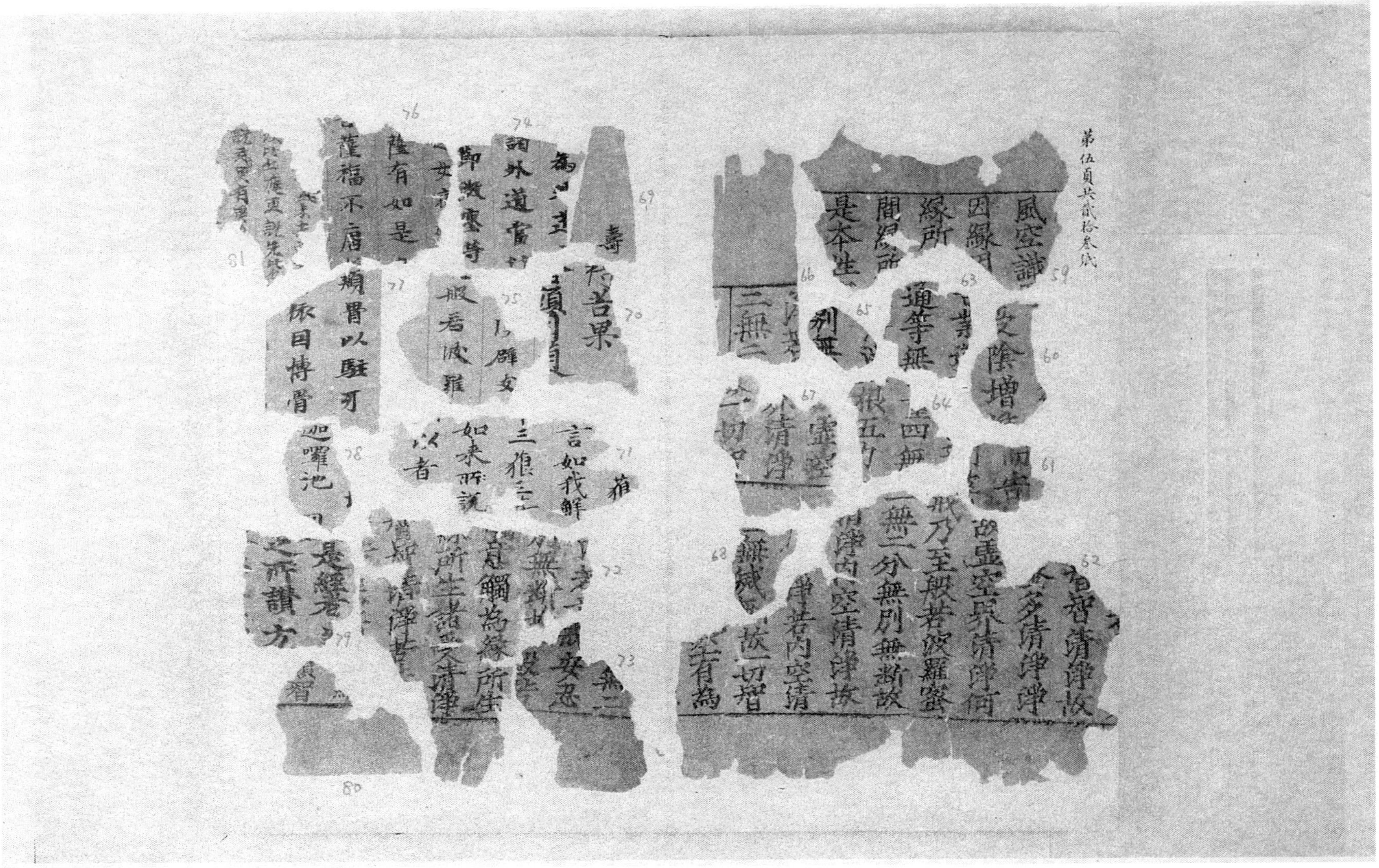

BD13799 號　刻經蒙字剩紙雜存（擬）　　（11–6）

BD13799 號　刻經蒙字剩紙雜存（擬）　　（11–7）

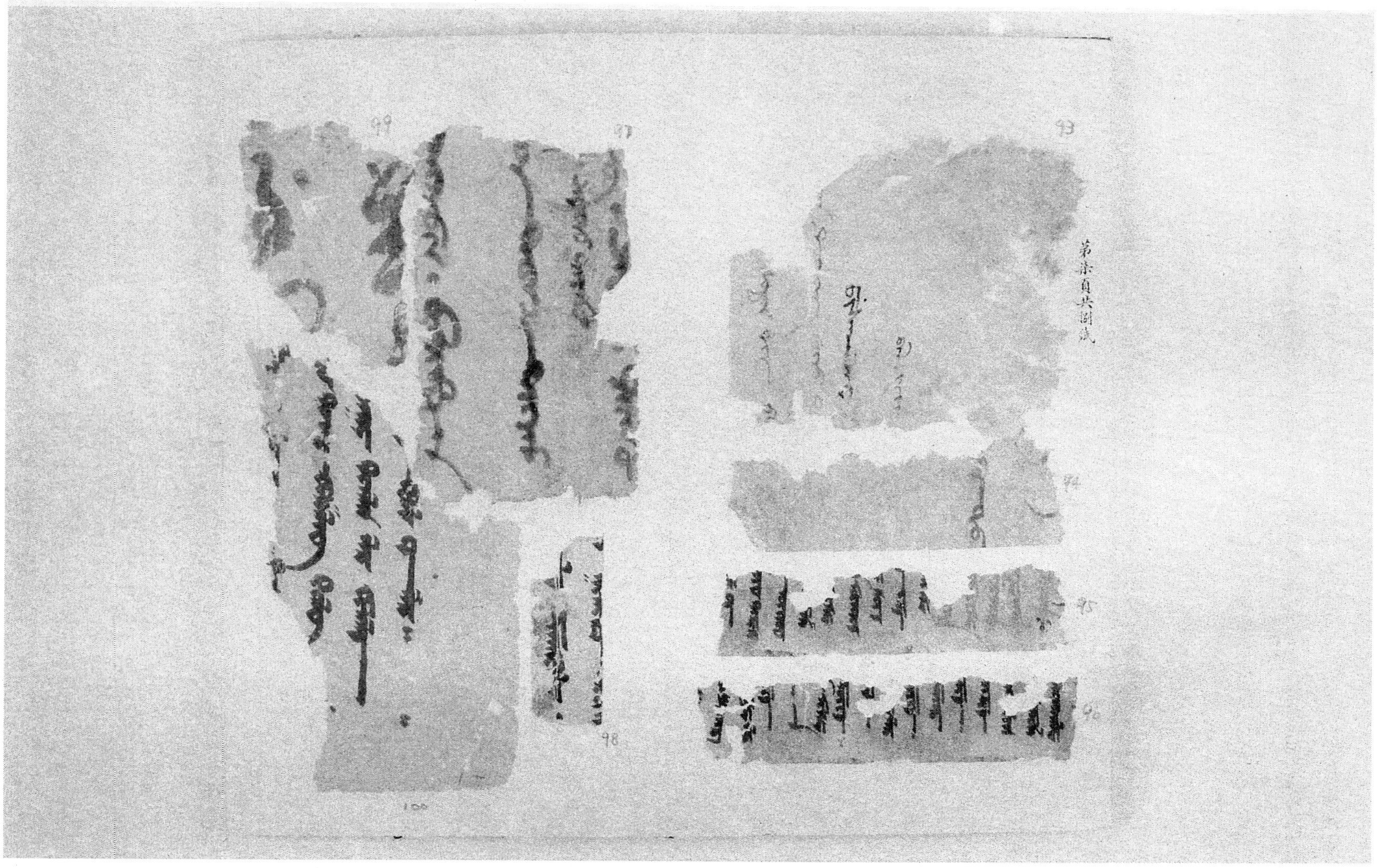

第柒頁共捌張

BD13799 號　刻經蒙字剩紙雜存（擬）　（11–8）

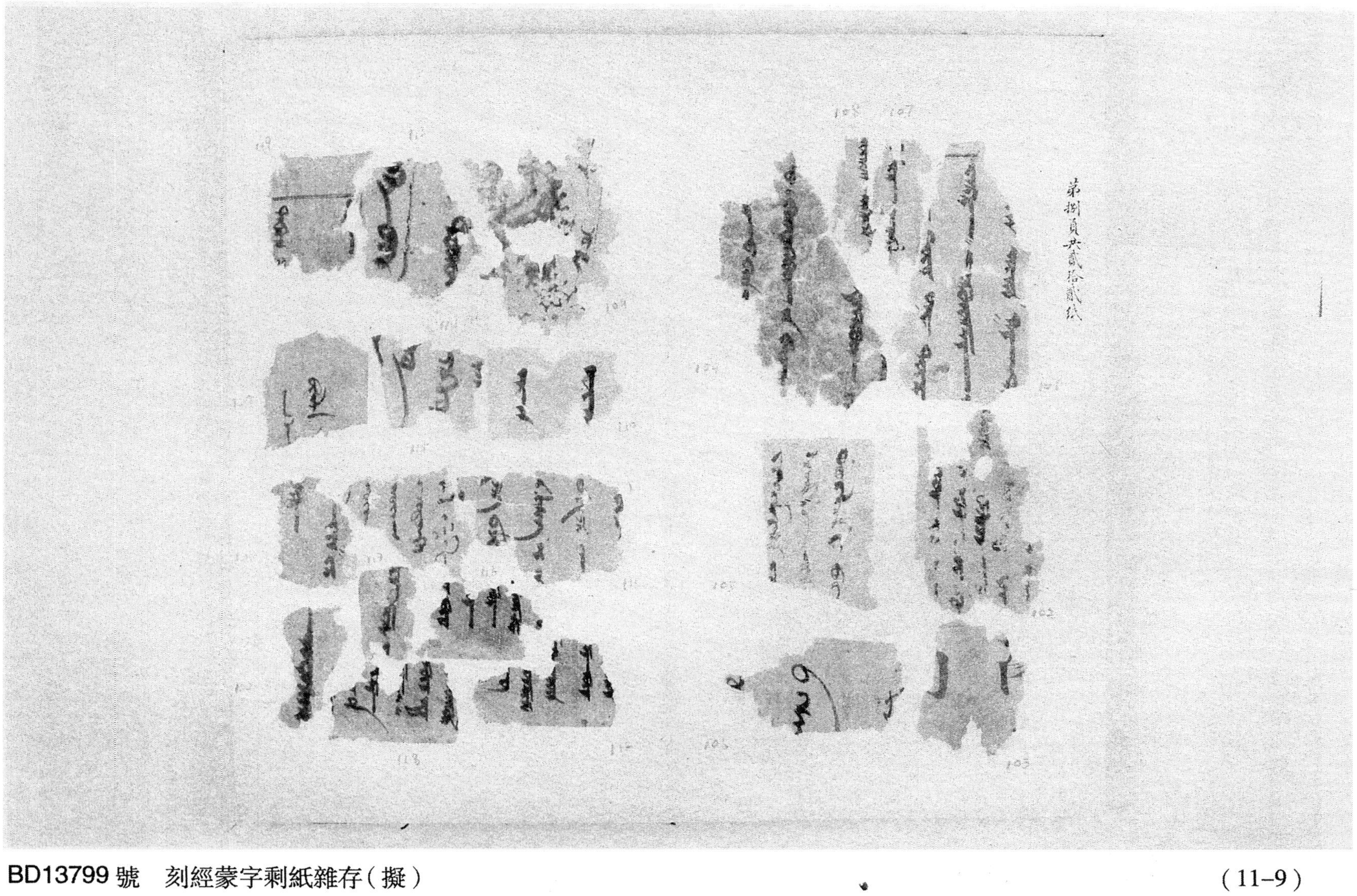

第捌頁共貳拾貳張

BD13799 號　刻經蒙字剩紙雜存（擬）　（11–9）

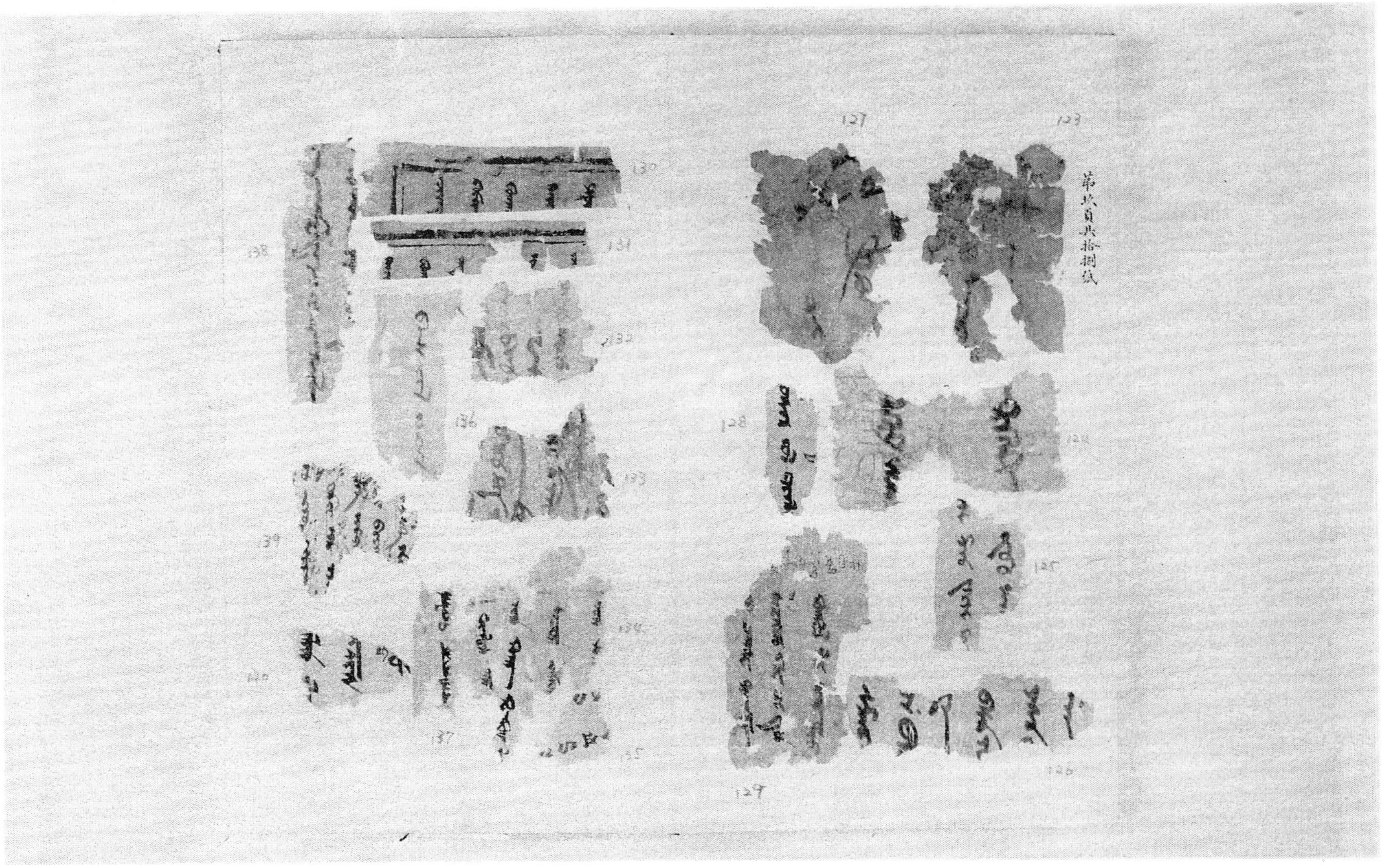

BD13799 號　刻經蒙字剩紙雜存（擬）　（11–10）

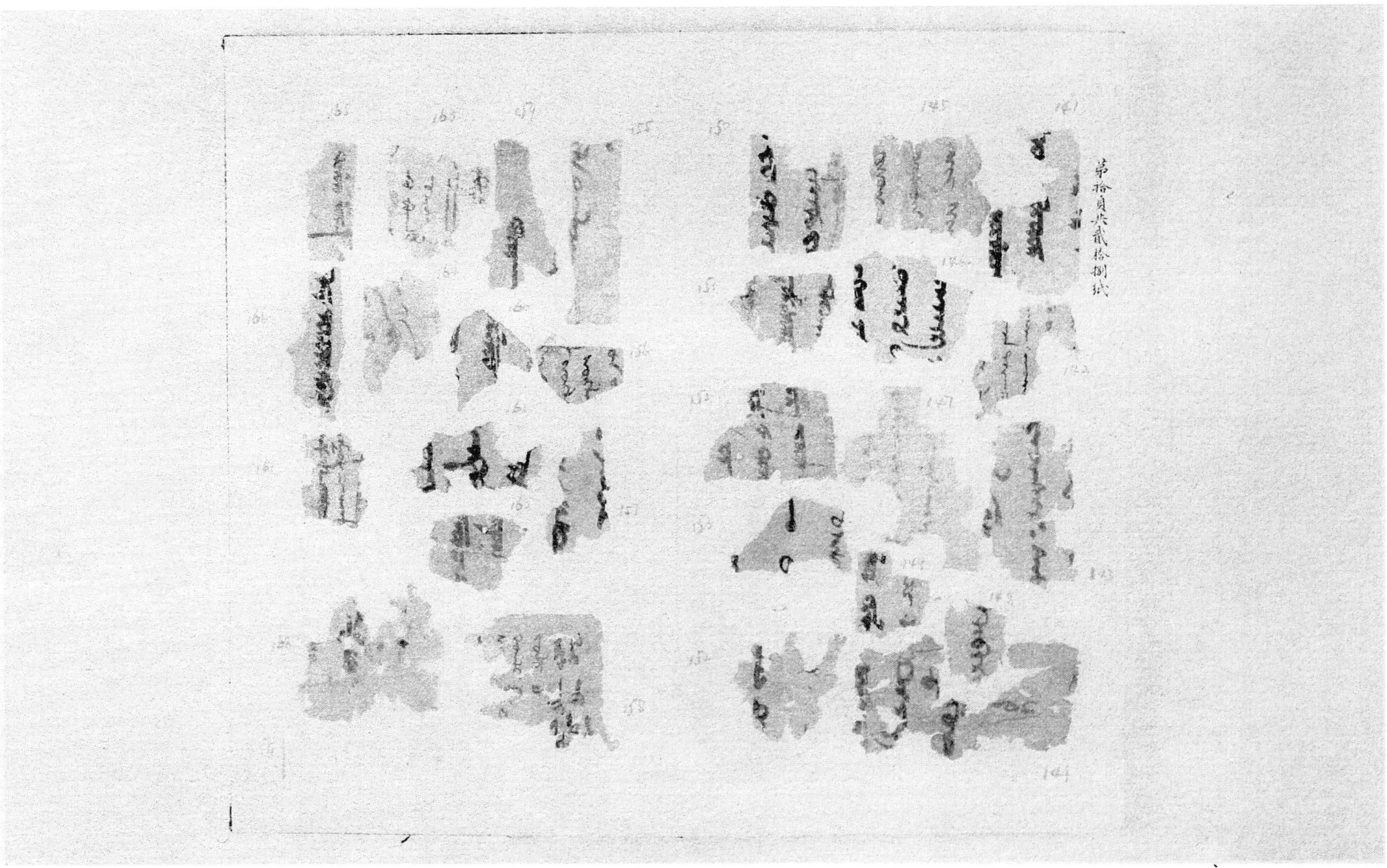

BD13799 號　刻經蒙字剩紙雜存（擬）　（11–11）

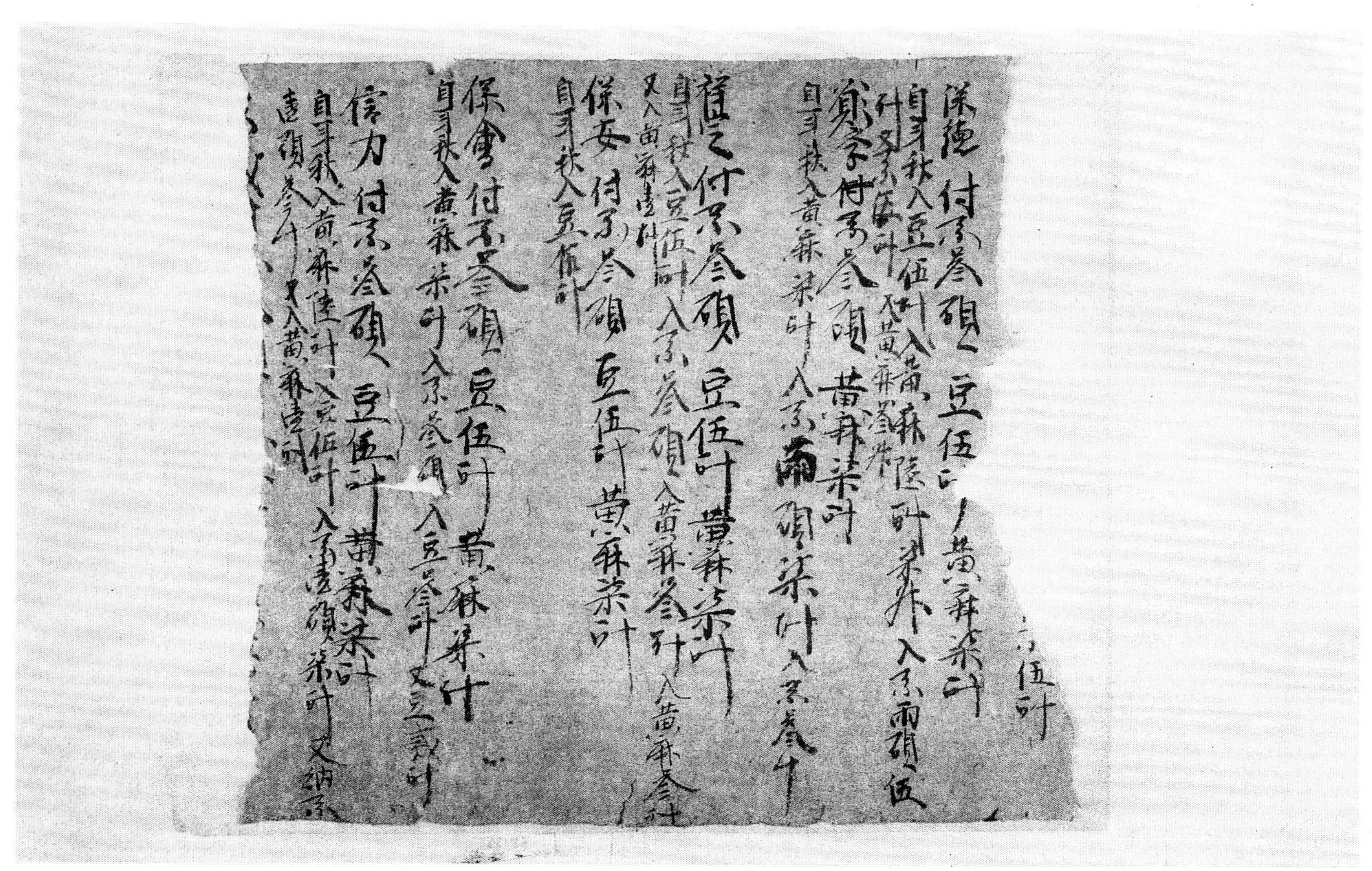

BD13800號　便糧食歷（擬）　（1-1）

著 録 凡 例

本目録採用條目式著録法。諸條目意義如下：

1.1　著録編號。用漢語拼音首字"BD"表示，意為"北京圖書館藏敦煌遺書"，簡稱"北敦號"。文獻寫在背面者，標註為"背"。一件遺書上抄有多個文獻者，用數字1、2、3等標示小號。一號中包括幾件遺書，且遺書形態各自獨立者，用字母A、B、C等區別。

1.2　著録分類號。本條記目録暫不分類，該項空缺。

1.3　著録文獻的名稱、卷本、卷次。

1.4　著録千字文編號。

1.5　著録縮微膠卷號。

2.1　著録遺書的總體數據。包括長度、寬度、紙數、正面抄寫總行數與每行字數、背面抄寫總行數與每行字數。如該遺書首尾有殘破，則對殘破部分單獨度量，用加號加在總長度上。凡屬這種情況，長度用括弧標註。

2.2　著録每紙數據。包括每紙長度及抄寫行數或界欄數。

2.3　著録遺書的外觀。包括：（1）裝幀形式。（2）首尾存況。（3）護首、軸、軸頭、天竿、縹帶，經名是書寫還是貼簽，有無經名號，扉頁、扉畫。（4）卷面殘破情況及其位置。（5）尾部情況。（6）有無附加物（蟲繭、油污、線繩及其他）。（7）有無裱補及其年代。（8）界欄。（9）修整。（10）其他需要交待的問題。

2.4　著録一件遺書抄寫多個文獻的情況。

3.1　著録文獻首部文字與對照本核對的結果。

3.2　著録文獻尾部文字與對照本核對的結果。

3.3　著録録文。

3.4　著録對文獻的說明。

4.1　著録文獻首題。

4.2　著録文獻尾題。

5　著録本文獻與對照本的不同之處。

6.1　著録本遺書首部可與另一遺書綴接的編號。

6.2　著録本遺書尾部可與另一遺書綴接的編號。

7.1　著録題記、題名、勘記等。

7.2　著録印章。

7.3　著録雜寫。

7.4　著録護首及扉頁的內容。

8　著録年代。

9.1　著録字體。如有武周新字、合體字、避諱字等，予以說明。

9.2　著録卷面二次加工的情況。包括句讀、點標、科分、間隔號、行間加行、行間加字、硃筆、墨塗、倒乙、刪除、兑廢等。

10　著録敦煌遺書發現後，近現代人所加內容，裝裱、題記、印章等。

11　備註。著録揭裱互見、圖版本出處及其他需要說明的問題。

上述諸條，有則著録，無則空缺。

為避文繁，上述著録中出現的各種參考、對照文獻，暫且不列版本說明。全目結束時，將統一編制本條記目録出現的各種參考書目。

本條記目録為農曆年份標註其公曆紀年時，未進行歲頭年末之換算，請讀者使用時注意自行換算。

條　記　目　錄

BD12945—BD13800

1.1　BD12945 號
1.3　護首（大寶積經）
1.4　L3074
2.1　6.5×15.7 厘米；1 紙；1 行。
2.3　卷軸裝。首尾均殘。通卷下殘。有半段竹質天竿。有紺青紙經名簽，上有銀粉書寫經名。有古代裱補，已修整。
3.4　説明：
　　本遺書為護首。上有"大寶積經卷第廿七"。
8　9～10 世紀。歸義軍時期寫本。
9.1　楷書。

1.1　BD12946 號
1.3　護首（大般若波羅蜜多經）
1.4　L3075
2.1　2.3×23 厘米；1 紙；1 行。
2.3　卷軸裝。首全尾殘。有半段竹質天竿。有紺青紙經名簽，上有銀粉書寫經名。已修整。
3.4　説明：
　　本遺書為護首。上有殘經名"大般若波羅蜜多經□…□，□"。
8　8～9 世紀。吐蕃統治時期寫本。
9.1　楷書。

1.1　BD12947 號
1.3　護首（大般若波羅蜜多經）
1.4　L3076
2.1　3×24.8 厘米；1 紙；1 行。
2.3　卷軸裝。首全尾斷。有芨芨草天竿及縹帶殘根。已修整。
3.4　説明：
　　本遺書為護首。上有"大般若波羅蜜多經卷第四百八十六，卌九，永"。經名上有經名號。
　　文中"卌九"為本卷所屬袟次。"永"為本經收藏寺院永安寺的簡稱。
8　9～10 世紀。歸義軍時期寫本。
9.1　楷書。

1.1　BD12948 號
1.3　護首（大般若波羅蜜多經）
1.4　L3077
2.1　4×25.7 厘米；1 紙；1 行。
2.3　卷軸裝。首全尾斷。有芨芨草天竿。已修整。
3.4　説明：
　　本遺書為護首。上有"大般若波羅蜜多經卷第五百卌八，五十五，永"。經名上有經名號。
　　文中"五十五"為本卷所屬袟次。"永"為本經收藏寺院永安寺的簡稱。
8　9～10 世紀。歸義軍時期寫本。
9.1　楷書。

1.1　BD12949 號
1.3　護首（大方廣佛華嚴經）
1.4　L3078
2.1　15.7×25 厘米；1 紙；1 行。
2.3　卷軸裝。首全尾脱。有竹質天竿及縹帶殘根。已修整。
3.4　説明：
　　本遺書為護首。上有"大方廣佛花嚴經卷第廿九"。
8　7～8 世紀。唐寫本。
9.1　楷書。

1.1　BD12950 號
1.3　護首（大般若波羅蜜多經）
1.4　L3079
2.1　23.1×16 厘米；1 紙；1 行。
2.3　卷軸裝。首尾均殘。通卷下殘。有殘留竹質天竿。已修整。
3.4　説明：
　　本遺書為護首。上有"大般若波羅蜜多經卷第三百□…

□”。經名上有經名號。
8　8～9世紀。吐蕃統治時期寫本。
9.1　楷書。

1.1　BD12951號
1.3　護首（大般若波羅蜜多經）
1.4　L3080
2.1　23.2×25.8厘米；1紙；1行。
2.3　卷軸裝。首全尾脱。有竹質天竿。有古代裱補。已修整。
3.4　説明：
本遺書為護首。上有“大般若波羅蜜多經卷第四百九十四，五十”。
文中“五十”為本卷所屬袟次。
8　8～9世紀。吐蕃統治時期寫本。
9.1　楷書。

1.1　BD12952號
1.3　護首（大般若波羅蜜多經）
1.4　L3081
2.1　21.2×25.5厘米；1紙；1行。
2.3　卷軸裝。首全尾殘。有竹質天竿，有縹帶，長27厘米。有古代裱補。已修整。
3.4　説明：
本遺書為護首。上有“大般若波羅蜜多經卷第四百七十九，卌八”。經名上有經名號。
文中“卌八”為本卷所屬袟次。
8　8～9世紀。吐蕃統治時期寫本。
9.1　楷書。

1.1　BD12953號
1.3　護首（大般若波羅蜜多經）
1.4　L3082
2.1　22.6×25.8厘米；1紙；1行。
2.3　卷軸裝。首殘尾脱。下邊殘缺。有半段竹質天竿。有紺青紙經名簽，上有金粉書寫經名。已修整。
3.4　説明：
本遺書為護首。上有殘經名“大般若波羅蜜多經□…□”。
8　7～8世紀。唐寫本。
9.1　楷書。

1.1　BD12954號
1.3　護首（大般若波羅蜜多經）
1.4　L3083
2.1　18.9×25.6厘米；1紙；1行。
2.3　卷軸裝。首全尾殘。有芨芨草天竿。卷上下邊殘缺。已修整。
3.4　説明：
本遺書為護首。上有“大般若波羅蜜多經卷第五百九十六，六十”。經名上有經名號。
文中“六十”為本卷所屬袟次。
8　8～9世紀。吐蕃統治時期寫本。
9.1　楷書。

1.1　BD12955號
1.3　護首（大般若波羅蜜多經）
1.4　L3084
2.1　20.6×25.2厘米；1紙；1行。
2.3　卷軸裝。首全尾殘。有竹質天竿。已修整。
3.4　説明：
本遺書為護首。上有“大般若波羅蜜多經卷第五百六十六，界，五十七”。經名上有經名號。
文中“五十七”為本卷所屬袟次。“界”為本經收藏寺院三界寺的簡稱。
8　9～10世紀。歸義軍時期寫本。
9.1　楷書。

1.1　BD12956號
1.3　護首（大般若波羅蜜多經）
1.4　L3085
2.1　22.2×25.5厘米；1紙；1行。
2.3　卷軸裝。首全尾脱。有殘竹質天竿，有縹帶，長47厘米。有古代裱補。字均在其上。已修整。
3.4　説明：
本遺書為護首。上有“大般若經卷第二百卌一，廿五，界”。經名上有經名號。“廿五，界”均寫在後來粘貼的紙塊上。
文中“廿五”為本卷所屬袟次。“界”為本經收藏寺院三界寺的簡稱。
8　9～10世紀。歸義軍時期寫本。
9.1　楷書。

1.1　BD12957號
1.3　護首（大般若波羅蜜多經）
1.4　L3086
2.1　18.5×25.7厘米；1紙；1行。
2.3　卷軸裝。首殘尾脱。上邊殘缺。有半段竹質天竿。有殘洞。已修整。
3.4　説明：
本遺書為護首。上有“大般若波羅蜜多經卷第四百卌五，卌五”。經名上有經名號。
文中“卌五”為本卷所屬袟次。
8　9～10世紀。歸義軍時期寫本。
9.1　楷書。
9.2　有行間校加字。

1.1　BD12958 號
1.3　護首（大般若波羅蜜多經）
1.4　L3087
2.1　23.3×25.4 厘米；1 紙；1 行。
2.3　卷軸裝。首殘尾脫。有竹質天竿。卷面有殘洞。已修整。
3.4　説明：
本遺書為護首。上有“大般若波羅蜜多經卷第二百卅九，廿四”。經名上有經名號。
文中“廿四”為本卷所屬袟次。
8　8~9 世紀。吐蕃統治時期寫本。
9.1　楷書。

1.1　BD12959 號
1.3　護首（大般若波羅蜜多經）
1.4　L3088
2.1　17.7×25.9 厘米；1 紙；1 行。
2.3　卷軸裝。首尾均殘。有殘留竹質天竿。有古代裱補。存字均多半殘。“廿九”為歸義軍時期補寫。已修整。
3.4　説明：
本遺書為護首。殘存經名“大般若波羅蜜□經卷第□…□，廿九”。
文中“廿九”為本卷所屬袟次。
8　8 世紀。唐寫本。
9.1　楷書。

1.1　BD12960 號
1.3　大般泥洹經
1.4　L3089
2.1　18.8×25.3 厘米；2 紙；正面 1 行。背面 1 行。
2.3　卷軸裝。首全尾殘。有芨芨草天竿。有護首。已修整。
3.4　説明：
本遺書抄寫《大般泥洹經》，僅殘賸首題的前兩個字。
4.1　大般□□□（首）。
7.4　護首有經名“大般泥洹經卷第四”。
8　7~8 世紀。唐寫本。
9.1　楷書。

1.1　BD12961 號
1.3　護首（大般若波羅蜜多經）
1.4　L3090
2.1　24×25.8 厘米；1 紙；1 行。
2.3　卷軸裝。首全尾脫。有竹質天竿及縹帶殘根。有古代裱補。已修整。
3.4　説明：
本遺書為護首。上有“大般若經卷第四百七六，卌八”。經名上有經名號。
文中“卌八”為本卷所屬袟次。
8　8~9 世紀。吐蕃統治時期寫本。
9.1　楷書。

1.1　BD12962 號
1.3　護首（金光明最勝王經）
1.4　L3091
2.1　24.5×25.5 厘米；1 紙；1 行。
2.3　卷軸裝。首全尾脫。有竹質天竿。卷面有横向撕裂。已修整。
3.4　説明：
本遺書為護首。上有“金光明最勝王經卷第四”。經名上有經名號。
8　8~9 世紀。吐蕃統治時期寫本。
9.1　楷書。

1.1　BD12963 號
1.3　護首（四分律）
1.4　L3092
2.1　22.4×25.4 厘米；1 紙；1 行。
2.3　卷軸裝。首全尾脫。有竹質天竿及縹帶殘根。已修整。
3.4　説明：
本遺書為護首。上有“四分律藏卷第五，一”。經名上有經名號。
文中“一”為本卷所屬袟次。
8　8 世紀。唐寫本。
9.1　楷書。

1.1　BD12964 號
1.3　護首（大般涅槃經）
1.4　L3093
2.1　21.6×25.7 厘米；1 紙；1 行。
2.3　卷軸裝。首殘尾脫。有竹質天竿及縹帶殘根。已修整。
3.4　説明：
本遺書為護首。上有“大般涅槃經卷第十三”。經名上有經名號。
8　8~9 世紀。吐蕃統治時期寫本。
9.1　楷書。

1.1　BD12965 號
1.3　護首（大般若波羅蜜多經）
1.4　L3094
2.1　21.8×25 厘米；1 紙；1 行。
2.3　卷軸裝。首全尾脫。有竹質天竿。卷面有小殘洞。有古代裱補。已修整。
3.4　説明：
本遺書為護首。上有“大般若波羅蜜多經卷第四百六十七，卌七”。經名上有經名號。

文中"卌七"為本卷所屬袟次。
8　8～9 世紀。吐蕃統治時期寫本。
9.1　楷書。

1.1　BD12966 號
1.3　護首（大智度論）
1.4　L3095
2.1　19.5×25.6 厘米；1 紙；1 行。
2.3　卷軸裝。首全尾脫。有芨芨草天竿及縹帶。卷上下邊殘缺，中有殘洞。已修整。
3.4　說明：
本遺書為護首。上有"[大]智度論卷第十七"。
7.1　有題記"尹夫人受持"。
8　7～8 世紀。唐寫本。
9.1　楷書。

1.1　BD12967 號
1.3　護首（大般若波羅蜜多經）
1.4　L3096
2.1　21.7×26.1 厘米；1 紙；1 行。
2.3　卷軸裝。首全尾脫。有竹質天竿。卷上邊殘缺。已修整。
3.4　說明：
本遺書為護首。上有"大般若波羅蜜多經卷第三百七十五，卅八"。經名上有經名號。
文中"卅八"為本卷所屬袟次。
8　8～9 世紀。吐蕃統治時期寫本。
9.1　楷書。

1.1　BD12968 號
1.3　護首（大般若波羅蜜多經）
1.4　L3097
2.1　22.4×25.7 厘米；1 紙；1 行。
2.3　卷軸裝。首全尾殘。有竹質天竿，有縹帶，長 20.5 厘米。卷下部殘缺。背有古代裱補。已修整。
3.4　說明：
本遺書為護首。上有"□□若波羅蜜多經卷第三百卅三，□□"。
8　8～9 世紀。吐蕃統治時期寫本。
9.1　楷書。

1.1　BD12969 號
1.3　大般若波羅蜜多經卷四七
1.4　L3098
2.1　27.5×25.3 厘米；2 紙；3 行，行 17 字。
2.2　01：21.9，護首；　02：05.6，03。
2.3　卷軸裝。首全尾殘。有護首。有芨芨草天竿。有烏絲欄。
3.1　首殘→大正 0220，05/0263A11。
3.2　尾殘→大正 0220，05/0263A15。
4.1　大般若波羅蜜多經卷第卌七，初分摩訶薩品第十三之一，三藏法師玄奘奉詔譯（首）。
7.4　護首有經名"大般若波羅蜜多經卷第卌七"。經名上有經名號。
8　8～9 世紀。吐蕃統治時期寫本。
9.1　楷書。

1.1　BD12970 號
1.3　護首（四分羯磨）
1.4　L3099
2.1　21×28.3 厘米；1 紙；1 行。
2.3　卷軸裝。首全尾脫。有竹質天竿。卷面油污，上邊殘缺。已修整。
3.4　說明：
本遺書為護首。上有"四分羯磨卷上"。經名上有經名號。
8　8～9 世紀。吐蕃統治時期寫本。
9.1　楷書。

1.1　BD12971 號
1.3　護首（妙法蓮華經）
1.4　L3100
2.1　20×25.3 厘米；1 紙；1 行。
2.3　卷軸裝。首全尾脫。有竹質天竿。有古代裱補。已修整。
3.4　說明：
本遺書為護首。上有"妙法蓮華經卷第三，恭"。經名上有經名號。
"恭"字意義待考，似為收藏者題記。
8　8～9 世紀。吐蕃統治時期寫本。
9.1　楷書。

1.1　BD12972 號
1.3　護首（大般若波羅蜜多經）
1.4　L3101
2.1　19.5×26 厘米；1 紙；1 行。
2.3　卷軸裝。首全尾殘。有竹質天竿，有完整折疊縹帶，長 49 厘米。有紺青紙經名簽，上有金粉書寫經名。卷下邊殘缺。已修整。
3.4　說明：
本遺書為護首。上有"大般若波羅蜜多經卷第五百六十八，修，五十七"。
文中"五十七"為本卷所屬袟次。"修"為本經收藏寺院靈修寺的簡稱。
8　9～10 世紀。歸義軍時期寫本。
9.1　楷書。

1.1　BD12973 號

1.3　護首（阿毘達磨俱舍論）
1.4　L3102
2.1　15.9×26.7 厘米；1 紙；1 行。
2.3　卷軸裝。首全尾殘。有竹質天竿。卷下邊殘缺。已修整。
3.4　説明：
本遺書為護首。上有"阿毘達磨俱舍論卷第廿七，中"。經名上有經名號。
文中"中"字意義待考。
8　7~8 世紀。唐寫本。
9.1　楷書。

1.1　BD12974 號
1.3　般若波羅蜜多心經
1.4　L3103
2.1　(19.6+3.3)×25.3 厘米；2 紙；6 行，行 17 字。
2.2　01：11.7，護首；　02：7.9+3.3，06。
2.3　卷軸裝。首全尾殘。有護首，有竹質天竿，有麻繩縹帶，長 7 厘米。已修整。
3.1　首殘→大正 0251，08/0848C01。
3.2　尾 2 行上下殘→大正 0251，08/0848C06~07。
4.1　佛説般若波羅蜜多心經（首）。
7.4　護首有經名"多心般若經"及經名號。
8　7~8 世紀。唐寫本。
9.1　楷書。

1.1　BD12975 號
1.3　護首（四分羯磨小鈔）
1.4　L3104
2.1　16×26.5 厘米；1 紙；1 行。
2.3　卷軸裝。首全尾殘。有芨芨草天竿。卷上邊殘缺。已修整。
3.4　説明：
本遺書為護首。上有"四分羯磨小鈔一卷"。經名上有經名號。
8　9~10 世紀。歸義軍時期寫本。
9.1　楷書。

1.1　BD12976 號
1.3　護首（摩訶般若波羅蜜經）
1.4　L3105
2.1　14.8×25.8 厘米；1 紙；1 行。
2.3　卷軸裝。首全尾脱。有竹質天竿及縹帶。卷面有多個殘洞。上方貼一紙簽，其上有字。已修整。
3.4　説明：
本遺書為護首。上有"摩訶般若經卷第卅九，若"。經名上有經名號。紙簽上有字"第四袟"。
文中"若"應為本卷的經名袟號。"第四袟"為本卷袟號。
8　7~8 世紀。唐寫本。
9.1　楷書。

1.1　BD12977 號
1.3　護首（阿彌陀經）
1.4　L3106
2.1　15.4×27.8 厘米；1 紙；1 行。
2.3　卷軸裝。首全尾脱。有竹質天竿及縹帶殘根。卷上邊殘缺。已修整。
3.4　説明：
本遺書為護首。上有"□彌陀經一卷"。
8　8~9 世紀。吐蕃統治時期寫本。
9.1　楷書。

1.1　BD12978 號
1.3　護首（大般若波羅蜜多經）
1.4　L3107
2.1　19.3×25.7 厘米；1 紙；1 行。
2.3　卷軸裝。首全尾脱。有竹質天竿。卷尾中部有一小圓孔。已修整。
3.4　説明：
本遺書為護首。上有"大般若波羅蜜多經卷第四百廿四，卌三"。經名上有經名號。
文中"卌三"為本卷所屬袟次。
8　8 世紀。唐寫本。
9.1　楷書。

1.1　BD12979 號
1.3　護首（大般若波羅蜜多經）
1.4　L3108
2.1　21×26.1 厘米；1 紙；1 行。
2.3　卷軸裝。首全尾脱。有竹質天竿。卷面多鳥糞，上下邊殘缺。已修整。
3.4　説明：
本遺書為護首。上有"大般若波羅蜜多經卷第一百七十九，十八"。經名上有經名號。
文中"十八"為本卷所屬袟次。
8　8~9 世紀。吐蕃統治時期寫本。
9.1　楷書。

1.1　BD12980 號
1.3　護首（大般若波羅蜜多經）
1.4　L3109
2.1　21.2×25.2 厘米；1 紙；正面 1 行；裱補紙 6 行。
2.3　卷軸裝。首全尾脱。有芨芨草天竿，有黄色折疊縹帶，長 27.5 厘米。有古代裱補。背面裱補紙有經文。已修整。
2.4　本遺書包括 2 個文獻：（一）護首（大般若波羅蜜多經），1 行，抄寫在正面，今編為 BD12980 號。（二）《金剛般若波羅蜜

經》，6 行，抄寫在背面裱補紙上，今編為 BD12980 號背。

3.4　説明：

本遺書為護首。上有殘經名“□般若波羅蜜□…□”。

8　7～8 世紀。唐寫本。

9.1　楷書。

1.1　BD12980 號背

1.3　金剛般若波羅蜜經

1.4　L3109

2.4　本遺書由 2 個文獻組成，本文獻為第 2 個，6 行，抄寫在背面裱補紙上。餘參見 BD12980 號之第 2 項。

3.1　首殘→大正 0235，08/0748C17。

3.2　尾殘→大正 0235，08/0748C23。

8　7～8 世紀。唐寫本。

9.1　楷書。

1.1　BD12981 號

1.3　護首（大般涅槃經）

1.4　L3110

2.1　19.4×26 厘米；1 紙；1 行。

2.3　卷軸裝。首殘尾脱。有古代裱補，貼合面有藏文。

2.4　本遺書包括 2 個文獻：（一）《大般涅槃經》護首，1 行，抄寫在正面，今編為 BD12981 號。（二）《藏文殘片》（擬），抄寫在背面裱補紙上，今編為 BD12981 號背。

3.4　説明：

本遺書為護首。上有“大般涅槃經卷第廿九，三，界”。經名上有經名號。“三，界”均寫在後來粘貼的紙塊上。

“三”為本卷所屬袟次。“界”為本經收藏寺院三界寺的簡稱。

8　9～10 世紀。歸義軍時期寫本。

9.1　楷書。

1.1　BD12981 號背

1.3　藏文殘片（擬）

1.4　L3110

2.4　本遺書由 2 個文獻組成，本文獻為第 2 個，抄寫在背面裱補紙上。餘參見 BD12981 號之第 2 項。

3.4　説明：

本遺書為藏文，内容待考。

8　9～10 世紀。歸義軍時期寫本。

9.1　正書。

1.1　BD12982 號

1.3　護首（妙法蓮華經）

1.4　L3111

2.1　10.4×24.2 厘米；1 紙；1 行。

2.3　卷軸裝。首全尾脱。有芨芨草天竿。已修整。

3.4　説明：

本遺書為護首。上有“法華經卷第四”。

8　8～9 世紀。吐蕃統治時期寫本。

9.1　楷書。

1.1　BD12983 號

1.3　護首（大般若波羅蜜多經）

1.4　L3112

2.1　14.4×25.3 厘米；1 紙；1 行。

2.3　卷軸裝。首全尾殘。有竹質天竿及縹帶殘根。有古代裱補。已修整。

3.4　説明：

本遺書為護首。上有“□般若波羅蜜多經卷第五百九十一，六十，蓮”。

文中“六十”為本卷所屬袟次。“蓮”為本經收藏寺院蓮臺寺的簡稱。

8　9～10 世紀。歸義軍時期寫本。

9.1　楷書。

1.1　BD12984 號

1.3　護首（大般若波羅蜜多經）

1.4　L3113

2.1　20.6×25.8 厘米；1 紙；1 行。

2.3　卷軸裝。首殘尾脱。有竹質天竿。已修整。

3.4　説明：

本遺書為護首。上有“□□□□羅蜜多經卷第三百九十四，卌”。

文中“卌”為本卷所屬袟次。

8　8～9 世紀。吐蕃統治時期寫本。

9.1　楷書。

1.1　BD12985 號

1.3　護首（大般若波羅蜜多經）

1.4　L3114

2.1　21.2×25.6 厘米；1 紙；1 行。

2.3　卷軸裝。首全尾殘。有竹質天竿。卷上下邊殘缺。已修整。

3.4　説明：

本遺書為護首。上有“大般若波羅蜜多經卷第三百五十七，卅六”。經名上有經名號。

文中“卅六”為本卷所屬袟次。

8　8～9 世紀。吐蕃統治時期寫本。

9.1　楷書。

1.1　BD12986 號

1.3　護首（四分比丘尼戒本）

1.4　L3115

2.1　23×24.8 厘米；1 紙；1 行。

2.3　卷軸裝。首全尾脱。有縹帶。卷面有鳥糞。已修整。
3.4　説明：
本遺書為護首。上有“四分比丘尼戒本”。上有經名號。
8　8~9世紀。吐蕃統治時期寫本。
9.1　楷書。

1.1　BD12987號
1.3　護首（大般若波羅蜜多經）
1.4　L3116
2.1　21.5×26.2厘米；1紙；1行。
2.3　卷軸裝。首全尾脱。下邊殘缺。已修整。
3.4　説明：
本遺書為護首。上有“大般若波羅蜜多經卷第三百九十七，卌”。經名上有經名號。
文中“卌”為本卷所屬袟次。
8　8~9世紀。吐蕃統治時期寫本。
9.1　楷書。

1.1　BD12988號
1.3　護首（大般若波羅蜜多經）
1.4　L3117
2.1　24.4×25.8厘米；1紙；1行。
2.3　卷軸裝。首殘尾脱。有半段竹質天竿。有殘洞。已修整。
3.4　説明：
本遺書為護首。上有“大般若經卷第三百八十，卅八”。經名上有經名號。
文中“卅八”為本卷所屬袟次。
8　8~9世紀。吐蕃統治時期寫本。
9.1　楷書。

1.1　BD12989號
1.3　護首（淨名經關中釋抄）
1.4　L3118
2.1　14.3×29厘米；1紙；1行。
2.3　卷軸裝。首全尾殘。有芨芨草天竿。卷面有油污及殘洞。背面有烏絲欄。
3.4　説明：
本遺書為護首。上有“淨名經關中釋抄卷上，界”。其中“界”字用硃筆書寫。
文中“界”為本經收藏寺院三界寺的簡稱。
8　9~10世紀。歸義軍時期寫本。
9.1　楷書。

1.1　BD12990號
1.3　護首（大般若波羅蜜多經）
1.4　L3119
2.1　3×25厘米；1紙；1行。
2.3　卷軸裝。首全尾殘。有芨芨草天竿。已修整。
3.4　説明：
本遺書為護首。上有“大般若波羅蜜多經卷第一百九十三，廿，永，三”。經名上有經名號。
文中“廿”為本卷所屬袟次。“永”為本經收藏寺院永安寺的簡稱。
8　9~10世紀。歸義軍時期寫本。
9.1　楷書。

1.1　BD12991號
1.3　護首（大般若波羅蜜多經）
1.4　L3120
2.1　6.5×14厘米；1紙；1行。
2.3　卷軸裝。首尾均殘。通卷上部剪殘，下部剪缺，但留有完整芨芨草天竿，有縹帶，長33厘米。背有古代裱補。
3.4　説明：
本遺書為護首。上有“□…□百廿七，五十三，永”。
文中“五十三”為本卷所屬袟次。“永”為本經收藏寺院永安寺的簡稱。應為《大般若波羅蜜多經》護首。
8　9~10世紀。歸義軍時期寫本。
9.1　楷書。

1.1　BD12992號
1.3　護首（大般若波羅蜜多經）
1.4　L3121
2.1　3.5×25.4厘米；1紙；1行。
2.3　卷軸裝。首全尾殘。有芨芨草天竿。
3.4　説明：
本遺書為護首。上有“大般若波羅蜜多經卷第二百二十，廿二，永”。經名上有經名號。
文中“廿二”為本卷所屬袟次。“永”為本經收藏寺院永安寺的簡稱。
8　9~10世紀。歸義軍時期寫本。
9.1　楷書。

1.1　BD12993號
1.3　護首（大般若波羅蜜多經）
1.4　L3122
2.1　4×25.5厘米；1紙；1行。
2.3　卷軸裝。首尾均殘。有竹質天竿。經名存字均半殘。已修整。
3.4　説明：
本遺書為護首。上有“大般若波羅蜜多經卷第□□二十□□，卌二”。經名上有經名號。
文中“卌二”為本卷所屬袟次。
8　8~9世紀。吐蕃統治時期寫本。
9.1　楷書。

1.1　BD12994 號
1.3　護首（大寶積經）
1.4　L3123
2.1　20×25.5 厘米；1 紙；1 行。
2.3　卷軸裝。首全尾脱。有芨芨草天竿。背有古代裱補。
3.4　説明：
　　本遺書為護首。上有“大寶積經卷第十五，二，界”。經名上有經名號。“界”字旁有一墨痕。
　　文中“二”為本卷所屬袟次。“界”本經收藏寺院三界寺的簡稱。
8　9～10 世紀。歸義軍時期寫本。
9.1　楷書。

1.1　BD12995 號
1.3　護首（大般若波羅蜜多經）
1.4　L3124
2.1　21.7×26.2 厘米；1 紙；1 行。
2.3　卷軸裝。首全尾脱。有竹質天竿。已修整。
3.4　説明：
　　本遺書為護首。上有“大般若波羅蜜多經卷第三百九十，卅九”。經名上有經名號。
　　文中“卅九”為本卷所屬袟次。
8　8～9 世紀。吐蕃統治時期寫本。
9.1　楷書。

1.1　BD12996 號
1.3　護首（大般若波羅蜜多經）
1.4　L3125
2.1　22×25 厘米；1 紙；1 行。
2.3　卷軸裝。首全尾脱。有竹質天竿及縹帶。有紺青紙經名簽，上有金粉書寫經名。卷面有鳥糞。有古代裱補。
3.4　説明：
　　本遺書為護首。上有“大般若波羅蜜多經卷第三百□□，卅九”。
　　文中“卅九”為本卷所屬袟次。
8　8 世紀。唐寫本。
9.1　楷書。

1.1　BD12997 號
1.3　護首（大般若波羅蜜多經）
1.4　L3126
2.1　20×25.6 厘米；1 紙；1 行。
2.3　卷軸裝。首全尾脱。有芨芨草天竿。
3.4　説明：
　　本遺書為護首。上有“大般若波羅蜜多經卷第一百六十五，十七，界”。經名上有經名號。
　　文中“十七”為本卷所屬袟次。“界”為本經收藏寺院三界寺的簡稱。
8　9～10 世紀。歸義軍時期寫本。
9.1　楷書。

1.1　BD12998 號
1.3　護首（大般若波羅蜜多經）
1.4　L3127
2.1　21×25.7 厘米；1 紙；1 行。
2.3　卷軸裝。首全尾脱。有芨芨草天竿。
3.4　説明：
　　本遺書為護首。上有“大般若波羅蜜多經卷第廿八，界，三”。經名上有經名號。
　　文中“三”為本卷所屬袟次。“界”為本經收藏寺院三界寺的簡稱。
8　9～10 世紀。歸義軍時期寫本。
9.1　楷書。

1.1　BD12999 號
1.3　護首（大般若波羅蜜多經）
1.4　L3128
2.1　20.7×25 厘米；1 紙；1 行。
2.3　卷軸裝。首全尾脱。有竹質天竿。有古代裱補。
3.4　説明：
　　本遺書為護首。上有“大般若波羅蜜多經卷第一百六十四，十七，界”。經名上有經名號。“界”寫在後來粘貼的紙塊上。
　　文中“十七”為本卷所屬袟次。“界”為本經收藏寺院三界寺的簡稱。
8　9～10 世紀。歸義軍時期寫本。
9.1　楷書。

1.1　BD13000 號
1.3　護首（大般若波羅蜜多經）
1.4　L3129
2.1　19.5×25.4 厘米；1 紙；1 行。
2.3　卷軸裝。首全尾脱。有竹質天竿。兩面均有古代裱補。
3.4　説明：
　　本遺書為護首。上有“大般若波羅蜜多經卷第□百三十九，五十六，蓮”。經名上有經名號。“蓮”寫在後來粘貼的紙塊上。
　　文中“五十六”為本卷所屬袟次。“蓮”為本經收藏寺院蓮臺寺的簡稱。
7.3　卷背有雜寫“五”字。
8　9～10 世紀。歸義軍時期寫本。
9.1　楷書。

1.1　BD13001 號
1.3　護首（大般涅槃經）
1.4　L3130

2.1　24×24.3 厘米；1 紙；1 行。
2.3　卷軸裝。首全尾脫。有竹質天竿。
3.4　説明：
本遺書為護首。上有“大般涅槃經卷第卌。冬，顯”。經名上有經名號。
文中“冬”爲敦煌遺書《大般涅槃經》特有的袟號。“顯”為本經收藏寺院顯德寺的簡稱。
8　9～10 世紀。歸義軍時期寫本。
9.1　楷書。

1.1　BD13002 號
1.3　護首（大般若波羅蜜多經）
1.4　L3131
2.1　22.3×24.4 厘米；1 紙；1 行。
2.3　卷軸裝。首全尾脫。有竹質天竿及縹帶殘根。有古代裱補。已修整。
3.4　説明：
本遺書為護首。上有“大般若波羅蜜多經卷第二百卅二，廿四，龍”。經名上有經名號。
文中“廿四”為本卷所屬袟次。“龍”為本經收藏寺院龍興寺的簡稱。
8　9～10 世紀。歸義軍時期寫本。
9.1　楷書。

1.1　BD13003 號
1.3　護首（大般若波羅蜜多經）
1.4　L3132
2.1　19.3×25.7 厘米；1 紙；1 行。
2.3　卷軸裝。首全尾脫。有芨芨草天竿。
3.4　説明：
本遺書為護首。上有“大般若經卷第一百廿五，十三，界”。經名上有經名號。
文中“十三”為本卷所屬袟次。“界”為本經收藏寺院三界寺的簡稱。
8　9～10 世紀。歸義軍時期寫本。
9.1　楷書。

1.1　BD13004 號
1.3　護首（大乘入道次第）
1.4　L3133
2.1　23.8×27.9 厘米；1 紙；1 行。
2.3　卷軸裝。首全尾殘。有芨芨草天竿。卷下邊殘缺。已修整。
3.4　説明：
本遺書為護首。上有“大乘入道次第一卷”。經名上有經名號。
8　8～9 世紀。吐蕃統治時期寫本。
9.1　楷書。

1.1　BD13005 號
1.3　護首（大般涅槃經）
1.4　L3134
2.1　20.5×25.9 厘米；1 紙；1 行。
2.3　卷軸裝。首全尾脫。有芨芨草天竿。有古代裱補。
3.4　説明：
本遺書為護首。上有“大般涅槃經第十三，二，界”。“二，界”均寫在後來粘貼的紙塊上。
文中“二”為本卷所屬袟次。“界”為本經收藏寺院三界寺的簡稱。
8　9～10 世紀。歸義軍時期寫本。
9.1　楷書。

1.1　BD13006 號
1.3　金剛般若波羅蜜經
1.4　L3135
2.1　(25+4)×24.2 厘米；2 紙；1 行。
2.2　01：25.0，護首；　02：04.0，01。
2.3　卷軸裝。首全尾殘。有護首，有竹質天竿及縹帶殘根。卷面油污。已修整。
3.1　首殘→大正 0235，08/0748C17。
3.2　尾殘→大正 0235，08/0748C17。
7.4　護首有經名“金光（剛）般若波羅蜜經”及經名號。
8　9～10 世紀。歸義軍時期寫本。
9.1　楷書。

1.1　BD13007 號
1.3　護首（大般若波羅蜜多經）
1.4　L3136
2.1　20.5×25.5 厘米；1 紙；1 行。
2.3　卷軸裝。首全尾脫。有竹質天竿及縹帶殘根。上下邊殘缺，中有殘洞。已修整。
3.4　説明：
本遺書為護首。上有“大般若波羅蜜多經卷第三百卅七，卅四”。經名上有經名號。
文中“卅四”為本卷所屬袟次。
8　8～9 世紀。吐蕃統治時期寫本。
9.1　楷書。

1.1　BD13008 號
1.3　護首（大般若波羅蜜多經）
1.4　L3137
2.1　21×26 厘米；1 紙；1 行。
2.3　卷軸裝。首全尾脫。有竹質天竿。卷下邊殘缺。已修整。
3.4　説明：
本遺書為護首。上有“大般若波羅蜜多經卷第二百五十一，廿六”。經名上有經名號。

文中“廿六”為本卷所屬袟次。
8　8～9世紀。吐蕃統治時期寫本。
9.1　楷書。

1.1　BD13009號
1.3　護首（大般若波羅蜜多經）
1.4　L3138
2.1　22.5×24.5厘米；1紙；1行。
2.3　卷軸裝。首全尾脫。有竹質天竿，有淺棕色縹帶，長26厘米。有古代裱補。已修整。
3.4　說明：
本遺書為護首。上有“大般若波羅蜜多經卷第五百廿八，五十三”。經名上有經名號。
文中“五十三”為本卷所屬袟次。
8　8～9世紀。吐蕃統治時期寫本。
9.1　楷書。

1.1　BD13010號
1.3　護首（大般若波羅蜜多經）
1.4　L3139
2.1　3.5×25.5厘米；1紙；1行。
2.3　卷軸裝。首全尾斷。有芨芨草天竿及穿縹帶孔。
3.4　說明：
本遺書為護首。上有“大般若波羅蜜多經卷第五百一十三，五十二，永”。經名上有經名號。
文中“五十二”為本卷所屬袟次。“永”為本經收藏寺院永安寺的簡稱。
8　9～10世紀。歸義軍時期寫本。
9.1　楷書。

1.1　BD13011號
1.3　護首（經名不詳）
1.4　L3140
2.1　20.5×25.5厘米；1紙；2行。
2.3　卷軸裝。首全尾殘。有竹質天竿。有紺青紙經名簽，上有金粉書寫經名，字跡難辨。有古代裱補。
3.4　說明：
本遺書為護首。上有殘經名“□…□，八”。
文中“八”為本卷所屬袟次。
7.1　經名簽旁有勘記“七十七，□（界?）”。“七十七”應為卷次。
8　8～9世紀。吐蕃統治時期寫本。
9.1　楷書。

1.1　BD13012號
1.3　護首（妙法蓮華經）
1.4　L3141
2.1　19×25.5厘米；1紙；1行。
2.3　卷軸裝。首殘尾脫。有竹質天竿。已修整。
3.4　說明：
本遺書為護首。上有“妙法蓮華經卷第五”。
8　7～8世紀。唐寫本。
9.1　楷書。

1.1　BD13013號
1.3　護首（維摩詰經）
1.4　L3142
2.1　5.4×25厘米；1紙；1行。
2.3　卷軸裝。首全尾殘。有竹質天竿及縹帶殘根。
3.4　說明：
本遺書為護首。上有“維摩經卷中”。經名上有經名號。
8　8～9世紀。吐蕃統治時期寫本。
9.1　楷書。

1.1　BD13014號
1.3　護首（大般涅槃經）
1.4　L3143
2.1　21.2×25厘米；1紙；1行。
2.3　卷軸裝。首全尾脫。有竹質天竿。已修整。
3.4　說明：
本遺書為護首。上有“大般涅槃經卷第廿二，二十二”。經名上有經名號。
文中“二十二”為本卷所屬卷次。
8　8～9世紀。吐蕃統治時期寫本。
9.1　楷書。

1.1　BD13015號
1.3　護首（大般若波羅蜜多經）
1.4　L3144
2.1　4.5×24.5厘米；1紙；1行。
2.3　卷軸裝。首全尾殘。有竹質天竿。有古代裱補。
3.4　說明：
本遺書為護首。上有“大般若波羅蜜多經卷第五百六十六，五十七”。經名上有經名號。
文中“五十七”為本卷所屬袟次。
8　8～9世紀。吐蕃統治時期寫本。
9.1　楷書。

1.1　BD13016號
1.3　護首（大般若波羅蜜多經）
1.4　L3145
2.1　22.2×24.5厘米；1紙；1行。
2.3　卷軸裝。首全尾脫。有竹質天竿及縹帶。有多處古代裱補，經名、袟數、寺名均在其上。已修整。

3.4　說明：

本遺書為護首。上有“大般若波羅蜜多經卷第二百廿五，廿三，龍”。經名上有經名號。

文中“廿三”為本卷所屬袟次。“龍”為本經收藏寺院龍興寺的簡稱。

8　9～10 世紀。歸義軍時期寫本。

9.1　楷書。

1.1　BD13017 號

1.3　護首（大般若波羅蜜多經）

1.4　L3146

2.1　23.7×25.5 厘米；1 紙；1 行。

2.3　卷軸裝。首全尾脫。有竹質天竿及縹帶殘根。有古代裱補。已修整。

3.4　說明：

本遺書為護首。上有“大般若波羅蜜多經卷第卅一”。經名上有經名號。

7.3　首下裱補紙有倒寫雜寫“善”字。

8　8～9 世紀。吐蕃統治時期寫本。

9.1　楷書。

1.1　BD13018 號

1.3　護首（大般若波羅蜜多經）

1.4　L3147

2.1　3×25.5 厘米；1 紙；1 行。

2.3　卷軸裝。首全尾斷。有竹質天竿，已斷。

3.4　說明：

本遺書為護首。上有“大般若波羅蜜多經卷第三百廿二，卅三，永”。經名上有經名號。

文中“卅三”為本卷所屬袟次。“永”為本經收藏寺院永安寺的簡稱。

8　9～10 世紀。歸義軍時期寫本。

9.1　楷書。

1.1　BD13019 號

1.3　護首（妙法蓮華經）

1.4　L3148

2.1　24×26 厘米；1 紙；1 行。

2.3　卷軸裝。首全尾脫。有竹質天竿。卷下邊殘缺，中有殘洞。有古代裱補。已修整。

3.4　說明：

本遺書為護首。上有“妙法蓮華經卷第七”。

7.3　裱補紙上有雜寫“起居”2 字。

8　9～10 世紀。歸義軍時期寫本。

9.1　楷書。

1.1　BD13020 號

1.3　護首（佛名經）

1.4　L3149

2.1　19×29.5 厘米；1 紙；1 行。

2.3　卷軸裝。首尾均殘。有竹質天竿。卷上下邊殘缺。有古代裱補。已修整。

3.4　說明：

本遺書為護首。上有“佛說佛名經卷第一”。

8　9～10 世紀。歸義軍時期寫本。

9.1　楷書。

1.1　BD13021 號

1.3　護首（經名不詳）

1.4　L3150

2.1　22×24.8 厘米；1 紙；1 行。

2.3　卷軸裝。首全尾脫。有竹質天竿及縹帶殘根。有紺青紙經名簽，上有金粉書寫經名。卷下邊殘缺，有殘洞。已修整。

3.4　說明：

本遺書為護首。上有殘經名“□…□，三”。

錄文中“三”為本卷所屬袟次。

8　7～8 世紀。唐寫本。

9.1　楷書。

1.1　BD13022 號

1.3　護首（大般涅槃經）

1.4　L3151

2.1　22.5×26 厘米；1 紙；1 行。

2.3　卷軸裝。首全尾脫。有芨芨草天竿及縹帶殘根。有灰色經名簽，上有金粉書寫經名。已修整。

3.4　說明：

本遺書為護首。上有“大般涅槃經卷第廿二”。

8　8～9 世紀。吐蕃統治時期寫本。

9.1　楷書。

1.1　BD13023 號

1.3　護首（大寶積經）

1.4　L3152

2.1　23.8×26.3 厘米；1 紙；1 行。

2.3　卷軸裝。首尾均殘。有殘竹質天竿。首下方粘有紙簽條。已修整。

3.4　說明：

本遺書為護首。上有“□寶積經卷第一百五，十一”。

文中“十一”為本卷所屬袟次。

首下方粘有紙簽條，上書“大寶積經第十一袟”。

8　9～10 世紀。歸義軍時期寫本。

9.1　楷書。

1.1　BD13024 號

1.3　護首（大般若波羅蜜多經）
1.4　L3153
2.1　22×25.5 厘米；1 紙；1 行。
2.3　卷軸裝。首全尾脱。有竹質天竿，有土黄色縹帶，長 13 厘米。已修整。
3.4　説明：
　　本遺書為護首。上有“大般若波羅蜜多經卷第五百六十二，五十七，金，/□/”。經名上有經名號。
　　文中“五十七”為本卷所屬袟次。“金”為本經收藏寺院金光明寺的簡稱。
8　8～9 世紀。吐蕃統治時期寫本。
9.1　楷書。

1.1　BD13025 號
1.3　護首（摩訶般若波羅蜜經）
1.4　L3154
2.1　23.2×25.5 厘米；1 紙；1 行。
2.3　卷軸裝。首全尾脱。有竹質天竿及縹帶殘根。已修整。
3.4　説明：
　　本遺書為護首。上有“摩訶般若經卷第卌七、卌八”。經名上有經名號。
8　8～9 世紀。吐蕃統治時期寫本。
9.1　楷書。

1.1　BD13026 號
1.3　護首（經名不詳）
1.4　L3155
2.1　23.5×26 厘米；1 紙；1 行。
2.3　卷軸裝。首全尾脱。有竹質天竿。卷上下有殘缺。已修整。
3.4　説明：
　　本遺書為護首。上有殘經名“□…□經卷第三”。
8　8～9 世紀。吐蕃統治時期寫本。
9.1　楷書。

1.1　BD13027 號
1.3　護首（摩訶般若波羅蜜經）
1.4　L3156
2.1　16.2×26.5 厘米；1 紙；1 行。
2.3　卷軸裝。首全尾脱。有竹質天竿及縹帶殘根。
3.4　説明：
　　本遺書為護首。上有“摩訶般若經卷第卅五，若”。經名上有經名號。
　　文中“若”為本卷的經名袟號。
8　7～8 世紀。唐寫本。
9.1　楷書。

1.1　BD13028 號
1.3　護首（大般若波羅蜜多經）
1.4　L3157
2.1　22.6×25.3 厘米；1 紙；1 行。
2.3　卷軸裝。首全尾脱。有竹質天竿及縹帶。已修整。
3.4　説明：
　　本遺書為護首。上有“大般若波羅蜜多經卷第八十八，九”。經名上有經名號。
　　文中“九”為本卷所屬袟次。
8　8～9 世紀。吐蕃統治時期寫本。
9.1　楷書。

1.1　BD13029 號
1.3　護首（大般涅槃經）
1.4　L3158
2.1　23.7×26.5 厘米；1 紙；1 行。
2.3　卷軸裝。首殘尾脱。有殘竹質天竿及縹帶。
3.4　説明：
　　本遺書為護首。上有殘經名“□□□槃經卷第九”。
8　7～8 世紀。唐寫本。
9.1　楷書。

1.1　BD13030 號
1.3　護首（大乘入楞伽經）
1.4　L3159
2.1　22×25.8 厘米；1 紙；1 行。
2.3　卷軸裝。首殘尾脱。有竹質天竿及縹帶殘根。卷中有殘洞。已修整。
3.4　説明：
　　本遺書為護首。上有“大乘入楞伽經卷第一”。經名上有經名號。
8　7～8 世紀。唐寫本。
9.1　楷書。

1.1　BD13031 號
1.3　護首（大般若波羅蜜多經）
1.4　L3160
2.1　20.5×25.5 厘米；2 紙；1 行。
2.2　01：18.5，01；　　02：02.0，素紙。
2.3　卷軸裝。首全尾殘。下邊殘缺。首有竹質天竿。已修整。
3.4　説明：
　　本遺書為護首。上有“大般若波羅蜜多經卷第四百一十四”。經名上有經名號。
8　8～9 世紀。吐蕃統治時期寫本。
9.1　楷書。

1.1　BD13032 號
1.3　護首（大般涅槃經）

1.4　L3161
2.1　21.5×26.2 厘米；1 紙；1 行。
2.3　卷軸裝。首全尾脫。有竹質天竿，有縹帶，長 9 厘米。
3.4　說明：
　　本遺書為護首。上有"大般涅槃經卷第二十九，三"。經名上有經名號。
　　文中"三"為本卷所屬袟次。
8　7～8 世紀。唐寫本。
9.1　楷書。

1.1　BD13033 號
1.3　護首（妙法蓮華經）
1.4　L3162
2.1　23×27.5 厘米；1 紙；1 行。
2.3　卷軸裝。首全尾脫。上邊殘缺。有竹質天竿及縹帶殘根。卷面有殘洞。已修整。
3.4　說明：
　　本遺書為護首。上有"妙法蓮華經卷第六"。
8　9～10 世紀。歸義軍時期寫本。
9.1　楷書。

1.1　BD13034 號
1.3　護首（妙法蓮華經）
1.4　L3163
2.1　26×27.5 厘米；1 紙；1 行。
2.3　卷軸裝。首全尾殘。有竹質天竿。卷上下邊殘缺。已修整。
3.4　說明：
　　本遺書為護首。上有"妙法蓮華經卷第二"。經名上有經名號。
8　9～10 世紀。歸義軍時期寫本。
9.1　楷書。

1.1　BD13035 號
1.3　護首（大品般若波羅蜜經）
1.4　L3164
2.1　19.5×26 厘米；1 紙；1 行。
2.3　卷軸裝。首全尾脫。有竹質天竿，有編織縹帶殘根。已修整。
3.4　說明：
　　本遺書為護首。上有"大品般若波羅蜜經卷第十二，修"。經名上有經名號。
　　文中"修"為本經收藏寺院靈修寺的簡稱。
8　9～10 世紀。歸義軍時期寫本。
9.1　楷書。

1.1　BD13036 號
1.3　護首（大般若波羅蜜多經）
1.4　L3165
2.1　24×25.3 厘米；1 紙；1 行。
2.3　卷軸裝。首殘尾脫。有竹質天竿，有土黃色完整縹帶，長 42 厘米。有古代裱補。已修整。
3.4　說明：
　　本遺書為護首。上有"大般若波羅蜜多經卷第一百廿四"。經名上有經名號。
8　8～9 世紀。吐蕃統治時期寫本。
9.1　楷書。

1.1　BD13037 號
1.3　護首（大般若波羅蜜多經）
1.4　L3166
2.1　23.7×25.5 厘米；1 紙；1 行。
2.3　卷軸裝。首全尾脫。有竹質天竿，有縹帶，長 12 厘米。有古代裱補。已修整。
3.4　說明：
　　本遺書為護首。上有"大般若波羅蜜多經卷第二百卅一，廿四，龍"。經名上有經名號。
　　文中"廿四"為本卷所屬袟次。"龍"為本經收藏寺院龍興寺的簡稱。
8　9～10 世紀。歸義軍時期寫本。
9.1　楷書。

1.1　BD13038 號
1.3　護首（大般若波羅蜜多經）
1.4　L3167
2.1　20.9×25.2 厘米；1 紙；1 行。
2.3　卷軸裝。首全尾脫。有竹質天竿及縹帶殘根。已修整。
3.4　說明：
　　本遺書為護首。上有"大般若波羅蜜多經卷第五百一，五十一，蓮"。經名上有經名號。
　　文中"五十一"為本卷所屬袟次。"蓮"為本經收藏寺院蓮臺寺的簡稱。
8　9～10 世紀。歸義軍時期寫本。
9.1　楷書。

1.1　BD13039 號
1.3　護首（大般若波羅蜜多經）
1.4　L3168
2.1　21.5×25.6 厘米；1 紙；1 行。
2.3　卷軸裝。首殘尾脫。有竹質天竿。有紺青紙經名簽，上有金粉書寫經名，字跡脫落。有古代裱補。已修整。
3.4　說明：
　　本遺書為護首。上有"□□□波羅蜜多經卷第□…□，卌三"。
　　文中"卌三"為本卷所屬袟次。

8　8～9 世紀。吐蕃統治時期寫本。
9.1　楷書。

1.1　BD13040 號
1.3　護首（大般若波羅蜜多經）
1.4　L3169
2.1　22×25.4 厘米；1 紙；1 行。
2.3　卷軸裝。首全尾脫。有竹質天竿。卷面有殘洞。已修整。
3.4　説明：
　　本遺書為護首。上有"大般若波羅蜜多經卷第四百七十四，卌八"。經名上有經名號。
　　文中"卌八"為本卷所屬袟次。
8　8～9 世紀。吐蕃統治時期寫本。
9.1　楷書。

1.1　BD13041 號
1.3　護首（大般若波羅蜜多經）
1.4　L3170
2.1　22.1×24 厘米；1 紙；1 行。
2.3　卷軸裝。首尾均殘。有半截竹質天竿。卷上邊殘缺，有多處殘洞。已修整。
3.4　説明：
　　本遺書為護首。上有"大般若波羅蜜多經卷第一百九十四，廿"。經名上有經名號。
　　文中"廿"為本卷所屬袟次。
8　8～9 世紀。吐蕃統治時期寫本。
9.1　楷書。

1.1　BD13042 號
1.3　護首（妙法蓮華經）
1.4　L3171
2.1　20.1×25.3 厘米；1 紙；1 行。
2.3　卷軸裝。首全尾脫。有竹質天竿及縹帶殘根。卷下邊殘缺。已修整。
3.4　説明：
　　本遺書為護首。上有"妙法蓮華經卷第二"。經名上有經名號。
8　7～8 世紀。唐寫本。
9.1　楷書。

1.1　BD13043 號
1.3　護首（金剛般若波羅蜜經）
1.4　L3172
2.1　25.3×26.2 厘米；1 紙；1 行。
2.3　卷軸裝。首殘尾脫。卷中有殘洞。已修整。
3.4　説明：
　　本遺書為護首。上有殘經名"□□般若經"。
8　7～8 世紀。唐寫本。
9.1　楷書。

1.1　BD13044 號
1.3　護首（大般若波羅蜜多經）
1.4　L3173
2.1　19.6×25.8 厘米；1 紙；1 行。
2.3　卷軸裝。首全尾脫。有竹質天竿。
3.4　説明：
　　本遺書為護首。上有"大般若波羅蜜多經卷第十九，二，樓"。經名上有經名號。
　　文中"二"為本卷所屬袟次。"樓"字意義待考，或為收藏者姓氏。
8　9～10 世紀。歸義軍時期寫本。
9.1　楷書。

1.1　BD13045 號
1.3　大般若波羅蜜多經（卷次不詳）
1.4　L3174
2.1　27.4×26 厘米；2 紙；2 行。
2.2　01：25.0，01；　02：02.4，01。
2.3　卷軸裝。首尾均殘。有護首。有半截竹質天竿。有黃紙經名簽，上用銀粉書寫經名，字跡有脫落。卷上下邊殘缺。已修整。
3.4　説明：
　　本遺書所抄為《大般若波羅蜜多經》，僅殘賸首題的一部分殘字。
7.1　第 2 紙背有勘記"勘了"。
7.3　第 2 紙殘留經文"第"字。
7.4　護首有經名"大般若波羅蜜多經□…□，廿八"。經名上有經名號。
　　文中"廿八"為本卷所屬袟數。
8　8～9 世紀。吐蕃統治時期寫本。
9.1　楷書。

1.1　BD13046 號
1.3　護首（大般若波羅蜜多經）
1.4　L3175
2.1　19.6×25.2 厘米；1 紙；1 行。
2.3　卷軸裝。首殘尾脫。有半截竹質天竿。卷下邊殘缺。有古代裱補。已修整。
3.4　説明：
　　本遺書為護首。上有殘經名"大般若波羅蜜多經卷□…□，□"。經名上有經名號。
7.2　首下及卷背騎縫處有殘陽文硃印，3.3×4.35 厘米，印文為"瓜沙州大王印"。
8　9～10 世紀。歸義軍時期寫本。

9.1 楷書。

1.1 BD13047 號
1.3 護首（大般若波羅蜜多經）
1.4 L3176
2.1 22×25.5 厘米；1 紙；1 行。
2.3 卷軸裝。首全尾脱。有竹質天竿。已修整。
3.4 説明：
本遺書為護首。上有“大般若波羅蜜多經卷第四百五十七，卌六”。經名上有經名號。
8 8~9 世紀。吐蕃統治時期寫本。
9.1 楷書。

1.1 BD13048 號
1.3 護首（大般若波羅蜜多經）
1.4 L3177
2.1 19×26.3 厘米；1 紙；1 行。
2.3 卷軸裝。首全尾脱。有竹質天竿。卷下邊殘缺。
3.4 説明：
本遺書為護首。上有“大般若波羅蜜多經卷第一百八十三，十九”。經名上有經名號。
文中“十九”為本卷所屬袟次。
8 9~10 世紀。歸義軍時期寫本。
9.1 楷書。

1.1 BD13049 號
1.3 大般涅槃經（北本）卷二九
1.4 L3178
2.1 32×24.5 厘米；2 紙；6 行。
2.2 01：21.5，護首； 02：10.5，06。
2.3 卷軸裝。首全尾殘。有竹質天竿及縹帶殘根。卷面多鳥糞。第 2 紙背粘有一素紙，8×15 厘米。有烏絲欄。已修整。
3.1 首殘→大正 0374，12/0592B27。
3.2 尾殘→大正 0374，12/0592C02。
4.1 大般涅槃經卷第□…□（首）。
5 與《大正藏》本對照，分卷不同。本號分卷與《宫内寮》本相同。
7.4 護首有殘經名“廿九”。
8 7~8 世紀。唐寫本。
9.1 楷書。

1.1 BD13050 號
1.3 護首（大般若波羅蜜多經）
1.4 L3179
2.1 22×25.5 厘米；1 紙；1 行。
2.3 卷軸裝。首全尾脱。卷首下部有芨芨草天竿。有古代裱補。
3.4 説明：
本遺書為護首。上有“大般若波羅蜜多經卷第四百七十一，卌八”。經名上有經名號。
文中“卌八”為本卷所屬袟次。
8 9~10 世紀。歸義軍時期寫本。
9.1 楷書。

1.1 BD13051 號
1.3 護首（大般若波羅蜜多經）
1.4 L3180
2.1 21.8×25.5 厘米；1 紙；1 行。
2.3 卷軸裝。首全尾脱。有竹質天竿。
3.4 説明：
本遺書為護首。上有“大般若波羅蜜多經卷第五百卌八，五十五”。經名上有經名號。
文中“五十五”為本卷所屬袟次。
8 8 世紀。唐寫本。
9.1 楷書。

1.1 BD13052 號
1.3 護首（大般若波羅蜜多經）
1.4 L3181
2.1 21.4×24.7 厘米；1 紙；1 行。
2.3 卷軸裝。首全尾殘。有竹質天竿及縹帶殘根。有紺青紙經名簽，上有金粉書寫經名，字跡不清。卷下邊殘破。已修整。
3.4 説明：
本遺書為護首。上有“大般若波羅蜜多經卷□…□，卅”。經名上有經名號。
文中“卅”為本卷所屬袟次。
7.1 卷面有勘記“了”。
8 8~9 世紀。吐蕃統治時期寫本。
9.1 楷書。

1.1 BD13053 號
1.3 護首（大般涅槃經）
1.4 L3182
2.1 17.7×25 厘米；1 紙；1 行。
2.3 卷軸裝。首尾均全。有芨芨草天竿。通卷托裱。
3.4 説明：
本遺書為護首。上有“大般涅槃經卷第廿九，廿九”。
文中“廿九”為本卷所屬袟次。
8 8~9 世紀。吐蕃統治時期寫本。
9.1 楷書。

1.1 BD13054 號
1.3 護首（大般涅槃經）
1.4 L3183
2.1 24.7×25 厘米；1 紙；1 行。

2.3　卷軸裝。首殘尾脫。有殘竹質天竿。卷面有鳥糞，下邊殘缺。已修整。
3.4　説明：
　　本遺書為護首。上有“大般涅槃經卷第十七”。
8　8～9世紀。吐蕃統治時期寫本。
9.1　楷書。

1.1　BD13055號
1.3　護首（大般若波羅蜜多經）
1.4　L3184
2.1　23.8×25.3厘米；2紙；1行。
2.2　01：09.8，01；　02：14.0，素紙。
2.3　卷軸裝。首全尾脫。有芨芨草天竿。
3.4　説明：
　　本遺書為護首。上有“大般波羅蜜多卷第廿一，界，三”。經名上有經名號。
　　文中“三”為本卷所屬袟次。“界”為本經收藏寺院三界寺的簡稱。
8　9～10世紀。歸義軍時期寫本。
9.1　楷書。

1.1　BD13056號
1.3　護首（經名不詳）
1.4　L3185
2.1　1.2×22厘米；1紙；1行。
2.3　卷軸裝。首尾均殘。有芨芨草天竿。
3.4　説明：
　　本遺書無可辨認文字。
8　9～10世紀。歸義軍時期寫本。
9.1　楷書。

1.1　BD13057號
1.3　護首（大般若波羅蜜多經）
1.4　L3186
2.1　1×21.8厘米；1紙；1行。
2.3　卷軸裝。首尾均殘。有竹質天竿。存字均半殘。
3.4　説明：
　　本遺書為護首。上有殘經名“□…□波羅蜜多經卷第□…□，□□”。
8　8～9世紀。吐蕃統治時期寫本。
9.1　楷書。

1.1　BD13058號
1.3　護首（經名不詳）
1.4　L3187
2.1　1×20.2厘米；1紙；1行。
2.3　卷軸裝。首全尾斷。有竹質天竿。
3.4　説明：
　　本遺書殘存文字難以辨認。
8　8～9世紀。吐蕃統治時期寫本。
9.1　楷書。

1.1　BD13059號
1.3　護首（大般涅槃經）
1.4　L3188
2.1　3.9×13厘米；1紙；1行。
2.3　卷軸裝。首尾均殘。有竹質天竿。通卷下殘。已修整。
3.4　説明：
　　本遺書為護首。上有“大般涅槃經卷第□九”。經名上有經名號。
8　8～9世紀。吐蕃統治時期寫本。
9.1　楷書。

1.1　BD13060號
1.3　護首（金光明經）
1.4　L3189
2.1　2.9×12厘米；1紙；1行。
2.3　卷軸裝。首尾均殘。通卷下殘。已修整
3.4　説明：
　　本遺書為護首。上有“金光明經卷第六”。經名上有經名號。
8　8～9世紀。吐蕃統治時期寫本。
9.1　楷書。

1.1　BD13061號
1.3　護首（大般若波羅蜜多經）
1.4　L3190
2.1　2.4×15厘米；1紙；1行。
2.3　卷軸裝。首尾均殘。有竹質天竿，有藍綠色縹帶，長24厘米。通卷下殘。已修整。
3.4　説明：
　　本遺書為護首。上有“大般若波羅蜜多經卷第一百卅二”。經名上有經名號。
8　8～9世紀。吐蕃統治時期寫本。
9.1　楷書。

1.1　BD13062號
1.3　殘片（擬）
1.4　L3191
2.1　1×26.5厘米；1紙；1行。
2.3　卷軸裝。首脫尾斷。沿尾下邊橫向粘有一9.7×0.9厘米紙條。與原件成直角。沿尾下邊縱向粘有0.5×19厘米二紙條。與原件相互疊摞。均無完整文字，難以辨認。
3.4　説明：

本遺書多層紙張相互疊摞，文字難以辨認。
8　8～9世紀。吐蕃統治時期寫本。
9.1　楷書。

1.1　BD13063號
1.3　護首（大寳積經）
1.4　L3192
2.1　21×26.1厘米；1紙；1行。
2.3　卷軸裝。首全尾脱。有貿紙天竿。題籤脱落。
3.4　説明：
本遺書為護首。上有殘經名"□…□，耳，一七，淨"。
"耳"爲敦煌遺書《大寳積經》特有的袟號。"一七"為卷次。"淨"為本經收藏寺院淨土寺的簡稱。
8　9～10世紀。歸義軍時期寫本。
9.1　楷書。

1.1　BD13064號
1.3　護首（大般若波羅蜜多經）
1.4　L3193
2.1　21.8×25.8厘米；1紙；1行。
2.3　卷軸裝。首殘尾脱。有竹質天竿。已修整。
3.4　説明：
本遺書為護首。上有"大般若波羅蜜多經卷第三百卅五，卅四"。經名上有經名號。
文中"卅四"為本卷所屬袟次。
8　8～9世紀。吐蕃統治時期寫本。
9.1　楷書。

1.1　BD13065號
1.3　護首（大般若波羅蜜多經）
1.4　L3194
2.1　21.5×26厘米；1紙；1行。
2.3　卷軸裝。首殘尾脱。有竹質天竿。卷上下邊殘缺。已修整。
3.4　説明：
本遺書為護首。上有"大般若波羅蜜多經卷第一百卅八，十四"。經名上有經名號。
文中"十四"為本卷所屬袟次。
8　8～9世紀。吐蕃統治時期寫本。
9.1　楷書。

1.1　BD13066號
1.3　護首（大般若波羅蜜多經）
1.4　L3195
2.1　21.5×25.5厘米；1紙；1行。
2.3　卷軸裝。首殘尾脱。卷首有半段竹質天竿。有紺青紙經名簽，上有銀粉書寫經名，字跡脱落。已修整。
3.4　説明：
本遺書為護首。上有殘經名"大般若波羅蜜多經卷第□…□"。經名上有經名號。
8　8～9世紀。吐蕃統治時期寫本。
9.1　楷書。

1.1　BD13067號
1.3　護首（大般若波羅蜜多經）
1.4　L3196
2.1　20.6×25厘米；1紙；1行。
2.3　卷軸裝。首全尾脱。有竹質天竿。有古代裱補。已修整。
3.4　説明：
本遺書為護首。上有"大般若波羅蜜多經卷第四百八十四，卌九"。經名上有經名號。
文中"卌九"為本卷所屬袟次。
8　8～9世紀。吐蕃統治時期寫本。
9.1　楷書。

1.1　BD13068號
1.3　護首（佛名經）
1.4　L3197
2.1　27.5×24.4厘米；2紙；1行。
2.2　01：23.5，01；　　02：04.0，素紙。
2.3　卷軸裝。首全尾殘。有竹質天竿。卷面有鳥糞，下邊殘破。已修整。
3.4　説明：
本遺書為護首。上有"佛名經卷第九"。經名上有經名號。
8　9～10世紀。歸義軍時期寫本。
9.1　楷書。

1.1　BD13069號
1.3　護首（無常經）
1.4　L3198
2.1　22.2×22.5厘米；1紙；正面6行，背面11行。行字不等。
2.3　卷軸裝。首尾均殘。有芨芨草天竿。兩面均有雜寫。背面有烏絲欄。
2.4　本遺書包括4個文獻：（一）護首（無常經），6行，抄寫在正面，今編為BD13069號。（二）《上大人雜寫》（擬），1行，抄寫在背面，今編為BD13069號背1。（三）《羊千口雜寫》（擬），1行，抄寫在背面，今編為BD13069號背2。（四）《發願文》（擬），5行，抄寫在背面，今編為BD13069號背3。
3.4　説明：
本遺書為護首。上有"佛説無常經"。
7.3　護首面有雜寫："□闍梨少、羅闍梨、李法律、/□生大衆僧正和尚讀延請法，論上界觀音菩薩之天賢/某人小女又定人/"及經名雜寫共5行。
8　9～10世紀。歸義軍時期寫本。
9.1　楷書。

1.1　BD13069 號背 1
1.3　上大人雜寫（擬）
1.4　L3198
2.4　本遺書由 4 個文獻組成，本文獻為第 2 個，1 行，抄寫在背面。餘參見 BD13069 號之第 2 項。
3.3　錄文：
（首全）
上大夫，丘乙已，三千，七十二，女小生，八九子。
（錄文完）
3.4　說明：
《上大人》為童蒙教材，本號為雜寫，沒有抄完。
8　9～10 世紀。歸義軍時期寫本。
9.1　楷書。

1.1　BD13069 號背 2
1.3　羊千口雜寫（擬）
1.4　L3198
2.4　本遺書由 4 個文獻組成，本文獻為第 3 個，1 行，抄寫在背面。餘參見 BD13069 號之第 2 項。
3.3　錄文：
（首全）
羊千口，□宅不，天下土，大王正。
（錄文完）
3.4　說明：
從形態看，該《羊千口》（擬）與《上大人》一樣，為初階童蒙教材。本號為雜寫。
8　9～10 世紀。歸義軍時期寫本。
9.1　楷體。

1.1　BD13069 號背 3
1.3　發願文（擬）
1.4　L3198
2.4　本遺書由 4 個文獻組成，本文獻為第 4 個，5 行，抄寫在背面。餘參見 BD13069 號之第 2 項。
3.3　錄文：
（首全）
一切供（恭）敬，自歸依佛。當願衆生體解大道，發無上/
意。自歸依法，當願衆生深入經藏，智惠/
如海。自歸依僧，當願衆生統利大衆，/
一切無礙。願諸衆生，諸惡莫作，諸善奉/
行，自淨其意。侍諸佛教，和南一切聖賢。/
（錄文完）
7.3　卷末有雜寫 4 行，包括社司轉帖、佛教經文等，內容較雜亂，不錄文。
8　9～10 世紀。歸義軍時期寫本。
9.1　楷體。

1.1　BD13070 號
1.3　護首（大般若波羅蜜多經）
1.4　L3199
2.1　23.1×26 厘米；1 紙；1 行。
2.3　卷軸裝。首殘尾脫。有竹質天竿。已修整。
3.4　說明：
本遺書為護首。上有“大般若波羅蜜多經卷第二百九十九，卅，蓮”。經名上有經名號。
文中“卅”為本卷所屬袟次。“蓮”為本經收藏寺院蓮臺寺的簡稱。
8　9～10 世紀。歸義軍時期寫本。
9.1　楷書。

1.1　BD13071 號
1.3　護首（大般若波羅蜜多經）
1.4　L3200
2.1　20.8×25.6 厘米；1 紙；1 行。
2.3　卷軸裝。首殘尾脫。有竹質天竿。已修整。
3.4　說明：
本遺書為護首。上有“大般若波羅蜜多經卷第二百六十二，廿七”。經名上有經名號。
文中“廿七”為本卷所屬袟次。
8　8～9 世紀。吐蕃統治時期寫本。
9.1　楷書。

1.1　BD13072 號
1.3　護首（妙法蓮華經）
1.4　L3201
2.1　19.8×25 厘米；1 紙；1 行。
2.3　卷軸裝。首尾均殘。上邊殘缺。有竹質天竿及縹帶殘根。卷面有鳥糞，有殘洞。有烏絲欄。已修整。
3.4　說明：
本遺書為護首。上有“妙法蓮華經卷第七”。經名上有經名號。
8　8～9 世紀。吐蕃統治時期寫本。
9.1　楷書。

1.1　BD13073 號
1.3　護首（妙法蓮華經）
1.4　L3202
2.1　22×25.5 厘米；1 紙；1 行。
2.3　卷軸裝。首全尾脫。有芨芨草天竿。卷面油污，上邊殘缺。已修整。
3.4　說明：
本遺書為護首。上有“妙法蓮華經卷第五”。經名上有經名號。
8　8～9 世紀。吐蕃統治時期寫本。

9.1　楷書。

1.1　BD13074 號
1.3　護首（經名不詳）
1.4　L3203
2.1　22.4×25.3 厘米；1 紙；1 行。
2.3　卷軸裝。首全尾脱。有竹質天竿。卷上邊殘缺。已修整。
3.4　説明：
　　本遺書為護首。上有“十，金”。
　　“十”為本卷所屬袟次。“金”爲本遺書所屬寺院“金光明寺”的簡稱。
8　9～10 世紀。歸義軍時期寫本。
9.1　楷書。

1.1　BD13075 號
1.3　護首（大般若波羅蜜多經）
1.4　L3204
2.1　23.4×厘米；1 紙；1 行。
2.3　卷軸裝。首全尾脱。有竹質天竿。已修整。
3.4　説明：
　　本遺書為護首。上有“大般若波羅蜜多經卷第三百七十六，卅八”。經名上有經名號。
　　“卅八”為本卷所屬袟次。
8　8～9 世紀。吐蕃統治時期寫本。
9.1　楷書。

1.1　BD13076 號
1.3　護首（妙法蓮華經）
1.4　L3205
2.1　21.7×26.1 厘米；1 紙；1 行。
2.3　卷軸裝。首全尾殘。有竹質天竿及縹帶殘根。卷上邊殘缺，下邊殘破。已修整。
3.4　説明：
　　本遺書為護首。上有“妙法蓮華經卷第一”。經名上有經名號。
8　8～9 世紀。吐蕃統治時期寫本。
9.1　楷書。

1.1　BD13077 號
1.3　護首（大般若波羅蜜多經）
1.4　L3206
2.1　24×25.5 厘米；1 紙；1 行。
2.3　卷軸裝。首全尾脱。下邊殘缺。首有竹質天竿。中有殘洞。已修整。
3.4　説明：
　　本遺書為護首。上有“大般若波羅蜜多經卷第三百七十一，卅八，雲”。經名上有經名號。
　　文中“卅八”為本卷所屬袟次。“雲”為本經收藏寺院大雲寺的簡稱。
8　9～10 世紀。歸義軍時期寫本。
9.1　楷書。

1.1　BD13078 號
1.3　護首（妙法蓮華經）
1.4　L3207
2.1　18.9×26.4 厘米；1 紙；1 行。
2.3　卷軸裝。首全尾脱。有竹質天竿及縹帶。卷面有水漬，多油污，上下邊殘破。已修整。
3.4　説明：
　　本遺書為護首。上有“妙法蓮華經卷第六”。經名上有經名號。
8　8～9 世紀。吐蕃統治時期寫本。
9.1　楷書。

1.1　BD13079 號
1.3　護首（經名不詳）
1.4　L3208
2.1　19.8×26.1 厘米；1 紙；1 行。
2.3　卷軸裝。首殘尾脱。有半截芨芨草天竿。卷上下邊殘缺。兩面均有古代裱補。已修整。
3.4　説明：
　　本遺書為護首。上有殘經名“□…□三”。
8　8～9 世紀。吐蕃統治時期寫本。
9.1　楷書。

1.1　BD13080 號
1.3　護首（經名不詳）
1.4　L3209
2.1　8.4×25.5 厘米；1 紙；1 行。
2.3　卷軸裝。首全尾殘。有芨芨草天竿及縹帶。卷上部殘缺。已修整。
3.4　説明：
　　本遺書為護首。上有“□…□華經卷第一”。
8　8～9 世紀。吐蕃統治時期寫本。
9.1　楷書。

1.1　BD13081 號
1.3　護首（經名不詳）
1.4　L3210
2.1　20.8×24.5 厘米；1 紙；1 行。
2.3　卷軸裝。首殘尾脱。有竹質天竿，有土黄色縹帶，長 13 厘米。有經名簽，字跡脱落。卷上邊殘缺。已修整。
3.4　説明：
　　本遺書為護首。上面經名難以辨認。

8　8～9 世紀。吐蕃統治時期寫本。
9.1　楷書。

1.1　BD13082 號
1.3　妙法蓮華經卷七
1.4　L3211
2.1　(30.9＋7.2)×26.1 厘米；2 紙；8 行，行 17 字。
2.2　01：23.4，護首；　02：7.5＋7.2，08。
2.3　卷軸裝。首全尾殘。有護首，有竹質天竿。卷面有鳥糞。有烏絲欄。已修整。
3.1　首全→大正 0262，09/0055A12。
3.2　尾 4 行上下殘→大正 0262，09/0055A20～23。
4.1　妙法蓮華經妙音菩薩品第二十四，七（首）。
8　7～8 世紀。唐寫本。
9.1　楷書。

1.1　BD13083 號
1.3　護首（大般若波羅蜜多經）
1.4　L3212
2.1　22.4×25.7 厘米；1 紙；1 行。
2.3　卷軸裝。首全尾脫。有竹質天竿，有土黄色縹帶，長 35 厘米。有古代裱補。已修整。
3.4　說明：
本遺書為護首。上有"大般若波羅蜜多經卷第三百五十，卅五，龍"。經名上有經名號。
文中"卅五"為本卷所屬袟次。"龍"為本經收藏寺院龍興寺的簡稱。
8　9～10 世紀。歸義軍時期寫本。
9.1　楷書。

1.1　BD13084 號
1.3　護首（大般若波羅蜜多經）
1.4　L3213
2.1　21.7×25.3 厘米；1 紙；1 行。
2.3　卷軸裝。首全尾脫。有竹質天竿，有米色縹帶，長 36 厘米。有古代裱補。已修整。
3.4　說明：
本遺書為護首。上有"大般若波羅蜜多經卷第一百五，十一，蓮"。經名上有經名號。
文中"十一"為本卷所屬袟次。"蓮"為本經收藏寺院蓮臺寺的簡稱。
8　9～10 世紀。歸義軍時期寫本。
9.1　楷書。

1.1　BD13085 號
1.3　護首（大般若波羅蜜多經）
1.4　L3214
2.1　19.7×25.4 厘米；1 紙；1 行。
2.3　卷軸裝。首全尾殘。有竹質天竿，有土黄色縹帶，長 14 厘米。有古代裱補。已修整。
3.4　說明：
本遺書為護首。上有"大般若波羅蜜多經卷第五百一十九，五十二"。經名上有經名號。
文中"五十二"為本卷所屬袟次。
8　8～9 世紀。吐蕃統治時期寫本。
9.1　楷書。

1.1　BD13086 號
1.3　護首（大般若波羅蜜多經）
1.4　L3215
2.1　21.5×25.6 厘米；1 紙；1 行。
2.3　卷軸裝。首全尾殘。有竹質天竿，有土黄色縹帶，長 15 厘米。卷下邊殘缺。有古代裱補，字均在其上。已修整。
3.4　說明：
本遺書為護首。上有"大般若波羅蜜多經卷□百一十八，卌二"。經名上有經名號。
文中"卌二"為本卷所屬袟次。
8　8～9 世紀。吐蕃統治時期寫本。
9.1　楷書。

1.1　BD13087 號
1.3　護首（摩訶般若波羅蜜經）
1.4　L3216
2.1　14.9×26 厘米；1 紙；1 行。
2.3　卷軸裝。首全尾脫。有竹質天竿及綠色縹帶殘根。已修整。
3.4　說明：
本遺書為護首。上有"摩訶般若經卷第二十"。經名上有經名號。
8　8～9 世紀。吐蕃統治時期寫本。
9.1　楷書。

1.1　BD13088 號
1.3　護首（大般若波羅蜜多經）
1.4　L3217
2.1　20.9×26.1 厘米；1 紙；1 行。
2.3　卷軸裝。首全尾脫。有竹質天竿。卷下邊殘缺。已修整。
3.4　說明：
本遺書為護首。上有"大般若波羅蜜多經卷第三百九十九，卌"。經名上有經名號。
文中"卌"為本卷所屬袟次。
8　8 世紀。唐寫本。
9.1　楷書。

1.1　BD13089 號

1.3　護首（妙法蓮華經）
1.4　L3218
2.1　23.6×25.6 厘米；1 紙；1 行。
2.3　卷軸裝。首全尾脫。有竹質天竿。經題下有硃筆字，模糊難辨。已修整。
3.4　説明：
本遺書為護首。上有“妙法蓮華經卷第五”。經名上有經名號。下有硃筆字，模糊難辨。
7.3　背面有雜寫“住世宿人”1 行。
8　7～8 世紀。唐寫本。
9.1　楷書。

1.1　BD13090 號
1.3　護首（大般若波羅蜜多經）
1.4　L3219
2.1　21.8×26.1 厘米；1 紙；1 行。
2.3　卷軸裝。首全尾殘。有竹質天竿及縹帶。有紺青紙經名簽，上有金粉書寫經名。有古代裱補，上有文字。已修整。
3.4　説明：
本遺書為護首。上有“大般若波羅蜜多經卷第一百八十七，廿［九］”。經名上有經名號。
文中“廿［九］”為本卷所屬袟次。
7.3　卷面裱補紙有雜寫“見意”。
8　7～8 世紀。唐寫本。
9.1　楷書。

1.1　BD13091 號
1.3　護首（大般若波羅蜜多經）
1.4　L3220
2.1　21.3×25.2 厘米；1 紙；1 行。
2.3　卷軸裝。首殘尾脫。有竹質天竿及縹帶殘根。有紺青紙經名簽，上有泥金書經名，已脫落。已修整。
3.4　説明：
本遺書為護首。上有“□…□，卅九”。應為《大般若波羅蜜多經》護首。
文中“卅九”為本卷所屬袟次。
8　7～8 世紀。唐寫本。
9.1　楷書。

1.1　BD13092 號
1.3　護首（大般若波羅蜜多經）
1.4　L3221
2.1　19.8×25 厘米；1 紙；1 行。
2.3　卷軸裝。首全尾殘。有竹質天竿及縹帶殘根。卷上部殘缺。已修整。
3.4　説明：
本遺書為護首。上有“大般若波羅蜜多經卷第二百六十九，廿七，蓮”。經名上有經名號。
文中“廿七”為本卷所屬袟次。“蓮”為本經收藏寺院蓮臺寺的簡稱。
8　9～10 世紀。歸義軍時期寫本。
9.1　楷書。

1.1　BD13093 號
1.3　護首（大般若波羅蜜多經）
1.4　L3222
2.1　23.5×25.5 厘米；1 紙；1 行。
2.3　卷軸裝。首全尾脫。有竹質天竿。有歸義軍時期古代裱補。已修整。
3.4　説明：
本遺書為護首。上有“大般若波羅蜜多經卷第二百七，廿一，界”。經名上有經名號。“廿一，界”均寫在後來粘貼的紙塊上。
文中“廿一”為本卷所屬袟次。“界”為本經收藏寺院三界寺的簡稱。
8　9～10 世紀。歸義軍時期寫本。
9.1　楷書。

1.1　BD13094 號
1.3　護首（大般若波羅蜜多經）
1.4　L3223
2.1　23×25.5 厘米；1 紙；1 行。
2.3　卷軸裝。首全尾脫。有竹質天竿及縹帶殘根。有紺青紙經名簽，上有金粉書寫經名，字跡脫落。已修整。
3.4　説明：
本遺書為護首。上有“大般若波羅蜜多經卷第□…□，六十”。經名上有經名號。
文中“六十”為本卷所屬袟次。
8　8～9 世紀。吐蕃統治時期寫本。
9.1　楷書。

1.1　BD13095 號
1.3　護首（大般若波羅蜜多經）
1.4　L3224
2.1　22.5×26 厘米；1 紙；1 行。
2.3　卷軸裝。首全尾脫。有竹質天竿及縹帶殘根。已修整。
3.4　説明：
本遺書為護首。上有“大般若波羅蜜多經卷第一百五十七，十六”。經名上有經名號。
文中“十六”為本卷所屬袟次。
8　8～9 世紀。吐蕃統治時期寫本。
9.1　楷書。

1.1　BD13096 號

1.3　護首（大般若波羅蜜多經）
1.4　L3225
2.1　22.5×25.5 厘米；1 紙；1 行。
2.3　卷軸裝。首全尾脫。下邊殘損。有竹質天竿。有紺青紙經名簽，上有金粉書寫經名。已修整。
3.4　説明：
　　本遺書為護首。上有"大般若波羅蜜多經卷第□…□，卌"。
　　文中"卌"為本卷所屬袟次。
8　7～8 世紀。唐寫本。
9.1　楷書。

1.1　BD13097 號
1.3　護首（金光明最勝王經）
1.4　L3226
2.1　24×25.5 厘米；1 紙；1 行。
2.3　卷軸裝。首全尾脫。有竹質天竿及縹帶殘根。有古代裱補。已修整。
3.4　説明：
　　本遺書為護首。上有"金光明最勝王經卷第九"。經名上有經名號。
8　8～9 世紀。吐蕃統治時期寫本。
9.1　楷書。

1.1　BD13098 號
1.3　護首（妙法蓮華經）
1.4　L3227
2.1　21.5×26.5 厘米；1 紙；1 行。
2.3　卷軸裝。首殘尾脫。有竹質天竿，有彩色編織縹帶殘根。卷面有土。已修整。
3.4　説明：
　　本遺書為護首。上有"□□蓮華經卷第二"。經名上有經名號。
8　7～8 世紀。唐寫本。
9.1　楷書。

1.1　BD13099 號
1.3　護首（大寳積經）
1.4　L3228
2.1　21×26 厘米；1 紙；1 行。
2.3　卷軸裝。首殘尾脫。有竹質天竿。經名簽已脫落。已修整。
3.4　説明：
　　本遺書為護首。上有"□…□，耳，七，淨"。經名上有經名號。
　　文中"七"為本卷所屬袟内卷次。"耳"爲敦煌遺書《大寳積經》特有的袟號。"淨"為本經收藏寺院淨土寺的簡稱。
8　9～10 世紀。歸義軍時期寫本。
9.1　楷書。

1.1　BD13100 號
1.3　護首（大般若波羅蜜多經）
1.4　L3229
2.1　21.5×26 厘米；1 紙；1 行。
2.3　卷軸裝。首殘尾脫。有竹質天竿。已修整。
3.4　説明：
　　本遺書為護首。上有"大般若波羅蜜多經卷第三百五十一，卅六"。經名上有經名號。
　　文中"卅六"為本卷所屬袟次。
8　8～9 世紀。吐蕃統治時期寫本。
9.1　楷書。

1.1　BD13101 號
1.3　大般涅槃經（北本　思溪本）卷四
1.4　L3230
2.1　(18.5+4)×26 厘米；2 紙；4 行。
2.2　01：13.0，護首；　　02：5.5+4，04。
2.3　卷軸裝。首全尾殘。有護首，為歸義軍時期後配，有芨芨草天竿。有古代裱補。有烏絲欄。已修整。
3.1　首全→大正 0374，12/0384C26。
3.2　尾殘→大正 0374，12/0385A01。
4.1　大般涅槃經名字功德品第三，卷第四（首）。
5　與《大正藏》本對照，分卷不同。本號分卷與思溪藏本相同。
7.4　護首有經名"大般涅槃經卷第四"及經名號。
8　5～6 世紀。南北朝寫本。
9.1　楷書。

1.1　BD13102 號
1.3　護首（大般若波羅蜜多經）
1.4　L3231
2.1　24.2×26.1 厘米；1 紙；1 行。
2.3　卷軸裝。首全尾脫。有竹質天竿。已修整。
3.4　説明：
　　本遺書為護首。上有"大般若波羅蜜多經卷第二百八十二，廿九"。經名上有經名號。
　　文中"廿九"為本卷所屬袟次。
8　8～9 世紀。吐蕃統治時期寫本。
9.1　楷書。

1.1　BD13103 號
1.3　護首（大般涅槃經）
1.4　L3232
2.1　18.8×26.4 厘米；1 紙；1 行。
2.3　卷軸裝。首全尾脫。首有竹質天竿。紙質、顏色不同。已

修整。
3.4　説明：
　　本遺書為護首。上有“大般涅槃經卷第廿二”。經名上有經名號。
8　8～9世紀。吐蕃統治時期寫本。
9.1　楷書。

1.1　BD13104號
1.3　護首（大般若波羅蜜多經）
1.4　L3233
2.1　21.6×25.7厘米；1紙；1行。
2.3　卷軸裝。首全尾脱。首有竹質天竿。已修整。
3.4　説明：
　　本遺書為護首。上有“大般若波羅蜜多經卷第五百七十七，五十八”。經名上有經名號。
　　文中“五十八”為本卷所屬袟次。
8　8～9世紀。吐蕃統治時期寫本。
9.1　楷書。

1.1　BD13105號
1.3　護首（大佛頂經）
1.4　L3234
2.1　25.9×25.5厘米；1紙；1行。
2.3　卷軸裝。首全尾脱。有芨芨草天竿。卷面有鳥糞，下邊殘損。已修整。
3.4　説明：
　　本遺書為護首。上有“大佛頂經卷第三”。經名上有經名號。
8　7～8世紀。唐寫本。
9.1　楷書。

1.1　BD13106號
1.3　護首（大般若波羅蜜多經）
1.4　L3235
2.1　22.1×25.7厘米；1紙；1行。
2.3　卷軸裝。首全尾脱。有芨芨草天竿。有古代裱補，經名下裱補紙上有字。已修整。
3.4　説明：
　　本遺書為護首。上有“大般若波羅蜜多經卷第一百七十，十七，界”。經名上有經名號。“十七，界”均寫在後來粘貼的紙塊上。
　　文中“十七”為本卷所屬袟次。“界”為本經收藏寺院三界寺的簡稱。
8　9～10世紀。歸義軍時期寫本。
9.1　楷書。

1.1　BD13107號
1.3　護首（大般若波羅蜜多經）
1.4　L3236
2.1　22.8×25.3厘米；1紙；1行。
2.3　卷軸裝。首全尾脱。有竹質天竿。已修整。
3.4　説明：
　　本遺書為護首。上有“大般若波羅蜜多經卷第七十四，八”。經名上有經名號。
　　文中“八”為本卷所屬袟次。
8　7～8世紀。唐寫本。
9.1　楷書。

1.1　BD13108號
1.3　護首（妙法蓮華經）
1.4　L3237
2.1　23.1×25.9厘米；1紙；1行。
2.3　卷軸裝。首全尾脱。有芨芨草天竿，有白色縹帶，寬2.2厘米，長12.5厘米。卷上下邊殘損。已修整。
3.4　説明：
　　本遺書為護首。上有“妙法蓮華卷第三”。
8　9～10世紀。歸義軍時期寫本。
9.1　楷書。

1.1　BD13109號
1.3　護首（大般若波羅蜜多經）
1.4　L3238
2.1　21.2×25.6厘米；1紙；1行。
2.3　卷軸裝。首全尾脱。首有竹質天竿。有古代裱補。已修整。
3.4　説明：
　　本遺書為護首。上有“大般若經卷第四百三，三，卌一，聖”。經名上有經名號。
　　文中“卌一”為本卷所屬袟次。“三”為袟内卷次。“聖”為本經收藏寺院聖光寺的簡稱。
8　9～10世紀。歸義軍時期寫本。
9.1　楷書。

1.1　BD13110號
1.3　護首（大般若波羅蜜多經）
1.4　L3239
2.1　22×26.3厘米；1紙；1行。
2.3　卷軸裝。首全尾脱。有芨芨草天竿及縹帶殘根。有古代裱補。已修整。
3.4　説明：
　　本遺書為護首。上有“大般若波羅蜜多經卷第四百六十四，卌七”。經名上有經名號。
　　文中“卌七”為本卷所屬袟次。
8　8～9世紀。吐蕃統治時期寫本。
9.1　楷書。

1.1 BD13111 號
1.3 護首（般若波羅蜜多心經）
1.4 L3240
2.1 6.7×26.1 厘米；1 紙；1 行。
2.3 卷軸裝。首全尾脱。有芨芨草天竿。有烏絲欄。已修整。
3.4 説明：
本遺書為護首。上有“多心經一卷”。經名上有經名號。
8 8 世紀。唐寫本。
9.1 楷書。

1.1 BD13112 號
1.3 脱服文及賀醜奴狀雜寫（擬）
1.4 L3241
2.1 18.1×21 厘米；1 紙；7 行，行字不等。
2.3 卷軸裝。首全尾脱。有竹質天竿及縹帶。有烏絲欄。已修整。
3.4 説明：
本號為雜寫，包括如下内容；
1. 首行爲經名雜寫：“大般若波羅蜜多經卷第二百五十。”
2. 第 2 行到第 5 行為《脱服文》雜寫：
（錄文）
泣血終身，莫能上報，紅顔一掩，以隔/
三周，唯增噎絕，堂宇寂寥，但以服制/
有限，備惡容顔。何期昊天之恩顔（難）/
報。是日也，龍紀元年正月十七日。/
（錄文完）
3. 第 6 行、第 7 行為《賀醜奴狀》雜寫：
（錄文）
狀日伏請處分了分分牒律狀如前。/
謹牒五月日賀醜奴狀。/
（錄文完）
8 889 年。歸義軍時期寫本。
9.1 楷書。

1.1 BD13113 號
1.3 護首（業報因緣經）
1.4 L3242
2.1 13.4×25.3 厘米；1 紙；1 行。
2.3 卷軸裝。首全尾脱。有竹質天竿。已修整。
3.4 説明：
本遺書為護首。上有“業報因緣經卷第十，真”。經名上有經名號。
“真”字意義待考。
8 7～8 世紀。唐寫本。
9.1 楷書。

1.1 BD13114 號
1.3 護首（大般若波羅蜜多經）
1.4 L3243
2.1 22×25.9 厘米；1 紙；1 行。
2.3 卷軸裝。首全尾脱。有竹質天竿。已修整。
3.4 説明：
本遺書為護首。上有“大般若波羅蜜多經卷第五十四，界，六”。經名上有經名號。
文中“六”為本卷所屬袟次。“界”為本經收藏寺院三界寺的簡稱。
8 9～10 世紀。歸義軍時期寫本。
9.1 楷書。

1.1 BD13115 號
1.3 護首（大般若波羅蜜多經）
1.4 L3244
2.1 20.5×25.9 厘米；1 紙；1 行。
2.3 卷軸裝。首全尾殘。有竹質天竿。已修整。
3.4 説明：
本遺書為護首。上有“大般若波羅蜜多經卷第一百七十七，界，十八”。經名上有經名號。
文中“十八”為本卷所屬袟次。“界”為本經收藏寺院三界寺的簡稱。
8 9～10 世紀。歸義軍時期寫本。
9.1 楷書。

1.1 BD13116 號
1.3 護首（大方廣佛華嚴經）
1.4 L3245
2.1 23.8×25.8 厘米；1 紙；1 行。
2.3 卷軸裝。首全尾殘。有芨芨草天竿。已修整。
3.4 説明：
本遺書為護首。上有“大方廣佛華嚴經卷第五十五，首”。經名上有經名號。
“首”字為千字文袟號。故知本文獻為唐譯八十卷本。
8 9～10 世紀。歸義軍時期寫本。
9.1 楷書。

1.1 BD13117 號
1.3 護首（佛名經）
1.4 L3246
2.1 20.3×26.1 厘米；1 紙；1 行。
2.3 卷軸裝。首全尾脱。有芨芨草天竿。已修整。
3.4 説明：
本遺書為護首。上有“佛説佛名卷第五，龍”。
文中“龍”為本經收藏寺院龍興寺的簡稱。
8 9～10 世紀。歸義軍時期寫本。
9.1 楷書。

1.1 BD13118 號
1.3 護首（妙法蓮華經）
1.4 L3247
2.1 9×26.2 厘米；1 紙；1 行。
2.3 卷軸裝。首全尾斷。有竹質天竿。已修整。
3.4 說明：
本遺書為護首。上有"妙法連華經卷第五。新宅"。經名上有經名號。
文中"新宅"為本卷收藏地標註。
8 8～9 世紀。吐蕃統治時期寫本。
9.1 楷書。

1.1 BD13119 號
1.3 護首（大般若波羅蜜多經）
1.4 L3248
2.1 21.8×25.7 厘米；1 紙；1 行。
2.3 卷軸裝。首全尾脫。有竹質天竿。卷面有殘洞。已修整。
3.4 說明：
本遺書為護首。上有"大般若波羅蜜多經卷第四百七十六，卌八"。經名上有經名號。
文中"卌八"為本卷所屬袟次。
8 9～10 世紀。歸義軍時期寫本。
9.1 楷書。

1.1 BD13120 號
1.3 護首（大般若波羅蜜多經）
1.4 L3249
2.1 23.7×25.9 厘米；1 紙；1 行。
2.3 卷軸裝。首全尾脫。有竹質天竿。已修整。
3.4 說明：
本遺書為護首。上有"大般若波羅蜜多經卷第三百七十六，卅八，界"。經名上有經名號。
文中"卅八"為本卷所屬袟次。"界"為本經收藏寺院三界寺的簡稱。
8 9～10 世紀。歸義軍時期寫本。
9.1 楷書。

1.1 BD13121 號
1.3 護首（大般涅槃經）
1.4 L3250
2.1 23.7×26.4 厘米；1 紙；1 行。
2.3 卷軸裝。首全尾脫。有竹質天竿。卷面有殘洞。已修整。
3.4 說明：
本遺書為護首。上有"大般涅槃經卷第廿八，三"。經名上有經名號。
文中"三"為本卷所屬袟次。
8 8～9 世紀。吐蕃統治時期寫本。
9.1 楷書。

1.1 BD13122 號
1.3 護首（救病疾經）
1.4 L3251
2.1 18.9×24.8 厘米；1 紙；1 行。
2.3 卷軸裝。首全尾脫。上下邊殘缺。有竹質天竿，有麻繩縹帶，長 11 厘米。已修整。
3.4 說明：
本遺書為護首。上有"佛說救病疾經"。經名上有經名號。
8 7～8 世紀。唐寫本。
9.1 楷書。

1.1 BD13123 號
1.3 護首（讚僧功德經）
1.4 L3252
2.1 12.4×25.1 厘米；1 紙；1 行。
2.3 卷軸裝。首全尾殘。下部殘缺。有竹質天竿及縹帶殘根。已修整。
3.4 說明：
本遺書為護首。上有"讚僧功德經一卷"。經名上有經名號。
8 9～10 世紀。歸義軍時期寫本。
9.1 楷書。

1.1 BD13124 號 1
1.3 護首（佛名經）
1.4 L3253
2.1 14.5×30.9 厘米；1 紙；5 行。
2.3 卷軸裝。首尾均殘。有殘留竹質天竿。卷下邊殘缺。卷面 4 行文書的文字模糊難辨。有古代表補。已修整。
2.4 本遺書包括 2 個文獻：（一）《佛名經》護首，1 行，今編為 BD13124 號 1。（二）《丙子年十月廿八日某文書》（擬），4 行，今編為 BD13124 號 2。
3.4 說明：
本遺書為護首。上有"佛說佛名經卷第九"。經名上有經名號。
8 9～10 世紀。歸義軍時期寫本。
9.1 楷書。

1.1 BD13124 號 2
1.3 丙子年十月廿八日某文書（擬）
1.4 L3253
2.4 本遺書由 2 個文獻組成，本文獻為第 2 個，4 行。餘參見 BD13124 號 1 之第 2 項。
3.3 錄文：
（首全）

社人吳婆閣（?）一斗。/

社人字住子閣（?）壹斗。韓婆◇◇◇忍屬（?）□…□/

並人於龍馬坊◇…◇閣（?）◇道場◇◇子◇◇□…□/

丙子年十月廿八日於龍興寺◇惠然、惠納兒、惠力、馬闍梨、◇闍梨/”

（錄文完）

8　9～10 世紀。歸義軍時期寫本。

9.1　楷書。

1.1　BD13125 號

1.3　護首（經名不詳）

1.4　L3254

2.1　24.1×25.1 厘米；1 紙；2 行。

2.3　卷軸裝。首尾均殘。有殘留竹質天竿，有縹帶，長 11 厘米。經名簽已脫落。卷上部殘缺。有古代表補，紙上有字。已修整。

3.4　說明：

本遺書為護首。上有“□…□，七。/第七袟，八卷/”。經名上有經名號。

文中“八卷”為本卷所屬袟內卷次。

8　9～10 世紀。歸義軍時期寫本。

9.1　楷書。

1.1　BD13126 號

1.3　佛名經（十二卷本）卷一

1.4　L3255

2.1　20.3×25.1 厘米；1 紙；2 行。

2.3　卷軸裝。首尾均殘。僅殘賸經名，亦半殘。另存首行經文的末兩個字。有護首，係後配。護首有芨芨草天竿及黃色縹帶。已修整。

3.1　首殘→大正 0440，14/0114A02。

3.2　尾殘→大正 0440，14/0114A06。

4.1　佛說佛名經卷第一（首）。

8　7～8 世紀。唐寫本。

9.1　楷書。

1.1　BD13127 號

1.3　護首（大般若波羅蜜多經）

1.4　L3256

2.1　21.4×15.6 厘米；1 紙；1 行。

2.3　卷軸裝。首尾均殘。有殘留竹質天竿。通卷下殘，有多處蟲蛀殘洞。已修整。

3.4　說明：

本遺書為護首。上有殘經名“□…□蜜多經卷第四□…□”。

8　8～9 世紀。吐蕃統治時期寫本。

9.1　楷書。

1.1　BD13128 號

1.3　護首（切韻）

1.4　L3257

2.1　38.7×26.4 厘米；1 紙；8 行。

2.3　卷軸裝。首尾均殘。有殘留芨芨草天竿。有古代裱補。已修整。

3.4　說明：

本遺書為護首。上有“切韻一部并序”。

左下有倒寫文字 6 行，模糊難辨。首為“諸大德”云云，末署“龍興寺”，內容待考。

7.1　卷面有勘記“經壹帖”。

8　9～10 世紀。歸義軍時期寫本。

9.1　楷書。

1.1　BD13129 號

1.3　護首（大般若波羅蜜多經）

1.4　L3258

2.1　22.1×25.8 厘米；1 紙；1 行。

2.3　卷軸裝。首全尾脫。有竹質天竿及縹帶殘根。有紺青紙經名簽，上有金粉書寫經名，字跡磨滅。旁邊墨書經名。卷面有殘洞。已修整。

3.4　說明：

本遺書為護首。上有“大般若波羅蜜多經卷第五百八十，修，五十八”。經名上有經名號。

文中“五十八”為本卷所屬袟次。“修”為本經收藏寺院靈修寺的簡稱。

8　9～10 世紀。歸義軍時期寫本。

9.1　楷書。

1.1　BD13130 號

1.3　護首（大般若波羅蜜多經）

1.4　L3259

2.1　24.3×25.6 厘米；1 紙；1 行。

2.3　卷軸裝。首殘尾脫。有竹質天竿。卷下邊殘缺。已修整。

3.4　說明：

本遺書為護首。上有“大般若波羅蜜多經卷第三百卌二，卅五”。經名上有經名號。

文中“卅五”為本卷所屬袟次。

8　8～9 世紀。吐蕃統治時期寫本。

9.1　楷書。

1.1　BD13131 號

1.3　護首（大般若波羅蜜多經）

1.4　L3260

2.1　18.1×17.7 厘米；1 紙；1 行。

2.3　卷軸裝。首尾均殘。有竹質天竿及縹帶殘根。通卷下殘。已修整。

3.4　説明：

本遺書為護首。上有殘經名“大般若波羅蜜多經卷第□…□”。經名上有經名號。

8　8～9世紀。吐蕃統治時期寫本。

9.1　楷書。

1.1　BD13132號

1.3　護首（經名不詳）

1.4　L3261

2.1　3.1×25.8厘米；1紙；1行。

2.3　卷軸裝。首全尾斷。有竹質天竿。有紺青紙經名簽，字跡已不可辨認。已修整。

3.4　説明：

本遺書為護首。上有殘經名“□…□，融，恩”。

“融”字意義待考。“恩”為本經收藏寺院報恩寺的簡稱。

8　9～10世紀。歸義軍時期寫本。

9.1　楷書。

1.1　BD13133號

1.3　護首（大般若波羅蜜多經）

1.4　L3262

2.1　2.4×15.6厘米；1紙；1行。

2.3　卷軸裝。首尾均殘。有竹質天竿及縹帶殘根。通卷下殘。已修整。

3.4　説明：

本遺書為護首。上有殘經名“大般若波羅蜜多經卷第二百□…□”。經名上有經名號。

8　8～9世紀。吐蕃統治時期寫本。

9.1　楷書。

1.1　BD13134號

1.3　護首（大般若波羅蜜多經）

1.4　L3263

2.1　5.2×15.1厘米；1紙；1行。

2.3　卷軸裝。首尾均殘。有竹質天竿。通卷上殘。有古代裱補。已修整。

3.4　説明：

本遺書為護首。上有殘經名“□…□第三百五十七，雨，卌六”。經名上有經名號。

文中“雨”為本經的千字文帙號。“卌六”為本卷所屬袟次。

7.2　有長方形殘陽紋硃印，3.3×4.35厘米。印文為“瓜沙州大王印”。

8　9～10世紀。歸義軍時期寫本。

9.1　楷書。

1.1　BD13135號

1.3　護首（大般若波羅蜜多經）

1.4　L3264

2.1　1.4×25.2厘米；1紙；1行。

2.3　卷軸裝。首尾均殘。有殘竹質天竿。存字均半殘。已修整。

3.4　説明：

本遺書為護首。上有殘經名“大般若波羅蜜多經卷第□…□”。經名上有經名號。

8　8～9世紀。吐蕃統治時期寫本。

9.1　楷書。

1.1　BD13136號

1.3　護首（大般若波羅蜜多經）

1.4　L3265

2.1　1.5×25厘米；1紙；1行。

2.3　卷軸裝。首全尾殘。有竹質天竿及縹帶殘根。經卷次為殘字。已修整。

3.4　説明：

本遺書為護首。上有“大般若波羅蜜多經卷第三百八十八，卅九”。經名上有經名號。

文中“卅九”為本卷所屬袟次。

8　8～9世紀。吐蕃統治時期寫本。

9.1　楷書。

1.1　BD13137號

1.3　護首（大般若波羅蜜多經）

1.4　L3266

2.1　1.5×12.5厘米；1紙；1行。

2.3　卷軸裝。首尾均殘。通卷上下殘。粘有土黄色縹帶，長20厘米。已修整。

3.4　説明：

本遺書為護首。上有殘經名“□…□三百□五”。

8　8～9世紀。吐蕃統治時期寫本。

9.1　楷書。

1.1　BD13138號

1.3　護首（大般若波羅蜜多經）

1.4　L3267

2.1　4.2×12.3厘米；1紙；1行。

2.3　卷軸裝。首尾均殘。有殘竹質天竿及縹帶殘根。通卷上下殘。已修整。

3.4　説明：

本遺書為護首。上有殘經名“□…□羅蜜多經卷第一百六十五”。

8　8～9世紀。吐蕃統治時期寫本。

9.1　楷書。

1.1　BD13139號

1.3　殘片（擬）
1.4　L3268
2.1　48×4.5 厘米；2 紙，12 行。
2.2　01：25.5×2.2，01；　　02：24.5×4.5，11。
2.3　卷軸裝。首尾均殘。本遺書乃兩個長條殘片粘結而成。其中第一個長條竪剪，故存文字 1 行；第二個長條横剪，故存文字 11 行。已修整。
3.4　説明：
　　第 1 紙正面為習字雜寫，有"藏、禪、定"等字。背面亦為習字雜寫，有"精"等字。
　　第 2 紙正面似亦為雜寫，有"大"、"家"、"家"、"部"等字。背面為深褐色塗料所塗抹，可參見 BD13150 號。這種深褐色塗料一般用於袟皮。
8　9～10 世紀。歸義軍時期寫本。
9.1　楷書。

1.1　BD13140 號 1
1.3　金剛經序（擬）
1.4　L3269
2.1　46×25.5 厘米；2 紙；29 行，行 17 字。
2.2　01：05.3，03；　　02：40.7，26。
2.3　卷軸裝。首尾均殘。殘片。打紙，砑光上蠟。背有古代裱補。已修整。
2.4　本遺書包括 2 個文獻：（一）《金剛經序》（擬），4 行，今編為 BD13140 號 1。（二）《金剛般若波羅蜜經》，25 行，今編為 BD13140 號 2。
3.3　錄文：
（首殘）
□…□無極/
□…□長□□竇散天金/
□…□石以騰輝宣揚九印/
□…□菩提。/
（錄文完）
8　7～8 世紀。唐寫本。
9.1　楷書。

1.1　BD13140 號 2
1.3　金剛般若波羅蜜經
1.4　L3269
2.4　本遺書由 2 個文獻組成，本文獻為第 2 個，25 行。餘參見 BD13140 號 1 之第 2 項。
3.1　首 3 行上殘→大正 0235，08/0748C17～19。
3.2　尾 13 行下殘→大正 0235，08/0749A04～16。
8　7～8 世紀。唐寫本。
9.1　楷書。

1.1　BD13141 號
1.3　妙法蓮華經卷六
1.4　L3270
2.1　36.2×25.4 厘米；2 紙；23 行，行 17 字。
2.2　01：35.0，22；　　02：01.3，01。
2.3　卷軸裝。首尾均殘。殘片。經黄紙。卷面有鳥糞。有烏絲欄。已修整。
3.1　首 9 行上殘→大正 0262，09/0054A25～B04。
3.2　尾殘→大正 0262，09/0054B19。
8　7～8 世紀。唐寫本。
9.1　楷書。

1.1　BD13142 號
1.3　護首（大佛頂經）
1.4　L3271
2.1　24.5×25 厘米；1 紙；正面 3 行，背面 3 行。
2.3　卷軸裝。首全尾脱。背有雜寫 3 行。已修整。
3.4　説明：
　　本遺書為護首。上有"大佛頂經卷第一"。經名上有經名號。
7.1　首行下有勘記"刮了二校"。
7.3　兩面均有"佛説德光太子經一卷"及其他雜寫共 5 行。
8　9～10 世紀。歸義軍時期寫本。
9.1　楷書。

1.1　BD13143 號
1.3　難雜字（擬）
1.4　L3272
2.1　8.1×22.4 厘米；1 紙；正面 4 行，背面 1 行。
2.3　卷軸裝。首尾均殘。小殘片。有烏絲欄。已修整。
3.4　説明：
　　本遺書正背兩面均為習字雜寫。部分文字顯然按照部首排列。
8　9～10 世紀。歸義軍時期寫本。
9.1　楷書。

1.1　BD13144 號
1.3　雜寫（擬）
1.4　L3273
2.1　7.4×31.5 厘米；1 紙；3 行。
2.3　卷軸裝。首尾均斷。小殘片。已修整。
3.4　説明：
　　本遺書為雜寫。其中提到"大寶積"，或為《大寶積經》難雜字，待考。
8　9～10 世紀。歸義軍時期寫本。
9.1　楷書。

1.1　BD13145 號

1.3　修建擇吉文書（擬）
1.4　L3274
2.1　10×26.9 厘米；1 紙；正面 6 行，背面 6 行。
2.3　卷軸裝。首斷尾殘。小殘片。已修整。
2.4　本遺書包括 2 個文獻：（一）《修建擇吉文書》（擬），4 行，抄寫在正面，今編為 BD13145 號。（二）《習字雜寫》（擬），8 行，2 行抄寫在正面（倒寫），6 抄寫在背面（有正寫、有倒寫），今編為 BD13145 號背。
3.3　錄文：
（首殘）
□□修造因緣，尋到院，請師僧看/
之，今年金神七煞，並在子丑兩位，不得/
修建。若也欲得修時，擇得月日，終是/
不多穩便取好。直到來年甚利，便並/
（錄文完）
8　9～10 世紀。歸義軍時期寫本。
9.1　楷書。

1.1　BD13145 號背
1.3　習字雜寫（擬）
1.4　L3274
2.4　本遺書由 2 個文獻組成，本文獻為第 2 個，8 行，分別抄寫在正面、背面，有正寫，有倒寫。餘參見 BD13145 號之第 2 項。
3.4　說明：
正面倒寫 2 行，背面抄寫 6 行，有“安、之、生、處、涉、步、法、及、皇帝弘之、焚、謹為”等字。
8　9～10 世紀。歸義軍時期寫本。
9.1　楷書。

1.1　BD13146 號
1.3　佛名經殘片（擬）
1.4　L3275
2.1　9.8×7 厘米；1 紙；1 行。
2.3　卷軸裝。首尾均殘。通卷下殘。小殘片。已修整。
3.4　說明：
本遺書僅存 3 行，均為“南無”。
8　8 世紀。唐寫本。
9.1　楷書。

1.1　BD13147 號
1.3　經袟
1.4　L3276
2.1　14.7×26.7 厘米；1 紙。
2.3　卷軸裝。首尾均殘。由多層紙粘合而成。上下有兩條深褐色貼邊。已修整。
3.4　說明：
本遺書為殘經袟。多層紙粘貼而成。經袟正面可見多處雜寫文字，不少文字向裏粘貼。經袟背面亦可見向裏粘貼的字痕。因文字雜亂，不錄文。
8　9～10 世紀。歸義軍時期寫本。
9.1　楷書。

1.1　BD13148 號 1
1.3　巳年二月十七日紇骨薩部落百姓李興晟便黄麻契（擬）
1.4　L3277
2.1　54.2×27.5 厘米；1 紙；漢文 8 行，藏文 7 行。
2.3　單葉裝。首全尾殘。此件殘破不堪，修整時托裱在紙上。
2.4　本遺書包括 2 個文獻：（一）《巳年二月十七日紇骨薩部落百姓李興晟便黄麻契》（擬），8 行，今編為 BD13148 號 1。（二）《藏文文書》（擬），7 行，今編為 BD13148 號 2。
3.4　說明：
本遺書現存殘片 6 塊，尚不足拼湊成完整文書。修整時將 6 塊殘片粘貼在一張紙上，但位置有誤，以致文字很難讀通。從首行可知，上面所抄第一個文獻乃《巳年二月十七日紇骨薩部落百姓李興晟便黄麻契》（擬）。
8　8～9 世紀。吐蕃統治時期寫本。
9.1　楷書。

1.1　BD13148 號 2
1.3　藏文文書（擬）
1.4　L3277
2.4　本遺書由 2 個文獻組成，本文獻為第 2 個，7 行。餘參見 BD13148 號 1 之第 2 項。
3.4　說明：
所抄為藏文，內容待考。
8　8～9 世紀。吐蕃統治時期寫本。
9.1　草書。

1.1　BD13149 號
1.3　妙法蓮華經卷七
1.4　L3278
2.1　100.5×（5.8～22.8）厘米；16 紙；46 行。
2.2　01：04.3，02；　02：04.9，03；　03：05.7，03；
04：06.0，03；　05：05.3，02；　06：06.0，03；
07：05.8，03；　08：05.7，03；　09：05.6，03；
10：17.7，03；　11：05.5，03；　12：05.2，03；
13：05.8，03；　14：06.0，03；　15：04.6，03；
16：06.4，03。
2.3　卷軸裝。首尾均殘。共包括 16 塊小殘片。經黄打紙。有烏絲欄。已修整。
3.4　說明：
本遺書包括 16 塊小殘片。詳情如下：
01.4.3×15.7 厘米，首尾均殘，小殘片，有烏絲欄，已修整。1 紙，2 行；大正 0262，09/0057B10～12。

02. 4. 9×17. 3 厘米，首尾均殘，小殘片，有烏絲欄，已修整。1 紙，3 行；大正 0262，09/0058B15～17。

03. 5. 7×17. 6 厘米，首尾均殘，小殘片，有烏絲欄，已修整。1 紙，3 行；大正 0262，09/0058B06～08。

04. 6×20. 3 厘米，首尾均殘，小殘片，有烏絲欄，已修整。1 紙，3 行；大正 0262，09/0057C06～08。

05. 5. 3×20. 8 厘米，首尾均殘，小殘片，有烏絲欄，已修整。1 紙，2 行；大正 0262，09/0057B15～17。

06. 6×22. 5 厘米，首尾均殘，小殘片，有烏絲欄，已修整。1 紙，3 行；大正 0262，09/0057C13～18。

07. 5. 8×22. 2 厘米，首尾均殘，小殘片，有烏絲欄，已修整。1 紙，3 行；大正 0262，09/0057C21～26。與《大正藏》本對照，文字略有參差。

08. 5. 7×22. 3 厘米，首尾均殘，小殘片，有烏絲欄，已修整。1 紙，3 行；大正 0262，09/0058A20～25。

09. 5. 6×14. 2 厘米，首尾均殘，小殘片，有烏絲欄，已修整。1 紙，3 行；大正 0262，09/0057B25～28。

10. 17. 7×5. 8 厘米，首尾均殘，小殘片，有烏絲欄，已修整。1 紙，3 行；大正 0262，09/0058A28～B03。

11. 5. 5×20. 9 厘米，首尾均殘，小殘片，有烏絲欄，已修整。1 紙，3 行；大正 0262，09/0057C01～04。

12. 5. 2×21 厘米，首尾均殘，小殘片，有烏絲欄，已修整。1 紙，3 行；大正 0262，09/0057B20～22。

13. 5. 8×22. 4 厘米，首尾均殘，小殘片，有烏絲欄，已修整。1 紙，3 行；大正 0262，09/0058A10～15。

14. 6×17. 4 厘米，首尾均殘，小殘片，有烏絲欄，已修整。1 紙，3 行；大正 0262，09/0058B10～13。

15. 4. 6×8. 1 厘米，首尾均殘，小殘片，有烏絲欄，已修整。1 紙，3 行；大正 0262，09/0057B25～27。

16. 6. 4×22. 2 厘米，首尾均殘，小殘片，有烏絲欄，已修整。1 紙，3 行；大正 0262，09/0058A02～09。

8　7～8 世紀。唐寫本。

9. 1　楷書。

1. 1　BD13150 號

1. 3　齋意文（擬）

1. 4　L3279

2. 1　6. 9×14. 6 厘米；1 紙；正面 5 行。背面 9 行。

2. 3　卷軸裝。首尾均殘。小殘片。下邊塗抹深褐色。正面首有墨跡符號。已修整。

3. 3　錄文：

正面：

□…□成郡邑/

□…□◇□…□/

□…□楊□…□/

□…□今□…□/

□…□所□…□/

背面：

□…□苦海□…□/

□…□滅□…□/

□…□眾□…□/

□…□苦海□…□/

□…□張瑞□…□/

□…□今擬懸□…□/

□…□那咸登□…□/

□…□懸掛□…□/

□…□玉號□…□/

（錄文完）

3. 4　說明：

本遺書原來兩面書寫不同的《齋文》（擬），後來被粘貼為袟皮。又從袟皮上脫落，形成目前狀態。參見 BD13139 號。

8　9～10 世紀。歸義軍時期寫本。

9. 1　楷書。

9. 2

1. 1　BD13151 號 A

1. 3　天福七年八月木牆鄉感化村稅戶李思順李稠秋牒各一道（擬）

1. 4　L3280

2. 1　53. 7×20 厘米；1 紙；10 行。

2. 3　卷軸裝。首尾均殘。卷面多殘洞。已修整。

3. 3　錄文：

（首殘）

［木牆鄉感］化村稅戶李思□…□/

□…□/

□…□段肆畝付□…□/

□…□段肆畝付□…□/

右思順□…□苗齊（?），一一豆苗◇如分□…□/

有不同請科重罪大◇，伏請處□…□/

［牒狀］如前謹牒/

天福七年八月日李思順/

（空若干行）

木牆鄉感化村/

稅戶李稠秋苗諸色共計壹/

（錄文完）

8　942 年。歸義軍時期寫本。

9. 1　行書。

1. 1　BD13151 號 B

1. 3　天福七年八月木牆鄉感化村稅戶李某等牒兩道（擬）

1. 4　L3280

2. 1　34×10 厘米；1 紙；13 行。

2. 3　卷軸裝。首尾均殘。小殘片。背面塗沫深褐色。已修整。

3. 3　錄文：

（首殘）
□…□具如□…□/
□…□如前謹□…□/
天福七年八月□…□/
□…□感化村稅戶李□…□/
□…□共貳拾伍畝□…□/
□…□一段捌畝/
□…□小豆一段貳畝/
□…□大豆一段伍畝/
□…□一段壹拾畝/
□…□通戶百畝一一並□…□/
□…□不同請科重罪□…□/
□…□前謹牒/
□…□七年八月日李□…□/
（錄文完）
3.4 說明：
本遺書背面塗沫深褐色，曾經用作袟皮。
8 942 年。歸義軍時期寫本。
9.1 楷書。

1.1 BD13151 號 C
1.3 天福七年八月木牆鄉感化村稅戶殘牒（擬）
1.4 L3280
2.1 19.5×20 厘米，1 紙，2 行。
2.3 卷軸裝。首尾均殘。卷面多殘洞。已修整。
3.3 錄文：
（首殘）
木牆鄉感□…□/
□…□已上捌畝□…□/
（錄文完）
8 942 年。歸義軍時期寫本。
9.1 行書。

1.1 BD13151 號 D
1.3 殘片六塊（擬）
1.4 L3280
2.1 13.1×(1.7~3.8) 厘米；6 紙；4 行。
2.3 卷軸裝。首尾均殘。共包括 6 塊小殘片。已修整。
3.4 說明：
本號包括 6 塊小殘片，情況如下：
01. 5.8×1.7 厘米；首尾均殘。1 紙；3 行。僅可辨一“生”字。
02. 2.6×3.8 厘米；首尾均殘。1 紙；1 行。僅可辨一“詞”字。
03. 3.6×3.2 厘米；首尾均殘。1 紙。無字。
04. 1.1×1.8 厘米；殘渣，首尾均殘。1 紙。僅有字痕。
另有殘渣 05、06 兩小塊，未量長度。

8 9~10 世紀。歸義軍時期寫本。
9.1 楷書。

1.1 BD13152 號
1.3 藏文文獻（擬）
1.4 L3281
2.1 17×4.6 厘米；1 紙；11 行。
2.3 卷軸裝。首尾均殘。小殘片。卷面油污。已修整。
3.4 說明：
本遺書為藏文。內容待考。
8 8~9 世紀。吐蕃統治時期寫本。
9.1 草書。

1.1 BD13153 號
1.3 藏文文獻（擬）
1.4 L3282
2.1 21.6×10 厘米；1 紙；16 行。
2.3 卷軸裝。首尾均殘。小殘片。已修整。
3.4 說明：
本遺書為藏文。內容待考。
8 8~9 世紀。吐蕃統治時期寫本。
9.1 草書。

1.1 BD13154 號
1.3 護首（大般若波羅蜜多經）
1.4 L3283
2.1 5.6×22.6 厘米；1 紙；1 行。
2.3 卷軸裝。首全尾殘。有竹質天竿，已斷。有紺青紙經名簽，上有金粉書寫經名。已修整。
3.4 說明：
本遺書為護首。上有“大般若波羅蜜多經卷第四百六十四，□，[卌七]”。經名上有經名號。
文中“[卌七]”為本卷所屬袟次。
8 8~9 世紀。吐蕃統治時期寫本。
9.1 楷書。

1.1 BD13155 號
1.3 藏文文獻（擬）
1.4 L3284
2.1 5.3×7.7 厘米；1 紙；4 行。
2.3 卷軸裝。首尾均殘。小殘片。已修整。
3.4 說明：
本遺書為藏文。內容待考。
8 8~9 世紀。吐蕃統治時期寫本。
9.1 草書。

1.1 BD13156 號

1.3　殘片（擬）
1.4　L3285
2.1　9.7×4.3 厘米；1 紙；2 行。
2.3　卷軸裝。首尾均殘。通卷上殘。小殘片。雙層紙重疊。有烏絲欄。已修整。
3.4　說明：
本遺書無可辨認文字。
8　8～9 世紀。吐蕃統治時期寫本。
9.1　楷書。

1.1　BD13157 號
1.3　殘片八十九塊（擬）
1.4　L3286
2.3　殘片。包括 89 塊小殘片。已修整。
3.4　說明：
本號由 89 塊小殘片組成。係各種各種的碎損殘片。其內容、年代、紙質、字體、文字各異。情況如下：

01. 4×5.7 厘米，1 紙，2 行。首尾均殘，通卷上下殘，小殘片。有烏絲欄。7～8 世紀。唐寫本。屬《金剛經》。

02. 3×6.5 厘米，1 紙，2 行。首尾均殘，通卷上下殘，小殘片。有烏絲欄。7～8 世紀。唐寫本。屬《妙法蓮華經》卷五。

03. 3.2×5.3 厘米，1 紙，3 行。首尾均殘，通卷上殘，小殘片。有烏絲欄。7～8 世紀。唐寫本。可辨“無”、“嫉”，餘為殘筆痕。

04. 3.3×4 厘米，1 紙，1 行。首尾均殘，通卷上下殘，小殘片。餘“第十二”，為經名或護首經名。

05. 6.1×1.8 厘米，1 紙，2 行。首尾均殘，通卷下殘，小殘片。有烏絲欄。可辨“如”，餘為殘筆痕。

06. 2.5×3.5 厘米，1 紙，2 行。首尾均殘，通卷上下殘，小殘片。可辨“為二”，餘為殘筆痕。

07. 2×3 厘米，1 紙，2 行。首尾均殘，通卷上下殘，小殘片。有烏絲欄。可辨“生菩薩”、“菩薩”，餘為殘筆痕。

08. 1×2.5 厘米，1 紙，1 行。首尾均殘，通卷上下殘，小殘片。可辨“誓”，餘為殘筆痕。

09. 2.4×5.3 厘米，1 紙，2 行。首尾均殘，通卷上下殘，小殘片。有烏絲欄。可辨“汙衣淨”，餘為殘筆痕。

10. 2×4 厘米，1 紙，1 行。首尾均殘，通卷上下殘，小殘片。可辨“是如”。

11. 1.2×5.2 厘米，1 紙，1 行。首尾均殘，通卷上下殘，小殘片。可辨“心中施華”，餘為殘筆痕。5～6 世紀。南北朝寫本。屬《大般涅槃經》（北本）卷一五。

12. 2.3×5 厘米，1 紙，2 行。首尾均殘，通卷上下殘，小殘片。可辨“四者起不起”，餘為殘筆痕。

13. 1.7×7 厘米，1 紙，2 行。首尾均殘，通卷上下殘，小殘片。均為殘筆痕。

14. 1.9×6.4 厘米，1 紙，1 行。首尾均殘，通卷上下殘，小殘片，下有裱補紙。有烏絲欄。可辨“一”，餘為殘筆痕。

15. 2.7×3.8 厘米，1 紙，2 行。首尾均殘，通卷上下殘，小殘片。有烏絲欄。可辨“於五謗，是”、“妄境”，餘為殘筆痕。有硃筆斷句。8～9 世紀。吐蕃統治時期寫本。屬《大乘百法明門論開宗義記》。

16. 3×2 厘米，1 紙，2 行。首尾均殘，通卷上下殘，小殘片。可辨“之”，餘為殘筆痕。

17. 4.1×3.3 厘米，1 紙，3 行。首尾均殘，通卷下殘，小殘片。有烏絲欄。可辨“耳”、“說”，餘為殘筆痕。

18. 1.6×7.5 厘米，1 紙，2 行。首尾均殘，通卷下殘，小殘片。有烏絲欄。均為殘筆痕。5～6 世紀。南北朝寫本。

19. 2×2.3 厘米，1 紙，1 行。首尾均殘，通卷上下殘，小殘片。可辨“無邊”，餘為殘筆痕。8～9 世紀。吐蕃統治時期寫本。

20. 5×4 厘米，1 紙，3 行。首尾均殘，通卷上下殘，小殘片。第 20、第 21、第 22 三塊原為同一遺書。可辨“一悉見”、“此義”，餘為殘筆痕。7～8 世紀。唐寫本。

21. 4×3.3 厘米，1 紙，3 行。首尾均殘，通卷上下殘，小殘片。第 20、第 21、第 22 三塊原為同一遺書。可辨“生”，餘為殘筆痕。7～8 世紀。唐寫本。

22. 3×2.7 厘米，1 紙，2 行。首尾均殘，通卷上下殘，小殘片。第 20、第 21、第 22 三塊原為同一遺書。可辨“之力”，餘為殘筆痕。7～8 世紀。唐寫本。

23. 1×2.9 厘米，1 紙，1 行。首尾均殘，通卷上下殘，小殘片。僅為殘筆痕。

24. 3.6×4.2 厘米，1 紙，2 行。首尾均殘，通卷上殘，小殘片。有烏絲欄。可辨“尊”，餘為殘筆痕。

25. 1.8×3 厘米，1 紙，1 行。首尾均殘，通卷上下殘，小殘片。可辨“如是法”。

26. 2.1×2.7 厘米，1 紙，2 行。首尾均殘，通卷上下殘，小殘片。可辨“南無”，餘為殘筆痕。屬《佛名經》。

27. 2.1×5.8 厘米，1 紙，2 行。首尾均殘，通卷上殘，小殘片。有烏絲欄。僅為殘筆痕。

28. 1.7×5.1 厘米，1 紙，2 行。首尾均殘，通卷上下殘，小殘片。僅為殘筆痕。

29. 0.5×7.8 厘米，1 紙，1 行。首尾均殘，通卷上下殘，長條小殘片。僅為殘筆痕。

30. 0.4×13 厘米，1 紙，1 行。首尾均殘，通卷上下殘，長條小殘片。僅為殘筆痕。

31. 2×3 厘米，1 紙，2 行。首尾均殘，通卷上下殘，小殘片。有烏絲欄。可辨“虛空”，餘為殘筆痕。

32. 2.1×4 厘米，1 紙，2 行。首尾均殘，通卷上下殘，小殘片。有烏絲欄。可辨“為”，餘為殘筆痕。

33. 2.6×3.8 厘米，1 紙，2 行。首尾均殘，通卷上下殘，小殘片。有烏絲欄。可辨“一切諸惡”、“得”，餘為殘筆痕。

34. 4×3.5 厘米，1 紙，2 行。首尾均殘，通卷上下殘，小殘片。可辨“以大聖”、“即”，餘為殘筆痕。

35. 3.5×3.2 厘米，1 紙，1 行。首尾均殘，通卷上下殘，

小殘片。有烏絲欄。可辨"相應",餘為殘筆痕。

36. 2. 7×3. 2 厘米,1 紙,2 行。首尾均殘,通卷上下殘,小殘片。有烏絲欄。可辨"他時於",餘為殘筆痕。

37. 0. 7×3. 5 厘米,1 紙,1 行。首尾均殘,通卷上下殘,小殘片。可辨"時",餘為殘筆痕。

38. 1. 8×4. 5 厘米,1 紙,1 行。首尾均殘,通卷上下殘,小殘片。可辨"婬怨家",餘為殘筆痕。屬《諸經要集》卷一一或《法苑珠林》卷六八所引《彌勒菩薩所問經論》卷五,因引文撮略,故與原文不同。

39. 1. 2×2. 5 厘米,1 紙,1 行。首尾均殘,通卷上下殘,小殘片。僅為殘筆痕。

40. 1. 8×3. 5 厘米,1 紙,1 行。首尾均殘,通卷上下殘,小殘片。有烏絲欄。僅為殘筆痕。

41. 3. 1×2. 9 厘米,1 紙,2 行。首尾均殘,通卷上下殘,小殘片。有烏絲欄。僅為殘筆痕。

42. 0. 7×2. 5 厘米,1 紙,1 行。首尾均殘,通卷上下殘,小殘片。僅為殘筆痕。

43. 2. 5×6 厘米,1 紙,1 行。首尾均殘,通卷上下殘,小殘片。僅為殘筆痕。

44. 2. 6×6. 5 厘米,1 紙,1 行。首尾均殘,通卷上下殘,小殘片。可辨"萬"字一行。9~10 世紀。歸義軍時期寫本。從形態看,應為《千字文習字》(擬)。

45. 0. 9×2. 2 厘米,1 紙,2 行。首尾均殘,通卷上下殘,小殘片。有烏絲欄。僅為殘筆痕。

46. 1. 8×11 厘米,1 紙,1 行。首尾均殘,通卷上下殘,小殘片。可辨"卌三",屬《大般若波羅蜜多經》護首的袟次。

47. 2. 1×1. 8 厘米,1 紙,2 行。首尾均殘,通卷上下殘,小殘片。僅為殘筆痕。

48. 2×3. 4 厘米,1 紙,2 行。首尾均殘,通卷上下殘,小殘片。僅為殘筆痕。

49. 1. 4×3. 5 厘米,1 紙,2 行。首尾均殘,通卷上下殘,三角形小殘片。有烏絲欄。僅為殘筆痕。

50. 1. 8×2. 1 厘米,1 紙,2 行。首尾均殘,通卷上下殘,小殘片。有烏絲欄。可辨"等",餘為殘筆痕。

51. 1. 5×2. 9 厘米,1 紙,1 行。首尾均殘,通卷上下殘,小殘片。僅為殘筆痕。

52. 2×3. 1 厘米,1 紙,2 行。首尾均殘,通卷上下殘,小殘片。有烏絲欄。可辨"妾",餘為殘筆痕。

53. 2. 3×2 厘米,1 紙,2 行。首尾均殘,通卷上下殘,小殘片。可辨"人",餘為殘筆痕。

54. 3. 7×3. 6 厘米,1 紙,1 行。首尾均殘,通卷上殘,小殘片。有烏絲欄。可辨"殿"一字。9~10 世紀。歸義軍時期寫本。從形態看,疑為《千字文習字》(擬)。

55. 1. 7×2. 1 厘米,1 紙,2 行。首尾均殘,通卷上下殘,小殘片。僅為殘筆痕。

56. 3×3. 3 厘米,1 紙,1 行。首尾均殘,通卷下殘,小殘片。有烏絲欄。僅為殘筆痕。

57. 0. 9×2. 8 厘米,1 紙,1 行。首尾均殘,通卷上下殘,小殘片。有烏絲欄。僅為殘筆痕。

58. 1. 8×3. 2 厘米,1 紙,2 行。首尾均殘,通卷上下殘,小殘片。有烏絲欄。僅為殘筆痕。

59. 2×4. 2 厘米,1 紙,1 行。首尾均殘,通卷上下殘,小殘片。有烏絲欄。僅為殘筆痕。

60. 1. 3×2. 2 厘米,1 紙,1 行。首尾均殘,通卷上下殘,小殘片。可辨"夫"一字。

61. 2. 5×2. 4 厘米,1 紙,2 行。首尾均殘,通卷上下殘,小殘片。藏文,正書。

62. 0. 7×1. 3 厘米,1 紙,1 行。首尾均殘,通卷上下殘,小殘片。僅為殘筆痕。

63. 0. 8×1. 5 厘米,1 紙,2 行。首尾均殘,通卷上下殘,小殘片。僅為殘筆痕。

64. 1. 3×5. 1 厘米,1 紙,1 行。首尾均殘,通卷上下殘,小殘片。僅為殘筆痕。

65. 4. 5×3. 7 厘米,1 紙,2 行。首尾均殘,通卷上下殘,小殘片。僅為殘筆痕。

66. 1. 3×1. 8 厘米,1 紙,1 行。首尾均殘,通卷上下殘,小殘片。僅為殘筆痕。

67. 5×4 厘米,1 紙,3 行。首尾均殘,通卷上下殘,小殘片。有烏絲欄。可辨"無"、"提"、"然燈(?)",餘為殘筆痕。

68. 1. 5×2 厘米,1 紙,1 行。首尾均殘,通卷上下殘,小殘片。可辨"長",餘為殘筆痕。

69. 2. 2×3. 7 厘米,1 紙,1 行。首尾均殘,通卷上下殘,小殘片。可辨"三藏法師玄",從形態看,為卷首譯者署名。

70. 3. 5×2. 6 厘米,1 紙,2 行。首尾均殘,通卷上下殘,小殘片。有烏絲欄。可辨"善"、"多羅",餘為殘筆痕。

71. 3. 2×2. 1 厘米,1 紙,2 行。首尾均殘,通卷上下殘,小殘片。有烏絲欄。可辨"與僧",餘為殘筆痕。

72. 3×3 厘米,1 紙,3 行。首尾均殘,通卷上下殘,小殘片。有烏絲欄。僅為殘筆痕。

73. 1. 2×1 厘米,1 紙,1 行。首尾均殘,通卷上下殘,小殘片。僅為殘筆痕。

74. 1. 2×1. 3 厘米,1 紙,1 行。首尾均殘,通卷上下殘,小殘片。僅為殘筆痕。

75. 0. 5×2. 9 厘米,1 紙,1 行。首尾均殘,通卷上下殘,小殘片。僅為殘筆痕。

76. 8. 7×2. 3 厘米,1 紙,6 行。首尾均殘,通卷上下殘,小殘片。藏文,正書

77. 1. 6×3 厘米,1 紙,2 行。首尾均殘,通卷上下殘,小殘片。僅為殘筆痕。

78. 4. 2×3. 2 厘米,1 紙,2 行。首尾均殘,通卷上下殘,小殘片。有烏絲欄。可辨"煞"、"左",餘為殘筆痕。

79. 2. 8×1. 7 厘米,1 紙,2 行。首尾均殘,通卷上下殘,小殘片。有烏絲欄。可辨"佛",餘為殘筆痕。

80. 1. 8×2 厘米,1 紙,1 行。首尾均殘,通卷下殘,小殘

片。有烏絲欄。僅為殘筆痕。

81. 1×2. 8 厘米，1 紙，2 行。首尾均殘，通卷上下殘，小殘片。有烏絲欄。僅為殘筆痕。

82. 2. 4×3. 2 厘米，1 紙，1 行。首尾均殘，通卷上下殘，小殘片。有烏絲欄。可辨"無量"，餘為殘筆痕。

83. 1. 6×2. 5 厘米，1 紙，2 行。首尾均殘，通卷上下殘，小殘片。僅為殘筆痕。

84. 6. 5×2. 8 厘米，1 紙，5 行。首尾均殘，通卷上下殘，小殘片。可辨"戒"、"養無量"、"天女"、"謂"，餘為殘筆痕。

85. 1. 8×1. 6 厘米，1 紙，1 行。首尾均殘，通卷上下殘，小殘片。有烏絲欄。僅為殘筆痕。

86. 3×3 厘米，1 紙，2 行。首尾均殘，通卷上下殘，小殘片。有烏絲欄。可辨"言"，餘為殘筆痕。

87. 1. 5×3 厘米，1 紙，2 行。首尾均殘，通卷上殘，小殘片。僅為殘筆痕。

88. 3. 5×4. 1 厘米，素紙。首尾均殘，通卷上下殘，小殘片。

89. 0. 4×1 厘米，1 紙，1 行。首尾均殘，通卷上下殘，小殘片。僅為殘筆痕。

8　年代各異。

9. 1　字體各異。

1. 1　BD13158 號

1. 3　護首（金光明經）

1. 4　L3287

2. 1　22. 8×25. 2 厘米；1 紙；1 行。

2. 3　卷軸裝。首全尾脫。有竹質天竿及縹帶。有黃紙經名簽，上用金粉書寫經名。已修整。

3. 4　說明：

本遺書為護首。上有殘經名"□□金光明經卷第五"。

8　8～9 世紀。吐蕃統治時期寫本。

9. 1　楷書。

1. 1　BD13159 號

1. 3　護首（經名不詳）

1. 4　L3288

2. 1　3. 5×25 厘米；1 紙；1 行。

2. 3　卷軸裝。首全尾斷。有芨芨草天竿。有上下邊欄。已修整。

3. 4　說明：

本遺書為護首，上面無文字，不出圖版。

8　7～8 世紀。唐寫本。

1. 1　BD13160 號

1. 3　護首（大般若波羅蜜多經）

1. 4　L3289

2. 1　1. 3×25. 3 厘米；1 紙；1 行。

2. 3　卷軸裝。首全尾斷。有芨芨草天竿。已修整。

3. 4　說明：

有殘留文字。應為《大般若波羅蜜多經》護首。

8　9～10 世紀。歸義軍時期寫本。

9. 1　楷書。

1. 1　BD13161 號

1. 3　護首（經名不詳）

1. 4　L3290

2. 1　6. 8×25 厘米；1 紙；1 行。

2. 3　卷軸裝。首尾均殘。通卷上殘。有竹質天竿，有棕色縹帶，長 26 厘米。卷面有殘洞。已修整。

3. 4　說明：

本遺書為護首。上有殘經名"□…□，五"。

8　8～9 世紀。吐蕃統治時期寫本。

9. 1　楷書。

1. 1　BD13162 號

1. 3　護首殘片（擬）

1. 4　L3291

2. 1　8. 4×25. 6 厘米；1 紙；1 行。

2. 3　卷軸裝。首脫尾殘。小殘片。已修整。

3. 4　說明：

本遺書殘存少半字，似"冬（修?）"字。

8　9～10 世紀。歸義軍時期寫本。

9. 1　楷書。

1. 1　BD13163 號

1. 3　殘片（擬）

1. 4　L3292

2. 1　12. 1×25. 5 厘米；2 紙；1 行。

2. 2　01：01. 4，00；　　02：10. 7，01。

2. 3　卷軸裝。首尾均殘。小殘片。已修整。

3. 4　說明：

本遺書僅殘存"二"字。

8　7～8 世紀。唐寫本。

9. 1　楷書。

1. 1　BD13164 號

1. 3　護首（四分律）

1. 4　L3293

2. 1　21. 5×24. 8 厘米；1 紙；1 行。

2. 3　卷軸裝。首殘尾脫。上下邊殘缺。存字均半殘。已修整。

3. 4　說明：

本遺書為護首。上有"四分律藏卷第二十二，三"。

文中"三"為本卷所屬袟次。

8　8～9 世紀。吐蕃統治時期寫本。

9. 1　楷書。

1.1　BD13165 號
1.3　護首（大般若波羅蜜多經）
1.4　L3294
2.1　21×12.3 厘米；1 紙；1 行。
2.3　卷軸裝。首尾均殘。有古代裱補。裱補紙上有字。已修整。
3.4　説明：
　　本遺書為護首。上有殘經名“卌八”。故知應為《大般若波羅蜜多經》護首。
8　8～9 世紀。吐蕃統治時期寫本。
9.1　楷書。

1.1　BD13166 號
1.3　護首（經名不詳）
1.4　L3295
2.1　20.8×26.2 厘米；1 紙；1 行。
2.3　卷軸裝。首殘尾脱。已修整。
3.4　説明：
　　本遺書為護首。僅殘存“□…□下”。／
8　8 世紀。唐寫本。
9.1　楷書。

1.1　BD13167 號
1.3　護首（大般涅槃經）
1.4　L3296
2.1　19.3×25.6 厘米；1 紙；1 行。
2.3　卷軸裝。首殘尾脱。卷面油污。已修整。
3.4　説明：
　　本遺書為護首。上有“大般涅槃經第十”。經名上有經名號。
8　8～9 世紀。吐蕃統治時期寫本。
9.1　楷書。

1.1　BD13168 號
1.3　護首（大寶積經）
1.4　L3297
2.1　21.8×26 厘米；1 紙；1 行。
2.3　卷軸裝。首殘尾脱。有殘留紺青紙經名簽。有古代裱補。已修整。
3.4　説明：
　　本遺書為護首。上有殘經名“□…□，身，卌六，淨”。
　　文中“卌六”為本卷所屬袟次。“身”為敦煌遺書《大寶積經》特有的袟號。“淨”為本經收藏寺院淨土寺的簡稱。
8　9～10 世紀。歸義軍時期寫本。
9.1　楷書。

1.1　BD13169 號
1.3　護首（大般若波羅蜜多經）
1.4　L3298
2.1　20.3×25.8 厘米；1 紙；1 行。
2.3　卷軸裝。首斷尾脱。卷面有油污。已修整。
3.4　説明：
　　本遺書為護首。上有“五十八，八”。故知為《大般若波羅蜜多經》護首。
　　“五十八”為本卷所屬袟次。“八”為袟内卷次。
8　8～9 世紀。吐蕃統治時期寫本。
9.1　楷書。

1.1　BD13170 號
1.3　護首（妙法蓮華經）
1.4　L3299
2.1　18.4×25.5 厘米；1 紙；1 行。
2.3　卷軸裝。首殘尾脱。上邊殘缺。背有上下界欄。已修整。
3.4　説明：
　　本遺書為護首。上有“□□蓮華經卷第五”。
8　7～8 世紀。唐寫本。
9.1　楷書。

1.1　BD13171 號
1.3　護首（妙法蓮華經優波提舍）
1.4　L3300
2.1　11.8×28 厘米；1 紙；1 行。
2.3　卷軸裝。首尾均殘。有古代裱補。存字均略殘。已修整。
3.4　説明：
　　本遺書為護首。上有“妙法蓮華經優波提舍”。
8　7～8 世紀。唐寫本。
9.1　楷書。

1.1　BD13172 號
1.3　護首（大般涅槃經）
1.4　L3301
2.1　23.8×25.7 厘米；1 紙；1 行。
2.3　卷軸裝。首殘尾脱。卷下邊殘缺。已修整。
3.4　説明：
　　本遺書為護首。上有“大般涅槃經卷第六，一”。經名上有經名號。
　　“一”為本卷所屬袟次。
8　7～8 世紀。唐寫本。
9.1　楷書。

1.1　BD13173 號
1.3　護首（大方等大集經）
1.4　L3302
2.1　22.7×26 厘米；1 紙；1 行。
2.3　卷軸裝。首殘尾脱。卷中有殘洞。經名簽已脱落。已修整。

3.4 説明：

本遺書為護首。上有“□…□，四，恩，虞一”。

文中“四”為本卷所屬袟次。“恩”為本經收藏寺院報恩寺的簡稱。“虞一”為千字文袟號。

按：依據《開元錄入藏錄復原擬目》，“虞”字下為《大方等大集日藏經》，一部十卷。則本卷應為《大方等大集日藏經》卷一。但“虞一”與其上袟次“四”矛盾，因爲《大方等大集日藏經》，一部十卷，袟次不可能編到“四”，且既然寫明為“虞一”，“四”不能視爲袟内卷次。

查《開元錄入藏錄復原擬目》，《大方等大集日藏經》之前為《大方等大集經》，一部三十卷，分爲三袟，千字文袟號作“讓、國、有”。我們知道，當時流通的《大方等大集經》卷本組合較爲複雜，有三十卷三袟、三十卷四袟、四十卷三袟、六十卷六袟等種種情況。估計這裏所收為六十卷六袟，此時《大方等大集日藏經》納入《大方等大集經》中，成爲第四袟，故出現“四”、“虞一”這樣的標註。詳情有待進一步研究。

8 9~10 世紀。歸義軍時期寫本。

9.1 楷書。

1.1 BD13174 號

1.3 護首（大般若波羅蜜多經）

1.4 L3303

2.1 23.7×25.3 厘米；1 紙；1 行。

2.3 卷軸裝。首殘尾脱。已修整。

3.4 説明：

本遺書為護首。上有“大般若波羅蜜多經卷第十九，二”。

文中“二”為本卷所屬袟次。

8 8~9 世紀。吐蕃統治時期寫本。

9.1 楷書。

1.1 BD13175 號

1.3 護首（妙法蓮華經）

1.4 L3304

2.1 1.4×15 厘米；1 紙；1 行。

2.3 卷軸裝。首尾均殘。通卷下殘。存字均半殘。

3.4 説明：

本遺書為護首。上有殘經名“□□蓮華經卷第四”。

8 8~9 世紀。吐蕃統治時期寫本。

9.1 楷書。

1.1 BD13176 號

1.3 護首（大般若波羅蜜多經）

1.4 L3305

2.1 22×25 厘米；1 紙；6 行。

2.3 卷軸裝。首全尾殘。背首粘有縹帶。

3.4 説明：

本遺書為護首。上有“大般若波羅蜜多經卷一百九十五，廿，蓮”。經名上有經名號。

文中“卅”為本卷所屬袟次。“蓮”為本經收藏寺院蓮臺寺的簡稱。

7.3 有雜寫“大般若波羅蜜多經卷卷一百九十五”2 行，“大聖白衣觀音菩薩”2 行，“南無淨除漢”1 行。

8 9~10 世紀。歸義軍時期寫本。

9.1 楷書。

1.1 BD13177 號

1.3 護首（金光明最勝王經）

1.4 L3306

2.1 20.2×21.1 厘米；1 紙；1 行。

2.3 卷軸裝。首尾均殘。通卷下殘。多有古代裱補。存字均半殘。已修整。

3.4 説明：

本遺書為護首。上有“金光明最勝王經卷□…□”。

8 8~9 世紀。吐蕃統治時期寫本。

9.1 楷書。

1.1 BD13178 號

1.3 護首（經名不詳）

1.4 L3307

2.1 20.5×30.5 厘米；1 紙；1 行。

2.3 卷軸裝。首尾均殘。有竹質天竿，有綠色縹帶，長 11 厘米。上下邊殘缺。有古代裱補。已修整。

3.4 説明：

本遺書為護首。上有殘經名“佛説佛□…□”。經名上有經名號。

8 9~10 世紀。歸義軍時期寫本。

9.1 楷書。

1.1 BD13179 號

1.3 護首（妙法蓮華經）

1.4 L3308

2.1 4.5×19.4 厘米；1 紙；1 行。

2.3 卷軸裝。首尾均殘。有竹質天竿。通卷下殘。背有烏絲欄。已修整。

3.4 説明：

本遺書為護首。上有“妙法蓮華經卷第五”。

8 9~10 世紀。歸義軍時期寫本。

9.1 楷書。

1.1 BD13180 號 A

1.3 護首（大般涅槃經）

1.4 L3309

2.1 19×24.7 厘米；1 紙；1 行。

2.3 卷軸裝。首全尾脱。有竹質天竿。背有古代裱補。已修整。

3.4　説明：
本遺書為護首。上有“大般涅槃經卷第□十八，廿八”。
文中“廿八”為本卷所屬袟次。
8　7～8 世紀。唐寫本。
9.1　楷書。

1.1　BD13180 號 B
1.3　佛弟子名號因緣（擬）
1.4　L3309
2.1　10.7×12.2 厘米；1 紙；8 行。
2.3　卷軸裝。首位均殘。通卷上殘，小殘片。有烏絲欄。已修整
3.3　錄文：
（首殘）
□…□作佛，名釋迦□□□/
□…□故名舍利，母於衆中，聰明/
□…□父為名，名優波提舍。優波/
□…□提舍之名可復本字為舍/
□…□摩訶目犍連摩訶言/
□…□字俱律陀内禱伏律陀樹。/
□…□胡豆，胡豆即綠/
□…□種故，以為名。/
（錄文完）
8　5～6 世紀。南北朝寫本。
9.1　行書。
9.2　有重文號。

1.1　BD13181 號
1.3　簽條（擬）
1.4　L3310
2.1　6.2×26.9 厘米；1 紙；1 行。
2.3　單葉裝。首尾均殘。正面為田字格欄，背面有烏絲欄及用藍色筆劃線。
3.4　説明：
本遺書為簽條。上面寫有“第卌一袟”。
8　9～10 世紀。歸義軍時期寫本。
9.1　楷書。

1.1　BD13182 號
1.3　素紙
1.4　L3311
2.1　24×27.4 厘米；1 紙。
2.3　卷軸裝。首尾均脱。有烏絲欄及小殘洞。有其他文獻粘印上的字跡。
8　8～9 世紀。吐蕃統治時期紙張。

1.1　BD13183 號
1.3　開元寺徒衆請補辭榮充寺主狀並都僧統判詞（擬）
1.4　L3312
2.1　22.3×22.6 厘米；1 紙；9 行。
2.3　卷軸裝。首脱尾殘。通卷下殘。已修整。
3.3　錄文：
（首全）
開元寺徒衆狀上。
僧辭榮請補充寺主、僧□燦（?）請充直歲。/
右件僧□□超群公幹出衆□…□/
治必藉強僧徒□當（?）舉□…□/
都統和尚希垂處分/
牒件狀如前□…□/
大中十一年十二月□…□/
寺主法號辭榮，理值（?）掌任/
事。徒衆僉定◇，乃得人□/
（錄文完）
6.2　尾→BD13184 號。
8　857 年。歸義軍時期寫本。
9.1　楷書。

1.1　BD13184 號
1.3　開元寺徒衆請補辭榮充寺主狀並都僧統判詞（擬）
1.4　L3313
2.1　22.1×20.2 厘米；1 紙；3 行。
2.3　卷軸裝。首尾均殘。通卷下殘，全卷殘破。已修整。
3.3　錄文：
（首殘）
□…□假兹公幹，允依衆請□…□/
◇…◇值歲◇◇◇除□…□/
寺依例差◇…◇/
（錄文完）
6.1　首→BD13183 號。
8　857 年。歸義軍時期寫本。
9.1　楷書。

1.1　BD13185 號 A
1.3　敦煌縣事目殘歷（擬）
1.4　L3314
2.1　38×27 厘米；2 紙；正面 19 行，背面 25 行。
2.2　01：21.0，10；　　02：17.0，09。
2.3　卷軸裝。首尾均殘。卷面多殘破、殘洞。已修整。
2.4　本遺書包括 2 個文獻：（一）《敦煌縣事目殘歷》（擬），19 行，抄寫在正面，今編為 BD13185 號 A。（二）《千字文習字》（擬），25 行，抄寫在背面，今編為 BD13185 號 A 背。
3.4　説明：
本遺書記錄敦煌縣衙門每日處理的公文及承辦人。受背面《千字文習字》干擾，辨字比較困難。卷面有簽押，難以辨識。

卷背有日期"廿日"。

7.2　背面2紙騎縫處有一枚方形硃印，5.1×5.5厘米，印文為"敦煌縣之印"。

8　7~8世紀。唐寫本。

9.1　行書。

1.1　BD13185號A背

1.3　千字文習字（擬）

1.4　L3314

2.4　本遺書由2個文獻組成，本文獻為第2個，25行，抄寫在背面。餘參見BD13185號A之第2項。

3.4　説明：

背面為《千字文習字》（擬），共有25行，抄寫"晝、眠、夕、寐、藍、笋、象"等字。每字4行。

8　9~10世紀。歸義軍時期寫本。

9.1　楷書。

1.1　BD13185號B

1.3　敦煌縣殘狀（擬）

1.4　L3314

2.1　16.7×27.4厘米；1紙；正面6行。背面10行。

2.3　卷軸裝。首尾均殘。小殘片。卷面有殘洞。已修整。

2.4　本遺書包括2個文獻：（一）《敦煌縣殘狀》（擬），6行，抄寫在正面，今編為BD13185號B。（二）《千字文習字》（擬），10行，抄寫在背面，今編為BD13185號B背。

3.3　錄文：

（首殘）

貳年給□□□前從解日已/

前計三箇月一十三日，賜計/

當錢一千八十一文五分，折給小/

練貳疋，值同前。◇練叁丈壹尺/

肆寸，值同前。/

右得兵□…□得□…□/

（錄文完）

7.3　上邊有"四乃不◇/此是宋元悊/此是"等3行，後2行有塗抹，文字難以辨認。

8　7~8世紀。唐寫本。

9.1　行書。

1.1　BD13185號B背

1.3　千字文習字（擬）

1.4　L3314

2.4　本遺書由2個文獻組成，本文獻為第2個，10行，抄寫在正面。餘參見BD13185號B之第2項。

3.4　説明：

為《千字文習字》（擬），共有10行，抄寫"鑑貌辯（辨）"等字。每字4行。

6.2　尾→BD13187號背。

8　9~10世紀。歸義軍時期寫本。

9.1　楷書。

1.1　BD13185號C

1.3　敦煌縣事目殘歷（擬）

1.4　L3314

2.1　31.7×27.6厘米；1紙；正面17行，背面22行。

2.3　卷軸裝。首尾均殘。卷面有殘洞。卷面有硃色，恐為原卷背面硃印所染。已修整。

2.4　本遺書包括2個文獻：（一）《敦煌縣事目殘歷》（擬），17行，抄寫在正面，今編為BD13185號C。（二）《千字文習字》（擬），22行，抄寫在背面，今編為BD13185號C背。

3.3　錄文：

（首殘）

右貳條典/

三月/

一日/

下燉煌等一十二鄉為徵修堤及田大◇◇備技◇等◇。/

右壹拾貳條典李林。（花押）/

四日/

申都司法為修縣門屋◇…◇/

◇…◇/

右貳條典◇…◇（花押）/

五日/

◇上差科為差大域門關◇等木事/

稽右壹條典李林◇…◇（花押）/

七日/

怗鐵行為◇杼打送縣事/

右一條典◇…◇後/

神沙平康慈惠從化敦煌等五鄉為修那倚房等事/

右陸條典張□…□瓊/

（錄文完）

8　7~8世紀。唐寫本。

9.1　行書。

1.1　BD13185號C背

1.3　千字文習字（擬）

1.4　L3314

2.4　本遺書由2個文獻組成，本文獻為第2個，22行，抄寫在正面。餘參見BD13185號C之第2項。

3.4　説明：

為《千字文習字》（擬），共有22行，抄寫"稽、顙、再、拜、悚、懼、恐"等字，每字4行。

8　9~10世紀。歸義軍時期寫本。

9.1　楷書。

1.1 BD13185 號 D
1.3 經袟（大般涅槃經）（擬）
1.4 L3314
2.1 22.8×27.5 厘米；1 紙；1 行。
2.3 卷軸裝。首脫尾殘。背有古代裱補。已修整。
3.4 説明：

本遺書為經袟。上面寫有"大般涅槃經第三袟"。經名上有經名號。

8 9～10 世紀。歸義軍時期寫本。
9.1 楷書。

1.1 BD13186 號
1.3 白畫（千眼）
1.4 L3315
2.1 14×27 厘米；1 紙。
2.3 卷軸裝。首尾均殘。卷面有殘洞。已修整。
3.4 説明：

本遺書為白畫。畫有四行眼睛，一隻手。

8 9～10 世紀。歸義軍時期畫本。

1.1 BD13187 號
1.3 千字文習字（擬）
1.4 L3316
2.1 13.3×27 厘米；1 紙；11 行。
2.3 卷軸裝。首尾均殘。此件為二紙疊摞粘貼。上紙折邊包過 1 行半。透光隱約可見裏面字跡。已修整。
3.4 説明：

現正面為《千字文習字》（擬），共有 11 行，抄寫"色，貽、厥"等字。每字 4 行。

6.1 首→BD13185 號 B 背。
8 9～10 世紀。歸義軍時期寫本。
9.1 楷書。
13 由於本號可與 BD13185 號 B 背綴接，説明本號《千字文習字》（擬）原抄在背面，正面應為《敦煌縣殘狀》（擬）。但本號之《敦煌縣殘狀》（擬）已被另一紙遮壓，無從辨認。故著錄於此，待後揭裱，再予著錄。

1.1 BD13188 號
1.3 習字雜寫（擬）
1.4 L3317
2.1 23.1×30.1 厘米；3 紙；19 行。
2.2 01：10.6，06； 02：15.0，08； 03：07.5，05。
2.3 卷軸裝。首尾均殘。下邊殘缺。已修整。
3.4 説明：

本號 19 行，抄寫"宣、成、德、飛、遠、歲、應、縣、陽、家"等字，每字 2 行。

8 9～10 世紀。歸義軍時期寫本。
9.1 楷書。

1.1 BD13189 號
1.3 護首（經名不詳）
1.4 L3318
2.1 10.5×11.5 厘米；1 紙；1 行。
2.3 卷軸裝。首尾均殘。通卷上下殘。小殘片。已修整。
3.4 説明：

本遺書僅留一"廿"字。

8 7～8 世紀。唐寫本。
9.1 楷書。

1.1 BD13190 號
1.3 簽條（擬）
1.4 L3319
2.1 2.1×27.5 厘米；1 紙；1 行。
2.3 卷軸裝。首斷尾脫。已修整。
3.4 説明：

本遺書為簽條。上面寫有"十五"。

8 9～10 世紀。歸義軍時期寫本。
9.1 楷書。

1.1 BD13191 號
1.3 簽條（擬）
1.4 L3320
2.1 2.1×27 厘米；1 紙；1 行。
2.3 卷軸裝。首斷尾脫。已修整。
3.4 説明：

本遺書為簽條。上面寫有"十六"。

8 9～10 世紀。歸義軍時期寫本。
9.1 楷書。

1.1 BD13192 號
1.3 佛經殘片（擬）
1.4 L3321
2.1 6.2×5.5 厘米；1 紙；2 行。
2.3 卷軸裝。首尾均殘。通卷下殘。小殘片。有烏絲欄。
3.3 錄文：

（首殘）
一切□…□/
為汝□…□/
（錄文完）

8 8～9 世紀。吐蕃統治時期寫本。
9.1 楷書。

1.1 BD13193 號
1.3 護首（金光明最勝王經）

1.4　L3322
2.1　29×24 厘米；1 紙；1 行。
2.3　卷軸裝。首尾均殘。上下邊殘缺。已修整。
3.4　説明：
本遺書為護首。上有“金光明最勝王經”。
8　9~10 世紀。歸義軍時期寫本。
9.1　楷書。

1.1　BD13194 號
1.3　護首（金光明最勝王經）
1.4　L3323
2.1　17×24.8 厘米；1 紙；1 行。
2.3　卷軸裝。首尾均殘。上邊殘缺。有古代裱補。已修整。
3.4　説明：
本遺書為護首。上有“金光明最勝王經卷第十”。
8　7~8 世紀。唐寫本。
9.1　楷書。

1.1　BD13195 號
1.3　雜寫雜畫（擬）
1.4　L3324
2.1　6.5×31.8 厘米；1 紙；正面 3 行，背面 3 行。
2.3　卷軸裝。首尾均斷。剪成令牌狀。有殘洞。已修整。
3.4　説明：
本遺書形態為令牌狀。正面多處雜寫“南無”等字，並畫人眉眼嘴圖案。背面亦為雜寫，其中有草書一行。
8　9~10 世紀。歸義軍時期寫本。
9.1　楷書、草書。

1.1　BD13196 號
1.3　雜寫（擬）
1.4　L3325
2.1　7×31.5 厘米；1 紙；3 行。
2.3　卷軸裝。首尾均斷。下邊殘缺。已修整。
3.4　説明：
本遺書為雜寫。上有“苾蒭、之、我、來、大寶積”等雜寫 3 行。
8　9~10 世紀。歸義軍時期寫本。
9.1　楷書。

1.1　BD13197 號
1.3　雜寫（擬）
1.4　L3326
2.1　6.8×31.7 厘米；1 紙；3 行。
2.3　卷軸裝。首尾均斷。小殘片。已修整。
3.4　説明：
本遺書為雜寫。上有“噎、大寶集經、齋、及、欲、來、身、大”等雜寫 3 行。
8　9~10 世紀。歸義軍時期寫本。
9.1　楷書。

1.1　BD13198 號
1.3　雜寫（擬）
1.4　L3327
2.1　16×26.1 厘米；1 紙；7 行。
2.3　卷軸裝。首脱尾殘。小殘片。有烏絲欄。
3.4　説明：
本遺書為雜寫。上有“南無樂説一切法莊嚴佛、常、凡夫、慧、氣、惠林、及”等雜寫 7 行。
8　9~10 世紀。歸義軍時期寫本。
9.1　楷書。

1.1　BD13199 號 1
1.3　經袟（擬）
1.4　L3328
2.1　32×30 厘米；1 紙。
2.3　卷軸裝。首尾均殘。卷上邊殘缺，有殘洞。雙層紙疊摞粘貼。已修整。
2.4　本遺書包括 2 個文獻：（一）《經袟》（擬），今編為 BD13199 號 1。（二）《白畫（飛鳥）》，今編為 BD13199 號 2。
3.4　説明：
本遺書為經袟。
8　9~10 世紀。歸義軍時期畫本。

1.1　BD13199 號 2
1.3　白畫（飛鳥）
1.4　L3328
2.4　本遺書由 2 個文獻組成，本文獻為第 2 個。餘參見 BD13199 號 1 之第 2 項。
3.4　説明：
經袟表面畫有一個展翅飛翔的禽鳥圖案。
8　9~10 世紀。歸義軍時期畫本。

1.1　BD13200 號
1.3　經袟（擬）
1.4　L3329
2.1　20×27.5 厘米；1 紙；正面 7 行，背面 4 行。
2.3　卷軸裝。首尾均殘。原為經袟。正面紙張有字，向裏粘貼，難以辨認。背面紙張脱落露出文字 4 行。殘破不堪。已修整。
2.4　本遺書包括 2 個文獻：（一）《經袟》（擬），今編為 BD13200 號。（二）《殘狀》（擬），4 行，抄寫在托裱紙上，今編為 BD13299 號背。
3.4　説明：
本遺書為經袟。正面的字跡因難以辨認，故不錄文。

8　8～9 世紀。吐蕃統治時期寫本。
9.1　楷書。

1.1　BD13200 號背
1.3　殘狀（擬）
1.4　L3329
2.4　本遺書由 2 個文獻組成，本文獻為第 2 個，4 行，抄寫在托裱紙上。餘參見 BD13200 號之第 2 項。
3.3　錄文：
（首殘）
□…□行孤□□□□衆諸/
□…□有□□□□常住大◇/
□…□衆即立實忝人戶/
□…□伏望/
（錄文完）
8　8～9 世紀。吐蕃統治時期寫本。
9.1　楷書。

1.1　BD13201 號
1.3　紙板（擬）
1.4　L3330
2.1　9.2×29.6 厘米；1 紙；1 行。
2.3　卷軸裝。首尾均斷。為多層紙張粘貼成的厚紙板。紙厚 0.8 毫米左右。
3.4　說明：
本遺書為多層紙張粘貼成的厚紙板。紙面部分殘破，留出“受□…□而受兩”等字。
8　8～9 世紀。吐蕃統治時期寫本。
9.1　楷書。

1.1　BD13202 號
1.3　殘片（擬）
1.4　L3331
2.1　1.6×16.1 厘米；1 紙。
2.3　卷軸裝。首尾均殘。小殘片。
3.4　說明：
本遺書僅殘留一點墨痕。
8　8～9 世紀。吐蕃統治時期寫本。

1.1　BD13203 號 1
1.3　寺戶武進通請地牒及龍安判（擬）
1.4　L3332
2.1　31.5×29 厘米；1 紙；12 行。
2.3　卷軸裝。首尾均殘。通卷上下殘。小殘片。卷上部殘缺。通卷背有古代裱補。
2.4　本遺書包括 2 個文獻：（一）《寺戶武進通請地牒及龍安判》（擬），8 行，今编為 BD13203 號 1。（二）《某經點勘錄》（擬），4 行，今编為 BD13203 號 2。
3.3　錄文：
（首殘）
□…□/
□…□單□，無居止處。請□□/
□…□存生計。請處分/
謹牒/
□…□年九月四日寺戶武進通牒/
□當寺所由，其地實若空閑無主，/
即往進通修治，無得悕護忏繁。/
八月五日龍安/
（錄文完）
8　9～10 世紀。歸義軍時期寫本。
9.1　行楷。

1.1　BD13203 號 2
1.3　某經點勘錄（擬）
1.4　L3332
2.4　本遺書由 2 個文獻組成，本文獻為第 2 個，4 行。餘參見 BD13203 號 1 之第 2 項。
3.3　錄文：
（首全）
一袟，三，十。/
二袟，十一，十三，十六，十八，十九，廿。/
三袟，廿一，廿二，廿三，廿四，廿七。/
四袟，卅二，卅三，卅六，卅七，卌。/
（錄文完）
3.4　說明：
本遺書點勘某部經典，查勘缺失。該經為四十卷，恐為《大般涅槃經》。
8　9～10 世紀。歸義軍時期寫本。
9.1　楷書。

1.1　BD13204 號
1.3　經袟（擬）
1.4　L3333
2.1　40.7×27.5 厘米；1 紙。
2.3　卷軸裝。首尾均殘。多層紙裱在一起。現脫落參差。紙厚 1.01～1.55 厘米。
3.4　說明：
本經袟由多層紙張粘貼而成，四周原貼有護邊。現在殘破、脫落。
正面可見有《千字文習字》（擬），所抄為“帝、鳥、官”等字。《殘狀》（擬），內容為差老男張某、康太岳檢校菓樹，廿一日由文卿批發。還有其他文字。
背面可見有《千字文習字》（擬），所抄為“萬、方、蓋、此”，“草、木”、“惟、鞠”等字。有《殘文書》（擬），可見

"三女也"、"上城後，遂"、"就彼◇皇甫女"、"幸來阿氾遂遣"、"前件狀"、"杜康順"、"者又"、"之愆令"、"妻氾得"等斷續文字。還有其他一些文字。

詳細情況，要待揭開以後，方能得知。

8　9～10世紀。歸義軍時期寫本。

9.1　楷書。

1.1　BD13205號

1.3　阿彌陀經等殘片二十六塊（擬）

1.4　L3334

2.3　殘片。共計26塊小殘片。已修整，粘貼在一張紙上。

3.4　説明：

本件包括26塊殘片，已經判定其中第一塊殘片為《阿彌陀經》，其餘25塊，從紙張、内容、墨色看，絕大部分與第一塊殘片原來均屬同卷，為避繁瑣，不一一考訂。詳情如下：

01. 2.1×5.7厘米；1紙；1行。殘存"命濁中得"4字。上有殘字墨痕。為《阿彌陀經》，參見大正0366，12/0348A22。

02. 3×4.2厘米；1紙；2行。存2殘字痕，無法辨認。

03. 1.7×4.6厘米；1紙；1行。殘存"生若今"3字。上有殘字墨痕。

04. 1×3厘米；1紙；1行。存1殘字，無法辨認。

05. 2.2×3厘米；1紙；2行。殘存"者"1字。第2行有2殘字。

06. 3×1.8厘米；1紙。素紙。

07. 1.4×0.5厘米；1紙。素紙。

08. 3×4厘米；1紙；1行。殘存"稱"1字。

09. 3.1×1.7厘米；1紙。素紙。未全展開。

10. 1.3×2.5厘米；1紙；1行。存2殘字，似為"佛説"。

11. 1.1×2.2厘米；1紙；1行。存1殘字，無法辨認。

12. 1.5×2.1厘米；1紙；1行。存墨痕，無法辨認。

13. 1.5×2.3厘米；1紙；1行。殘存"諸"1字。上有殘字墨痕。

14. 1.7×2.7厘米；1紙；1行。殘存"肩"1字。下有殘字。似為"佛"。

15. 3×2.8厘米；1紙；2行。殘存"香"1字。第2行有1殘字墨痕。

16. 1.5×2厘米；1紙；1行。存2殘字，無法辨認。

17. 0.9×1.2厘米；1紙；1行。殘存"信"1字。

18. 0.7×1.1厘米；1紙；1行。存2殘字，無法辨認。

19. 1.5×2.7厘米；1紙；1行。殘存"阿"1字。上下各1殘字墨痕。

20. 1.3×1.7厘米；1紙；1行。存2殘字，無法辨認。

21. 0.7×1.9厘米；1紙；1行。存1殘字，無法辨認。

22. 1×2.1厘米；1紙；1行。存墨痕，無法辨認。

23. 1.1×2厘米；1紙；1行。存墨痕，無法辨認。

24. 1.5×5.6厘米；1紙；1行。殘存"第"1字。下有殘字當為"六"。

25. 2.3×4厘米；1紙；2行。千字文習字雜寫。第1行3個"出"，第2行兩個"昆"。

26. 3.6×3.6厘米；1紙。有古代裱補。裱補紙上有字似為2行。無法辨認。

8　8～9世紀。吐蕃統治時期寫本。

9.1　楷書。

1.1　BD13206號

1.3　殘片七十七塊（擬）

1.4　L3335

2.3　殘片。共計77塊小殘片。已修整，粘貼在一張紙上。

3.4　説明：

本件包括77塊殘片，從紙張、内容、墨色看，時代不同，經典不同，文字不同。為避繁瑣，不一一考訂。分別著錄如下：

01. 1.6×1.2厘米；1紙；1行。殘存"慈"1字。

02. 0.9×1.5厘米；1紙；1行。存墨痕，無法辨認。

03. 1.2×0.9厘米；1紙；1行。存墨痕，無法辨認。

04. 4.5×3.7厘米；1紙；2行。殘存"俱/部"2字。有烏絲欄。

05. 3.4×5.5厘米；1紙；2行。殘存"除滅故名"4字。前行存1殘字墨痕。

06. 1×1.4厘米；1紙；1行。存1殘字墨痕，無法辨認。

07. 2×2厘米；1紙；1行。殘存"部"1字。上存1殘字墨痕。

08. 3.2×5.8厘米；1紙；2行。殘存"可"1字。下存2殘字墨痕。第2行存3字墨痕。

09. 1.7×1.7厘米；1紙；1行。殘存"子"1字。下存墨痕。

10. 0.9×2.3厘米；1紙；1行。存3殘字墨痕。

11. 1×2厘米；1紙；1行。殘存"是"1字。下存1殘字，當為"者"。

12. 1.7×2厘米；1紙；1行。殘存"如"1字。上存1殘字墨痕。

13. 1×2.4厘米；1紙；1行。存2殘字，似為"法相"。

14. 1×1.9厘米；1紙；1行。存墨痕，無法辨認。

15. 1.9×2.8厘米；1紙；1行。存3殘字墨痕，無法辨認。

16. 0.8×1.7厘米；1紙；1行。殘存"常"1字。

17. 1.6×3.5厘米；1紙；2行。殘存"呼亭愈"3字。前行存1殘字墨痕。後亦有墨痕。

18. 2×2.3厘米；1紙；2行。殘存"百億"2字。第2行存1殘字墨痕。

19. 1.7×2.3厘米；1紙；1行。殘存"聲聞"2字。有烏絲欄。

20. 1.6×2.5厘米；1紙；2行。每行各1殘字墨痕。

21. 3×4厘米；2紙。2紙上下粘合。有殘存墨痕。

22. 1.3×3厘米；1紙；1行。殘存"此"1字。下有2殘字墨痕。

23. 1.2×9.8 厘米；1 紙。殘墨筆畫。

24. 1.4×1.7 厘米；1 紙；1 行。存墨痕，無法辨認。

25. 1.2×2 厘米；1 紙；1 行。存 2 殘字，似為“億阿”。

26. 2.5×5 厘米；1 紙；1 行。殘畫。

27. 2.2×4.6 厘米；1 紙；1 行。殘彩繪畫。

28. 5×2.5 厘米；1 紙；4 行。藏文

29. 4.8×2.6 厘米；1 紙；2 行。殘存“衆”1 字。下存 1 殘字墨痕。第 2 行存殘字墨痕。

30. 1.6×2.9 厘米；1 紙；1 行。殘存“世得”2 字。上存 1 殘字墨痕。

31. 1×3 厘米；1 紙；1 行。存 2 殘字墨痕，無法辨認。

32. 2.5×2.5 厘米；1 紙；2 行。殘存“如”1 字。上存 1 殘字墨痕。第 2 行存 1 殘字墨痕。

33. 3.5×1.7 厘米；1 紙；2 行。殘存“薩”1 字。第 2 行存 1 殘字墨痕。有烏絲欄。

34. 2×2.3 厘米；1 紙；2 行。殘存“若拴”2 字。前行存殘字墨痕。有烏絲欄。

35. 0.8×1.1 厘米；1 紙；2 行。每行各 2 殘字墨痕。有烏絲欄。

36. 1.2×3.6 厘米；1 紙；1 行。殘存“衆生坐”3 字。下存 1 殘字墨痕。

37. 3×2.2 厘米；1 紙；2 行。殘存“法”1 字。上存 1 殘字墨痕。前行存 2 殘字墨痕。

38. 0.5×1.6 厘米；1 紙；1 行。存 2 殘字墨痕，無法辨認。

39. 1.8×2.3 厘米；1 紙；2 行。每行各 2 殘字墨痕。有烏絲欄。

40. 1.9×2.5 厘米；1 紙；2 行。殘存“法”1 字。上存 2 殘字墨痕。前行存 2 殘字墨痕。有烏絲欄。

41. 1×2 厘米；1 紙；2 行。每行各 2 殘字墨痕。有烏絲欄。

42. 1.5×1.4 厘米；1 紙；1 行。存 2 殘字墨痕，無法辨認。有烏絲欄。

43. 1×3.5 厘米；1 紙；1 行。殘存“天人可”3 字。

44. 2.9×2 厘米；1 紙；2 行。殘存“諸衆”2 字。第 2 行存 2 殘字墨痕。有烏絲欄。

45. 1×2 厘米；1 紙；1 行。存墨痕，無法辨認。

46. 2.7×1.8 厘米；1 紙；1 行。存 2 殘字墨痕，無法辨認。

47. 2×5.5 厘米；1 紙；1 行。殘存“佛佛”2 字。有烏絲欄。

48. 1.5×1.4 厘米；1 紙；1 行。殘存“生”1 字。上存 1 殘字墨痕。

49. 1×2.9 厘米；1 紙；1 行。殘存“即是”2 字。

50. 2.3×2.3 厘米；1 紙；1 行。殘存“若”1 字。上下均有 1 殘字墨痕。

51. 1.6×2 厘米；1 紙；1 行。殘存“薩婆”2 字。下存 1 殘字墨痕。第 2 行存 2 殘字墨痕。有烏絲欄。

52. 1.1×2.1 厘米；1 紙；1 行。殘存“國土”2 字。有烏絲欄。

53. 2.1×1.6 厘米；1 紙；1 行。殘存“者”1 字。有烏絲欄。

54. 2.2×2.9 厘米；1 紙；1 行。殘存“舍利”2 字。下存 1 殘字墨痕。第 2 行存 1 殘字墨痕。有烏絲欄。

55. 2×3.6 厘米；1 紙；2 行。存 3 殘字墨痕，無法辨認。有注文（二合）。

57. 1.5×3.3 厘米；1 紙；1 行。殘存“乃至臥”3 字。

57. 1.7×11.6 厘米；1 紙；1 行。素紙。

58. 3.3×3.7 厘米；1 紙；1 行。護首。殘存“大”1 字及經名號。下存 2 殘字墨痕。

59. 4×2.3 厘米；1 紙；2 行。殘存“惜”1 字。第 2 行存 2 殘字墨痕。

60. 1.9×1.1 厘米；1 紙；2 行。殘存“衆”1 字。第 2 行存 1 殘字墨痕。

61. 4×2.2 厘米；1 紙；1 行。殘存“生/提心”3 字。每行上各存 1 殘字墨痕。有烏絲欄。

62. 2.8×3.2 厘米；1 紙；1 行。殘存“比”1 字。上存 1 殘字墨痕。

63. 1.7×3.7 厘米；1 紙；1 行。殘存“尊”1 字。下存 3 殘字墨痕。

64. 2.4×2.9 厘米；1 紙；2 行。咒語。殘存“耶十怛”3 字。上存 1 殘字墨痕。前行存 1 殘字墨痕。

65. 2×2.2 厘米；1 紙；1 行。咒語。殘存“弭唎”2 字。下存 1 殘字墨痕。有烏絲欄。

66. 1.2×2.6 厘米；1 紙；2 行。第 1 行存 2 殘字墨痕。第 2 行存 1 殘字墨痕。有烏絲欄。

67. 1×1.2 厘米；1 紙；1 行。存 1 殘字墨痕。有烏絲欄。

68. 0.5×0.5 厘米；1 紙；1 行。存 1 殘字墨痕。

69. 0.4×1.6 厘米；1 紙；1 行。存 2 殘字墨痕。

70. 0.7×1.1 厘米；1 紙；1 行。殘存“是”1 字。下存 1 殘字墨痕。

71. 0.9×0.8 厘米；1 紙；1 行。存 1 殘字墨痕。

72. 0.7×0.9 厘米；1 紙；1 行。存 1 殘字墨痕。

73. 0.6×0.8 厘米；1 紙；1 行。存 1 殘字墨痕。

74. 0.5×0.7 厘米；1 紙；1 行。存 1 殘字墨痕。

75. 0.7×0.8 厘米；1 紙；1 行。殘存“曲”1 字。

76. 0.6×1.2 厘米；1 紙；1 行。殘存“摩”1 字。

77. 0.8×1.1 厘米；1 紙；1 行。存 1 殘字墨痕。

8　年代各不相同。

1.1　BD13207 號

1.3　藏文殘片（擬）

1.4　L3336

2.1　17×29.9 厘米；1 紙；6 行。

2.3　卷軸裝。首尾均殘。小殘片。有古代裱補。有烏絲欄。第 3 行下為硃筆書寫。已修整。

3.4　説明：

本遺書為藏文。内容待考。
8　8～9 世紀。吐蕃統治時期寫本。
9.1　草書。

1.1　BD13208 號 A
1.3　殘片（擬）
1.4　L3337
2.1　23.8×5.8 厘米；1 紙；1 行。
2.3　卷軸裝。首尾均殘。小殘片。似為揭下之裱補紙。已修整。
3.4　說明：
本遺書僅尾有 1 殘字墨痕。
8　9～10 世紀。歸義軍時期寫本。
9.1　楷書。

1.1　BD13208 號 B
1.3　殘片（擬）
1.4　L3337
2.1　4.5×5 厘米；1 紙；1 行。
2.3　卷軸裝。首尾均殘。小殘片。有殘洞。背有烏絲欄。似為揭下之裱補紙。已修整。
3.4　說明：
本遺書僅首有殘字墨痕。
8　9～10 世紀。歸義軍時期寫本。
9.1　楷書。

1.1　BD13208 號 C
1.3　殘片（擬）
1.4　L3337
2.1　3.6×7.2 厘米；1 紙；2 行。
2.3　卷軸裝。首尾均殘。小殘片。已修整。
3.3　錄文：
（首殘）
□…□更要令六□…□/
□…□西不在一仰□…□/
（錄文完）
8　9～10 世紀。歸義軍時期寫本。
9.1　楷書。

1.1　BD13208 號 D
1.3　經袟（摩訶般若波羅蜜經）
1.4　L3337
2.1　44.1×27.1 厘米；1 紙；1 行。
2.3　卷軸裝。首脱尾殘。卷面有殘洞。背有古代裱補。似為揭下之裱補紙。已修整。
3.4　說明：
本遺書為經袟。上有“摩訶般若第四”。
8　9～10 世紀。歸義軍時期寫本。
9.1　楷書。

1.1　BD13208 號 E
1.3　天尊說隨願往生罪福報對次說預修科文妙經
1.4　L3337
2.1　(43.5+2.5)×25 厘米；2 紙；正面 27 行，行 17 字。背面 5 行，行 25 字。
2.2　01：06.8，04；　　02：36.7+2.5，23。
2.3　卷軸裝。首尾均殘。經黄紙。卷面有殘洞。有烏絲欄。已修整。
2.4　本遺書包括 2 個文獻：（一）《天尊說隨願往生罪福報對次說預修科文妙經》，27 行，抄寫在正面，今編為 BD13208 號 E。（二）《辯中邊論頌》卷中，5 行，抄寫在背面，今編為 BD13208 號 E 背。
3.1　首殘→《中華道藏》，04/0307C10。
3.2　尾殘→《中華道藏》，04/0308A20。
8　7～8 世紀。唐寫本。
9.1　楷書。

1.1　BD13208 號 E 背
1.3　辯中邊論頌
1.4　L3337
2.4　本遺書由 2 個文獻組成，本文獻為第 2 個，5 行，抄寫在背面。餘參見 BD13208 號 E 之第 2 項。
3.1　首殘→大正 1601，31/0479A20。
3.2　尾殘→大正 1601，31/0479B01。
8　8～9 世紀。吐蕃統治時期寫本。
9.1　楷書。

1.1　BD13208 號 F
1.3　藏文殘片（擬）
1.4　L3337
2.1　15.5×14.5 厘米；1 紙；11 行。
2.3　卷軸裝。首尾均殘。小殘片。已修整。
3.4　說明：
本遺書為藏文。内容待考。
8　8～9 世紀。吐蕃統治時期寫本。
9.1　草書。

1.1　BD13208 號 G
1.3　藏文殘片（擬）
1.4　L3337
2.1　15.6×14.9 厘米；1 紙；12 行。
2.3　卷軸裝。首尾均殘。小殘片。已修整。
3.4　說明：
本遺書為藏文。内容待考。
8　8～9 世紀。吐蕃統治時期寫本。

9.1　草書。

1.1　BD13209 號 1
1.3　開元十七年中書省符牒殘片（擬）
1.4　L3338
2.1　109.3×(26.6～27.4) 厘米；8 紙；23 行，行字不等。
2.2　01：18.4，05；　02：18.5，06；　03：18.2，01；
04：13.6，5；　05：05.2，01；　06：09.0，03；
07：09.4，02；　08：17.0，00。
2.3　卷軸裝。首尾均殘。原為經袟，修整時揭開，共為 6 塊殘片，背有古代裱補。已修整。
2.4　本遺書包括 2 個文獻：（一）《開元十七年中書省符牒殘片)》（擬），23 行，今編為 BD13209 號 1。（二）《經袟》（擬），今編為 BD13209 號 2。
3.3　錄文：

（01 首殘）
中書□…□/
銀青光祿大夫行中書侍郎同中書門下平章事上柱國臣李元統宣/
朝請大夫守中書舍人上柱國臣李訥奉/
奉/
［勑］如右牒到奉行/
（錄文完）
說明：前 3 行為細字。

（02 首殘）
□…□大夫檢校尚書右丞兼集賢院學士□…□/
告（？）單于都護府和戎鎮副元外置同/
正員柱國劉忌亮奉/
勑如右符到奉行/
主事雖/
□…□令史吳先（？）/
（錄文完）
說明：第 1 行為細字。

（03 首全）
開元十七年二月卅日下□…□/
（錄文完）

（04 首殘）
如一□□/
中書□…□/
奉/
勑如右牒到奉行/
開元十七年三月二日/
□…□書左丞相臣乾曜/
□…□侍郎臣暹
（錄文完）
說明：第 2 行、第 6、7 行為細字。

（05 首殘）
□…□勑如右牒到奉［行］/
開元十七年□…□/
尚書左丞相兼侍中上柱國安陽縣開國侯乾曜/
［銀］青光祿大夫檢校黃門侍郎同中書門下平章事輕車都尉暹/
□…□給事中上主國瑱/
（錄文完）
說明：後 3 行為細字。

3.4　說明：
本遺書原為經袟，修整時揭開，共有 6 塊殘片。其中 01～05 前 5 塊為《開元十七年中書省符牒殘片》（擬），第 06 塊為素紙。各紙情況如下：
01. 18.4×27.3 厘米；卷軸裝。首尾均殘。背有古代裱補。已修整。1 紙；5 行，行字不等。
02. 18.5×27.4 厘米；卷軸裝。首尾均殘。已修整。1 紙；6 行，行字不等。
03. 18.2×27.4 厘米；卷軸裝。首尾均殘。下邊殘缺。已修整。1 紙；1 行，行字不等。
04. 18.8×27.3 厘米；卷軸裝。首尾均殘。已修整。2 紙；6 行，行字不等。01：13.6，5；02：5.2，1。
05. 18.4×27.4 厘米；卷軸裝。首尾均殘。下邊殘缺。已修整。2 紙；5 行，行字不等。01：9.0，3；02：9.4，2。
06. 17×26.6 厘米；卷軸裝。殘片。有古代裱補。已修整。1 紙。
8　729 年。唐寫本。
9.1　楷書。
13　乾曜，為源乾曜，《舊唐書》有傳。
似為抄件，非原本。待考。

1.1　BD13209 號 2
1.3　經袟（擬）
1.4　L3338
2.4　本遺書由 2 個文獻組成，本文獻為第 2 個。餘參見 BD13209 號 1 之第 2 項。
3.4　說明：
原為經袟，修整時已揭開。
8　9～10 世紀。歸義軍時期寫本。

1.1　BD13210 號 A
1.3　亡考文
1.4　L3339
2.1　6×25.5 厘米；1 紙；2 行。
2.3　卷軸裝。首全尾殘。小殘片。中有殘洞。第 2 行字殘。已

修整。
3.3 錄文：
(首全)
亡考文/
□…□霞□…□/
(錄文完)
4.1 亡考文（首）。
8 9~10世紀。歸義軍時期寫本。
9.1 楷書。

1.1 BD13210號B
1.3 齋意文（擬）
1.4 L3339
2.1 10×26.8厘米；1紙；7行，行字不等。
2.3 卷軸裝。首尾均殘。小殘片。有烏絲欄。已修整。
3.3 錄文：
(首殘)
□□咸登□…□有持此善，莊□…□/
□□子形同□…□善春□…□/
□□□□君子，稟稟□容，貌恢吾精，神灑□…□/
□□種良因，今生□中，衛（位）極人臣，嚮（享）滋天祿，□□/
惟佛，命虔奉心，割捨有為之資，將入堅勞之藏，/
先用莊嚴齋王，三千垢累，沐法水以長消；八萬塵勞，拂慈/
□而永散。男則五神□衛，持六藝□…□/
(錄文完)
8 9~10世紀。歸義軍時期寫本。
9.1 行書。

1.1 BD13210號C
1.3 亡考文（擬）
1.4 L3339
2.1 16.9×15.7厘米；1紙；9行。
2.3 卷軸裝。首尾均殘。通卷下殘。小殘片。已修整。
3.3 錄文：
(首殘)
夫拔山越海者，詎能出生死之□…□/
脫淪（輪）廻之境，而豈知報身化□…□/
之謂真不動鏡（境），現（?）於千容隨□…□/
□…□亡考初七之□…□/
□…□穆神情□…□/
□…□英名於□…□/
□…□秀應松□…□/
□…□日（白?）日時剖□…□/
□…□難任□…□/
(錄文完)
8 7~8世紀。唐寫本。
9.1 楷書。

1.1 BD13210號D
1.3 習字雜寫（擬）
1.4 L3339
2.1 2×12.1厘米；1紙；正面1行，背面1行。
2.3 卷軸裝。首尾均殘。通卷上下殘。小殘片。已修整。
3.4 說明：
本遺書為習字雜寫。正面經“草”1行。背面有“若”1行。乃從BD13210號F上脫落下來。
8 9~10世紀。歸義軍時期寫本。
9.1 楷書。

1.1 BD13210號E
1.3 素紙
1.4 L3339
2.1 7.612.9×厘米；1紙。已修整。
2.3 卷軸裝。殘片。
3.4 說明：
原紙為素紙，上有從BD13210號F上揭下時粘上殘字墨痕。
8 9~10世紀。歸義軍時期紙張。

1.1 BD13210號F
1.3 千字文習字等（擬）
1.4 L3339
2.1 22.8×26.4厘米；2紙；正面12行，背面9行。
2.2 01：11.0，05； 02：11.8，07。
2.3 卷軸裝。首尾均殘。通卷下殘。小殘片。已修整。
3.4 說明：
本遺書為兩紙粘接而成，兩紙均為習字，但內容不同。情況如下：
前一紙正面書寫“之、張、草”，背面書寫“若、此”，每字兩行。
後一紙正面書寫“員、外、散、騎、侍、郎、周”，背面書寫“滿、逐、物、意”，每字一行或兩行。
為《千字文習字》。
8 9~10世紀。歸義軍時期寫本。
9.1 楷書。

1.1 BD13210號G
1.3 素紙
1.4 L3339
2.1 3.4×15.1厘米；1紙。
2.3 卷軸裝。殘片。已修整。
8 9~10世紀。歸義軍時期紙張。

1.1　BD13211 號
1.3　開元十一年九月公文殘片等（擬）
1.4　L3340
2.1　34.7×(26.6~27.2) 厘米；6 紙；11 行。
2.2　01：07.0，02；　02：07.0，03；　03：06.9，02；
　04：04.5，01；　05：02.4，01；　06：06.9，02。
2.3　卷軸裝。首尾均殘。包括 5 塊小殘片。有的殘片背面有古代裱補。已修整。
3.4　説明：
　本遺書包括 5 塊開元年間公文殘片，是否同一件文書，尚需考訂。現將 5 塊殘片的情況著錄如下：
　01. 7×27 厘米；1 紙；2 行。
　卷軸裝。首尾均殘。小殘片。已修整。
　錄文：
　（首殘）
　利（?）去今月十六日，於此市用大練拾陸□（疋?）/
　買得前件馬，亦非寒盜等包謹□/
　（錄文完）

　02. 7×26.6 厘米；1 紙；3 行。
　卷軸裝。首尾均殘。小殘片。卷背有残文字，难以辨认。已修整。
　錄文：
　（首殘）
　開元十一年九月日前府人（?）張相道牒/
　連◇白/
　十一日/
　（錄文完）

　03. 6.9×27.2 厘米；1 紙；2 行。
　卷軸裝。首尾均殘。小殘片。已修整。
　錄文：
　（首殘）
　一白（?）廿日/
　依利諮◇◇◇/
　（錄文完）

　04. 6.9×26.8 厘米；2 紙；2 行。
　01：04.5，01；　02：02.4，01。
　卷軸裝。首尾均殘。小殘片。已修整。
　錄文：
　（首殘）
　錄事參軍有/
　於◇…◇/
　（錄文完）

　05. 6.9×27.2 厘米；1 紙；2 行。
　卷軸裝。首尾均殘。小殘片。背面有古代裱補。已修整。
　錄文：
　（首殘）
　勘三□…□/
　廿日/
　（錄文完）
7.2　BD13211 號 04 首下有一殘缺陽文硃印，存 3.1×5.3 厘米，印文不清，疑為“敦煌/縣之印/”。
8　723 年。唐寫本。
9.1　楷書。

1.1　BD13212 號 A
1.3　藏文文獻（擬）
1.4　L3341
2.1　46×29 厘米；2 紙；32 行。
2.2　01：26.2，18；　02：19.8，14。
2.3　卷軸裝。首殘尾斷。下邊殘缺。有多處殘洞。有烏絲欄。已修整。
3.4　説明：
　本遺書為藏文，内容待考。
7.2　全卷有 7 個圓形硃印。直徑約 1.5 厘米。印文不清。
8　8~9 世紀。吐蕃統治時期寫本。
9.1　正書。

1.1　BD13212 號 B
1.3　藏文文獻（擬）
1.4　L3341
2.1　46.6×29.1 厘米；3 紙；28 行。
2.2　01：08.4，06；　02：30.2，17；　03：08.0，05。
2.3　卷軸裝。首殘尾斷。卷上邊殘缺，有多處殘洞。有烏絲欄（空 5 行）。已修整。
2.4　本遺書包括 2 個文獻：（一）《藏文文獻》（擬），28 行，抄寫在正面，今編為 BD13212 號。（二）《袟皮（放光般若經）》（擬），1 行，抄寫在背面，今編為 BD13212 號背。
3.4　説明：
　本遺書為藏文，内容待考。
7.2　全卷有 7 個圓形硃印。直徑約 1.5 厘米。印文不清。
8　8~9 世紀。吐蕃統治時期寫本。
9.1　正書。

1.1　BD13212 號 B 背
1.3　袟皮（放光般若經）（擬）
1.4　L3341
2.4　本遺書由 2 個文獻組成，本文獻為第 2 個，1 行，抄寫在背面。餘參見 BD13212 號之第 2 項。
3.4　説明：
　本遺書為袟皮。寫有“放光般若經第二袟”1 行。

8　9～10世紀。歸義軍時期寫本。
9.1　楷書。

1.1　BD13213號A
1.3　經袟殘片八塊（擬）
1.4　L3342
2.1　10×（1.7～9）厘米；8紙；3行。
2.3　卷軸裝。首尾均殘。通卷上下殘。包括小殘片、殘渣8塊，原從經袟。已修整。
3.4　説明：
原件應屬經袟，現為8塊殘片、殘渣。情況如下：
01.5×9厘米；1紙；3行。卷軸裝。首尾均殘。通卷上下殘。小殘片。有烏絲欄。已修整。為《金剛般若波羅蜜經》，首殘→大正0235，08/0751A01。尾殘→大正0235，08/0751A03。
02.3×4.8厘米；1塊。殘破絹片。與BD13213號B上的殘絹原本應屬同一件。
03.2×1.7厘米；1紙；1行。卷軸裝。首尾均殘。通卷上下殘。小殘片。已修整。本遺書僅存2殘字墨痕，難以辨認。
另外，還有殘片、殘渣、殘絹5塊，因爲過於碎小，不詳細著録。
8　8～9世紀。吐蕃統治時期寫本。
9.1　楷書。

1.1　BD13213號B
1.3　佛教文獻殘片（擬）
1.4　L3342
2.1　6.5×8.8厘米；2層紙；5行。
2.3　卷軸裝。首尾均殘。通卷上下殘。小殘片。表面粘貼絹，已殘破。絹下現存兩層紙張，均有文字。兩紙上小下大。已修整。
3.3　録文：
（第一層紙首殘）
□…□世善□…□/
（録文完）
（第二層紙首殘）
□…□解大□…□/
□…□時□云刑法二懸次見□…□/
□…□應斷一切惡□…□/
□…□/
（録文完）
3.4　説明：
從形態看，原件可能做成經袟。所抄文獻内容待考。第二層文字向内粘。
8　7～8世紀。唐寫本。
9.1　隸楷。

1.1　BD13213號C
1.3　文獻殘片（擬）
1.4　L3342
2.1　3×20.4厘米；1紙；1行。
2.3　卷軸裝。首尾均殘。通卷上下殘。小殘片。上部有緑色污跡。本號係從經袟揭下。已修整。
3.3　録文：
（首殘）
□…□◇此嫛櫥相小界結解不相當良胃不然今
（録文完）
3.4　説明：
從形態看，原件為經袟。與BD13213號A、B應為同一經袟。所抄文獻内容待考。
8　7～8世紀。唐寫本。
9.1　楷書。

1.1　BD13213號DA
1.3　殘片（擬）
1.4　L3342
2.1　2.2×4.8厘米；2層紙；3行。
2.3　卷軸裝。首尾均殘。通卷上下殘。小殘片。係兩層紙粘貼在一起，兩紙都抄寫有文字，難以辨認。
3.4　説明：
本遺書字跡向内粘貼，第一層紙上似有"界定時◇"等字。第二層紙上似有"事"、"有"等字。
8　7～8世紀。唐寫本。
9.1　楷書。

1.1　BD13213號DB
1.3　殘片（擬）
1.4　L3342
2.1　2.7×4.6厘米；1紙。
2.3　卷軸裝。首尾均殘。通卷上下殘。小殘片。係兩層紙粘貼在一起，兩紙都抄寫有文字，難以辨認。
3.4　説明：
本號字跡模糊。第一層紙上似有"一切"等字，第二層紙上字跡難以辨認。
8　7～8世紀。唐寫本。
9.1　楷書。

1.1　BD13213號E
1.3　佛典殘片（擬）
1.4　L3342
2.1　7.3×9厘米；1紙；4行。
2.3　卷軸裝。首脱尾殘。通卷上下殘缺，小殘片。
3.3　録文：
（首殘）
□…□解大界秤大界若/

□…□之時不云刑法二時同/
□…□何以成解云□…□/
□…□界之時據□…□/
（錄文完）

8　7～8 世紀。唐寫本。

9.1　楷書。

1.1　BD13213 號 F

1.3　佛典殘片（擬）

1.4　L3342

2.1　9.1×8.4 厘米；1 紙；5 行。

2.3　卷軸裝。首尾均殘。通卷上殘。小殘片。已修整。背面粘有未揭乾淨的殘紙，上有殘字。

3.3　錄文：

（首殘）
□…□有三句者有四句/
□…□事者正明有三句若/
□…□界單白備有□/
□…□起唱槶相/
□…□若刑□□□/
（錄文完）

8　7～8 世紀。唐寫本。

9.1　楷書。

1.1　BD13213 號 G

1.3　續集古今佛道論衡

1.4　L3342

2.1　10.3×9.3 厘米；1 紙；正面 6 行，背面 3 行。

2.3　卷軸裝。首尾均殘。通卷下殘。小殘片。已修整。

2.4　本遺書包括 2 個文獻：（一）《續集古今佛道論衡》，5 行，抄寫在正面，今編為 BD13213 號 G。（二）等考文獻（擬），3 行，抄寫在背面，今編為 BD13213 號 G 背。

3.1　首殘→大正 2105，52/0401C29。

3.2　尾殘→大正 2105，52/0402A09。

3.3　錄文：

（首殘）
譯衆經漢靈帝□…□/
是月支之國丞相之□…□/
衆經案魏書文帝□…□/
迦羅中天竺國人學（?）□…□/
年至魏文□…□/
權僧赤烏□…□/
（錄文完）

5　與《大正藏》本對照，行文略有參差。

8　8 世紀。唐寫本。

9.1　楷書。

1.1　BD13213 號 G 背

1.3　待考文獻（擬）

1.4　L3342

2.4　本遺書由 2 個文獻組成，本文獻為第 2 個，3 行，抄寫在背面。餘參見 BD13213 號 G 之第 2 項。

3.3　錄文：

（首殘）
宋□…□/
男神詢□…□/
左思恪載□…□/
（錄文完）

8　7～8 世紀。唐寫本。

9.1　楷書。

1.1　BD13213 號 H

1.3　佛經論疏（擬）

1.4　L3342

2.1　10.3×20.7 厘米；1 紙；5 行。

2.3　卷軸裝。首尾均殘。通卷上下殘。小殘片。已修整。

3.3　錄文：

（首殘）
□…□□生曰親近□□為其體□…□/
□…□依人。二依了義經不依不了義經。三依義□…□/
□…□識也。以心□□□名依也。二體性者，有□…□/
□…□體以聞思修三惠為□…□/
□…□也，餘如列意也。/
（錄文完）

8　7～8 世紀。唐寫本。

9.1　行書。

1.1　BD13213 號 I

1.3　佛經論疏（擬）

1.4　L3342

2.1　10.6×10.8 厘米；2 紙；6 行。

2.2　01：03.0，02；　　02：07.6，04。

2.3　卷軸裝。首尾均殘。通卷下殘。小殘片。已修整。

3.3　錄文：

（首殘）
知以苦集□…□/
雙（慶?）因所以斷其集諦□…□/
□其欲界集諦或□…□/
第一欲繫在集斷遍□…□/
□忍集諦智龜無□…□/
第二龜無免□…□/
（錄文完）

8　7～8 世紀。唐寫本。

9.1　行書。

1.1　BD13213 號 J
1.3　佛教文獻（擬）
1.4　L3342
2.1　20.4×10.3 厘米；2 紙；11 行。
2.3　卷軸裝。首尾均殘。通卷上下殘。小殘片。已修整。
3.3　錄文：
（首殘）
□…□業□…□/
□…□表□…□/
□…□於佛為作善□…□/
□…□表捨也□…□/
□…□先立限□…□/
□…□便捨如□…□/
□…□先作□…□/
□…□便捨也。四由事搖欲捨□…□/
□…□引無表生今事搖壞□…□/
□…□惡無表由所依身而捨壽□…□/
□…□◇起外行欲善根時□…□/
□…□受中善惡無□…□/
（錄文完）
8　7～8 世紀。唐寫本。
9.1　行書。

1.1　BD13213 號 K
1.3　佛經論疏（擬）
1.4　L3342
2.1　5.2×19.1 厘米；1 紙；3 行。
2.3　卷軸裝。首尾均殘。通卷上下殘。小殘片。已修整。
3.3　錄文：
（首殘）
□…□之一分無嗔善根以翻塗□…□/
□…□貪癡一分無貪無癡善根翻諸不須□…□/
□…□◇是貪之一分無□…□/
（錄文完）
8　7～8 世紀。唐寫本。
9.1　行書。

1.1　BD13213 號 L
1.3　佛經論疏（擬）
1.4　L3342
2.1　2.3×10.7 厘米；1 紙；2 行。
2.3　卷軸裝。首尾均殘。通卷下殘。小殘片。已修整。
3.3　錄文：
（首殘）
法處□…□/
第一生體性者以立種色為體□…□/
（錄文完）
8　7～8 世紀。唐寫本。
9.1　行書。

1.1　BD13213 號 M
1.3　佛教律疏（擬）
1.4　L3342
2.1　5.5×18.9 厘米；1 紙；3 行。
2.3　卷軸裝。首尾均殘。通卷下殘。上面粘似石灰物。已修整。
3.3　錄文：
（首殘）
□…□中。問諸比丘。頗見如是小兒□…□
即便於諸房中求覓得。時諸長者皆共譏嫌□…□/
□…□語。佛言：自今已去。若僧伽藍中剃□…□/
（錄文完）
3.4　說明：
所抄文字參見《四分律》卷三四，大正 1428，22/0810A22 以下。
8　7～8 世紀。唐寫本。
9.1　楷書。

1.1　BD13213 號 N
1.3　佛教律疏（擬）
1.4　L3342
2.1　5.5×18 厘米；1 紙；5 行。
2.3　卷軸裝。首尾均殘。通卷上殘。已修整。
3.3　錄文：
（首殘）
□…□為用俱有受法故也/
□…□七日得重受所以然者而為檀越受日竟。復/
□…□受明知得若爾何故十誦云聽受一七日變（更?）不得受/
□…□者為一事上不得重受二□…□/
□…□可得□…□/
（錄文完）
8　7～8 世紀。唐寫本。
9.1　楷書。

1.1　BD13213 號 O
1.3　佛教律疏（擬）
1.4　L3342
2.1　4.2×10.1 厘米；1 紙；3 行。
2.3　卷軸裝。首尾均殘。通卷下殘。已修整。
3.3　錄文：
（首殘）
數得作法事雖有小罪□…□/
與欲表已心同不求僧事□…□/
請□□以持□…□/

（錄文完）
8　7～8世紀。唐寫本。
9.1　楷書。

1.1　BD13213號P
1.3　佛教律疏（擬）
1.4　L3342
2.1　19.4×4.6厘米；1紙；12行。
2.3　卷軸裝。首尾均殘。通卷下殘。尾背似有裱補。尾3行字跡難辨。已修整。
3.3　錄文：
（首殘）
畜一遇已□…□/
由織成故□…□/
皆由領受□…□/
從取尼衣書□…□/
施迴僧衣□…□/
知無浣浣（？）重□…□/
犯於小罪□…□/
耆能言非□…□/
尼僧□…□/
論□…□
□…□/
□…□/
（錄文完）
8　7～8世紀。唐寫本。
9.1　楷書。

1.1　BD13213號Q
1.3　佛教律疏（擬）
1.4　L3342
2.1　5.4×13.8厘米；1紙；3行。
2.3　卷軸裝。首尾均殘。通卷下殘。已修整。
3.3　錄文：
（首殘）
中任運犯此七戒何者是謂教人為□…□/
是也自餘教人為□…□/
□戒得有重犯之義□…□/
（錄文完）
8　7～8世紀。唐寫本。
9.1　楷書。

1.1　BD13213號R
1.3　佛教律疏（擬）
1.4　L3342
2.1　5.7×13.3厘米；1紙；5行。
2.3　卷軸裝。首尾均殘。通卷上下殘。小殘片。已修整。
3.3　錄文：
（首殘）
□…□意□□故存其目□□□過犯俱□…□/
□…□中分文有三。第一明乞六夜法。第二僧□…□/
□…□竟。脫卅五行法乃至八事法也。就乞六夜中□…□/
□…□罪過從僧二乞第二牒僧與已覆藏□…□/
□…□羯磨□…□義◇□…□/
（錄文完）
8　7～8世紀。唐寫本。
9.1　楷書。

1.1　BD13213號S
1.3　佛教律疏（擬）
1.4　L3342
2.1　6×5.4厘米；1紙；4行。
2.3　卷軸裝。首尾均殘。通卷下殘。小殘片。已修整。
3.3　錄文：
（首殘）
□菩提寧□…□/
證人若難□…□/
說罪名種發□…□/
□解釋第四□…□/
（錄文完）
8　7～8世紀。唐寫本。
9.1　楷書。

1.1　BD13213號T
1.3　佛教律疏（擬）
1.4　L3342
2.1　13.2×6厘米；1紙；8行。
2.3　卷軸裝。首尾均殘。通卷下殘。已修整。
3.3　錄文：
（首殘）
□□衆無□…□/
者以其創入□…□/
成毀壞是以□…□/
和上所行第子□…□/
和上朝中日暮□…□/
若補浣衣服□…□/
廣說上來至□…□/
欲斷簡有五□…□/
（錄文完）
8　7～8世紀。唐寫本。
9.1　楷書。

1.1　BD13213號U
1.3　佛教律疏（擬）

1.4　L3342
2.1　5.7×13.1 厘米；1 紙；2 行。
2.3　卷軸裝。首尾均殘。通卷下殘。小殘片。有古代裱補。已修整。
3.3　錄文：
（首殘）
□…□者結界成就四無別衆故言得□…□/
□…□阿闍梨如法蘭穢取精行實足數故□…□/
（錄文完）
8　7～8 世紀。唐寫本。
9.1　楷書。

1.1　BD13213 號 V
1.3　佛教律疏（擬）
1.4　L3342
2.1　2.3×4.2 厘米；1 紙；2 行。
2.3　卷軸裝。首尾均殘。通卷上下殘。小殘片。已修整。
3.3　錄文：
（首殘）
處四依□…□/
依一止□…□/
（錄文完）
8　7～8 世紀。唐寫本。
9.1　楷書。

1.1　BD13213 號 W
1.3　佛典殘片（擬）
1.4　L3342
2.1　12.5×1.9 厘米；1 紙；1 行。
2.3　卷軸裝。首尾均殘。通卷上下殘。小殘片。已修整。
3.4　說明：
本遺書僅有殘存墨痕，難以辨認。
8　7～8 世紀。唐寫本。
9.1　楷書。

1.1　BD13213 號 X
1.3　佛教律疏（擬）
1.4　L3342
2.1　4×13.2 厘米；1 紙；3 行。
2.3　卷軸裝。首尾均殘。通卷上下殘。小殘片。已修整。
3.3　錄文：
（首殘）
□…□偷和合若未出家莫度已出家者□…□/
□…□乞詐作大比丘或□…□/
□…□應□殯若□…□/
（錄文完）
8　7～8 世紀。唐寫本。
9.1　楷書。

1.1　BD13213 號 Y
1.3　佛教律疏（擬）
1.4　L3342
2.1　3×4.2 厘米；1 紙；2 行。
2.3　卷軸裝。首尾均殘。通卷下殘。小殘片。背有白灰。
3.3　錄文：
（首殘）
和僧教授□…□/
衆捨是以□…□/
（錄文完）
8　7～8 世紀。唐寫本。
9.1　楷書。

1.1　BD13214 號
1.3　素紙
1.4　L3343
2.1　13.7×27.6 厘米；1 紙。
2.3　卷軸裝。首斷尾脫。有烏絲欄。已修整。
8　7～8 世紀。唐紙張。

1.1　BD13215 號
1.3　素紙
1.4　L3344
2.1　11.6×13.5 厘米；1 紙。
2.3　卷軸裝。首尾均殘。通卷下殘。有烏絲欄。已修整。
8　7～8 世紀。唐紙張。

1.1　BD13216 號
1.3　素紙
1.4　L3345
2.1　21.8×25.5 厘米；1 紙。
2.3　卷軸裝。首脫尾殘。砑光上蠟。已修整。
8　7～8 世紀。唐紙張。

1.1　BD13217 號
1.3　素紙
1.4　L3346
2.1　7.5×6.7 厘米；1 紙。
2.3　卷軸裝。殘片。卷面有紅色污穢。已修整。
8　9～10 世紀。歸義軍時期紙張。

1.1　BD13218 號
1.3　素紙
1.4　L3347
2.1　6.8×8 厘米；1 紙。

2.3　卷軸裝。首尾均殘。通卷上殘。有古代裱補。已修整。
8　9～10 世紀。歸義軍時期紙張。

1.1　BD13219 號
1.3　素紙
1.4　L3348
2.1　5×12 厘米；1 紙。
2.3　卷軸裝。殘片。有殘洞。已修整。
8　9～10 世紀。歸義軍時期紙張。

1.1　BD13220 號
1.3　素紙
1.4　L3349
2.1　7.5×6 厘米；1 紙。
2.3　卷軸裝。殘片。已修整。
8　7～8 世紀。唐紙張。

1.1　BD13221 號
1.3　素紙
1.4　L3350
2.1　11.5×13.4 厘米；1 紙。
2.3　卷軸裝。首尾均殘。通卷上殘，卷面有殘洞。已修整。
8　7～8 世紀。唐紙張。

1.1　BD13222 號
1.3　素紙
1.4　L3351
2.1　12×13.2 厘米；1 紙。
2.3　卷軸裝。首尾均殘。通卷下殘。已修整。
8　7～8 世紀。唐紙張。

1.1　BD13223 號
1.3　素紙
1.4　L3352
2.1　3×12.3 厘米；1 紙。
2.3　卷軸裝。首尾均殘。經黃紙。通卷下殘，卷面有污物。已修整。
8　7～8 世紀。唐紙張。

1.1　BD13224 號
1.3　素紙
1.4　L3353
2.1　11.4×12.9 厘米；1 紙。
2.3　卷軸裝。殘片。卷面有殘洞。已修整。
8　9～10 世紀。歸義軍時期紙張。

1.1　BD13225 號
1.3　素紙
1.4　L3354
2.1　1.4×19.2 厘米；1 紙。
2.3　卷軸裝。殘片。已修整。
8　8～9 世紀。吐蕃統治時期紙張。

1.1　BD13226 號
1.3　素紙
1.4　L3355
2.1　3.3×10 厘米；1 紙。
2.3　卷軸裝。殘片。上部為長條狀。已修整。
8　8～9 世紀。吐蕃統治時期紙張。

1.1　BD13227 號
1.3　素紙
1.4　L3356
2.1　2.4×6 厘米；1 紙。
2.3　卷軸裝。殘片。已修整。
8　8～9 世紀。吐蕃統治時期紙張。

1.1　BD13228 號
1.3　素紙
1.4　L3357
2.1　5.6×4.8 厘米；1 紙。
2.3　卷軸裝。殘片。已修整。
8　7～8 世紀。唐紙張。

1.1　BD13229 號
1.3　素紙
1.4　L3358
2.1　5.8×4.9 厘米；1 紙。
2.3　卷軸裝。殘片。已修整。
8　7～8 世紀。唐紙張。

1.1　BD13230 號
1.3　素紙
1.4　L3359
2.1　4.8×4.8 厘米；2 紙。
2.2　01：02.4，素紙；　　02：02.4，素紙。
2.3　卷軸裝。殘片。卷面有油污。已修整。
3.4　説明：
本遺書包括 2 塊殘片。詳情如下：
A. 2.4×4.8 厘米，1 紙。
B. 2.4×4.7 厘米，1 紙。
8　7～8 世紀。唐紙張。

1.1　BD13231 號

1.3　袟皮（擬）
1.4　L3360
2.1　11.6×28.5 厘米；1 紙。
2.3　裝幀形式不清。首殘尾斷。多層紙粘成紙板狀。背面可見横竪各一道紙接縫。已修整
3.4　説明：
　　從形態看，本遺書應為袟皮。
8　8～9 世紀。吐蕃統治時期寫本。

1.1　BD13232 號
1.3　護首（經名不詳）
1.4　L3361
2.1　15×14.7 厘米；1 紙。
2.3　卷軸裝。首尾均殘。有半截竹質天竿。通卷下殘。有古代裱補。已修整。
3.4　説明：
　　本遺書為護首。已殘破，經名不詳。
8　9～10 世紀。歸義軍時期寫本。

1.1　BD13233 號
1.3　素紙
1.4　L3362
2.1　4.6×12.4 厘米；1 紙。
2.3　卷軸裝。殘片。已修整。
8　9～10 世紀。歸義軍時期紙張。

1.1　BD13234 號
1.3　護首（經名不詳）
1.4　L3363
2.1　1.3×26.7 厘米；1 紙。
2.3　卷軸裝。首脱尾斷。有竹質天竿。經名簽已脱落。已修整。
3.4　説明：
　　本遺書為護首。已殘破，經名不詳。
8　8～9 世紀。吐蕃統治時期寫本。

1.1　BD13235 號
1.3　素紙
1.4　L3364
2.1　5.5×8.2 厘米；1 紙。
2.3　卷軸裝。殘片。已修整。
8　8～9 世紀。吐蕃統治時期紙張。

1.1　BD13236 號
1.3　素紙
1.4　L3365
2.1　1×26 厘米；1 紙。
2.3　卷軸裝。首脱尾斷。已修整。
8　8～9 世紀。吐蕃統治時期紙張。

1.1　BD13237 號
1.3　素紙
1.4　L3366
2.1　18×25.8 厘米；1 紙。
2.3　卷軸裝。首脱尾殘。背面有古代裱補。已修整。
8　8～9 世紀。吐蕃統治時期紙張。

1.1　BD13238 號
1.3　素紙
1.4　L3367
2.1　5.5×8.3 厘米；1 紙。
2.3　卷軸裝。殘片。有烏絲欄。已修整。
8　8～9 世紀。吐蕃統治時期紙張。

1.1　BD13239 號
1.3　素紙
1.4　L3368
2.1　2.8×7.4 厘米；1 紙。
2.3　卷軸裝。殘片。已修整。
8　8～9 世紀。吐蕃統治時期紙張。

1.1　BD13240 號
1.3　素紙
1.4　L3369
2.1　2.8×15 厘米；1 紙。
2.3　卷軸裝。殘片。已修整。
8　8～9 世紀。吐蕃統治時期紙張。

1.1　BD13241 號
1.3　護首（經名不詳）
1.4　L3370
2.1　1.3×19 厘米；1 紙。
2.3　卷軸裝。首尾均殘。有竹質天竿。卷上下殘。已修整。
3.4　説明：
　　本遺書為護首。上面僅略有墨痕。已殘破，經名不詳。
8　8～9 世紀。吐蕃統治時期寫本。

1.1　BD13242 號
1.3　素紙
1.4　L3371
2.1　1.5×14.2 厘米；1 紙。
2.3　卷軸裝。殘片。似有上界欄。卷面有紅色污穢。已修整。
8　9～10 世紀。歸義軍時期紙張。

1.1　BD13243 號

1.3　護首（經名不詳）
1.4　L3372
2.1　2×4.5 厘米；1 紙。
2.3　卷軸裝。首尾均殘。通卷上下殘。小殘片。已修整。
3.4　說明：
本遺書為護首。已殘破，經名不詳。
8　8～9 世紀。吐蕃統治時期寫本。

1.1　BD13244 號
1.3　素紙
1.4　L3373
2.1　1.1×5 厘米；1 紙。
2.3　卷軸裝。殘片。已修整。
8　8～9 世紀。吐蕃統治時期紙張。

1.1　BD13245 號
1.3　素紙
1.4　L3374
2.1　1.1×7.7 厘米；1 紙。
2.3　卷軸裝。殘片。已修整。
8　8～9 世紀。吐蕃統治時期紙張。

1.1　BD13246 號
1.3　素紙
1.4　L3375
2.1　1.8×7.5 厘米；1 紙。
2.3　卷軸裝。殘片。一端褶皺打結。已修整。
8　8～9 世紀。吐蕃統治時期紙張。

1.1　BD13247 號
1.3　素紙
1.4　L3376
2.1　1.9×7.6 厘米；1 紙。
2.3　卷軸裝。殘片。有古代裱補。已修整。
8　9～10 世紀。歸義軍時期紙張。

1.1　BD13248 號
1.3　素紙
1.4　L3377
2.1　11.9×18.1 厘米；1 紙。
2.3　卷軸裝。首尾均殘。通卷下殘。已修整。
8　8 世紀。唐紙張。

1.1　BD13249 號
1.3　素紙
1.4　L3378
2.1　10.5×17.5 厘米；1 紙。
2.3　卷軸裝。首尾均殘。通卷上殘。已修整。
8　8～9 世紀。吐蕃統治時期紙張。

1.1　BD13250 號
1.3　素紙
1.4　L3379
2.1　12.6×19.3 厘米；1 紙。
2.3　卷軸裝。首尾均殘。通卷下殘。已修整。
8　8～9 世紀。吐蕃統治時期紙張。

1.1　BD13251 號
1.3　素紙
1.4　L3380
2.1　1.8×11.4 厘米；1 紙。
2.3　卷軸裝。殘片。有古代裱補。已修整。
8　8～9 世紀。吐蕃統治時期紙張。

1.1　BD13252 號
1.3　素紙
1.4　L3381
2.1　0.8×19.2 厘米；1 紙。
2.3　卷軸裝。殘片。已修整。
8　8～9 世紀。吐蕃統治時期紙張。

1.1　BD13253 號
1.3　護首（經名不詳）
1.4　L3382
2.1　1×25 厘米；1 紙。
2.3　卷軸裝。首全尾殘。有竹質天竿。已修整。
3.4　說明：
本遺書為護首。已殘破，經名不詳。
8　8～9 世紀。吐蕃統治時期寫本。

1.1　BD13254 號
1.3　素紙
1.4　L3383
2.1　1.4×14.8 厘米；1 紙。
2.3　卷軸裝。殘片。紙背有棕色絲絹托裱。已修整。
8　8～9 世紀。吐蕃統治時期紙張。

1.1　BD13255 號
1.3　護首（經名不詳）
1.4　L3384
2.1　0.8×19.6 厘米；1 紙。
2.3　卷軸裝。首尾均殘。通卷上下殘。小殘片。已修整。
3.4　說明：
本遺書為殘護首。已殘破，經名不詳。

8　8～9 世紀。吐蕃統治時期寫本。

1.1　BD13256 號
1.3　素紙
1.4　L3385
2.1　0.4×24 厘米；1 紙。
2.3　卷軸裝。殘片。已修整。
8　8～9 世紀。吐蕃統治時期紙張。

1.1　BD13257 號
1.3　素紙
1.4　L3386
2.1　0.5×22.9 厘米；1 紙。
2.3　卷軸裝。殘片。已修整。
8　8～9 世紀。吐蕃統治時期紙張。

1.1　BD13258 號
1.3　素紙
1.4　L3387
2.1　29.8×15.8 厘米；1 紙。
2.3　卷軸裝。殘片。為揭下之裱補紙。已修整。
8　9～10 世紀。歸義軍時期紙張。

1.1　BD13259 號
1.3　素紙
1.4　L3388
2.1　18.4×16.4 厘米；1 紙。
2.3　卷軸裝。殘片。經黄紙。有烏絲欄。已修整。
8　7～8 世紀。唐紙張。

1.1　BD13260 號
1.3　素紙
1.4　L3389
2.1　6.3×12 厘米；1 紙。
2.3　卷軸裝。殘片。兩面均塗為黑色。已修整。
8　年代難以判斷，約為歸義軍時期。

1.1　BD13261 號
1.3　殘片（擬）
1.4　L3390
2.1　3.3×12.5 厘米；1 紙。
2.3　卷軸裝。首尾均殘。通卷上下殘。小殘片。已修整。
3.4　説明：
原有文字，但被塗抹，難以辨認。
8　7～8 世紀。唐寫本。

1.1　BD13262 號
1.3　素紙
1.4　L3391
2.1　5.4×8.5 厘米；1 紙。
2.3　卷軸裝。殘片。此件折疊後被剪成穗狀。已修整。
8　7～8 世紀。唐紙張。

1.1　BD13263 號
1.3　素紙
1.4　L3392
2.1　9×6.3 厘米；1 紙。
2.3　卷軸裝。殘片。已修整。
8　9～10 世紀。歸義軍時期紙張。

1.1　BD13264 號
1.3　繪畫殘片（擬）
1.4　L3393
2.1　4.4×7.5 厘米；1 紙。
2.3　卷軸裝。首尾均殘。通卷上下殘。小殘片。已修整。
3.4　説明：
本遺書為繪畫殘片。有針孔及墨筆畫痕。
8　9～10 世紀。歸義軍時期寫本。

1.1　BD13265 號
1.3　素紙
1.4　L3394
2.1　4.5×11 厘米；1 紙。
2.3　卷軸裝。殘片。已修整。
8　9～10 世紀。歸義軍時期紙張。

1.1　BD13266 號
1.3　素紙
1.4　L3395
2.1　8.2×5.5 厘米；1 紙。
2.3　卷軸裝。殘片。已修整。
8　9～10 世紀。歸義軍時期紙張。

1.1　BD13267 號
1.3　素紙
1.4　L3396
2.1　5.6×7.4 厘米；1 紙。
2.3　卷軸裝。殘片。已修整。
8　7～8 世紀。唐紙張。

1.1　BD13268 號
1.3　素紙
1.4　L3397
2.1　5.9×10.2 厘米；1 紙。

2. 3　卷軸裝。殘片。已修整。
8　9～10世紀。歸義軍時期紙張。

1. 1　BD13269號
1. 3　素紙
1. 4　L3398
2. 1　3. 2×8. 6厘米；1紙。
2. 3　卷軸裝。殘片。已修整。
8　8～9世紀。吐蕃統治時期紙張。

1. 1　BD13270號
1. 3　素紙
1. 4　L3399
2. 1　3. 3×6. 4厘米；1紙。
2. 3　卷軸裝。殘片。經黄紙。已修整。
8　7～8世紀。唐紙張。

1. 1　BD13271號
1. 3　素紙
1. 4　L3400
2. 1　3. 5×8. 8厘米；1紙；1行。
2. 3　卷軸裝。殘片。唐麻紙。卷面有黴斑。已修整。
8　7～8世紀。唐紙張。

1. 1　BD13272號
1. 3　素紙
1. 4　L3401
2. 1　3. 4×6. 6厘米；1紙。
2. 3　卷軸裝。殘片。已修整。
8　8～9世紀。吐蕃統治時期紙張。

1. 1　BD13273號
1. 3　素紙
1. 4　L3402
2. 1　4. 3×6. 9厘米；1紙。
2. 3　卷軸裝。殘片。已修整。
8　7～8世紀。唐紙張。

1. 1　BD13274號
1. 3　素紙
1. 4　L3403
2. 1　3. 5×5. 5厘米；1紙。
2. 3　卷軸裝。殘片。已修整。
8　8～9世紀。吐蕃統治時期紙張。

1. 1　BD13275號
1. 3　素紙
1. 4　L3404
2. 1　3. 2×3. 2厘米；1紙。
2. 3　卷軸裝。殘片。已修整。
8　9～10世紀。歸義軍時期紙張。

1. 1　BD13276號
1. 3　素紙
1. 4　L3405
2. 1　2. 2×25. 6厘米；1紙。
2. 3　卷軸裝。首尾均斷。已修整。
8　8～9世紀。吐蕃統治時期紙張。

1. 1　BD13277號
1. 3　素紙
1. 4　L3406
2. 1　1. 9×25. 2厘米；1紙。
2. 3　卷軸裝。殘片。已修整。
8　8～9世紀。吐蕃統治時期紙張。

1. 1　BD13278號
1. 3　護首（經名不詳）
1. 4　L3407
2. 1　1. 3×9. 7厘米；1紙。
2. 3　卷軸裝。殘片。有殘留竹質天竿及縹帶。已修整。
3. 4　説明：
本遺書為護首。卷面無文字。
8　8～9世紀。吐蕃統治時期寫本。

1. 1　BD13279號
1. 3　護首（經名不詳）
1. 4　L3408
2. 1　1. 2×8. 3厘米；1紙。
2. 3　卷軸裝。殘片。有殘留竹質天竿。已修整。
3. 4　説明：
本遺書為護首。卷面無文字。
8　7～8世紀。唐寫本。

1. 1　BD13280號
1. 3　護首（經名不詳）
1. 4　L3409
2. 1　1. 6×12. 3厘米；1紙。
2. 3　卷軸裝。殘片。有殘留竹質天竿。已修整。
3. 4　説明：
本遺書為護首。卷面無文字。
8　7～8世紀。唐寫本。

1. 1　BD13281號

1.3　素紙
1.4　L3410
2.1　5.5×25.5 厘米；1 紙。
2.3　卷軸裝。首殘尾斷。有烏絲欄。已修整。
8　7～8 世紀。唐紙張。

1.1　BD13282 號
1.3　素紙
1.4　L3411
2.1　2×7.3 厘米；1 紙。
2.3　卷軸裝。殘片。已修整。
8　8～9 世紀。吐蕃統治時期紙張。

1.1　BD13283 號
1.3　素紙
1.4　L3412
2.1　0.8×11.7 厘米；1 紙。
2.3　卷軸裝。殘片。已修整。
8　8～9 世紀。吐蕃統治時期紙張。

1.1　BD13284 號
1.3　素紙
1.4　L3413
2.1　2×50 厘米；1 紙。
2.3　卷軸裝。殘片。已修整。
8　9～10 世紀。歸義軍時期紙張。

1.1　BD13285 號
1.3　素紙
1.4　L3414
2.1　70×1 厘米；2 紙。
2.2　01：19.0，素紙；　　2：51.0，素紙。
2.3　卷軸裝。殘片。已修整。
8　9～10 世紀。歸義軍時期紙張。

1.1　BD13286 號
1.3　素紙
1.4　L3415
2.1　4.5×56 厘米；1 紙。
2.3　卷軸裝。殘片。已修整。
8　9～10 世紀。歸義軍時期紙張。

1.1　BD13287 號
1.3　素紙
1.4　L3416
2.1　16×25.5 厘米；1 紙。
2.3　卷軸裝。首尾斷。有古代裱補。已修整。
8　8～9 世紀。吐蕃統治時期紙張。

1.1　BD13288 號
1.3　素紙
1.4　L3417
2.1　9×23.5 厘米；1 紙。
2.3　卷軸裝。殘片。已修整。
8　8 世紀。唐紙張。

1.1　BD13289 號
1.3　素紙
1.4　L3418
2.1　（5+15）×26.5 厘米；1 紙。
2.3　卷軸裝。首脱尾殘。下部殘缺。已修整。
8　8～9 世紀。吐蕃統治時期紙張。

1.1　BD13290 號
1.3　素紙
1.4　L3419
2.1　40.5×29.5 厘米；1 紙。
2.3　卷軸裝。首脱尾殘。上下邊殘缺。已修整。
8　9～10 世紀。歸義軍時期紙張。

1.1　BD13291 號
1.3　素紙
1.4　L3420
2.1　13.5×18.7 厘米；1 紙。
2.3　卷軸裝。首尾均殘。通卷上殘。已修整。
8　8～9 世紀。吐蕃統治時期紙張。

1.1　BD13292 號
1.3　素紙
1.4　L3421
2.1　11×28.5 厘米；1 紙。
2.3　卷軸裝。首尾均殘。上邊殘缺。已修整。
8　8～9 世紀。吐蕃統治時期紙張。

1.1　BD13293 號
1.3　素紙
1.4　L3422
2.1　17×17.5 厘米；1 紙。
2.3　卷軸裝。首尾均殘。通卷上殘。已修整。
8　7～8 世紀。唐紙張。

1.1　BD13294 號
1.3　素紙
1.4　L3423

2.1 6.5×12.7 厘米；1 紙。
2.3 卷軸裝。殘片。已修整。
8 9~10 世紀。歸義軍時期紙張。

1.1 BD13295 號
1.3 素紙
1.4 L3424
2.1 2.7×9.8 厘米；1 紙；1 行。
2.3 卷軸裝。殘片。已修整。
8 7~8 世紀。唐紙張。

1.1 BD13296 號
1.3 素紙
1.4 L3425
2.1 2×7.8 厘米；1 紙。
2.3 卷軸裝。殘片。已修整。
8 7~8 世紀。唐紙張。

1.1 BD13297 號
1.3 素紙
1.4 L3426
2.1 2×6 厘米；1 紙。
2.3 卷軸裝。殘片。已修整。
8 7~8 世紀。唐紙張。

1.1 BD13298 號
1.3 素紙
1.4 L3427
2.1 3×24.9 厘米；1 紙。
2.3 卷軸裝。殘片。已修整。
8 9~10 世紀。歸義軍時期紙張。

1.1 BD13299 號
1.3 素紙
1.4 L3428
2.1 1×24 厘米；1 紙。
2.3 卷軸裝。殘片。已修整。
8 8~9 世紀。吐蕃統治時期紙張。

1.1 BD13300 號
1.3 護首（經名不詳）
1.4 L3429
2.1 29.3×28 厘米；1 紙。
2.3 卷軸裝。首殘尾脫。有殘留竹質天竿。已修整。
3.4 說明：
本遺書為殘護首。卷面無文字。
8 8~9 世紀。吐蕃統治時期寫本。

1.1 BD13301 號
1.3 經袟（擬）
1.4 L3430
2.1 45×30.3 厘米；2 紙。
2.2 01：42.0，素紙； 02：03.0，素紙。
2.3 卷軸裝。首全尾殘。卷面油污，上下邊殘缺。係多層紙粘貼。已修整。
8 9~10 世紀。歸義軍時期寫本。

1.1 BD13302 號
1.3 素紙
1.4 L3431
2.1 4.5×24.8 厘米；1 紙。
2.3 卷軸裝。殘片。卷面油污。已修整。
8 9~10 世紀。歸義軍時期紙張。

1.1 BD13303 號
1.3 素紙
1.4 L3432
2.1 5×16.8 厘米；1 紙。
2.3 卷軸裝。殘片。已修整。
8 7~8 世紀。唐紙張。

1.1 BD13304 號
1.3 素紙
1.4 L3433
2.1 7.9×12.4 厘米；1 紙。
2.3 卷軸裝。殘片。紙張變色。已修整。
8 7~8 世紀。唐紙張。

1.1 BD13305 號
1.3 素紙
1.4 L3434
2.1 5.5×13.9 厘米；1 紙。
2.3 卷軸裝。殘片。已修整。
8 8~9 世紀。吐蕃統治時期紙張。

1.1 BD13306 號
1.3 素紙
1.4 L3435
2.1 5×38.1 厘米；1 紙。
2.3 卷軸裝。殘片。上邊被剪為 4 個月牙形。已修整。
8 9~10 世紀。歸義軍時期紙張。

1.1 BD13307 號
1.3 素紙
1.4 L3436

2.1 3.8×7.2 厘米；1 紙。
2.3 卷軸裝。殘片。唐麻紙。已修整。
8 7~8 世紀。唐紙張。

1.1 BD13308 號
1.3 護首（經名不詳）
1.4 L3437
2.1 3.8×12.2 厘米；1 紙。
2.3 卷軸裝。首尾均殘。有半段芨芨草天竿。已修整。
3.4 説明：
本遺書為護首。卷面無文字。
8 9~10 世紀。歸義軍時期寫本。

1.1 BD13309 號
1.3 素紙
1.4 L3438
2.1 7.7×5.4 厘米；1 紙。
2.3 卷軸裝。殘片。已修整。
8 9~10 世紀。歸義軍時期紙張。

1.1 BD13310 號
1.3 素紙
1.4 L3439
2.1 7.2×4.1 厘米；1 紙。
2.3 卷軸裝。殘片。已修整。
8 8~9 世紀。吐蕃統治時期紙張。

1.1 BD13311 號
1.3 素紙
1.4 L3440
2.1 4.8×4.5 厘米；1 紙。
2.3 卷軸裝。殘片。已修整。
8 7~8 世紀。唐紙張。

1.1 BD13312 號
1.3 護首（經名不詳）
1.4 L3441
2.1 3×14.5 厘米；1 紙。
2.3 卷軸裝。首尾均殘。有半段竹質天竿。已修整。
3.4 説明：
本遺書為殘護首。卷面無文字。
8 9~10 世紀。歸義軍時期寫本。

1.1 BD13313 號
1.3 素紙
1.4 L3442
2.1 0.9×11.8 厘米；1 紙。
2.3 卷軸裝。殘片。已修整。
8 8~9 世紀。吐蕃統治時期紙張。

1.1 BD13314 號
1.3 經袟（擬）
1.4 L3443
2.1 12.4×25.3 厘米；1 紙。
2.3 首尾均殘。紙張變色。已修整。
8 9~10 世紀。歸義軍時期寫本。

1.1 BD13315 號
1.3 素紙
1.4 L3444
2.1 10×24.7 厘米；1 紙。
2.3 卷軸裝。殘片。已修整。
8 7~8 世紀。唐紙張。

1.1 BD13316 號
1.3 素紙
1.4 L3445
2.1 19.5×31 厘米；1 紙。
2.3 卷軸裝。首殘尾脱。上下殘破。已修整。
8 9~10 世紀。歸義軍時期紙張。

1.1 BD13317 號
1.3 經袟（擬）
1.4 L3446
2.1 45×37 厘米；1 紙。
2.3 卷軸裝。首尾均全。已修整。
8 9~10 世紀。歸義軍時期寫本。

1.1 BD13318 號
1.3 素紙
1.4 L3447
2.1 11×9.5 厘米；1 紙。
2.3 卷軸裝。殘片。有古代裱補。
8 7~8 世紀。唐紙張。

1.1 BD13319 號
1.3 素紙
1.4 L3448
2.1 11×15 厘米；1 紙。
2.3 卷軸裝。殘片。已修整。
8 8~9 世紀。吐蕃統治時期紙張。

1.1 BD13320 號
1.3 素紙

1.4 L3449
2.1 11.2×14 厘米；1 紙。
2.3 卷軸裝。殘片。已修整。
8 8~9 世紀。吐蕃統治時期紙張。

1.1 BD13321 號
1.3 素紙
1.4 L3450
2.1 20.5×9 厘米；1 紙。
2.3 卷軸裝。殘片。已修整。
8 8~9 世紀。吐蕃統治時期紙張。

1.1 BD13322 號
1.3 素紙
1.4 L3451
2.1 8.5×8.5 厘米；1 紙。
2.3 卷軸裝。殘片。已修整。
8 8~9 世紀。吐蕃統治時期紙張。

1.1 BD13323 號
1.3 素紙
1.4 L3452
2.1 6.5×9 厘米；1 紙。
2.3 卷軸裝。殘片。已修整。
8 9~10 世紀。歸義軍時期紙張。

1.1 BD13324 號
1.3 素紙
1.4 L3453
2.1 10×11 厘米；1 紙。
2.3 卷軸裝。殘片。已修整。
8 9~10 世紀。歸義軍時期紙張。

1.1 BD13325 號
1.3 素紙
1.4 L3454
2.1 11×18 厘米；1 紙。
2.3 卷軸裝。殘片。有古代裱補和絹的殘跡。有褶皺。已修整。
8 8~9 世紀。吐蕃統治時期紙張。

1.1 BD13326 號
1.3 素紙
1.4 L3455
2.1 12.5×26.5 厘米；1 紙。
2.3 卷軸裝。首全尾脱。有烏絲欄。已修整。
8 8 世紀。唐紙張。

1.1 BD13327 號
1.3 素紙
1.4 L3456
2.1 13×16 厘米；1 紙。
2.3 卷軸裝。殘片。呈長方形。
8 9~10 世紀。歸義軍時期紙張。

1.1 BD13328 號
1.3 素紙
1.4 L3457
2.1 9.5×8.5 厘米；1 紙。
2.3 卷軸裝。殘片。呈長方形。有烏絲欄。
8 8 世紀。唐紙張。

1.1 BD13329 號
1.3 素紙
1.4 L3458
2.1 17.5×28 厘米；1 紙。
2.3 卷軸裝。殘片。薄皮紙。已修整。
8 9~10 世紀。歸義軍時期紙張。

1.1 BD13330 號
1.3 素紙
1.4 L3459
2.1 14×11 厘米；1 紙。
2.3 卷軸裝。殘片。有烏絲欄。已修整。
8 9~10 世紀。歸義軍時期紙張。

1.1 BD13331 號
1.3 素紙
1.4 L3460
2.1 13.5×10 厘米；1 紙 2 葉，4 個半葉。
2.3 縫繢裝。殘片。卷面有 10 個針孔。已修整。
8 8~9 世紀。吐蕃統治時期紙張。

1.1 BD13332 號
1.3 素紙
1.4 L3461
2.1 9.6×29.7 厘米；1 紙。
2.3 卷軸裝。首尾均斷。有紅色上下界欄。已修整。
8 7~8 世紀。唐紙張。

1.1 BD13333 號
1.3 護首（經名不詳）
1.4 L3462
2.1 19.5×26.3 厘米；1 紙。
2.3 卷軸裝。首全尾殘。有竹質天竿及縹帶殘根。上邊有殘缺，

有紅色洇染。背有烏絲欄。已修整。
3.4 説明：
本遺書為護首。卷面無文字。
8 8~9世紀。吐蕃統治時期寫本。

1.1 BD13334號
1.3 素紙
1.4 L3463
2.1 23×25.5厘米；1紙。
2.3 卷軸裝。首殘尾斷。有烏絲欄。已修整。
8 8~9世紀。吐蕃統治時期紙張。

1.1 BD13335號
1.3 素紙
1.4 L3464
2.1 9.1×28.9厘米；1紙。
2.3 卷軸裝。首脱尾斷。曾經被折疊。正面有横向烏絲欄。背有間距很小的墨綫。已修整。
8 8世紀。唐紙張。

1.1 BD13336號
1.3 素紙
1.4 L3465
2.1 11×25.8厘米；1紙。
2.3 卷軸裝。首殘尾脱。有烏絲欄。已修整。
8 7~8世紀。唐紙張。

1.1 BD13337號
1.3 素紙
1.4 L3466
2.1 10×29.4厘米；1紙。
2.3 卷軸裝。首脱尾斷。卷面有糊糊污穢，上下邊殘缺。一面為上下界欄，一面有烏絲欄。已修整。
8 8~9世紀。吐蕃統治時期紙張。

1.1 BD13338號
1.3 素紙
1.4 L3467
2.1 2.6×19.2厘米；1紙。
2.3 卷軸裝。殘片。一邊有烏絲欄。已修整。
8 8~9世紀。吐蕃統治時期紙張。

1.1 BD13339號
1.3 素紙
1.4 L3468
2.1 24.1×25.5厘米；1紙。
2.3 卷軸裝。首脱尾斷。尾上角殘缺。有殘洞。一邊有烏絲欄。已修整。
8 8~9世紀。吐蕃統治時期紙張。

1.1 BD13340號
1.3 護首（佛名經）
1.4 L3469
2.1 21.8×26.7厘米；1紙。
2.3 卷軸裝。首殘尾脱。有半截芨芨草天竿。有古代裱補。已修整。
3.4 説明：
本遺書為護首。上有“佛名經卷第十”。
8 7~8世紀。唐寫本。
9.1 楷書。

1.1 BD13341號
1.3 素紙
1.4 L3470
2.1 6×19.7厘米；1紙。
2.3 卷軸裝。殘片。有燕尾。有烏絲欄。已修整。
8 7~8世紀。唐紙張。

1.1 BD13342號
1.3 經袟（擬）
1.4 L3471
2.1 7.7×17.9厘米；1紙。
2.3 首尾均殘。係多層紙粘貼。上下均殘。已修整。
8 9~10世紀。歸義軍時期寫本。

1.1 BD13343號
1.3 素紙
1.4 L3472
2.1 15.5×25.3厘米；1紙。
2.3 卷軸裝。首殘尾脱。有撕裂。已修整。
8 8~9世紀。吐蕃統治時期紙張。

1.1 BD13344號
1.3 素紙
1.4 L3473
2.1 20.6×27.1厘米；1紙。
2.3 卷軸裝。首尾均殘。有古代裱補。已修整。
8 9~10世紀。歸義軍時期紙張。

1.1 BD13345號
1.3 素紙
1.4 L3474
2.1 22.7×25.9厘米；1紙。
2.3 卷軸裝。首斷尾殘。下邊殘缺。已修整。

8　8世紀。唐紙張。

1.1　BD13346號
1.3　素紙
1.4　L3475
2.1　11.2×13.7厘米；1紙。
2.3　卷軸裝。殘片。下邊有大殘缺。有古代裱補。已修整。
8　8～9世紀。吐蕃統治時期紙張。

1.1　BD13347號
1.3　素紙
1.4　L3476
2.1　16.1×25.4厘米；1紙。
2.3　卷軸裝。殘片。有吐蕃統治時期古代裱補。已修整。
8　7～8世紀。唐紙張。

1.1　BD13348號
1.3　素紙
1.4　L3477
2.1　15×25.1厘米；1紙。
2.3　卷軸裝。首脱尾殘。已修整。
8　7～8世紀。唐紙張。

1.1　BD13349號
1.3　素紙
1.4　L3478
2.1　10.1×27.3厘米；1紙。
2.3　卷軸裝。首脱尾斷。下邊殘缺，有殘洞。有烏絲欄。已修整。
8　8世紀。唐紙張。

1.1　BD13350號
1.3　素紙
1.4　L3479
2.1　17×27.9厘米；1紙。
2.3　卷軸裝。首尾均脱。有殘洞。有烏絲欄。已修整。
8　8世紀。唐紙張。

1.1　BD13351號
1.3　素紙
1.4　L3480
2.1　16.7×25.8厘米；1紙。
2.3　卷軸裝。首脱尾斷。卷尾被剪成倒燕尾。有烏絲欄。已修整。
8　8～9世紀。吐蕃統治時期紙張。

1.1　BD13352號
1.3　素紙
1.4　L3481
2.1　7.7×17.6厘米；1紙。
2.3　卷軸裝。殘片。有烏絲欄。已修整。
8　9～10世紀。歸義軍時期紙張。

1.1　BD13353號
1.3　素紙
1.4　L3482
2.1　6.3×31.9厘米；1紙。
2.3　卷軸裝。殘片。呈長方形。有横向撕裂。已修整。
8　8～9世紀。吐蕃統治時期紙張。

1.1　BD13354號
1.3　素紙
1.4　L3483
2.1　8.2×10.8厘米；1紙。
2.3　卷軸裝。殘片。已修整。
8　8～9世紀。吐蕃統治時期紙張。

1.1　BD13355號
1.3　素紙
1.4　L3484
2.1　16.2×26.3厘米；1紙。
2.3　卷軸裝。首脱尾殘。卷面油污，有横向撕裂。已修整。
8　8～9世紀。吐蕃統治時期紙張。

1.1　BD13356號
1.3　素紙
1.4　L3485
2.1　22.1×25厘米；1紙。
2.3　卷軸裝。首全尾殘。有長條殘缺，有撕裂。已修整。
8　8～9世紀。吐蕃統治時期紙張。

1.1　BD13357號
1.3　素紙
1.4　L3486
2.1　49.2×28厘米；1紙。
2.3　卷軸裝。首全尾脱。上下邊殘損，下部有撕裂。已修整。
8　9～10世紀。歸義軍時期紙張。

1.1　BD13358號
1.3　素紙
1.4　L3487
2.1　12.3×27.5厘米；1紙。
2.3　卷軸裝。首全尾殘。卷中有撕裂。
8　8～9世紀。吐蕃統治時期紙張。

1.1　BD13359 號
1.3　護首（經名不詳）
1.4　L3488
2.1　19.6×26.4 厘米；1 紙，1 行。
2.3　卷軸裝。首全尾脱。有芨芨草天竿。首有撕裂。已修整。
3.4　説明：
　　本遺書為護首。上有殘經名“八”。
8　8～9 世紀。吐蕃統治時期寫本。
9.1　楷書。

1.1　BD13360 號
1.3　素紙
1.4　L3489
2.1　14.1×27.1 厘米；1 紙。
2.3　卷軸裝。首脱尾全。有燕尾。有烏絲欄。已修整。
8　8～9 世紀。吐蕃統治時期紙張。

1.1　BD13361 號
1.3　素紙
1.4　L3490
2.1　12.4×26.8 厘米；1 紙。
2.3　卷軸裝。首斷尾脱。已修整。
8　8～9 世紀。吐蕃統治時期紙張。

1.1　BD13362 號
1.3　素紙
1.4　L3491
2.1　14.7×25.7 厘米；1 紙。
2.3　卷軸裝。首尾均斷。有燕尾。有烏絲欄。
8　7～8 世紀。唐紙張。

1.1　BD13363 號
1.3　素紙
1.4　L3492
2.1　9.8×26.6 厘米；1 紙。
2.3　卷軸裝。首全尾脱。已修整。
8　7～8 世紀。唐紙張。

1.1　BD13364 號
1.3　素紙
1.4　L3493
2.1　22.6×26.7 厘米；1 紙。
2.3　卷軸裝。首全尾殘。卷背有墨痕。已修整。
8　7～8 世紀。唐紙張。

1.1　BD13365 號
1.3　護首（經名不詳）
1.4　L3494
2.1　13.2×26.9 厘米；1 紙。
2.3　卷軸裝。首全尾斷。有竹質天竿。經名簽已脱落。已修整。
3.4　説明：
　　本遺書為護首。卷面無文字。
8　8～9 世紀。吐蕃統治時期寫本。

1.1　BD13366 號
1.3　素紙
1.4　L3495
2.1　2.7×26.1 厘米；1 紙。
2.3　卷軸裝。首尾均斷。已修整。
8　8～9 世紀。吐蕃統治時期紙張。

1.1　BD13367 號
1.3　護首（大寶積經）
1.4　L3496
2.1　22.2×26.2 厘米；1 紙。
2.3　卷軸裝。首全尾脱。經名簽已脱落。
3.4　説明：
　　本遺書為護首。上有殘經名“□…□，舌，卅八，淨”。
　　文中“舌”爲敦煌遺書《大寶積經》特有的袟號。“卅八”為本卷所屬袟次。“淨”為本經收藏寺院淨土寺的簡稱。
8　9～10 世紀。歸義軍時期寫本。
9.1　楷書。

1.1　BD13368 號
1.3　素紙
1.4　L3497
2.1　3.2×9.9 厘米；1 紙。
2.3　卷軸裝。殘片。已修整。
8　8～9 世紀。吐蕃統治時期紙張。

1.1　BD13369 號
1.3　素紙
1.4　L3498
2.1　11.8×15.5 厘米；1 紙。
2.3　卷軸裝。殘片。已修整。
8　7～8 世紀。唐紙張。

1.1　BD13370 號
1.3　素紙
1.4　L3499
2.1　6.1×30.6 厘米；1 紙。
2.3　卷軸裝。殘片。已修整。
8　9～10 世紀。歸義軍時期紙張。

1.1 BD13371 號
1.3 素紙
1.4 L3500
2.1 4.6×25.2 厘米；1 紙。
2.3 卷軸裝。殘片。已修整。
8 9～10 世紀。歸義軍時期紙張。

1.1 BD13372 號
1.3 大智度論卷六三
1.4 L3501
2.1 5×25.7 厘米；1 紙。1 行。
2.3 卷軸裝。首尾均殘。小殘片。有烏絲欄。已修整。
3.1 首殘→大正 1509，25/0509A05。
3.2 尾殘→大正 1509，25/0509A05。
4.2 大智度經卷第六十三（尾）。
8 6 世紀。隋寫本。
9.1 楷書。

1.1 BD13373 號
1.3 素紙
1.4 L3502
2.1 25.4×21 厘米；1 紙。
2.3 卷軸裝。殘片。呈長方形。已修整。
8 8～9 世紀。吐蕃統治時期紙張。

1.1 BD13374 號
1.3 素紙
1.4 L3503
2.1 19.8×26.2 厘米；1 紙。
2.3 卷軸裝。首脫尾殘。有撕裂。已修整。
8 8～9 世紀。吐蕃統治時期紙張。

1.1 BD13375 號
1.3 素紙
1.4 L3504
2.1 16.8×25.3 厘米；1 紙。
2.3 卷軸裝。首脫尾殘。下邊殘缺。已修整。
8 9～10 世紀。歸義軍時期紙張。

1.1 BD13376 號
1.3 素紙
1.4 L3505
2.1 12.1×25.4 厘米；1 紙。
2.3 卷軸裝。首脫尾斷。有殘洞。已修整。
8 7～8 世紀。唐紙張。

1.1 BD13377 號
1.3 素紙
1.4 L3506
2.1 32.1×25.7 厘米；2 紙。
2.2 01：17.4，素紙；　02：14.7，素紙。
2.3 卷軸裝。殘片。呈長方形。接縫處開裂。已修整。
8 8～9 世紀。吐蕃統治時期紙張。

1.1 BD13378 號
1.3 素紙
1.4 L3507
2.1 52.8×31 厘米；1 紙。
2.3 卷軸裝。首尾均殘。上邊有洇染紅色，下邊殘缺。有烏絲欄。已修整。
8 8～9 世紀。吐蕃統治時期紙張。

1.1 BD13379 號
1.3 素紙
1.4 L3508
2.1 52.8×3.5 厘米；1 紙。
2.3 卷軸裝。殘片。紙張褶皺。已修整。
8 9～10 世紀。歸義軍時期紙張。

1.1 BD13380 號
1.3 素紙
1.4 L3509
2.1 20.3×14.8 厘米；1 紙。
2.3 卷軸裝。殘片。有撕裂。已修整。
8 8～9 世紀。吐蕃統治時期紙張。

1.1 BD13381 號
1.3 素紙
1.4 L3510
2.1 12.6×25 厘米；1 紙。
2.3 卷軸裝。首脫尾殘。上下邊殘破。已修整。
8 7～8 世紀。唐紙張。

1.1 BD13382 號
1.3 護首（經名不詳）
1.4 L3511
2.1 3.6×10.4 厘米；1 紙；1 行。
2.3 卷軸裝。首尾均殘。小殘片。已修整。
3.4 說明：
本遺書為護首。上有殘經名“□…□五十九”。
8 8～9 世紀。吐蕃統治時期寫本。
9.1 楷書。

1.1 BD13383 號

1.3　素紙
1.4　L3512
2.1　15.5×17 厘米；1 紙。
2.3　卷軸裝。殘片。已修整。
8　8～9 世紀。吐蕃統治時期紙張。

1.1　BD13384 號
1.3　殘題記（擬）
1.4　L3513
2.1　29.5×28.8 厘米；1 紙；1 行。
2.3　卷軸裝。首尾均殘。有撕裂。已修整。
3.4　說明：
本遺書尾可見"乙未年六月十九日□…□"1 行。
8　9～10 世紀。歸義軍時期寫本。
9.1　楷書。

1.1　BD13385 號
1.3　護首（大寶積經）
1.4　L3514
2.1　21.4×26 厘米；1 紙；1 行。
2.3　卷軸裝。首殘尾脫。經名簽脫落。背面有古代裱補。已修整。
3.4　說明：
本遺書為護首。上有殘經名"□…□，味"。
"味"爲敦煌遺書《大寶積經》特有的袟號。
8　9～10 世紀。歸義軍時期寫本。
9.1　楷書。

1.1　BD13386 號
1.3　護首（經名不詳）
1.4　L3515
2.1　22.9×26.3 厘米；1 紙。
2.3　卷軸裝。首殘尾脫。經名簽脫落。卷面有殘洞及撕裂。已修整。
3.4　說明：
本遺書為殘護首。上面無文字。
8　7～8 世紀。唐寫本。

1.1　BD13387 號
1.3　素紙
1.4　L3516
2.1　10×19.3 厘米；1 紙。
2.3　卷軸裝。殘片。已修整。
8　7～8 世紀。唐紙張。

1.1　BD13388 號
1.3　素紙
1.4　L3517
2.1　4×27.1 厘米；1 紙。
2.3　卷軸裝。殘片。已修整。
8　7～8 世紀。唐紙張。

1.1　BD13389 號
1.3　素紙
1.4　L3518
2.1　1.7×20.8 厘米；1 紙。
2.3　卷軸裝。殘片。有古代裱補。已修整。
8　8～9 世紀。吐蕃統治時期紙張。

1.1　BD13390 號
1.3　護首（大般若波羅蜜多經）
1.4　L3519
2.1　22.2×25.4 厘米；1 紙；1 行。
2.3　卷軸裝。首殘尾脫。有紺青紙經名簽，上有金粉書寫經名，已殘損。卷面有横向撕裂。已修整。
3.4　說明：
本遺書為護首。上有殘經名"□…□，五十四"。
"五十四"為本卷所屬袟次，故知應為《大般若波羅蜜多經》護首。
8　8～9 世紀。吐蕃統治時期寫本。
9.1　楷書。

1.1　BD13391 號
1.3　素紙
1.4　L3520
2.1　13×23.7 厘米；1 紙。
2.3　卷軸裝。殘片。已修整。
8　9～10 世紀。歸義軍時期紙張。

1.1　BD13392 號
1.3　護首（經名不詳）
1.4　L3521
2.1　20.3×25.9 厘米；1 紙；1 行。
2.3　卷軸裝。首殘尾脫。已修整。
3.4　說明：
本遺書為護首。上有殘經名"□…□，七，界"。
"七"為本卷所屬袟次。
"界"為本經收藏寺院三界寺的簡稱。
8　8～9 世紀。吐蕃統治時期寫本。
9.1　楷書。

1.1　BD13393 號
1.3　護首（經名不詳）
1.4　L3522

2.1　22×24.7厘米；1紙。
2.3　卷軸裝。首全尾殘。有竹質天竿，有縹帶，長28厘米。卷下邊殘缺。已修整。
3.4　説明：
　　本遺書為殘護首。上面沒有文字。
8　7～8世紀。唐寫本。

1.1　BD13394號
1.3　素紙
1.4　L3523
2.1　34×3.6厘米；1紙。
2.3　卷軸裝。殘片。紙褶皺。已修整。
8　9～10世紀。歸義軍時期紙張。

1.1　BD13395號
1.3　素紙
1.4　L3524
2.1　15.1×25.3厘米；1紙。
2.3　卷軸裝。首脱尾斷。已修整。
8　7～8世紀。唐紙張。

1.1　BD13396號
1.3　素紙
1.4　L3525
2.1　6.5×22.5厘米；1紙。
2.3　卷軸裝。首殘尾斷。已修整。
8　7～8世紀。唐紙張。

1.1　BD13397號
1.3　素紙
1.4　L3526
2.1　5.5×8.1厘米；1紙。
2.3　卷軸裝。殘片。已修整。
8　7～8世紀。唐紙張。

1.1　BD13398號
1.3　護首（經名不詳）
1.4　L3527
2.1　12.5×24.7厘米；1紙。
2.3　卷軸裝。首全尾殘。有竹質天竿。有殘洞。已修整。
3.4　説明：
　　本遺書為護首。上面無文字。
8　8～9世紀。吐蕃統治時期寫本。

1.1　BD13399號
1.3　素紙
1.4　L3528
2.1　29×23厘米；1紙。
2.3　卷軸裝。殘片。已修整。
8　8～9世紀。吐蕃統治時期紙張。

1.1　BD13400號
1.3　護首（經名不詳）
1.4　L3529
2.1　24.3×20.7厘米；1紙；1行。
2.3　卷軸裝。首殘尾脱。有殘紺青紙經名簽，上面經名已脱落。已修整。
3.4　説明：
　　本遺書為護首。上有殘經名“五”。
8　8～9世紀。吐蕃統治時期寫本。
9.1　楷書。

1.1　BD13401號
1.3　殘片（擬）
1.4　L3530
2.1　20×25厘米；1紙；2行。
2.3　卷軸裝。首脱尾殘。背有烏絲欄。已修整。
3.4　説明：
　　正面無文字，背面有雜寫。
7.3　背有雜寫“南無”“埊”3字。
8　7～8世紀。唐寫本。
9.1　楷書。有武周新字“埊（地）”。

1.1　BD13402號
1.3　護首（大般若波羅蜜多經）
1.4　L3531
2.1　22.3×19.5厘米；1紙。
2.3　卷軸裝。首尾均殘。有竹質天竿及縹帶殘根。通卷下殘。經名簽已脱落。已修整。
3.4　説明：
　　本遺書為護首。上有殘經名“□…□，五十一”。
　　“五十一”為本卷所屬袟次，故知為《大般若波羅蜜多經》護首。
8　8～9世紀。吐蕃統治時期寫本。
9.1　楷書。

1.1　BD13403號
1.3　素紙
1.4　L3532
2.1　6.4×8.2厘米；1紙。
2.3　卷軸裝。殘片。已修整。
8　8～9世紀。吐蕃統治時期紙張。

1.1　BD13404號

1.3　護首（經名不詳）
1.4　L3533
2.1　17.8×25 厘米；1 紙。
2.3　卷軸裝。首全尾殘。有竹質天竿。通卷殘破。已修整。
3.4　說明：
　　本遺書為殘護首。上面無文字。
8　8～9 世紀。吐蕃統治時期寫本。

1.1　BD13405 號
1.3　素紙
1.4　L3534
2.1　25.7×28.5 厘米；1 紙。
2.3　卷軸裝。首脫尾殘。上部殘缺。紙張褶皺。已修整。
8　9～10 世紀。歸義軍時期紙張。

1.1　BD13406 號
1.3　護首（經名不詳）
1.4　L3535
2.1　21.9×25.2 厘米；1 紙；1 行。
2.3　卷軸裝。首脫尾殘。上下邊殘缺。已修整。
3.4　說明：
　　本遺書為殘護首。上面殘存 1 字"社"。
8　9～10 世紀。歸義軍時期寫本。
9.1　楷書。

1.1　BD13407 號
1.3　護首（經名不詳）
1.4　L3536
2.1　8.6×23.5 厘米；1 紙。
2.3　卷軸裝。首尾均殘。有竹質天竿及縹帶殘根。已修整。
3.4　說明：
　　本遺書為殘護首。上面無文字。
8　7～8 世紀。唐寫本。

1.1　BD13408 號
1.3　素紙
1.4　L3537
2.1　37.6×25 厘米；2 紙。
2.2　01：18.8，素紙；02：18.8，素紙。
2.3　卷軸裝。首脫尾殘。卷面有鳥糞，有橫向撕裂。第 1 紙為 7～8 世紀，唐。第 2 紙為 9～10 世紀，歸義軍時期。已修整。
8　7～8 世紀。唐紙張。

1.1　BD13409 號
1.3　護首（妙法蓮華經度量天地品）
1.4　L3538
2.1　17×25.5 厘米；1 紙。
2.3　卷軸裝。首尾均殘。有橫向撕裂。已修整。
3.4　說明：
　　本遺書為護首。存字 1 行，字多殘損，上半部分尤甚，難以辨認。但下部可辨"量天地□卷第九"。
8　7～8 世紀。唐寫本。
9.1　楷書。

1.1　BD13410 號
1.3　素紙
1.4　L3539
2.1　11.7×25.4 厘米；1 紙。
2.3　卷軸裝。首脫尾殘。卷面有鳥糞。已修整。
8　7～8 世紀。唐紙張。

1.1　BD13411 號
1.3　護首（經名不詳）
1.4　L3540
2.1　21.4×25.6 厘米；1 紙。
2.3　卷軸裝。首尾均殘。有橫向撕裂。已修整。
3.4　說明：
　　本遺書為殘護首。上面殘存文字難以辨認。
8　8～9 世紀。吐蕃統治時期寫本。

1.1　BD13412 號
1.3　素紙
1.4　L3541
2.1　22×26 厘米；1 紙。
2.3　卷軸裝。首脫尾殘。有烏絲欄。已修整。
8　8 世紀。唐紙張。

1.1　BD13413 號
1.3　素紙
1.4　L3542
2.1　22×25.5 厘米；1 紙。
2.3　卷軸裝。首脫尾殘。已修整。
8　8～9 世紀。吐蕃統治時期紙張。

1.1　BD13414 號
1.3　素紙
1.4　L3543
2.1　11.3×5 厘米；1 紙。
2.3　卷軸裝。殘片。有撕裂。已修整。
8　8～9 世紀。吐蕃統治時期紙張。

1.1　BD13415 號
1.3　素紙
1.4　L3544

2.1 5.5×26.3 厘米；1 紙。
2.3 卷軸裝。首脫尾殘。有烏絲欄。已修整。
8 8～9 世紀。吐蕃統治時期紙張。

1.1 BD13416 號
1.3 素紙
1.4 L3545
2.1 5.7×10.2 厘米；1 紙。
2.3 卷軸裝。殘片。已修整。
8 8～9 世紀。吐蕃統治時期紙張。

1.1 BD13417 號
1.3 素紙
1.4 L3546
2.1 2.4×12 厘米；1 紙。
2.3 卷軸裝。殘片。已修整。
8 7～8 世紀。唐紙張。

1.1 BD13418 號
1.3 護首（大般若波羅蜜多經）
1.4 L3547
2.1 20.4×24.8 厘米；1 紙；1 行。
2.3 卷軸裝。首殘尾脫。有橫向撕裂。已修整。
3.4 說明：
本遺書為護首。上有殘經名“□…□，廿九”。
“廿九”為本卷所屬袟次，故知為《大般若波羅蜜多經》護首。
8 8～9 世紀。吐蕃統治時期寫本。
9.1 楷書。

1.1 BD13419 號
1.3 素紙
1.4 L3548
2.1 27.8×22.7 厘米；1 紙。
2.3 卷軸裝。首尾均斷。紙質較厚。已修整。
8 9～10 世紀。歸義軍時期紙張。

1.1 BD13420 號
1.3 素紙
1.4 L3549
2.1 9.8×14.5 厘米；1 紙。
2.3 卷軸裝。殘片。已修整。
8 7～8 世紀。唐紙張。

1.1 BD13421 號
1.3 素紙
1.4 L3550
2.1 6×25.3 厘米；1 紙。
2.3 卷軸裝。首脫尾殘。已修整。
8 8～9 世紀。吐蕃統治時期紙張。

1.1 BD13422 號
1.3 素紙
1.4 L3551
2.1 5.5×11 厘米；1 紙。
2.3 卷軸裝。殘片。有邊欄。已修整。
8 7～8 世紀。唐紙張。

1.1 BD13423 號
1.3 素紙
1.4 L3552
2.1 19×25.5 厘米；1 紙。
2.3 卷軸裝。首尾均殘。中上部有一條橫向殘洞。有上下邊欄。已修整。
8 7～8 世紀。唐紙張。

1.1 BD13424 號
1.3 護首（經名不詳）
1.4 L3553
2.1 10.9×24.7 厘米；1 紙。
2.3 卷軸裝。首全尾殘。有芨芨草天竿。有撕裂。已修整。
3.4 說明：
本遺書為殘護首。上面無文字。
8 9～10 世紀。歸義軍時期寫本。

1.1 BD13425 號
1.3 素紙
1.4 L3554
2.1 57×27.8 厘米；1 紙。
2.3 卷軸裝。殘片。由二三層紙無規則粘貼而成，不知用途。褶皺髒污。已修整。
8 9～10 世紀。歸義軍時期紙張。

1.1 BD13426 號
1.3 素紙
1.4 L3555
2.1 13×27.9 厘米；1 紙。
2.3 卷軸裝。殘片。已修整。
8 9～10 世紀。歸義軍時期紙張。

1.1 BD13427 號
1.3 素紙
1.4 L3556
2.1 10.8×25.7 厘米；2 紙。

2.2　01：05.2，素紙；　　02：05.6，素紙。
2.3　卷軸裝。首尾均殘。2 紙顏色不同。已修整。
8　9～10 世紀。歸義軍時期紙張。

1.1　BD13428 號
1.3　經袟（擬）
1.4　L3557
2.1　48×28.6 厘米；1 紙。
2.3　卷軸裝。首脱尾殘。下邊殘缺。紙較厚。已修整。
3.4　説明：
本號為經袟，已殘破。
8　9～10 世紀。歸義軍時期寫本。

1.1　BD13429 號
1.3　素紙
1.4　L3558
2.1　10×25.5 厘米；1 紙。
2.3　卷軸裝。殘片。已修整。
8　8～9 世紀。吐蕃統治時期紙張。

1.1　BD13430 號
1.3　護首（經名不詳）
1.4　L3559
2.1　23×25.6 厘米；1 紙。
2.3　卷軸裝。首尾均殘。有竹質天竿及縹帶殘根。卷面有鳥糞。已修整。
3.4　説明：
本遺書為殘護首。上面無文字。
8　7～8 世紀。唐寫本。

1.1　BD13431 號
1.3　素紙
1.4　L3560
2.1　17×25 厘米；1 紙。
2.3　卷軸裝。首殘尾脱。上邊殘缺。有小殘洞。已修整。
8　7～8 世紀。唐紙張。

1.1　BD13432 號
1.3　素紙
1.4　L3561
2.1　14.5×25.3 厘米；1 紙。
2.3　卷軸裝。首脱尾殘。已修整。
8　7～8 世紀。唐紙張。

1.1　BD13433 號
1.3　素紙
1.4　L3562
2.1　15.8×19.5 厘米；1 紙。
2.3　卷軸裝。殘片。中部有撕裂。已修整。
8　7～8 世紀。唐紙張。

1.1　BD13434 號
1.3　素紙
1.4　L3563
2.1　21.3×26.8 厘米；1 紙。
2.3　卷軸裝。首脱尾殘。已修整。
8　7～8 世紀。唐紙張。

1.1　BD13435 號
1.3　書冊封皮（擬）
1.4　L3564
2.1　5.6×21.1 厘米；1 紙。
2.3　冊葉裝。首尾均全。卷面有黴斑。已修整。
3.4　説明：
有裝訂針孔。雙層紙，已脱落。
8　9～10 世紀。歸義軍時期寫本。

1.1　BD13436 號
1.3　素紙
1.4　L3565
2.1　22×25.8 厘米；1 紙。
2.3　卷軸裝。首殘尾全。有燕尾。有烏絲欄。已修整。
8　7～8 世紀。唐紙張。

1.1　BD13437 號
1.3　素紙
1.4　L3566
2.1　16.5×14.3 厘米；1 紙。
2.3　卷軸裝。殘片。已修整。
8　7～8 世紀。唐紙張。

1.1　BD13438 號
1.3　素紙
1.4　L3567
2.1　47.7×15.3 厘米；1 紙。
2.3　卷軸裝。首尾均斷。有小殘洞。已修整。
8　8～9 世紀。吐蕃統治時期紙張。

1.1　BD13439 號
1.3　護首（經名不詳）
1.4　L3568
2.1　14.3×12.4 厘米；1 紙。
2.3　卷軸裝。首尾均殘。小殘片。已修整。
3.4　説明：

本遺書為殘護首。上面無文字。
8　7～8 世紀。唐寫本。

1.1　BD13440 號
1.3　素紙
1.4　L3569
2.1　16.5×20 厘米；1 紙。
2.3　卷軸裝。殘片。已修整。
3.4　説明：
原為裱補紙。
8　8～9 世紀。吐蕃統治時期紙張。

1.1　BD13441 號
1.3　護首（大般若波羅蜜多經）
1.4　L3570
2.1　18.2×25.5 厘米；1 紙；1 行。
2.3　卷軸裝。首殘尾脱。已修整。
3.4　説明：
本遺書為護首。上有殘經名“大般□…□，五十七”。
“五十七”為本卷所屬袟次，故知為《大般若波羅蜜多經》護首。
8　8～9 世紀。吐蕃統治時期寫本。
9.1　楷書。

1.1　BD13442 號
1.3　素紙
1.4　L3571
2.1　3.5×15 厘米；1 紙。
2.3　卷軸裝。殘片。經黄紙。已修整。
8　7～8 世紀。唐紙張。

1.1　BD13443 號
1.3　牒狀殘片（擬）
1.4　L3572
2.1　2.2×22 厘米；1 紙；1 行。
2.3　卷軸裝。首尾均殘。小殘片。卷上面有針孔，縫有麻線。已修整。
3.4　説明：
本遺書僅殘留“牒”字，不出圖。
8　9～10 世紀。歸義軍時期寫本。
9.1　楷書。

1.1　BD13444 號
1.3　殘片（擬）
1.4　L3573
2.1　3.9×12.5 厘米；1 紙；1 行。
2.3　卷軸裝。首尾均殘。小殘片。已修整。
3.4　説明：
本遺書僅殘留“九”字，不出圖。
8　8～9 世紀。吐蕃統治時期寫本。
9.1　楷書。

1.1　BD13445 號
1.3　素紙
1.4　L3574
2.1　25.3×26.1 厘米；1 紙。
2.3　卷軸裝。首脱尾斷。已修整。
8　8 世紀。唐紙張。

1.1　BD13446 號
1.3　護首（經名不詳）
1.4　L3575
2.1　8.9×26.2 厘米；1 紙。
2.3　卷軸裝。首全尾斷。砑光上蠟。有古代裱補。已修整。
3.4　説明：
本遺書為殘護首。上面無文字。
8　7～8 世紀。唐寫本。

1.1　BD13447 號
1.3　護首（經名不詳）
1.4　L3576
2.1　11.7×25.6 厘米；1 紙。
2.3　卷軸裝。首尾均殘。小殘片。有縱向撕裂。已修整。
3.4　説明：
本遺書為殘護首。上面無文字。
8　8～9 世紀。吐蕃統治時期寫本。

1.1　BD13448 號
1.3　素紙
1.4　L3577
2.1　8.1×26 厘米；1 紙。
2.3　卷軸裝。首尾均斷。已修整。
8　8～9 世紀。吐蕃統治時期紙張。

1.1　BD13449 號
1.3　素紙
1.4　L3578
2.1　19.8×29.5 厘米；1 紙。
2.3　卷軸裝。首尾均斷。有撕裂。已修整。
8　9～10 世紀。歸義軍時期紙張。

1.1　BD13450 號
1.3　素紙
1.4　L3579

2.1　20.5×27.8 厘米；1 紙。
2.3　卷軸裝。首脱尾斷。上邊殘缺。已修整。
8　7～8 世紀。唐紙張。

1.1　BD13451 號
1.3　護首（經名不詳）
1.4　L3580
2.1　19.6×19.3 厘米；1 紙。
2.3　卷軸裝。首尾均殘。通卷下殘。有縱向撕裂。有紺青紙經名簽，已殘破，字跡脱落。已修整。
3.4　説明：
本遺書為殘護首。上面無文字。
8　8～9 世紀。吐蕃統治時期寫本。

1.1　BD13452 號
1.3　護首（經名不詳）
1.4　L3581
2.1　16.9×25 厘米；1 紙；1 行。
2.3　卷軸裝。首殘尾脱。有古代裱補。已修整。
3.4　説明：
本遺書為殘護首。上面存字均多半殘，難以辨認。
8　7～8 世紀。唐寫本。

1.1　BD13453 號
1.3　素紙
1.4　L3582
2.1　13.6×7 厘米；1 紙。
2.3　卷軸裝。殘片。有古代裱補。已修整。
8　7～8 世紀。唐紙張。

1.1　BD13454 號
1.3　素紙
1.4　L3583
2.1　1.6×25.3 厘米；1 紙。
2.3　卷軸裝。首全尾斷。1 紙折疊粘貼。已修整。
8　8～9 世紀。吐蕃統治時期紙張。

1.1　BD13455 號
1.3　護首（經名不詳）
1.4　L3584
2.1　1.3×24.4 厘米；1 紙。
2.3　卷軸裝。首全尾斷。有竹質天竿。已修整。
3.4　説明：
本遺書為殘護首。上面無文字。
8　8～9 世紀。吐蕃統治時期寫本。

1.1　BD13456 號
1.3　護首（經名不詳）
1.4　L3585
2.1　12.8×26.1 厘米；1 紙。
2.3　卷軸裝。首尾均殘。下邊殘缺。有横向撕裂。已修整。
3.4　説明：
本遺書為殘護首。上面無文字。
8　7～8 世紀。唐寫本。

1.1　BD13457 號
1.3　素紙
1.4　L3586
2.1　14×15 厘米；1 紙。
2.3　卷軸裝。殘片。有烏絲欄。已修整。
8　8 世紀。唐紙張。

1.1　BD13458 號
1.3　護首（經名不詳）
1.4　L3587
2.1　13.1×14.4 厘米；1 紙。
2.3　卷軸裝。首尾均殘。小殘片。已修整。
3.4　説明：
本遺書為殘護首。上面無文字。
8　8～9 世紀。吐蕃統治時期寫本。

1.1　BD13459 號
1.3　護首（經名不詳）
1.4　L3588
2.1　24.8×26.8 厘米；1 紙。
2.3　卷軸裝。首殘尾脱。下邊殘缺。有竹質天竿。已修整。
3.4　説明：
本遺書為殘護首。上面無文字。
8　9～10 世紀。歸義軍時期寫本。

1.1　BD13460 號
1.3　素紙
1.4　L3589
2.1　6.9×18.2 厘米；1 紙。
2.3　卷軸裝。殘片。已修整。
8　8 世紀。唐紙張。

1.1　BD13461 號
1.3　素紙
1.4　L3590
2.1　17.9×24.7 厘米；1 紙。
2.3　卷軸裝。首斷尾脱。有殘洞。已修整。
8　9～10 世紀。歸義軍時期紙張。

1.1　BD13462 號
1.3　素紙
1.4　L3591
2.1　10.4×4.5 厘米；1 紙。
2.3　卷軸裝。殘片。已修整。
8　8～9 世紀。吐蕃統治時期紙張。

1.1　BD13463 號
1.3　素紙
1.4　L3592
2.1　6.3×4.4 厘米；1 紙。
2.3　卷軸裝。殘片。已修整。
8　8～9 世紀。吐蕃統治時期紙張。

1.1　BD13464 號
1.3　護首（經名不詳）
1.4　L3593
2.1　12.2×13 厘米；1 紙。
2.3　卷軸裝。首尾均殘。通卷上殘。雙層紙。已修整。
3.4　説明：
本遺書為殘護首。上面無文字。
8　8～9 世紀。吐蕃統治時期寫本。

1.1　BD13465 號
1.3　素紙
1.4　L3594
2.1　30.9×25 厘米；1 紙。
2.3　卷軸裝。首尾均殘。上部殘缺。已修整。
8　9～10 世紀。歸義軍時期紙張。

1.1　BD13466 號
1.3　素紙
1.4　L3595
2.1　16.3×28.5 厘米；1 紙。
2.3　卷軸裝。首脱尾殘。已修整。
8　7～8 世紀。唐紙張。

1.1　BD13467 號
1.3　素紙
1.4　L3596
2.1　7.5×14.8 厘米；1 紙。
2.3　卷軸裝。首尾均殘。經黄紙。卷面有鳥糞。通卷下殘。已修整。
8　7～8 世紀。唐紙張。

1.1　BD13468 號
1.3　素紙
1.4　L3597
2.1　6×9.6 厘米；1 紙。
2.3　卷軸裝。殘片。已修整。
8　9～10 世紀。歸義軍時期紙張。

1.1　BD13469 號
1.3　素紙
1.4　L3598
2.1　7.2×11 厘米；1 紙。
2.3　卷軸裝。殘片。已修整。
8　9～10 世紀。歸義軍時期紙張。

1.1　BD13470 號
1.3　素紙
1.4　L3599
2.1　17×23.6 厘米；1 紙。
2.3　卷軸裝。首脱尾殘。尾褶皺，有污物。已修整。
8　9～10 世紀。歸義軍時期紙張。

1.1　BD13471 號
1.3　素紙
1.4　L3600
2.1　35.3×26.2 厘米；1 紙。
2.3　卷軸裝。首脱尾殘。下邊殘缺。有烏絲欄。已修整。
8　8～9 世紀。吐蕃統治時期紙張。

1.1　BD13472 號
1.3　素紙
1.4　L3601
2.1　11.5×25 厘米；1 紙。
2.3　卷軸裝。首脱尾殘。已修整。
8　7～8 世紀。唐紙張。

1.1　BD13473 號
1.3　素紙
1.4　L3602
2.1　3.5×15 厘米；1 紙。
2.3　卷軸裝。殘片。已修整。
8　8～9 世紀。吐蕃統治時期紙張。

1.1　BD13474 號
1.3　素紙
1.4　L3603
2.1　5.5×6.5 厘米；1 紙。
2.3　卷軸裝。殘片。有古代裱補。已修整。
8　9～10 世紀。歸義軍時期紙張。

1.1 BD13475 號
1.3 素紙
1.4 L3604
2.1 16.2×27.1 厘米；1 紙。
2.3 卷軸裝。首脫尾殘。有 2 個小殘洞。已修整。
8 9～10 世紀。歸義軍時期紙張。

1.1 BD13476 號
1.3 素紙
1.4 L3605
2.1 14.2×18.4 厘米；1 紙。
2.3 卷軸裝。首尾均殘。通卷上殘。已修整。
8 9～10 世紀。歸義軍時期紙張。

1.1 BD13477 號
1.3 素紙
1.4 L3606
2.1 11.6×14.3 厘米；1 紙。
2.3 卷軸裝。殘片。已修整。
8 8～9 世紀。吐蕃統治時期紙張。

1.1 BD13478 號
1.3 素紙
1.4 L3607
2.1 7.9×7.8 厘米；1 紙。
2.3 卷軸裝。殘片。已修整。
8 8～9 世紀。吐蕃統治時期紙張。

1.1 BD13479 號
1.3 素紙
1.4 L3608
2.1 8.4×6.8 厘米；1 紙。
2.3 卷軸裝。殘片。經黄紙。已修整。
8 7～8 世紀。唐紙張。

1.1 BD13480 號
1.3 素紙
1.4 L3609
2.1 26.2×24 厘米；1 紙。
2.3 卷軸裝。首尾均脫。中部有横向撕裂。已修整。
8 9～10 世紀。歸義軍時期紙張。

1.1 BD13481 號
1.3 大佛頂如來密因修證了義諸菩薩萬行首楞嚴經
1.4 L3610
2.1 17.3×20 厘米；2 紙；1 行。
2.2 01：11.3，護首； 02：06.0，01。
2.3 卷軸裝。首尾均殘。通卷下殘。背面有古代裱補。有護首，已殘。有烏絲欄。已修整。
3.4 說明：
本遺書為殘卷首。上面僅存首題。
4.1 大佛頂如來密因修□…□（首）。
8 7～8 世紀。唐寫本。
9.1 楷書。

1.1 BD13482 號
1.3 護首（經名不詳）
1.4 L3611
2.1 8.9×23.8 厘米；1 紙。
2.3 卷軸裝。首尾均殘。有竹質天竿。已修整。
3.4 說明：
本遺書為殘護首。上面無文字。
8 8～9 世紀。吐蕃統治時期寫本。

1.1 BD13483 號
1.3 護首（大般若波羅蜜多經）
1.4 L3612
2.1 22.5×25.1 厘米；1 紙；1 行。
2.3 卷軸裝。首殘尾脫。上部殘缺。有古代裱補。已修整。
3.4 說明：
本遺書為護首。上有殘經名“□…□卷第□百七十五□□，□，蓮”。
從卷次看，應為《大般若波羅蜜多經》護首。“蓮”為本經收藏寺院蓮臺寺的簡稱。
8 9～10 世紀。歸義軍時期寫本。
9.1 楷書。

1.1 BD13484 號
1.3 素紙
1.4 L3613
2.1 7.2×27 厘米；1 紙。
2.3 卷軸裝。首脫尾斷。有烏絲欄。已修整。
8 7～8 世紀。唐紙張。

1.1 BD13485 號
1.3 素紙
1.4 L3614
2.1 11.3×9.8 厘米；1 紙。
2.3 卷軸裝。殘片。已修整。
8 9～10 世紀。歸義軍時期紙張。

1.1 BD13486 號
1.3 素紙
1.4 L3615

2.1　5.5×25.3 厘米；1 紙。
2.3　卷軸裝。首斷尾殘。上方有殘洞。已修整。
8　8～9 世紀。吐蕃統治時期紙張。

1.1　BD13487 號
1.3　殘片（擬）
1.4　L3616
2.1　17.2×24.6 厘米；1 紙；1 行。
2.3　卷軸裝。首脫尾殘。上下邊殘缺。中有殘洞。已修整。
3.4　說明：
卷尾下方有 1 個"四"字。
8　7～8 世紀。唐寫本。
9.1　楷書。

1.1　BD13488 號
1.3　經袟（擬）
1.4　L3617
2.1　42.9×29.8 厘米；1 紙。
2.3　卷軸裝。首尾均殘。下邊殘破。已修整。
3.4　說明：
本號為經袟，已殘破。
8　9～10 世紀。歸義軍時期寫本。

1.1　BD13489 號
1.3　護首（經名不詳）
1.4　L3618
2.1　13.7×29.8 厘米；1 紙。
2.3　卷軸裝。首全尾殘。有竹質天竿。已修整。
3.4　說明：
本遺書為殘護首。上面無文字。
8　7～8 世紀。唐寫本。

1.1　BD13490 號
1.3　素紙
1.4　L3619
2.1　17.8×26 厘米；1 紙。
2.3　卷軸裝。首脫尾斷。有烏絲欄。已修整。
8　8 世紀。唐紙張。

1.1　BD13491 號
1.3　護首（大般若波羅蜜多經）
1.4　L3620
2.1　23.3×25 厘米；1 紙；1 行。
2.3　卷軸裝。首殘尾脫。存字多不完整。已修整。
3.4　說明：
本遺書為護首。上有"大般若波羅蜜多經卷第三百七十二，［卅］八"。經名上有經名號。"［卅］八"為本卷所屬袟次。
8　8～9 世紀。吐蕃統治時期寫本。
9.1　楷書。

1.1　BD13492 號
1.3　素紙
1.4　L3621
2.1　19.5×12 厘米；1 紙。
2.3　卷軸裝。首尾均殘。通卷上殘。已修整。
8　9～10 世紀。歸義軍時期紙張。

1.1　BD13493 號
1.3　素紙
1.4　L3622
2.1　3.2×26.2 厘米；1 紙。
2.3　卷軸裝。殘片。已修整。
8　8～9 世紀。吐蕃統治時期紙張。

1.1　BD13494 號
1.3　經袟（擬）
1.4　L3623
2.1　33.8×28 厘米；1 紙。
2.3　卷軸裝。殘片。卷上下部有大殘洞。有 7 行橫向針孔呈對稱分佈。殘留有白、綠、藍等多色縫線。紙較厚。一邊粘有一篾條。
3.4　說明：
本遺書為經袟。上面無文字。
8　8～9 世紀。吐蕃統治時期寫本。

1.1　BD13495 號
1.3　素紙
1.4　L3624
2.1　27.2×20.6 厘米；1 紙。
2.3　卷軸裝。殘片。卷面油污。已修整。
8　9～10 世紀。歸義軍時期紙張。

1.1　BD13496 號
1.3　素紙
1.4　L3625
2.1　15.9×25.2 厘米；1 紙。
2.3　卷軸裝。首脫尾斷。已修整。
8　7～8 世紀。唐紙張。

1.1　BD13497 號
1.3　護首（經名不詳）
1.4　L3626
2.1　18.4×25.6 厘米；1 紙。

2.3　卷軸裝。首脱尾殘。卷上部殘缺。背面有古代裱補。已修整。
3.4　説明：
　　本遺書為殘護首。上面無文字。
8　8～9世紀。吐蕃統治時期寫本。

1.1　BD13498號
1.3　護首（經名不詳）
1.4　L3627
2.1　13.7×11厘米；1紙，1行。
2.3　卷軸裝。首尾均殘。通卷上殘。已修整。
3.4　説明：
　　本遺書為護首。上殘留袟次“卅八”。
8　7～8世紀。唐寫本。
9.1　楷書。

1.1　BD13499號
1.3　素紙
1.4　L3628
2.1　14.5×24.6厘米；1紙。
2.3　卷軸裝。首殘尾脱。中間撕裂。有小殘洞。已修整。
8　9～10世紀。歸義軍時期紙張。

1.1　BD13500號
1.3　素紙
1.4　L3629
2.1　11.7×25厘米；1紙。
2.3　卷軸裝。首脱尾殘。卷下邊殘缺，中間撕裂。已修整。
8　8～9世紀。吐蕃統治時期紙張。

1.1　BD13501號
1.3　護首（經名不詳）
1.4　L3630
2.1　1.2×26.4厘米；1紙；1行。
2.3　卷軸裝。首全尾斷。有竹質天竿。經名簽脱落。已修整。
3.4　説明：
　　本遺書為護首。上有“第一”。
8　8～9世紀。吐蕃統治時期寫本。
9.1　楷書。

1.1　BD13502號
1.3　經袟（大智度論）
1.4　L3631
2.1　43×30.7厘米；1紙。
2.3　卷軸裝。首殘尾全。有縱向撕裂，下邊殘缺。已修整。
3.4　説明：
　　本遺書為經袟。上面寫有“大智論第二袟”。
8　9～10世紀。歸義軍時期寫本。
9.1　楷書。

1.1　BD13503號
1.3　素紙
1.4　L3632
2.1　14.7×25.1厘米；1紙。
2.3　卷軸裝。首脱尾殘。卷下邊殘缺，有縱向撕裂。已修整。
8　7～8世紀。唐紙張。

1.1　BD13504號
1.3　素紙
1.4　L3633
2.1　15.5×24.8厘米；1紙。
2.3　卷軸裝。殘片。卷面殘破嚴重。有多層古代裱補。已修整。
8　9～10世紀。歸義軍時期紙張。

1.1　BD13505號
1.3　素紙
1.4　L3634
2.1　18.2×24.4厘米；1紙。
2.3　卷軸裝。首脱尾殘。尾中部殘破。已修整。
8　9～10世紀。歸義軍時期紙張。

1.1　BD13506號
1.3　護首（經名不詳）
1.4　L3635
2.1　15.2×13厘米；1紙。
2.3　卷軸裝。首尾均殘。通卷上殘，有撕裂。已修整。
3.4　説明：
　　本遺書為護首。上有殘經名“□…□，十一”。
　　“十一”為本卷所屬袟次。
8　7～8世紀。唐寫本。
9.1　楷書。

1.1　BD13507號
1.3　素紙
1.4　L3636
2.1　7.4×3.3厘米；1紙。
2.3　卷軸裝。殘片。已修整。
8　7～8世紀。唐紙張。

1.1　BD13508號
1.3　護首（大般涅槃經）
1.4　L3637
2.1　1×25.6厘米；1紙。
2.3　卷軸裝。首全尾殘。有竹質天竿，有淺棕色縹帶，長18.5

厘米。經名簽有金粉書寫經名，因對折被粘至背面。存字半殘。已修整。
3.4 說明：
本遺書為護首。上有殘經名“大般涅槃經卷□…□”。
8 8～9世紀。吐蕃統治時期寫本。
9.1 楷書。

1.1 BD13509號
1.3 素紙
1.4 L3638
2.1 1×10.4厘米；1紙。
2.3 卷軸裝。殘片。有古代裱補。已修整。
8 8～9世紀。吐蕃統治時期紙張。

1.1 BD13510號
1.3 素紙
1.4 L3639
2.1 0.5×10.4厘米；1紙。
2.3 卷軸裝。殘片。有古代裱補。已修整。
8 8～9世紀。吐蕃統治時期紙張。

1.1 BD13511號
1.3 護首（經名不詳）
1.4 L3640
2.1 11.5×20.5厘米；1紙。
2.3 卷軸裝。首尾均殘。通卷上殘，有撕裂。已修整。
3.4 說明：
本遺書為殘護首。上面有墨痕。
8 7～8世紀。唐寫本。

1.1 BD13512號
1.3 素紙
1.4 L3641
2.1 8.1×29.4厘米；1紙。
2.3 卷軸裝。殘片。被剪似糖葫蘆狀，下連一條小殘片。已修整。
8 8～9世紀。吐蕃統治時期紙張。

1.1 BD13513號
1.3 素紙
1.4 L3642
2.1 40.1×28.6厘米；1紙。
2.3 卷軸裝。殘片。紙褶皺。殘破嚴重。已修整。
8 9～10世紀。歸義軍時期紙張。

1.1 BD13514號
1.3 護首（經名不詳）
1.4 L3643
2.1 23.8×26厘米；1紙。
2.3 卷軸裝。首尾均殘。已修整。
3.4 說明：
本遺書為護首。上有殘經名“□…□，三”。
“三”為本卷所屬袟次。
8 8～9世紀。吐蕃統治時期寫本。
9.1 楷書。

1.1 BD13515號
1.3 護首（妙法蓮華經）
1.4 L3644
2.1 19×26.3厘米；1紙。
2.3 卷軸裝。首全尾殘。有殘留芨芨草天竿。卷面有鳥糞。已修整。
3.4 說明：
本遺書為護首。上有“妙法蓮華經卷第一”。經名上有經名號。
8 7～8世紀。唐寫本。
9.1 楷書。

1.1 BD13516號
1.3 素紙
1.4 L3645
2.1 13.7×25.1厘米；1紙。
2.3 卷軸裝。殘片。卷面多鳥糞。已修整。
8 8～9世紀。吐蕃統治時期紙張。

1.1 BD13517號
1.3 護首（經名不詳）
1.4 L3646
2.1 18.8×24.8厘米；1紙。
2.3 卷軸裝。首全尾殘。有竹質天竿，有淺棕色縹帶，長14厘米。有殘洞。已修整。
3.4 說明：
本遺書為殘護首。上面無文字。
8 8～9世紀。吐蕃統治時期寫本。

1.1 BD13518號
1.3 素紙
1.4 L3647
2.1 24×26.8厘米；1紙。
2.3 卷軸裝。首殘尾脫。上下均殘缺，有撕裂。已修整。
8 8～9世紀。吐蕃統治時期紙張。

1.1 BD13519號
1.3 素紙

1.4 L3648
2.1 8.2×22 厘米；1 紙。
2.3 卷軸裝。殘片。已修整。
8 8～9 世紀。吐蕃統治時期紙張。

1.1 BD13520 號
1.3 素紙
1.4 L3649
2.1 19.2×25.2 厘米；1 紙。
2.3 卷軸裝。首脱尾殘。下邊殘缺。已修整。
8 7～8 世紀。唐紙張。

1.1 BD13521 號
1.3 護首（經名不詳）
1.4 L3650
2.1 24.5×24.8 厘米；2 紙。
2.2 01：18.1，護首； 02：06.4，素紙。
2.3 卷軸裝。首全尾脱。有蘆葦片天竿。2 紙質地不同。已修整。
3.4 説明：
本遺書為殘護首。上面無文字。
8 8～9 世紀。吐蕃統治時期寫本。

1.1 BD13522 號
1.3 素紙
1.4 L3651
2.1 18×24.6 厘米；1 紙。
2.3 卷軸裝。首脱尾殘。上部有小殘洞。有洇染紅色。已修整。
8 7～8 世紀。唐紙張。

1.1 BD13523 號
1.3 素紙
1.4 L3652
2.1 15.8×25.5 厘米；1 紙。
2.3 卷軸裝。首脱尾殘。已修整。
8 8～9 世紀。吐蕃統治時期紙張。

1.1 BD13524 號
1.3 素紙
1.4 L3653
2.1 22.2×25.5 厘米；1 紙。
2.3 卷軸裝。首脱尾斷。卷面有鳥糞。已修整。
8 7～8 世紀。唐紙張。

1.1 BD13525 號
1.3 素紙
1.4 L3654
2.1 18.7×25.8 厘米；1 紙。
2.3 卷軸裝。首尾均脱。有烏絲欄。已修整。
8 7～8 世紀。唐紙張。

1.1 BD13526 號
1.3 素紙
1.4 L3655
2.1 21.9×27.7 厘米；1 紙。
2.3 卷軸裝。首脱尾殘。有小殘洞若干。尾下剪掉一塊。已修整。
8 8～9 世紀。吐蕃統治時期紙張。

1.1 BD13527 號
1.3 素紙
1.4 L3656
2.1 22.6×25.4 厘米；1 紙。
2.3 卷軸裝。首尾均殘。下邊略殘。已修整。
8 8～9 世紀。吐蕃統治時期紙張。

1.1 BD13528 號
1.3 素紙
1.4 L3657
2.1 94.5×0.7～0.9 厘米；2 紙。
2.2 01：51.0，素紙； 02：43.5，素紙。
2.3 卷軸裝。殘片。呈條狀。已修整。
8 8～9 世紀。吐蕃統治時期紙張。

1.1 BD13529 號
1.3 素紙
1.4 L3658
2.1 24.9×25.2 厘米；1 紙。
2.3 卷軸裝。首脱尾斷。有小殘洞。已修整。
8 8～9 世紀。吐蕃統治時期紙張。

1.1 BD13530 號
1.3 素紙
1.4 L3659
2.1 10.5×27 厘米；1 紙。
2.3 卷軸裝。首脱尾斷。有上下邊欄。已修整。
8 8 世紀。唐紙張。

1.1 BD13531 號
1.3 素紙
1.4 L3660
2.1 15.5×24.6 厘米；1 紙。
2.3 卷軸裝。首脱尾斷。上邊殘缺。已修整。
8 7～8 世紀。唐紙張。

1.1　BD13532 號
1.3　護首（經名不詳）
1.4　L3661
2.1　21×24.5 厘米；1 紙。
2.3　卷軸裝。首全尾脱。有芨芨草天竿。已修整。
3.4　説明：
本遺書為殘護首。上面無文字。
8　8~9 世紀。吐蕃統治時期寫本。

1.1　BD13533 號
1.3　素紙
1.4　L3662
2.1　1.6×25.9 厘米；1 紙。
2.3　卷軸裝。殘片。呈條狀。已修整。
8　8~9 世紀。吐蕃統治時期紙張。

1.1　BD13534 號
1.3　素紙
1.4　L3663
2.1　7.5×24.7 厘米；1 紙。
2.3　卷軸裝。首脱尾斷。上邊殘缺。已修整。
8　7~8 世紀。唐紙張。

1.1　BD13535 號
1.3　素紙
1.4　L3664
2.1　15.6×23 厘米；1 紙。
2.3　卷軸裝。首尾均殘。下邊殘缺。有等距離 4 個小洞。本件係揭下的裱補紙。貼合面有烏絲欄。有古代裱補。裱補紙上有字，難以辨認。已修整。
8　7~8 世紀。唐紙張。

1.1　BD13536 號
1.3　素紙
1.4　L3665
2.1　11.9×25 厘米；1 紙。
2.3　卷軸裝。首脱尾殘。上下邊殘缺，有撕裂。已修整。
8　7~8 世紀。唐紙張。

1.1　BD13537 號
1.3　素紙
1.4　L3666
2.1　17×25.5 厘米；1 紙。
2.3　卷軸裝。首脱尾殘。卷面油污，上下邊殘缺。已修整。
8　9~10 世紀。歸義軍時期寫本。

1.1　BD13538 號
1.3　素紙
1.4　L3667
2.1　14.8×25.3 厘米；1 紙。
2.3　卷軸裝。首脱尾殘。有撕裂。有古代裱補。已修整。
8　7~8 世紀。唐紙張。

1.1　BD13539 號
1.3　素紙
1.4　L3668
2.1　6.1×14.9 厘米；1 紙。
2.3　卷軸裝。殘片。已修整。
8　7~8 世紀。唐紙張。

1.1　BD13540 號
1.3　素紙
1.4　L3669
2.1　14.5×25 厘米；1 紙。
2.3　卷軸裝。首脱尾殘。上邊殘缺，有横向撕裂。有燕尾。有烏絲欄。已修整。
8　7~8 世紀。唐紙張。

1.1　BD13541 號
1.3　素紙
1.4　L3670
2.1　6.6×25.2 厘米；1 紙。
2.3　卷軸裝。首尾均斷。呈長方形。已修整。
8　8~9 世紀。吐蕃統治時期紙張。

1.1　BD13542 號
1.3　素紙
1.4　L3671
2.1　3.6×24.1 厘米；1 紙。
2.3　卷軸裝。首斷尾脱。尾剪為梯形。有烏絲欄。已修整。
8　7~8 世紀。唐紙張。

1.1　BD13543 號
1.3　素紙
1.4　L3672
2.1　41.7×29.4 厘米；1 紙。
2.3　卷軸裝。首全尾殘。上下邊均殘缺，有殘洞。紙褶皺殘破。已修整。
8　9~10 世紀。歸義軍時期紙張。

1.1　BD13544 號
1.3　護首（經名不詳）
1.4　L3673
2.1　18.5×24.4 厘米；1 紙。

2.3　卷軸裝。首殘尾脱。全卷殘破。有古代絲絹褙補。已修整。
3.4　説明：
　　本遺書為殘護首。上面無文字。
8　7～8 世紀。唐寫本。

1.1　BD13545 號
1.3　素紙
1.4　L3674
2.1　13.6×22 厘米；1 紙。
2.3　卷軸裝。殘片。中部殘破。卷面有殘字痕。已修整。
8　8 世紀。唐紙張。

1.1　BD13546 號
1.3　素紙
1.4　L3675
2.1　17.7×15.5 厘米；1 紙。
2.3　卷軸裝。殘片。已修整。
8　8～9 世紀。吐蕃統治時期紙張。

1.1　BD13547 號
1.3　護首（經名不詳）
1.4　L3676
2.1　17.8×26.1 厘米；1 紙。
2.3　卷軸裝。首全尾殘。有芨芨草天竿。上邊殘缺。已修整。
3.4　説明：
　　本遺書為殘護首。上面無文字。
8　8～9 世紀。吐蕃統治時期寫本。

1.1　BD13548 號
1.3　素紙
1.4　L3677
2.1　19.1×8.3 厘米；1 紙。
2.3　卷軸裝。殘片。已修整。
8　8～9 世紀。吐蕃統治時期紙張。

1.1　BD13549 號
1.3　護首（大般若波羅蜜多經）
1.4　L3678
2.1　20×17.1 厘米；1 紙。
2.3　卷軸裝。首尾均殘。通卷下殘。存字均多半殘。已修整。
3.4　説明：
　　本遺書為護首。上有“大般若波羅蜜多經卷第□□五十三”。
8　8～9 世紀。吐蕃統治時期寫本。
9.1　楷書。

1.1　BD13550 號
1.3　素紙
1.4　L3679
2.1　9.4×7.3 厘米；1 紙。
2.3　卷軸裝。殘片。已修整。
8　7～8 世紀。唐紙張。

1.1　BD13551 號
1.3　素紙
1.4　L3680
2.1　10×20.6 厘米；1 紙。
2.3　卷軸裝。殘片。已修整。
8　8～9 世紀。吐蕃統治時期紙張。

1.1　BD13552 號
1.3　素紙
1.4　L3681
2.1　19×30 厘米；1 紙。
2.3　卷軸裝。首脱尾殘。已修整。
8　8～9 世紀。吐蕃統治時期紙張。

1.1　BD13553 號
1.3　護首（經名不詳）
1.4　L3682
2.1　23.3×26.4 厘米；1 紙。
2.3　卷軸裝。首全尾脱。有竹質天竿。已修整。
3.4　説明：
　　本遺書為殘護首。上面無文字。
7.2　尾背中部有一殘陽文硃印，1×4.7 厘米，為報恩寺印。
8　9～10 世紀。歸義軍時期寫本。

1.1　BD13554 號
1.3　殘片（擬）
1.4　L3683
2.1　40.3×25.2 厘米；2 紙。
2.2　01：19.8，素紙。　　02：20.5，素紙。
2.3　卷軸裝。首尾均殘。第 1 紙背有古代褙補。褙補紙上有烏絲欄。已修整。
3.4　説明：
　　第 2 紙下方有一硃筆“九”字。有 1 個墨寫殘字，難以辨認。
8　8～9 世紀。吐蕃統治時期寫本。
9.1　楷書。

1.1　BD13555 號
1.3　素紙
1.4　L3684
2.1　9×25.5 厘米；1 紙。

2.3　卷軸裝。首脱尾斷。卷面有蟲繭。有烏絲欄。已修整。
8　8~9世紀。吐蕃統治時期紙張。

1.1　BD13556號
1.3　素紙
1.4　L3685
2.1　13.5×9.9厘米；1紙。
2.3　縫繢裝。1紙2葉，4個半葉。中間有針孔。已修整。
8　9~10世紀。歸義軍時期紙張。

1.1　BD13557號
1.3　護首（經名不詳）
1.4　L3686
2.1　7.8×11.5厘米；1紙。
2.3　卷軸裝。首尾均殘。小殘片。已修整。
3.4　説明：
本遺書為殘護首。上面無文字。
8　7~8世紀。唐寫本。

1.1　BD13558號
1.3　素紙
1.4　L3687
2.1　9.6×5.4厘米；1紙。
2.3　卷軸裝。殘片。已修整。
8　8~9世紀。吐蕃統治時期紙張。

1.1　BD13559號
1.3　素紙
1.4　L3688
2.1　5.5×10.5厘米；1紙。
2.3　卷軸裝。殘片。已修整。
8　8~9世紀。吐蕃統治時期紙張。

1.1　BD13560號
1.3　素紙
1.4　L3689
2.1　36.9×31厘米；1紙。
2.3　卷軸裝。首尾均殘。上下邊殘缺。有墨跡。已修整。
8　9~10世紀。歸義軍時期紙張。

1.1　BD13561號
1.3　護首（經名不詳）
1.4　L3690
2.1　22.8×24.9厘米；1紙。
2.3　卷軸裝。首全尾殘。有竹質天竿，有縹帶，長6厘米。有殘洞5個。已修整。
3.4　説明：
本遺書為殘護首。上面無文字。
8　9~10世紀。歸義軍時期寫本。

1.1　BD13562號
1.3　殘片（擬）
1.4　L3691
2.1　14.3×10.5厘米；1紙。
2.3　卷軸裝。首尾均殘。小殘片。已修整。
3.4　説明：
卷尾有“廿四”2殘字。
8　8~9世紀。吐蕃統治時期寫本。
9.1　楷書。

1.1　BD13563號
1.3　護首（經名不詳）
1.4　L3692
2.1　13.7×9.2厘米；1紙。
2.3　卷軸裝。首尾均殘。有芨芨草天竿。有古代裱補。已修整。
3.4　説明：
本遺書為殘護首。上面無文字。
8　8~9世紀。吐蕃統治時期寫本。

1.1　BD13564號
1.3　護首（經名不詳）
1.4　L3693
2.1　4.6×24厘米；1紙。
2.3　卷軸裝。首全尾殘。有竹質天竿及黄色縹帶。經名模糊難辨。已修整。
3.4　説明：
本遺書為護首。上有殘經名“□□□諸童子◇◇”。
8　8~9世紀。吐蕃統治時期寫本。
9.1　楷書。

1.1　BD13565號
1.3　素紙
1.4　L3694
2.1　27×24.5厘米；1紙。
2.3　卷軸裝。殘片。有撕裂、殘缺及小殘洞。已修整。
8　9~10世紀。歸義軍時期紙張。

1.1　BD13566號
1.3　素紙
1.4　L3695
2.1　9×20.1厘米；1紙。
2.3　卷軸裝。殘片。已修整。
8　8~9世紀。吐蕃統治時期紙張。

1.1 BD13567 號
1.3 素紙
1.4 L3696
2.1 24.7×22.3 厘米；1 紙。
2.3 卷軸裝。殘片。質薄。有殘洞。有紅、黑色污染。已修整。
8 9~10 世紀。歸義軍時期紙張。

1.1 BD13568 號
1.3 護首（經名不詳）
1.4 L3697
2.1 17×24.7 厘米；1 紙。
2.3 卷軸裝。首尾均殘。卷面油污，有殘洞。已修整。
3.4 説明：
本遺書為殘護首。上面無文字。
8 8~9 世紀。吐蕃統治時期寫本。

1.1 BD13569 號
1.3 護首（妙法蓮華經）
1.4 L3698
2.1 17.6×26.8 厘米；1 紙。
2.3 卷軸裝。首全尾殘。上部殘缺。有古代裱補。背面殘留縹帶。已修整。
3.4 説明：
本遺書為護首。上有“妙法蓮華經卷第四”。經名上有經名號。
8 8~9 世紀。吐蕃統治時期寫本。
9.1 楷書。

1.1 BD13570 號
1.3 護首（經名不詳）
1.4 L3699
2.1 21.3×13.9 厘米；1 紙。
2.3 卷軸裝。首尾均殘。小殘片。已修整。
3.4 説明：
本遺書為殘護首。上面有殘字痕。
8 8~9 世紀。吐蕃統治時期寫本。

1.1 BD13571 號
1.3 護首（金籙晨夜十方懺）
1.4 L3700
2.1 14.8×25.3 厘米；1 紙。
2.3 卷軸裝。首殘尾脱。已修整。
3.4 説明：
本遺書為護首。上有經名“金籙晨夜十方懺”。
8 7~8 世紀。唐寫本。
9.1 楷書。

1.1 BD13572 號
1.3 素紙
1.4 L3701
2.1 161×5.4 厘米；1 紙。
2.3 卷軸裝。首尾均殘。殘片。有撕裂。已修整。
8 8~9 世紀。吐蕃統治時期紙張。

1.1 BD13573 號
1.3 素紙
1.4 L3702
2.1 13.4×25 厘米；1 紙。
2.3 卷軸裝。首全尾殘。有横向撕裂。有古代裱補。已修整。
8 9~10 世紀。歸義軍時期紙張。

1.1 BD13574 號
1.3 素紙
1.4 L3703
2.1 19.3×8.1 厘米；2 紙。
2.2 01：14.2，素紙；　　02：05.1，素紙。
2.3 卷軸裝。首尾均殘。殘片。殘破嚴重。有古代裱補。已修整。
8 8~9 世紀。吐蕃統治時期紙張。

1.1 BD13575 號
1.3 素紙
1.4 L3704
2.1 9.6×5.8 厘米；1 紙。
2.3 卷軸裝。首尾均殘。殘片。已修整。
8 8~9 世紀。吐蕃統治時期紙張。

1.1 BD13576 號
1.3 素紙
1.4 L3705
2.1 5.8×24.9 厘米；1 紙。
2.3 卷軸裝。首尾均殘。殘片。中部殘破。已修整。
8 7~8 世紀。唐紙張。

1.1 BD13577 號
1.3 護首殘片等九塊（擬）
1.4 L3706
2.3 殘片。本號包括 9 塊殘片，有的為殘護首，有的為殘片，有的為素紙。已修整。
3.4 説明：
本號包括 9 塊殘片，有的為殘護首，有的為殘片，有的為素紙。情況如下：
01. 護首。23.2×0.6 厘米；1 紙。卷軸裝。首尾均殘。護首剪為長條狀。殘留 0.6 厘米竹質天竿。已修整。上面無文字。

8～9 世紀。吐蕃統治時期寫本。

02. 素紙。1.5×1.9 厘米；1 紙。卷軸裝。殘片。已修整。8～9 世紀。吐蕃統治時期紙張。

03. 素紙。1.5×1.8 厘米；1 紙。卷軸裝。殘片。已修整。8～9 世紀。吐蕃統治時期紙張。

04. 素紙。0.5×3.9 厘米；1 紙。卷軸裝。殘片。已修整。8～9 世紀。吐蕃統治時期紙張。

05. 殘片（擬）。0.9×1.9 厘米；1 紙。卷軸裝。首尾均殘。通卷上下殘。小殘片。已修整。本遺書存 2 個殘字墨痕。7～8 世紀。唐寫本。楷書。

06. 護首。1.1×9 厘米；1 紙。卷軸裝。首尾均殘。殘留一段竹質天竿。已修整。上面無文字。8～9 世紀。吐蕃統治時期寫本。

07. 護首。1.3×6.2 厘米；1 紙。卷軸裝。首尾均殘。殘留一段竹質天竿。已修整。上面無文字。8～9 世紀。吐蕃統治時期寫本。

08. 素紙。1.6×11.6 厘米；1 紙。卷軸裝。殘片。已修整。8～9 世紀。吐蕃統治時期紙張。

09. 素紙。6×6 厘米；1 紙。卷軸裝。殘片。已修整。8～9 世紀。吐蕃統治時期紙張。

8　8～9 世紀。吐蕃統治時期寫本、紙張。

1.1　BD13578 號
1.3　素紙
1.4　L3707
2.1　21.1×25 厘米；2 紙。
2.2　01：01.5，素紙；　02：19.6，素紙。
2.3　卷軸裝。首尾均殘。殘片。已修整。
8　8～9 世紀。吐蕃統治時期紙張。

1.1　BD13579 號
1.3　素紙
1.4　L3708
2.1　27.5×7.9 厘米；1 紙。
2.3　卷軸裝。首尾均殘。殘片。褶皺、破損嚴重。已修整。
8　9～10 世紀。歸義軍時期紙張。

1.1　BD13580 號
1.3　素紙
1.4　L3709
2.1　9.5×7.4 厘米；1 紙。
2.3　卷軸裝。首尾均殘。殘片。背面有古代裱補。已修整。
8　8～9 世紀。吐蕃統治時期紙張。

1.1　BD13581 號
1.3　素紙
1.4　L3710
2.1　9.3×7.2 厘米；1 紙。
2.3　卷軸裝。首尾均殘。殘片。已修整。
8　7～8 世紀。唐紙張。

1.1　BD13582 號
1.3　素紙
1.4　L3711
2.1　10.2×7.8 厘米；1 紙。
2.3　卷軸裝。首尾均殘。殘片。紙褶皺。已修整。
8　9～10 世紀。歸義軍時期紙張。

1.1　BD13583 號
1.3　殘片（擬）
1.4　L3712
2.1　5×17.6 厘米；1 紙。
2.3　卷軸裝。首尾均殘。小殘片。有古代裱補。已修整。
3.4　説明：
裹面粘有文字，難以辨認。
8　7～8 世紀。唐寫本。

1.1　BD13584 號
1.3　素紙
1.4　L3713
2.1　20.6×25.3 厘米；1 紙。
2.3　卷軸裝。首殘尾脱。有紅色染跡。有烏絲欄。已修整。
8　7～8 世紀。唐紙張。

1.1　BD13585 號
1.3　素紙
1.4　L3714
2.1　4.9×14.1 厘米；1 紙。
2.3　卷軸裝。首尾均殘。兩小殘片上下粘貼在一起，顏色質地各異。已修整。
8　8～9 世紀。吐蕃統治時期紙張。

1.1　BD13586 號
1.3　素紙
1.4　L3715
2.1　4.8×3.8 厘米；1 紙。
2.3　卷軸裝。首尾均殘。殘片。已修整。
8　9～10 世紀。歸義軍時期紙張。

1.1　BD13587 號
1.3　素紙
1.4　L3716
2.1　14.8×26.9 厘米；1 紙。
2.3　卷軸裝。首脱尾殘。下部撕裂。已修整。

8　8～9世紀。吐蕃統治時期紙張。

1.1　BD13588號
1.3　素紙
1.4　L3717
2.1　14.3×23.5厘米；1紙。
2.3　卷軸裝。首全尾脫。有古代裱補。有烏絲欄。已修整。
8　8～9世紀。吐蕃統治時期紙張。

1.1　BD13589號
1.3　素紙
1.4　L3718
2.1　15.2×25厘米；1紙。
2.3　卷軸裝。首尾均殘。已修整。
8　9～10世紀。歸義軍時期紙張。

1.1　BD13590號
1.3　護首（經名不詳）
1.4　L3719
2.1　16×24.5厘米；1紙。
2.3　卷軸裝。首尾均殘。有竹質天竿。卷面有鳥糞。有古代裱補。已修整。
3.4　説明：
本遺書為殘護首。上面無文字。
8　9～10世紀。歸義軍時期寫本。

1.1　BD13591號
1.3　素紙
1.4　L3720
2.1　9.2×15.5厘米；1紙。
2.3　卷軸裝。首尾均殘。殘片。有撕裂。已修整。
8　9～10世紀。歸義軍時期紙張。

1.1　BD13592號
1.3　素紙
1.4　L3721
2.1　5.9×7.9厘米；1紙。
2.3　卷軸裝。首尾均殘。殘片。已修整。
8　9～10世紀。歸義軍時期紙張。

1.1　BD13593號
1.3　素紙
1.4　L3722
2.1　10.5×17.5厘米；1紙。
2.3　卷軸裝。首尾均殘。殘片。紙質薄。已修整。
8　7～8世紀。唐紙張。

1.1　BD13594號
1.3　素紙
1.4　L3723
2.1　9.3×12厘米；1紙。
2.3　卷軸裝。首尾均殘。殘片。有烏絲欄。已修整。
8　7～8世紀。唐紙張。

1.1　BD13595號
1.3　素紙
1.4　L3724
2.1　5.9×12.5厘米；1紙。
2.3　卷軸裝。首尾均殘。殘片。已修整。
8　8～9世紀。吐蕃統治時期紙張。

1.1　BD13596號
1.3　素紙
1.4　L3725
2.1　5.6×9.1厘米；1紙。
2.3　卷軸裝。首尾均殘。殘片。呈長方形。已修整。
8　7～8世紀。唐紙張。

1.1　BD13597號
1.3　素紙
1.4　L3726
2.1　4.4×14.1厘米；1紙。
2.3　卷軸裝。首尾均殘。殘片。已修整。
8　7～8世紀。唐紙張。

1.1　BD13598號
1.3　殘片二十二塊（擬）
1.4　L3727
2.3　殘片。包括22塊小殘片。已修整。
3.4　説明：
本號共包括殘片22塊，内容、字體、時代各異。情況如下：
01. 殘片（擬）。3.1×4.5厘米；1紙；1行。卷軸裝。殘片。已修整。僅殘存"南"字。7～8世紀。唐寫本。楷書。
02. 佛教文獻（擬）。2.2×4.3厘米；1紙；1行。卷軸裝。殘片。已修整。殘存"斷三"2字。另有一殘字。7～8世紀。唐寫本。楷書。
03. 佛經殘片（擬）。2.4×5.8厘米；1紙；2行。卷軸裝。殘片。有烏絲欄。已修整。殘存"不如戒"3字，上下各有一殘字墨痕；另有一殘行，有2殘字墨痕。5世紀。東晉寫本。隸書。
04. 待考（擬）。3×7.4厘米；1紙；3行。卷軸裝。殘片。已修整。錄文："□…□裹生□…□/□…□花千朵□…□/□…□。/"9～10世紀。歸義軍時期寫本。楷書。
05. 佛教文獻（擬）。3.2×4厘米；1紙；3行。卷軸裝。

殘片。有烏絲欄。已修整。錄文："□…□語為種□…□/□…□定聚落□…□/□…□處（受?）生□…□。/" 8～9 世紀。吐蕃統治時期寫本。楷書。

06. 殘片（擬）。3.2×4 厘米；1 紙；2 行。卷軸裝。殘片。已修整。本遺書第 1 行字均殘。第 2 行殘存"種" 1 完整字。上有 1 殘字墨痕。5～6 世紀。南北朝寫本。隸楷。

07. 殘片（擬）。4.9×3.2 厘米；1 紙，1 行。卷軸裝。殘片。有烏絲欄。已修整。本遺書存 1 殘字墨痕。5～6 世紀。南北朝寫本。楷書。

08.《妙法蓮華經》卷四。2.7×2.7 厘米；1 紙；2 行。卷軸裝。殘片。有烏絲欄。已修整。錄文："□…□念堅□…□/□…□嚴其□…□。/" 參見大正 0262，09/0027C27～28。7～8 世紀。唐寫本。楷書。

09. 殘片（擬）。1.6×3 厘米；1 紙；1 行。卷軸裝。殘片。已修整。本遺書殘存"儉" 1 字。7～8 世紀。唐寫本。楷書。

10. 殘片（擬）。1.9×2.1 厘米；1 紙，2 行。卷軸裝。殘片。有烏絲欄。已修整。本遺書有 2 行 5 殘字墨痕。7～8 世紀。唐寫本。楷書。

11. 佛教文獻（擬）。1.7×6 厘米；1 紙；1 行。卷軸裝。殘片。有烏絲欄。已修整。本遺書殘存"香氣" 2 字。上存 2 殘字墨痕。下存 1 殘字墨痕。7～8 世紀。唐寫本。楷書。

12. 殘片（擬）。3.1×4.4 厘米；1 紙，3 行。卷軸裝。殘片。已修整。本遺書可見 3 行共 5 殘字墨痕。7～8 世紀。唐寫本。楷書。

13. 殘片（擬）。2.5×3.7 厘米；1 紙；1 行。卷軸裝。殘片。有烏絲欄。已修整。本遺書殘存"云" 1 字。7～8 世紀。唐寫本。楷書。

14. 殘片（擬）。1.8×3.2 厘米；1 紙；2 行。卷軸裝。殘片。已修整。本遺書存 2 行共 4 殘字墨痕。7～8 世紀。唐寫本。楷書。

15. 佛教文獻（擬）。4.7×3.6 厘米；1 紙；2 行。卷軸裝。殘片。有烏絲欄。已修整。錄文："阿□…□/佛□…□/。" 9～10 世紀。歸義軍時期寫本。楷書。

16. 殘片（擬）。3×4.4 厘米；1 紙；1 行。卷軸裝。殘片。有烏絲欄。已修整。本遺書存 1 殘字墨痕。5～6 世紀。南北朝寫本。楷書。

17. 殘片（擬）。1.9×3 厘米；1 紙；1 行。卷軸裝。殘片。有烏絲欄。已修整。本遺書殘存"是" 1 字。上有 1 殘字墨痕。7～8 世紀。唐寫本。楷書。

18. 殘片（擬）。1.8×2.5 厘米；1 紙；2 行。卷軸裝。殘片。有烏絲欄。已修整。本遺書殘存"之類" 2 字。下行有 2 殘字墨痕。8～9 世紀。吐蕃統治時期寫本。楷書。

19. 殘片（擬）。2.5×1.5 厘米；1 紙；2 行。卷軸裝。殘片。已修整。本遺書存 2 行 2 殘字墨痕。9～10 世紀。歸義軍時期寫本。楷書。

20. 殘片（擬）。1.7×2.6 厘米；1 紙；2 行。卷軸裝。殘片。已修整。本遺書 2 行存 3 殘字墨痕。7～8 世紀。唐寫本。楷書。

21. 殘片（擬）。1.5×3 厘米；1 紙；1 行。卷軸裝。殘片。有烏絲欄。已修整。本遺書殘存"離" 1 字。上下各存 1 殘字墨痕。5～6 世紀。南北朝寫本。楷書。

22. 佛教文獻（擬）。2.6×2.2 厘米；1 紙；1 行。卷軸裝。殘片。有烏絲欄。已修整。錄文："□…□子善□…□。/" 7～8 世紀。唐寫本。楷書。

8　時代各異。

9.1　字體各異。

1.1　BD13599 號

1.3　殘片九塊（擬）

1.4　L3728

2.3　殘片。包括 9 塊小殘片。有的殘片有殘洞。已修整。

3.4　說明：

本號包括殘片 9 塊，情況如下：

01. 素紙。5×9 厘米；1 紙。卷軸裝。殘片。中有殘洞。已修整。

02. 簽條。2.2×7.7 厘米；1 紙；1 行。單葉裝。殘片。已修整。本遺書為殘簽條。上面寫有"第十一"。9～10 世紀。歸義軍時期寫本。楷書。

03. 素紙。3.3×2.8 厘米；1 紙。卷軸裝。殘片。已修整。

04. 素紙。1×18.9 厘米；1 紙。卷軸裝。殘片。略有墨痕。已修整。

05. 素紙。8.7×4.3 厘米；1 紙。卷軸裝。殘片。已修整。

06. 素紙。4.2×3 厘米；1 紙。卷軸裝。殘片。已修整。

07. 素紙。4.7×3.1 厘米；1 紙。卷軸裝。殘片。已修整。

08. 素紙。2.2×10.1 厘米；1 紙。卷軸裝。殘片。已修整。

09. 素紙。2.7×6 厘米；1 紙。卷軸裝。殘片。已修整。

8　年代各異。

1.1　BD13600 號

1.3　素紙

1.4　L3729

2.1　9.4×16.7 厘米；2 紙。

2.2　01：03.5，素紙；　02：05.9，素紙。

2.3　卷軸裝。首尾均殘。殘片。已修整。

8　9～10 世紀。歸義軍時期紙張。

1.1　BD13601 號

1.3　素紙

1.4　L3730

2.1　3.8×8.2 厘米；1 紙。

2.3　卷軸裝。首尾均殘。殘片。已修整，鑲入護紙中。

8　8～9 世紀。吐蕃統治時期紙張。

1.1　BD13602 號

1.3　素紙
1.4　L3731
2.1　16.5×13.1 厘米；1 紙。
2.3　卷軸裝。首尾均殘。殘片。已修整，鑲入護紙中。
8　8~9 世紀。吐蕃統治時期紙張。

1.1　BD13603 號
1.3　素紙
1.4　L3732
2.1　27.1×1.9 厘米；1 紙。
2.3　卷軸裝。首尾均斷。長紙條。已修整，鑲入護紙中。
8　8 世紀。唐紙張。

1.1　BD13604 號
1.3　素紙
1.4　L3733
2.1　7×13 厘米；1 紙。
2.3　卷軸裝。首尾均殘。殘片。已修整，鑲入護紙中。
8　7~8 世紀。唐紙張。

1.1　BD13605 號
1.3　素紙
1.4　L3734
2.1　20×11.1 厘米；1 紙。
2.3　卷軸裝。首尾均殘。殘片。卷面有鳥糞。已修整，鑲入護紙中。
8　8~9 世紀。吐蕃統治時期紙張。

1.1　BD13606 號
1.3　摩訶般若波羅蜜經卷四
1.4　L3735
2.1　27.7×7.6 厘米；2 紙；16 行。
2.2　01：24.9，15；　　02：02.8，01。
2.3　卷軸裝。首尾均殘。通卷下殘。小殘片。有烏絲欄。已修整。
3.1　首殘→大正 0223，08/0242A03。
3.2　尾殘→大正 0223，08/0242A20。
8　7~8 世紀。唐寫本。
9.1　楷書。

1.1　BD13607 號
1.3　阿毗達磨俱舍論實義疏卷三
1.4　L3736
1.5　C01
2.1　(82.5+3.5)×28.5 厘米；2 紙；正面 47 行，行約 20 字；背面 5 行。
2.2　01：43.5，23；　　02：39+3.5，24。
2.3　卷軸裝。首全尾殘。上下邊殘缺。中間有殘洞。背面有古代裱補。裱補紙上有經文。有烏絲欄。已修整。
2.4　本遺書包括 2 個文獻：(一)《阿毗達磨俱舍論實義疏》卷三，47 行，抄寫在正面，今編為 BD13607 號。(二)《阿毗達磨俱舍論實義疏殘片》(擬)，5 行，抄寫在背面裱補紙上，今編為 BD13607 號背。
3.1　首全→《藏外佛教文獻》，01/0170A10。
3.2　尾殘→《藏外佛教文獻》，01/0173A13。
4.1　阿毗達磨俱舍論實義疏卷第三，尊者安惠造（首）。
6.2　尾→BD15240 號。
8　8~9 世紀。吐蕃統治時期寫本。
9.1　楷書。

1.1　BD13607 號背
1.3　阿毗達磨俱舍論實義疏殘片（擬）
1.4　L3736
1.5　C01
2.4　本遺書由 2 個文獻組成，本文獻為第 2 個，5 行，抄寫在背面裱補紙上。餘參見 BD13607 號之第 2 項。
3.3　錄文：
(首殘)
□…□說蘊處。因論主不聞，所以□…□/
□…□者。有一類有情於受想行相，即雖別共執。/
□…□心所以為三蘊。唯有受想行實無有我。或/
□…□情。惣攝諸色以為一聚。共執為我，為除彼/
□…□聚以為十處。但是諸色實無為我。/
(錄文完)
3.4　説明：
從紙張、内容、字體看，亦為《阿毗達磨俱舍論實義疏》，但卷次並非卷一，故與正面内容不同。被用作裱補紙。
8　8~9 世紀。吐蕃統治時期寫本。
9.1　楷書。
9.2　有倒乙。

1.1　BD13608 號
1.3　佛名經（十六卷本）卷四
1.4　L3737
1.5　C02
2.1　55.2×30 厘米；2 紙；24 行，行字不等。
2.2　01：09.5，護首；　　02：45.7，24。
2.3　卷軸裝。首殘尾脫。上下邊殘缺。有護首，已殘缺。有烏絲欄。已修整。
3.1　首殘→《七寺古逸經典研究叢書》，03/0166A01。
3.2　尾殘→《七寺古逸經典研究叢書》，03/0167A12。
4.1　佛說佛名經卷第四（首）。
7.4　護首有經名“佛說佛名經卷第四”。
8　9~10 世紀。歸義軍時期寫本。

9.1 楷書。

1.1 BD13609號
1.3 四分比丘尼羯磨文（擬）
1.4 L3738
1.5 C03
2.1 （41.8+12.2）×30厘米；2紙；28行，行18字。
2.2 01：18.6，10； 02：23.2+12.2，18。
2.3 卷軸裝。首尾均殘。上下邊殘缺。中間有殘洞。有烏絲欄。已修整。
3.3 錄文：
（首殘）
自言：大姊僧聚□…□/
犯捨墮，或買得衣財犯□…□/
時到，僧忍聽，僧今持是□…□/
大姊僧，聽某甲比丘尼攰□…□/
或買得衣財，犯捨墮。是衣□…□/
甲比丘尼，誰諸長老忍，僧今□…□/
然。誰忍者說。僧已忍，還某甲比□…□/
□是持。（有財云財，有買得云買得，若無者隨有稱之。）
已上明□…□/
□請二懺主，（如上文不別。）捨衣云：大姊□…□
衆多長衣，不說淨犯衆多波□…□/
（一說懺主為說罪名種相，如上已。）先懺從生六品吉羅□…□/
丘尼，故蓄一事長衣□…□/
隨夜展轉□…□
隨夜展轉覆藏，經僧說戒，□…□/
藏，隨夜展轉覆藏，並犯□…□/
發露懺悔。更不敢作。願□…□/
責汝心生厭離。（答言：爾。）次懺□…□/
念我某甲比丘尼，犯著用□…□/
經僧說戒，默妄語並犯突□…□/
露懺悔。更不敢作。願大姊憶□…□/
懺本墮云：大姊一心念我某□…□/
不說淨犯一捨墮。此衣已捨與□…□中□…□/
今向大姊發露懺悔，不敢覆藏。懺悔則安樂，不/
懺悔不安樂。憶念犯發露，知而不敢覆藏。願大/
姊憶我戒身具足，清淨布薩。（三說已。）懺主云：自責/
汝心，生厭離呵治，立誓同前。還衣，更不作羯磨。/
若非五長者，即座便手付之。若是五長者，到明/
日手持還之即得。已上一人法了。/
（錄文完）
8 8~9世紀。吐蕃統治時期寫本。
9.1 楷書。
9.2 有刪除號。
13 參見BD13633號。

1.1 BD13610號
1.3 天地八陽神咒經
1.4 L3739
1.5 C04
2.1 （1.2+49.1）×25厘米；3紙；28行，行18~19字。
2.2 01：01.2，素紙； 02：39.4，23； 03：09.7，05。
2.3 卷軸裝。首殘尾斷。上下邊殘缺。有烏絲欄。第1紙為歸義軍時期後補，第2、3紙為唐代。背有古代裱補。已修整。
3.1 首殘→大正2897，85/1423C01。
3.2 尾殘→大正2897，85/1424A06。
5 與《大正藏》本對照，文字略有不同。
8 7~8世紀。唐寫本。
9.1 楷書。

1.1 BD13611號
1.3 觀世音經
1.4 L3740
1.5 C05
2.1 68×18.5厘米；2紙；39行。
2.2 01：45.0，25； 02：23.0，14。
2.3 卷軸裝。首尾均殘。通卷下殘。有烏絲欄。已修整。
3.1 首殘→大正0262，09/0056C02。
3.2 尾殘→大正0262，09/0057A14。
4.1 妙法蓮華經觀世音菩薩普門品第二□□（首）。
8 8~9世紀。吐蕃統治時期寫本。
9.1 楷書。

1.1 BD13612號
1.3 大般若波羅蜜多經卷四七二
1.4 L3741
1.5 C06
2.1 （28+20.6+7.6）×25厘米；3紙；26行，行17字。
2.2 01：08.5，護首； 02：19.5+20.6+5.2，26；
03：02.4，素紙。
2.3 卷軸裝。首尾均殘。有護首，已殘缺。卷下邊殘缺。有烏絲欄。已修整。
3.1 首11行下殘→大正0220，07/0388A04~16。
3.2 尾3行上殘→大正0220，07/0388B02~05。
4.1 大般若波羅蜜多經□…□，/第二分善達品第七□…□/（首）。
8 8~9世紀。吐蕃統治時期寫本。
9.1 楷書。

1.1 BD13613號
1.3 至德元載敦煌縣道教度牒（擬）
1.4 L3742
1.5 C07+C17

2.1　77.9×30.9 厘米；1 紙；20 行。
2.3　卷軸裝。首殘尾全。通卷殘破缺損嚴重。變色污染。已修整。
3.3　錄文：
（首殘）
預度人索翹光懺□…□/
誦《注老子經》上卷，□…□/
度人《南華真［經］》第□…□/
右太守注今（?）□…□/
牒得燉煌縣申□…□/
德元載七月十二□…□/
度□人□得前□…□度者錄由（?）□/
謹檢□條節文□…□已上坐忘（?）經（?）□…□/
須（?）待（?）並載十五□…□在府郡/
勅到六十日度□…□奏者准狀勘□…□/
閱者□□思貞（?）□…□伍人或經業優□…□/
對試無□或戒籙□…□狀所推咸得其（?）□…□/
人並無□□□執事□…□度（?）日度訖請定□…□/
若配□…□各□…□仍各□□者□…□/
注（?）□…□/
□…□至德□…□五日□…□/
□…□右參軍雷溢（?）/
□…□安琮/
□…□薛敬先/
□…□太□…□朱僧度/
（錄文完）
6.2　下→BD10677 號。
7.2　卷中有陽紋硃印 8 個（包括殘印），5.3×5.3 厘米，印文為“敦煌/縣之印/”。
8　756 年。唐寫本。
9.1　楷書。
13　首部前三行下接 BD10677 號。

1.1　BD13614 號
1.3　佛名經（二十卷本）卷四
1.4　L3743
1.5　C08
2.1　58×26 厘米；2 紙；30 行，行字不等。
2.2　01：44.5，23；　02：13.5，07。
2.3　卷軸裝。首尾均殘。通卷下殘。有烏絲欄。已修整。
3.1　首全→《藏外佛教文獻》，10/0301A03。
3.2　尾殘→《藏外佛教文獻》，10/0303A02。
4.1　佛說佛名經卷第四（首）。
8　7～8 世紀。唐寫本。
9.1　楷書。

1.1　BD13615 號
1.3　大般涅槃經（北本）卷一九
1.4　L3744
1.5　C09
2.1　（2.8+58.4+2）×26 厘米；2 紙；39 行，行 17 字。
2.2　01：2.8+17；　02：41.4+2，27。
2.3　卷軸裝。首尾均殘。有烏絲欄。有劃界欄針孔。已修整。
3.1　首 2 行中殘→大正 0374，12/0479C19～20。
3.2　尾行上殘→大正 0374，12/0480A28～29。
8　5～6 世紀。南北朝寫本。
9.1　隸書。

1.1　BD13616 號
1.3　妙法蓮華經卷七
1.4　L3745
1.5　C10
2.1　（39.5+12.5）×25.5 厘米；2 紙；30 行，行 17 字。
2.2　01：04.5，02；　02：35+12.5，28。
2.3　卷軸裝。首殘尾脫。經黄紙。上下邊殘缺。有烏絲欄。已修整。
3.1　首 23 行上下殘→大正 0262，09/0055B12～C06。
3.2　尾殘→大正 0262，09/0055C14。
8　7～8 世紀。唐寫本。
9.1　楷書。

1.1　BD13617 號
1.3　經袟（妙法蓮華經）（擬）
1.4　L3746
1.5　C11
2.1　54.3×26.8 厘米；3 紙；3 行。
2.2　01：18.0，01；　02：17.8，01；　3：18.5，01。
2.3　卷軸裝。首全尾殘。第 1 紙為護首，有芨芨草天竿及縹帶殘根。第 2 紙也為護首，有殘字，難以辨認。第 3 紙正面有經袟名，有古代裱補，有 3 條横向墨綫，背面有烏絲欄。已修整。
3.4　說明：
本號乃利用廢舊護首做成的經袟。存有原護首經名“妙法蓮華，四”一行，殘經名（亦為“妙法蓮華經”）一行。
第 3 紙上書經袟名：“法華經一袟。/”
8　9～10 世紀。歸義軍時期寫本。
9.1　楷書。

1.1　BD13618 號
1.3　妙法蓮華經卷四
1.4　L3747
1.5　C12
2.1　52.5×20 厘米；2 紙；27 行。
2.2　01：32.0，17；　02：20.5，10。
2.3　卷軸裝。首尾均殘。通卷上殘。有烏絲欄。已修整。

3.1　首殘→大正 0262，09/0036B09。
3.2　尾殘→大正 0262，09/0036C21。
8　5～6 世紀。南北朝寫本。
9.1　楷書。

1.1　BD13619 號
1.3　大般涅槃經（北本）卷三
1.4　L3748
1.5　C13
2.3　卷軸裝。首尾均殘。上下邊殘缺。有烏絲欄。已修整。原卷殘斷為 4 塊殘片：第 1、第 2 兩紙為 BD13619 號 A，長 67.2 厘米，37 行。其餘 3 塊均為甚小殘片，分別編為 BD13619 號 B、BD13619 號 C、BD13619 號 D。
3.1　首 5 行上殘→大正 0374，12/0382C02～06。
3.2　尾殘→大正 0374，12/0383A11。
3.4　説明：
本遺書包括 4 塊殘片。詳情如下：
01.（9＋56.2＋2）×26.8 厘米；2 紙；37 行，行 17 字；大正 374，12/382C2～383A11。
02. 4.6×5.2 厘米；1 紙；3 行；殘留 3 行 3 字“子/非/非”。第 2 行上、第 3 行下各有一殘字墨痕。
03. 4×7.4 厘米；1 紙；1 行；殘留 1 行 4 字“說如是等”。下行有一殘字墨痕。
04. 1.4×5 厘米；1 紙；1 行；有 1 行 2 殘字墨痕。似為“業□”。
02、03、04 等 3 塊殘片，修整時粘貼在卷首托裱紙上。
8　5～6 世紀。南北朝寫本。
9.1　隸楷。

1.1　BD13620 號
1.3　妙法蓮華經卷七
1.4　L3749
1.5　C14
2.1　（15＋34＋4）×25.5 厘米；1 紙；28 行，行 17 字。
2.3　卷軸裝。首尾均殘。唐麻打紙。卷中有殘洞。有烏絲欄。已修整。
3.1　首 2 行中上殘→大正 0262，09/0058B28～29。
3.2　尾 2 行中下殘→大正 0262，09/0059A16。
8　7～8 世紀。唐寫本。
9.1　楷書。

1.1　BD13621 號
1.3　金剛般若波羅蜜經
1.4　L3750
1.5　C15
2.1　48.5×10 厘米；2 紙，29 行。
2.2　01：01.5，01；　02：47.0，28。
2.3　卷軸裝。首尾均殘。唐麻紙。打紙。通卷上殘，下邊殘缺。有烏絲欄。已修整。
3.1　首殘→大正 0235，08/0749A18。
3.2　尾殘→大正 0235，08/0749B19。
8　7～8 世紀。唐寫本。
9.1　楷書。

1.1　BD13622 號
1.3　金剛般若波羅蜜經
1.4　L3751
1.5　C16
2.1　（67.5＋1.5）×24.5 厘米；2 紙；41 行，行 17 字。
2.2　01：44.5，26；　02：23＋1.5，15。
2.3　卷軸裝。首全尾殘。卷面有油污。有烏絲欄。已修整。
3.1　首全→大正 0235，08/0748C15。
3.2　尾殘→大正 0235，08/0749B04。
4.1　金剛般若波羅蜜經（首）。
8　8～9 世紀。吐蕃統治時期寫本。
9.1　楷書。

1.1　BD13623 號
1.3　佛名經（十六卷本）卷一五
1.4　L3752
1.5　C18
2.1　（10.5＋39）×25 厘米；1 紙；24 行，行 17 字。
2.3　卷軸裝。首殘尾脫。經黄紙。卷面油污，下邊殘缺。有烏絲欄。已修整。
3.1　首 5 行下殘→《七寺古逸經典研究叢書》，03/0767A04～10。
3.2　尾殘→《七寺古逸經典研究叢書》，03/0769A03。
5　與《七寺古逸經典研究叢書》對照，文字略有參差。
8　9～10 世紀。歸義軍時期寫本。
9.1　楷書。

1.1　BD13624 號
1.3　大方廣佛華嚴經（晉譯六十卷本）卷八
1.4　L3753
1.5　C19
2.1　（4＋48＋4.5）×26 厘米；2 紙；23 行，行 14 字。
2.3　卷軸裝。首尾均殘。下邊殘缺。背面有古代裱補。有烏絲欄。有劃界欄針孔。已修整。
3.1　首 2 行中下殘→大正 0278，09/0447A20～21。
3.2　尾 2 行上殘→大正 0278，09/0447B22～23。
8　5～6 世紀。南北朝寫本。
9.1　隸書。

1.1　BD13625 號

1.3　金剛般若波羅蜜經
1.4　L3754
1.5　C20
2.1　88.5×14.5 厘米；3 紙；52 行。
2.2　01：03.5，02；　02：48.0，28；　3：37.0，22。
2.3　卷軸裝。首尾均殘。經黄紙。通卷上殘。有烏絲欄。已修整。
3.1　首殘→大正 0235，08/0750C19。
3.2　尾殘→大正 0235，08/0751B15。
8　7～8 世紀。唐寫本。
9.1　楷書。

1.1　BD13626 號
1.3　妙法蓮華經卷七
1.4　L3755
1.5　C21
2.1　96×12.5 厘米；3 紙；75 行。
2.2　01：36.0，26；　02：47.0，39；　03：13.0，10。
2.3　卷軸裝。首尾均殘。通卷下殘。小字。背有近代托裱。有烏絲欄。已修整。
3.1　首殘→大正 0262，09/0055C02。
3.2　尾殘→大正 0262，09/0057B13。
8　8～9 世紀。吐蕃統治時期寫本。
9.1　楷書。

1.1　BD13627 號
1.3　金光明最勝王經卷九
1.4　L3756
1.5　C22
2.1　84×25.5 厘米；3 紙；10 行，行 14 字。
2.2　01：26.0，素紙；　02：43.0，素紙；　03：15+2，10。
2.3　卷軸裝。首尾均殘。卷面有油污及鳥糞。上下邊殘缺，中有殘洞和撕裂。有烏絲欄。第 1、2 紙為歸義軍時期後補。已修整。
3.1　首殘→大正 0665，16/0444B11。
3.2　尾殘→大正 0665，16/0444B20。
8　8～9 世紀。吐蕃統治時期寫本。
9.1　楷書。

1.1　BD13628 號
1.3　四分比丘尼戒本
1.4　L3757
1.5　C23
2.1　(6.1+32.5+14.7)×27 厘米；2 紙；33 行，行 18～19 字。
2.3　卷軸裝。首尾均殘。上下邊殘缺，有殘洞。有烏絲欄。已修整。
3.1　首 3 行下殘→大正 1431，22/1031A02～08。
3.2　尾 8 行下殘→大正 1431，22/1031B14～22。
4.1　四分比丘尼戒本（首）。
5　與《大正藏》本對照，文字略有參差。
8　8～9 世紀。吐蕃統治時期寫本。
9.1　楷書。

1.1　BD13629 號
1.3　金光明經卷二
1.4　L3758
1.5　C24
2.1　(12+35.5+5)×25.5 厘米；2 紙；32 行，行 17 字。
2.2　01：12+21，20；　02：14.5+5，12。
2.3　卷軸裝。首尾均殘。上下邊殘缺，中有撕裂。有烏絲欄。已修整。
3.1　首 7 行下殘→大正 0663，16/0340C18～25。
3.2　尾 2 行中下殘→大正 0663，16/0341A24～25。
8　5～6 世紀。南北朝寫本。
9.1　隸書。

1.1　BD13630 號
1.3　金剛般若波羅蜜經
1.4　L3759
1.5　C25
2.1　212×8 厘米；3 紙；79 行。
2.2　01：45.0，28；　02：45.0，28；　03：31.0，23。
2.3　卷軸裝。首尾均殘。通卷上部黴爛殘缺，僅剩下部不足四分之一。下邊亦略有殘缺，有撕裂。有烏絲欄。已修整。
3.1　首殘→大正 0235，08/0750C16。
3.2　尾殘→大正 0235，08/0751C09。
8　8 世紀。吐蕃統治時期寫本。
9.1　楷書。

1.1　BD13631 號
1.3　般若波羅蜜多心經疏（智詵疏）
1.4　L3760
1.5　C26
2.1　49.2×23.8 厘米；2 紙；30 行。
2.2　01：28.0，18；　02：21.2，12。
2.3　卷軸裝。首尾均殘。上下邊斷。首 9 行殘破嚴重。有折疊欄。已修整。
3.1　首殘→《般若心經譯注集成》，01/0252A04。
3.2　尾殘→《般若心經譯注集成》，01/0253A08。
5　與《般若心經譯注集成》本對照，行文略有參差，可供互校。
8　7～8 世紀。唐寫本。
9.1　楷書。
9.2　有重文號。

1.1　BD13632 號
1.3　經袟（擬）
1.4　L3761
1.5　C27
2.1　(48.7 +3.3) ×34.2 厘米；1 紙。
2.3　卷軸裝。首脱尾殘。上下邊殘缺，中間撕裂。已修整。
3.4　説明：
　　本遺書為經袟，殘留文獻名稱“□…□事”。詳情待考。
8　9 ~10 世紀。歸義軍時期寫本。
9.1　楷書。

1.1　BD13633 號
1.3　四分比丘尼羯磨文（擬）
1.4　L3762
1.5　C28
2.1　(37 +25 +17) ×30 厘米；1 紙；40 行，行 20 字。
2.3　卷軸裝。首尾均殘。上下邊殘缺，有殘洞。有烏絲欄。已修整。
3.3　錄文：
　　(首殘)
　　□…□不自曉□…□/
　　□…□輕如此失法□…□/
　　□…□甲比丘尼，今請□…□/
　　□大姊，為我作波逸提懺悔主，慈□…□/
　　三懺主單白和僧問和答已，白言：大姊□…□/
　　畜衆多長衣財，不説淨，犯□…□/
　　□此已財，已捨與僧。是中犯長波逸□…□/
　　□犯一捨墮（若三衣總犯準之），犯捨長財已，用壞盡□…□/
　　逸提罪，不憶數。今從衆僧乞懺悔。若僧時到□…□/
　　甲比丘尼，受某甲比丘尼懺白如是。作白已，前所懺者□…□/
　　已者云：可爾。小者，云：受汝懺悔。四為説罪名種相名□…□/
　　(波逸提種畜長) 離衣三十事異相。謂一品多品不同。其根本波逸提，/
　　最在後懺。根本三吉羅，在提前懺。從生六品吉羅，最在□/
　　悔。並據犯者，言之必無此九品，不得謹誦。大見誦□…□/
　　故重言之。初悔六品覆藏云：大姊一心念，我某□［甲］/
　　比丘尼，故畜衆多長衣財，犯捨墮，不憶數。離僧伽□□/
　　犯一捨墮，並不發露，犯□□罪。經夜覆藏。隨夜展□…□/
　　并著用犯捨衣突吉羅，□…□［經］夜覆藏。隨夜展轉覆藏。□□/
　　説戒默妄突吉羅罪。經夜覆藏，隨夜展轉覆藏。□□。/
　　六品突吉羅罪，各不憶數。今向大姊發露懺悔，不敢覆/
　　藏。願大姊憶我。懺主云：自責汝心，生厭離。答言：可爾。/
　　次懺根本三吉羅云：大姊一心念。我某甲比丘尼，故畜/
　　眾多長衣財不説淨，犯眾多波逸提罪。離僧伽梨宿，/
　　犯一波逸提罪。各不發露，犯突吉羅罪。又經僧説戒，九處/
　　三問默妄語，犯突吉羅罪。又著用不如法衣，犯突吉羅/
　　罪。今向大姊發露懺悔，不敢覆藏。願大姊憶我（一説云：自責汝心生厭離。）/
　　五懺本墮罪。云：大姊一心念我某甲比丘尼，故畜眾多長/
　　衣，不説淨，犯衆多波逸提罪。故離僧伽梨宿，犯一捨墮。/
　　此衣財已捨與僧。是中各犯波逸提罪。又犯捨長衣財已用壞/
　　盡，各犯根本波逸提罪。不憶數。(若無壞者，不須此語。) 今向大姊懺悔。/
　　不敢覆藏。懺悔則安樂，不懺悔不安樂。憶念犯發露，/
　　知而不敢覆藏。願大姊憶我清淨戒身具足。清淨布/
　　薩（三説）。六呵治云：若犯長者云。比丘尼之法本無積聚□…□。/
　　文中不名為僧。今以凡心□□佛□…□/
　　云：我為諸弟子結戒已，寧死不犯。比丘正有三□…□。/
　　隨身。猶如飛鳥無所戀。今慢佛正教，不制隨身□…□/
　　豈成佛子。若離此衣，生名破戒之人。妄食□…□。/
　　即洋銅器。所著衣者，即是熱鐵□…□。/
　　言。乃至破戒餘習，故畜中別受，無□…□。/
　　如是隨機斬斫五三句。□言之□…□/
　　(錄文完)
8　8 ~9 世紀。吐蕃統治時期寫本。
9.1　楷書。
13　參見 BD13609 號。

1.1　BD13634 號
1.3　金剛般若波羅蜜經
1.4　L3763
1.5　C29
2.1　(11 +55 +4) ×27 厘米；3 紙；38 行，行 17 字。
2.2　01：11 +6，08；　02：49.0，28；　03：04.0，02。
2.3　卷軸裝。首尾均殘。唐麻紙。上邊有等距離火燒殘缺。卷背有鳥糞。有烏絲欄。已修整。
3.1　首 5 行上殘→大正 0235，08/0750A13 ~17。
3.2　尾殘→大正 0235，08/0750B22。
8　7 ~8 世紀。唐寫本。
9.1　楷書。

1.1　BD13635 號

1.3　妙法蓮華經卷五
1.4　L3764
1.5　C30
2.1　505.5×9.5 厘米；11 紙；277 行。
2.2　01：23.5，12；　02：45.5，28；　03：49.5，28；
　　04：49.5，28；　05：49.5，28；　06：49.5，28；
　　07：46.0，27；　08：48.5，28；　09：48.5，28；
　　10：49.0，28；　11：46.5，14。
2.3　卷軸裝。首殘尾全。原卷通卷中下殘，殘存部分不足二分之一。其中多處殘斷，文字缺失。已修整。
3.1　首殘→大正 0262，09/0042A09。
3.2　尾殘→大正 0262，09/0046B14。
3.4　説明：
　　本遺書多處殘斷，文字缺失。因爲是常見經典，為避文繁，不一一著錄其殘斷缺失情況。
4.2　妙法蓮華經□…□（尾）。
8　9～10 世紀。歸義軍時期寫本。
9.1　楷書。

1.1　BD13636 號
1.3　妙法蓮華經卷七
1.4　L3765
1.5　C31
2.1　73.5×11 厘米；2 紙；44 行。
2.3　卷軸裝。首尾均殘。卷面油污，通卷上殘，下邊殘缺。有烏絲欄。已修整。後配《趙城金藏》軸。
3.1　首殘→大正 0262，09/0057A26。
3.2　尾殘→大正 0262，09/0057C14。
8　8～9 世紀。吐蕃統治時期寫本。
9.1　楷書。
9.2　有行間校加字。

1.1　BD13637 號
1.3　妙法蓮華經卷五
1.4　L3766
1.5　C32
2.1　(7+25.5+12.5)×25.5 厘米；2 紙；31 行，行 17 字。
2.2　01：7+25.5+2.5，21；　02：18.0，10。
2.3　卷軸裝。首尾均殘。經黃紙。上下邊殘缺，有殘洞。有烏絲欄。已修整。
3.1　首 4 行上下殘→大正 0262，09/0037A11～15。
3.2　尾 11 行中下殘→大正 0262，09/0037B07～17。
8　7～8 世紀。唐寫本。
9.1　楷書。

1.1　BD13638 號
1.3　金剛般若波羅蜜經
1.4　L3767
1.5　C33
2.1　169.5×22 厘米；4 紙；92 行。
2.2　01：33.5，19；　02：46.0，26；　03：46.0，26；
　　04：44.0，21。
2.3　卷軸裝。首尾均殘。上下邊等距離殘缺，有等距離殘洞。其中多處殘斷，文字缺失。有烏絲欄。已修整。後配《趙城金藏》軸。
3.1　首殘→大正 0235，08/0751B13。
3.2　尾殘→大正 0235，08/0752C01。
3.4　説明：
　　本遺書多處殘斷，文字缺失。因爲是常見經典，為避文繁，不一一著錄其殘斷缺失情況。
5　與《大正藏》本對照，卷中第 1、第 2 兩塊殘片位置顛倒，乃修整時不慎所致。
8　8 世紀。唐寫本。
9.1　楷書。

1.1　BD13639 號
1.3　佛名經（十六卷本）卷二
1.4　L3768
1.5　C34
2.1　68×31 厘米；2 紙；29 行，行字不等。
2.2　01：24.0，10；　02：44.0，19。
2.3　卷軸裝。首尾均殘。卷面黴爛，下邊殘缺，有殘洞。有烏絲欄。已修整。
3.1　首殘→《七寺古逸經典研究叢書》，03/0094A05。
3.2　尾殘→《七寺古逸經典研究叢書》，03/0097A01。
5　與《七寺古逸經典研究叢書》本對照，文字略有參差。
8　9～10 世紀。歸義軍時期寫本。
9.1　楷書。

1.1　BD13640 號
1.3　金剛般若波羅蜜經
1.4　L3769
1.5　C35
2.1　56.5×20.5 厘米；2 紙；37 行，行 17 字。
2.2　01：09.5，06；　02：47.0，31。
2.3　卷軸裝。首尾均殘。經黃打紙，研光上蠟。通卷上殘。背面有古代裱補。有烏絲欄。已修整。
3.1　首殘→大正 0235，08/0749B21。
3.2　尾殘→大正 0235，08/0749C29。
8　7～8 世紀。唐寫本。
9.1　楷書。

1.1　BD13641 號
1.3　禮懺文

1.4　L3770
1.5　C36
2.1　57×27.5 厘米；2 紙；19 行，行字不等。
2.2　01：42.0，19；　　02：15.0，素紙。
2.3　卷軸裝。首脱尾殘。上下邊殘缺。已修整。後配《趙城金藏》軸。
3.1　首殘→大正 2854，85/1303C03。
3.2　尾殘→大正 2854，85/1303C20。
5　與《大正藏》本對照，别字很多。
8　9～10 世紀。歸義軍時期寫本。
9.1　楷書。

1.1　BD13642 號
1.3　維摩詰所說經卷上
1.4　L3771
1.5　C37
2.1　(49+3.5)×26 厘米；2 紙；20 行，行 17 字。
2.2　01：19.0，護首；　　02：30+3.5，20。
2.3　卷軸裝。首尾均殘。有殘留芨芨草天竿。卷中間有殘洞。背有古代裱補。有烏絲欄。已修整。
3.1　首行中下殘→大正 0475，14/0537A08～09。
3.2　尾 2 行下殘→大正 0475，14/0537B02～03。
8　9～10 世紀。歸義軍時期寫本。
9.1　楷書。

1.1　BD13643 號
1.3　空白卷軸裝（擬）
1.4　L3772
1.5　C38
2.1　52.5×26 厘米；5 紙。
2.2　01：17.0，護首；　02：06.0，素紙；　03：05.0，素紙；
04：07.5，素紙；　05：17.0，素紙。
2.3　卷軸裝。首殘尾全。有芨芨草天竿及縹帶殘根。第 1 紙殘破嚴重，第 3 紙尾中部有縹帶殘根，第 5 紙有拖尾。背有古代裱補。有烏絲欄。已修整。後配《趙城金藏》軸。
3.4　説明：

本遺書為用廢紙粘接的卷軸裝，有護首，有拖尾，但未裝尾軸，未抄寫文字。

本遺書僅長 52 厘米。可能擬抄寫《般若心經》之類篇幅較小的文獻，但粘接後未曾使用。也可能並無特定目的，粘接以備後用。

8　9～10 世紀。歸義軍時期寫本。

1.1　BD13644 號
1.3　金剛般若波羅蜜經
1.4　L3773
1.5　C39
2.1　(8.5+51.5+3)×27 厘米；3 紙；36 行，行 17 字。
2.2　01：8.5+11，11；　　02：40.5，23；　　03：03.0，02。
2.3　卷軸裝。首尾均殘。卷面有油污及鳥糞，上邊略殘缺，中間有撕裂及殘洞。有烏絲欄。已修整。後配《趙城金藏》軸。
3.1　首 5 行中上殘→大正 0235，08/0750A12～15。
3.2　尾 2 行中上殘→大正 0235，08/0750B18～20。
8　8 世紀。唐寫本。
9.1　楷書。

1.1　BD13645 號
1.3　喪葬文書（擬）
1.4　L3774
1.5　C40
2.1　27.6×58.7 厘米；3 紙；17 行。
2.3　卷軸裝。首尾均殘。通卷殘破不堪。首有縫合麻線。上部紙多層。另殘斷小殘片 2 塊。已修整。
3.4　説明：

本遺書所抄為《喪葬文書》（擬），但已經廢棄，後為了某種用途，剪開粘貼，並加縫綴。其後又殘為 A、B、C 三塊殘片。其中殘片 A 的上端粘貼一塊殘片，文字方向與殘片 A 下部的文字成 90 度，從内容、字體看，與下部文字原為同文獻，但不能直接綴接。今將殘片 A 作爲 A1、A2 兩個文獻著録，將 B、C 分别著録。情況如下：

A1. 27.6×58.7 厘米；1 紙；10 行，上部垂直方向 5 行。
録文：
（首殘）
□…□生女人年七十五（?）/
□…□今月十九日未時死者合□/
□…□生人年十四戊戌生人年□…□/
□…□八月十六日未後申前□…□/
□…□及木廿二日走/
□…□月廿二日辰後巳前◇時人/
□…□便隨喪成服◇◇/
□…□七步破乃走/
□…□五步走。/
□…□坤即（?）二□□/
（録文完）
A2.（模糊難辨）
録文：
（首殘）
□…□出□□□門□…□/
□…□城□…□/
□…□殯□…□/
□…□/
□…□/
（録文完）
B. 9.2×11.8 厘米；1 紙；2 行。

錄文：

（首殘）

□…□道出合□…□/

□…□人二□…□/

（錄文完）

C. 27.6×58.7 厘米；1 紙；1 行。

本遺書為脱落的殘片，殘存 1 字及 1 殘字墨痕。字跡難辨。

8　9～10 世紀。歸義軍時期寫本。

9.1　楷書。

1.1　BD13646 號 1

1.3　佛地經及論鈔並科判（擬）

1.4　L3775

1.5　C41

2.1　(19.2+38.2)×27 厘米；2 紙；29 行，行字不等。

2.2　01：19.2，10；　02：38.2，19。

2.3　卷軸裝。首殘尾脱。全卷殘破。已修整。後配《趙城金藏》軸。

2.4　本遺書包括 2 個文獻：（一）《佛地經及論鈔並科判》（擬），21 行，今編為 BD13646 號 1。（二）《雜經錄》（擬），8 行，今編為 BD13646 號 2。

3.4　説明：

本遺書經論分三部分抄寫：

第 01～17 行所抄為《佛地經》，相當於大正 0680，16/0723A21～0723B13。偈頌前後多“經曰”二字。

第 18～21 行所抄為《佛地經論》卷一，相當於大正 1530，26/0328A02～05。

第 17～21 行下有雙行小字：“前□□□淨法界。次兩句大/□…□次兩句平等性智。次/兩句地觀/察智。次/兩句成所作/智。次兩句五法/所成三身。/次後兩句惣/結。/”

8　9～10 世紀。歸義軍時期寫本。

9.1　楷書。有武周新字，使用周遍。

1.1　BD13646 號 2

1.3　雜經錄（擬）

1.4　L3775

1.5　C41

2.4　本遺書由 2 個文獻組成，本文獻為第 2 個，8 行。餘參見 BD13646 號 1 之第 2 項。

3.3　錄文：

（首全）

《大品般若經》，一部，三百九十七卷。三卷是常啼、法勇（湧）/品，捴四百卷。

一部，四十卷，還是《大品般若經》。

《大集經》，一部，/六十卷。

《大智度論》，一部，一百卷。

《正法念經》，一部，柒拾卷。/

《放光般若經》，一部，卅卷。

《佛本行集》，一部，六十卷。

《增一阿含經》，/一部，五十卷。

《雜阿含經》，一部，伍十卷。

《中阿含經》，一部，六十卷。/

《長阿含經》，一部，廿二卷。

《日藏經》，一部，拾伍卷。

《瓔珞經》，一部，十/貳卷。

《菩薩見實三昧經》，一部，拾四卷。

《月燈經》，一部，拾卷。/

《月藏經》一部，拾卷。

《誠（成）實論》，一部，廿四卷。

《俱舍論》，一部，廿二卷。/

（錄文完）

3.4　説明：

前一部《大品般若經》，指《大般若波羅蜜多經》第一會。後一部《大品般若經》，指《摩訶般若波羅蜜經》。

8　9～10 世紀。歸義軍時期寫本。

9.1　楷書。

1.1　BD13647 號

1.3　大般涅槃經（北本）卷三五

1.4　L3776

1.5　C42

2.1　61.3×15.8 厘米；2 紙；39 行。

2.2　01：35.5，23；　02：25.8，16。

2.3　卷軸裝。首尾均殘。通卷上殘。有烏絲欄。有劃界欄針孔。已修整。後配《趙城金藏》軸。

3.1　首殘→大正 0374，12/0573A24。

3.2　尾殘→大正 0374，12/0573C05。

8　5～6 世紀。南北朝寫本。

9.1　隸楷。

1.1　BD13648 號

1.3　金光明最勝王經卷一

1.4　L3777

1.5　C43

2.1　(31.2+12+9.7)×25.8 厘米；2 紙；29 行，行 17 字。

2.2　01：31.2+3.6，19；　02：8.4+9.7，10。

2.3　卷軸裝。首尾均殘。卷面油污嚴重，上下殘缺。2 紙接縫脱開。有烏絲欄。已修整。

3.1　首 17 行上殘→大正 0665，16/0404C08～28。

3.2　尾 5 行下殘→大正 0665，16/0405A06～10。

8　8～9 世紀。吐蕃統治時期寫本。

9.1　楷書。

1.1　BD13649 號

1.3　金光明最勝王經卷一
1.4　L3778
1.5　C44
2.1　(12.5+100.7+2.5)×26 厘米；3 紙；67 行，行 17 字。
2.2　01：12.5+14，15；　02：42.5，25；　03：44.2+2.5，27。
2.3　卷軸裝。首尾均殘。卷面黴爛，上下邊殘缺，中間有等距離殘洞。有烏絲欄。已修整。後配《趙城金藏》軸。
3.1　首 8 行中上殘→大正 0665，16/0404C01～08。
3.2　尾行中殘→大正 0665，16/0405B21～22。
8　8 世紀。唐寫本。
9.1　楷書。

1.1　BD13650 號
1.3　齋意文（擬）
1.4　L3779
1.5　C45
2.1　(13.9+64.2+39.4)×28.9 厘米；3 紙；68 行，行字不等。
2.2　01：13.9+25.2，23；　02：39.0，22；　03：39.4，23。
2.3　卷軸裝。首尾均殘。卷面油污，上下有殘缺。有折疊欄。已修整。
3.4　説明：
本遺書所抄為各類齋意文。乃僧人個人抄集，以備法事之用。
8　9～10 世紀。歸義軍時期寫本。
9.1　行楷。
9.2　有校改、間隔號及行間校加字。

1.1　BD13651 號
1.3　妙法蓮華經卷七
1.4　L3780
1.5　C46
2.1　(6+10+48.5)×25 厘米；2 紙；33 行，行 17 字。
2.3　卷軸裝。首尾均殘。經黄紙。卷上邊殘損，下邊殘缺。有烏絲欄。已修整。後配《趙城金藏》軸。
3.1　首 4 行中下殘→大正 0262，09/0055B01～05。
3.2　尾 23 行中下殘→大正 0262，09/0055B11～C06。
8　7～8 世紀。唐寫本。
9.1　楷書。

1.1　BD13652 號
1.3　妙法蓮華經卷一
1.4　L3781
1.5　C47
2.1　69.6×12.6 厘米；3 紙；36 行。
2.2　01：04.7，02；　02：42.1，22；　03：22.8，12。
2.3　卷軸裝。首尾均殘。通卷下殘。卷面有針孔。有烏絲欄。已修整。後配《趙城金藏》軸。
3.1　首殘→大正 0262，09/0009B06。
3.2　尾殘→大正 0262，09/0010A18。
8　7～8 世紀。唐寫本。
9.1　楷書。

1.1　BD13653 號
1.3　禪宗文獻（擬）
1.4　L3782
1.5　C48
2.1　52.6×16 厘米；2 紙；31 行。
2.2　01：11.0，07；　02：41.6，24。
2.3　卷軸裝。首尾均殘。通卷下殘。上邊殘缺。已修整。後配《趙城金藏》軸。
3.3　錄文：
（首殘）
□…□論佛義者，種種不識也。眼雖有先□…□/
□…□亦然。心因經論，心始識身心，始識罪福心，始識善…□/
□…□方諸佛心，知心（有真佛心），湛然常在心理（裹）住也。若無佛□…□/
□…□人，始名自知宿命本證。經云：宿命□…□/
□…□是也。是以智者發心，心知宿命智也。□…□/
□…□經云：四無礙義（一者、義無礙，二者法無［礙，三者，］/辭牟無礙，四者、樂［說無礙。］/）□…□/
□…□無礙者。義者，理也。理者，心理（裹）真佛也。若□…□/
□…□佛性者，此人義號。此人理礙◇人，與心中佛□…□/
□…□自為自心害者。自心造惡，還罪自身。此是□…□/
□…□燒身息念，斷諸惡心中出聖人。經云：罪從心□…□/
□…□心是地獄（造福天堂，/造惡地獄。/）。經記曰：昔人問佛云：何名地獄？□…□/
□…□獄。安置智邊。令諸衆生，人人悉見地獄在佛心邊。□…□/
□…□異。衆人見之，各各始知心地獄也。外書記曰：□心易行□…□/
□…□得。經云：法性者，心中佛性是也。若人不知真佛法性者（此人無障□…□/亦無礙也□…□/）□…□/
□…□（此人）□書記曰：非聖人者（無非），此是外證，與經合同□…□/
□…□西方有聖人者，聖人者，唯佛一聖，獨在西方。□…□/
□…□說内外，此是辭辯無礙。第四樂說無礙者，□…□/（□…□/外無礙/），□稱此人名樂說無礙也。樂說□…□/是樂說。若人日夜憶念十惡，心憶十□…□/
（人急急於財貨/者，此是小人計。/），全就佛一法（更有/

兩義/），一善□…□/

（一内/一外/），外大乘（十方/佛是/），内大乘（心中/佛是/），若人讀□…□/

者（此最/為善/），若人求外佛者（譬如彌猴/求水中月/），若人□…□/

（句義，雖行阿練/行，不離愚癡人。/），《花嚴經》記：（汝莫生疑□…□/不解大乘義□…□/）□…□/

佛遠，義去佛近（經如天下道路，/義如國王門戶。/）。佛如天子□…□/

人解義者，此人已入王門竟也（此人未見天子，/已近王身。/）。義者□…□/

解義入理。入理人者（必自/見心/），若見心者（此人始見/心中佛也。/）大乘□…□/

佛在心中（縱向外求，/終不可得。），依此經證者，若人入見心，此人見□…□/

若不見心（此人未見/心中佛也。/），若未見心中佛者（無有/是處/）。若先見□…□/

先見心中佛身，然後始見（十方法界/一切諸佛。/）大乘經□…□/

□…□亦無三，唯有一乘。實□…□/

（錄文完）

說明：除"理（裹）"為糾正錯字，其餘括號中均為雙行小字。但從行文看，有些雙行小字，實屬正文。

8　8 世紀。唐寫本。

9.1　楷書。

1.1　BD13654 號

1.3　楞伽師資記

1.4　L3783

1.5　C49

2.1　(7.7 +64.5) ×27.9 厘米；3 紙；50 行，行 29 ~ 33 字。

2.2　01：7.7 +20.1，19；　02：37.4，26；　03：07.0，05。

2.3　卷軸裝。首尾均殘。研光上蠟。首紙上下邊殘缺，有殘損及撕裂。有折疊欄。已修整。後配《趙城金藏》軸。

3.1　首 5 行上下殘→大正 2837，85/1284A25 ~ B05。

3.2　尾殘→大正 2837，85/1285B01。

8　8 世紀。唐寫本。

9.1　楷書。

9.2　有硃筆科分。

1.1　BD13655 號

1.3　觀世音經

1.4　L3784

1.5　C50

2.1　(16.5 +41.5) ×26.5 厘米；2 紙；17 行，行 17 字。

2.2　01：12.5，08；　02：4 +41.5，09。

2.3　卷軸裝。首殘尾全。有芨芨草尾軸。中間有殘洞和多處撕裂。有烏絲欄。已修整。

3.1　首 11 行中下殘→大正 0262，09/0058A10 ~ B02。

3.2　尾全→大正 0262，09/0058B07。

4.2　妙法蓮華經觀世音經一卷（尾）。

8　7 ~ 8 世紀。唐寫本。

9.1　楷書。

1.1　BD13656 號

1.3　維摩詰所說經卷下

1.4　L3785

1.5　C51

2.1　(4 +192 +2) ×25 厘米；5 紙；114 行，行 17 字。

2.2　01：4 +18，12；　02：48.0，28；　03：48.0，28；　04：49.0，28；　05：29 +2，18。

2.3　卷軸裝。首尾均殘。通卷上部有等距離殘缺。有烏絲欄。已修整。

3.1　首 2 行上殘→大正 0475，14/0555A29。

3.2　尾行上殘→大正 0475，14/0556C01 ~ 02。

8　8 ~ 9 世紀。吐蕃統治時期寫本。

9.1　楷書。

1.1　BD13657 號

1.3　維摩詰所說經卷上

1.4　L3786

1.5　C52

2.1　(11 +40 +11) ×24.5 厘米；2 紙；35 行，行 17 字。

2.2　01：11 +33，25；　02：7 +11，10。

2.3　卷軸裝。首尾均殘。下邊殘缺，中間有撕裂。有烏絲欄。已修整。後配《趙城金藏》軸。

3.1　首 6 行中下殘→大正 0475，14/0539B08 ~ 14。

3.2　尾 6 行中下殘→大正 0475，14/0539C11 ~ 16。

8　7 ~ 8 世紀。唐寫本。

9.1　楷書。

9.2　有硃筆斷句。

1.1　BD13658 號

1.3　佛名經（十六卷本）卷一

1.4　L3787

1.5　C53

2.1　(16 +36) ×31.5 厘米；2 紙；22 行，行字不等。

2.2　01：07.0，02；　02：9 +36，20。

2.3　卷軸裝。首殘尾脫。卷下邊殘損，中間有殘洞。有烏絲欄。已修整。

3.1　首 6 行中下殘→《七寺古逸經典研究叢書》，03/0007A04 ~ 09。

3.2　尾殘→《七寺古逸經典研究叢書》，03/0008A13。

5　與《七寺古逸經典研究叢書》本對照，東方、南方各缺最

後一佛名。十二卷本和二十卷本第一卷也有相同内容。與其對照，本號東方、南方也各缺最後一佛名。
8　9～10 世紀。歸義軍時期寫本。
9.1　楷書。

1.1　BD13659 號
1.3　經袟（擬）
1.4　L3788
1.5　C54
2.1　50×27 厘米；2 紙。
2.2　01：09.7，素紙；　02：40.3，素紙。
2.3　卷軸裝。首殘尾全。卷下部有殘洞。已修整。
3.4　説明：
本遺書為經袟。素紙無文字。
8　9～10 世紀。歸義軍時期寫本。

1.1　BD13660 號
1.3　妙法蓮華經卷五
1.4　L3789
1.5　C55
2.1　(19.5+7.5+27)×27 厘米；2 紙；30 行，行 17～20 字。
2.3　卷軸裝。首尾均殘。卷面污穢變色，上下均殘缺，有多處撕裂。有烏絲欄。已修整。後配《趙城金藏》軸。
3.1　首 11 行上下殘→大正 0262，09/0038B10～20。
3.2　尾 15 行中下殘→大正 0262，09/0038C01～16。
8　8～9 世紀。吐蕃統治時期寫本。
9.1　楷書。

1.1　BD13661 號
1.3　維摩詰所説經卷上
1.4　L3790
1.5　C56
2.1　57.4×25.6 厘米；3 紙；32 行。
2.2　01：02.3，01；　02：47.5，27；　03：07.6，04。
2.3　卷軸裝。首尾均殘。卷上下殘缺，有多處殘洞。有烏絲欄。已修整。
3.1　首 15 行上下殘→大正 0475，14/0537C01～15。
3.2　尾 5 行下殘→大正 0475，14/0537C28～0538A03。
8　8～9 世紀。吐蕃統治時期寫本。
9.1　楷書。
9.2　有硃筆斷句。

1.1　BD13662 號
1.3　太上大道玉清經卷七
1.4　L3791
1.5　C57
2.1　(3.1+49.9)×25.2 厘米；1 紙；正面 29 行，行 17 字；背面 40 行，行字不等。
2.2　01：03.1，01；　02：49.9，28。
2.3　卷軸裝。首殘尾脱。經黄打紙，研光上蠟。卷下部有殘損。有烏絲欄。已修整。
2.4　本遺書包括 2 個文獻：(一)《太上大道玉清經》卷七，29 行，抄寫在正面，今編為 BD13662 號。(二)《齋意文》(擬)，40 行，抄寫在背面，今編為 BD13662 號背。
3.1　首殘→《中華道藏》，04/0622B22。
3.2　尾脱→《中華道藏》，04/0623A11。
6.3　此件與伯 2341 號、伯 2405 號筆跡、紙質相同，原當為同卷抄本，但不能直接綴接。
8　7～8 世紀。唐寫本。
9.1　楷書。

1.1　BD13662 號背
1.3　齋意文（擬）
1.4　L3791
1.5　C57
2.4　本遺書由 2 個文獻組成，本文獻為第 2 個，40 行，抄寫在背面。前 9 行為硃筆書寫。餘參見 BD13662 號之第 2 項。
3.4　説明：
本遺書所抄為《齋意文》，包括如下四個内容：
一、葬文，9 行，硃筆書寫。有首題“葬文”。
二、各類號頭文，26 行。有些號頭文有首題“號頭”。
三、脱服文，3 行。
四、亡文號頭，2 行，有首題“亡號”。
8　8～9 世紀。吐蕃統治時期寫本。
9.1　行書。
9.2　有行間校加字。

1.1　BD13663 號
1.3　文殊師利所説摩訶般若波羅蜜經卷下
1.4　L3792
1.5　C58
2.1　50.6×16.3 厘米；2 紙；29 行。
2.2　01：05.3，03；　02：45.3，26。
2.3　卷軸裝。首尾均殘。經黄紙。通卷下殘。有烏絲欄。已修整。
3.1　首殘→大正 0232，08/0729C26。
3.2　尾殘→大正 0232，08/0730A25。
8　7～8 世紀。唐寫本。
9.1　楷書。

1.1　BD13664 號
1.3　四分律卷六〇
1.4　L3793
1.5　C59

2.1　104.8×24.7 厘米；3 紙；57 行，行 17 字。
2.2　01：22.2，09；　02：47.3，28；　03：35.3，20。
2.3　卷軸裝。首尾均殘。卷面黴爛。通卷下部殘損嚴重，並有殘斷小殘片，現粘貼在卷首，不另編號。有烏絲欄。已修整。
3.1　首 9 行下殘→大正 1428，22/1012C22～1013A02。
3.2　尾 9 行下殘→大正 1428，22/1013B19～29。
8　8～9 世紀。吐蕃統治時期寫本。
9.1　楷書。

1.1　BD13665 號
1.3　妙法蓮華經卷三
1.4　L3794
1.5　C60
2.1　63.9×25.5 厘米；2 紙；35 行，行 17 字。
2.2　01：24.8，14；　02：39.1，21。
2.3　卷軸裝。首尾均殘。經黃打紙。卷面污穢、變色、黴爛，有殘洞。有烏絲欄。已修整。
3.1　首 6 行殘→大正 0262，09/0019B01～07。
3.2　尾 20 行上殘→大正 0262，09/0019B17～C09。
8　7～8 世紀。唐寫本。
9.1　楷書。

1.1　BD13666 號
1.3　瑜伽師地論疏（擬）
1.4　L3795
1.5　C61
2.1　63.7×29.6 厘米；2 紙；48 行，行字不等。
2.2　01：34.4，26；　02：29.3，22。
2.3　卷軸裝。首尾均殘。上邊殘缺，有殘洞及撕裂。有烏絲欄。已修整。
3.3　錄文：
(首殘)
□如是□…□/
為當在一言□…□/
等者。言“法”者，謂□…□/
此是眼根，發□眼□…□/
不，唯一相續。不□…□
言“見彼”等者，謂見彼□…□/
依六處建立種姓，非□…□/
異生，有其貪染而能厭□…□/
“是想”者，此中意說世間有五姓□…□/
言“想”者，即名也。“言說”者，即□…□/
□…□也。言“若住種姓”□…□/
□…□姓故。“不般涅槃”者，理亦□…□定聚。既有種姓，/
□…□涅槃故，經文言而前際來等也。言“達須篾”等者，謂/
盜賊、戎夷，◇容修其出世道。言“四衆賢良”等者，謂諸比丘等四衆，/
皆名賢良。言“正至”者，謂四向也。言“善事（士）”者，謂四果也。或可“正至”為果，/
“善事（士）”為向。亦不相違。言“復由如是”等者，謂由邪見種習強故，世世生生/
不預諸佛等也。言“而性愚鈍”等者，謂多生中不親近善知識，聞正法等，/
故今得人身，其性愚鈍，及以瘖瘂等故。言“如是名為”等者，謂由生無/
暇等故，雖有種性，不證涅槃。言“彼”者，謂正定聚及不定聚人。若愚（遇）諸佛/
等，其（具）足三緣及無前四障者，得般涅槃。故經文言“無彼因緣”也。言“爾時方/
能”等者，謂三乘行人，如具足三緣，無四障者，而能成熟順解脱分信/
等善根，於五位中，□［漸］次修行，得涅槃故。言“住決定聚”者，謂住邪定/
聚，無三乘種姓有情也。言“何等名為涅槃法”等者，此中意◇唯識宗立，雖/
有三乘涅槃種姓，□□緣者，不般涅槃。<者>何等名為得涅槃緣故？經文言“而言闕故”等，/
□…□雖有少分，隨闕一者，不得涅槃故。言“無”者，若都/
□…□涅槃故。“不會愚（遇）”者，作意勝緣，餘緣不會故，不得涅槃耶。/
言“謂正法增上”等者，若聲聞人等，單從聲聞等善知識所聞四諦等正法/
為增上也。餘文可見。言“男根成就”者，謂除黄門，雖有種姓善煩惱故，不名/
善□…□中皆善女人，於現身中，不成正覺，不證獨覺/
果，不□…□名為善得答。雖不得三，亦許女人得羅漢果。/
如大□…□人身也。又問：何故不列諸天名為“善得”？答：由/
為五欲□…□蘊□□雖佛出世，不能見故，所以不列。由/
人是四諦等法器故。言“聖處”者，謂中國是賢聖生處故。言“性不愚鈍”/
等者，謂意根不昧故，不名愚鈍。五色根不壞故。名“不瘖瘂”等。言“彼由/
如是等”也。言“云何名為勝處淨信”，謂十二分教乃是能生三乘果處，故名/
“勝處”，於此生信，故名“淨信”。言“謂諸如來”等也，言“能除（生）一切”者，謂不信不垢也。言“此中所起”等者，謂八聖道是/
衆行之先，故名“前”等也。言“若有於此”等也。言“唯由如是”等者，謂由善/

得人身等五法為因故，自體圓滿故。經文言“五種支分”等也。言“普於一切”等者，/
謂若不發四弘誓願者，□□能於四位中修資糧故，此義如下《菩薩地》中當/
說。言“修習多千難行”等者，言“獲得最後”等者，謂後身菩薩。以八根成道，皆名/
有學；證得無上正等菩提，方名無學。言“過去未來”等也。言“然後為”等也。/
言“正行”者，謂有修行聖道行法者也。言“正法”者，謂十二分教也。言“如是久住”/
等者，此中意。問：所言法久住者，為趣行法為久住耶？為趣數法耶？答：唯取/
行法。謂八聖道，名勝意□。言“謂即如是”等者，若自不能證正法者，不能轉/
他令證正法。言“了知有力”等者，謂自證，至可知前人有趣道之力，於所證/
中能趣入者。故經文言“即如所證隨轉”等者，言謂“或從佛所”等者，謂若不以淨/
信為因者，不於涅槃勝善法□生樂欲故。言□…□者。言“廛宇”者，謂在/
□□由屋宇覆蓋□…□/
（錄文完）

3.4 說明：

本文獻疏釋《瑜伽師地論》卷二一，所疏釋的文字可參見大正 1579，30/0396A04 ~ 0397A10。

8 9 世紀。歸義軍時期寫本。

9.1 行書。

9.2 有硃筆斷句、點標、科分、刪除號、重文號、倒乙及行間校加字。

1.1 BD13667 號

1.3 太上洞玄靈寶三元品戒功德輕重經

1.4 L3796

1.5 C62

2.1 (17 + 55.5 + 1.5) × 25.5 厘米；2 紙；正面 25 行，行 17 字。背面 57 行，存經文 39 行。

2.2 01：17 + 30，25；　02：25.5 + 1.5，14。

2.3 卷軸裝。首尾均殘。卷首碎損，尾部截斷，下邊殘缺，中間有撕裂。有烏絲欄。已修整。

2.4 本遺書包括 2 個文獻：（一）《太上洞玄靈寶三元品戒功德輕重經》，25 行，抄寫在正面，今編為 BD13667 號。（二）《四分律比丘戒本》，57 行，抄寫在背面，今編為 BD13667 號背。

3.1 首 9 行上下殘→《中華道藏》，03/0768B07 ~ 17。

3.2 尾行中下殘→《中華道藏》，03/0769A14。

5 與《中華道藏》本對照，文字頗有參差，可資互校。

8 6 世紀。隋寫本。

9.1 楷書。

1.1 BD13667 號背

1.3 四分律比丘戒本

1.4 L3796

1.5 C62

2.4 本遺書由 2 個文獻組成，本文獻為第 2 個，57 行，抄寫在背面。餘參見 BD13667 號之第 2 項。

3.1 首 10 行上下殘→大正 1429，22/1016A27 ~ B21。

3.2 尾殘→大正 1429，22/1017B18。

8 8 ~ 9 世紀。吐蕃統治時期寫本。

9.1 楷書。

1.1 BD13668 號

1.3 解百生怨家陀羅尼經

1.4 L3797

1.5 C63

2.1 53 × 18.2 厘米；2 紙；15 行。

2.2 01：15.2，護首；　02：37.8，15。

2.3 卷軸裝。首尾均殘。有護首，有竹質天竿。通卷下殘。有烏絲欄。已修整。

3.4 說明：

本經篇幅甚短，但三分具足。形態與密教經典相同。經文謂持誦普光菩薩名號及念此陀羅尼可不為怨家相害。歷代經錄未見著錄，歷代大藏經不收。敦煌遺書中存有多號。參見《敦煌學大辭典》第 704 頁。

4.1 佛說解百生怨家陀羅尼經（首）。

4.2 佛說解百生怨家經（尾）。

7.4 護首有經名“解百生怨家經”。經名上有經名號。

8 9 ~ 10 世紀。歸義軍時期寫本。

9.1 楷書。

1.1 BD13669 號

1.3 大佛頂如來密因修證了義諸菩薩萬行首楞嚴經卷四

1.4 L3798

1.5 C64

2.1 (5 + 72.1 + 1.8) × 25.3 厘米；2 紙；51 行，行 17 字。

2.2 01：5 + 28.1，21；　02：44 + 1.8，30。

2.3 卷軸裝。首尾均殘。卷面有油污及鳥糞，中有多處破損。已修整。

3.1 首 3 行上下殘→大正 0945，19/0122B18 ~ 20。

3.2 尾行上殘→大正 0945，19/0123A10 ~ 11。

8 9 ~ 10 世紀。歸義軍時期寫本。

9.1 楷書。

1.1 BD13670 號

1.3 金剛三昧經

1.4 L3799

1.5 C65

2.1　59.2×29 厘米；3 紙；38 行。
2.2　01：06.9，04；　02：35.8，24；　03：16.5，10。
2.3　卷軸裝。首尾均殘。上下殘缺。已修整。
3.1　首殘→大正 0273，09/0369C20。
3.2　尾殘→大正 0273，09/0370B10。
5　與《大正藏》本對照，文字略有參差。
8　8 世紀。唐寫本。
9.1　楷書。
9.2　有硃筆行間校加字。

1.1　BD13671 號
1.3　勝鬘經疏（擬）
1.4　L3800
1.5　C66
2.1　232.2×26.6 厘米；7 紙；141 行，行 25～33 字。
2.2　01：38.2，23；　02：38.2，23；　03：38.2，23；
04：39.0，24；　05：39.0，24；　06：38.7，24；
07：00.6，素紙。
2.3　卷軸裝。首脱尾殘。通卷有等距離殘洞。有烏絲欄。已修整。
3.4　説明：
本遺書所抄為《勝鬘師子吼一乘大方便方廣經》，存文所疏釋者為“攝受章”第四及“一乘章”第五的首部。未為歷代大藏經所收。
8　7～8 世紀。唐寫本。
9.1　楷書。

1.1　BD13672 號
1.3　藥師琉璃光如來本願功德經
1.4　L3801
1.5　C67
2.1　（74.3+265）×26.2 厘米；7 紙；193 行，行 17 字。
2.2　01：45.8，26；　02：28.5+20.5，28；　03：49.0，28；
04：49.0，28；　05：49.0，28；　06：49.0，28；
07：48.5，27。
2.3　卷軸裝。首殘尾全。经黄紙。下邊殘缺。有烏絲欄。已修整。
3.1　首 42 行下殘→大正 0450，14/0406A15～C03。
3.2　尾全→大正 0450，14/0408B25。
8　7～8 世紀。唐寫本。
9.1　楷書。

1.1　BD13673 號 A
1.3　大方等陀羅尼經（異卷）卷一（擬）
1.4　L3802
1.5　C68
2.1　426×25 厘米；9 紙；250 行，行 17 字。
2.2　01：45.0，26；　02：48.0，28；　03：48.0，28；
04：47.5，28；　05：48.0，28；　06：47.5，28；
07：47.5，28；　08：47.5，28；　09：47.0，27。
2.3　卷軸裝。首尾均殘。麻紙。通卷下殘。紙接縫處有缺行。有烏絲欄。已修整。
3.1　首殘→大正 1339，21/0644C06。
3.2　尾殘→大正 1339，21/0647C06。
4.1　大方等陀羅尼經初分品（首）。
5　與《大正藏》本對照，分卷不同。本文獻相當於大正 1339 卷一後部分和卷二前部分。文字也略有參差。卷次不清，暫定為卷一。
8　7～8 世紀。唐寫本。
9.1　楷書。

1.1　BD13673 號 B
1.3　大方等陀羅尼經（異卷）卷二（擬）
1.4　L3802
1.5　C68
2.3　卷軸裝。首尾均殘。包括 24 塊小殘片。有烏絲欄。已修整。
3.1　首殘→大正 1339，21/0647C09。
3.2　尾殘→大正 1339，21/0647C11。
3.4　説明：
本遺書抄寫《大方等陀羅尼經》卷二，殘爛為 24 塊殘片。詳情如下：
01. 5×18.6 厘米；1 紙；2 行；卷軸裝。首尾均殘。小殘片。有烏絲欄。已修整。大正 1339，21/0647C09～11。
02. 4.8×10.2 厘米；1 紙；3 行；卷軸裝。首尾均殘。小殘片。有烏絲欄。已修整。大正 1339，21/0647C17～19。
03. 5×10.3 厘米；1 紙；2 行；卷軸裝。首尾均殘。小殘片。有烏絲欄。已修整。大正 1339，21/0647C25～26。
04. 1.1×7.3 厘米；1 紙；1 行；卷軸裝。首尾均殘。小殘片。有烏絲欄。已修整。大正 1339，21/0647C27。
05. 11×25.2 厘米；1 紙；7 行，行 17 字；卷軸裝。首尾均殘。小殘片。有烏絲欄。已修整。大正 1339，21/0648A09～16。
06. 11.2×25.2 厘米；1 紙；6 行，行 17 字；卷軸裝。首尾均殘。小殘片。有烏絲欄。已修整。大正 1339，21/0648A18～23。
07. 10.4×6 厘米；1 紙；6 行，行 17 字；卷軸裝。首尾均殘。小殘片。有烏絲欄。已修整。大正 1339，21/0648A25～B01。
08. 10.3×6 厘米；2 紙；6 行，行 17 字；01：05.5，03；02：04.8，03。卷軸裝。首尾均殘。小殘片。有烏絲欄。已修整。大正 1339，21/0648B04～09。
09. 11×25.3 厘米；1 紙；6 行，行 17 字；卷軸裝。首尾均殘。小殘片。有烏絲欄。已修整。大正 1339，21/0648B11～

16。

10. 10.5×25.3 厘米；1 紙；7 行，行 17 字；卷軸裝。首尾均殘。小殘片。有烏絲欄。已修整。大正 1339，21/0648B19～25。與《大正藏》本對照，文字略有參差。

11. 10.4×25.4 厘米；1 紙；7 行，行 17 字；卷軸裝。首尾均殘。小殘片。有烏絲欄。已修整。大正 1339，21/0648B27～C3。與《大正藏》本對照，文字略有參差。

12. 10.3×25.3 厘米；1 紙；6 行，行 17 字；卷軸裝。首尾均殘。小殘片。有烏絲欄。已修整。大正 1339，21/0648C5～10。與《大正藏》本對照，文字略有參差。

13. 10.2×25.2 厘米；1 紙；6 行，行 17 字；卷軸裝。首尾均殘。小殘片。有烏絲欄。已修整。大正 1339，21/0648C13～18。

14. 10×25.2 厘米；1 紙；6 行，行 17 字；卷軸裝。首尾均殘。小殘片。有烏絲欄。已修整。大正 1339，21/0648C22～27。

15. 10.3×25 厘米；2 紙；6 行，行 17 字；01：05.8，03；02：04.5，03。卷軸裝。首尾均殘。小殘片。有烏絲欄。已修整。大正 1339，21/0649A01～06。

16. 10.5×25.1 厘米；1 紙；6 行，行 17 字；卷軸裝。首尾均殘。小殘片。有烏絲欄。已修整。大正 1339，21/0649A09～14。與《大正藏》本對照，文字略有參差。

17. 10.3×24.3 厘米；1 紙；6 行，行 17 字；卷軸裝。首尾均殘。小殘片。有烏絲欄。已修整。大正 1339，21/0649A17～23。與《大正藏》本對照，文字略有參差。

18. 10.5×24.1 厘米；2 紙；4 行，行 17 字；01：09.4，04；02：01.1，00。卷軸裝。首尾均殘。小殘片。有烏絲欄。已修整。大正 1339，21/0649A27～B2。與《大正藏》本對照，文字略有參差。

19. 10.3×23.9 厘米；1 紙；6 行，行 17 字；卷軸裝。首尾均殘。小殘片。有烏絲欄。已修整。大正 1339，21/0649B06～11。

20. 8.7×21 厘米；1 紙；5 行；卷軸裝。首尾均殘。小殘片。有烏絲欄。已修整。大正 1339，21/0649B16～20。

21. 4×8 厘米；1 紙；2 行；卷軸裝。首尾均殘。小殘片。有烏絲欄。已修整。大正 1339，21/0647A01～02。

22. 2.2×7.8 厘米；1 紙；2 行；卷軸裝。首尾均殘。小殘片。有烏絲欄。已修整。大正 1339，21/0647C18～20。與《大正藏》本對照，漏抄一行文字。

23. 3×7 厘米；1 紙；2 行；卷軸裝。首尾均殘。小殘片。有烏絲欄。已修整。大正 1339，21/0647A21～23。與《大正藏》本對照，文字略有參差。

24. 2.6×6.2 厘米；1 紙；2 行；僅殘存“羅尼有/也”4 字。首行上有 1 殘字墨痕。第 2 行“也”字上下各有一殘字墨痕。

5　與《大正藏》本對照，分卷不同。本文獻相當於大正 1339 卷二前部分。文字也略有參差。卷次不清，暫定為卷二。參見 BD13673 號 A。

8　7～8 世紀。唐寫本。

9.1　楷書。

1.1　BD13673 號 C

1.3　殘片四十五塊（擬）

1.4　L3802

1.5　C68

2.3　殘片。包括 45 塊殘片，有烏絲欄。已修整。

3.4　說明：

本號包括 45 塊殘片。詳情如下：

01. 1.4×1.7 厘米；1 紙；1 行。殘存“授”1 字。上存 1 殘字墨痕。

02. 1.2×4.1 厘米；1 紙；1 行。殘存“千”1 字。

03. 1.3×5 厘米；1 紙。存 3 殘字墨痕。有烏絲欄。

04. 1.3×2.1 厘米；1 紙；1 行。殘存“無”1 字。上下各存 1 殘字墨痕。

05. 1.4×2.4 厘米；1 紙；1 行。存 2 殘字墨痕。

06. 0.9×3.3 厘米；1 紙；1 行。殘存“者天”2 字。上存 1 殘字墨痕。

07. 1.6×2.6 厘米；1 紙；1 行。殘存“號”1 字。下存 1 殘字墨痕。有烏絲欄。

08. 1.5×2.6 厘米；1 紙；1 行。殘存“弟子”2 字。下行存 1 殘字墨痕。有烏絲欄。

09. 2.3×7.8 厘米；1 紙；1 行。存 7 字墨痕。

10. 1.5×4.8 厘米；1 紙；1 行。存 3 殘字墨痕。有烏絲欄。

11. 1.9×2.2 厘米；1 紙；1 行。殘存“種”1 字。上存 1 殘字墨痕。下行存 1 殘字墨痕。有烏絲欄。

12. 0.9×1.4 厘米；1 紙；1 行。殘 2 殘字墨痕。

13. 1.1×4.2 厘米；1 紙；1 行。存 3 殘字墨痕。

14. 0.9×2.4 厘米；1 紙；1 行。殘存“賓”1 字。下存 1 殘字墨痕。

15. 1.8×1.9 厘米；1 紙；1 行。殘存“一”1 字。下存 1 殘字墨痕。下行存 1 殘字墨痕。

16. 1×3.4 厘米；1 紙。存 2 殘字墨痕。

17. 1.2×4.1 厘米；1 紙；1 行。殘存“不盡”2 字。上下各存 1 殘字墨痕。

18. 2.2×3.8 厘米；1 紙；1 行。殘存“噁”1 字。下存 2 殘字墨痕。上行存 1 殘字墨痕。有烏絲欄。

19. 1.8×5.7 厘米；1 紙；1 行。殘存“不”1 字。上存 1 殘字墨痕。下存 2 殘字墨痕。有烏絲欄。

20. 2.8×7 厘米；1 紙；2 行。殘存“大弟子/王/”4 字。首行上下各存 1 殘字墨痕。第 2 行下存 1 殘字墨痕。有烏絲欄

21. 1.6×2.2 厘米；1 紙；1 行。殘存“人”1 字。上下各存 1 殘字墨痕。上行存 1 殘字墨痕。有烏絲欄。

22. 1.4×1.9 厘米；1 紙；1 行。2 行存 4 殘字墨痕。有烏

絲欄。

23. 2.7×5.2 厘米；1 紙；2 行。殘存"等苦不/人也/"5 字。首行上存 1 殘字墨痕。第 2 行下存 1 殘字墨痕。有烏絲欄。

24. 2×1.8 厘米；1 紙；1 行。殘存"女"1 字。其上、左、右各有 1 殘字墨痕。

25. 2.2×9.2 厘米；1 紙；2 行。殘存"食"1 字。下存 3 殘字墨痕。上行存 7 殘字墨痕。有烏絲欄。

26. 2.1×2.1 厘米；1 紙；1 行。存 2 殘字墨痕。下行略存墨痕。有烏絲欄。

27. 1.1×3 厘米；1 紙；1 行。殘存"畏"1 字。下存 2 殘字墨痕。

28. 1.5×3.3 厘米；1 紙；1 行。存 3 殘字墨痕。上行略存墨痕。有烏絲欄。

29. 1.4×4.9 厘米；1 紙；1 行。存 1 殘字墨痕。上行略存墨痕。有烏絲欄。

30. 1.1×2.5 厘米；1 紙；1 行。殘存"修行"2 字。上存 1 殘字墨痕。

31. 2.2×3.3 厘米；1 紙；1 行。存 3 殘字墨痕。上行略存 2 殘字墨痕。上行略存墨痕。有烏絲欄。

32. 1.5×3.7 厘米；1 紙；1 行。殘存"菩提"2 字。上存 2 殘字墨痕。下行略存墨痕。有烏絲欄。

33. 2.2×5.2 厘米；1 紙；1 行。殘存"薩自賓戒"4 字。上存 1 殘字墨痕。下行存 1 殘字墨痕。有烏絲欄。

34. 2.5×2.7 厘米；1 紙；1 行。殘存"嘿然"2 字。下存 2 殘字墨痕。上行存 1 殘字墨痕。有烏絲欄。

35. 2.3×3.3 厘米；1 紙；2 行。殘存"要"1 字。上下各 1 殘字墨痕。下行存 1 殘字墨痕，似"長"字。有烏絲欄。

36. 1.1×3.6 厘米；1 紙；1 行。殘存"餘諸"2 字。下存 1 殘字墨痕。

37. 2.1×4.2 厘米；1 紙；1 行。存 3 殘字墨痕。下行存 1 殘字墨痕。有烏絲欄。

38. 1.2×1.6 厘米；1 紙；1 行。存 2 殘字墨痕。有烏絲欄。

39. 1.6×4 厘米；1 紙；1 行。殘存"過於"2 字。上存 1 殘字墨痕。有烏絲欄。

40. 1.1×2 厘米；1 紙；1 行。存 1 殘字墨痕。

41. 1.1×2.1 厘米；1 紙；1 行。存 2 殘字墨痕。有烏絲欄。

42. 1.5×1.6 厘米；1 紙；1 行。殘存"子"1 字。上行略存墨痕。有烏絲欄。

43. 0.9×3 厘米；1 紙；1 行。存 1 殘字墨痕。

44. 1×1 厘米；1 紙；1 行。殘存"不"1 字。

45. 3.2×3.6 厘米；1 紙；2 行。殘存"為可/是等/"4 字。首行上下各存 1 殘字墨痕。第 2 行上存 1 殘字墨痕。有烏絲欄。

8　7～8 世紀。唐寫本。

9.1　楷書。

1.1　BD13674 號

1.3　藥師琉璃光如來本願功德經

1.4　L3803

1.5　C69

2.1　65.7×12.4 厘米；2 紙；37 行。

2.2　01：27.7，15；　02：38.0，22。

2.3　卷軸裝。首尾均殘。通卷上殘。有烏絲欄。已修整。

3.1　首殘→大正 0450，14/0406B27。

3.2　尾殘→大正 0450，14/0407A16。

8　7～8 世紀。唐寫本。

9.1　楷書。

1.1　BD13675 號

1.3　大乘百法明門論本事分中略錄名數釋（擬）

1.4　L3804

1.5　C70

2.1　（48.5+163.5+3）×28 厘米；6 紙；正面 169 行，行 30 餘字。背面 73 行，行字不等。

2.2　01：13.0，12；　02：35.5+8.5，35；　03：43.0，33；
04：43.0，32；　05：43.0，34；　06：26+3，23。

2.3　卷軸裝。首尾均殘。通卷殘破、油污嚴重，紙張變脆，中間有殘洞及撕裂。背面除 4 行為"七言詩"外，其前部 16 行為正面接寫，其餘均為雜錄名數釋意。已修整。後配《趙城金藏》軸。

2.4　本遺書包括 2 個文獻：（一）《大乘百法明門論本事分中略錄名數釋》（擬），正面 169 行，背面 69 行，共 238 行，今編為 BD13675 號。（二）《七言詩》（擬），4 行，抄寫在背面，今編為 BD13675 號背。

3.4　説明：

本遺書首 40 行中上殘，尾 2 行中上殘，所抄《大乘百法明門論本事分中略錄名數釋》（擬），背面有補註 69 行，亦為同一文獻。未為歷代大藏經所收。

6.2　尾→BD09405 號。

8　8～9 世紀。吐蕃統治時期寫本。

9.1　行書。

1.1　BD13675 號背

1.3　七言詩（擬）

1.4　L3804

1.5　C70

2.4　本遺書由 2 個文獻組成，本文獻為第 2 個，4 行，抄寫在背面。餘參見 BD13675 號之第 2 項。

3.3　錄文：

（首全）

合間橋東兩路分，孤鄉相聚在黃昏。

蘭臺北面笙歌者（?），啾啾鬼語◇紛紜。

王公定春遊荒外，黑水<水>從他伴主人。

若到高秋九月後。一園（?）茄小（?）黑皴。
（録文完）
8　9～10世紀。歸義軍時期寫本。
9.1　行書。

1.1　BD13676號
1.3　金剛般若波羅蜜經
1.4　L3805
1.5　C71
2.1　（7+39+7）×26.5厘米；2紙；30行，行17字。
2.2　01：7+30，21；　02：9+7，09。
2.3　卷軸裝。首尾均殘。通卷中間有等距離火燒殘洞及撕裂。有烏絲欄。已修整。後配《趙城金藏》軸。
3.1　首4行中上殘→大正0235，08/0749A16～19。
3.2　尾4行中上殘→大正0235，08/0749B16～20。
8　7～8世紀。唐寫本。
9.1　楷書。

1.1　BD13677號
1.3　金剛般若波羅蜜經
1.4　L3806
1.5　C72
2.1　（10+24）×25厘米；1紙；20行，行17字。
2.3　卷軸裝。首殘尾脱。經黄打紙。中間有多處殘洞和撕裂。有護首，乃後補。背有古代裱補。烏絲欄年久褪色。已修整。後配《趙城金藏》軸。
3.1　首6行中上殘→大正0235，08/0748C22～0749A02。
3.2　尾殘→大正0235，08/0749A17。
7.4　後補護首上有經名："金剛般若波羅蜜多經"。
8　7～8世紀。唐寫本。
9.1　楷書。

1.1　BD13678號
1.3　大般若波羅蜜多經卷二〇四
1.4　L3807
1.5　C73
2.1　（56.7+18.5+4）×25.8厘米；3紙；44行，行17字。
2.2　01：19.0，08；　02：37.7+8.5，28；　03：10+4，08。
2.3　卷軸裝。首尾均殘。上下邊殘缺，中有殘洞。有烏絲欄。已修整。
3.1　首32行下殘→大正0220，06/0017A26～B29。
3.2　尾2行中下殘→大正0220，06/0017C10～11。
8　8～9世紀。吐蕃統治時期寫本。
9.1　楷書。

1.1　BD13679號
1.3　大般若波羅蜜多經卷三一八
1.4　L3808
1.5　C74
2.1　（28.5+19）×25.5厘米；1紙；28行，行17字。
2.3　卷軸裝。首殘尾脱。下邊殘缺。背面有古代裱補。有烏絲欄。已修整。後配《趙城金藏》軸。
3.1　首17行下殘→大正0220，06/0622A17～B05。
3.2　尾殘→大正0220，06/0622B16。
7.1　卷背有勘記"三百一十八"。
8　8～9世紀。吐蕃統治時期寫本。
9.1　楷書。

1.1　BD13680號
1.3　天地八陽神咒經
1.4　L3809
1.5　C75
2.1　（15.6+57.1+12.1）×26厘米；3紙；42行，行19～21字。
2.2　01：15.6+16.8，16；　02：40.3，20；　03：12.1，06。
2.3　卷軸裝。首尾均殘。下邊殘缺，上邊殘損。已修整。後配《趙城金藏》軸。
3.1　首8行下殘→大正2897，85/1423A16～26。
3.2　尾6行下殘→大正2897，85/1423C12～18。
5　與《大正藏》本對照，行文略有不同。
8　9～10世紀。歸義軍時期寫本。
9.1　楷書。

1.1　BD13681號
1.3　妙法蓮華經（十卷本）卷八
1.4　L3810
1.5　C76
2.1　39.5×28.5厘米；2紙；11行，行約20字。
2.2　01：18.5，護首；　02：21.0，11。
2.3　卷軸裝。首全尾殘。上邊殘缺。有護首，有芨芨草天竿。卷面有鳥糞。護首紙厚：0.12，0.13。原卷厚：0.08，0.07，0.09厘米。已修整。
3.1　首全→大正0262，09/0046B15。
3.2　尾殘→大正0262，09/0046C05。
4.1　妙法蓮華經隨喜功德品第十七（首）。
5　與《大正藏》本對照，分卷不同，品次也不同。屬於尚未經過修訂的十卷本。
7.4　護首有經名"妙法蓮華經第八"。
8　5～6世紀。南北朝寫本。
9.1　隸書。
9.2　有重文號。

1.1　BD13682號
1.3　護首（大般若波羅蜜多經）

1.4 L3811
1.5 C77
2.1 60.4×25.5 厘米；3 紙；2 行。
2.3 卷軸裝。首尾均殘。首下方裱補紙上書袟數及藏經寺院名。有撕裂。已修整。
3.4 説明：
本遺書為護首。上有經名"大般若波羅蜜多經卷第一百一十五，十二，蓮"。經名上有經名號。
文中"十二"為本卷所屬袟數。"蓮"為本經收藏寺院"蓮臺寺"的簡稱。
7.2 與後一紙騎縫處殘存半個墨色陽文印章，1.1×6.6 厘米，印文為"蓮藏經"。
7.3 本遺書為3個護首綴接而成。第3紙尾有倒寫經名"大般若波羅蜜多經卷第一百一□□"，經名上有經名號。
8 9~10 世紀。歸義軍時期寫本。
9.1 楷書。

1.1 BD13683 號
1.3 誦經錄（擬）
1.4 L3812
1.5 C78
2.1 51.5×27.5 厘米；2 紙；6 行；行字不等。
2.2 01：19.5，素紙；　02：32.0，06。
2.3 卷軸裝。首尾均殘。上邊殘缺，有殘洞。已修整。後配《趙城金藏》軸。
3.3 錄文：
（首殘）
□…□《維摩詰經》，日誦兩行。
十一月四日至"習衆法寶"。
十一月十/六日誦至"萬梵天王"。
十二月一日至"爾時長者子"。
十二月/十六日誦至"爾時舍利弗"。
正月三日誦至"方/便品"。
正月十七日誦至"弟子品三"。/
（空若干行）
政智持《菩薩戒》□…□"爾時釋迦牟尼"。
十二月一日至"自/婬教□…□六日誦至"自嗔教人嗔"。/
正月三日□…□/
（錄文完）
8 9~10 世紀。歸義軍時期寫本。
9.1 楷書。

1.1 BD13684 號
1.3 大般若波羅蜜多經卷一一七
1.4 L3813
1.5 C79
2.1 （14.3+34.2+8.5）×25.8 厘米；2 紙；34 行，行 17 字。
2.2 01：14.3+29.5，28；　02：4.7+8.5，06。
2.3 卷軸裝。首尾均殘。卷面黴爛，有鳥糞，中間有多處殘洞。有烏絲欄。已修整。後配《趙城金藏》軸。
3.1 首9行中下殘→大正0220，05/0641C22~0642A02。
3.2 尾3行中殘→大正0220，05/0642A24~27。
6.2 尾→BD10033 號。
8 8~9 世紀。吐蕃統治時期寫本。
9.1 楷書。

1.1 BD13685 號
1.3 素紙
1.4 L3814
1.5 C80
2.1 59.7×42.8 厘米；1 紙。
2.3 卷軸裝。首尾均脱。下邊殘缺，中間有破損。紙質厚、粗糙。有油污。已修整。
8 9~10 世紀。歸義軍時期紙張。

1.1 BD13686 號
1.3 護首（大般若波羅蜜多經）
1.4 L3815
2.1 23.0×25.3 厘米；1 紙。
2.3 卷軸裝。首尾均殘。殘片。已修整，鑲入護紙中。
3.4 説明：
本遺書為殘護首，有脱落經名簽及金粉痕跡。可見經名"大般若波羅蜜多□…□"。
8 8~9 世紀。吐蕃統治時期寫本。
9.1 楷書。

1.1 BD13687 號
1.3 素紙
1.4 L3816
2.1 32.0×31.3 厘米；1 紙。
2.3 卷軸裝。首尾均殘。殘片。已修整，鑲入護紙中。
8 8~9 世紀。吐蕃統治時期。

1.1 BD13688 號
1.3 素紙
1.4 L3817
2.1 14.6×10.2 厘米；1 紙。
2.3 卷軸裝。首尾均殘。殘片。已修整，鑲入護紙中。
8 8~9 世紀。吐蕃統治時期。

1.1 BD13689 號
1.3 護首（經名不詳）
1.4 L3818
2.1 22.2×14.5 厘米；1 紙。

2.3　卷軸裝。首尾均殘。殘護首。已修整，鑲入護紙中。
3.4　説明：
　　本遺書為殘護首，殘留文字“七”。
8　　8～9 世紀。吐蕃統治時期。
9.1　楷書。

1.1　BD13690 號
1.3　素紙
1.4　L3819
2.1　13.5×29.4 厘米；1 紙。
2.3　卷軸裝。首尾均殘。殘片。已修整，鑲入護紙中。
3.4　説明：
　　本遺書為素紙，存殘墨痕。
8　　9～10 世紀。歸義軍時期。

1.1　BD13691 號
1.3　素紙
1.4　L3820
2.1　34.0×3.0 厘米；1 紙。
2.3　卷軸裝。首尾均殘。殘片。已修整，鑲入護紙中。
8　　9～10 世紀。歸義軍時期。

1.1　BD13692 號
1.3　素紙
1.4　L3821
2.1　4.5×10.4 厘米；1 紙。
2.3　卷軸裝。首尾均殘。殘片。已修整，鑲入護紙中。
8　　8～9 世紀。吐蕃統治時期。

1.1　BD13693 號
1.3　護首（經名不詳）
1.4　L3822
2.1　27.0×24.3 厘米；1 紙。
2.3　卷軸裝。首尾均殘。殘片。已修整，鑲入護紙中。
3.4　説明：
　　本遺書為殘護首，有經名簽條，無文字。
8　　9～10 世紀。歸義軍時期。
9.1　楷書。

1.1　BD13694 號
1.3　護首（經名不詳）
1.4　L3823
2.1　25.5×12.6 厘米；1 紙。
2.3　卷軸裝。首尾均殘。殘片。已修整，鑲入護紙中。
3.4　説明：
　　本遺書為殘護首，有殘字“□百三”。
8　　8～9 世紀。吐蕃統治時期寫本。
9.1　楷書。

1.1　BD13695 號
1.3　護首（經名不詳）
1.4　L3824
2.1　21.8×17.5 厘米；1 紙。
2.3　卷軸裝。首尾均殘。殘片。已修整，鑲入護紙中。
3.4　説明：
　　本遺書為殘護首，素紙，無文字。
8　　8～9 世紀。吐蕃統治時期。

1.1　BD13696 號
1.3　素紙
1.4　L3825
2.1　26.3×22.6 厘米；1 紙。
2.3　卷軸裝。首尾均殘。殘片。已修整，鑲入護紙中。
8　　8～9 世紀。吐蕃統治時期。

1.1　BD13697 號
1.3　素紙
1.4　L3826
2.1　28.3×27.7 厘米；2 紙。
2.3　卷軸裝。首尾均殘。殘片。已修整，鑲入護紙中。
8　　7～8 世紀。唐。

1.1　BD13698 號
1.3　護首（經名不詳）
1.4　L3827
2.1　22.9×25.5 厘米；1 紙。
2.3　卷軸裝。首尾均殘。殘片。已修整，鑲入護紙中。
3.4　説明：
　　本遺書為殘護首，有經名“大般若波羅蜜多□□五十七”。
8　　8～9 世紀。吐蕃統治時期寫本。
9.1　楷書。

1.1　BD13699 號
1.3　護首（經名不詳）
1.4　L3828
2.1　18.5×25.3 厘米；1 紙。
2.3　卷軸裝。首尾均殘。殘片。已修整，鑲入護紙中。
3.4　説明：
　　本遺書為殘護首，素紙，無文字。
8　　7～8 世紀。唐寫本。

1.1　BD13700 號
1.3　護首（經名不詳）
1.4　L3829

2.1　18.5×14.7 厘米；1 紙。
2.3　卷軸裝。首尾均殘。殘片。已修整，鑲入護紙中。
3.4　説明：
本遺書為殘護首，素紙，無文字。
8　8~9 世紀。吐蕃統治時期寫本。

1.1　BD13701 號
1.3　素紙
1.4　L3830
2.1　17.5×12.5 厘米；1 紙。
2.3　卷軸裝。首尾均殘。殘片。經黄紙。已修整，鑲入護紙中。
8　7~8 世紀。唐。

1.1　BD13702 號
1.3　素紙
1.4　L3831
2.1　13.5×11 厘米；1 紙。
2.3　卷軸裝。首尾均殘。殘片。有古代裱補。已修整，鑲入護紙中。
8　9~10 世紀。歸義軍時期。

1.1　BD13703 號
1.3　素紙
1.4　L3832
2.1　24.5×7.3 厘米；1 紙。
2.3　卷軸裝。首尾均殘。殘片。已修整，鑲入護紙中。
8　9~10 世紀。歸義軍時期。

1.1　BD13704 號
1.3　素紙
1.4　L3833
2.1　13.5×11.2 厘米；1 紙。
2.3　卷軸裝。首尾均殘。殘片。已修整，鑲入護紙中。
8　9~10 世紀。歸義軍時期。

1.1　BD13705 號
1.3　素紙
1.4　L3834
2.1　16.5×26.4 厘米；1 紙。
2.3　卷軸裝。首尾均殘。殘片。卷面有殘洞。已修整，鑲入護紙中。
8　7~8 世紀。唐。

1.1　BD13706 號
1.3　護首（大般若波羅蜜多經）
1.4　L3835
2.1　16.3×14.5 厘米；1 紙。
2.3　卷軸裝。首尾均殘。殘片。已修整，鑲入護紙中。
3.4　説明：
本遺書為殘護首，有殘經名“□…□第五百卅六，五十四”。
8　8~9 世紀。吐蕃統治時期寫本。
9.1　楷書。

1.1　BD13707 號
1.3　素紙
1.4　L3836
2.1　7.5×16.2 厘米；1 紙。
2.3　卷軸裝。首尾均殘。殘片。油污嚴重。已修整，鑲入護紙中。
8　9~10 世紀。歸義軍時期。

1.1　BD13708 號
1.3　護首（經名不詳）
1.4　L3837
2.1　33.7×25.7 厘米；1 紙。
2.3　卷軸裝。首尾均殘。殘片。已修整，鑲入護紙中。
3.4　説明：
本遺書為殘護首，有殘字“二”。
8　8 世紀。唐寫本。
9.1　楷書。

1.1　BD13709 號
1.3　素紙
1.4　L3838
2.1　44×27.5 厘米；1 紙。
2.3　卷軸裝。首尾均殘。殘片。有古代裱補。已修整，鑲入護紙中。
8　9~10 世紀。歸義軍時期。

1.1　BD13710 號
1.3　素紙
1.4　L3839
2.1　13.3×15.5 厘米；1 紙。
2.3　卷軸裝。首殘尾全。殘片。卷面殘破。有燕尾。已修整，鑲入護紙中。
8　9~10 世紀。歸義軍時期。

1.1　BD13711 號
1.3　素紙
1.4　L3840
2.1　9.9×16 厘米；1 紙。
2.3　卷軸裝。首尾均殘。殘片。卷面油污變色。已修整，鑲入護紙中。

8　9～10 世紀。歸義軍時期。

1.1　BD13712 號
1.3　素紙
1.4　L3841
2.1　12.8×22 厘米；1 紙。
2.3　卷軸裝。首殘尾全。殘片。有燕尾。有烏絲欄。已修整，鑲入護紙中。
8　8～9 世紀。吐蕃統治時期。

1.1　BD13713 號
1.3　素紙
1.4　L3842
2.1　25.5×26.6 厘米；1 紙。
2.3　卷軸裝。首尾均殘。殘片。已修整，鑲入護紙中。
8　8 世紀。唐。

1.1　BD13714 號
1.3　素紙
1.4　L3843
2.1　18×30.2 厘米；1 紙。
2.3　卷軸裝。首尾均殘。殘片。已修整，鑲入護紙中。
8　9～10 世紀。歸義軍時期。

1.1　BD13715 號
1.3　素紙
1.4　L3844
2.1　22×27 厘米；1 紙。
2.3　卷軸裝。首尾均殘。殘片。已修整，鑲入護紙中。
8　8 世紀。唐。

1.1　BD13716 號
1.3　素紙
1.4　L3845
2.1　25.8×24.2 厘米；1 紙。
2.3　卷軸裝。首尾均殘。殘片。已修整，鑲入護紙中。
8　9～10 世紀。歸義軍時期。

1.1　BD13717 號
1.3　素紙
1.4　L3846
2.1　30.6×8.6 厘米；1 紙。
2.3　卷軸裝。首尾均殘。殘片。卷面有殘洞。有烏絲欄。已修整，鑲入護紙中。
8　8～9 世紀。吐蕃統治時期。

1.1　BD13718 號
1.3　素紙
1.4　L3847
2.1　19.5×14.2 厘米；1 紙。
2.3　卷軸裝。首尾均殘。殘片。有古代裱補。已修整，鑲入護紙中。
8　9～10 世紀。歸義軍時期。

1.1　BD13719 號
1.3　素紙
1.4　L3848
2.1　14.8×24 厘米；1 紙。
2.3　卷軸裝。首尾均殘。殘片。已修整，鑲入護紙中。
8　9～10 世紀。歸義軍時期。

1.1　BD13720 號
1.3　素紙
1.4　L3849
2.1　21×26.4 厘米；1 紙。
2.3　卷軸裝。首尾均殘。殘片。已修整，鑲入護紙中。
8　8～9 世紀。吐蕃統治時期。

1.1　BD13721 號
1.3　素紙
1.4　L3850
2.1　11.3×25.7 厘米；1 紙。
2.3　卷軸裝。首尾均殘。殘片。已修整，鑲入護紙中。
8　8～9 世紀。吐蕃統治時期。

1.1　BD13722 號
1.3　護首（經名不詳）
1.4　L3851
2.1　21.3×12 厘米；1 紙。
2.3　卷軸裝。首尾均殘。殘片。已修整，鑲入護紙中。
3.4　説明：
本遺書為殘護首，有殘字“一三”。
8　7～8 世紀。唐寫本。
9.1　楷書。

1.1　BD13723 號
1.3　護首（經名不詳）
1.4　L3852
2.1　14×26 厘米；1 紙。
2.3　卷軸裝。首尾均殘。殘片。已修整，鑲入護紙中。
3.4　説明：
本遺書為殘護首，素紙，無文字。
8　7～8 世紀。唐。

1.1　BD13724 號
1.3　護首（經名不詳）
1.4　L3853
2.1　13.7×15.6 厘米；1 紙。
2.3　卷軸裝。首尾均殘。殘片。已修整，鑲入護紙中。
3.4　説明：
本遺書為殘護首，素紙，無文字。
8　7~8 世紀。唐。

1.1　BD13725 號
1.3　護首（經名不詳）
1.4　L3854
2.1　16×25.5 厘米；1 紙。
2.3　卷軸裝。首尾均殘。殘片。已修整，鑲入護紙中。
3.4　説明：
本遺書為殘護首，素紙，無文字。
8　8~9 世紀。吐蕃統治時期。

1.1　BD13726 號
1.3　素紙
1.4　L3855
2.1　15.2×26 厘米；1 紙。
2.3　卷軸裝。首尾均殘。殘片。卷面油污變色。有燕尾。有烏絲欄。已修整，鑲入護紙中。
8　9~10 世紀。歸義軍時期。

1.1　BD13727 號
1.3　素紙
1.4　L3856
2.1　13.6×10 厘米；1 紙。
2.3　縫繢裝。首尾均殘。殘片。卷面油污變色。中有訂綫針眼。有燕尾。有烏絲欄。已修整，鑲入護紙中。
8　9~10 世紀。歸義軍時期。

1.1　BD13728 號
1.3　素紙
1.4　L3857
2.1　13×7.8 厘米；1 紙。
2.3　卷軸裝。首尾均殘。殘片。有古代裱補。已修整，鑲入護紙中。
8　8~9 世紀。吐蕃統治時期。

1.1　BD13729 號
1.3　素紙
1.4　L3858
2.1　15.2×25.6 厘米；1 紙。
2.3　卷軸裝。首尾均殘。殘片。已修整，鑲入護紙中。
8　8~9 世紀。吐蕃統治時期。

1.1　BD13730 號
1.3　素紙
1.4　L3859
2.1　35.5×9.5 厘米；1 紙。
2.3　卷軸裝。首尾均殘。殘片。已修整，鑲入護紙中。
8　9~10 世紀。歸義軍時期。

1.1　BD13731 號
1.3　素紙
1.4　L3860
2.1　14.5×18.8 厘米；1 紙。
2.3　卷軸裝。首尾均殘。殘片。已修整，鑲入護紙中。
8　9~10 世紀。歸義軍時期。

1.1　BD13732 號
1.3　素紙
1.4　L3861
2.1　22×28.3 厘米；1 紙。
2.3　卷軸裝。首尾均殘。殘片。已修整，鑲入護紙中。
8　7~8 世紀。唐。

1.1　BD13733 號
1.3　護首（經名不詳）
1.4　L3862
2.1　10.8×26.2 厘米；1 紙。
2.3　卷軸裝。首尾均殘。殘片。已修整，鑲入護紙中。
3.4　説明：
本遺書為殘護首，有殘字“□…□卷上”。
8　7~8 世紀。唐寫本。
9.1　楷書。

1.1　BD13734 號
1.3　素紙
1.4　L3863
2.1　18.1×12 厘米；1 紙。
2.3　卷軸裝。首尾均殘。殘片。已修整，鑲入護紙中。
8　7~8 世紀。唐。

1.1　BD13735 號
1.3　素紙
1.4　L3864
2.1　11×8.6 厘米；1 紙。
2.3　卷軸裝。首尾均殘。殘片。卷面油污。有烏絲欄。已修整，鑲入護紙中。
8　7~8 世紀。唐。

1.1 BD13736 號
1.3 素紙
1.4 L3865
2.1 27×1.8 厘米；1 紙。
2.3 卷軸裝。首尾均殘。殘片。卷面油污。已修整，鑲入護紙中。
8 9～10 世紀。歸義軍時期。

1.1 BD13737 號
1.3 護首（經名不詳）
1.4 L3866
2.1 5.5×12.5 厘米；1 紙。
2.3 卷軸裝。首尾均殘。殘片。已修整，鑲入護紙中。
3.4 説明：
本遺書為殘護首，素紙，無文字。
8 7～8 世紀。唐。

1.1 BD13738 號
1.3 護首（經名不詳）
1.4 L3867
2.1 10×11.7 厘米；1 紙。
2.3 卷軸裝。首尾均殘。殘片。已修整，鑲入護紙中。
3.4 説明：
本遺書為殘護首，有殘字“出”。
8 7～8 世紀。唐寫本。
9.1 楷書。

1.1 BD13739 號
1.3 護首（經名不詳）
1.4 L3868
2.1 30.7×10 厘米；1 紙。
2.3 卷軸裝。首尾均殘。殘片。已修整，鑲入護紙中。
3.4 説明：
本遺書為殘護首，上面無文字。
8 7～8 世紀。唐。

1.1 BD13740 號
1.3 素紙
1.4 L3869
2.1 24.7×3.5 厘米；1 紙。
2.3 卷軸裝。首尾均殘。殘片。有烏絲欄。已修整，鑲入護紙中。
8 8～9 世紀。吐蕃統治時期。

1.1 BD13741 號
1.3 素紙
1.4 L3870
2.1 13.4×16 厘米；1 紙。
2.3 卷軸裝。首尾均殘。殘片。已修整，鑲入護紙中。
8 8～9 世紀。吐蕃統治時期。

1.1 BD13742 號
1.3 素紙
1.4 L3871
2.1 24.5×4.7 厘米；1 紙。
2.3 卷軸裝。首尾均殘。殘片。已修整，鑲入護紙中。
8 9～10 世紀。歸義軍時期。

1.1 BD13743 號
1.3 素紙
1.4 L3872
2.1 4.1×14.3 厘米；1 紙。
2.3 卷軸裝。首尾均殘。殘片。已修整，鑲入護紙中。
8 7～8 世紀。唐。

1.1 BD13744 號
1.3 素紙
1.4 L3873
2.1 12.4×19.2 厘米；1 紙。
2.3 卷軸裝。首尾均殘。殘片。已修整，鑲入護紙中。
8 7～8 世紀。唐。

1.1 BD13745 號
1.3 素紙
1.4 L3874
2.1 22.5×25.3 厘米；1 紙。
2.3 卷軸裝。首尾均殘。殘片。已修整，鑲入護紙中。
8 8～9 世紀。吐蕃統治時期。

1.1 BD13746 號
1.3 素紙
1.4 L3875
2.1 28×30 厘米；1 紙。
2.3 卷軸裝。首尾均殘。殘片。卷面有紅色污痕。已修整，鑲入護紙中。
8 9～10 世紀。歸義軍時期。

1.1 BD13747 號
1.3 素紙
1.4 L3876
2.1 26.5×9 厘米；1 紙。
2.3 卷軸裝。首尾均殘。殘片。卷面油污。已修整，鑲入護紙中。
8 7～8 世紀。唐。

1.1 BD13748 號
1.3 素紙
1.4 L3877
2.1 18.1×3.3 厘米；1 紙。
2.3 卷軸裝。首尾均殘。殘片。已修整，鑲入護紙中。
8 7~8 世紀。唐。

1.1 BD13749 號
1.3 素紙
1.4 L3878
2.1 1.5×13.5 厘米；1 紙。
2.3 卷軸裝。首尾均斷。紙條。已修整，鑲入護紙中。
8 8~9 世紀。吐蕃統治時期。

1.1 BD13750 號
1.3 素紙
1.4 L3879
2.1 6.6×8.6 厘米；1 紙。
2.3 卷軸裝。首尾均殘。殘片。已修整，鑲入護紙中。
8 8~9 世紀。吐蕃統治時期。

1.1 BD13751 號
1.3 殘綫殘絹殘麻布等（擬）
2.3 各種殘繩頭及殘絹。已修整，集中粘貼在宣紙上並裹夾於紙袋内。
3.4 説明：

本號包括若干殘綫、殘絹及殘麻布。殘綫均為麻綫，乃至部分麻纖維團；殘絹均為小碎塊，顏色有白色、棕色、藍色、金黄色等。有的係從絹畫上脱落，其中有的還有殘畫痕跡。有的乃護首縹帶。麻布中有一塊為條狀，上殘留有彩繪圖案，因面積小而難以辨識内容。另有一塊較大的白色麻布，呈三角形，一角繫有一條白色麻繩，似為某包袱（經袟?）的一部分。

這些殘綫、殘絹、殘麻布均為整理館藏敦煌遺書時所清理，因過於瑣碎細小，不一一編號，集中粘貼在底紙上，夾存於紙袋中，編為一號。
8 唐五代宋初。

1.1 BD13752 號
1.3 縹帶麻繩頭殘麻布等（擬）
2.3 各種縹帶、麻繩頭及殘麻布。已修整，集中粘貼在宣紙上並裹夾於紙袋内。
3.4 説明：

本號包括若干護首縹帶、麻繩頭及殘麻布。縹帶有土黄色、棕色等。均為整理館藏敦煌遺書時所清理，現集中粘貼在宣紙上並裹夾於紙袋内，編為一號。
8 唐五代宋初。

1.1 BD13753 號
1.3 縹帶殘絹等（擬）
2.3 各種縹帶及殘絹。已修整，集中粘貼在宣紙上並裹夾於紙袋内。
3.4 説明：

本號包括 10 條縹帶及 1 塊殘絹。殘絹為 13.6×4 厘米，污穢變色。縹帶長短不一，顏色有土黄色、棕色、土緑色等。為整理館藏敦煌遺書時清理出來，現集中粘貼在宣紙上並裹夾於紙袋内，編為一號。
8 唐五代宋初。

1.1 BD13754 號
1.3 殘片三十塊（擬）
2.3 殘片。各種殘片共計 30 塊。已修整，集中粘貼在宣紙上並裹夾於紙袋内。
3.4 説明：

本號包括 30 塊殘片。詳情如下：

01. 9.3×7.5 厘米，1 紙，5 行。首尾上下均殘，有烏絲欄。《大方廣佛華嚴經》卷三二，大正 278，9/605A22~27。6 世紀。南北朝寫本。

02. 20.4×8.5 厘米，1 紙。殘護首，首尾及上邊殘缺。有古代裱補。7~8 世紀。唐寫本。

03. 8×11.5 厘米，1 紙。殘護首。8~9 世紀。吐蕃統治時期寫本。

04. 5.5×6.6 厘米，1 紙，3 行。有烏絲欄。《佛頂尊勝陀羅尼經》卷一，大正 967，19/350B19~21。8~9 世紀。吐蕃統治時期寫本。

05. 1.6×3.8 厘米，1 紙，1 行。有烏絲欄。殘存“僧即是”3 字。經查《大正藏》，《大般涅槃經》等 83 個文獻中均有此内容。5~6 世紀。南北朝寫本。

06. 2.8×3.8 厘米，1 紙，2 行。有烏絲欄。《妙法蓮華經》卷四，大正 262，9/35C1~2。7~8 世紀。唐寫本。

07. 2.2×2.6 厘米，1 紙，1 行。殘存“死上”2 字。經查《大正藏》，《般泥洹經》等 82 個文獻中均有此内容。5~6 世紀。南北朝寫本。

08. 1.5×2.5 厘米，1 紙，1 行。紙張變色。難以辨認。

09. 1.6×4.2 厘米，1 紙，2 行。殘字可辨“者皆今”3 字。7~8 世紀。唐寫本。

10. 2.8×4 厘米，1 紙，1 行。殘存“一”字。8~9 世紀。吐蕃統治時期寫本。

11. 5.1×15 厘米，1 紙，素紙。

12. 2.1×12 厘米，1 紙，1 行。名錄。殘存“賀義員，張山定，蘇醜兒”9 字。吐蕃或歸義軍時期寫本。

13. 1.5×18.5 厘米，1 紙，1 行。長條殘片。原為護首，現僅有護首經名殘字痕。8~9 世紀。吐蕃統治時期寫本。

14. 5.6×4.7 厘米，1 紙，2 行。殘存“行/太子行”4 字。9~10 世紀。歸義軍時期寫本。

15. 2.1×2.8 厘米，1 紙，1 行。殘存“寫受”2 字，有烏絲欄。紙張變色。8～9 世紀。吐蕃統治時期寫本。

16. 1.9×9.3 厘米，1 紙，1 行。殘存“身是自”3 字。有烏絲欄。8～9 世紀。吐蕃統治時期寫本。

17. 4.3×4.3 厘米，1 紙，2 行。有烏絲欄。《四分律》卷六〇，大正 1428，22/1013B24～25。7～8 世紀。唐寫本。

18. 2.3×3.7 厘米，1 紙，1 行。殘存 3 個殘字，難以辨認。8～9 世紀。吐蕃統治時期寫本。

19. 3×4.4 厘米，1 紙，2 行。或為《佛說鴦掘摩經》，參見大正 0118，02/0509C08～09。6 世紀。南北朝寫本。

20. 3.3×4 厘米，1 紙，2 行。《妙法蓮華經》卷一，大正 262，9/10A18～20。8～9 世紀。吐蕃統治時期寫本。

21. 3.3×4.2 厘米，1 紙，1 行。僅有殘字痕。

22. 3.1×4.7 厘米，1 紙，2 行。有烏絲欄。殘存“大愿/王菩”4 字。8～9 世紀。吐蕃統治時期寫本。

23. 6×4.5 厘米，1 紙，3 行。有硃絲欄。殘存“廿已受/比丘/比丘白”8 字。8 世紀。唐寫本。

24. 3×3.2 厘米，1 紙，2 行。有烏絲欄。完整的僅有“相”字。8～9 世紀。吐蕃統治時期寫本。

25. 6.8×2.7 厘米，1 紙。素紙，已變色。

26. 4×6.6 厘米，1 紙，3 行。有烏絲欄。完整的僅有“九/蔗（?）毗叉◇二”等字。6 世紀。南北朝寫本。

27. 1.9×6.7 厘米，1 紙，1 行。僅殘存“菩薩摩”3 字。7～8 世紀。唐寫本。

28. 1.5×3 厘米，1 紙，1 行。殘存“◇見見坑（?）”幾字。有重文號。7～8 世紀。唐寫本。

29. 3×3.2 厘米，1 紙，2 行。有烏絲欄。完整的僅有“僧/即”2 字。5～6 世紀。南北朝寫本。

30. 4×7 厘米，1 紙，1 行。藏文。8～9 世紀。吐蕃統治時期寫本。

1.1　BD13755 號

1.3　殘片二十五塊（擬）

2.3　殘片。各種殘片共計 25 塊。已修整，集中粘貼在宣紙上並裹夾於紙袋內。

3.4　說明：

本號包括 25 塊殘片。詳情如下：

01. 9.3×3.3 厘米，1 紙，6 行。有烏絲欄。《大般若波羅蜜多經》卷二〇〇，大正 220，5/1074C7～11。8～9 世紀。吐蕃統治時期寫本。

02. 1.3×5.4 厘米，1 紙，1 行。僅殘存半行字。7～8 世紀。唐寫本。

03. 2.4×3.4 厘米，1 紙，2 行。紙張污穢，殘字難辨，有“我故”二字。7～8 世紀。唐寫本。

04. 12.3×5 厘米，1 紙，9 行。藏文。8～9 世紀。吐蕃統治時期寫本。

05. 1.3×6 厘米，1 紙，1 行。殘存“◇法尼何”4 字。8～9 世紀。吐蕃統治時期寫本。

06. 1.8×2.4 厘米，1 紙，1 行。殘存“世尊”2 字。7～8 世紀。唐寫本。

07. 3.1×28.5 厘米，1 紙。紙條。素紙。

08. 10.3×9.8 厘米，1 紙。素紙。

09. 16.4×13.7 厘米，1 紙，1 行。殘護首。存殘字墨痕。9～10 世紀。歸義軍時期寫本。

10. 2×2 厘米，1 紙，1 行。僅有殘字痕。

11. 1.4×10.6 厘米，1 紙。紙條。素紙。

12. 4.7×7.6 厘米，1 紙，3 行。有烏絲欄。《大般若波羅蜜多經卷》卷五九二，大正 220，7/1064C27～29。8～9 世紀。吐蕃統治時期寫本。

13. 9.5×3.1 厘米，1 紙。素紙。

14. 7.5×15 厘米，1 紙。素紙。

15. 6.5×7.5 厘米，1 紙。素紙，油污變色。

16. 1.5×8.7 厘米，1 紙，1 行。紙張油污變色。有烏絲欄。《金光明最勝王經》卷一，大正 665，16/403C10～11。8～9 世紀。吐蕃統治時期寫本。

17. 1.2×7 厘米，1 紙，1 行。有烏絲欄。僅有殘字痕。

18. 3.4×4 厘米，1 紙，1 行。殘存“自在佛”3 字。

19. 8.1×3.5 厘米，1 紙，4 行。《金剛般若波羅蜜經》，大正 235，8/751C5～9。7～8 世紀。唐寫本。

20. 4.5×12 厘米，1 紙，1 行。僅有殘字痕。

21. 3.4×2.1 厘米，1 紙。素紙。

22. 1.7×3 厘米，1 紙，1 行。殘存“◇有”2 字。

23. 3×5.2 厘米，1 紙，3 行。有烏絲欄。殘字僅可辨“為”。

24. 5×5.7 厘米，1 紙，1 行。僅有殘字痕。

25. 1.6×6.7 厘米，1 紙。素紙。

1.1　BD13756 號

1.3　殘片二十四塊（擬）

2.3　殘片。各種殘片共計 24 塊。已修整，集中粘貼在宣紙上並裹夾於紙袋內。

3.4　說明：

本遺書為 24 塊殘片。詳情如下：

01. 4.5×27.7 厘米，1 紙。素紙。有紅色污漬。

02. 5×5.7 厘米，1 紙，1 行。殘存 2 字，難以辨認。

03. 4×5 厘米，1 紙，2 行。《妙法蓮華經》卷五，大正 262，9/42C3～4。7～8 世紀。唐寫本。

04. 6×6.2 厘米，1 紙，4 行。有烏絲欄。《大般涅槃經》卷一二，大正 374，12/437A6～9。5～6 世紀。南北朝寫本。

05. 5.2×6.8 厘米，1 紙，2 行。有烏絲欄。《大般涅槃經》卷二八，大正 374，12/531C20～22。5～6 世紀。南北朝寫本。

06. 4×3.6 厘米，1 紙，4 行。《釋淨土群疑論》卷七，大正 1960，47/74C15～18。9～10 世紀。歸義軍時期寫本。

07. 3.6×5 厘米，1 紙；1 行。僅殘存“槃”字。

08. 5×8 厘米，1 紙；3 行。有烏絲欄。殘字可辨“實（?）/衆生/裝嚴”等字。5~6 世紀。南北朝寫本。

09. 3.7×7.5 厘米，1 紙。素紙。

10. 3.4×6.2 厘米，1 紙，2 行。《金光明最勝王經》卷三，大正 665，16/414C12~13。8~9 世紀。吐蕃統治時期寫本。

11. 3.8×5.5 厘米，1 紙。素紙。

12. 2.8×8.2 厘米，1 紙。素紙。

13. 6.8×5.4 厘米，1 紙，4 行。殘存“受/蕩無堪/便隨/對資”等字。7~8 世紀。唐寫本。

14. 7×13.6 厘米，1 紙，5 行。紙張褶皺，殘字可辨“無量光明佛”。5~6 世紀。南北朝寫本。

15. 4.1×4.4 厘米，1 紙，2 行。殘存“不見汝”3 字。7~8 世紀。唐寫本。

16. 3×4.3 厘米，1 紙，1 行。殘存“觀◇”2 字。

17. 4.5×4.5 厘米，1 紙，4 行。殘字可辨“猶/中得”3 字。7~8 世紀。唐寫本。

18. 3.8×6.3 厘米，1 紙，1 行。有烏絲欄。殘存“能受”2 字。7~8 世紀。唐寫本。

19. 5×2.4 厘米，1 紙，2 行。僅有殘字痕。

20. 5×4.5 厘米，1 紙，3 行。《藥師琉璃光如來本願功德經》，大正 450，14/405A4~6。7~8 世紀。唐寫本。

21. 5.3×5.5 厘米，1 紙，3 行。有烏絲欄。僅可辨“法”字。

22. 3.1×4.2 厘米，1 紙，2 行。僅可辨“是第一”3 字。

23. 2.3×3.5 厘米，1 紙，1 行。殘存“大衆中”3 字。7~8 世紀。唐寫本。

24. 3×2.8 厘米，1 紙，2 行。殘存“宅舍/百歲（?）”4 字。7~8 世紀。唐寫本。

1.1　BD13757 號
1.3　殘片十六塊（擬）
2.3　殘片。各種殘片共計 16 塊。已修整，集中粘貼在宣紙上並裹夾於紙袋内。
3.4　説明：

本號包括 16 塊殘片。詳情如下：

01. 5.1×8.6 厘米，1 紙，4 行。有烏絲欄。《佛名經》。5~6 世紀。南北朝寫本。

02. 5.5×5.5 厘米，1 紙，3 行。《金光明最勝王經》卷一，大正 665，16/405A19~23。7~8 世紀。唐寫本。

03. 5×5 厘米，1 紙，4 行。有烏絲欄。《大般涅槃經》卷一，大正 374，12/371A11~13。5~6 世紀。南北朝寫本。

04. 4×7.3 厘米，1 紙，1 行。殘存“觀世音菩”4 字。

05. 4×3.3 厘米，1 紙，3 行。殘字可辨“人相/須”3 字，或為《金剛經》。7~8 世紀。唐寫本。

06. 4.3×12.5 厘米，1 紙。有烏絲欄。素紙。

07. 5.2×15.5 厘米，1 紙。素紙。

08. 13×8.3 厘米，1 紙。素紙。

09. 10.6×9.5 厘米，1 紙。素紙。

10. 4.4×5 厘米，1 紙，3 行。有烏絲欄。《金光明經》卷二，大正 663，16/341A27~29。5~6 世紀。南北朝寫本。

11. 8.1×4.1 厘米，1 紙，5 行。有烏絲欄。《藥師琉璃光如來本願功德經》，大正 450，14/405C16~20。7~8 世紀。唐寫本。

12. 8.7×9.6 厘米，1 紙，5 行。有烏絲欄。《大般涅槃經》卷三，大正 374，12/379B12~16。5~6 世紀。南北朝寫本。

13. 9.8×5.7 厘米，1 紙，5 行。有烏絲欄。《妙法蓮華經》卷五，大正 262，9/46A23~B2。7~8 世紀。唐寫本。

14. 6.2×8.1 厘米，1 紙，3 行。殘存“不/薩修行般若波/無”等字。《大般若波羅蜜多經》多卷中有此内容。8~9 世紀。吐蕃統治時期寫本。

15. 8.4×3.5 厘米，1 紙，5 行。有烏絲欄。殘存“根/籍/法/故/悉”5 字。背面有 4 行殘字，可辨“世/三寶/之/託”5 字。7~8 世紀。唐寫本。

16. 5.8×9.3 厘米，1 紙，2 行。有烏絲欄。《維摩詰所說經》卷中大正 475，14/551B14~15。5~6 世紀。南北朝寫本。

1.1　BD13758 號
1.3　殘片三十三塊（擬）
2.3　殘片。各種殘片共計 33 塊。已修整，集中粘貼在宣紙上並裹夾於紙袋内。
3.4　説明：

本號包括 33 塊殘片。詳情如下：

01. 49.7×1.7 厘米，1 紙。長紙條。素紙。

02. 4×2.5 厘米，1 紙。素紙。

03. 2.7×5.7 厘米，1 紙。存殘字墨痕。

04. 3.1×6.4 厘米，1 紙。素紙。

05. 1.6×2.4 厘米，1 紙。素紙。

06. 1.6×5.6 厘米，1 紙。素紙。

07. 1.6×3.9 厘米，1 紙。素紙。

08. 1.6×4.3 厘米，1 紙。素紙。

09. 0.6×3.4 厘米，1 紙。素紙。

10. 1×5 厘米，1 紙。素紙。

11. 1×4.4 厘米，1 紙。素紙。

12. 1.7×4.6 厘米，1 紙。素紙。

13. 5.7×9.3 厘米，1 紙。素紙。紙張變色。

14. 4.7×4.1 厘米，1 紙，2 行。為殘字，難以辨認。有烏絲欄。

15. 3.1×3.5 厘米，1 紙，2 行。殘存“諸（請?）/喜（菩?）”2 字。有烏絲欄。

16. 2.3×3.5 厘米，1 紙。素紙。

17. 1.8×2.5 厘米，1 紙。素紙。紙張變色。

18. 4.1×4 厘米，1 紙。素紙。

19. 1.9×27.4 厘米，1 紙。素紙。紙條。有污漬。

20. 1.2×10.7 厘米，1 紙。素紙。紙條。

21. 0.7×8.5 厘米，1 紙。素紙。紙條。
22. 0.7×5 厘米，1 紙。素紙。紙條。
23. 1.2×6.3 厘米，1 紙。素紙。紙條。
24. 0.9×5.7 厘米，1 紙。素紙。紙條。
25. 1.2×4.4 厘米，1 紙。素紙。紙條。
26. 10.2×11.8 厘米，1 紙。素紙。紙張變色。
27. 4.8×8.5 厘米，1 紙。素紙。
28. 1.5×8.8 厘米，1 紙。素紙。紙條。
29. 0.9×11 厘米，1 紙。素紙。紙條。有殘字痕。
30. 2.7×11.5 厘米，1 紙。素紙。紙張變色。
31. 3.7×3.9 厘米，1 紙。素紙。紙張變色。
32. 1.6×3.7 厘米，1 紙。素紙。紙張變色。
33. 3.6×4 厘米，1 紙。素紙。紙張變色。

1.1 BD13759 號
1.3 殘片四十七塊（擬）
2.3 殘片。各種殘片共計 47 塊。已修整，集中粘貼在宣紙上並裹夾於紙袋内。
3.4 説明：
本號包括 47 塊殘片。詳情如下：
01. 5.5×3.5 厘米，1 紙。素紙。
02. 6.7×2.7 厘米，1 紙。素紙。
03. 3.5×1.7 厘米，1 紙。素紙。
04. 2.7×3.5 厘米，1 紙，1 行。可辨“慈即”2 字。有烏絲欄。
05. 4.8×3.1 厘米，1 紙。素紙。
06. 2.5×6.1 厘米，1 紙。素紙。
07. 2.2×2.7 厘米，1 紙，2 行。僅可辨 1 個“空”字。
08. 2.4×2.9 厘米，1 紙。素紙。
09. 3.2×7.5 厘米，1 紙。素紙。
10. 2.5×2.2 厘米，1 紙。素紙。
11. 1.1×3.1 厘米，1 紙。素紙。
12. 1.9×21 厘米，1 紙。素紙。紙條。
13. 1.8×3.2 厘米，1 紙。素紙。
14. 2×23.6 厘米，1 紙。素紙。紙條。中間竪向對折綫上有數個針孔。
15. 1.2×1.3 厘米，1 紙，1 行。有殘字痕。
16. 7.6×4.7 厘米，1 紙，2 行。僅有殘字痕，難以辨認。有烏絲欄。
17. 2.5×2.8 厘米，1 紙。素紙。
18. 1.8×1.8 厘米，1 紙。素紙。
19. 0.6×10 厘米，1 紙。素紙。細紙條。
20. 6.2×4 厘米，1 紙。素紙。紙張變色嚴重。
21. 1.7×4.7 厘米，1 紙。素紙。
22. 1×2.7 厘米，1 紙。素紙。
23. 2.6×4.5 厘米，1 紙，1 行。有殘字痕。
24. 2.4×3 厘米，1 紙。素紙。紙張變色。
25. 1.5×2.4 厘米，1 紙。素紙。
26. 1.6×3.7 厘米，1 紙，1 行。僅有殘字痕。
27. 2.4×3 厘米，1 紙。素紙。
28. 0.9×2.5 厘米，1 紙。素紙。
29. 3.9×2.9 厘米，1 紙。素紙。
30. 0.4×11.8 厘米，1 紙。素紙。細紙條。
31. 2×3.5 厘米，1 紙。素紙。
32. 3.5×5 厘米，1 紙。素紙。
33. 1.4×2.1 厘米，1 紙。素紙。
34. 0.8×4.3 厘米，1 紙。素紙。
35. 2×2.2 厘米，1 紙。素紙。
36. 1.8×3 厘米，1 紙。素紙。
37. 1.4×3.5 厘米，1 紙。素紙。
38. 3.1×6 厘米，1 紙。素紙。
39. 2.2×3.8 厘米，1 紙。素紙。
40. 2.5×3.5 厘米，1 紙。素紙。
41. 1.5×8 厘米，1 紙。素紙。紙條。
42. 1.1×8.5 厘米，1 紙。素紙。紙條。
43. 1.5×10.5 厘米，1 紙。素紙。紙條。
44. 8.3×6.3 厘米，1 紙。素紙。有污穢。
45. 4.6×6 厘米，1 紙。素紙。紙張變色。
46. 5×6 厘米，1 紙，3 行。紙張變色。有烏絲欄。《金剛般若波羅蜜經》，大正 235，8/752B14～16。7～8 世紀。唐寫本。
47. 2.6×4.2 厘米，1 紙，1 行。僅有殘字痕。

1.1 BD13760 號
1.3 殘片六十二塊（擬）
2.3 殘片。各種殘片共計 62 塊。已修整，集中粘貼在宣紙上並裹夾於紙袋内。
3.4 説明：
本號包括 62 塊殘片。詳情如下：
01. 2.5×3.5 厘米，1 紙，2 行。僅可辨 1 個“慈”字。
02. 0.6×2.7 厘米，1 紙，1 行。僅有殘字痕。
03. 1.7×2.5 厘米，1 紙。1 行。僅可辨 1 個“慈”字。有烏絲欄。
04. 1.6×1.6 厘米，1 紙，1 行。僅有殘字痕。
05. 2×2.3 厘米，1 紙，2 行。殘存“愿令”2 字。
06. 1.9×1 厘米，1 紙，1 行。僅有殘字痕。
07. 0.9×1.6 厘米，1 紙；1 行。僅有殘字痕。
08. 1.8×2.7 厘米，1 紙；1 行。殘存“法忍”2 字。有烏絲欄。
09. 1.9×2.2 厘米，1 紙，1 行。僅有殘字痕。
10. 2.5×1.4 厘米，1 紙，2 行。似可辨“波”字。有烏絲欄。
11. 0.9×3 厘米，1 紙，1 行。僅有殘字痕。
12. 1.5×3.3 厘米，1 紙，1 行。僅有殘字痕。有烏絲欄。
13. 1.3×3 厘米，1 紙，1 行。僅可辨 1 個“故”字。

14. 1.6×5.5 厘米，1 紙，1 行。僅有殘字痕。紙張變色嚴重。

15. 1.6×3 厘米，1 紙，1 行。可辨“是”字。

16. 2.1×4.9 厘米，1 紙，1 行。僅有殘墨痕。

17. 1.1×4.5 厘米，1 紙。素紙。紙張變色。

18. 1.5×2.3 厘米，1 紙，1 行。殘存 1 個“可”字。

19. 1.5×4 厘米，1 紙。素紙。

20. 2.7×2.9 厘米，1 紙，1 行。僅有殘字痕。有烏絲欄。

21. 1.8×2.7 厘米，1 紙，1 行。殘存“身及”2 字。

22. 2.9×5.2 厘米，1 紙，1 行。殘存“功”字。

23. 1×2.9 厘米，1 紙，1 行。僅有殘字痕。有烏絲欄。

24. 1.2×2.2 厘米，1 紙，1 行。可辨 1 個“空”字。

25. 1.8×1.6 厘米，1 紙，1 行。僅有殘墨痕。

26. 1.7×1.4 厘米，1 紙，1 行。僅有殘字痕。

27. 1.7×13.8 厘米，1 紙，1 行。僅有殘墨痕。

28. 3.1×4 厘米，1 紙，1 行。殘存 1 個“色”字。有烏絲欄。

29. 2.1×3 厘米，1 紙，1 行。殘存“苾蒭僧”3 字。有烏絲欄。

30. 1.1×2.5 厘米，1 紙，1 行。僅有殘字痕。

31. 1.5×2.7 厘米，1 紙，1 行。殘存“善男子”3 字。

32. 4×5.5 厘米，1 紙，2 行。可辨 1 個“界”字。

33. 1.6×3.6 厘米，1 紙，1 行。殘存“一卷”2 字。

34. 0.6×1.2 厘米，1 紙，1 行。僅有殘字痕。

35. 2.5×3.8 厘米，1 紙，1 行。殘存“一合”2 字。

36. 3.5×3.8 厘米，1 紙，3 行。可辨“一切法”3 字。有烏絲欄。

37. 1.2×3.5 厘米，1 紙，1 行。殘存“善男”2 字。

38. 1.3×5.2 厘米，1 紙。素紙。紙張變色。

39. 3.1×2.5 厘米，1 紙，2 行。殘存“如來”2 字。

40. 4.3×5.8 厘米，1 紙，1 行。殘存“疑（?）五”2 字。有烏絲欄。

41. 2.1×3.3 厘米，1 紙，2 行。僅有殘字痕。

42. 4.2×4.3 厘米，1 紙，2 行。殘存“曰二”2 字。

43. 1.5×2.6 厘米，1 紙，1 行。殘存“林（?）離”2 字。

44. 1.3×2 厘米，1 紙，1 行。僅有殘字痕。

45. 1.3×2.7 厘米，1 紙，1 行。僅有殘字痕。

46. 1.2×3 厘米，1 紙，1 行。僅有殘字痕。

47. 1.9×2.5 厘米，1 紙，1 行。可辨“義”字。

48. 1.6×1.5 厘米，1 紙，1 行。可辨“於”字。

49. 0.6×1.3 厘米，1 紙，1 行。僅有殘字痕。

50. 0.5×1.8 厘米，1 紙，1 行。僅有殘墨痕。

51. 0.7×1.9 厘米，1 紙，1 行。僅有殘墨痕。

52. 2.4×2.5 厘米，1 紙，1 行。僅有殘墨痕。

53. 1.5×2 厘米，1 紙，1 行。僅有殘墨痕。

54. 1.4×2.3 厘米，1 紙。素紙。

55. 3.1×9.2 厘米，1 紙，1 行。僅有殘墨痕。

56. 4.5×6.4 厘米，1 紙，4 行。可辨“四”、“卅（?）”2 字。有烏絲欄。

57. 3.4×4.3 厘米，1 紙。素紙。

58. 1.6×2.3 厘米，1 紙，1 行。可辨“可”字。素紙。

59. 3×4.6 厘米，1 紙，2 行。可辨“有”、“言”2 字。

60. 2.8×3.8 厘米，1 紙。素紙。紙張變色嚴重。

61. 2.6×6.3 厘米，1 紙。素紙。

62. 3.6×5.7 厘米，1 紙。素紙。

1.1 BD13761 號

1.3 殘片六十五塊（擬）

2.3 殘片。各種殘片共計 65 塊。已修整，集中粘貼在宣紙上並裹夾於紙袋内。

3.4 説明：

本號包括 65 塊殘片。詳情如下：

01. 2.1×2.5 厘米，1 紙。素紙。

02. 0.7×1 厘米，1 紙，1 行。存殘字墨痕。

03. 0.4×1.1 厘米，1 紙，1 行。存殘字墨痕。

04. 1.6×2.8 厘米，1 紙，1 行。存殘字墨痕。

05. 1.1×3.9 厘米，1 紙，1 行。存殘字墨痕。

06. 3×2.5 厘米，1 紙，1 行。存殘字墨痕。

07. 1.1×2.8 厘米，1 紙；1 行。存殘字墨痕。

08. 0.8×2 厘米，1 紙；1 行。存殘字墨痕。

09. 1×2 厘米，1 紙，1 行。存殘字墨痕。

10. 2.5×4.8 厘米，1 紙。素紙。

11. 0.8×2.7 厘米，1 紙。素紙。

12. 2×3.7 厘米，1 紙。素紙。

13. 1×4.8 厘米，1 紙。素紙。

14. 1×5.2 厘米，1 紙。素紙。

15. 8.3×3.2 厘米，1 紙。素紙。

16. 2.2×3.2 厘米，1 紙。素紙。

17. 0.5×2.9 厘米，1 紙，1 行。存殘字墨痕。

18. 2.1×6.3 厘米，1 紙，1 行。殘存“為上”2 字。有烏絲欄。

19. 4.7×4.8 厘米，1 紙，3 行。《大寶積經》卷一九，大正 310，11/101C29～102A1。

20. 1.8×3.2 厘米，1 紙，1 行。殘存“十方”2 字。

21. 1.8×4.6 厘米，1 紙，2 行。存殘字墨痕。

22. 1.7×3.3 厘米，1 紙，1 行。殘存“虚空淨”3 字。

23. 1.7×1.9 厘米，1 紙，1 行。存殘字墨痕。

24. 3×4 厘米，1 紙，1 行。存殘字墨痕。

25. 2.1×2.6 厘米，1 紙，1 行。殘存“有二種”3 字。

26. 2.6×3 厘米，1 紙，1 行。殘存“於”字。

27. 1.7×3 厘米，1 紙，1 行。殘存“充（?）”字。

28. 0.7×2.7 厘米，1 紙，1 行。存殘字墨痕。

29. 0.7×2 厘米，1 紙，1 行。存殘字墨痕。

30. 2.7×4.7 厘米，1 紙，1 行。殘存“師常”2 字。

31. 2.4×6.5 厘米，1 紙，1 行。殘存可辨“流”字。

32. 5×5 厘米，1 紙，2 行。殘存“毀其佃/資身”5 字。

33. 0.8×5.7 厘米，1 紙，1 行。藏文。

34. 2.6×3.7 厘米，1 紙，1 行。素紙。

35. 1.6×3.5 厘米，1 紙，1 行。殘存“若有”2 字。

36. 2.9×3.6 厘米，1 紙，1 行。殘存可辨“誠”字。

37. 2×2.5 厘米，1 紙，1 行。存殘字墨痕。

38. 1.6×3.3 厘米，1 紙，1 行。殘存可辨“有”字。

39. 2×2.8 厘米，1 紙，2 行。殘存“若有”2 字。

40. 1×3.6 厘米，1 紙，1 行。存殘字墨痕。

41. 2.2×2.6 厘米，1 紙，1 行。殘存“精”字。

42. 1.4×2.7 厘米，1 紙，1 行。存殘字墨痕。

43. 1.5×2 厘米，1 紙，1 行。存殘字墨痕。

44. 1×2.7 厘米，1 紙，1 行。殘存“如是”2 字。

45. 1.6×2.7 厘米，1 紙，2 行。存殘字墨痕。有烏絲欄。

46. 1.6×2.8 厘米，1 紙，1 行。殘存“愿諸”2 字。

47. 1.9×5.5 厘米，1 紙，1 行。殘存“德佛”2 字。

48. 1.6×3.6 厘米，1 紙，1 行。存殘字墨痕。有烏絲欄。

49. 2.3×3.2 厘米，1 紙，2 行。殘存“伽婆屍”3 字。有烏絲欄。

50. 0.8×2.5 厘米，1 紙。素紙。

51. 0.8×2.8 厘米，1 紙，1 行。存殘字墨痕。

52. 1.3×3 厘米，1 紙，2 行。存殘字墨痕。有烏絲欄。

53. 1.8×2.8 厘米，1 紙，1 行。存殘字墨痕。

54. 1.5×2.7 厘米，1 紙，1 行。存殘字墨痕。

55. 2×3.2 厘米，1 紙，1 行。殘存可辨“資”字。

56. 1.4×1.7 厘米，1 紙。素紙。

57. 4×2 厘米，1 紙，2 行。殘存“有/蜜”2 字。

58. 2.7×3.5 厘米，1 紙，1 行。殘存“足屍”2 字。

59. 2×3.3 厘米，1 紙，1 行。殘存“男子”2 字。

60. 2×2.5 厘米，1 紙，1 行。殘存“身”字。

61. 2.7×2.4 厘米，1 紙，1 行。。存殘字墨痕

62. 3.5×2.5 厘米，1 紙，3 行。存殘字墨痕。有烏絲欄。

63. 2.9×4.5 厘米，1 紙，2 行。殘存可辨“非決定”3 字。

64. 1.4×2.6 厘米，1 紙，1 行。殘存“聲”字。

65. 2×6.5 厘米，1 紙，1 行。《某年給冬衣狀殘片》(擬)。

1.1 BD13762 號

1.3 殘片九十八塊（擬）

2.3 殘片。各種殘片共計 98 塊。已修整，集中粘貼在宣紙上並裹夾於紙袋內。

3.4 説明：

本號包括 98 塊殘片。詳情如下：

01. 1.6×3.3 厘米，1 紙，1 行。存殘字墨痕。

02. 1.7×3 厘米，1 紙，1 行。存殘字墨痕。

03. 3.6×4.2 厘米，1 紙。2 行。存殘字可辨“潤”字。

04. 2.7×3.8 厘米，1 紙，2 行。存殘字可辨“以無量”3 字。

05. 2.6×3.9 厘米，1 紙，1 行。存殘字可辨“天”字。

06. 2.4×3.9 厘米，1 紙，1 行。殘存“障”字。

07. 2.9×3.3 厘米，1 紙；2 行。《大般涅槃經》卷一五，大正 374，12/4554C4～5。與 09 為同文獻。

08. 2.7×3.5 厘米，1 紙；2 行。殘存可辨“其/定”2 字。

09. 4.5×3 厘米，1 紙，3 行。《大般涅槃經》卷一五，大正 374，12/456C13～15。與 07 為同文獻。

10. 3.1×4 厘米，1 紙，1 行。殘存“離”字。有烏絲欄。

11. 2×2.5 厘米，1 紙，1 行。殘存“悉滅”2 字。

12. 3.4×6.3 厘米，1 紙，2 行。殘存可辨“南無/南”3 字。似為《佛名經》。

13. 2.6×3.4 厘米，1 紙，2 行。殘存可辨“哆二”2 字。

14. 5.5×5 厘米，1 紙，3 行。《仁王般若波羅蜜經》卷二，大正 245，8/832A10～12。

15. 3.6×2.6 厘米，1 紙，3 行。殘存“辨/尼薩”3 字。

16. 1×4.5 厘米，1 紙，2 行。存殘字墨痕。有烏絲欄。

17. 1×1.6 厘米，1 紙，1 行。存殘字墨痕。

18. 1.6×2 厘米，1 紙，1 行。殘存“僧”字。有烏絲欄。

19. 1.8×2.2 厘米，1 紙，1 行。存殘字墨痕。

20. 2.6×1.1 厘米，1 紙，2 行。存殘字墨痕。

21. 1.3×1.6 厘米，1 紙，1 行。殘存“我”字。

22. 1.8×2.2 厘米，1 紙，1 行。殘存“刺（?）”字。

23. 1.9×3.1 厘米，1 紙，1 行。存殘字墨痕。有烏絲欄。

24. 2.1×3.5 厘米，1 紙，1 行。殘存“天子壽（喜?）”3 字。

25. 1.6×2.7 厘米，1 紙，2 行。存殘字墨痕。

26. 1×1.2 厘米，1 紙，1 行。存殘字墨痕。

27. 1.7×2.5 厘米，1 紙，1 行。殘存“舉”字。

28. 1.1×2 厘米，1 紙，1 行。存殘字墨痕。

29. 1.2×2.7 厘米，1 紙，1 行。殘存“大品”2 字。

30. 1×2.7 厘米，1 紙，1 行。存殘字墨痕。有烏絲欄。

31. 0.6×1.6 厘米，1 紙，1 行。存殘字墨痕。

32. 1.2×1.6 厘米，1 紙，1 行。存殘字墨痕。有烏絲欄。

33. 0.7×1.7 厘米，1 紙，1 行。存殘字墨痕。

34. 1.3×2.2 厘米，1 紙，1 行。殘存“是”字。

35. 1.5×2.5 厘米，1 紙，1 行。存殘字墨痕。

36. 0.9×2.6 厘米，1 紙，1 行。存殘字墨痕。

37. 2.3×4.2 厘米，1 紙，1 行。存殘字墨痕。

38. 1.5×5.2 厘米，1 紙，1 行。殘存 2 個“之”字。

39. 3.4×2 厘米，1 紙，3 行。殘存“虛妄”2 字。

40. 1.3×2.6 厘米，1 紙，1 行。殘存“說（?）”字。

41. 0.9×2.2 厘米，1 紙，1 行。存殘字墨痕。有烏絲欄。

42. 0.6×1.8 厘米，1 紙，1 行。存殘字墨痕。

43. 1.2×2.1 厘米，1 紙，1 行。存殘字墨痕。

44. 1.6×2 厘米，1 紙，1 行。存殘字墨痕。
45. 2.1×1.7 厘米，1 紙，1 行。存殘字墨痕。
46. 1.9×1.4 厘米，1 紙，1 行。存殘字墨痕。
47. 2.2×1.5 厘米，1 紙，1 行。存殘字墨痕。
48. 1×1.6 厘米，1 紙，1 行。存殘字墨痕。
49. 1.1×2.1 厘米，1 紙，1 行。存殘字墨痕。
50. 1×1.8 厘米，1 紙，1 行。存殘字墨痕。
51. 1.2×1.2 厘米，1 紙，1 行。存殘字墨痕。
52. 1.9×1.7 厘米，1 紙，2 行。存殘字墨痕。
53. 0.7×2.3 厘米，1 紙，1 行。存殘字墨痕。
54. 1.3×3.4 厘米，1 紙，1 行。殘存“恒河沙”3 字。
55. 0.5×2.3 厘米，1 紙，1 行。殘存“男子”2 字。
56. 1.8×1.8 厘米，1 紙，2 行。存殘字墨痕。
57. 1.3×2.7 厘米，1 紙，1 行。存殘字墨痕。
58. 0.7×1.2 厘米，1 紙，1 行。存殘字墨痕。
59. 1.4×1 厘米，1 紙，1 行。殘存“成”字。
60. 0.9×1.6 厘米，1 紙，1 行。殘存“無”字。
61. 2×3.3 厘米，1 紙，1 行。素紙。紙張變色嚴重。
62. 0.6×1.7 厘米，1 紙，1 行。存殘字墨痕。有烏絲欄。
63. 2.4×2.4 厘米，1 紙，1 行。殘存“神通”2 字。
64. 1.1×2.2 厘米，1 紙，1 行。存殘字墨痕。
65. 1.5×2.9 厘米，1 紙，1 行。存殘字墨痕。
66. 1.6×2.3 厘米，1 紙，1 行。殘存“慈”字。
67. 0.8×1.2 厘米，1 紙，1 行。殘存“悉（?）”字。
68. 2.5×2.4 厘米，1 紙，1 行。存殘字墨痕。
69. 0.6×1.2 厘米，1 紙，1 行。存殘字墨痕。
70. 2.4×3.5 厘米，1 紙，1 行。殘存“等觀◇”3 字。
71. 1.5×2 厘米，1 紙，2 行。存殘字墨痕。
72. 2.1×3.4 厘米，1 紙，2 行。殘存“大乘（?）”2 字。
73. 1×2.4 厘米，1 紙，1 行。殘存“薩摩”2 字。
74. 1.8×3.8 厘米，1 紙，1 行。殘存“處”字。
75. 1.8×3.7 厘米，1 紙，1 行。存殘字墨痕。有烏絲欄。
76. 6.7×7.2 厘米，1 紙，1 行。《大乘入楞伽經》卷五，大正 672，16/614C4～11。
77. 1.8×7 厘米，1 紙，1 行。殘護首，殘存“卅八，界”3 字。
78. 1×5.7 厘米，1 紙，1 行。存殘字墨痕。
79. 0.8×3.6 厘米，1 紙，1 行。存殘字墨痕。
80. 2.1×3.4 厘米，1 紙，1 行。存殘字墨痕。有烏絲欄。
81. 1.5×1.2 厘米，1 紙，1 行。存殘字墨痕。
82. 1.1×3.7 厘米，1 紙，1 行。素紙。紙張變色嚴重。
83. 2.1×6.2 厘米，1 紙，2 行。殘存“慈”字。有烏絲欄。
84. 1.7×3.3 厘米，1 紙，2 行。殘存“聞”字。有烏絲欄。
85. 1.2×5.3 厘米，1 紙，1 行。殘存“忘（?）”字。
86. 1.8×2.6 厘米，1 紙，1 行。殘存“悉”字。
87. 1.6×5.2 厘米，1 紙，1 行。殘存“信士◇”3 字。
88. 2.2×7.5 厘米，1 紙，1 行。存殘字墨痕。
89. 0.6×1.8 厘米，1 紙，1 行。存殘字墨痕。
90. 1.1×3.3 厘米，1 紙。素紙。紙張變色嚴重。
91. 3×2.8 厘米，1 紙，1 行。殘存“行識”2 字。
92. 1.7×2 厘米，1 紙，1 行。存殘字墨痕。
93. 3.5×5.2 厘米，1 紙，1 行。殘存“我/異記（?）”3 字。
94. 4.1×5 厘米，1 紙，2 行。存殘字墨痕。
95. 2.2×1.8 厘米，1 紙。素紙。
96. 0.6×1.7 厘米，1 紙，1 行。存殘字墨痕。
97. 1.2×1.1 厘米，1 紙，1 行。存殘字墨痕。
98. 0.6×2.2 厘米，1 紙，1 行。存殘字墨痕。

1.1 BD13763 號
1.3 殘片一百零五塊（擬）
2.3 殘片。各種殘片共計 105 塊。已修整，集中粘貼在宣紙上並裹夾於紙袋内。
3.4 說明：
本號包括 105 塊殘片。詳情如下：
01. 1.8×2.8 厘米，1 紙。素紙。
02. 1.8×2.3 厘米，1 紙。素紙。
03. 2.1×1.6 厘米，1 紙。素紙。
04. 2×2.2 厘米，1 紙。素紙。
05. 2.4×2.5 厘米，1 紙。素紙。
06. 3.3×3.1 厘米，1 紙。素紙。
07. 0.8×2.6 厘米，1 紙。素紙。
08. 3.1×2 厘米，1 紙。素紙。
09. 1.9×2.2 厘米，1 紙。素紙。
10. 1.6×2.5 厘米，1 紙。素紙。
11. 1.7×2.1 厘米，1 紙。素紙。
12. 1.2×1.7 厘米，1 紙。素紙。
13. 2.1×1.3 厘米，1 紙。素紙。
14. 1.5×0.7 厘米，1 紙，1 行。存殘字墨痕。
15. 1×1.3 厘米，1 紙，1 行。存殘字墨痕。
16. 0.4×2 厘米，1 紙，1 行。存殘字墨痕。
17. 1.9×1.5 厘米，1 紙。素紙。
18. 1.4×1.7 厘米，1 紙，1 行。存殘字墨痕。
19. 2.2×2.5 厘米，1 紙。素紙。
20. 1.1×1.5 厘米，1 紙。素紙。
21. 1.8×1.8 厘米，1 紙。素紙。
22. 1.1×1.8 厘米，1 紙。素紙。
23. 0.8×2.6 厘米，1 紙。素紙。
24. 1.3×1.2 厘米，1 紙。素紙。
25. 1.1×1.8 厘米，1 紙。素紙。
26. 3.5×1.6 厘米，1 紙。素紙。
27. 1.9×3 厘米，1 紙。素紙。

28. 2.3×2.5 厘米，1 紙。素紙。
29. 1.5×2 厘米，1 紙。素紙。
30. 1.5×1.9 厘米，1 紙，1 行。似為硃筆字痕。
31. 1×1.2 厘米，1 紙，1 行。存殘字墨痕。
32. 0.7×2.3 厘米，1 紙。素紙。
33. 1.2×2.3 厘米，1 紙。素紙。
34. 1.9×2.4 厘米，1 紙。素紙。
35. 1.2×1.4 厘米，1 紙。素紙。
36. 1.1×2.2 厘米，1 紙。素紙。
37. 1.1×2 厘米，1 紙。素紙。
38. 1.8×2.5 厘米，1 紙。素紙。
39. 2.2×2.2 厘米，1 紙。素紙。
40. 0.7×2.7 厘米，1 紙。素紙。
41. 1.2×1.3 厘米，1 紙，1 行。存殘字墨痕。
42. 0.4×1.5 厘米，1 紙，1 行。存殘字墨痕。
43. 1.3×1 厘米，1 紙。素紙。
44. 1.4×1.2 厘米，1 紙。素紙。
45. 0.8×0.8 厘米，1 紙。素紙。
46. 0.5×0.8 厘米，1 紙，1 行。存殘字墨痕。
47. 0.8×0.8 厘米，1 紙。素紙。
48. 0.8×3.2 厘米，1 紙。素紙。
49. 1.8×3.2 厘米，1 紙，1 行。殘存“賓”字。
50. 1.8×0.9 厘米，1 紙，1 行。殘存“可”字。
51. 0.6×0.8 厘米，1 紙。素紙。
52. 1.5×1.2 厘米，1 紙。素紙。
53. 1×2.8 厘米，1 紙，1 行。存殘字墨痕。
54. 2.9×1.8 厘米，1 紙。素紙。
55. 3.7×3 厘米，1 紙，3 行。殘存“由/惡”2 字。
56. 2.1×3.3 厘米，1 紙，1 行。殘存“大地諸（?)”3 字。
57. 1.3×3.2 厘米，1 紙，1 行。殘存“慈慈”2 字。
58. 1.4×1.7 厘米，1 紙。素紙。
59. 2.3×2.1 厘米，1 紙，1 行。存殘字墨痕。
60. 1.5×2 厘米，1 紙，1 行。存殘字墨痕。
61. 1.3×2.7 厘米，1 紙，1 行。殘存“如來”2 字。
62. 1.7×2.5 厘米，1 紙，1 行。殘存“遣使”2 字。
63. 3.3×1.2 厘米，1 紙，2 行。存殘字墨痕。
64. 1.1×2.6 厘米，1 紙，1 行。存殘字墨痕。有烏絲欄。
65. 0.7×2 厘米，1 紙，1 行。存殘字墨痕。
66. 1.7×1.7 厘米，1 紙，1 行。存殘字墨痕。
67. 2×2 厘米，1 紙，1 行。存殘字墨痕。
68. 2.1×3 厘米，1 紙，1 行。存殘字墨痕。
69. 3×3.2 厘米，1 紙，2 行。殘存“理聖”2 字。
70. 2.9×5.4 厘米，1 紙，2 行。殘存可辨“男子復”3 字。
71. 4×4 厘米，1 紙，1 行。殘存“第十四”3 字。
72. 3.3×2.7 厘米，1 紙，2 行。殘存“若善”2 字。
73. 2.9×2.5 厘米，1 紙，2 行。殘存“界（?)”字。有烏絲欄。
74. 2.1×3 厘米，1 紙，1 行。殘存“而往”2 字。
75. 2.7×3.5 厘米，1 紙，2 行。殘存“療疾”2 字。
76. 2×3.8 厘米，1 紙，2 行。殘存“非異”2 字。
77. 2.1×3.2 厘米，1 紙，1 行。殘存“期”字。
78. 2.5×3.2 厘米，1 紙，2 行。殘存“若波羅/是”4 字。
79. 4.2×3.3 厘米，1 紙，1 行。存殘字墨痕。
80. 2.6×5.3 厘米，1 紙，1 行。殘存“得（?)”字。
81. 2.2×5.6 厘米，1 紙，1 行。存殘字墨痕。
82. 1.5×4.2 厘米，1 紙，1 行。存殘字墨痕。有烏絲欄。
83. 1.3×4.6 厘米，1 紙。素紙。
84. 3.3×3 厘米，1 紙，2 行。殘存“蜜足”2 字。有烏絲欄。
85. 2.2×1.3 厘米，1 紙，1 行。存殘字墨痕。
86. 1.2×1.5 厘米，1 紙，1 行。存殘字墨痕。
87. 0.6×2.3 厘米，1 紙，1 行。存殘字墨痕。
88. 1.4×3.1 厘米，1 紙，1 行。存殘字墨痕。
89. 1.6×1.7 厘米，1 紙。素紙。
90. 1.8×5.7 厘米，1 紙。素紙。
91. 1.3×2.3 厘米，1 紙，1 行。存殘字墨痕。
92. 1.6×2 厘米，1 紙，1 行。殘存“天”字。
93. 0.8×2.3 厘米，1 紙，1 行。存殘字墨痕
94. 1.2×1.5 厘米，1 紙，1 行。存殘字墨痕。
95. 1.5×2.3 厘米，1 紙，1 行。存殘字墨痕。
96. 2.2×2.1 厘米，1 紙，2 行。殘存“即是”2 字。
97. 0.8×2.4 厘米，1 紙，1 行。存殘字墨痕。
98. 1.2×1.5 厘米，1 紙，1 行。存殘字墨痕。
99. 1.6×4 厘米，1 紙。素紙。
100. 2×4.6 厘米，1 紙，1 行。存殘字墨痕。
101. 1.3×2.3 厘米，1 紙，1 行。存殘字墨痕。
102. 3.5×2.3 厘米，1 紙，2 行。殘存“無”字。
103. 1.2×1.7 厘米，1 紙，1 行。存殘字墨痕。
104. 2.6×2.3 厘米，1 紙，1 行。殘存“須”字。
105. 2×2.8 厘米，1 紙。素紙。

1.1 BD13764 號
1.3 殘片五十一塊（擬）
2.3 殘片。各種殘片共計 51 塊。已修整，集中粘貼在宣紙上並裹夾於紙袋内。
3.4 説明：
本號包括 51 塊殘片。詳情如下：
01. 1×9.5 厘米，1 紙，1 行。殘存“阿耨”2 字。
02. 1.1×6.2 厘米，1 紙。素紙。
03. 0.6×8.7 厘米，1 紙。素紙。
04. 1.2×7 厘米，1 紙。素紙。
05. 1.1×9.2 厘米，1 紙。素紙。

06. 0.8×3.3 厘米，1 紙。素紙。
07. 2.4×5 厘米，1 紙。素紙。
08. 0.3×4 厘米，1 紙。素紙。
09. 1.8×4.2 厘米，1 紙，1 行。存殘字墨痕。有烏絲欄。
10. 1.5×3 厘米，1 紙。素紙。
11. 1.5×3.2 厘米，1 紙。素紙。
12. 0.7×2 厘米，1 紙。素紙。
13. 0.6×2.5 厘米，1 紙。素紙。
14. 1.4×3.6 厘米，1 紙。素紙。
15. 0.7×1.7 厘米，1 紙。素紙。
16. 0.8×1.1 厘米，1 紙，1 行。存殘字墨痕。
17. 1.1×2.5 厘米，1 紙，1 行。存殘字墨痕。有烏絲欄。
18. 1×0.7 厘米，1 紙，1 行。殘存"法"字。
19. 1×2.3 厘米，1 紙，1 行。存殘字墨痕。
20. 0.4×2.1 厘米，1 紙。素紙。
21. 0.7×1.5 厘米，1 紙，1 行。存殘字墨痕。
22. 0.6×1.8 厘米，1 紙。素紙。
23. 1.2×2 厘米，1 紙。素紙。有烏絲欄。
24. 0.5×2 厘米，1 紙，1 行。存殘字墨痕。
25. 0.2×15.7 厘米，1 紙。素紙。細紙條。
26. 0.3×11.8 厘米，1 紙。素紙。細紙條。
27. 0.3×9.5 厘米，1 紙。素紙。細紙條。
28. 0.7×7.6 厘米，1 紙。素紙。細紙條。
29. 0.5×7.8 厘米，1 紙。素紙。細紙條。
30. 0.5×5.5 厘米，1 紙。素紙。細紙條。
31. 1.5×6 厘米，1 紙。素紙。紙條。
32. 1.1×5 厘米，1 紙。素紙。紙條。
33. 0.9×5 厘米，1 紙，1 行。存殘字墨痕。
34. 1.6×6.2 厘米，1 紙。素紙。有古代裱補。
35. 0.8×4.6 厘米，1 紙，1 行。存殘字墨痕。
36. 1×5 厘米，1 紙。素紙。
37. 1.3×4 厘米，1 紙，1 行。殘存"法相"2 字。
38. 1.3×4.5 厘米，1 紙。素紙。
39. 1.6×3.7 厘米，1 紙。素紙。
40. 0.9×3.8 厘米，1 紙。素紙。
41. 2.3×4. 厘米，1 紙。素紙。
42. 1.3×3.1 厘米，1 紙。素紙。
43. 2.4×3 厘米，1 紙。素紙。
44. 2.2×3 厘米，1 紙。素紙。
45. 1.7×2.8 厘米，1 紙。素紙。
46. 1.7×1.6 厘米，1 紙。素紙。
47. 0.4×2.5 厘米，1 紙，1 行。存殘字墨痕。
48. 1.8×2.8 厘米，1 紙，1 行。殘存可辨"我"字。
49. 1.1×1.7 厘米，1 紙。素紙。
50. 1.7×4.1 厘米，1 紙。素紙。有紅色污染。
51. 0.6×1.5 厘米，1 紙。素紙。

1.1　BD13765 號
1.3　殘片一百二十四塊（擬）
2.3　殘片。各種殘片共計 124 塊。已修整，集中粘貼在宣紙上並裹夾於紙袋内。
3.4　說明：

本號包括 124 塊殘片。詳情如下：

01. 1.8×1.6 厘米，1 紙，2 行。存殘字墨痕。有烏絲欄。
02. 1.1×1.3 厘米，1 紙，1 行。殘存"思"字。
03. 0.9×1.6 厘米，1 紙，1 行。殘存"不"字。
04. 1×3.4 厘米，1 紙，1 行。存殘字墨痕。有烏絲欄。
05. 3.4×1.8 厘米，1 紙，1 行。存殘字墨痕。
06. 0.6×1.7 厘米，1 紙，1 行。存殘字墨痕。
07. 2×3.8 厘米，1 紙，1 行。存殘字墨痕。
08. 0.3×1.6 厘米，1 紙，1 行。存殘字墨痕。
09. 1.1×1.2 厘米，1 紙，1 行。存殘字墨痕。
10. 0.8×2.1 厘米，1 紙，1 行。存殘字墨痕。
11. 0.6×0.8 厘米，1 紙，1 行。存殘字墨痕。
12. 0.5×1.6 厘米，1 紙，1 行。存殘字墨痕。
13. 1.4×2 厘米，1 紙，1 行。存殘字墨痕。
14. 1.1×2.2 厘米，1 紙，1 行。存殘字墨痕。
15. 0.6×1.5 厘米，1 紙。素紙。
16. 0.7×0.9 厘米，1 紙，1 行。存殘字墨痕。
17. 1.2×1.3 厘米，1 紙，1 行。存殘字墨痕。
18. 0.5×2.5 厘米，1 紙，1 行。存殘字墨痕。
19. 2.2×1.6 厘米，1 紙，1 行。存殘字墨痕。
20. 0.6×1.2 厘米，1 紙，1 行。存殘字墨痕。
21. 0.7×0.8 厘米，1 紙，1 行。存殘字墨痕。
22. 1.2×1.3 厘米，1 紙，1 行。存殘字墨痕。
23. 0.5×1.2 厘米，1 紙，1 行。存殘字墨痕。
24. 1.1×1.7 厘米，1 紙，1 行。存殘字墨痕。
25. 1×1.7 厘米，1 紙，1 行。存殘字墨痕。
26. 1.2×1 厘米，1 紙，1 行。存殘字墨痕。
27. 1×1.1 厘米，1 紙，1 行。殘存"佛"字。
28. 0.7×1.1 厘米，1 紙，1 行。存殘字墨痕。
29. 1.1×1.2 厘米，1 紙，1 行。殘存"問"字。
30. 1.2×2.1 厘米，1 紙，1 行。殘存"聲聞"2 字。
31. 1.8×1.6 厘米，1 紙，1 行。存殘字墨痕。
32. 1.6×1.6 厘米，1 紙，1 行。殘存"大"字。
33. 1.3×2.3 厘米，1 紙，1 行。殘存"問"字。
34. 0.6×1.1 厘米，1 紙，1 行。存殘字墨痕。
35. 0.6×2.4 厘米，1 紙。素紙。
36. 1×2.8 厘米，1 紙，1 行。存殘字墨痕。
37. 2.1×1.1 厘米，1 紙，1 行。存殘字墨痕。
38. 0.7×1.1 厘米，1 紙，1 行。存殘字墨痕。
39. 1.5×1.3 厘米，1 紙，1 行。存殘字墨痕。
40. 1.5×2 厘米，1 紙，1 行。存殘字墨痕。
41. 2.9×1.7 厘米，1 紙，2 行。殘存可辨"明"字。

42. 0.8×1 厘米，1 紙，1 行。存殘字墨痕。
43. 1.3×1.1 厘米，1 紙，1 行。存殘字墨痕。
44. 1.2×1.1 厘米，1 紙，1 行。存殘字墨痕。
45. 1.2×1.6 厘米，1 紙，1 行。存殘字墨痕。
46. 1.6×1.5 厘米，1 紙，1 行。存殘字墨痕。
47. 0.6×0.7 厘米，1 紙，1 行。存殘字墨痕。
48. 0.8×0.8 厘米，1 紙，1 行。存殘字墨痕。
49. 1.4×1.4 厘米，1 紙，1 行。存殘字墨痕。有烏絲欄。
50. 1.3×3.8 厘米，1 紙。素紙。
51. 1×2 厘米，1 紙，1 行。存殘字墨痕。
52. 0.8×2.2 厘米，1 紙，1 行。存殘字墨痕。
53. 0.6×1.8 厘米，1 紙，1 行。存殘字墨痕。
54. 1×1.2 厘米，1 紙，1 行。存殘字墨痕。
55. 0.8×1.5 厘米，1 紙，1 行。存殘字墨痕。
56. 1.8×2 厘米，1 紙，1 行。存殘字墨痕。
57. 1×2.6 厘米，1 紙，1 行。存殘字墨痕。
58. 0.8×2.2 厘米，1 紙，1 行。存殘字墨痕。
59. 1×1.2 厘米，1 紙，1 行。存殘字墨痕。
60. 0.8×3.4 厘米，1 紙，1 行。存殘字墨痕。
61. 1.3×0.8 厘米，1 紙，1 行。存殘字墨痕。
62. 0.6×1.5 厘米，1 紙，1 行。存殘字墨痕。
63. 1.1×2.3 厘米，1 紙，1 行。存殘字墨痕。
64. 0.5×3.5 厘米，1 紙，1 行。存殘字墨痕。有烏絲欄。
65. 0.9×0.9 厘米，1 紙，1 行。存殘字墨痕。
66. 1.2×0.8 厘米，1 紙，1 行。存殘字墨痕。
67. 1×1.6 厘米，1 紙，1 行。存殘字墨痕。
68. 0.5×2.4 厘米，1 紙，1 行。存殘字墨痕。
69. 1.1×2.1 厘米，1 紙，1 行。存殘字墨痕。有烏絲欄。
70. 0.5×1.1 厘米，1 紙，1 行。存殘字墨痕。
71. 0.7×1.2 厘米，1 紙，1 行。存殘字墨痕。
72. 0.7×1.1 厘米，1 紙，1 行。存殘字墨痕。
73. 1×2.7 厘米，1 紙，1 行。存殘字墨痕。
74. 1.4×1.7 厘米，1 紙，1 行。存殘字墨痕。
75. 0.7×1.7 厘米，1 紙，1 行。存殘字墨痕。
76. 0.4×2.4 厘米，1 紙。素紙。
77. 0.6×1.2 厘米，1 紙，1 行。存殘字墨痕。
78. 0.8×2.7 厘米，1 紙，1 行。存殘字墨痕。
79. 1.1×1.5 厘米，1 紙，1 行。殘存“華”字。
80. 1.2×4.2 厘米，1 紙，1 行。殘存“上下”2 字。
81. 1×1.9 厘米，1 紙，1 行。存殘字墨痕。
82. 0.4×2 厘米，1 紙，1 行。存殘字墨痕。
83. 0.5×2.9 厘米，1 紙，1 行。存殘字墨痕。
84. 1.3×1.5 厘米，1 紙，1 行。存殘字墨痕。
85. 2.1×3 厘米，1 紙，1 行。存殘字墨痕。
86. 0.6×0.8 厘米，1 紙，1 行。存殘字墨痕。
87. 0.7×0.8 厘米，1 紙，1 行。存殘字墨痕。
88. 0.6×0.9 厘米，1 紙，1 行。存殘字墨痕。
89. 0.5×1.3 厘米，1 紙，1 行。存殘字墨痕。
90. 0.8×0.7 厘米，1 紙，1 行。存殘字墨痕。
91. 0.8×0.8 厘米，1 紙，1 行。存殘字墨痕。
92. 1.5×1.3 厘米，1 紙，1 行。存殘字墨痕。
93. 1.8×1.8 厘米，1 紙，1 行。存殘字墨痕。有烏絲欄。
94. 0.5×1.7 厘米，1 紙，1 行。存殘字墨痕。
95. 0.6×0.8 厘米，1 紙，1 行。存殘字墨痕。
96. 0.5×1.1 厘米，1 紙，1 行。存殘字墨痕。
97. 1×0.7 厘米，1 紙，1 行。殘存“能”字。
98. 1.2×0.9 厘米，1 紙，1 行。存殘字墨痕。
99. 0.6×1 厘米，1 紙，1 行。存殘字墨痕。有烏絲欄。
100. 1.4×3.5 厘米，1 紙，2 行。存殘字墨痕。
101. 1.5×2.2 厘米，1 紙，1 行。殘存“六”字。
102. 1×1.7 厘米，1 紙，1 行。存殘字墨痕。
103. 0.8×1.2 厘米，1 紙，1 行。存殘字墨痕。
104. 0.6×2.2 厘米，1 紙，1 行。存殘字墨痕。
105. 0.6×0.8 厘米，1 紙，1 行。存殘字墨痕。
106. 0.8×0.8 厘米，1 紙，1 行。存殘字墨痕。
107. 0.7×1.2 厘米，1 紙，1 行。存殘字墨痕。
108. 1.2×1.2 厘米，1 紙，1 行。存殘字墨痕。
109. 0.6×1.1 厘米，1 紙，1 行。存殘字墨痕。
110. 0.6×1 厘米，1 紙，1 行。存殘字墨痕。
111. 0.5×1.1 厘米，1 紙，1 行。存殘字墨痕。
112. 0.8×2.7 厘米，1 紙，1 行。存殘字墨痕。
113. 0.8×0.8 厘米，1 紙，1 行。存殘字墨痕。
114. 1×2 厘米，1 紙，1 行。存殘字墨痕。
115. 1×2 厘米，1 紙，1 行。存殘字墨痕。
116. 3×2.6 厘米，1 紙，2 行。殘存可辨“若”字。
117. 3.2×4.2 厘米，1 紙，2 行。殘存可辨“及”字。
118. 1×1.4 厘米，1 紙，1 行。殘存“言（?）”字。
119. 0.6×1.6 厘米，1 紙，1 行。存殘字墨痕。
120. 0.8×0.6 厘米，1 紙，1 行。存殘字墨痕。
121. 0.9×0.6 厘米，1 紙。素紙。
122. 0.8×1.5 厘米，1 紙，1 行。存殘字墨痕。
123. 0.8×1.8 厘米，1 紙，1 行。存殘字墨痕。
124. 0.7×1.6 厘米，1 紙，1 行。存殘字墨痕。

1.1　BD13766 號

1.3　殘片一百二十六塊（擬）

2.3　殘片。各種殘片共計 126 塊。已修整，集中粘貼在宣紙上並裹夾於紙袋內。

3.4　説明：

本號包括 126 塊殘片。詳情如下：

01. 0.5×2.2 厘米，1 紙，1 行。存殘字墨痕。
02. 0.7×1.1 厘米，1 紙，1 行。存殘字墨痕。
03. 1.2×2.1 厘米，1 紙，1 行。存殘字墨痕。
04. 1.2×1 厘米，1 紙，1 行。存殘字墨痕。

05. 1×2.8 厘米，1 紙，1 行。存殘字墨痕。
06. 0.5×0.7 厘米，1 紙，1 行。存殘字墨痕。
07. 0.6×0.8 厘米，1 紙，1 行。存殘字墨痕。
08. 1×1.5 厘米，1 紙，1 行。存殘字墨痕。
09. 0.7×1.2 厘米，1 紙，1 行。存殘字墨痕。
10. 0.7×1.4 厘米，1 紙，1 行。存殘字墨痕。
11. 0.3×1.3 厘米，1 紙，1 行。存殘字墨痕。
12. 1.3×1.1 厘米，1 紙，1 行。存殘字墨痕。
13. 1×1.1 厘米，1 紙，1 行。存殘字墨痕。
14. 0.3×1.2 厘米，1 紙，1 行。存殘字墨痕。
15. 0.6×2.2 厘米，1 紙，1 行。存殘字墨痕。
16. 1.1×1.6 厘米，1 紙，1 行。存殘字墨痕。
17. 1×1.2 厘米，1 紙，1 行。存殘字墨痕。
18. 2.1×1.3 厘米，1 紙。素紙。
19. 0.9×1.6 厘米，1 紙，1 行。存殘字墨痕。
20. 0.6×1.5 厘米，1 紙，1 行。存殘字墨痕。
21. 0.7×0.7 厘米，1 紙，1 行。存殘字墨痕。
22. 0.9×1.6 厘米，1 紙，1 行。存殘字墨痕。
23. 0.5×1.1 厘米，1 紙。素紙。
24. 0.6×0.9 厘米，1 紙。素紙。
25. 0.7×0.8 厘米，1 紙，1 行。存殘字墨痕。
26. 0.5×1.1 厘米，1 紙，1 行。存殘字墨痕。
27. 1.8×1.9 厘米，1 紙，1 行。存殘字墨痕。
28. 2.6×2.1 厘米，1 紙，2 行。殘存“文殊”2 字。
29. 1.2×1.2 厘米，1 紙，1 行。存殘字墨痕。
30. 1.5×1.5 厘米，1 紙，1 行。存殘字墨痕。
31. 0.4×2.3 厘米，1 紙，1 行。存殘字墨痕。
32. 1×2 厘米，1 紙，1 行。存殘字墨痕。
33. 1×1.2 厘米，1 紙，1 行。存殘字墨痕。
34. 0.5×1.2 厘米，1 紙。素紙。
35. 0.5×1.2 厘米，1 紙，1 行。存殘字墨痕。
36. 0.3×1.7 厘米，1 紙，1 行。存殘字墨痕。
37. 0.2×1.5 厘米，1 紙。素紙。
38. 0.7×1.3 厘米，1 紙，1 行。存殘字墨痕。
39. 0.4×2.5 厘米，1 紙，1 行。存殘字墨痕。
40. 2.4×1.5 厘米，1 紙，1 行。存殘字墨痕。
41. 1.5×1.5 厘米，1 紙，1 行。存殘字墨痕。
42. 0.7×1 厘米，1 紙，1 行。存殘字墨痕。
43. 1.3×2.3 厘米，1 紙，1 行。存殘字墨痕。
44. 1.8×2.3 厘米，1 紙，1 行。殘存“人自”2 字。
45. 1.2×0.8 厘米，1 紙，1 行。存殘字墨痕。
46. 0.8×1.7 厘米，1 紙，1 行。存殘字墨痕。
47. 0.5×1.3 厘米，1 紙，1 行。存殘字墨痕。
48. 2.1×1.5 厘米，1 紙，1 行。存殘字墨痕。
49. 0.5×1.6 厘米，1 紙，1 行。存殘字墨痕。
50. 1×2 厘米，1 紙，1 行。存殘字墨痕。
51. 0.5×1.6 厘米，1 紙，1 行。存殘字墨痕。
52. 0.7×0.7 厘米，1 紙，1 行。存殘字墨痕。
53. 1.5×2.2 厘米，1 紙。素紙。
54. 0.5×0.7 厘米，1 紙，1 行。存殘字墨痕。
55. 1×1.4 厘米，1 紙，1 行。存殘字墨痕。
56. 0.8×2.3 厘米，1 紙，1 行。存殘字墨痕。
57. 0.3×1.5 厘米，1 紙，1 行。存殘字墨痕。
58. 0.3×2 厘米，1 紙，1 行。存殘字墨痕。
59. 0.6×0.9 厘米，1 紙，1 行。存殘字墨痕。
60. 0.6×1.5 厘米，1 紙，1 行。存殘字墨痕。
61. 0.5×1.3 厘米，1 紙，1 行。存殘字墨痕。
62. 0.6×1 厘米，1 紙，1 行。存殘字墨痕。
63. 1×1.2 厘米，1 紙，1 行。存殘字墨痕。
64. 2×0.8 厘米，1 紙，1 行。存殘字墨痕。
65. 1.2×1.5 厘米，1 紙，1 行。存殘字墨痕。
66. 0.4×1.2 厘米，1 紙，1 行。存殘字墨痕。
67. 0.9×1.3 厘米，1 紙，1 行。存殘字墨痕。有烏絲欄。
68. 2.3×1.1 厘米，1 紙，2 行。存殘字墨痕。有烏絲欄。
69. 0.8×1.6 厘米，1 紙，1 行。存殘字墨痕。
70. 1.1×1.1 厘米，1 紙，1 行。存殘字墨痕。
71. 1×2 厘米，1 紙，1 行。存殘字墨痕。
72. 0.8×0.7 厘米，1 紙，1 行。存殘字墨痕。
73. 0.7×1 厘米，1 紙，1 行。存殘字墨痕。
74. 0.8×1.2 厘米，1 紙，1 行。存殘字墨痕。
75. 0.5×1.3 厘米，1 紙，1 行。存殘字墨痕。
76. 0.5×1.5 厘米，1 紙，1 行。存殘字墨痕。
77. 0.4×0.8 厘米，1 紙，1 行。存殘字墨痕。
78. 0.6×1 厘米，1 紙，1 行。存殘字墨痕。
79. 0.9×2.3 厘米，1 紙，1 行。存殘字墨痕。
80. 0.6×1.1 厘米，1 紙，1 行。存殘字墨痕。
81. 0.8×1.7 厘米，1 紙，1 行。存殘字墨痕。
82. 0.7×0.6 厘米，1 紙，1 行。存殘字墨痕。
83. 1.1×1.1 厘米，1 紙，1 行。存殘字墨痕。
84. 0.7×1.8 厘米，1 紙，1 行。存殘字墨痕。
85. 1.5×1.7 厘米，1 紙，1 行。殘存“利”字。
86. 0.7×1.2 厘米，1 紙，1 行。存殘字墨痕。
87. 0.8×1.3 厘米，1 紙，1 行。存殘字墨痕。
88. 0.9×1.6 厘米，1 紙，1 行。存殘字墨痕。
89. 1×0.7 厘米，1 紙，1 行。存殘字墨痕。
90. 1.2×2.2 厘米，1 紙，2 行。存殘字墨痕。
91. 0.5×1.7 厘米，1 紙，1 行。存殘字墨痕。
92. 0.3×2.6 厘米，1 紙，1 行。存殘字墨痕。
93. 1.3×1.4 厘米，1 紙，1 行。存殘字墨痕。
94. 0.8×2 厘米，1 紙，1 行。存殘字墨痕。
95. 0.2×1.2 厘米，1 紙，1 行。存殘字墨痕。
96. 0.5×1.2 厘米，1 紙，1 行。存殘字墨痕。
97. 1×1.5 厘米，1 紙，1 行。存殘字墨痕。
98. 1.5×1.1 厘米，1 紙，1 行。存殘字墨痕。

99. 0.6×1.6 厘米，1 紙，1 行。存殘字墨痕。
100. 0.7×0.6 厘米，1 紙，1 行。存殘字墨痕。
101. 0.6×0.5 厘米，1 紙，1 行。存殘字墨痕。
102. 0.3×1.5 厘米，1 紙，1 行。存殘字墨痕。
103. 0.7×0.8 厘米，1 紙，1 行。存殘字墨痕。
104. 1×1.6 厘米，1 紙，1 行。存殘字墨痕。
105. 0.6×0.6 厘米，1 紙，1 行。存殘字墨痕。
106. 0.8×1.8 厘米，1 紙，1 行。存殘字墨痕。
107. 1.2×1.3 厘米，1 紙，1 行。存殘字墨痕。
108. 0.3×2 厘米，1 紙，1 行。存殘字墨痕。
109. 0.8×0.9 厘米，1 紙，1 行。存殘字墨痕。
110. 0.3×0.8 厘米，1 紙，1 行。存殘字墨痕。
111. 0.3×0.5 厘米，1 紙，1 行。存殘字墨痕。
112. 0.5×0.7 厘米，1 紙，1 行。存殘字墨痕。
113. 1.4×3.3 厘米，1 紙，1 行。殘存“於”字。
114. 0.8×1.3 厘米，1 紙，1 行。存殘字墨痕。
115. 1×1.5 厘米，1 紙，1 行。存殘字墨痕。
116. 1.5×1.6 厘米，1 紙，1 行。存殘字墨痕。
117. 0.8×1.2 厘米，1 紙，1 行。存殘字墨痕。
118. 0.5×0.8 厘米，1 紙，1 行。存殘字墨痕。
119. 0.7×1.7 厘米，1 紙，1 行。存殘字墨痕。
120. 1×2.3 厘米，1 紙，1 行。存殘字墨痕。
121. 1×2.1 厘米，1 紙，1 行。殘存可辨“世”字。
122. 1.1×1.7 厘米，1 紙，1 行。殘存“觀”字。
123. 1.8×2.3 厘米，1 紙，1 行。殘存“言”字。
124. 1.1×3.6 厘米，1 紙，1 行。存殘字墨痕。
125. 1.4×1.1 厘米，1 紙，1 行。存殘字墨痕。
126. 1.1×1.4 厘米，1 紙，1 行。存殘字墨痕。

1.1　BD13767 號
1.3　殘片七十三塊（擬）
2.3　殘片。各種殘片共計 73 塊。已修整，集中粘貼在宣紙上並裹夾於紙袋內。
3.4　説明：
本號包括 73 塊殘片。詳情如下：
01. 5.3×4.8 厘米，1 紙，4 行。《大乘百法明門論開宗義記》，大正 2810，85/1064B1～5。背 3 行。殘存可辨“時通計/替”4 字。
02. 3.6×4.2 厘米，1 紙，3 行。殘存“重宣”2 字。
03. 4×2.8 厘米，1 紙，2 行。殘存可辨“如來”2 字。
04. 3.3×5.7 厘米，1 紙，2 行。殘存“等性”2 字。
05. 1×2.2 厘米，1 紙，1 行。殘存可辨“其”字。
06. 1.3×2.3 厘米，1 紙，1 行。殘存“樂”字。
07. 1.5×2 厘米，1 紙；1 行。存殘字墨痕。
08. 1.4×3.8 厘米，1 紙；1 行。存殘字墨痕。有烏絲欄。
09. 0.7×1.5 厘米，1 紙，1 行。存字墨痕。
10. 0.8×0.4 厘米，1 紙，1 行。存殘字墨痕。
11. 1×0.7 厘米，1 紙，1 行。存殘字墨痕。
12. 1.7×2.5 厘米，1 紙，1 行。存殘字墨痕。
13. 0.7×2.3 厘米，1 紙，1 行。存殘字墨痕。
14. 1.5×2.5 厘米，1 紙，1 行。存殘字墨痕。
15. 0.8×1.1 厘米，1 紙，1 行。存殘字墨痕。
16. 1.8×1 厘米，1 紙，1 行。存殘字墨痕。
17. 0.7×1.1 厘米，1 紙，1 行。存殘字墨痕。
18. 0.7×1.2 厘米，1 紙，1 行。存殘字墨痕。
19. 1.3×2.5 厘米，1 紙，1 行。存殘字墨痕。
20. 0.5×1.5 厘米，1 紙，1 行。存殘字墨痕。
21. 1.3×1.4 厘米，1 紙，1 行。存殘字墨痕。
22. 1.4×2.4 厘米，1 紙，1 行。存殘字墨痕。
23. 2×1.7 厘米，1 紙，1 行。存殘字墨痕。
24. 1.1×1.2 厘米，1 紙，1 行。存殘字墨痕。
25. 0.5×1.5 厘米，1 紙，1 行。存殘字墨痕。
26. 0.8×1.3 厘米，1 紙，1 行。存殘字墨痕。
27. 1.1×1 厘米，1 紙，1 行。存殘字墨痕。
28. 0.5×0.8 厘米，1 紙，1 行。存殘字墨痕。
29. 0.4×1.1 厘米，1 紙，1 行。存殘字墨痕。
30. 1×0.9 厘米，1 紙，1 行。存殘字墨痕。
31. 0.7×2.3 厘米，1 紙，1 行。存殘字墨痕。
32. 0.3×0.8 厘米，1 紙，1 行。存殘字墨痕。
33. 0.5×1 厘米，1 紙，1 行。存殘字墨痕。
34. 1.1×1.1 厘米，1 紙。素紙。有烏絲欄。
35. 0.5×0.6 厘米，1 紙，1 行。存殘字墨痕。
36. 0.9×1 厘米，1 紙，1 行。存殘字墨痕。
37. 1×1.5 厘米，1 紙，1 行。存殘字墨痕。
38. 0.7×1.3 厘米，1 紙。素紙。
39. 2×3.5 厘米，1 紙，1 行。存殘字墨痕。
40. 0.8×2.6 厘米，1 紙。素紙。
41. 0.6×1.7 厘米，1 紙，1 行。存殘字墨痕。
42. 0.5×1.6 厘米，1 紙，1 行。存殘字墨痕。
43. 0.3×1 厘米，1 紙，1 行。存殘字墨痕。
44. 0.5×1.3 厘米，1 紙，1 行。存殘字墨痕。
45. 1.1×1.2 厘米，1 紙，1 行。存殘字墨痕。
46. 0.5×0.6 厘米，1 紙，1 行。存殘字墨痕。
47. 0.9×1.7 厘米，1 紙，1 行。存殘字墨痕。
48. 0.8×1 厘米，1 紙，1 行。存殘字墨痕。
49. 0.5×1.3 厘米，1 紙，1 行。存殘字墨痕。
50. 0.8×0.6 厘米，1 紙，1 行。存殘字墨痕。
51. 0.3×0.9 厘米，1 紙，1 行。存殘字墨痕。
52. 1×0.8 厘米，1 紙，1 行。存殘字墨痕。
53. 1.6×1.6 厘米，1 紙，1 行。殘存“提”字。
54. 1×1.2 厘米，1 紙，1 行。存殘字墨痕。
55. 1×1.8 厘米，1 紙，1 行。存殘字墨痕。
56. 0.8×1.1 厘米，1 紙，1 行。存殘字墨痕。
57. 0.2×1 厘米，1 紙，1 行。存殘字墨痕。

58. 0.4×0.7 厘米，1 紙，1 行。存殘字墨痕。
59. 0.5×1.4 厘米，1 紙，1 行。存殘字墨痕。
60. 1.9×2.4 厘米，1 紙。素紙。
61. 1.6×1.7 厘米，1 紙，1 行。存殘字墨痕。
62. 2×1.7 厘米，1 紙，1 行。存殘字墨痕。
63. 0.8×1.1 厘米，1 紙，1 行。存殘字墨痕。
64. 0.4×0.9 厘米，1 紙，1 行。存殘字墨痕。
65. 0.8×1.1 厘米，1 紙，1 行。存殘字墨痕。
66. 0.5×1.2 厘米，1 紙，1 行。存殘字墨痕。
67. 0.7×3.8 厘米，1 紙，1 行。存殘字墨痕。
68. 0.9×1 厘米，1 紙，1 行。存殘字墨痕。
69. 0.6×1.7 厘米，1 紙。素紙。
70. 0.5×0.6 厘米，1 紙，1 行。存殘字墨痕。
71. 0.5×0.5 厘米，1 紙，1 行。存殘字墨痕。
72. 1.1×1.3 厘米，1 紙，1 行。存殘字墨痕。
73. 0.3×0.7 厘米，1 紙。素紙。

1.1 BD13768 號
1.3 殘片一百二十塊（擬）
2.3 殘片。各種殘片共計 120 塊。已修整，集中粘貼在宣紙上並裹夾於紙袋内。
3.4 説明：
本號包括 120 塊殘片。詳情如下：
01. 1.4×2.5 厘米，1 紙，1 行。存殘字墨痕。
02. 0.8×1.3 厘米，1 紙，1 行。存殘字墨痕。
03. 0.6×1.3 厘米，1 紙，1 行。存殘字墨痕。
04. 0.5×0.6 厘米，1 紙，1 行。存殘字墨痕。
05. 0.7×0.3 厘米，1 紙，1 行。存殘字墨痕。
06. 0.2×1 厘米，1 紙，1 行。存殘字墨痕。
07. 0.5×0.8 厘米，1 紙，1 行。存殘字墨痕。
08. 0.5×2.2 厘米，1 紙，1 行。存殘字墨痕。
09. 0.7×0.6 厘米，1 紙。素紙。
10. 0.3×1.1 厘米，1 紙。素紙。
11. 0.3×0.8 厘米，1 紙，1 行。存殘字墨痕。
12. 0.5×0.6 厘米，1 紙，1 行。存殘字墨痕。
13. 0.3×0.8 厘米，1 紙，1 行。存殘字墨痕。
14. 0.6×1.3 厘米，1 紙，1 行。存殘字墨痕。
15. 1.6×1.7 厘米，1 紙，1 行。殘存“常”字。
16. 0.6×0.7 厘米，1 紙，1 行。存殘字墨痕。
17. 0.3×1.4 厘米，1 紙，1 行。存殘字墨痕。
18. 0.5×0.8 厘米，1 紙，1 行。存殘字墨痕。
19. 0.8×1 厘米，1 紙，1 行。存殘字墨痕。
20. 0.6×0.5 厘米，1 紙，1 行。存殘字墨痕。
21. 0.3×1 厘米，1 紙，1 行。存殘字墨痕。
22. 0.6×0.7 厘米，1 紙，1 行。存殘字墨痕。
23. 0.5×0.5 厘米，1 紙，1 行。存殘字墨痕。
24. 0.9×0.8 厘米，1 紙，1 行。存殘字墨痕。
25. 0.4×0.8 厘米，1 紙，1 行。存殘字墨痕。
26. 0.5×0.4 厘米，1 紙，1 行。存殘字墨痕。
27. 0.4×1.4 厘米，1 紙，1 行。存殘字墨痕。
28. 1.4×1.9 厘米，1 紙，1 行。存殘字墨痕。
29. 1.3×0.7 厘米，1 紙。素紙。
30. 0.4×1.4 厘米，1 紙，1 行。存殘字墨痕。
31. 0.4×0.4 厘米，1 紙，1 行。存殘字墨痕。
32. 0.8×0.6 厘米，1 紙，1 行。存殘字墨痕。
33. 1.1×1.5 厘米，1 紙，1 行。存殘字墨痕。
34. 0.6×0.6 厘米，1 紙，1 行。存殘字墨痕。
35. 0.3×0.5 厘米，1 紙。素紙。
36. 0.9×0.9 厘米，1 紙，1 行。存殘字墨痕。
37. 0.7×1.8 厘米，1 紙，1 行。存殘字墨痕。
38. 0.5×1 厘米，1 紙，1 行。存殘字墨痕。
39. 0.5×1.3 厘米，1 紙，1 行。存殘字墨痕。
40. 1.1×1.2 厘米，1 紙，1 行。存殘字墨痕。
41. 0.9×1.8 厘米，1 紙，1 行。存殘字墨痕。
42. 0.3×1.1 厘米，1 紙，1 行。存殘字墨痕。
43. 1×1.3 厘米，1 紙，1 行。存殘字墨痕。
44. 0.5×1.1 厘米，1 紙，1 行。存殘字墨痕。
45. 0.9×2.5 厘米，1 紙，1 行。存殘字墨痕。
46. 0.5×1.6 厘米，1 紙，1 行。存殘字墨痕。
47. 1.3×1.7 厘米，1 紙，1 行。存殘字墨痕。
48. 0.5×0.6 厘米，1 紙，1 行。存殘字墨痕。
49. 0.6×0.6 厘米，1 紙，1 行。存殘字墨痕。
50. 0.5×0.7 厘米，1 紙，1 行。存殘字墨痕。
51. 0.9×1 厘米，1 紙，1 行。存殘字墨痕。
52. 0.7×0.7 厘米，1 紙，1 行。存殘字墨痕。
53. 0.5×0.6 厘米，1 紙。素紙。
54. 1.8×1.5 厘米，1 紙，1 行。存殘字墨痕。
55. 0.6×0.7 厘米，1 紙，1 行。存殘字墨痕。
56. 1.6×1.1 厘米，1 紙，1 行。存殘字墨痕。
57. 0.6×1.1 厘米，1 紙，1 行。存殘字墨痕。
58. 1.1×1 厘米，1 紙，1 行。存殘字墨痕。
59. 1.5×1 厘米，1 紙，1 行。存殘字墨痕。
60. 0.5×1.2 厘米，1 紙，1 行。存殘字墨痕。
61. 1.2×1 厘米，1 紙，1 行。存殘字墨痕。
62. 0.5×1.2 厘米，1 紙，1 行。存殘字墨痕。
63. 1.1×1.3 厘米，1 紙，1 行。存殘字墨痕。
64. 0.6×0.7 厘米，1 紙，1 行。存殘字墨痕。
65. 1.4×2 厘米，1 紙，1 行。存殘字墨痕。
66. 0.8×0.7 厘米，1 紙，1 行。存殘字墨痕。
67. 0.5×0.7 厘米，1 紙，1 行。存殘字墨痕。
68. 1.2×2 厘米，1 紙，1 行。存殘字墨痕。
69. 1.3×1.2 厘米，1 紙，1 行。存殘字墨痕。
70. 0.5×0.7 厘米，1 紙，1 行。存殘字墨痕。
71. 0.6×0.7 厘米，1 紙，1 行。存殘字墨痕。

72. 0.5×1.2 厘米，1 紙。素紙。
73. 0.5×0.7 厘米，1 紙，1 行。存殘字墨痕。
74. 1.3×1.4 厘米，1 紙，1 行。存殘字墨痕。
75. 2.5×5.3 厘米，1 紙，2 行。存殘字墨痕。
76. 1.1×0.8 厘米，1 紙，1 行。存殘字墨痕。
77. 0.5×1.8 厘米，1 紙，1 行。存殘字墨痕。
78. 0.3×0.8 厘米，1 紙。素紙。
79. 0.6×0.5 厘米，1 紙，1 行。存殘字墨痕。
80. 0.8×1.2 厘米，1 紙，1 行。存殘字墨痕。
81. 0.6×1 厘米，1 紙，1 行。存殘字墨痕。
82. 1×3.5 厘米，1 紙，1 行。存殘字墨痕。
83. 0.8×1.4 厘米，1 紙，1 行。存殘字墨痕。
84. 1×1.5 厘米，1 紙。素紙。
85. 0.3×1.8 厘米，1 紙，1 行。存殘字墨痕。
86. 1×1.2 厘米，1 紙，1 行。存殘字墨痕。
87. 0.4×0.7 厘米，1 紙，1 行。存殘字墨痕。
88. 0.5×2.1 厘米，1 紙，1 行。存殘字墨痕。
89. 1.1×2 厘米，1 紙，1 行。存殘字墨痕。有烏絲欄。
90. 1.1×0.6 厘米，1 紙，1 行。存殘字墨痕。
91. 1.6×2 厘米，1 紙，1 行。存殘字墨痕。
92. 1.1×1.1 厘米，1 紙，1 行。存殘字墨痕。
93. 1.6×2.9 厘米，1 紙。素紙。
94. 0.7×0.7 厘米，1 紙，1 行。存殘字墨痕。
95. 0.3×0.6 厘米，1 紙，1 行。存殘字墨痕。
96. 0.2×0.9 厘米，1 紙，1 行。存殘字墨痕。
97. 0.7×0.5 厘米，1 紙，1 行。存殘字墨痕。
98. 0.4×1.4 厘米，1 紙，1 行。存殘字墨痕。
99. 0.4×0.6 厘米，1 紙，1 行。存殘字墨痕。
100. 0.9×2.5 厘米，1 紙，1 行。存殘字墨痕。
101. 0.4×0.7 厘米，1 紙，1 行。存殘字墨痕。
102. 0.9×0.8 厘米，1 紙，1 行。存殘字墨痕。
103. 0.5×0.7 厘米，1 紙，1 行。存殘字墨痕。
104. 0.6×0.7 厘米，1 紙，1 行。存殘字墨痕。
105. 1.1×2.7 厘米，1 紙，1 行。存殘字墨痕。
106. 1.4×5.4 厘米，1 紙，1 行。存殘字墨痕。
107. 1.7×3.5 厘米，1 紙，1 行。存殘字墨痕。
108. 1.2×0.7 厘米，1 紙，1 行。存殘字墨痕。
109. 1.3×1 厘米，1 紙，1 行。存殘字墨痕。
110. 0.8×2.2 厘米，1 紙。素紙。
111. 1.5×1.3 厘米，1 紙，1 行。存殘字墨痕。
112. 0.8×1 厘米，1 紙，1 行。存殘字墨痕。
113. 0.6×0.8 厘米，1 紙，1 行。存殘字墨痕。
114. 0.4×1.1 厘米，1 紙，1 行。存殘字墨痕。
115. 1.7×3 厘米，1 紙，1 行。存殘字墨痕。
116. 0.6×0.8 厘米，1 紙，1 行。存殘字墨痕。
117. 0.5×1 厘米，1 紙，1 行。存殘字墨痕。
118. 0.4×0.9 厘米，1 紙，1 行。存殘字墨痕。
119. 0.8×1.1 厘米，1 紙，1 行。存殘字墨痕。
120. 0.5×1.8 厘米，1 紙，1 行。存殘字墨痕。

1.1 BD13769 號

1.3 殘片殘絹八十五塊（擬）

2.3 殘片。各種殘片共計 85 塊。已修整，集中粘貼在宣紙上並裹夾於紙袋内。

3.4 說明：

本號包括 84 塊殘片。其中有 23 塊為殘絹。詳情如下：

01. 0.7×1.1 厘米，1 紙，1 行。僅有殘字痕。
02. 0.3×2 厘米，1 紙，1 行。僅有殘字痕。
03. 0.4×0.7 厘米，1 紙，1 行。僅有殘字痕。
04. 1×1 厘米，1 紙，1 行。僅有殘字痕。
05. 0.5×1.2 厘米，1 紙，1 行。僅有殘字痕。
06. 0.7×1 厘米，1 紙，1 行。僅有殘字痕。
07. 0.3×0.7 厘米，1 紙；1 行。僅有殘字痕。
08. 0.5×0.7 厘米，1 紙；1 行。僅有殘字痕。
09. 0.4×0.7 厘米，1 紙，1 行。僅有殘字痕。
10. 0.2×0.7 厘米，1 紙，1 行。僅有殘字痕。
11. 0.5×0.8 厘米，1 紙，1 行。僅有殘字痕。
12. 0.2×0.8 厘米，1 紙，1 行。僅有殘字痕。
13. 0.2×0.8 厘米，1 紙，1 行。僅有殘字痕。
14. 0.4×0.6 厘米，1 紙，1 行。僅有殘字痕。
15. 2×1.7 厘米，1 紙，1 行。僅有殘字痕。
16. 2.8×4.2 厘米，1 紙，2 行。僅有殘字痕。
17. 0.5×0.7 厘米，1 紙，1 行。僅有殘字痕。
18. 1.8×2.2 厘米，1 紙，1 行。僅有殘字痕。
19. 1.1×0.7 厘米，1 紙，1 行。僅有殘字痕。
20. 2.4×1.3 厘米，1 紙，1 行。殘存“而”字。
21. 1.4×1.3 厘米，1 紙，1 行。僅有殘字痕。
22. 1.2×0.8 厘米，1 紙，1 行。僅有殘字痕。
23. 1.3×1.7 厘米，1 紙，1 行。僅有殘字痕。
24. 2×2.3 厘米，1 紙，1 行。僅有殘字痕。
25. 2.6×2.8 厘米，1 紙。素紙。
26. 1.3×1.3 厘米，1 紙，1 行。僅有殘字痕。
27. 1.5×2.1 厘米，1 紙，1 行。殘存“清”字。
28. 1.5×2.5 厘米，1 紙，1 行。僅有殘字痕。
29. 1.5×1.7 厘米，1 紙，1 行。僅有殘字痕。
30. 2.3×2.2 厘米，1 紙，1 行。殘存“心”字。
31. 4.5×5.8 厘米，1 紙，2 行。《妙法蓮華經》卷一，大正 262，9/9C2～5。
32. 1.6×1.7 厘米，1 紙，2 行。僅有殘字痕。
33. 1.2×2.7 厘米，1 紙，1 行。殘存“是諸”2 字。
34. 1.6×2.7 厘米，1 紙，1 行。殘存“高廣”2 字。
35. 1.4×1.2 厘米，1 紙，1 行。存殘字墨痕。
36. 2.2×2.8 厘米，1 紙。素紙。
37. 0.6×2.1 厘米，1 紙，1 行。存殘字墨痕。

38. 1.9×2.8 厘米，1 紙，1 行。殘存“滅”字。
39. 0.9×1.1 厘米，1 紙，1 行。存殘字墨痕。
40. 1.5×2.7 厘米，1 紙，1 行。存殘字墨痕。
41. 0.4×1.2 厘米，1 紙，1 行。存殘字墨痕。
42. 0.6×2.2 厘米，1 紙。素紙。
43. 1×0.7 厘米，1 紙，1 行。存殘字墨痕。
44. 0.3×6.9 厘米，1 紙。素紙。細紙條。
45. 2.1×7.2 厘米，1 紙。素紙。上邊穿有麻繩。
46. 1.4×1.1 厘米，1 紙，1 行。存殘字墨痕。
47. 1.3×1.3 厘米，1 紙，1 行。存殘字墨痕。
48. 2.4×1.8 厘米，1 紙，1 行。存殘字墨痕。
49. 1.5×1.1 厘米，1 紙。素紙。
50. 0.7×0.9 厘米，1 紙，1 行。存殘字墨痕。
51. 0.9×2.5 厘米，1 紙，1 行。存殘字墨痕。
52. 2.1×2.7 厘米，1 紙。素紙。
53. 2.2×2 厘米，1 紙。殘絹。上有彩繪圖案痕跡。
54. 0.8×0.8 厘米，1 紙。殘絹。
55. 0.8×1 厘米，1 紙。殘絹。
56. 3.5×2 厘米，1 紙。殘絹。上有彩繪圖案痕跡。
57. 1.7×3.7 厘米，1 紙，1 行。存殘字墨痕。有烏絲欄。
58. 2×1.8 厘米，1 紙，1 行。殘存可辨“若問”2 字。
59. 2.1×5.6 厘米，1 紙，1 行。存殘字墨痕。
60. 1.6×2.6 厘米，1 紙，1 行。僅有殘字痕。
61. 0.6×1.6 厘米，1 紙，1 行。存殘字墨痕。
62. 1.5×1.7 厘米，1 紙，1 行。殘存“訶”字。
63. 2.2×2.8 厘米，1 紙，1 行。殘存“色彩”2 字。
64. 2.3×1.8 厘米，1 紙，1 行。存殘字墨痕。
65. 1.5×2.3 厘米，1 紙，1 行。存殘字墨痕。
66. 0.8×1.1 厘米，1 塊。殘絹。上有彩繪圖案痕跡。
67. 0.7×0.8 厘米，1 塊。殘絹。
68. 1.2×0.9 厘米，1 塊。殘絹。
69. 1×1.1 厘米，1 塊。殘絹。
70. 2.1×4.3 厘米，1 塊。殘絹。上有彩繪圖案痕跡。
71. 1.5×1.8 厘米，1 塊。殘絹。上有彩繪圖案痕跡。
72. 1.7×3.5 厘米，1 塊。殘絹。上有彩繪圖案痕跡。
73. 1.7×4.6 厘米，1 塊。殘絹。上有彩繪圖案痕跡。
74. 0.5×1.1 厘米，1 塊。殘絹。上有彩繪圖案痕跡。
75. 1.1×1.6 厘米，1 塊。殘絹。上有彩繪圖案痕跡。
76. 1.1×1.6 厘米，1 塊。殘絹。上有彩繪圖案痕跡。
77. 0.5×0.9 厘米，1 塊。殘絹。上有彩繪圖案痕跡。
78. 1.3×2.2 厘米，1 塊。殘絹。上有彩繪圖案痕跡。
79. 4×3.6 厘米，1 塊。殘絹。上有彩繪圖案痕跡。
80. 1.5×4.4 厘米，1 塊。殘絹。上有彩繪圖案痕跡。
81. 1.1×1 厘米，1 塊。殘絹。
82. 3.6×3.3 厘米，1 塊。殘絹。上有彩繪圖案痕跡。
83. 0.9×1.3 厘米，1 塊。殘絹。上有彩繪圖案痕跡。
84. 1.4×1.8 厘米，1 塊。殘絹。
85. 0.7×1.5 厘米，1 塊。殘絹。

1.1　BD13770 號
1.3　殘片八十一塊（擬）
2.3　殘片。各種殘片共計 81 塊。已修整，集中粘貼在宣紙上並裹夾於紙袋内。
3.4　説明：
本號包括 81 塊殘片。詳情如下：
01. 1.8×1.8 厘米，1 紙，1 行。僅有殘字痕。
02. 1×1.2 厘米，1 紙，1 行。殘存“者”字。
03. 1.1×1.5 厘米，1 紙。存殘字墨痕。
04. 1.4×1.2 厘米，1 紙，1 行。僅有殘字痕。
05. 0.4×0.6 厘米，1 紙，1 行。僅有殘字痕。
06. 1.4×1.7 厘米，1 紙，1 行。素紙。
07. 2.4×2.2 厘米，1 紙；1 行。僅有殘字痕。
08. 1.7×3.2 厘米，1 紙；1 行。殘存可辨“疾”字。
09. 0.9×1.4 厘米，1 紙，1 行。僅有殘字痕。
10. 0.9×0.9 厘米，1 紙，1 行。僅有殘字痕。
11. 1.9×1.9 厘米，1 紙，1 行。僅有殘字痕。
12. 0.5×0.6 厘米，1 紙，1 行。僅有殘字痕。
13. 0.7×1.2 厘米，1 紙，1 行。僅有殘字痕。
14. 1.2×1.2 厘米，1 紙，1 行。僅有殘字痕。
15. 0.9×1.6 厘米，1 紙，1 行。僅有殘字痕。
16. 2.1×2 厘米，1 紙，2 行。僅有殘字痕。
17. 1.4×3.2 厘米，1 紙，1 行。僅有殘字痕。
18. 2.2×3 厘米，1 紙，1 行。僅有殘字痕。
19. 2.5×2 厘米，1 紙，2 行。殘存可辨“生”字。
20. 2.1×3.6 厘米，1 紙，1 行。僅有殘字痕。
21. 2.3×3.1 厘米，1 紙，1 行。僅有殘字痕。
22. 3.6×4.2 厘米，1 紙，2 行。僅有殘字痕。有烏絲欄。
23. 2×1.8 厘米，1 紙，1 行。殘存“樹”字。
24. 1×1.8 厘米，1 紙，1 行。僅有殘字痕。
25. 1.8×2.7 厘米，1 紙，1 行。殘存“説”字。
26. 1×1.6 厘米，1 紙，1 行。殘存“次”字。
27. 1.1×2.2 厘米，1 紙，1 行。僅有殘字痕。
28. 2.5×5.1 厘米，1 紙，1 行。僅有殘字痕。
29. 0.8×1.5 厘米，1 紙，1 行。僅有殘字痕。
30. 1.2×1.3 厘米，1 紙，1 行。僅有殘字痕。
31. 2.7×4.1 厘米，1 紙，1 行。僅有殘字痕。
32. 2.7×1.3 厘米，1 紙，2 行。僅有殘字痕。有烏絲欄。
33. 0.6×0.9 厘米，1 紙，1 行。存殘字墨痕。
34. 1.5×1 厘米，1 紙，1 行。存殘字墨痕。
35. 0.7×0.8 厘米，1 紙，1 行。存殘字墨痕。
36. 2×2.9 厘米，1 紙，1 行。存殘字墨痕。
37. 0.5×0.7 厘米，1 紙，1 行。存殘字墨痕。
38. 1.8×2 厘米，1 紙，1 行。存殘字墨痕。
39. 0.6×1.6 厘米，1 紙，1 行。素紙。

40. 1.3×1.8 厘米，1 紙，1 行。殘存“為”字。
41. 1.5×2.9 厘米，1 紙，1 行。存殘字墨痕。
42. 1.2×2 厘米，1 紙，1 行。存殘字墨痕。
43. 1.2×1.2 厘米，1 紙，1 行。存殘字墨痕。
44. 1.9×2.5 厘米，1 紙，1 行。存殘字墨痕。
45. 2.3×3.6 厘米，1 紙，1 行。殘存可辨“有”字。
46. 3.1×2.3 厘米，1 紙，1 行。存殘字墨痕。有烏絲欄。
47. 0.4×0.6 厘米，1 紙，1 行。存殘字墨痕。
48. 0.6×1.1 厘米，1 紙，1 行。存殘字墨痕。
49. 0.9×1.6 厘米，1 紙，1 行。存殘字墨痕。
50. 1.6×1.5 厘米，1 紙，1 行。存殘字墨痕。
51. 1.5×1.6 厘米，1 紙，1 行。存殘字墨痕。
52. 1.7×1.8 厘米，1 紙，1 行。存殘字墨痕。
53. 0.7×1 厘米，1 紙，1 行。存殘字墨痕。
54. 0.4×1.4 厘米，1 紙，1 行。存殘字墨痕。
55. 1.4×1.6 厘米，1 紙，1 行。殘存“心”字。
56. 1.1×1.6 厘米，1 紙，1 行。存殘字墨痕。
57. 0.6×0.6 厘米，1 紙，1 行。存殘字墨痕。
58. 3.5×2.2 厘米，1 紙，2 行。殘存可辨“二”字。
59. 2.2×2.8 厘米，1 紙，1 行。殘存“菩薩”2 字。
60. 1.2×2.4 厘米，1 紙，1 行。存殘字墨痕。
61. 1.2×3 厘米，1 紙，1 行。存殘字墨痕。
62. 1.4×0.7 厘米，1 紙。素紙。
63. 1.2×1.4 厘米，1 紙。素紙。
64. 1×1.2 厘米，1 紙，1 行。殘存“敢”字。
65. 1.3×1.7 厘米，1 紙，1 行。存殘字墨痕。有烏絲欄。
66. 1.2×3.2 厘米，1 紙，1 行。殘存可辨“息”字。
67. 1.3×2.1 厘米，1 紙。素紙。
68. 2.2×4 厘米，1 紙，1 行。存殘字墨痕。
69. 2.8×2.4 厘米，1 紙，2 行。殘存可辨“諸”字。
70. 1.6×1.5 厘米，1 紙，1 行。存殘字墨痕。
71. 1.2×1.7 厘米，1 紙，1 行。存殘字墨痕。
72. 1.2×1.6 厘米，1 紙，1 行。殘存“彼”字。
73. 1.2×1.5 厘米，1 紙，1 行。殘存“九”字。
74. 0.9×1.3 厘米，1 紙，1 行。存殘字墨痕。
75. 0.8×0.8 厘米，1 紙，1 行。存殘字墨痕。
76. 2×1.7 厘米，1 紙，1 行。殘存“生”字。
77. 0.8×1.4 厘米，1 紙，1 行。存殘字墨痕。
78. 1.5×2.9 厘米，1 紙。素紙。
79. 0.9×4.2 厘米，1 紙，1 行。存殘字墨痕。
80. 1.3×1 厘米，1 紙，1 行。存殘字墨痕。
81. 1×1.7 厘米，1 紙，1 行。存殘字墨痕。

1.1　BD13771 號

1.3　殘片二十五塊（擬）

2.3　殘片。各種殘片共計 25 塊。已修整，集中粘貼在宣紙上並裹夾於紙袋内。

3.4　説明：

本號包括 25 塊殘片。詳情如下：

01. 3.8×5 厘米，1 紙。素紙。
02. 2.5×7.7 厘米，1 紙。素紙。有硃印殘痕。
03. 2×1.8 厘米，1 紙，1 行。僅有殘字痕字。
04. 4.6×2.5 厘米，1 紙，2 行。僅有殘字痕。
05. 1.5×3.2 厘米，1 紙，1 行。僅有殘字痕。
06. 0.3×1.7 厘米，1 紙，1 行。僅有殘字痕。
07. 0.5×1 厘米，1 紙；1 行。僅有殘字痕。
08. 0.6×1.4 厘米，1 紙；1 行。僅有殘字痕。
09. 0.5×1.1 厘米，1 紙，1 行。僅有殘字痕。
10. 1.6×2.2 厘米，1 紙，1 行。僅有殘字痕。
11. 2×4.7 厘米，1 紙，1 行。殘存可辨“如是”2 字。
12. 0.7×1.6 厘米，1 紙。素紙。
13. 1.4×1 厘米，1 紙。素紙。
14. 0.6×15 厘米，1 紙。素紙。細長紙條。
15. 2.1×1.4 厘米，1 紙，1 行。僅有殘字痕。
16. 0.8×0.8 厘米，1 紙，1 行。僅有殘字痕。
17. 0.9×0.7 厘米，1 紙，1 行。僅有殘字痕。
18. 1.5×2.7 厘米，1 紙，1 行。殘存“唯”字。
19. 2.2×3.3 厘米，1 紙。素紙。
20. 2.2×2.7 厘米，1 紙，2 行。僅有殘字痕。有紅色污染。有烏絲欄。
21. 1.4×3.1 厘米，1 紙，1 行。僅有殘字痕。有烏絲欄。
22. 1.7×1.8 厘米，1 紙，1 行。僅有殘字痕。
23. 1.9×4 厘米，1 紙，1 行。殘存“人來”2 字。
24. 1.8×1.5 厘米，1 紙，1 行。僅有殘字痕。
25. 2×2.6 厘米，1 紙。素紙。

1.1　BD13772 號

1.3　紙本彩繪千佛圖（擬）

2.1　39.9×69.4 厘米；1 幅。

2.3　原畫基本完好，上部五佛、左部千佛及左下天王略有殘破。原畫四周鑲有青色護邊，上部護邊完全缺失，左邊護邊殘存一小塊，左下護邊殘缺。原畫粘貼在一張底紙上，該紙亦僅剩右部與下部。已修整，接出殘缺的護邊與底紙。

3.4　説明：

本遺書為紙本彩繪千佛圖。不計護邊與底紙，圖畫本身為 39.9×69.4 厘米，可分為三個部分：上部五佛、中部千佛、下部四天王與供養天女。

上部五佛為毗盧遮那佛、阿閦佛、寶生佛、阿彌陀佛、不空成就佛。毗盧遮那佛居中，其餘四佛排列在兩邊。諸佛手結不同印契，均結跏趺坐在蓮花座上，蓮花座置於金剛座上。每尊佛的頂上有金翅鳥，兩邊均有一對供養人。

中部的千佛為本圖畫的主體部分。共畫 22 排小佛像，每排 17 個，每個小佛像為 1.7×2.2 厘米。均著袈裟，右袒，結禪定印，結跏趺坐在蓮花座上。該千佛圖中央為釋迦牟尼像，佔據 40

個（5×8）小佛像的位置，計8.5×17.6厘米。釋迦牟尼乃用金粉繪成，手結印契，身披袈裟，袒露右肩，結跏趺坐在蓮花座上，蓮花座置於金剛座上。釋迦牟尼頂光上有金翅鳥，手結印契。金翅鳥似站立在一金剛座上，下身鎮壓兩條龍，龍口吐水。釋迦牟尼有背光，背光兩邊各有一個獨角獸。釋迦牟尼所坐金剛座旁有兩個供養人，手結印契，著裙，通肩衣，身帶纓絡，髮髻沖天，亦有頂光。

下部又可分為三个部分：左右兩邊為天王，每邊各兩個。中間為供養天女，共5人。

整個圖畫構圖嚴謹，筆觸細膩。

8　8～10世紀。吐蕃或歸義軍時期寫本。

1.1　BD13773號

1.3　唐卡

2.1　45.5×109.2厘米；1幅。

2.3　掛軸。唐卡上邊有天頭，下有綴邊。天頭深灰色，梯形，上邊55厘米，下邊45.5厘米，高21.2厘米。掛帶長28厘米。天竿為殘竹竿，殘餘13厘米。唐卡本身寬45.5厘米，高68厘米。綴邊藍色，寬46厘米，高20厘米。兩邊綴麻布邊條，左邊已殘破，上有2排5個蟲繭。

3.4　說明：

本號為麻布彩繪唐卡。畫面變色，圖案模糊，左邊略有殘破。正面從上而下，可分爲三個單元：

第一單元為五佛，一字排開。五佛均結跏趺坐，但顏色、印契各不相同。

第二單元為唐卡主體，中間構圖爲主尊，結跏趺坐在蓮花座上。蓮花座左右兩旁各有1個供養人，其中右旁似為童子。中間構圖的下部，畫有兩格，內容似為供養主。主尊與供養主的左右兩邊，各有3格，所畫內容待考。

第三單元下邊分為5格，有5尊立像，內容待考。

唐卡背面有硃色藏式白塔。底座13.5厘米，塔高21.5厘米。塔上有6個西夏文，疑為六字真言。塔身有7排西夏文，內容待考。白塔及西夏文均為印刷。

8　11世紀。西夏統治時期寫本。

13　本唐卡乃1910年敦煌押京原物，殘破污穢，估計並非出於藏經洞。

1.1　BD13774號

1.3　唐卡

2.1　54×75.5厘米；1幅。

2.3　掛軸。殘餘唐卡主體部分。上邊天頭殘缺，地角留有殘邊。正面右下及背面左上、右下各有1個蟲繭。

3.4　說明：

本號為麻布彩繪唐卡。畫面殘破變色嚴重，圖案模糊難辨。主體部分為佛像，有背光，坐在蓮花座上。四周有紅色邊框，所畫內容待考。

背有墨筆書寫藏文。中間為一行大字，從上向下書寫。左邊三行小字，右邊四行小字。內容待考。

8　8～9世紀。吐蕃統治時期寫本。

13　本唐卡乃1910年敦煌押京原物，殘破污穢，估計並非出於藏經洞。

1.1　BD13775號

1.3　唐卡

2.1　47.6×88.5厘米；1幅。

2.3　掛軸。上邊天頭殘缺，留有殘布邊條。主體部分寬47.6厘米，高69厘米。下部綴邊尚存，為梯形，上邊47.6厘米，下邊54厘米，高19.5厘米。下邊鑲一麻繩，長40厘米。卷背有5個蟲繭。已修整。

3.4　說明：

本號為麻布彩繪唐卡。畫面殘破，變色嚴重，圖案模糊難辨。但構圖與BD13773號基本相同。

背有硃色印刷藏式白塔。形態與BD13773號背面白塔相同，但沒有西夏文。

8　11世紀。西夏統治時期寫本。

13　本唐卡乃1910年敦煌押京原物，殘破污穢，估計並非出於藏經洞。

BD13776～BD13790，空號

1.1　BD13791號

1.3　大聖文殊師利菩薩（刻本）

1.4　善12142

2.1　19.7×31.2厘米；1紙；13行，行13字。

2.3　單葉裝。右下角及左上角殘缺，卷面有殘裂及小殘洞，有油污。已修整，粘貼在白紙上。

3.4　說明：

卷面四周有雙墨欄子母邊框；中間用3條細墨綫，將整個畫面分為上下兩欄。

上欄中間有文殊師利菩薩騎獅子白描畫像，有背光，頂光，踩祥雲。右邊有胡人牽獅奴，左邊有作揖禮拜童子。兩邊有勸持文，分別寫在雙墨綫邊框中。右邊為“大聖文殊師利菩薩”，左邊為“普勸志心供養受持”。

下欄為持頌功德文及陀羅尼，共13行，錄文如下：

（首全）

此五臺山中文殊師利大聖真儀，變/

現多般，威靈叵測。久成正覺，不/

捨大悲。隱法界身，示天人相。與萬/

菩薩住清涼山，攝化有緣，利益弘/

廣。思惟憶念，增長吉祥；禮敬稱揚，/

能滿諸愿。普勸四眾，供養歸依，當/

來同證菩提妙果。/

文殊師利童真菩薩五字心真言：/

阿（上）囉跛左曩。/

文殊師利大威德法寶藏心陀羅尼：/

唵（引）阿味囉吽（引）佉左咯。/

對此像前，隨分供養，冥心一境，專/

注課持，迴施有情，同歸常樂。/

（錄文完）

説明：錄文中括號内為小字夾註。

此件與 BD13795 號、BD13796 號為同一文獻。

8　9～10 世紀。歸義軍時期刻本。

9.1　楷書。

10　右下有“北京/圖書/館藏/”陽文硃印，1.6×1.6 厘米。

1.1　BD13792 號

1.3　大智度論卷五一

1.4　善 5177

2.1　113.5×25 厘米；13 紙；62 行，行 17 字。

2.2　01：09.3，05；　02：08.5，05；　03：09.0，05；
04：09.3，05；　05：09.4，05；　06：09.3，05；
07：09.0，05；　08：09.1，05；　09：09.2，05；
10：09.1，05；　11：09.2，05；　12：09.7，05
13：03.8，02。

2.3　卷軸裝。首尾均斷。有烏絲欄。近代裁斷為 13 葉，裝裱成冊葉，並用木板夾護。

3.1　首殘→大正 1509，25/0423A02。

3.2　尾殘→大正 1509，25/0423C03。

8　5 世紀。南北朝寫本。

9.1　隸書。

10　此件被斷為 13 葉，作為冊頁裝裱，首尾用木板夾裝。

木板護首有經名簽，3.5×23 厘米，墨筆書寫“六朝北涼寫經殘葉（計六十二行/宣統辛亥九月十八日/澄齋/）”。夾有館藏紙簽，上書“採 27650 號/五一七七/一冊/佛經”。

扉頁鈐有方形陽文硃印，8×8 厘米，印文為“正紅/旗蒙/古都/統印/”。

第 1 個半葉右下裝裱紙上有 4 枚硃印：（1）陽文，1.6×1.6 厘米，印文為“北京/圖書/館藏/”。（2）陽文，2.1×2.5 厘米，印文為“澂齋/所藏/書畫/”。（3）陰文，1.6×1.6 厘米，印文為“小松/曾觀/”。（4）陰文，1.7×1.7 厘米，印文為“惲毓/鼎印/”。

第 9 個半葉左下殘破處裝裱紙上有 1 枚陰文硃印：1.2×1.2 厘米，印文為“毓鼎”。

第 13 個半葉左下裝裱紙上有 3 枚硃印：（1）陰文，1.2×1.2 厘米，印文為“毓鼎”。（2）陽文，1.3×1.3 厘米，印文為“北京/圖書/館藏/”。（3）陽文，1.8×1.8 厘米，印文為“◇心/舘主/”。

第 15、16 個半葉有王樹枏信札：

“薇孫先生世大人有道：別五十餘日，靡/日不思，抵家霖雨兼旬，河水泛溢，棹/舟三日至琉璃河，始登輪返都。連日/為冗事牽綴，未及趨/教。三、二日内，當約期一談也。惟/亮詧不宣。世小弟王樹枏頓首。/”

第 17 至第 20 個半葉有王樹枏信札：

“聞八月初十日為/先生五十覽揆之辰。樹枏至都，盛筵/已畢，未及登堂拜祝，歉疚無似。去/歲在吐魯番三堡，掘得六朝寫經/殘卷，字在楷隸之間，點畫尤存科/斗遺意。如佛家所言，香、色、味三者俱/備。今之太平引也。敬以一紙為/公補壽，並綴以小詩，奉/哂存而吟定之。/

五年踏遍天山路，搜得蘭臺六代/書。

持此祝公無量壽，可能酒肉乞/齋餘。

樹枏呈稿。/”

信札後有 2 枚硃印：（1）陰文，1.7×1.7 厘米，印文為“樹枏之印”。（2）陽文，1.7×1.7 厘米，印文為“晉卿”。

第 21 到 24 個半葉有惲毓鼎題記：

“近二十年新疆吐魯番一帶，土人掘沙，往往/從沙中得古人寫經殘卷。新城王晉卿方/伯所收頗多，撿其一以贈予。方伯為予言：/卷中常有承平某年年號，蓋沮渠安周/王高昌時物也。已酉年，予從法蘭西人伯/希和許，見沮渠安周造寺功德刻石，其末/署承平三年，知方伯之言確也。考史，北涼/沮渠牧犍永和七年為魏所滅。其弟無諱/西渡流沙，擊降鄯善，據高昌自王。無諱/卒，安周代立。至宋大明四年，為蠕蠕所滅。/距姑臧之亡，已二十二年，北涼至是始絕。《魏》/《宋》二書，於沮渠西徙後紀載殊略，無諱、安/周兩世紀年俱無徵。承平年號，可以補史/之闕。安周都高昌，其故城正在今吐魯番/東附近四十里。沮渠氏自蒙遜以來，世奉/佛法。造寺寫經，乃其國俗。安知今之沙磧，/非即安周時佛寺舊址，故經卷多埋壓/沙中歟？經紙粗厚似繭，埋沙中久，不為/風濕所侵，閱二千年，彌覺堅固。今人/得唐人墨跡，已詫詫為天壤瓌寶，況更/在魏、宋時乎。卷共六十二行，前三行缺/角，末二行僅存數字。書法奇古，晉卿/手札中已言之。乙卯春澄齋惲毓鼎識。/”

題記後有陽文硃印：1.7×1.6 厘米，印文為“薇孫”。

1.1　BD13793 號 1

1.3　藏文（無量壽宗要經）

1.4　登錄號 1672

2.1　393×31 厘米；9 紙；171 行；18 欄，欄 19 行，行約 45 字母。

2.2　01：44.4，2 欄，19；　02：43.6，2 欄，19；
03：44.0，2 欄，19；　04：43.6，2 欄，19；
05：43.7，2 欄，19；　06：43.8，2 欄，19；
07：43.7，2 欄，19；　08：43.7，2 欄，19；
09：42.5，2 欄，19。

2.3　卷軸裝。首尾均全。上下有油污、水漬，卷尾污穢、變色。有烏絲欄。

2.4　本遺書包括 3 個文獻：（一）《藏文（無量壽宗要經）》，57 行，今編為 BD13793 號 1。（二）《藏文（無量壽宗要經）》，57 行，今編為 BD13793 號 2。（三）《藏文（無量壽宗要經）》，57 行，今編為 BD13793 號 3。

3.4 說明：

本文獻首尾完整。

4.1 Rgya - gar - skad - du ´Apar = mita ´ayurnamamahayanasutra。Bod_ skad_ dutshedpag_ du_ myed_ pazhes_ bya_ batheg_ pachen_ povimdo（首）。

4.2 Tshedpag_ du_ myed_ pazhes_ bya_ batheg_ pa_ chen_ povimdo（尾）。

7.1 尾有藏文題記。

8 8～9世紀。吐蕃統治時期寫本。

9.1 正書。

10 卷首有陽文硃印：2.4×2.4厘米，印文為"北京/圖書/館藏/"。第一紙下邊有藍色捺印編號"61336"。

1.1 BD13793號2

1.3 藏文（無量壽宗要經）

1.4 登錄號1672

2.4 本遺書由3個文獻組成，本文獻為第2個，57行。餘參見BD13793號1之第2項。

3.4 說明：

本文獻首尾完整。

4.1 Rgya - gar - skad - du ´Apar = mita ´ayurnamamahayanasutra。Bod_ skad_ dutshedpag_ du_ myed_ pazhes_ bya_ batheg_ pachen_ povimdo（首）。

4.2 Tshedpag_ du_ myed_ pazhes_ bya_ batheg_ pa_ chen_ povimdo（尾）。

7.1 文獻尾有藏文題記。

8 8～9世紀。吐蕃統治時期寫本。

9.1 正書。

1.1 BD13793號3

1.3 藏文（無量壽宗要經）

1.4 登錄號1672

2.4 本遺書由3個文獻組成，本文獻為第3個，57行。餘參見BD13793號1之第2項。

3.4 說明：

本文獻首尾完整。

4.1 Rgya - gar - skad - du ´Apar = mita ´ayurnamamahayanasutra。Bod_ skad_ dutshedpag_ du_ myed_ pazhes_ bya_ batheg_ pachen_ povimdo（首）。

4.2 Tshedpag_ du_ myed_ pazhes_ bya_ batheg_ pa_ chen_ povimdo（尾）。

7.1 文獻尾有藏文題記。

8 8～9世紀。吐蕃統治時期寫本。

9.1 正書。

1.1 BD13794號1

1.3 藏文（無量壽宗要經）

1.4 登錄號80340

2.1 397.8×31.5厘米；9紙；171行；18欄，欄19行，行約45字母。

2.2 01：43.3，2欄，19； 02：42.8，2欄，19；
03：45.0，2欄，19； 04：44.3，2欄，19；
05：44.5，2欄，19； 06：44.4，2欄，19。
07：44.5，2欄，19； 08：44.4，2欄，19；
09：44.5，2欄，19。

2.3 卷軸裝。首尾均全。有烏絲欄。

2.4 本遺書包括3個文獻：（一）藏文（無量壽宗要經)》，57行，今編為BD13794號1。（二）《藏文（無量壽宗要經)》，57行，今編為BD13794號2。（三）《藏文（無量壽宗要經)》，57行，今編為BD13794號3。

3.4 說明：

本文獻首尾均全。

4.1 Rgya - gar - skad - du ´Apar = mita ´ayurnamamahayanasutra。Bod_ skad_ dutshedpag_ du_ myed_ pazhes_ bya_ batheg_ pachen_ povimdo（首）。

4.2 Tshedpag_ du_ myed_ pazhes_ bya_ batheg_ pa_ chen_ povimdo（尾）。

7.1 文獻尾有藏文題記。

8 8～9世紀。吐蕃統治時期寫本。

9.1 正書。

10 首紙兩欄中有陽文硃印：.×.厘米，印文為"北京圖/書舘藏/"。卷背有2枚陽文硃印：1.5×1.5厘米，印文不清。

1.1 BD13794號2

1.3 藏文（無量壽宗要經）

1.4 登錄號80340

2.4 本遺書由3個文獻組成，本文獻為第2個，57行。餘參見BD13794號1之第2項。

3.4 說明：

本文獻首尾完整。

4.1 Rgya - gar - skad - du ´Apar = mita ´ayurnamamahayanasutra。Bod_ skad_ dutshedpag_ du_ myed_ pazhes_ bya_ batheg_ pachen_ povimdo（首）。

4.2 Tshedpag_ du_ myed_ pazhes_ bya_ batheg_ pa_ chen_ povimdo（尾）。

7.1 文獻尾有藏文題記。

8 8～9世紀。吐蕃統治時期寫本。

9.1 正書。

1.1 BD13794號3

1.3 藏文（無量壽宗要經）

1.4 登錄號80340

2.4 本遺書由3個文獻組成，本文獻為第3個，57行。餘參見BD13794號1之第2項。

3.4 説明：

本文獻首尾完整。

4.1 Rgya - gar - skad - du ´Apar = mita ´ayurnamamahayanasutra。Bod_ skad_ dutshedpag_ du_ myed_ pazhes_ bya_ batheg_ pachen_ povimdo（首）。

4.2 Tshedpag_ du_ myed_ pazhes_ bya_ batheg_ pa_ chen_ povimdo（尾）。

7.1 文獻尾有藏文題記。

8 8～9世紀。吐蕃統治時期寫本。

9.1 正書。

1.1 BD13795號

1.3 大聖文殊師利菩薩（刻本）

1.4 善17664

2.1 20×35.5厘米；1紙；13行，行13字。

2.3 單葉裝。首尾均全。左下略殘。印刷質量較差，圖像、文字模糊。已修整，裝裱成冊。

3.4 説明：

卷面四周有雙墨欄子母邊框；中間用3條細墨綫，將整個畫面分為上下兩欄。

上欄中間有文殊師利菩薩騎獅子白描畫像，有背光，頂光，踩祥雲。右邊有胡人牽獅奴，左邊有作揖禮拜童子。兩邊有勸持文，分別寫在雙墨綫邊框中。右邊為“大聖文殊師利菩薩”，左邊為“普勸志心供養受持”。

下欄為持頌功德文及陀羅尼，共13行，錄文如下：

（首全）

此五臺山中文殊師利大聖真儀，變/

現多般，威靈叵測。久成正覺，不/

捨大悲。隱法界身，示天人相。與萬/

菩薩住清涼山，攝化有緣，利益弘/

廣。思惟憶念，增長吉祥；禮敬稱揚，/

能滿諸愿。普勸四衆，供養歸依，當/

來同證菩提妙果。/

文殊師利童真菩薩五字心真言：/

阿（上）囉跛左曩。/

文殊師利大威德法寶藏心陀羅尼：/

唵（引）阿味囉吽（引）佉左咯。/

對此像前，隨分供養，冥心一境，專/

注課持，迴施有情，同歸常樂。/

（錄文完）

説明：錄文中括號内為小字夾註。

此件與BD13791號、BD13796號為同一文獻，但印刷質量較差，圖像、文字模糊難辨。此處依據BD13791號描述、錄文。殘破處亦依據BD13791號補敍。

8 9～10世紀。歸義軍時期刻本。

9.1 楷書。

10 裝裱冊扉頁有啓功題簽：“燉煌木刻文殊像並題記，啓功審定署耑。”下有陰文硃印：0.7×0.7厘米，印文為“啓功之印”。

1.1 BD13796號

1.3 大聖文殊師利菩薩（刻本）

1.4 善17662

2.1 17.3×28.3厘米；1紙；13行，行13字。

2.3 單葉裝。首尾均斷。四周被剪。主體基本完整，卷面略有殘破。印刷質量尚可，圖像部分綫條不甚清晰，下部部分文字不清。已修整，裝裱成冊。

3.4 説明：

卷面四周有雙墨欄子母邊框；中間用3條細墨綫，將整個畫面分為上下兩欄。

上欄中間有文殊師利菩薩騎獅子白描畫像，有背光，頂光，踩祥雲。右邊有胡人牽獅奴，左邊有作揖禮拜童子。兩邊有勸持文，分別寫在雙墨綫邊框中。右邊為“大聖文殊師利菩薩”，左邊為“普勸志心供養受持”。

下欄為持頌功德文及陀羅尼，共13行，錄文如下：

（首全）

此五臺山中文殊師利大聖真儀，變/

現多般，威靈叵測。久成正覺，不/

捨大悲。隱法界身，示天人相。與萬/

菩薩住清涼山、攝化有緣，利益弘/

廣。思惟憶念、增長吉祥；禮敬稱揚，/

能滿諸愿。普勸四衆，供養歸依，當/

來同證菩提妙果。/

文殊師利童真菩薩五字心真言：/

阿（上）囉跛左曩。/

文殊師利大威德法寶藏心陀羅尼：/

唵（引）阿味囉吽（引）佉左咯。/

對此像前，隨分供養，冥心一境，專/

注課持，迴施有情，同歸常樂。/

（錄文完）

説明：錄文中括號内為小字夾註。

此件與BD13791號、BD13795號為同一文獻。此處依據BD13791號描述、錄文。殘破處亦依據BD13791號補敍。

8 9～10世紀。歸義軍時期刻本。

9.1 楷書。

10 裝裱冊扉頁有羅振玉題簽：“唐雕本文殊聖像，壬戌五月抱殘文庫藏。”下有陰文硃印：1.6×1.6厘米，印文為“羅振/玉印/”。

遺書右下與裝裱紙接縫處，有陽文硃印：1.6×1.6厘米，印文為“北京/圖書/館藏/”。

裝裱冊中有題記兩個半葉，錄文如下：

“傳世版畫，今存確有年代可稽考/者，以燉煌所出唐咸通九年王玠造《金剛/般若經》引首，枳樹給孤獨圖為最早。/餘多曹氏所刊印。若《大聖毗沙門天王》，/署開運四年，與《觀世音菩薩》，並由匠人/雷延美名。知與天福十五年己酉歲彫造/《一切

如來尊勝佛頂陀羅尼》、《金剛般若/波羅蜜經》同出一手。此《大聖文殊師利菩/薩》及《聖觀自在菩薩》、《四十八願阿彌陀佛》/《大聖普賢菩薩》、乃至《無量壽陀羅尼/輪》、《千輪陀羅尼輪》等，從刀法、格式上，可/審定屬同時，或較晚。《普賢菩薩》有‘弟/子歸義軍節度押衙□□芊彫造’題名，/文殊以在釋迦五部，故不落款。識其匠人，亦/雷延美耶？燉煌文物什九為外人捆載以去，/此又德化李木齋與其婿何氏串通作弊/而中飽者。劫餘之劫（?），大半於壬戌歲為羅雪/堂所有，著錄於《沙州文錄補》。但題爲“唐彫”，/未免失實。國内所存燉煌版畫計南林蔣/氏藏《毗沙門天》與《文殊菩薩》（北大圖及長樂鄭氏均有）二種而已。

一九五一年九月得自子期先生，五二年二月記。”

題記後有3枚硃印：（1）陽文，1.6×2.8厘米，印文為“賈敬顏臧/西陲圖籍/”。（2）陰文，1.7×1.9厘米，印文為“賈敬/顏印/”。（3）陽文，1.6×1.6厘米，印文為“北京/圖書/館藏/”。

錄文括號中文字，原為雙行小字夾註。

1.1　BD13797號

1.3　無量大慈教經

2.1　182.3×28.6厘米；共5紙，每紙4葉8個半葉，每半葉5行；正面100行，行18～24字；背面95行，行字不等。

2.2　01：36.5，20；　02：46.0，25。　03：45.5，25；
　　04：45.3，25；　05：09.0，05。

2.3　經折裝。首殘尾全。下邊殘缺。每葉寬9.3厘米，有烏絲欄。有書口欄。兩面書寫，文字相連。

2.4　本遺書包括3個文獻：（一）《無量大慈教經》，90行，抄寫在正面，今編為BD13797號。（二）《最妙勝定經》，59行，抄寫在背面，今編為BD13797號背1。（三）《佛名經（十六卷本）卷一三鈔》（擬），共47行，抄寫在背面與正面，背面抄寫36行，正面抄寫11行，文字相連，今編為BD13797號背2。

3.1　首全→大正2903，85/1445A10。

3.2　尾殘→大正2903，85/1445C26。

4.1　佛說無量大慈教經（首）。

5　與《大正藏》本對照，文字略有不同。《大正藏》本為殘本。首38行內容《大正藏》本無。今錄文如下：

（錄文）

佛說無量大慈教經

爾時世尊在舍衛城中大會說法。爾時王舍城中，多有衆生，不/

信有衆生，不信有佛，不信有法，不信有僧。爾時阿難白佛，言語：/

阿難！此人過去之時，當墮惡道。一百三十二劫，悉皆入中。若遇善/

知識，兑斯地獄之苦。不遇善知識，還墮地獄。輪回六道，處處經歷。/

爾時阿難白佛言：世尊！一切衆生，貧賤不等，富貴不同。或生閻/

浮，或生邊界，言語殊方，種種異類。茹毛食血，不識文字。鳥栖露/

宿，禽獸同類。有端坐壽（受）報，有客作無地。有經行在外，厭棄妻子。/

女臥鐵床，男抱銅柱，鐵叉叉身，鑊湯煎煮。汝向所論種種衆苦，/

皆由此十惡之業。佛說此經，為一切愚癡不信佛法衆生，二為邪行/

衆生，三為五逆不孝衆生，故說此經。善男子、善女人等，於此經中/

生清淨信者，受持讀誦，晝夜奉行修行。此人過去之時，定生西方/

極樂世界。若有衆生，讀此經者誹謗，見在世，舌即墮落。/

爾時世尊復語阿難：一切不信佛衆生，二為邪行衆生，三有不/

孝父母衆生，若見此經，更生輕慢，不肯受持，此人過去之時，/

定墮阿鼻地獄，二名難間地獄。一百三十六劫，悉皆入中。百劫千/

劫，無有出日，鐘聲不救。爾時阿難白佛言：世尊！若有衆生行/

道，遶須彌山無數匝，不如斷酒肉；造舍利塔廟，遍十方大地如林，/

不如有人能斷酒肉；黄金百萬兩，在六天布施，不如斷酒肉；將恒河/

沙等身命布施，不如斷酒肉。爾時世尊復語阿難：若有衆生/

念阿彌陀佛國者，一斷酒肉，二斷五辛，三斷煞生，四斷邪行，誓修/

善行。如此之人，舉足一步，天當自至。未來受果，如樹提伽，受福無量。/

爾時世尊復語阿難：我聞：三歸五戒車，本是山中木。得聞大慈教/

經，死不墮地獄。爾時阿難白佛言：大衆，我奉諸天世尊菩薩等教/

育衆生。若有衆生憶我語者，念我語者，受我語者，用我語者，我/

若不救，誓當不轉。爾時世尊答言：阿難！我看一切衆生，喻如/

赤子，憐愍亦然。若有衆生憶我之者，我若不救，誓當不轉。若有/

衆生造舍利塔廟，遍十方大地；黄金百千萬兩，六天布施；不如念佛/

心至。爾時世尊復語阿難：若有衆生，將瓔珞、寶珠、黄金百萬兩，供養/

十方比丘，福得多不？言謂甚多。世尊答言：阿難！由（猶）不如舉足一/

步，向道場中。佛說此經，為一切法界衆生，勸修淨行。一切天、人、阿修/

羅，聞佛所說，皆大歡喜，作禮而去，信受奉行。/

爾時世尊厭離娑婆，入於涅槃。佛告阿難：我去之時，未知廻日。親屬/

法等，令教衆生。汝盡心勞漉（碌?）。爾時阿難白佛言：世尊！衆生沉在苦/

海，無有出期。爾時世尊復語阿難：由汝等方便之力，善化善育，令/

出苦海。爾時阿難白佛言：世尊！衆生愚癡，現前顛倒。棄其貴妻，/

逐他賤妾。下漏一種，無有二殊。衆生心別。爾時世尊開其經藏，演/

說妙言，利益衆生。若有衆生聞是說者心生歡喜，當知是人最上/

希/

（下略）

8　9～10 世紀。歸義軍時期寫本。

9.1　楷書。

10　包裹紙上有墨筆書寫“敦煌莫高窟藏經洞所出/五代（十世紀）雙面書寫的稀見經折本/佛說無量大慈教經及最勝妙定經”。

第 1 個半葉地腳貼有兩張紙簽。一為圓形，上有紅色“中國嘉德，CHINAGUARDIAN”，上捺黑色“2002 秋，1624”。一為方形小簽，上為“51 號”，數字為蘇州碼子。

卷背有陽文硃印：2×2 厘米，印文為“顧/二郎/”。

1.1　BD13797 號背 1

1.3　最妙勝定經

2.4　本遺書由 3 個文獻組成，本文獻為第 2 個，59 行，抄寫在背面。餘參見 BD13797 號之第 2 項。

3.1　首殘→《藏外佛教文獻》，01/0339A01。

3.2　尾殘→《藏外佛教文獻》，01/0342A07。

4.1　最妙定勝經（首）。

8　9～10 世紀。歸義軍時期寫本。

9.1　楷書。

9.2　有刮改。有倒乙。

1.1　BD13797 號背 2

1.3　佛名經（十六卷本）卷一三鈔（擬）

2.4　本遺書由 3 個文獻組成，本文獻為第 3 個，共 47 行，抄寫在背面與正面，背面抄寫 36 行，正面抄寫 11 行，文字相連。餘參見 BD13797 號之第 2 項。

3.4　說明：

本遺書此處抄寫《佛名經》（十六卷本）卷十三的經文及懺悔文。情況如下：

背面第 60 行上：首題：佛說佛名經卷十三，

背面第 60 行下：參見《七寺古逸經典研究叢書》，03/0638A01。

背面第 61 行～背面第 63 行上：參見《七寺古逸經典研究叢書》，03/0649A13～0650A03。

背面第 63 行下～背面第 64 行上：參見《七寺古逸經典研究叢書》，03/0654A10～11。

背面第 64 行下～背面第 65 行上：參見《七寺古逸經典研究叢書》，03/0656A12。

背面第 65 行下～背面第 74 行上：參見《七寺古逸經典研究叢書》，03/0658A03～0659A04。

背面第 74 行下～背面第 95 行上：參見《七寺古逸經典研究叢書》，03/0659A09～0662A01。

背面第 95 行下～正面第 06 行上：參見《七寺古逸經典研究叢書》，03/0681A12～0682A06。

正面第 06 行下～正面第 11 行下：參見《七寺古逸經典研究叢書》，03/0682A12～0683A04。

從形態看，本遺書原本抄寫《佛說無量大慈教經》，首空兩個半葉，相當於護首。其後有人利用背面抄寫《最妙勝定經》，然後又抄寫十六卷本《佛名經》卷一三的經文與懺悔文。抄寫《佛名經》時，末尾因某種原因空白一個半葉未抄，而直接轉到正面的空白護首上接著抄寫。因護首紙張有限，最後一行抄寫在《佛說無量大慈教經》首題之下。

《慈悲水懺法》卷下吸收了這段懺悔文，文字略有不同。參見大正 1910，45/977B27～16。

8　9～10 世紀。歸義軍時期寫本。

9.1　楷書。

9.2　有行間校加字及倒乙\刮改。

1.1　BD13798 號

1.3　大乘蓮華馬頭羅刹經

2.1　74.7×26 厘米；2 紙；46 行，行 17 字。

2.2　01：28.9，18；　　02：45.8，28。

2.3　卷軸裝。首殘尾脫。經黃打紙。上邊殘缺，下邊略殘。有烏絲欄。

3.4　說明：

本遺書為中國人所撰經典，曾被《佛名經》截取，附於卷末。此號為單行本，甚爲可貴。其內容大致如下：

第 1 行～第 35 行上，參見《佛說佛名經》（三十卷本）卷一所附，大正 441，14/190B9～C16。

第 35 行下～第 46 行，參見《佛說佛名經》（三十卷本）卷二所附，大正 441，14/195A21～B3。文字略有不同。

8　7～8 世紀。唐寫本。

9.1　楷書。

10　首尾背面各有 2 枚橢圓形硃印章，0.8×1.1 厘米，印文為“子昭”。

卷背粘有 2 張紙簽：第一張寫“64”；第二張寫“1－1820，

1（不足2紙?），唐人寫經，中期，有殘”；第二張紙簽上粘貼圓形紅色“中國嘉德，CHINAGUARDIAN”簽，上捺黑色“2002秋，492”。

1.1　BD13799號
1.3　刻經蒙字剩紙雜存（擬）
1.4　簡71482
2.3　殘片。共包括168塊殘片，包括寫本、刻本及各種文字。卷面多殘裂。近代裝裱成冊葉。
3.4　說明：

本遺書為168塊殘片。詳情如下：

第1葉：

01. 12.3×17厘米，刻本，1紙，7行。《大般若波羅蜜多經》卷二二六，大正220，06/134A9～16。

02. 16.3×12.2厘米，刻本，1紙，8行。《大般若波羅蜜多經》卷二六二，大正220，06/326B23～C2。

03. 9.2×8.3厘米，刻本，1紙，7行。《大般若波羅蜜多經》卷四四五，大正220，07/243B28～C3。

04. 5.3×4.2厘米，刻本，1紙，3行。殘存“清淨水/以故若”6字。《大般若波羅蜜多經》多卷有此內容。

05. 4.8×8.4厘米，刻本，1紙，3行。殘存“諦清淨集/何以故若一切”10字。《大般若波羅蜜多經》多卷有此內容。

06. 6.3×7.2厘米，刻本，1紙，3行。《大般若波羅蜜多經》卷二六二，大正220，06/329A25～28。

07. 3.1×4厘米，刻本，1紙，2行。殘存可辨“老死”、“有老死”等字。

08. 5.5×3.4厘米，刻本，1紙，3行。殘存“識界”、“清淨”、“清淨何”7字。《大般若波羅蜜多經》多卷有此內容。

09. 6×13.5厘米，刻本，1紙，3行。《大般若波羅蜜多經》卷二六二，大正220，06/327A25～27。

第2葉：

10. 10.7×11.5厘米，刻本，1紙，6行。《大般若波羅蜜多經》卷一七一，大正220，05/919C26～A2。

11. 14×5.5厘米，刻本，1紙，8行。雖殘存8行25字，但檢索《大般若波羅蜜多經》多卷有一萬多條同樣內容。

12. 3.5×5厘米，刻本，1紙，2行。殘存“淨八解脫”、“清淨若”7字。《大般若波羅蜜多經》多卷有同樣內容。

13. 9.8×7厘米，刻本，1紙，5行。《大般若波羅蜜多經》卷四四五，大正220，07/243A4～8。

14. 2.1×6.3厘米，刻本，1紙，1行。殘存可辨“非是”2字。《大般若波羅蜜多經》多卷有同樣內容。

15. 3.7×4.6厘米，刻本，1紙，2行。殘存“集散”、“作有”4字。《大般若波羅蜜多經》多卷有同樣內容。

16. 12×7.1厘米，刻本，1紙，6行。《大般若波羅蜜多經》卷一八五，大正220，05/994A23～28。

17. 4×2.7厘米，刻本，1紙，2行。殘存“清”、“故一”3字。《大般若波羅蜜多經》多卷有同樣內容。

18. 14.2×14.5厘米，刻本，1紙，7行。《大般若波羅蜜多經》卷二六二，大正220，06/327B7～14。

19. 5.6×4厘米，刻本，1紙，4行。《大般若波羅蜜多經》卷四四五，大正220，07/247B5～9。

20. 5×8.9厘米，刻本，1紙，2行。《大般若波羅蜜多經》卷一七一，大正220，05/920A4～5。

第3葉：

21. 11.7×11厘米，刻本，1紙，6行。《大般若波羅蜜多經》卷二八，大正220，05/158B7～13。

22. 3.8×3.3厘米，刻本，1紙，2行。殘存“羅尼”2字。《大般若波羅蜜多經》多卷有同樣內容。

23. 2.8×2.9厘米，刻本，1紙，2行。殘存“若”、“無”2字。《大般若波羅蜜多經》多卷有同樣內容。

24. 7×5.8厘米，刻本，1紙，3行。殘存“空本性”、“空自性”、“訶薩”8字。《大般若波羅蜜多經》多卷有同樣內容。

25. 2.8×3.5厘米，刻本，1紙，1行。殘存“於法”2字。

26. 3.5×3.5厘米，刻本，1紙，2行。殘存“及舌”2字。

27. 3×4.2厘米，刻本，1紙，1行。殘存可辨“勝”字。

28. 2.6×4.8厘米，刻本，1紙，1行。殘存“苦”字。

29. 1.9×3.6厘米，刻本，1紙，1行。殘存“多經卷第”4字。《大般若波羅蜜多經》多卷有同樣內容。

30. 2.3×5.6厘米，刻本，1紙，1行。殘存“空大空勝”4字。

31. 2.9×2.5厘米，刻本，1紙，1行。殘存“有”字。

32. 2.5×5厘米，刻本，1紙，1行。殘存“次”字。

33. 8.1×5.8厘米，刻本，1紙，3行。《阿毘達磨俱舍論》卷六，大正1558，29/30A8～11（《阿毘達磨順正理論》卷一五、《阿毘達磨藏顯宗論》卷八亦有同樣內容）。

34. 9.5×5.8厘米，刻本，1紙，5行。《大般若波羅蜜多經》卷五〇九，大正220，07/599B3～7（《大般若波羅蜜多經卷五四六亦有同樣內容）。

35. 2.8×4厘米，刻本，1紙，2行。有雙行小字，殘存可辨“初角反”、“也”4字。

36. 7.7×10厘米，刻本，1紙，3行。殘存“界清淨”、“真如清淨故”、“若真如”11字。《大般若波羅蜜多經》多卷有同樣內容。

37. 4.6×8.2厘米，刻本，1紙，3行。殘存可辨“復次世尊”4字。

38. 5.8×6.8厘米，刻本，1紙，3行。《雜阿含經》卷三六，大正99，02/260B29～C4。

39. 5.5×4.2厘米，刻本，1紙，2行。殘存可辨“無”字。

第4葉：

40. 5.8×10.5厘米，刻本，1紙，2行。殘存“波羅蜜多清淨”、“智清淨何以故”12字。《大般若波羅蜜多經》多卷有同樣內容。

41. 5×5.8厘米，刻本，1紙，2行。殘存“帝釋殊勝”、“意云何如”8字。《大般若波羅蜜多經》多卷有同樣內容。

42. 6×3.4 厘米，刻本，1 紙，4 行。殘存可辨“無別無”、“復次善”6 字。

43. 7.7×7 厘米，刻本，1 紙，4 行。《大般若波羅蜜多經》卷一，大正 220，05/2A9～12（《大般若波羅蜜多經》卷四〇一、四七九亦有同樣内容）。

44. 6.8×12.3 厘米，刻本，1 紙，4 行。《大般若波羅蜜多經》卷一七一，大正 220，05/920A1～4。

45. 6.8×8.4 厘米，刻本，1 紙，3 行。《大般若波羅蜜多經》卷二六二，大正 220，06/327B5～8。

46. 2.6×3.3 厘米，刻本，1 紙，2 行。殘存“正等”2 字。

47. 5.3×6.4 厘米，刻本，1 紙，2 行。僅有殘字痕。

48. 5.8×4.4 厘米，刻本，1 紙，3 行。殘存“無染無”、“處無生”、“聲香”8 字。《大般若波羅蜜多經》多卷有同樣内容。

49. 3.5×8.4 厘米，刻本，1 紙，2 行。殘存“淨若四”、“清淨故香界”8 字。《大般若波羅蜜多經》多卷有同樣内容。

50. 5.5×5.9 厘米，刻本，1 紙，2 行。殘存“淨何”2 字。

51. 7.3×10.7 厘米，刻本，1 紙，3 行。《雜阿含經》卷一，大正 99，02/7A29～B2。

52. 4×3.6 厘米，刻本，1 紙，2 行。殘存“摩訶”、“多”3 字。

53. 4.5×3.7 厘米，刻本，1 紙，2 行。殘存“滅”、“住”2 字。

54. 5.6×4.8 厘米，刻本，1 紙，3 行。《大般若波羅蜜多經》卷四四五，大正 220，07/247B7～9。

55. 2.6×3 厘米，刻本，1 紙，2 行。殘存“切”字。

56. 3.9×5.5 厘米，刻本，1 紙，1 行。僅有殘字痕。

57. 3.2×7 厘米，刻本，1 紙，1 行。《大般若波羅蜜多經》卷四四五，大正 220，07/242C26～27（《大般若波羅蜜多經》卷三一二、三一三亦有同樣内容）。

58. 2.1×3 厘米，刻本，1 紙，1 行。殘存“般若時”3 字。

第 5 葉：

59. 10.3×6.2 厘米，刻本，1 紙，5 行。《大般若波羅蜜多經》卷三八九，大正 220，06/1010A1～5。

60. 3×5 厘米，刻本，1 紙，1 行。《雜阿含經》卷五，大正 99，02/30B29。

61. 3×2.7 厘米，刻本，1 紙，2 行。殘存“告”字。

62. 17×11.5 厘米，刻本，1 紙，9 行。《大般若波羅蜜多經》卷二六二，大正 220，06/326C25～A4。

63. 3.5×4 厘米，刻本，1 紙，2 行。《大般若波羅蜜多經》卷三三七，大正 220，06/727A13（《大般若波羅蜜多經》卷四〇一、四七九亦有同樣内容）。

64. 4.2×4.2 厘米，刻本，1 紙，2 行。殘存“四無”、“根五”4 字。

65. 2.7×2.6 厘米，刻本，1 紙，2 行。殘存“別無”2 字。

66. 3.4×8.5 厘米，刻本，1 紙，2 行。殘存“二無二”3 字。

67. 4.9×5.6 厘米，刻本，1 紙，3 行。殘存“虚空”、“清淨”、“一切”6 字。

68. 2.7×3.5 厘米，刻本，1 紙，1 行。殘存“無滅”2 字。

69. 2.7×5.3 厘米，寫本，1 紙，1 行。殘存“壽”字。有烏絲欄。南北朝寫本。

70. 4×5.2 厘米，寫本，1 紙，2 行。殘存“苦果”2 字。有烏絲欄。唐寫本。

71. 9.7×4.4 厘米，寫本，1 紙，5 行。《金剛般若波羅蜜經》，大正 235，8/749B12～17。有烏絲欄。唐寫本。

72. 9×11 厘米，刻本，1 紙，5 行。殘存“無斷”、“意觸為緣所生”、“所生諸受清淨”、“智清淨”等字。《大般若波羅蜜多經》多有同樣内容。

73. 5.2×6.7 厘米，刻本，1 紙，3 行。殘存“無二”、“安忍”4 字。《大般若波羅蜜多經》多有同樣内容。

74. 5×5.3 厘米，寫本，1 紙，3 行。《大般涅槃經》卷一一，大正 37412/429A24～26。有烏絲欄。南北朝寫本。

75. 5.8×5.3 厘米，寫本，1 紙，2 行。殘存“辟支”、“般若波羅”6 字。有烏絲欄。南北朝寫本。

76. 5.2×6.2 厘米，寫本，1 紙，3 行。《妙法蓮華經》卷七，大正 262，9/57A9～11。有烏絲欄。南北朝寫本。

77. 4.5×6.6 厘米，寫本，1 紙，2 行。殘存“頰骨以駐牙”“依因慱骨”9 字。有烏絲欄。南北朝寫本。

78. 2.8×4.5 厘米，寫本，1 紙，1 行。殘存“迦囉池”3 字。有烏絲欄。唐寫本。

79. 4.4×4.6 厘米，刻本，1 紙，2 行。《金光明最勝王經》卷一，大正 665，16/404B23～26。有硃筆斷句。

80. 5.7×4.7 厘米，刻本，1 紙，1 行。殘存“智”字。

81. 4×6.4 厘米，寫本，1 紙，3 行。殘存“未”、“比丘應更說先比丘”、“說戒更有異”等字。第 2 行文字《十誦律》卷二二中有多處。有烏絲欄。南北朝寫本。

第 6 葉：

82. 14×20.9 厘米，寫本，1 紙，7 行。少數民族文字。

83. 4.3×6.7 厘米，寫本，1 紙，3 行。少數民族文字。

84. 3.7×3.3 厘米，寫本，1 紙，2 行。少數民族文字。

85. 7.7×7.3 厘米，寫本，1 紙，6 行。少數民族文字。

86. 3.2×3.5 厘米，寫本，1 紙，2 行。少數民族文字。

87. 5.8×5.5 厘米，刻本，1 紙，3 行。于闐文。有雙邊欄。

88. 6.2×19.2 厘米，寫本，1 紙，3 行。少數民族文字。

89. 6.3×12 厘米，刻本，1 紙，5 行。少數民族文字。

90. 7.1×8.5 厘米，寫本，1 紙，4 行。少數民族文字。有邊欄。

91. 2.7×7 厘米，寫本，1 紙，2 行。少數民族文字。

92. 7.8×9.5 厘米，寫本，1 紙，5 行。少數民族文字。

第 7 葉：

93. 14×12 厘米，寫本，1 紙，4 行。少數民族文字。

94. 13×4.5 厘米，寫本，1 紙，1 行。少數民族文字。

95. 13.7×3.5 厘米，寫本，1 紙，15 行。少數民族文字。

右側5行爲硃筆書寫。

96. 14.7×3.5厘米，寫本，1紙，15行。少數民族文字。

97. 8.8×14.7厘米，寫本，1紙，4行。少數民族文字。

98. 2.8×7.5厘米，寫本，1紙，2行。少數民族文字。

99. 7×9.7厘米，寫本，1紙，2行。少數民族文字。

100. 10.6×17.7厘米，寫本，1紙，4行。少數民族文字。

第8葉：

101. 5.5×10.5厘米，寫本，1紙，3行。少數民族文字。有邊欄。

102. 5.2×8.3厘米，寫本，1紙，5行。少數民族文字。

103. 4.5×5.6厘米，寫本，1紙，2行。似為漢文《佛名經》。

104. 6.5×10.2厘米，寫本，1紙，4行。少數民族文字。

105. 4.7×6.7厘米，寫本，1紙，3行。少數民族文字。

106. 7.1×4厘米，寫本，1紙，2行。少數民族文字。

107. 2.4×5.4厘米，寫本，1紙，1行。少數民族文字。

108. 1.6×4.8厘米，寫本，1紙，1行。少數民族文字。

109. 6.3×8厘米，刻本，1紙。木捺圖案。

110. 5.4×3.7厘米，寫本，1紙，2行。少數民族文字。

111. 6.7×4.5厘米，寫本，1紙，4行。少數民族文字。

112. 5.7×3.5厘米，寫本，1紙，5行。少數民族文字。

113. 5×5.6厘米，寫本，1紙，2行。少數民族文字。

114. 4.5×3.9厘米，寫本，1紙，4行。少數民族文字。

115. 5.3×4.5厘米，寫本，1紙，4行。少數民族文字。

116. 5×3.1厘米，寫本，1紙，4行。少數民族文字。

117. 2.9×3.8厘米，寫本，1紙，1行。少數民族文字。

118. 5.2×3.4厘米，寫本，1紙，4行。少數民族文字。

119. 4.4×4.8厘米，寫本，1紙，2行。少數民族文字。有邊欄。

120. 4.4×4.7厘米，寫本，1紙，2行。少數民族文字。

121. 3.7×4.5厘米，寫本，1紙，2行。少數民族文字。

122. 3.2×5厘米，寫本，1紙，1行。少數民族文字。

第9葉：

123. 5.6×8.8厘米，寫本，1紙，4行。少數民族文字。

124. 9.4×5.8厘米，寫本，1紙，2行。少數民族文字。有殘漢文陽文硃印，其中有一"天"字，其餘印文不清。

125. 3.2×6.1厘米，寫本，1紙，2行。少數民族文字。

126. 9.7×3.5厘米，寫本，1紙，6行。少數民族文字。

127. 6.2×8.7厘米，寫本，1紙，4行。少數民族文字。

128. 2.2×5.2厘米，寫本，1紙，1行。少數民族文字。

129. 5.8×9.5厘米，寫本，1紙，3行。少數民族文字。

130. 10.3×3厘米，刻本，1紙，5行。少數民族文字。有雙邊欄。

131. 8.7×2.3厘米，刻本，1紙，5行。少數民族文字。有雙邊欄。

132. 5×4.2厘米，寫本，1紙，4行。少數民族文字。

133. 5.6×5厘米，寫本，1紙，3行。少數民族文字。

134. 3.5×5.8厘米，寫本，1紙，3行。少數民族文字。有邊欄。

135. 3×3厘米，寫本，1紙，2行。少數民族文字。

136. 3.9×7.7厘米，寫本，1紙，1行。少數民族文字。

137. 4.7×7.2厘米，寫本，1紙，2行。少數民族文字。有邊欄。

138. 3×10.2厘米，寫本，1紙，2行。少數民族文字。

139. 5×5.4厘米，寫本，1紙，5行。少數民族文字。兩面有字。背面被粘貼，無法辨認。

140. 4.8×3.3厘米，寫本，1紙，3行。少數民族文字。

第10葉：

141. 3.6×6.9厘米，寫本，1紙，3行。少數民族文字。

142. 4.3×4.7厘米，寫本，1紙，3行。少數民族文字。

143. 3.7×6.6厘米，寫本，1紙，3行。少數民族文字。

144. 8.8×4.3厘米，寫本，1紙，3行。少數民族文字。

145. 4.7×4厘米，寫本，1紙，3行。少數民族文字。

146. 5×4.6厘米，寫本，1紙，3行。少數民族文字。

147. 5.5×7.3厘米，寫本，1紙，3行。少數民族文字。

148. 2.5×厘米，寫本，1紙，1行。少數民族文字。

149. 3×3.6厘米，寫本，1紙，2行。少數民族文字。

150. 4×4.8厘米，寫本，1紙，2行。少數民族文字。

151. 4.3×3.3厘米，寫本，1紙，3行。少數民族文字。

152. 5.2×4厘米，寫本，1紙，3行。少數民族文字。

153. 4.7×3厘米，寫本，1紙，2行。少數民族文字。

154. 4.6×4.2厘米，寫本，1紙，1行。少數民族文字。

155. 2.2×7.3厘米，寫本，1紙，1行。少數民族文字。

156. 3.5×2.5厘米，寫本，1紙，3行。少數民族文字。

157. 2.5×5.2厘米，寫本，1紙，2行。少數民族文字。

158. 5.5×5.3厘米，寫本，1紙，4行。少數民族文字。

159. 3×6厘米，寫本，1紙，1行。少數民族文字。

160. 3.2×4厘米，寫本，1紙，2行。少數民族文字。

161. 5.1×3厘米，寫本，1紙，3行。少數民族文字。

162. 3.7×3.1厘米，寫本，1紙，2行。少數民族文字。

163. 4.1×4.6厘米，寫本，1紙，3行。少數民族文字。

164. 3.2×5厘米，寫本，1紙，2行。少數民族文字。

165. 2.1×4.8厘米，寫本，1紙，1行。少數民族文字。有邊欄。

166. 2.4×6.3厘米，寫本，1紙，1行。少數民族文字。

167. 2.7×3.8厘米，寫本，1紙，2行。少數民族文字。

168. 5.5×5厘米，寫本，1紙，2行。少數民族文字。

上述殘片均出於吐魯番，原由素文收藏。

漢文刻本佛典中，部分保存上下邊欄，為單邊。絕大部分刻本漢文殘片字體相同，風格相同，應為同一部藏經。詳情待考。其中第33號、第79號字體、風格不同，應非該藏經印本。第35號、第66號有竪欄，字體也與其他刻本不同，可能為《大字本遼藏》。上述刻本佛典年代，均在北宋/遼或北宋/遼以後。

漢文寫本佛典的年代，大體較早，均為南北朝或7～8世紀

唐寫本。

所謂“少數民族文字”殘片，大部分為寫本，夾雜少量刻本。絕大部分為回鶻文，其中可能夾雜一些粟特文，詳情待考。第87號或為于闐文。第90號屬於何種文字，尚需考訂。

8　南北朝到宋元。

9.1　楷書。

10　此件通卷裝裱成冊葉。封面為卍字不斷頭織錦。封面有經名簽，墨筆書寫“刻經蒙字剩紙雜存/宣統孟秋/素文珍藏”。經題下有陽文硃印：×厘米，印文為“版曹/◇史”。

第1葉右上標注“第壹頁共玖紙”。

第2葉右上標注“第貳頁共拾壹紙”。

第3葉右上標注“第叁頁共拾捌紙”。

第4葉右上標注“第肆頁共拾玖紙”。

第5葉右上標注“第伍頁共貳拾叁紙”。

第6葉右上標注“第陸頁共拾壹紙”。

第7葉右上標注“第柒頁共捌紙”。

第8葉右上標注“第捌頁共貳拾貳紙”。

第9葉右上標注“第玖頁共拾捌紙”。

第10葉右上標注“第拾頁共貳拾捌紙”。

第1葉左上有題記：“按前代書籍，皆憑手錄。自唐時，創行/印書之術。至五代時，馮道相後唐，/奏令國子監雕印九經。印本普及/之端，實啓於是。然余觀公藏東/晉罽賓國印版殘經，似不始於隋/唐。東/晉時，/西域/即有/之。當/亦流/傳至/唐，而/始大/興歟。/永恩敬考。/”題記後有陰文硃印：1×1厘米，印文為“季◇”。

1.1　BD13800號

1.3　便糧食歷（擬）

1.4　簡68138

2.1　31×29厘米，1紙，15行，行字不等。

2.3　卷軸裝。首尾均殘。卷面有殘洞。已修整。

3.3　錄文：

（首殘）

□…□伍㪷。/

保德：付粟叁碩，豆伍㪷，黄麻柒㪷。/

自年秋入豆伍㪷，入黄麻陸㪷柒升，入粟兩碩伍/

㪷，又粟伍㪷，又黄麻叁升。/

願學：付粟叁碩，黄麻柒㪷。/

自年秋入黄麻柒㪷，入粟兩碩柒㪷，入粟叁㪷。/

祥定：付粟叁碩，豆伍㪷，黄麻柒㪷。/

自年秋入豆伍㪷，入粟叁碩，入黄麻叁㪷，入黄麻叁㪷，/

又入黄麻壹㪷。/

保安：付粟叁碩，豆伍㪷，黄麻柒㪷。/

自年秋入豆伍㪷。/

保會：付粟叁碩，豆伍㪷，黄麻柒㪷。/

自年秋入黄麻柒㪷，入粟叁碩，入豆叁㪷，又豆貳㪷。/

信力：付粟叁碩，豆伍㪷，黄麻柒㪷。/

自年秋入黄麻陸㪷，入豆伍㪷，入粟壹碩柒㪷，又納粟/

一碩叁㪷，又入黄麻壹㪷。/

（錄文完）

8　9～10世紀。歸義軍時期寫本。

9.1　行書。

新舊編號對照表

一、臨字號查閱北敦號、殘片號

臨字頭號	北敦號	殘片號
L3074	BD12945 號	
L3075	BD12946 號	
L3076	BD12947 號	
L3077	BD12948 號	
L3078	BD12949 號	
L3079	BD12950 號	
L3080	BD12951 號	
L3081	BD12952 號	
L3082	BD12953 號	
L3083	BD12954 號	
L3084	BD12955 號	
L3085	BD12956 號	
L3086	BD12957 號	
L3087	BD12958 號	
L3088	BD12959 號	
L3089	BD12960 號	
L3090	BD12961 號	
L3091	BD12962 號	
L3092	BD12963 號	
L3093	BD12964 號	
L3094	BD12965 號	
L3095	BD12966 號	
L3096	BD12967 號	
L3097	BD12968 號	
L3098	BD12969 號	
L3099	BD12970 號	
L3100	BD12971 號	
L3101	BD12972 號	
L3102	BD12973 號	
L3103	BD12974 號	
L3104	BD12975 號	

臨字頭號	北敦號	殘片號
L3105	BD12976 號	
L3106	BD12977 號	
L3107	BD12978 號	
L3108	BD12979 號	
L3109	BD12980 號	
L3109	BD12980 號背	
L3110	BD12981 號	
L3110	BD12981 號背	
L3111	BD12982 號	
L3112	BD12983 號	
L3113	BD12984 號	
L3114	BD12985 號	
L3115	BD12986 號	
L3116	BD12987 號	
L3117	BD12988 號	
L3118	BD12989 號	
L3119	BD12990 號	
L3120	BD12991 號	
L3121	BD12992 號	
L3122	BD12993 號	
L3123	BD12994 號	
L3124	BD12995 號	
L3125	BD12996 號	
L3126	BD12997 號	
L3127	BD12998 號	
L3128	BD12999 號	
L3129	BD13000 號	
L3130	BD13001 號	
L3131	BD13002 號	
L3132	BD13003 號	
L3133	BD13004 號	

L3134	BD13005 號
L3135	BD13006 號
L3136	BD13007 號
L3137	BD13008 號
L3138	BD13009 號
L3139	BD13010 號
L3140	BD13011 號
L3141	BD13012 號
L3142	BD13013 號
L3143	BD13014 號
L3144	BD13015 號
L3145	BD13016 號
L3146	BD13017 號
L3147	BD13018 號
L3148	BD13019 號
L3149	BD13020 號
L3150	BD13021 號
L3151	BD13022 號
L3152	BD13023 號
L3153	BD13024 號
L3154	BD13025 號
L3155	BD13026 號
L3156	BD13027 號
L3157	BD13028 號
L3158	BD13029 號
L3159	BD13030 號
L3160	BD13031 號
L3161	BD13032 號
L3162	BD13033 號
L3163	BD13034 號
L3164	BD13035 號
L3165	BD13036 號
L3166	BD13037 號
L3167	BD13038 號
L3168	BD13039 號
L3169	BD13040 號
L3170	BD13041 號
L3171	BD13042 號
L3172	BD13043 號
L3173	BD13044 號
L3174	BD13045 號
L3175	BD13046 號
L3176	BD13047 號
L3177	BD13048 號
L3178	BD13049 號
L3179	BD13050 號
L3180	BD13051 號
L3181	BD13052 號
L3182	BD13053 號
L3183	BD13054 號
L3184	BD13055 號
L3185	BD13056 號
L3186	BD13057 號
L3187	BD13058 號
L3188	BD13059 號
L3189	BD13060 號
L3190	BD13061 號
L3191	BD13062 號
L3192	BD13063 號
L3193	BD13064 號
L3194	BD13065 號
L3195	BD13066 號
L3196	BD13067 號
L3197	BD13068 號
L3198	BD13069 號
L3198	BD13069 號背 1
L3198	BD13069 號背 2
L3198	BD13069 號背 3
L3199	BD13070 號
L3200	BD13071 號
L3201	BD13072 號
L3202	BD13073 號
L3203	BD13074 號
L3204	BD13075 號
L3205	BD13076 號
L3206	BD13077 號
L3207	BD13078 號
L3208	BD13079 號
L3209	BD13080 號
L3210	BD13081 號
L3211	BD13082 號
L3212	BD13083 號
L3213	BD13084 號
L3214	BD13085 號
L3215	BD13086 號
L3216	BD13087 號
L3217	BD13088 號
L3218	BD13089 號
L3219	BD13090 號
L3220	BD13091 號
L3221	BD13092 號
L3222	BD13093 號
L3223	BD13094 號
L3224	BD13095 號

L3225	BD13096 號
L3226	BD13097 號
L3227	BD13098 號
L3228	BD13099 號
L3229	BD13100 號
L3230	BD13101 號
L3231	BD13102 號
L3232	BD13103 號
L3233	BD13104 號
L3234	BD13105 號
L3235	BD13106 號
L3236	BD13107 號
L3237	BD13108 號
L3238	BD13109 號
L3239	BD13110 號
L3240	BD13111 號
L3241	BD13112 號
L3242	BD13113 號
L3243	BD13114 號
L3244	BD13115 號
L3245	BD13116 號
L3246	BD13117 號
L3247	BD13118 號
L3248	BD13119 號
L3249	BD13120 號
L3250	BD13121 號
L3251	BD13122 號
L3252	BD13123 號
L3253	BD13124 號 1
L3253	BD13124 號 2
L3254	BD13125 號
L3255	BD13126 號
L3256	BD13127 號
L3257	BD13128 號
L3258	BD13129 號
L3259	BD13130 號
L3260	BD13131 號
L3261	BD13132 號
L3262	BD13133 號
L3263	BD13134 號
L3264	BD13135 號
L3265	BD13136 號
L3266	BD13137 號
L3267	BD13138 號
L3268	BD13139 號
L3269	BD13140 號 1
L3269	BD13140 號 2
L3270	BD13141 號
L3271	BD13142 號
L3272	BD13143 號
L3273	BD13144 號
L3274	BD13145 號
L3274	BD13145 號背
L3275	BD13146 號
L3276	BD13147 號
L3277	BD13148 號 1
L3277	BD13148 號 2
L3278	BD13149 號
L3279	BD13150 號
L3280	BD13151 號 A
L3280	BD13151 號 B
L3280	BD13151 號 C
L3280	BD13151 號 D
L3281	BD13152 號
L3282	BD13153 號
L3283	BD13154 號
L3284	BD13155 號
L3285	BD13156 號
L3286	BD13157 號
L3287	BD13158 號
L3288	BD13159 號
L3289	BD13160 號
L3290	BD13161 號
L3291	BD13162 號
L3292	BD13163 號
L3293	BD13164 號
L3294	BD13165 號
L3295	BD13166 號
L3296	BD13167 號
L3297	BD13168 號
L3298	BD13169 號
L3299	BD13170 號
L3300	BD13171 號
L3301	BD13172 號
L3302	BD13173 號
L3303	BD13174 號
L3304	BD13175 號
L3305	BD13176 號
L3306	BD13177 號
L3307	BD13178 號
L3308	BD13179 號
L3309	BD13180 號 A
L3309	BD13180 號 B
L3310	BD13181 號

L3311	BD13182 號
L3312	BD13183 號
L3313	BD13184 號
L3314	BD13185 號 A
L3314	BD13185 號 A 背
L3314	BD13185 號 B
L3314	BD13185 號 B 背
L3314	BD13185 號 C
L3314	BD13185 號 C 背
L3314	BD13185 號 D
L3315	BD13186 號
L3316	BD13187 號
L3317	BD13188 號
L3318	BD13189 號
L3319	BD13190 號
L3320	BD13191 號
L3321	BD13192 號
L3322	BD13193 號
L3323	BD13194 號
L3324	BD13195 號
L3325	BD13196 號
L3326	BD13197 號
L3327	BD13198 號
L3328	BD13199 號 1
L3328	BD13199 號 2
L3329	BD13200 號
L3329	BD13200 號背
L3330	BD13201 號
L3331	BD13202 號
L3332	BD13203 號 1
L3332	BD13203 號 2
L3333	BD13204 號
L3334	BD13205 號
L3335	BD13206 號
L3336	BD13207 號
L3337	BD13208 號 A
L3337	BD13208 號 B
L3337	BD13208 號 C
L3337	BD13208 號 D
L3337	BD13208 號 E
L3337	BD13208 號 E 背
L3337	BD13208 號 F
L3337	BD13208 號 G
L3338	BD13209 號 1
L3338	BD13209 號 2
L3339	BD13210 號 A
L3339	BD13210 號 B
L3339	BD13210 號 C
L3339	BD13210 號 D
L3339	BD13210 號 E
L3339	BD13210 號 F
L3339	BD13210 號 G
L3340	BD13211 號
L3341	BD13212 號 A
L3341	BD13212 號 B
L3341	BD13212 號 B 背
L3342	BD13213 號 A
L3342	BD13213 號 B
L3342	BD13213 號 C
L3342	BD13213 號 DA
L3342	BD13213 號 DB
L3342	BD13213 號 E
L3342	BD13213 號 F
L3342	BD13213 號 G
L3342	BD13213 號 G 背
L3342	BD13213 號 H
L3342	BD13213 號 I
L3342	BD13213 號 J
L3342	BD13213 號 K
L3342	BD13213 號 L
L3342	BD13213 號 M
L3342	BD13213 號 N
L3342	BD13213 號 O
L3342	BD13213 號 P
L3342	BD13213 號 Q
L3342	BD13213 號 R
L3342	BD13213 號 S
L3342	BD13213 號 T
L3342	BD13213 號 U
L3342	BD13213 號 V
L3342	BD13213 號 W
L3342	BD13213 號 X
L3342	BD13213 號 Y
L3343	BD13214 號
L3344	BD13215 號
L3345	BD13216 號
L3346	BD13217 號
L3347	BD13218 號
L3348	BD13219 號
L3349	BD13220 號
L3350	BD13221 號
L3351	BD13222 號
L3352	BD13223 號
L3353	BD13224 號

L3354	BD13225 號
L3355	BD13226 號
L3356	BD13227 號
L3357	BD13228 號
L3358	BD13229 號
L3359	BD13230 號
L3360	BD13231 號
L3361	BD13232 號
L3362	BD13233 號
L3363	BD13234 號
L3364	BD13235 號
L3365	BD13236 號
L3366	BD13237 號
L3367	BD13238 號
L3368	BD13239 號
L3369	BD13240 號
L3370	BD13241 號
L3371	BD13242 號
L3372	BD13243 號
L3373	BD13244 號
L3374	BD13245 號
L3375	BD13246 號
L3376	BD13247 號
L3377	BD13248 號
L3378	BD13249 號
L3379	BD13250 號
L3380	BD13251 號
L3381	BD13252 號
L3382	BD13253 號
L3383	BD13254 號
L3384	BD13255 號
L3385	BD13256 號
L3386	BD13257 號
L3387	BD13258 號
L3388	BD13259 號
L3389	BD13260 號
L3390	BD13261 號
L3391	BD13262 號
L3392	BD13263 號
L3393	BD13264 號
L3394	BD13265 號
L3395	BD13266 號
L3396	BD13267 號
L3397	BD13268 號
L3398	BD13269 號
L3399	BD13270 號
L3400	BD13271 號
L3401	BD13272 號
L3402	BD13273 號
L3403	BD13274 號
L3404	BD13275 號
L3405	BD13276 號
L3406	BD13277 號
L3407	BD13278 號
L3408	BD13279 號
L3409	BD13280 號
L3410	BD13281 號
L3411	BD13282 號
L3412	BD13283 號
L3413	BD13284 號
L3414	BD13285 號
L3415	BD13286 號
L3416	BD13287 號
L3417	BD13288 號
L3418	BD13289 號
L3419	BD13290 號
L3420	BD13291 號
L3421	BD13292 號
L3422	BD13293 號
L3423	BD13294 號
L3424	BD13295 號
L3425	BD13296 號
L3426	BD13297 號
L3427	BD13298 號
L3428	BD13299 號
L3429	BD13300 號
L3430	BD13301 號
L3431	BD13302 號
L3432	BD13303 號
L3433	BD13304 號
L3434	BD13305 號
L3435	BD13306 號
L3436	BD13307 號
L3437	BD13308 號
L3438	BD13309 號
L3439	BD13310 號
L3440	BD13311 號
L3441	BD13312 號
L3442	BD13313 號
L3443	BD13314 號
L3444	BD13315 號
L3445	BD13316 號
L3446	BD13317 號
L3447	BD13318 號

L3448	BD13319 號
L3449	BD13320 號
L3450	BD13321 號
L3451	BD13322 號
L3452	BD13323 號
L3453	BD13324 號
L3454	BD13325 號
L3455	BD13326 號
L3456	BD13327 號
L3457	BD13328 號
L3458	BD13329 號
L3459	BD13330 號
L3460	BD13331 號
L3461	BD13332 號
L3462	BD13333 號
L3463	BD13334 號
L3464	BD13335 號
L3465	BD13336 號
L3466	BD13337 號
L3467	BD13338 號
L3468	BD13339 號
L3469	BD13340 號
L3470	BD13341 號
L3471	BD13342 號
L3472	BD13343 號
L3473	BD13344 號
L3474	BD13345 號
L3475	BD13346 號
L3476	BD13347 號
L3477	BD13348 號
L3478	BD13349 號
L3479	BD13350 號
L3480	BD13351 號
L3481	BD13352 號
L3482	BD13353 號
L3483	BD13354 號
L3484	BD13355 號
L3485	BD13356 號
L3486	BD13357 號
L3487	BD13358 號
L3488	BD13359 號
L3489	BD13360 號
L3490	BD13361 號
L3491	BD13362 號
L3492	BD13363 號
L3493	BD13364 號
L3494	BD13365 號
L3495	BD13366 號
L3496	BD13367 號
L3497	BD13368 號
L3498	BD13369 號
L3499	BD13370 號
L3500	BD13371 號
L3501	BD13372 號
L3502	BD13373 號
L3503	BD13374 號
L3504	BD13375 號
L3505	BD13376 號
L3506	BD13377 號
L3507	BD13378 號
L3508	BD13379 號
L3509	BD13380 號
L3510	BD13381 號
L3511	BD13382 號
L3512	BD13383 號
L3513	BD13384 號
L3514	BD13385 號
L3515	BD13386 號
L3516	BD13387 號
L3517	BD13388 號
L3518	BD13389 號
L3519	BD13390 號
L3520	BD13391 號
L3521	BD13392 號
L3522	BD13393 號
L3523	BD13394 號
L3524	BD13395 號
L3525	BD13396 號
L3526	BD13397 號
L3527	BD13398 號
L3528	BD13399 號
L3529	BD13400 號
L3530	BD13401 號
L3531	BD13402 號
L3532	BD13403 號
L3533	BD13404 號
L3534	BD13405 號
L3535	BD13406 號
L3536	BD13407 號
L3537	BD13408 號
L3538	BD13409 號
L3539	BD13410 號
L3540	BD13411 號
L3541	BD13412 號

L3542	BD13413 號
L3543	BD13414 號
L3544	BD13415 號
L3545	BD13416 號
L3546	BD13417 號
L3547	BD13418 號
L3548	BD13419 號
L3549	BD13420 號
L3550	BD13421 號
L3551	BD13422 號
L3552	BD13423 號
L3553	BD13424 號
L3554	BD13425 號
L3555	BD13426 號
L3556	BD13427 號
L3557	BD13428 號
L3558	BD13429 號
L3559	BD13430 號
L3560	BD13431 號
L3561	BD13432 號
L3562	BD13433 號
L3563	BD13434 號
L3564	BD13435 號
L3565	BD13436 號
L3566	BD13437 號
L3567	BD13438 號
L3568	BD13439 號
L3569	BD13440 號
L3570	BD13441 號
L3571	BD13442 號
L3572	BD13443 號
L3573	BD13444 號
L3574	BD13445 號
L3575	BD13446 號
L3576	BD13447 號
L3577	BD13448 號
L3578	BD13449 號
L3579	BD13450 號
L3580	BD13451 號
L3581	BD13452 號
L3582	BD13453 號
L3583	BD13454 號
L3584	BD13455 號
L3585	BD13456 號
L3586	BD13457 號
L3587	BD13458 號
L3588	BD13459 號
L3589	BD13460 號
L3590	BD13461 號
L3591	BD13462 號
L3592	BD13463 號
L3593	BD13464 號
L3594	BD13465 號
L3595	BD13466 號
L3596	BD13467 號
L3597	BD13468 號
L3598	BD13469 號
L3599	BD13470 號
L3600	BD13471 號
L3601	BD13472 號
L3602	BD13473 號
L3603	BD13474 號
L3604	BD13475 號
L3605	BD13476 號
L3606	BD13477 號
L3607	BD13478 號
L3608	BD13479 號
L3609	BD13480 號
L3610	BD13481 號
L3611	BD13482 號
L3612	BD13483 號
L3613	BD13484 號
L3614	BD13485 號
L3615	BD13486 號
L3616	BD13487 號
L3617	BD13488 號
L3618	BD13489 號
L3619	BD13490 號
L3620	BD13491 號
L3621	BD13492 號
L3622	BD13493 號
L3623	BD13494 號
L3624	BD13495 號
L3625	BD13496 號
L3626	BD13497 號
L3627	BD13498 號
L3628	BD13499 號
L3629	BD13500 號
L3630	BD13501 號
L3631	BD13502 號
L3632	BD13503 號
L3633	BD13504 號
L3634	BD13505 號
L3635	BD13506 號

L3636	BD13507 號
L3637	BD13508 號
L3638	BD13509 號
L3639	BD13510 號
L3640	BD13511 號
L3641	BD13512 號
L3642	BD13513 號
L3643	BD13514 號
L3644	BD13515 號
L3645	BD13516 號
L3646	BD13517 號
L3647	BD13518 號
L3648	BD13519 號
L3649	BD13520 號
L3650	BD13521 號
L3651	BD13522 號
L3652	BD13523 號
L3653	BD13524 號
L3654	BD13525 號
L3655	BD13526 號
L3656	BD13527 號
L3657	BD13528 號
L3658	BD13529 號
L3659	BD13530 號
L3660	BD13531 號
L3661	BD13532 號
L3662	BD13533 號
L3663	BD13534 號
L3664	BD13535 號
L3665	BD13536 號
L3666	BD13537 號
L3667	BD13538 號
L3668	BD13539 號
L3669	BD13540 號
L3670	BD13541 號
L3671	BD13542 號
L3672	BD13543 號
L3673	BD13544 號
L3674	BD13545 號
L3675	BD13546 號
L3676	BD13547 號
L3677	BD13548 號
L3678	BD13549 號
L3679	BD13550 號
L3680	BD13551 號
L3681	BD13552 號
L3682	BD13553 號
L3683	BD13554 號
L3684	BD13555 號
L3685	BD13556 號
L3686	BD13557 號
L3687	BD13558 號
L3688	BD13559 號
L3689	BD13560 號
L3690	BD13561 號
L3691	BD13562 號
L3692	BD13563 號
L3693	BD13564 號
L3694	BD13565 號
L3695	BD13566 號
L3696	BD13567 號
L3697	BD13568 號
L3698	BD13569 號
L3699	BD13570 號
L3700	BD13571 號
L3701	BD13572 號
L3702	BD13573 號
L3703	BD13574 號
L3704	BD13575 號
L3705	BD13576 號
L3706	BD13577 號
L3707	BD13578 號
L3708	BD13579 號
L3709	BD13580 號
L3710	BD13581 號
L3711	BD13582 號
L3712	BD13583 號
L3713	BD13584 號
L3714	BD13585 號
L3715	BD13586 號
L3716	BD13587 號
L3717	BD13588 號
L3718	BD13589 號
L3719	BD13590 號
L3720	BD13591 號
L3721	BD13592 號
L3722	BD13593 號
L3723	BD13594 號
L3724	BD13595 號
L3725	BD13596 號
L3726	BD13597 號
L3727	BD13598 號
L3728	BD13599 號
L3729	BD13600 號

L3730	BD13601 號	
L3731	BD13602 號	
L3732	BD13603 號	
L3733	BD13604 號	
L3734	BD13605 號	
L3735	BD13606 號	
L3736	BD13607 號	C01
L3736	BD13607 號背	C01
L3737	BD13608 號	C02
L3738	BD13609 號	C03
L3739	BD13610 號	C04
L3740	BD13611 號	C05
L3741	BD13612 號	C06
L3742	BD13613 號	C07 + C17
L3743	BD13614 號	C08
L3744	BD13615 號	C09
L3745	BD13616 號	C10
L3746	BD13617 號	C11
L3747	BD13618 號	C12
L3748	BD13619 號	C13
L3749	BD13620 號	C14
L3750	BD13621 號	C15
L3751	BD13622 號	C16
L3752	BD13623 號	C18
L3753	BD13624 號	C19
L3754	BD13625 號	C20
L3755	BD13626 號	C21
L3756	BD13627 號	C22
L3757	BD13628 號	C23
L3758	BD13629 號	C24
L3759	BD13630 號	C25
L3760	BD13631 號	C26
L3761	BD13632 號	C27
L3762	BD13633 號	C28
L3763	BD13634 號	C29
L3764	BD13635 號	C30
L3765	BD13636 號	C31
L3766	BD13637 號	C32
L3767	BD13638 號	C33
L3768	BD13639 號	C34
L3769	BD13640 號	C35
L3770	BD13641 號	C36
L3771	BD13642 號	C37
L3772	BD13643 號	C38
L3773	BD13644 號	C39
L3774	BD13645 號	C40
L3775	BD13646 號 1	C41
L3775	BD13646 號 2	C41
L3776	BD13647 號	C42
L3777	BD13648 號	C43
L3778	BD13649 號	C44
L3779	BD13650 號	C45
L3780	BD13651 號	C46
L3781	BD13652 號	C47
L3782	BD13653 號	C48
L3783	BD13654 號	C49
L3784	BD13655 號	C50
L3785	BD13656 號	C51
L3786	BD13657 號	C52
L3787	BD13658 號	C53
L3788	BD13659 號	C54
L3789	BD13660 號	C55
L3790	BD13661 號	C56
L3791	BD13662 號	C57
L3791	BD13662 號背	C57
L3792	BD13663 號	C58
L3793	BD13664 號	C59
L3794	BD13665 號	C60
L3795	BD13666 號	C61
L3796	BD13667 號	C62
L3796	BD13667 號背	C62
L3797	BD13668 號	C63
L3798	BD13669 號	C64
L3799	BD13670 號	C65
L3800	BD13671 號	C66
L3801	BD13672 號	C67
L3802	BD13673 號 A	C68
L3802	BD13673 號 B	C68
L3802	BD13673 號 C	C68
L3803	BD13674 號	C69
L3804	BD13675 號	C70
L3804	BD13675 號背	C70
L3805	BD13676 號	C71
L3806	BD13677 號	C72
L3807	BD13678 號	C73
L3808	BD13679 號	C74
L3809	BD13680 號	C75
L3810	BD13681 號	C76
L3811	BD13682 號	C77
L3812	BD13683 號	C78
L3813	BD13684 號	C79
L3814	BD13685 號	C80
L3815	BD13686 號	
L3816	BD13687 號	

L3817	BD13688 號
L3818	BD13689 號
L3819	BD13690 號
L3820	BD13691 號
L3821	BD13692 號
L3822	BD13693 號
L3823	BD13694 號
L3824	BD13695 號
L3825	BD13696 號
L3826	BD13697 號
L3827	BD13698 號
L3828	BD13699 號
L3829	BD13700 號
L3830	BD13701 號
L3831	BD13702 號
L3832	BD13703 號
L3833	BD13704 號
L3834	BD13705 號
L3835	BD13706 號
L3836	BD13707 號
L3837	BD13708 號
L3838	BD13709 號
L3839	BD13710 號
L3840	BD13711 號
L3841	BD13712 號
L3842	BD13713 號
L3843	BD13714 號
L3844	BD13715 號
L3845	BD13716 號
L3846	BD13717 號
L3847	BD13718 號
L3848	BD13719 號
L3849	BD13720 號
L3850	BD13721 號
L3851	BD13722 號
L3852	BD13723 號
L3853	BD13724 號
L3854	BD13725 號
L3855	BD13726 號
L3856	BD13727 號
L3857	BD13728 號
L3858	BD13729 號
L3859	BD13730 號
L3860	BD13731 號
L3861	BD13732 號
L3862	BD13733 號
L3863	BD13734 號
L3864	BD13735 號
L3865	BD13736 號
L3866	BD13737 號
L3867	BD13738 號
L3868	BD13739 號
L3869	BD13740 號
L3870	BD13741 號
L3871	BD13742 號
L3872	BD13743 號
L3873	BD13744 號
L3874	BD13745 號
L3875	BD13746 號
L3876	BD13747 號
L3877	BD13748 號
L3878	BD13749 號
L3879	BD13750 號

二、殘片號查閱北敦號、臨字號

殘片號	北敦號	臨字頭號
C01	BD13607 號	L3736
C01	BD13607 號背	L3736
C02	BD13608 號	L3737
C03	BD13609 號	L3738
C04	BD13610 號	L3739
C05	BD13611 號	L3740
C06	BD13612 號	L3741
C07	BD13613 號	L3742
C08	BD13614 號	L3743
C09	BD13615 號	L3744
C10	BD13616 號	L3745
C11	BD13617 號	L3746
C12	BD13618 號	L3747
C13	BD13619 號	L3748

C14	BD13620 號	L3749
C15	BD13621 號	L3750
C16	BD13622 號	L3751
C17	BD13613 號	L3742
C18	BD13623 號	L3752
C19	BD13624 號	L3753
C20	BD13625 號	L3754
C21	BD13626 號	L3755
C22	BD13627 號	L3756
C23	BD13628 號	L3757
C24	BD13629 號	L3758
C25	BD13630 號	L3759
C26	BD13631 號	L3760
C27	BD13632 號	L3761
C28	BD13633 號	L3762
C29	BD13634 號	L3763
C30	BD13635 號	L3764
C31	BD13636 號	L3765
C32	BD13637 號	L3766
C33	BD13638 號	L3767
C34	BD13639 號	L3768
C35	BD13640 號	L3769
C36	BD13641 號	L3770
C37	BD13642 號	L3771
C38	BD13643 號	L3772
C39	BD13644 號	L3773
C40	BD13645 號	L3774
C41	BD13646 號 1	L3775
C41	BD13646 號 2	L3775
C42	BD13647 號	L3776
C43	BD13648 號	L3777
C44	BD13649 號	L3778
C45	BD13650 號	L3779
C46	BD13651 號	L3780
C47	BD13652 號	L3781
C48	BD13653 號	L3782
C49	BD13654 號	L3783
C50	BD13655 號	L3784
C51	BD13656 號	L3785
C52	BD13657 號	L3786
C53	BD13658 號	L3787
C54	BD13659 號	L3788
C55	BD13660 號	L3789
C56	BD13661 號	L3790
C57	BD13662 號	L3791
C57	BD13662 號背	L3791
C58	BD13663 號	L3792
C59	BD13664 號	L3793
C60	BD13665 號	L3794
C61	BD13666 號	L3795
C62	BD13667 號	L3796
C62	BD13667 號背	L3796
C63	BD13668 號	L3797
C64	BD13669 號	L3798
C65	BD13670 號	L3799
C66	BD13671 號	L3800
C67	BD13672 號	L3801
C68	BD13673 號 A	L3802
C68	BD13673 號 B	L3802
C68	BD13673 號 C	L3802
C69	BD13674 號	L3803
C70	BD13675 號	L3804
C70	BD13675 號背	L3804
C71	BD13676 號	L3805
C72	BD13677 號	L3806
C73	BD13678 號	L3807
C74	BD13679 號	L3808
C75	BD13680 號	L3809
C76	BD13681 號	L3810
C77	BD13682 號	L3811
C78	BD13683 號	L3812
C79	BD13684 號	L3813
C80	BD13685 號	L3814

三、登錄號、簡編號、善本號查閱北敦號

登錄號	北敦號
登錄號 1672	BD13793 號 1
登錄號 1672	BD13793 號 2
登錄號 1672	BD13793 號 3
登錄號 80340	BD13794 號 1

登錄號 80340	BD13794 號 2
登錄號 80340	BD13794 號 3
簡 68138	BD13800 號
簡 71482	BD13799 號
善 12142	BD13791 號
善 17662	BD13796 號
善 17664	BD13795 號
善 5177	BD13792 號